NÉVROLOGIE

OU

DESCRIPTION ET ICONOGRAPHIE

DU

SYSTÈME NERVEUX

ET DES

ORGANES DES SENS

DE L'HOMME.

Cet ouvrage se trouve aussi :

A AGEN,	chez Bertrand.	A MESSINE,	chez Ant. di Stefano.
—	Chairou et Ce.	METZ,	Lorette, Warion.
AMIENS,	Prévost-Allo.	MEXICO,	H. Brun.
AMSTERDAM,	Van Bakkenes.	MILAN,	Dumolard frères.
—	Caarelsen et Cie.	MONTPELLIER,	Sévalle, Savy.
ANGERS,	Barassé.	MOSCOU,	Gautier.
—	Cosnier et Lachèse.	—	Renaud.
ARRAS,	Topino.	—	Urbain.
ATHÈNES,	Ad. Nast.	NANCY,	Mlle Gonet.
BERLIN,	Hirschwald.	—	Grimblot et Ce.
BESANÇON,	Baudin-Bintot, Bulle.	NANTES,	Forest aîné.
BORDEAUX,	Chaumas.	—	Guéraud.
BREST,	Lepontois.	NAPLES,	G. Nobile.
—	Fr. Robert.	—	Marghierri.
BRUXELLES,	Tircher.	PALERME,	Muratori.
CAEN,	Bouchard.	POITIERS,	Letang.
COPENHAGUE,	Host et Cie.	PORTO,	Moré.
DIJON,	Lamarche et Drouelle.	RENNES,	Verdier.
DUBLIN,	Hodges et Smith.	ROCHEFORT,	Proust-Branday.
EDIMBOURG,	Maclachlean et Stewart.	—	Giraud.
FLORENCE,	Piatti.	ROME,	P. Merle.
—	Ricordi et Jouhaud.	ROTTERDAM,	Kramers.
GAND,	Hoste.	ROUEN,	Dubust, Lebrument.
GÊNES,	A. Beuf.	SAINT-PÉTERSBOURG,	Clusel et Cie.
GENÈVE,	A. Cherbuliez.	—	J. Issakoff.
GRENOBLE,	Rey-Giraud.	STOCKHOLM,	Bonnier.
LA HAYE,	les héritiers Doormann.	STRASBOURG,	Berger-Levrault.
LEIPZIG,	Michelsen.	—	Derivaux. — Salomon.
—	W. Gerhard.	—	Treuttel et Würtz.
—	Ch. Twietmeyer.	TOULON,	Monge.
—	T.-O. Weigel.	TOULOUSE,	Gimet.
LEYDE,	Brill.	TUBINGEN,	Fuès.
LIÉGE,	Desoer. — Gouchon.	TURIN,	J. Bocca.
LILLE,	Béghin, Vanackère.	—	Schiepatti.
LISBONNE,	Rolland et Semiond.	—	Toscanelli et Cie.
—	Silva.	UTRECHT,	Kemink et fils.
LOUVAIN,	Van Esch.	VARSOVIE,	Natanson.
LYON,	Ch. Savy.	VIENNE,	Braumuller.
MARSEILLE,	Chaix, veuve Camoin.	—	Gérold.
—	Bergamin.	—	Sternickel et Sintenis.

Paris. — Imprimerie de L. MARTINET, rue Mignon, 2.

NÉVROLOGIE

OU

DESCRIPTION ET ICONOGRAPHIE

DU

SYSTÈME NERVEUX

ET DES

ORGANES DES SENS

DE L'HOMME

AVEC LEUR MODE DE PRÉPARATION,

PAR MM.

LUDOVIC HIRSCHFELD,

Docteur en médecine de la Faculté de Paris, Professeur particulier d'anatomie et de médecine opératoire,
Lauréat de l'Institut de France (Académie des sciences).
Prosecteur et collaborateur du docteur Bourgery pour son grand ouvrage d'anatomie,
Membre de la Société de biologie, etc.,

ET

J.-B. LEVEILLÉ,

Dessinateur.

ACCOMPAGNÉ DE QUATRE-VINGT-DOUZE PLANCHES DESSINÉES D'APRÈS NATURE.

Ouvrage adopté par le Conseil supérieur de l'instruction publique.

A PARIS,

CHEZ J.-B. BAILLIÈRE,

LIBRAIRE DE L'ACADÉMIE IMPÉRIALE DE MÉDECINE,

RUE HAUTEFEUILLE, 19.

A LONDRES, CHEZ H. BAILLIÈRE, 219, REGENT-STREET.

A New-York, chez H. Baillière, 290, Broadway.

A MADRID, CHEZ BAILLY-BAILLIÈRE, CALLE DEL PRINCIPE, 11.

1853.

PRÉFACE.

Depuis l'antiquité, la science de l'organisation de l'homme a fixé d'une manière toute spéciale l'attention des médecins. De nos jours on a été plus loin, on a fait de l'anatomie la base de la médecine. Les progrès récents de la physiologie expérimentale, de la chirurgie et de la médecine, ont maintenant un cachet de vérité et de certitude, parce qu'ils sont le résultat de la connaissance exacte de l'anatomie. Mais l'anatomie n'a jamais été et n'est pas encore une science facile. Son étude exige des travaux soutenus et constants, et doit se faire, non seulement dans les livres, mais particulièrement sur le cadavre. Or le cadavre humain est encore aujourd'hui plus rare qu'on ne pense.

Que de fois nos devanciers, entraînés par l'enthousiasme et par l'ardeur de connaître ces rouages si compliqués dont le mécanisme est si surprenant et si merveilleux, furent persécutés pour avoir disséqué des corps humains! Grâce à la civilisation, nous sommes loin de cette époque. Ces vieilles idées de profanation, nées de la superstition, sont presque généralement abandonnées aujourd'hui.

Cependant de quels obstacles imprévus, de quelles difficultés souvent insurmontables ne sont pas hérissés les travaux anatomiques. Sans parler ici des conditions indispensables que doit réunir celui qui se livre à ce genre de recherches, lesquelles exigent une forte santé, de la jeunesse, une mémoire heureuse et une patience à toute épreuve, il est d'autres entraves qui naissent du manque de sujets et des accidents funestes résultant quelquefois d'un séjour trop prolongé dans les amphithéâtres de dissection. Aussi, y a-t-il peu d'anatomistes, malgré le besoin impérieux pour le médecin de faire de l'anatomie la base fondamentale de ses études médicales.

Le génie de l'homme, si fertile en inventions, ne pouvait manquer de créer des procédés plus ou moins ingénieux, soit pour conserver la nature, soit pour l'imiter, afin d'aplanir les difficultés et d'obvier à tous les inconvénients. Les uns ont eu l'idée de faire des préparations naturelles sèches. Ces sortes de préparations, dont l'immense inconvénient est de ne conserver, ni la forme, ni les rapports, et d'exiger un local spécial pour la conservation, ne se trouvent guère que dans les musées. Les autres ont imaginé des pièces artificielles en cire, en plâtre, en carton, etc., etc. Tous ces produits ont leur utilité incontestable sans doute. Ils ne peuvent toutefois rendre fidèlement les détails ; ils sont fragiles, et ne sont accessibles qu'à peu de personnes, à cause de l'élévation de leur prix.

Le dessin, cet art sublime par lequel on est parvenu à imiter la nature avec tant d'exactitude, qu'on a pu perpétuer les souvenirs les plus précieux, possède sur tous les procédés connus une supériorité bien autrement grande, par la faculté de reproduire minutieusement les détails les plus délicats. Depuis les temps les plus reculés jusqu'à nos jours, on trouve dans la plupart des livres qui traitent des corps organiques et inorganiques des figures qui les représentent. En effet, le moyen le plus sûr et le plus commode pour étudier un corps, connaître exactement sa forme et comprendre sa description, c'est d'en avoir la figure sous les yeux. Si le dessin est d'un secours précieux pour la reproduction fidèle des diverses parties de l'anatomie, c'est surtout dans l'étude du système nerveux qu'on en sent la grande utilité.

Profondément pénétré de cette vérité, et après plusieurs années de travaux consacrés à ce sujet, j'ai conçu le plan d'un atlas qui représente les différentes parties du système nerveux et les organes des sens de l'homme. Les nombreuses préparations que j'ai faites et répétées moi-même bien des fois m'ont servi de modèle.

La publication de cet ouvrage, faite à une époque où cette branche importante de l'anatomie a fixé l'attention de tant d'habiles investigateurs français et allemands, paraîtra peut-être de ma part une entreprise téméraire.

Les travaux anatomiques de Scarpa, de MM. Arnold, Bourgery, Jules Cloquet, Foville, Leuret, etc., sont assurément d'un grand mérite et au-dessus de tout éloge, mais ils ne sont peut-être pas assez à la portée des élèves, et l'ordre des matières, peu méthodique, en rend souvent l'intelligence très difficile.

Ces grands ouvrages, loin de paralyser mes efforts et de me décourager, n'ont fait qu'accroître mon ardeur. Témoin de l'embarras d'un grand nombre d'élèves dont je dirigeais les travaux anatomiques et de leur découragement par les obstacles qu'ils rencontraient, surtout dans les préparations névrologiques, j'ai acquis la conviction qu'il restait quelque chose à faire, et que je pouvais apporter mon tribut à la science. C'est alors que, voulant combler le vide qui existait et aplanir les obstacles signalés, je me suis décidé à publier un ouvrage qui facilitât aux élèves l'étude d'une science aride, fatigante et souvent préjudiciable à la santé.

Livré depuis huit ans à l'enseignement particulier de l'anatomie, à l'école pratique de Paris, je me suis efforcé de réduire à sa plus simple expression l'étude si compliquée du système nerveux.

Préparateur d'un grand nombre de pièces anatomiques conservées au musée de la Faculté de médecine de Paris, prosecteur et collaborateur de M. Bourgery, j'ai dû me livrer à de nombreuses recherches et faire de l'anatomie une étude de prédilection.

Chargé de toutes les préparations névrologiques du grand ouvrage de ce savant distingué dont la science pleure la perte récente, j'ai fait de la névrologie ma principale occupation. Il n'existe pas, j'ose le dire, un seul point du système nerveux que je n'aie vérifié moi-même, le scalpel à la main. Parfois il m'est arrivé de faire quelques découvertes qui sont mentionnées dans le *Traité d'anatomie* de M. Bourgery, dans les *Comptes rendus de l'Institut*, ou autres écrits périodiques.

J'ai été heureux d'avoir pour collaborateur un artiste du plus grand mérite. M. Leveillé, dont le nom est depuis longtemps acquis à la science anatomique, a dessiné toutes mes préparations, au fur et à mesure, avec l'exactitude la plus scrupuleuse. Dès lors il m'a été possible de revoir d'un coup d'œil l'ensemble de ce travail, d'éviter les redites et de réparer les omissions.

Soutenu par les encouragements les plus flatteurs de MM. les professeurs Bérard, Cruveilhier, Denonvilliers, J. Cloquet et d'autres illustrations anatomiques, il m'a été possible de réaliser l'objet de mes vœux et de commencer la publication de cet ouvrage.

Les étudiants y trouveront la facilité et les moyens de se former aux dissections difficiles par l'exposition du meilleur mode de préparation des parties si compliquées du système nerveux. Il sera pour eux un guide qui leur économisera un temps précieux, perdu presque toujours en tâtonnements; ils auront dans les figures des modèles pour les diverses parties qu'ils désireront reproduire sur la nature humaine.

Les médecins éloignés des amphithéâtres pourront également le consulter avec fruit. Ce sera donc à la fois, pour les uns et pour les autres, un ouvrage et un *memento* où ils seront sûrs de trouver tout ce qui leur est indispensable de revoir et de connaître.

C'est à vous, étudiants en médecine, que j'offre le fruit de mes veilles : heureux si mes efforts sont couronnés de succès et si ce travail trouve auprès de vous le même accueil qu'il a reçu de nos maîtres.

Cet ouvrage forme un atlas en un seul volume in-4°, et renferme les meilleurs modes de préparations, avec un texte concis qui sert à la fois de description et d'explication des planches. Il contient 90 planches et plus de 250 figures dessinées d'après nature.

Une explication détaillée du plan que j'ai suivi m'a paru inutile, la table des matières l'indique suffisamment.

Paris, 1er février 1850.

AVIS AU LECTEUR.

Afin de faciliter l'étude des figures, j'ai adopté trois séries de signes :

1° Les lettres *italiques* désignent les os, les cartilages, les ligaments, les muscles et les téguments, sous la dénomination de parties accessoires.

2° Les *majuscules* indiquent les vaisseaux et les sinus : c'est le système vasculaire.

3° Les *chiffres* marquent tout ce qui appartient au système nerveux.

ANATOMIE

DU SYSTÈME NERVEUX

ET

DES ORGANES DES SENS

DE L'HOMME.

Le système nerveux est cette masse molle, pulpeuse, blanchâtre et grisâtre, logée dans la cavité osseuse, vertébro-crânienne, et communiquant à travers les trous de cette cavité avec toutes les parties du corps, au moyen de cordons appelés nerfs. Le système nerveux tient sous sa dépendance toutes les fonctions de l'organisme; il est le siége de tout sentiment et de tout mouvement volontaire ou involontaire; son concours est indispensable dans l'exercice des phénomènes intellectuels et affectifs. La névrologie est la science qui a pour objet l'étude de ce système.

Considéré dans son ensemble, le système nerveux se compose de deux parties. L'une, le système nerveux central (axe cérébro-spinal), est formée de quatre parties principales : 1° la moelle épinière; 2° la moelle allongée; 3° le cervelet; 4° le cerveau. L'autre, le système nerveux périphérique, nerfs proprement dits, forme deux ordres, eu égard à son rôle physiologique : 1° nerfs sous l'empire de la volonté et de la conscience, ou nerfs de la vie animale, de la vie de relation; 2° nerfs soustraits à l'influence de la volonté et de la conscience. On nomme ceux-ci : nerfs de la vie organique, nutritive, végétative, système nerveux ganglionnaire ou grand sympathique. C'est cette division généralement admise aujourd'hui que nous allons suivre.

ENVELOPPES DU SYSTÈME NERVEUX CENTRAL.

L'axe cérébro-spinal, ou mieux axe médullo-encéphalique, est entouré, indépendamment de la cavité vertébro-crânienne, de trois enveloppes membraneuses appelées méninges, qui sont, en procédant de la périphérie au centre : 1° la dure-mère, qui est de nature fibreuse; 2° l'arachnoïde, membrane séreuse très fine; 3° la pie-mère, fibro-vasculaire dans la moelle et cellulo-vasculaire dans l'encéphale. Ces enveloppes, dont la forme est à peu près celle de l'axe médullo-encéphalique, forment trois gaînes emboîtées les unes dans les autres. Chacune d'elles se divise en deux portions, l'une médullaire, l'autre encéphalique.

1° DURE-MÈRE.

La dure-mère représente un long sac fibreux, très résistant, globuleux et bosselé dans le crâne, presque cylindrique dans le canal vertébral, servant à la fois de périoste interne à la cavité vertébro-crânienne qu'elle tapisse, et d'organe de contention et de sustentation au centre nerveux médullo-encéphalique.

PLANCHES 1 ET 2.

DURE-MÈRE VERTÉBRO-CRANIENNE.

Les figures 1 et 2 ont pour objet principal de montrer la surface extérieure de la dure-mère rachidienne, et sa continuité avec celle de la dure-mère crânienne, contenant le centre nerveux médullo-encéphalique et tous les nerfs à leur origine. Le tout est logé dans la cavité vertébro-crânienne, dont une moitié a été enlevée.

La figure 3 représente la dure-mère rachidienne isolée du canal osseux, ouverte dans toute sa longueur et privée de la moelle, afin de voir la surface intérieure de cette membrane.

FIGURE 1. — PLAN POSTÉRIEUR.

PRÉPARATION. — On dépouille le plan postérieur de la tête et de la colonne vertébrale de ses parties molles; puis on enlève la partie postérieure du crâne, divisée préalablement par une section demi-circulaire, commençant à l'extrémité postérieure de la suture bipariétale, et se terminant par une ligne horizontale qui divise les deux condyles de l'occipital. Par une autre section faite de chaque côté de la colonne vertébro-sacrée, sur les lames, au niveau de la base des apophyses transverses, on enlève aussi les parties postérieures des vertèbres et du sacrum.

A cet effet, on se sert, soit du ciseau et du maillet, soit de la scie à double lame parallèle, ou mieux d'une forte lame à bord tranchant convexe et à bord opposé très épais, pour supporter le choc répété du marteau.

Explication de la figure 1.

Parties accessoires. — De *a* en *a*, section demi-circulaire du crâne et de ses parties molles, s'étendant d'une apophyse mastoïde à l'autre en passant par la fontanelle postérieure. — *b*. Moitié postérieure de l'atlas pour montrer son adhérence avec la dure-mère. — De *c* en *c* (côté gauche), section des lames des six dernières vertèbres cervicales. — De *d* en *d*, section des lames des douze vertèbres dorsales. — De *e* en *e*, section des cinq vertèbres lombaires à la base de leurs apophyses transverses. — De *f* en *f*, section des lames soudées des fausses vertèbres sacrées. — De *g* en *g* (côté droit), section des sept vertèbres cervicales, faite de manière à mettre à nu l'artère vertébrale. — De *h* en *h*, section double des apophyses transverses et des douze côtés. — *i*, *i*. Ligaments costo-transversaires postérieurs. — *k*, *k*. Ligaments costo-transversaires inférieurs, lesquels séparent les branches postérieures des branches antérieures des nerfs dorsaux. — *l*, *l* (côté gauche). Muscles intercostaux externes. — De *m* en *m*, côtes et espaces intercostaux mis entièrement à nu par l'ablation des muscles intercostaux, ce qui permet de voir en même temps les branches antérieures et postérieures des nerfs dorsaux. — *n*. Carré des lombes. — *o*, *o*. Muscles intertransversaires lombaires. Ces mêmes muscles sont enlevés du côté opposé, pour montrer en même temps les branches antérieures et postérieures des nerfs lombaires.

Système vasculaire. — A. Sinus longitudinal supérieur. — B. Saillies des glandes de Pacchioni. — C, C. Sinus latéraux. — D, D. Sinus occipitaux. — E. Pressoir d'Hérophile. Tous ces sinus sont rendus plus visibles par une injection de suif. — F, F. Ramifications de l'artère méningée moyenne. — G, G. Artère méningée postérieure. Ces artères sont logées à mi-canal dans la dure-mère. — H. Artère vertébrale et ses deux principales courbures, logée dans le canal vertébral. Ce canal est à moitié ouvert afin de montrer les rapports de cette artère avec les nerfs cervicaux.

Système nerveux. — 1. Surface extérieure de la dure-mère crânienne. On y voit les débris d'un grand nombre de petits prolongements fibro-vasculaires qui établissent son adhérence avec la surface intérieure du crâne. Ces débris sont marqués principalement le long des sinus, au pourtour du trou occipital et à l'arc postérieur de l'atlas. — 2, 2. Portion de cette membrane sur le cerveau. — 3, 3. La même sur le cervelet. — De 4 en 4, surface extérieure de la dure-mère rachidienne. Cette membrane présente, aux régions cervicale, lombaire et sacrée, des débris fibro-vasculaires qui établissent son adhérence avec les portions correspondantes du canal rachidien. — 5, 5, 5, 5. Ganglions spinaux : le plus souvent au nombre de trente et une paires. Lorsqu'il n'y en a que trente, ce sont toujours ceux de la première paire qui manquent. Les ganglions des régions cervicale, dorsale et lombaire sont logés dans les trous de conjugaison, et ceux de la région sacrée dans le canal sacré même. — De 6 en 6, branches antérieures des huit paires cervicales. — 7. Branches postérieures. — 8, 8. Branches antérieures des nerfs dorsaux. — 9, 9. Branches postérieures des mêmes nerfs. — 10, 10. Branches antérieures des nerfs lombaires. — 11, 11. Branches postérieures des mêmes nerfs. — 12, 12. Branches antérieures des nerfs sacrés. — 13, 13. Branches postérieures des mêmes nerfs.

FIGURE 2. — PLAN ANTÉRIEUR.

PRÉPARATION. — Enlevez avec une scie les trois quarts antérieurs du thorax et du bassin ; débarrassez complétement la face antérieure de la colonne vertébrale et du sacrum de ses parties molles, comme pour la préparation du ligament commun vertébral antérieur ; sciez le rachis dans toute sa longueur et de chaque côté, dans les pédicules apophysaires, de manière à enlever le corps de toutes les vertèbres, y compris ceux des fausses vertèbres sacrées, afin de mettre largement à nu la face antérieure de la dure-mère rachidienne. Pour bien voir la continuité de la dure-mère rachidienne avec la dure-mère crânienne, le crâne doit être scié verticalement et transversalement, suivant une ligne qui commence au milieu du condyle de l'occipital et se termine au condyle occipital du côté opposé, en passant au niveau de l'angle postérieur de la fontanelle antérieure.

Explication de la figure 2.

Parties accessoires. — De *a* en *a*, section demi-circulaire des téguments, des muscles et des os du crâne. — De *b* en *b*, section des apophyses transverses des sept vertèbres cervicales, pour mettre à nu, à gauche, le canal vertébral, à droite l'artère vertébrale. — De *c* en *c*, section de la base des apophyses transverses des vertèbres dorsales et des extrémités correspondantes des douze côtes. — De *d* en *d*, section des apophyses transverses des cinq vertèbres lombaires. — De *e* en *e*, section du sacrum au niveau des trous sacrés antérieurs. — *f*. Section du sterno-cléido-mastoïdien. — *g*. Scalène antérieur. — *h*. Scalène postérieur. — *i*, *i*. Muscles intercostaux. — *j*, *j*. Carré des lombes. — *k*. Grand et petit psoas.

Système vasculaire. — A. Artère méningée antérieure. — B. Artère méningée moyenne. — C. Artère carotide interne. — D. Artère vertébrale.

Système nerveux. — 1. Dure-mère crânienne sur le lobe antérieur du cerveau. — 2. Même membrane sur le lobe moyen. — 3. *Id.* au devant de la protubérance annulaire et du bulbe crânien. — 4. Prolongement de la dure-mère traversant la fente sphénoïdale pour servir de périoste à la cavité orbitaire. — De 5 en 5, surface antérieure de la dure-mère rachidienne s'étendant du trou occipital jusqu'au niveau de la base du coccyx, en se divisant en plusieurs gaînes qui entourent les nerfs formant la queue de cheval. Avant sa terminaison, à peu près au niveau des régions lombaire et sacrée, la dure-mère présente (*voy.* les deux figures) un diamètre plus considérable qui lui donne l'apparence d'une ampoule, laquelle sert de réservoir commun au liquide céphalo-rachidien.

Cette face est remarquable par les débris de prolongements fibreux qui établissent l'adhérence de la dure-mère avec le ligament vertébral commun postérieur. Ces prolongements, nombreux et assez longs aux régions lombaire et cervicale, sont très rares à la région dorsale.

Cette figure présente comme la précédente, sur les côtés de la face extérieure de la dure-mère, des prolongements de deux espèces. Les uns, sous forme de gaînes fibreuses, accompagnent et enveloppent les nerfs spinaux jusqu'aux trous de conjugaison ; là ils se confondent avec le tissu cellulaire qui entoure les nerfs.

Les autres, d'une apparence nacrée et très résistants, forment de chaque côté une série de bandelettes qui se dirigent de haut en bas, en passant dans l'intervalle des gaînes fournies aux nerfs spinaux par les divisions de cette membrane et viennent se réunir au périoste qui tapisse les trous de conjugaison.

Cette disposition anatomique permet de considérer dans la dure-mère rachidienne deux feuillets : l'un externe, servant de périoste au canal vertébral ; l'autre interne, servant d'enveloppe à la moelle. Le feuillet externe ou périostique se confond dans la région cervicale avec le feuillet interne de la dure-mère, de sorte que cette membrane devient plus épaisse dans cette région et adhère par tous les points de sa face externe aux parois correspondantes du canal.

Ce même feuillet se divise aux régions dorsale, lombaire et sacrée, de chaque côté, en une série de brides ou bandelettes de plus en plus fortes et marquées, à mesure qu'elles s'approchent de la région sacrée. Ces brides ont pour usage de servir à la fois de moyen de fixité à la dure-mère et de périoste interne aux os.

6. Plexus cervical formé par les branches antérieures des quatre premières paires cervicales. — 7. Plexus brachial formé par les branches antérieures des quatre dernières paires cervicales et de la première dorsale. — De 8 en 8, branches antérieures des onze derniers nerfs dorsaux. — 9. Plexus lombaire formé par les branches antérieures des trois premières paires lombaires et la moitié de la quatrième. — 10. Plexus sacré formé par les branches antérieures des trois premières paires des nerfs sacrés, la moitié de la quatrième paire et le tronc lombo-sacré, formé lui-même par la seconde moitié de la quatrième paire et toute la cinquième paire lombaire. — 11. Portions supérieures des nerfs glosso-pharyngien, pneumo-gastrique et spinal. — 12. Portion supérieure du nerf grand hypoglosse.

FIGURE 3.

Face intérieure de la dure-mère rachidienne et ses prolongements latéraux sous forme de gaînes. Cette face a un aspect lisse dû au feuillet pariétal de l'arachnoïde qui la tapisse.

PLANCHE 3.

DURE-MÈRE CRANIENNE OU ENCÉPHALIQUE.

Cette planche montre la surface extérieure de la dure-mère renfermée dans la cavité crânienne, et enveloppant l'encéphale et ses deux autres membranes.

FIGURE 1. — PLAN SUPÉRIEUR.

Préparation. — On fait aux téguments du crâne une section circulaire et horizontale commençant immédiatement au-dessus des sourcils, pour se terminer au niveau de la protubérance occipitale externe. On relève les parties molles détachées ; on gratte le périoste, et l'on casse le crâne avec le marteau-hachette, dans la direction de la coupe indiquée. Les coups de marteau secs ont sur la scie le double avantage d'être plus expéditifs et de ne pas entamer le cerveau. En effet, la résistance de la dure-mère empêche l'ébranlement de se communiquer à l'encéphale. Une fois le crâne cassé, il suffit d'enfoncer l'extrémité étroite du manche ou le crochet qui garnit son extrémité libre, pour enlever, à l'aide de quelques tractions, la calotte du crâne. L'opération terminée, on voit la dure-mère qui tapisse la voûte du crâne.

Explication de la figure 1.

Parties accessoires. — *a, a, a, a.* Section des téguments et des os du crâne. — *b, b.* Section des muscles temporaux.

Système vasculaire. — A, A. Branches des artères méningées moyennes, qui se distribuent sur toute la surface extérieure de la dure-mère.

Système nerveux. — 1, 1. Surface extérieure de la dure-mère recouvrant la convexité du cerveau. — 2, 2. Saillie médiane et antéro-postérieure de cette membrane, formée par le sinus longitudinal supérieur. On voit sur la dure-mère une multitude de débris de prolongements fibro-vasculaires qui font adhérer cette membrane à la boîte crânienne. Ces prolongements sont surtout marqués au niveau des sutures. — De 3 en 3, points d'adhérence de la dure-mère, correspondants à la suture sagittale. — 4, 4. *Id.* correspondants à la suture coronale. Tous ces débris fibro-vasculaires donnent à la surface extérieure de cette membrane un aspect rugueux. — 5, 5. Saillies de la dure-mère formées par les glandes de Pacchioni.

FIGURE 2. — PLAN LATÉRAL.

Préparation. — On divise la tête en deux parties égales par une section verticale antéro-postérieure. La moitié du crâne qu'on veut enlever doit être détachée de la dure-mère, morceaux par morceaux, à cause de l'adhérence de la boîte crânienne avec cette membrane.

Explication de la figure 2.

Parties accessoires. — *a, a, a.* Section des téguments et des os du crâne. — *b.* Cloison des fosses nasales.

Système vasculaire. — A. Artère méningée antérieure. — B. *Id.* méningée moyenne. — C. *Id.* méningée postérieure. — D. Artère vertébrale traversant la dure-mère. — E. Artère carotide interne traversant aussi cette membrane. — F. Sinus latéral se jetant dans le golfe de la veine jugulaire interne.

Système nerveux. — 1. Dure-mère crânienne se moulant sur le lobe antérieur du cerveau. — 2. *Id.* sur le lobe moyen. — 3. *Id.* sur le cervelet. — 4. Double prolongement de la dure-mère, qui traverse la fente sphénoïdale et le trou optique pour former le périoste orbitaire et la gaîne du nerf optique. — 5. Prolongement de la dure-mère dans les fosses nasales pour former des gaînes au nerf olfactif. — 6. Débris de prolongements fibro-vasculaires établissant l'adhérence de cette membrane avec le bord postérieur des petites ailes du sphénoïde. — 7. *Id.* Points d'adhérence avec la suture fronto-pariétale. — 8. *Id.* avec le bord supérieur du rocher. — 9. *Id.* au pourtour du trou occipital. — 10. *Id.* à la gouttière basilaire. — 11. Nerf maxillaire supérieur. — 12. *Id.* maxillaire inférieur. — 13. Nerf pneumo-gastrique. Chacun de ces nerfs, en traversant la dure-mère, est entouré d'une gaîne formée par cette membrane, laquelle se continue, à la sortie des trous de la base du crâne, avec le périoste extérieur. — 14. Dure-mère soulevée par plusieurs glandules de Pacchioni, et se logeant dans les dépressions osseuses correspondantes.

PLANCHE 4.

DURE-MÈRE CRANIENNE.

Cette planche présente la surface intérieure de la dure-mère crânienne avec ses trois replis (cloisons incomplètes) désignés sous les noms de : faux du cerveau, tente du cervelet et faux du cervelet, qui divisent la cavité crânienne en plusieurs loges.

FIGURE 1.

PRÉPARATION. — Sciez le crâne préalablement dénudé de ses téguments, à 5 millimètres environ de la suture sagittale, dans la direction d'une ligne antéro-postérieure qui commence à la racine du nez, et se termine à la protubérance occipitale externe ; réunissez l'extrémité postérieure de cette ligne par un trait de scie presque horizontal, qui se dirige de la protubérance occipitale externe à la base de l'apophyse mastoïde, en longeant la ligne courbe occipitale supérieure ; continuez la coupe dans la direction d'une autre ligne qui divise l'apophyse mastoïde, la base de l'apophyse styloïde, la cavité tympanique et les trous ovale, grand et petit rond, traverse l'orbite par la fente sphénoïdale et se termine à l'échancrure ou au trou sus-orbitaire.

Explication de la figure 1.

Parties accessoires. — *a, a, a.* Section antéro-postérieure des téguments et des os du crâne. — *b, b.* Section presque horizontale des mêmes parties. — *c.* Coupe de l'apophyse mastoïde. — *d.* Apophyse styloïde. — *e.* Coupe du trou ovale. — *f.* Id. du trou grand rond. — *g.* Id. de la voûte orbitaire. Ces coupes sont faites pour montrer les gaines fournies aux nerfs par la dure-mère. — *h.* Apophyse ptérygoïde. — *i.* Tubérosité maxillaire. — *j.* Cavité glénoïde.

Système vasculaire. — A. Artère cérébrale antérieure. — B. veines de Galien. — C, C. Sinus longitudinal supérieur. — D. Sinus longitudinal inférieur. — E. Sinus droit. — F. Sinus pétreux supérieur. — G. Sinus latéral ouvert, recevant le sinus pétreux supérieur.

Système nerveux. — 1, 1. Faux du cerveau, ainsi nommée à cause de sa ressemblance avec une faux. Elle s'étend de l'apophyse crista-galli, à laquelle elle s'insère, à la tente du cervelet sur laquelle elle tombe perpendiculairement, et avec laquelle elle se continue. Cette lame répond par son bord supérieur à la crête frontale et à la gouttière longitudinale supérieure, et par son bord inférieur, au corps calleux, qu'elle touche en arrière et dont elle est éloignée dans le reste de son étendue. Elle répond par ses deux faces aux faces internes des hémisphères. On trouve sur quelques sujets, à la partie antérieure, des éraillures qui permettent la contiguïté et même la continuité des deux hémisphères. — 2. Foliole gauche de la tente du cervelet. Elle correspond par sa circonférence postérieure, en arrière, à la gouttière latérale qui loge le sinus latéral ; en avant, à la gouttière du bord supérieur du rocher, à laquelle elle s'insère et où se trouve le sinus pétreux supérieur. Par sa circonférence antérieure, elle répond à l'isthme de l'encéphale et à la fente cérébrale de Bichat. Cette foliole forme, avec celle du côté opposé, un double plan incliné, qui répond par son sommet à la base de la faux du cerveau et dans le reste de son étendue aux lobes postérieurs du cerveau et au cervelet qu'il sépare l'un de l'autre. Au point d'intersection de la tente et de la faux se trouve un canal veineux triangulaire ; c'est le sinus droit. — 3. Double prolongement de la dure-mère, à travers le trou optique et la fente sphénoïdale dans la cavité orbitaire. L'un de ces prolongements forme le périoste de l'orbite, l'autre fournit une gaine au nerf optique. Le releveur de la paupière supérieure et tous les muscles de l'œil, moins le petit oblique, s'insèrent entre ces deux prolongements. — 4. Lambeau renversé de la dure-mère, afin de voir le ganglion de Gasser logé dans l'épaisseur de cette membrane. — 5. Gaine du nerf maxillaire inférieur. — 6. Id. du nerf maxillaire supérieur. — 7. Id. du nerf ophthalmique de Willis. — 8. Coupe du corps calleux pour montrer ses rapports avec le bord inférieur de la faux. — 9. Glande pinéale et ses deux pédoncules. — 10. Coupe du pédoncule du cerveau.

FIGURE 2.

PRÉPARATION. — La même que pour la figure 2, de la planche 3. Ici la cavité crânienne a été vidée de l'encéphale pour montrer les trois replis (cloisons incomplètes) de la dure-mère et les loges cérébrale et cérébelleuse, tapissés par cette membrane.

Explication de la figure 2.

Parties accessoires. — *a, a, a.* Section médiane, verticale, antéro-postérieure des téguments, des os du crâne et de la face. — *b.* Paroi externe des fosses nasales. — *c.* Trompe d'Eustache. — *d, d.* Coupe de l'atlas. — *e.* Id. de l'axis.

Système vasculaire. — A, A. Sinus longitudinal supérieur logé dans l'épaisseur du bord supérieur de la faux, et ouvert dans toute son étendue pour montrer les brides qui le traversent en tous sens. — B. Sinus droit recevant C le sinus longitudinal inférieur et D les veines de Galien. — E. Pressoir d'Hérophile.

Système nerveux. — 1. Surface intérieure de la dure-mère tapissant la loge cérébrale. — 2. Id. tapissant la loge cérébelleuse. — 3. Faux du cerveau. — 4. Face inférieure de la foliole droite de la tente du cervelet. — 5. Faux du cervelet. Elle s'étend de la protubérance occipitale interne au trou occipital. Elle est formée par un repli du feuillet interne de la dure-mère, et répond par sa base à la tente du cervelet avec laquelle elle se continue. Son sommet se bifurque, et chacune des bifurcations contourne le trou occipital pour finir au trou déchiré postérieur. Ces deux bifurcations contiennent les sinus occipitaux. Cette cloison sépare les deux hémisphères du cervelet. — 6. Dure-mère tapissant la fosse pituitaire, et entourant le corps pituitaire. — 7. Prolongement de la dure-mère dans le canal rachidien. La surface intérieure de la dure-mère diffère de la surface extérieure par son aspect lisse et poli, dû au feuillet pariétal de l'arachnoïde qui la revêt. — 8. Gaines de la dure-mère, fournies au nerf olfactif. — 9. Nerf optique. — 10. Nerf moteur oculaire commun. — 11. Pathétique. — 12. Nerfs trijumeaux. — 13. Moteur oculaire externe. — 14. Nerfs facial et auditif. — 15. Les trois portions de la huitième paire. — 16. Portions du nerf grand hypoglosse. — 17. Première paire cervicale, subjacente à l'artère vertébrale. — 18. Deuxième paire cervicale. La dure-mère est traversée par tous ces nerfs, lesquels en reçoivent autant de gaines. — 19. Ligament dentelé.

La dure-mère se compose de deux feuillets : l'un, extérieur, tapisse la cavité crânienne : c'est le feuillet périostique ; l'autre intérieur, plus étendu, recouvre et sépare les différentes parties de l'encéphale : c'est le feuillet encéphalique. Ces deux feuillets sont unis l'un à l'autre, dans presque toute leur étendue, et sont séparés au niveau des cloisons. Ainsi, le feuillet intérieur se sépare du feuillet extérieur sur un des côtés de la gouttière longitudinale supérieure, et se dirige verticalement, en descendant jusqu'au corps calleux. Arrivé là, il se réfléchit, remonte en s'adossant à sa portion descendante pour former la faux. Bientôt il s'en écarte de nouveau, et se continue avec le feuillet périostique du côté opposé, en laissant un espace triangulaire ; c'est le sinus longitudinal supérieur.

Ces deux feuillets, que nous venons de suivre dans la formation de la faux et du sinus longitudinal supérieur, se comportent d'une manière analogue pour constituer la tente, la faux du cervelet et les autres sinus, en prenant des directions inverses.

Il résulte de cette disposition anatomique que ces cloisons sont formées par deux lames adossées du feuillet intérieur de la dure-mère, et les sinus, par l'écartement de ces mêmes lames et la portion correspondante du feuillet périostique. Ces sinus ont généralement la forme d'un triangle dont la base répond au feuillet périostique, le sommet et les côtés au feuillet encéphalique.

La dure-mère est essentiellement fibreuse et constituée par deux plans de fibres entrecroisées. Ses replis présentent une particularité qui mérite d'être signalée. La faux est formée, à sa partie postérieure, de fibres rayonnées, et aux parties moyenne et antérieure, de fibres entrecroisées et parallèles. Les fibres de la face supérieure de la tente du cervelet sont rayonnées aussi, mais moins marquées, et se continuent avec les fibres rayonnées de la faux. Les fibres de la face inférieure de la tente du cervelet se continuent avec les fibres parallèles et rayonnées de la faux du cervelet.

PLANCHE 5.

SURFACE INTÉRIEURE DE LA DURE-MÈRE CRANIENNE OU ENCÉPHALIQUE.
SINUS DE LA DURE-MÈRE.

On appelle sinus de la dure-mère des canaux fibreux tapissés par la tunique interne des veines et dont la tunique extérieure est formée par cette membrane. Ces sinus servent à recueillir le sang veineux de l'encéphale, des méninges, de l'œil et des os du crâne pour le verser dans les veines jugulaires internes. Les sinus de la dure-mère sont au nombre de quinze: cinq pairs et cinq impairs. Les sinus pairs sont: 1° les sinus pétreux supérieurs; 2° les pétreux inférieurs; 3° les caverneux; 4° les occipitaux postérieurs; 5° les sinus latéraux. Les sinus impairs sont: 1° le sinus longitudinal supérieur; 2° le longitudinal inférieur; 3° sinus droit; 4° sinus transverse; 5° sinus coronaire. Six de ces sinus forment par leur convergence un réservoir commun appelé confluent postérieur, ou pressoir d'Hérophile (*Torcular Herophili*); ce sont les sinus: longitudinal supérieur, le droit, les latéraux et les occipitaux postérieurs. Ces sinus ont reçu la dénomination de sinus torculariens. Les autres sinus appelés atorculariens aboutissent à deux autres confluents nommés chacun pétro-sphénoïdal, à cause de leur situation entre le sommet du rocher et le sphénoïde. Ces confluents reçoivent les sinus caverneux, transverse, coronaire, pétreux supérieurs et pétreux inférieurs. Ces deux derniers établissent de chaque côté une communication entre les confluents antérieurs, le golfe de la veine jugulaire et les sinus latéraux correspondants.

On voit sur les figures 1, 3 la surface intérieure de la dure-mère crânienne avec les replis, les prolongements et les sinus de cette membrane. La figure 1 montre la tente du cervelet conservée en entier et en rapport avec l'isthme. La faux du cerveau est enlevée. La figure 2 est destinée à montrer le foramen ovale de Pacchioni et les insertions des extrémités des deux circonférences de la tente du cervelet. Dans la figure 3 la tente et la faux sont coupées au niveau de leur bord postérieur; les sinus de la dure-mère sont mis à découvert. La figure 4 montre la cavité du pressoir d'Hérophile et les embouchures des six sinus.

FIGURE I.

PRÉPARATION. — Sciez horizontalement le crâne, l'encéphale et ses enveloppes, depuis les bosses frontales jusqu'un peu au-dessus de la ligne courbe occipitale supérieure.

Figure 1. Dans cette figure, le cerveau a été séparé du reste de l'encéphale par une section faite sur les pédoncules, au niveau des éminences mamillaires.

Figure 2. Les fosses occipitales inférieures et la gouttière basilaire ont été vidées du cervelet et de l'isthme, par une section préalable faite sur le bulbe, au niveau du trou occipital, afin de laisser voir le foramen ovale. Ici on a conservé seulement la portion centrale de la base du crâne.

Figure 3. La masse encéphalique est enlevée complétement de la base du crâne, par une section faite sur le bulbe, au niveau du trou occipital. De plus, la tente et la faux du cervelet sont coupées au niveau de leur bord postérieur, et les sinus mis à nu par la section des portions correspondantes du feuillet intérieur de la dure-mère. Pour montrer le double prolongement que cette membrane envoie dans la cavité orbitaire, enlevez la voûte orbitaire par une section triangulaire dont la base comprend l'arcade orbitaire et dont le sommet correspond au trou optique et à la fente sphénoïdale.

Figure 4. Une portion de la dure-mère, d'environ 5 ou 6 centimètres de largeur, s'étendant à peu près du milieu de la suture sagittale au trou occipital, a été séparée du reste de cette membrane. Les sinus de cette région ont été mis à nu par la face extérieure, au moyen de l'ablation de leur paroi périostique.

Explication de la figure 1.

Parties accessoires. — *a*, *a*, *a*, *a*. Coupe horizontale des téguments et des os du crâne. — *b*, *b*. Section des muscles temporaux. — *c*, *c*. Id. des muscles frontaux. — *d*. Apophyse crista-galli.

Système vasculaire. — A, A. Artères carotides internes coupées. — B. Veines de Galien. — C. Coupe du sinus longitudinal supérieur. — D. Id. du sinus droit.

Système nerveux. — 1, 1. Dure-mère recouvrant les surfaces orbitaires de la base du crâne, auxquelles elle adhère faiblement. — 2. Adhérence de la dure-mère à l'apophyse crista-galli. — 3. Dure-mère recouvrant la lame criblée de l'ethmoïde. Les trous de cette lame sont traversés par des petits canaux de la dure-mère qu contiennent les divisions des nerfs olfactifs. — 4, 4. Adhérence de la dure-mère aux apophyses d'Ingrassias. — 5, 5. Dure-mère tapissant les fosses sphénoïdales. Cette membrane adhère faiblement aux parties externes de ces fosses; son adhérence est plus marquée aux parties internes. — 6. Tente du cervelet. Elle recouvre le cervelet, le sépare des lobes postérieurs du cerveau, et correspond par sa circonférence postérieure : 1° 7, 7, aux gouttières latérales auxquelles elle adhère faiblement; 2° 8, 8, au bord supérieur des rochers. L'adhérence de cette cloison est ici très marquée. Sa portion postérieure contient les sinus latéraux, et l'antérieure forme les sinus pétreux supérieurs. — 9, 9. Circonférence antérieure formant avec la gouttière basilaire un espace parabolique : c'est le foramen ovale de Pacchioni, destiné à loger l'isthme. — 10, 10. Moteur oculaire commun. — 11. Nerf optique traversant le trou optique. — 12. Chiasma des nerfs optiques. — 13. Nerf pathétique. — 14. Nerf de la tente du cervelet. — 15. Tubercules mamillaires. — 16. Tubercules quadrijumeaux. — 17. Glande pinéale. — 18. Coupe du ventricule moyen.

Explication de la figure 2.

Système nerveux. — 1. Dure-mère tapissant la gouttière basilaire. — 2. Feuillet superficiel de cette membrane recouvrant le corps pituitaire. Il est percé d'un trou qui livre passage à la tige pituitaire et contient dans son épaisseur un canal circulaire; c'est le sinus coronaire. Il existe un autre feuillet profond qui tapisse la selle turcique. Le corps pituitaire se trouve donc placé entre ces deux feuillets. — 3. Gaine de la dure-mère traversant le trou optique. — 4. Foramen ovale de Pacchioni formé par la petite circonférence de la tente du cervelet et la gouttière basilaire. — 5, 5. Insertion des extrémités de la circonférence antérieure de la tente sur les apophyses clinoïdes antérieures. — 6, 6. Extrémités de la circonférence postérieure, subjacentes aux précédentes, se fixant aux apophyses clinoïdes postérieures et formant vers le sommet du rocher une espèce de pont au-dessous duquel passe le nerf trijumeau. Au point d'intersection de ces extrémités, on trouve le nerf pathétique. — 7. Nerf optique s'engageant dans le trou optique. — 8. Nerf moteur oculaire commun. Ce nerf traverse la dure-mère dans l'intervalle formé par l'écartement des extrémités de la grande et de la petite circonférence. — 9. Nerf pathétique. — 10. Nerf trijumeau. — 11. Moteur oculaire externe. — 12. Nerf grand hypoglosse se dirigeant du bulbe vers le trou condylien antérieur.

Explication de la figure 3.

Parties accessoires. — *a, a, a.* Section horizontale du crâne et de ses téguments. — *b.* Muscle droit externe de l'œil. — *c.* Muscle droit interne. — *d.* Droit supérieur coupé.

Système vasculaire. — A, A. Sinus pétreux. — B, B. Sinus latéraux. Les premiers sont logés dans les gouttières latérales de la partie postérieure de la base du crâne. — C, C. Sinus pétreux inférieurs, d'une capacité plus grande que les supérieurs; ils sont logés dans la portion de la dure-mère qui répond aux gouttières que l'on remarque dans la suture occipito-pétrée. — D, D. Sinus occipitaux. Ils répondent à la crête occipitale et à la bifurcation de cette crête, et se terminent aux golfes des veines jugulaires. — E, E. Sinus caverneux. Ils sont logés dans les gouttières latérales de la selle turcique, présentent en avant une dilatation nommée sinus ophthalmique et renferment les artères carotides, les nerfs moteurs oculaires externes et les plexus caverneux. On remarque dans l'épaisseur de la paroi externe de chacun de ces sinus, les nerfs, moteur oculaire commun, pathétique et ophthalmique de Willis. — F. Sinus coronaire formé aux dépens de la portion de la dure-mère qui environne le corps pituitaire. — G. Sinus transverse, placé transversalement sur la gouttière basilaire, au niveau du bord adhérent de la lame carrée du sphénoïde. — H. Fin du sinus longitudinal supérieur. Quant au sinus droit, la planche 4 le montre dans toute son étendue.

Système nerveux. — (Côté gauche). 1. Prolongement de la dure-mère dans l'orbite à travers le trou optique, la fente sphénoïdale et formant le périoste orbitaire (côté droit). — 2. Prolongement orbitaire de la dure-mère. Il se divise en deux portions : l'une, centrale, forme une gaîne au nerf optique, laquelle semble se continuer avec la sclérotique; l'autre, périphérique, revêt les parois de l'orbite dont elle forme le périoste et se continue en avant, de chaque côté, avec le périoste extérieur. Entre ces deux portions s'insèrent les muscles droits, oblique supérieur de l'œil et le releveur de la paupière supérieure. — 3. Nerf optique. — 4. Moteur oculaire commun. — 5. Pathétique. — 6. Ophthalmique de Willis. — 7. Moteur oculaire externe. — 8. Facial et auditif. — 9. Les trois portions de la huitième paire. — 10. Grand hypoglosse. — 11. Bulbe coupé.

Explication de la figure 4.

Système vasculaire. — A. Pressoir d'Hérophile avec l'embouchure des six sinus qui sont : — B. Sinus longitudinal supérieur. — C, C. Sinus latéraux. — D, D. Sinus occipitaux. — E. Sinus droit; on ne voit que son ouverture.

PLANCHES 6 ET 7.

ARACHNOÏDE VERTÉBRO-CRANIENNE.

C'est une membrane mince, blanchâtre, demi-transparente, placée entre la dure-mère et la pie-mère. Comme toutes les séreuses, l'arachnoïde forme, tant dans sa portion encéphalique que dans sa portion rachidienne, un sac sans ouverture, et offre à considérer : 1° Un feuillet viscéral qui s'applique sur la pie-mère encéphalique et rachidienne, et fournit des gaînes aux nerfs et aux vaisseaux ; 2° un feuillet pariétal adhérant à la dure-mère. L'arachnoïde diffère essentiellement des autres séreuses. Tandis que celles-ci sont libres par une face et adhérentes par l'autre, l'arachnoïde est libre par ses deux faces. De cette différence anatomique dérivent nécessairement des différences physiologiques ; en effet, dans toutes les membranes séreuses, la sécrétion est simple ; car, elle n'a lieu que sur une des faces. Elle est double, au contraire, dans l'arachnoïde dont les deux surfaces sont libres d'adhérence. De là, sécrétion de deux liquides, l'un contenu dans la cavité arachnoïdienne, l'autre dans la cavité sous-arachnoïdienne. C'est ce dernier qu'on désigne généralement sous le nom de liquide céphalo-rachidien. Indépendamment de ces deux liquides, il en existe un autre renfermé dans les cavités ventriculaires. La voie de communication du liquide encéphalique et du liquide rachidien ou médullaire est admise par tout le monde, vu la continuité de l'arachnoïde encéphalique avec l'arachnoïde rachidienne. Il en est de même du mode de communication des liquides ventriculaire et sous-arachnoïdien, connus aujourd'hui de tous les anatomistes. Nous savons, en effet, depuis les recherches de M. Magendie, que cette communication a lieu par une ouverture placée au niveau du bec du calamus scriptorius. Une question se présente : le liquide ventriculaire communique-t-il avec celui de la cavité arachnoïdienne même, et, quel est son mode de communication? Je dois rappeler que Bichat a admis une communication entre les cavités arachnoïdienne et ventriculaire, faite au moyen d'un canal découvert par lui et désigné sous le nom de canal arachnoïdien de Bichat. Ce canal serait le résultat de la réflexion et de la pénétration de l'arachnoïde dans le ventricule moyen et formerait une espèce de gaîne aux veines de Galien. La plupart des anatomistes nient l'existence de ce canal qu'ils considèrent comme purement artificiel et comme n'étant que le produit d'un mode particulier de préparation employé pour le démontrer. Voulant lever tous mes doutes à cet égard et m'assurer par moi-même de l'existence vraie ou fausse du canal de Bichat, j'ai dirigé mes recherches sur ce point avec la plus grande attention, en ayant soin de m'entourer de toutes les paécautions, pour me garantir des mêmes fautes attribuées à ce grand physiologiste. Je déclare ici que j'ai vu et constaté moi-même plusieurs fois l'existence de ce canal. Je suis donc autorisé à penser que le liquide ventriculaire communique à la fois avec celui de la cavité arachnoïdienne, par le canal arachnoïdien de Bichat et avec le liquide sous-arachnoïdien, au moyen de l'ouverture du bec du calamus scriptorius.

Les figures 1, 2 sont destinées à faire voir les feuillets viscéral et pariétal de l'arachnoïde rachidienne et la continuité de celle-ci avec l'arachnoïde crânienne. Le premier feuillet enveloppe l'axe nerveux médullo-encéphalique et l'origine de tous les nerfs dont il est séparé par la pie-mère et par une couche de liquide séreux. On voit, à travers l'arachnoïde, les divisions artérielles des rameaux spinaux antérieur et postérieur. Le deuxième feuillet tapisse la surface intérieure de la dure-mère, à laquelle il adhère intimement.

La figure 3 a pour but de montrer : 1° l'arachnoïde rachidienne entre la dure-mère et la pie-mère; 2° la cavité contenant dans l'état normal le liquide céphalo-rachidien et limitée par la surface intérieure de l'arachnoïde et de la pie-mère; 3° la continuité du feuillet viscéral avec le feuillet pariétal, au moyen des gaînes que le premier fournit aux nerfs et au ligament dentelé.

La figure 4 représente une coupe horizontale de la moelle et de ses enveloppes, afin d'étudier les rapports qui existent entre ces organes et les deux cavités de l'arachnoïde.

FIGURE I. — PLAN ANTÉRIEUR.

PRÉPARATION. — La même que pour la dure-mère rachidienne. Cette membrane mise à nu, divisez-la dans toute sa longueur avec les ciseaux, et renversez les lambeaux sur les côtés ; vous avez sous les yeux le feuillet pariétal de l'arachnoïde qui revêt la face intérieure de la dure-mère et le feuillet viscéral qui renferme la moelle, la pie-mère avec son ligament dentelé et le liquide céphalo-rachidien.

Explication de la figure 1.

Système vasculaire. — A. Artère vertébrale. — B. Tronc basilaire formé par la convergence des artères vertébrales. — C. Rameau spinal antérieur formé supérieurement par la convergence des deux artérioles provenant des artères vertébrales. Tous ces vaisseaux apparaissent à travers la transparence de l'arachnoïde. — D, D. Artères carotides internes, vues à leur entrée dans le crâne.

Système nerveux. — 1, 1. Feuillet viscéral de l'arachnoïde sur les lobes antérieurs du cerveau. — 2, 2. Id., sur la protubérance et le bulbe rachidien. La transparence de l'arachnoïde permet de voir le réseau veineux de la pie-mère et la plupart des nerfs crâniens. — De 4 en 4 feuillet viscéral de l'arachnoïde enveloppant la pie-mère médullaire dont on voit par transparence les divisions artérielles du rameau spinal antérieur, la moelle qui dessine la forme de cette membrane, les racines des nerfs rachidiens, et le faisceau des nerfs que l'on appelle queue de cheval. — De 5 en 5. Feuillet pariétal de l'arachnoïde sur la face intérieure de la dure-mère rachidienne. — 6. Plexus cervical. — 7. Plexus Brachial. — De 8 en 8. Nerfs dorsaux. — 9. Plexus lombaire. — 10. Plexus sacré. — 11. Huitième paire des nerfs crâniens. — 12. Neuvième paire.

FIGURE II. — PLAN POSTÉRIEUR.

Explication de la figure 2.

Système vasculaire. — A. Réseau veineux de la pie-mère, vu à travers l'arachnoïde. — B. Sinus longitudinal supérieur ouvert, recevant les veines cérébrales. — C. Sinus latéral. — D. Pressoir d'Hérophile ouvert, recevant le sinus droit. — De E en E. Divisions artérielles des rameaux spinaux postérieurs. — F. Artère vertébrale.

Système nerveux. — 1, 1. Arachnoïde encéphalique sur les lobes du cerveau. — 2, 2. Id., sur le cervelet. — 3, 3. Feuillet viscéral de l'arachnoïde médullaire ou rachidienne. — 4. Point de réunion de l'arachnoïde rachidienne avec l'arachnoïde crânienne. — 5. Ampoule formée par l'arachnoïde autour de la queue de cheval. — 6, 6. Gaines formées par l'arachnoïde aux racines postérieures des nerfs spinaux. — De 7 en 7. Feuillet pariétal de l'arachnoïde, tapissant la face intérieure de la dure-mère. — 8, 8. Ganglions et branches des nerfs rachidiens. — 9, 9. Branches postérieures des nerfs dorsaux, séparées par les ligaments costo-transversaires inférieurs.

Explication de la figure 3.

Système nerveux. — 1. Dure-mère rachidienne incisée supérieurement et érignée sur les côtés. — 2, 2. Gaines formées par cette membrane autour des racines et des ganglions spinaux. — 3. Arachnoïde rachidienne ou médullaire, laissant voir par transparence les rameaux spinaux mis à nu supérieurement. — 4, 4. Gaines formées par l'arachnoïde autour des racines des nerfs et du ligament dentelé. — 5, 5. Points de communication du feuillet viscéral de l'arachnoïde avec son feuillet pariétal. — 6. Pie-mère dans l'épaisseur de laquelle on voit les divisions artérielles du rameau spinal antérieur. — 7. Ligament dentelé séparant les racines antérieures des racines postérieures des nerfs spinaux, et servant de communication entre la dure-mère et la pie-mère.

Explication de la figure 4.

Système nerveux. — 1. Dure-mère rachidienne. — 2. Feuillet pariétal de l'arachnoïde. — 3. Feuillet viscéral. — 4. Pie-mère. — 5. Moelle. — 6. Cavité arachnoïdienne. — 7. Cavité sous-arachnoïdienne. — 8. Point de réunion du feuillet viscéral avec le feuillet pariétal. — 9. Gaîne de la dure-mère autour des racines d'un des nerfs spinaux et du ganglion correspondant. — 10. Racine postérieure et ganglion inter-vertébral. — 11. Racine antérieure. — 12. Ligament dentelé.

PLANCHE 8.

ARACHNOÏDE CRANIENNE OU ENCÉPHALIQUE.

Le feuillet viscéral de cette membrane enveloppe complétement l'encéphale, dont il est séparé par la pie-mère et par une couche de sérosité plus ou moins abondante. L'arachnoïde est unie par ce feuillet à la pie-mère, au moyen d'un tissu cellulaire très ténu, susceptible d'infiltration. Dans son trajet, cette membrane passe d'une circonvolution à l'autre, à la manière d'un pont, sans s'enfoncer dans les anfractuosités. Ce mode de passage de l'arachnoïde sur les circonvolutions contribue à former des espaces entre celle-ci et les anfractuosités recouvertes par la pie-mère. Ces espaces sont surtout prononcés à la base du cerveau. Ainsi, cette base présente vers sa partie moyenne et sur la ligne médiane, entre les lobes du cerveau et la protubérance annulaire, un intervalle formé par ces saillies et cette membrane; c'est ce qu'on nomme espace sous-arachnoïdien antérieur. A la partie postérieure de l'encéphale, l'arachnoïde passe d'un hémisphère cérébelleux à l'autre et du cervelet sur le bulbe rachidien, sans s'enfoncer dans les scissures et laisse entre elle et ces renflements un autre espace : c'est l'espace sous-arachnoïdien postérieur. Tous ces espaces communiquent entre eux, et sont remplis de sérosité dans l'état normal. L'arachnoïde viscérale accompagne tous les vaisseaux et les nerfs jusque dans les trous de la base du crâne. Arrivée là, elle s'en dégage, pour se réfléchir, se continuer avec l'arachnoïde qui tapisse la face intérieure de la dure-mère et constituer le feuillet pariétal. L'arachnoïde envoie autour de la tige pituitaire un prolongement qui se continue aussi avec l'arachnoïde pariétale. A la convexité, cette membrane s'enfonce dans la scissure médiane antéro-postérieure, et se réfléchit d'un hémisphère à l'autre, au-dessus du corps calleux. Parvenue au bourrelet du corps calleux, l'arachnoïde se dirige sur la face supérieure du cervelet, trouve sur son passage les veines de Galien, et forme tout autour un canal qui, d'après Bichat, établit une communication entre l'arachnoïde extra et intra ventriculaire.

On voit (fig. 1, 2) le feuillet viscéral de l'arachnoïde de la convexité du cerveau (face supérieure) et de sa base (face inférieure). Le feuillet pariétal se remarque sur la face intérieure de la dure-mère dont les lambeaux sont renversés.

Figure 3. Coupe verticale et transversale du cerveau et de ses enveloppes, afin de montrer les rapports qui existent entre ces différentes parties.

FIGURE 1 ET 2.

PRÉPARATION. — La même que pour la face extérieure de la dure-mère crânienne. Incisez de plus, la dure mère sur les côtés du sinus longitudinal supérieur; renversez les lambeaux, vous avez sous les yeux l'arachnoïde viscérale qui revêt la convexité du cerveau et dont la transparence laisse voir le réseau vasculaire de la pie-mère et le feuillet pariétal de l'arachnoïde adhérant à la face intérieure de la dure-mère. Pour étudier l'arachnoïde viscérale de la base du cerveau et sa continuité avec l'arachnoïde pariétale, détachez la faux de l'apophyse crista-galli; soulevez la masse encéphalique de la main introduite sous les lobes antérieurs du cerveau et renversez-la légèrement, d'avant en arrière. Cette manière de procéder exerce sur les gaînes, fournies par l'arachnoïde aux nerfs et aux vaisseaux, un tiraillement qui les rend plus visibles et permet de les mieux étudier. Coupez successivement les nerfs, les vaisseaux et la tige pituitaire, séparez la tente du cervelet du bord supérieur des rochers et de la base de la faux; coupez avec de grands ciseaux les autres nerfs qui retiennent encore l'encéphale à la base du crâne; enfoncez profondément la lame d'un couteau dans le trou occipital; coupez entre la première et la deuxième vertèbre cervicale, la moelle, les artères vertébrales et les nerfs spinaux; dégagez la masse encéphalique de la boîte crânienne, à l'aide de la main introduite dans la solution de continuité, pendant que de l'autre vous soulevez légèrement l'encéphale par sa convexité. Vous avez alors sous les yeux, d'une part, l'encéphale revêtu du feuillet viscéral de l'arachnoïde; de l'autre, le feuillet pariétal adhérant à la face extérieure de la dure-mère. Afin de rendre plus apparent le feuillet viscéral de l'arachnoïde, on peut insuffler de l'air au moyen d'un chalumeau introduit entre celle-ci et la pie-mère, au niveau de l'un des espaces sous-arachnoïdiens.

Explication de la figure 1.

Système vasculaire. — A, A. Artères vertébrales. — B. Tronc basilaire formé par l'anastomose des deux artères vertébrales. — C. Artère cérébelleuse antérieure. — D. Tronc médian antérieur ou rameau spinal antérieur. Ces artères sont vues par transparence de l'arachnoïde. — E, E. Artères carotides internes revêtues de leurs gaînes arachnoïdiennes. — F, F, F. Veines cérébrales et cérébelleuses à nu. — G, G, G. Mêmes veines vues à travers l'arachnoïde. — H. Coupe du sinus longitudinal supérieur.

Système nerveux. — 1. Arachnoïde s'enfonçant entre les lobes antérieurs du cerveau. — 2. *Id.* passant directement d'un lobe à l'autre. — 3. *Id.* recouvrant les artères carotides internes et le chiasma des nerfs optiques. — 4. *Id.* recouvrant le tuber cinereum. — 5. Gaine de la tige pituitaire, formée par l'arachnoïde. — 6. Arachnoïde passant d'un lobe à l'autre, et du cerveau à la protubérance annulaire, pour former l'espace sous-arachnoïdien antérieur. — 7. Arachnoïde passant de la protubérance annulaire au bulbe et aux hémisphères du cervelet pour former l'espace sous-arachnoïdien postérieur. Ces deux espaces servent de réservoir au liquide céphalo-rachidien. Les portions de l'arachnoïde qui concourent à former ces deux espaces sont doublées par un tissu fibreux. Cette disposition est encore plus marquée dans la portion de l'arachnoïde correspondant à l'espace sous-arachnoïdien antérieur. — 8. Arachnoïde recouvrant le lobe antérieur du cerveau et le nerf olfactif. — 9. Arachnoïde se dirigeant sur les lobes moyen et postérieur, sans s'enfoncer dans la scissure de Sylvius. Cette membrane, en passant d'un lobe à l'autre, et d'une circonvolution à une autre, à la manière d'un pont, forme de petits espaces qui sont en communication avec les grands espaces. — 10. Portion de l'arachnoïde fournissant des gaînes aux nerfs crâniens. — 11. Arachnoïde et bulbe rachidien coupés horizontalement. — 12. Arachnoïde pariétale adhérant aux lambeaux renversés de la dure-mère. — 13. Pie-mère et son réseau veineux mis à nu.

Explication de la figure 2.

Système vasculaire. — A. Sinus longitudinal supérieur ouvert, et recevant les veines cérébrales. — B, B. Réseau veineux de la convexité du cerveau.

Système nerveux. — 1, 1. Arachnoïde viscérale recouvrant la convexité du cerveau et laissant voir par transparence les veines. — 2, 2. Pie-mère et réseau veineux à nu. — 3, 3, 3. Granulations de Pacchioni dont une partie soulève l'arachnoïde, et l'autre est mise à nu. — 4. Arachnoïde pariétale revêtant la face intérieure de la dure-mère dont un lambeau est renversé.

Explication de la figure 3.

Système nerveux. — 1, 1. Fragments des lobes du cerveau. — 2, 2, 2. Double feuillet de la pie-mère, dans chaque anfractuosité. — 3, 3. Arachnoïde viscérale et sa continuité avec l'arachnoïde pariétale. — 4. Feuillet extérieur de la dure-mère. — 5. Feuillet intérieur de la dure-mère confondu avec l'extérieur qu'il abandonne pour se replier sur lui-même, et former en s'accolant de nouveau la faux et le sinus.

PLANCHES 9 ET 10.

PIE-MÈRE VERTÉBRO-CRANIENNE.

C'est la troisième membrane placée entre le centre nerveux médulo-encéphalique, qu'elle enveloppe immédiatement, et l'arachnoïde, qui lui est superposée. Elle est mince, demi-transparente, de nature cellulo-vasculaire dans le crâne et fibro-vasculaire dans le canal rachidien. Elle sert de support au réseau vasculaire qui pénètre le centre nerveux.

On divise la pie-mère en pie-mère crânienne et pie-mère rachidienne.

Cette planche montre principalement la pie-mère rachidienne superposée immédiatement à la moelle avec laquelle elle a des connexions intimes, les divisions artérielles des rameaux spinaux et l'origine des nerfs rachidiens, entre les racines desquels on voit les ligaments dentelés.

La figure 1 montre la pie-mère rachidienne et sa continuité avec la pie-mère crânienne, par le plan antérieur, les divisions artérielles du rameau spinal antérieur, les racines et les branches antérieures des nerfs rachidiens qui sont en rapport avec la chaîne ganglionnaire du grand sympathique.

La figure 2 laisse voir la pie-mère rachidienne par le plan postérieur, les divisions artérielles des rameaux spinaux postérieurs, les racines et les branches postérieures des nerfs rachidiens.

FIGURES 1, 2. — PLAN ANTÉRIEUR ET PLAN POSTÉRIEUR.

PRÉPARATION. — La même que pour la dure-mère et l'arachnoïde rachidienne. De plus, incisez l'arachnoïde, renversez les lambeaux de chaque côté; vous avez devant vous la surface extérieure de la pie-mère rachidienne, facile à reconnaître à son réseau vasculaire et visible surtout par l'injection naturelle des veines. Pour bien étudier la surface intérieure de cette membrane, on procède de la manière suivante. Isolez complétement la moelle du canal rachidien et de ses deux enveloppes extérieures; divisez la pie-mère circulairement, au niveau du bulbe rachidien; renversez-la de haut en bas; tirez-la dans le même sens, de manière à l'isoler de la moelle, comme on dépouille une anguille. Il vous reste alors une espèce de boyau qui présente, sur les côtés, toutes les racines des nerfs rachidiens. Par l'insufflation, vous pouvez reproduire la forme de cette membrane. Ce mode de préparation exige que la moelle soit excessivement fraîche : telle est celle des suppliciés, des individus frappés de mort subite ou des enfants nouveau-nés.

Un autre mode de préparation employé de préférence, lorsque la moelle n'est pas fraîche, est le suivant : On fait macérer la moelle pendant quelques jours, dans une faible dissolution de potasse; on la plonge ensuite dans de l'eau fraîche, qui doit être renouvelée à mesure que la dissolution se trouble. De la sorte, la moelle finit par disparaître, entraînée par le liquide, et la pie-mère intacte est mise à nu.

Explication de la figure 1.

Parties accessoires. — (*Voy.* l'explication de la figure 2 des planches 1, 2.)

Système vasculaire. — A. Sinus longitudinal supérieur. — B, B. Ramifications de l'artère cérébrale antérieure. — C, C. Ramifications de la cérébrale moyenne. — D. Artère cérébrale postérieure. — E. Tronc basilaire formé par la convergence des F, F, artères vertébrales. — G. Artère vertébrale vue dans le canal vertébral à moitié coupé. — H. Rameau spinal antérieur, résultant de l'anastomose par convergence des ramuscules fournies par les artères vertébrales. Ce rameau est très flexueux; placé sur la ligne médiane, et dans l'épaisseur de la pie-mère qui recouvre la face antérieure de la moelle, il reçoit, de chaque côté, des branches de renforcement des artères cervicales ascendantes, intercostales, lombaires, iléo-lombaires, sacrées moyennes et sacrées latérales, et concourt à former un réseau artériel qui se perd en partie dans la substance grise de la moelle. — I. Portion de l'artère carotide interne enlacée par les branches ascendantes du ganglion cervical supérieur.

Système nerveux. — 1. Pie-mère crânienne et son réseau artériel, recouvrant le lobe antérieur du cerveau. — 2. *Id.*, le lobe moyen. — 3. *Id.*, la protubérance annulaire. — 4. *Id.*, le bulbe crânien. — 5. Nerf olfactif. — 6. Chiasma des nerfs optiques. — 7. Nerf moteur oculaire commun. — 8. Grosses et petites racines du nerf trijumeau. — 9. Moteur oculaire externe. — 10. Nerf facial et auditif. — 11. Huitième paire formée par les nerfs glosso-pharyngien, pneumo-gastrique et spinal. — 12. Nerf grand hypoglosse. Tous ces nerfs reçoivent de la pie-mère autant de gaînes qui se confondent avec leur névrilème. — De 13 en 13, pie-mère rachidienne recouverte d'un réseau artériel formé par les artères médulli-spinales. Cette membrane envoie un double prolongement dans le sillon médian antérieur de la moelle. — 14, 14. Ligament dentelé, commençant au niveau du trou occipital, entre l'artère vertébrale et le nerf grand hypoglosse, et se terminant à peu près au niveau de l'extrémité inférieure de la moelle. Ce ligament établit une communication entre la pie-mère et la dure-mère, et sépare les racines antérieures des racines postérieures des nerfs rachidiens ; il est un des moyens de fixité de la moelle. — 15. Ligament caudal ou coccygien, d'une apparence nacrée, formé par la terminaison de la pie-mère ; il occupe le centre de la queue de cheval, s'insère à la base du coccyx et sert à fixer l'extrémité inférieure de la moelle. — 16, 16, 16. Racines antérieures des nerfs rachidiens. Chacun des filets qui concourent à former les racines est entouré d'une gaîne névrilématique de la pie-mère. — 17, 17, 17. Branches antérieures des nerfs rachidiens. — 18, 18. Ganglions rachidiens ou spinaux. — 19. Plexus cervical. — 20. Plexus brachial. — 21. Plexus lombaire. — 22. Plexus sacré. — 23, 23. Portion cervicale de la chaîne ganglionnaire du grand sympathique, formée par les ganglions cervical supérieur, moyen, inférieur et leurs cordons de communication. — 24, 24. Anastomoses des plexus cervical et brachial avec la portion cervicale du grand sympathique. — 25, 25. Portion thoracique de la chaîne ganglionnaire du grand sympathique. — 26, 26, 26. Anastomoses des ganglions thoraciques avec les nerfs intercostaux — 27, 27. Portion lombaire et sacrée de la chaîne ganglionnaire du grand sympathique. — 28, 28. Anastomoses de ces mêmes ganglions avec les nerfs lombaires et sacrés. — 29. Portion du grand splanchnique. — 30. Portion du petit splanchnique. — 31. Ganglion coccygien, résultant de l'anastomose médiane de l'extrémité inférieure des deux chaînes ganglionnaires du grand sympathique.

Explication de la figure 2.

Parties accessoires. — (*Voy.* l'explication de la figure 1 des planches 1 et 2.)

Système vasculaire. — A. Artère vertébrale. — B. Artère cérébelleuse inférieure et postérieure. — C, C. Rameaux spinaux postérieurs. Ils naissent de l'artère vertébrale au point où celle-ci contourne les parties latérales du bulbe, se dirigent parallèlement, de haut en bas, sur les côtés du sillon médian-postérieur, en affectant dans leur trajet une disposition flexueuse, et reçoivent, comme le rameau spinal antérieur, des branches de renforcement qui traversent le canal fibreux fourni par la dure-mère à chaque paire de nerfs. Ces branches proviennent des artères cervicales, dorsales, lombaires et sacrées.

Système nerveux. — 1. Coupe de la couche optique. — 2. Tubercules quadrijumeaux. — 3. Section des pédoncules du cervelet. — 4. Paroi antérieure du quatrième ventricule. — 5. Nerf pathétique. — 6. Nerf auditif. Il contourne le corps restiforme et se divise en plusieurs filets qu'on peut suivre jusqu'au sillon médian du calamus scriptorius, et qui concourent à former les barbes du calamus. — 7. Huitième paire, s'engageant dans le trou déchiré postérieur. — 8. Nerf grand hypoglosse vu à droite, dans le trou condylien antérieur coupé à moitié. — De 9 en 9, surface extérieure de la pie-mère rachidienne, recouverte d'un réseau artériel flexueux provenant des artères médulli-spinales.

Après avoir soumis la pie-mère rachidienne à la macération dans l'eau, son réseau vasculaire se dégorge, et l'on voit alors qu'elle est rugueuse, d'un blanc nacré, constituée par un tissu fibreux très résistant, et hérissée de prolongements cellulo-fibreux et cellulo-vasculaires. Les premiers unissent cette membrane au feuillet viscéral de l'arachnoïde ; les seconds, à la substance propre de la moelle. Elle est remarquable aussi par un grand nombre de plis transverses croisés par d'autres plis obliques. Tous ces plis s'effacent par l'extension de la moelle ; ils reparaissent aussitôt que la traction a cessé.

10, 10. Ligament dentelé, séparant les racines antérieures des racines postérieures des nerfs rachidiens. — 11. Ligament coccygien ou caudal, appelé par les anciens nerf impair. Il n'est autre chose que la terminaison caudale de la pie-mère, et est, par conséquent, de nature fibreuse comme elle. — 12, 12, 12. Racines postérieures des nerfs spinaux. — 13, 13, 13. Ganglions des nerfs spinaux, formés aux dépens des racines postérieures. — 14, 14, 14. Branches postérieures des nerfs spinaux. — 15, 15, 15. Branches antérieures des nerfs spinaux.

PLANCHE 11.

PIE-MÈRE CRANIENNE OU ENCÉPHALIQUE.

Beaucoup plus étendue que le feuillet viscéral de l'arachnoïde encéphalique, à laquelle elle est subjacente, la pie-mère encéphalique enveloppe immédiatement tout l'encéphale, auquel elle adhère par une myriade de vaisseaux qui le pénètrent. Au lieu de franchir l'intervalle des circonvolutions, comme l'arachnoïde, elle s'y enfonce en tapissant le fond et les parois correspondantes des anfractuosités. Cette membrane envoie aussi des prolongements dans les cavités ventriculaires, désignés sous les noms de toile choroïdienne, plexus choroïdes, ou pie-mère intérieure, par opposition à la pie-mère de la périphérie, appelée simplement pie-mère extérieure. La pie-mère encéphalique est essentiellement constituée par un réseau vasculaire dont les nombreuses ramifications sont réunies par un tissu cellulaire lâche.

En faisant l'étude comparative des vaisseaux de l'encéphale, on trouve une différence énorme dans le rapport des veines et des artères, qui est dans la pie-mère : : 6 : 1. (Pour l'étude des veines, *voy.* planche 8.) Quant à la pie-mère intérieure, elle sera étudiée avec les ventricules cérébraux.

La figure 1 montre les artères de la face inférieure de l'encéphale.

La figure 2 fait voir ces mêmes artères sur la face interne d'un hémisphère cérébral, au moyen d'une coupe verticale antéro-postérieure pratiquée sur le noyau cérébral. On voit aussi, sur la même figure, les artères du cervelet, de la protubérance et du bulbe crânien, lesquels sont conservés en entier et vus de profil.

PRÉPARATION. — Après avoir procédé comme pour la préparation de l'arachnoïde crânienne, dépouillez l'encéphale de l'arachnoïde, en commençant au niveau des espaces sous-arachnoïdiens, afin de séparer plus facilement cette membrane de la pie-mère, ce qui serait à peu près impossible au niveau des circonvolutions, à cause de l'intime contiguïté de ces deux enveloppes. Cette précaution devient inutile par l'insufflation préalable de l'air entre la pie mère et l'arachnoïde. L'étude du système vasculaire, qui pénètre de la pie-mère dans l'épaisseur de l'encéphale, doit se faire au moyen de deux injections de couleurs différentes. Pour bien voir les veines, l'injection artificielle n'est pas de rigueur. Il suffit seulement de laisser quelques heures la tête d'un cadavre pendante, pour produire une injection naturelle, ou bien de se procurer le cadavre d'un individu mort par asphyxie.

Cette planche sert à montrer la pie-mère et ses divisions artérielles.

Les artères de l'encéphale proviennent de deux sources : 1° de l'artère sous-clavière ; 2° de l'artère carotide interne. L'artère sous-clavière donne une grosse branche à l'encéphale : c'est l'artère vertébrale. Celle-ci s'engage dans les trous des apophyses transverses des six premières vertèbres cervicales, en décrivant deux courbures principales dont l'une est entre l'axis et l'atlas ; l'autre, plus grande, entre l'atlas et l'occipital. Ensuite, l'artère vertébrale pénètre dans la cavité crânienne par le trou occipital, se place entre la gouttière basilaire et le bulbe rachidien, et forme, au niveau du sillon qui sépare le bulbe de la protubérance, en s'anastomosant avec celle du côté opposé, le tronc basilaire. Arrivé au-devant du bord antérieur de la protubérance, ce tronc se bifurque. Les deux branches de cette bifurcation s'anastomosent avec l'artère carotide interne, au moyen de l'artère communicante de Willis. De ces quatre branches principales, c'est-à-dire des deux vertébrales et des deux carotides internes émanent toutes les artères du centre nerveux médullo-encéphalique, divisées en artères de la moelle, du cervelet et du cerveau.

1° Des artères de la moelle, les unes, celles de la face antérieure, proviennent du rameau spinal antérieur ; les autres, postérieures à la moelle, sont appelées rameaux spinaux postérieurs. Ces rameaux spinaux émanent des artères vertébrales et reçoivent, de chaque côté, dans toute la longueur de la moelle, des branches de renforcement des artères thyroïdiennes, vertébrales, cervicales profondes, intercostales, lombaires, iléo-lombaires et sacrées latérales.

2° Des artères du cervelet, au nombre de trois de chaque côté, deux appartiennent à sa face inférieure, et se distribuent, l'une, à la portion postérieure de sa face inférieure : c'est l'artère cérébelleuse postérieure et inférieure ; l'autre, à la portion antérieure de la même face : c'est l'artère cérébelleuse antérieure et inférieure. La troisième se ramifie dans toute la face supérieure du cervelet : on l'appelle cérébelleuse supérieure. De ces trois artères cérébelleuses, une seule, la première, provient de l'artère vertébrale ; les deux autres viennent du tronc basilaire.

3° Des artères du cerveau, au nombre de trois de chaque côté, la première, artère cérébrale postérieure, est la bifurcation même du tronc basilaire et se distribue dans le lobe postérieur. La deuxième, cérébrale moyenne, se perd dans le lobe moyen. La troisième, artère cérébrale antérieure ou artère du corps calleux, envoie des rameaux au lobe antérieur, au corps calleux et à la face interne des hémisphères. Ces deux dernières sont fournies par l'artère carotide interne.

Il résulte de cette disposition anatomique, que les artères carotides internes s'anastomosent indirectement avec les sous-clavières, au moyen de deux petites artères placées d'avant en arrière sur les côtés de l'excavation médiane du cerveau. Ce sont: les artères communicantes postérieures ou communicantes de Willis, ainsi nommées par opposition à une artériole située transversalement sur la ligne médiane, qu'on appelle artère communicante antérieure et qui sert de communication entre les deux artères cérébrales antérieures. Ces anastomoses se voient dans l'excavation médiane de la base du cerveau et concourent à former un hexagone artériel dont les bords antérieurs sont constitués par les cérébrales antérieures, les bords postérieurs par les cérébrales postérieures, et les bords latéraux par les communicantes de Willis. A l'angle antérieur correspond l'artère communicante antérieure; à l'angle postérieur, le tronc basilaire; aux angles latéraux et antérieurs, les cérébrales moyennes; aux angles latéraux et postérieurs, les cérébrales postérieures.

Explication de la figure 1.

Système vasculaire. -- A, A. Artères vertébrales. — B. Rameau spinal antérieur ou médian antérieur. Ce rameau provient de l'anastomose par convergence de deux ramuscules fournis par les artères vertébrales. — C, C. Rameaux spinaux postérieurs donnés par les artères vertébrales au niveau des parties latérales du bulbe crânien. Ils se dirigent sur la face postérieure de celui-ci où ils deviennent parallèles entre eux. — D, D. Artères cérébelleuses inférieure et postérieure. — F. Tronc basilaire résultant de l'anastomose par convergence des artères vertébrales. — F, F. Ramuscules chevelus de la protubérance. — G. Cérébelleuse inférieure et antérieure. — H. Cérébelleuse supérieure. Elle contourne le pédoncule cérébral et se perd sur la face supérieure du cervelet. — I. Artère cérébrale postérieure. Branche terminale du tronc basilaire, elle se dirige en dehors parallèlement à la cérébelleuse supérieure, dont elle est séparée par le nerf moteur oculaire commun; de là, se porte en arrière, entre le cervelet et le lobe postérieur du cerveau dans lequel elle se ramifie. On voit, sur le lobe postérieur du cerveau, du côté gauche, le trajet de cette artère mise à nu, au moyen de l'ablation de l'hémisphère correspondant du cervelet, par une section faite sur son pédoncule moyen. — J. Choroïdienne postérieure. Elle vient de la cérébrale postérieure, contourne les pédoncules du cerveau, passe dans la fente cérébrale de Bichat, et se ramifie dans les plexus choroïdes et la toile choroïdienne. — K. Artère communicante postérieure ou de Willis. — L. Artère carotide interne coupée, donnant : en arrière, — M, la choroïdienne antérieure ; en dehors, — N, la cérébrale moyenne. Cette artère se dirige vers la scissure de Sylvius, dans laquelle elle s'enfonce, après avoir fourni des rameaux à la face inférieure du lobe antérieur du cerveau. On voit du côté gauche, par l'ablation d'une portion du lobe moyen, la même artère dans la scissure de Sylvius et ses trois branches. L'une, antérieure, repose sur le lobe antérieur auquel elle envoie des rameaux; l'autre, postérieure, sur le lobe postérieur qui reçoit aussi des rameaux ; la troisième répond au lobe triangulaire qu'on remarque au fond de la scissure de Sylvius et auquel elle donne des ramifications. Toutes ces branches viennent ensuite se réfléchir, de bas en haut, sur la convexité du cerveau dans laquelle elles se perdent après s'être anastomosées entre elles, et avec les artères cérébrales antérieure et postérieure. — O. Cérébrale antérieure. — P. Point de réflexion de cette artère sur le corps calleux. — R. Artère communicante antérieure.

Système nerveux. — Les nerfs crâniens sont vus à leur origine, afin d'étudier leurs rapports avec les artères.

Explication de la figure 2.

Système vasculaire. — A. Artère vertébrale. — B. Rameau spinal antérieur. — C. Rameau spinal postérieur. — D. Artères cérébelleuses inférieure et postérieure. — E. Tronc basilaire. — F. Artères cérébelleuses inférieure et antérieure. — G. Cérébelleuse supérieure se distribuant à la face supérieure du cervelet. — H. Artère cérébrale postérieure coupée. — I. Choroïdienne postérieure. Elle contourne le pédoncule du cerveau, passe entre les tubercules quadrijumeaux et le bourrelet du corps calleux, et se perd dans le plexus choroïde. — J. Artère communicante de Willis. — K. Carotide interne. — L. Cérébrale moyenne se perdant dans la scissure de Sylvius. — M. Cérébrale antérieure contournant le corps calleux, auquel elle donne plusieurs branches et se ramifiant sur la face interne de l'hémisphère.

Système nerveux. — 1. Face interne de l'hémisphère gauche. — 2. Corps calleux — 3. Septum lucidum. — 4. Voûte à trois piliers. — 5. Moitié du ventricule moyen. — 6. Glande pinéale et ses pédoncules. — 7. Tubercules quadrijumeaux. — 8. Pédoncule cérébral droit coupé. — 9. Protubérance annulaire. — 10. Bulbe crânien. — 11. Cervelet vu de profil.

PLANCHES 12 ET 13.

MOELLE ÉPINIÈRE DÉPOUILLÉE DE SON NÉVRILÈME OU PIE-MÈRE.

La moelle épinière est cette portion du centre nerveux médullo-encéphalique qui est logée dans le centre du canal vertébral dont elle occupe les régions cervicale et thoracique. Elle a la forme d'une tige cylindroïde, légèrement aplatie d'avant en arrière, symétrique, alternativement renflée, blanchâtre, sillonnée dans sa longueur et sert à l'implantation des racines des nerfs rachidiens ; elle se continue, en haut, avec l'encéphale dont elle est considérée par les uns comme l'origine et par d'autres comme la terminaison ; en bas, elle se continue avec la queue de cheval qui occupe la région lombo-sacrée du même canal. Vers le troisième mois de la vie intra-utérine, la moelle s'étend jusque dans le sacrum.

Les limites supérieures de la moelle sont encore un sujet de controverse : les uns la placent au trou occipital ou à l'entre-croisement des pyramides ; les autres au sillon qui sépare le bulbe de la protubérance. Ces deux opinions sont le plus généralement adoptées ; mais les limites de la moelle sont purement arbitraires, car elle ne finit pas plus au trou occipital qu'au sillon de la protubérance. Aussi, l'opinion de Vésale, qui fait commencer la moelle aux couches optiques, serait-elle également fondée. Cette dissidence des auteurs m'autorise à reproduire la tige médullaire telle qu'elle est ici, sans me préoccuper de ses limites véritables. Les limites inférieures de la moelle ne sont pas non plus les mêmes pour tous les anatomistes. Ces différences sont quelquefois individuelles, ou tiennent en partie à la position qu'on a donnée au sujet. On peut dire cependant que la terminaison la plus ordinaire de la moelle est au niveau du disque qui sépare l'une de l'autre les deux premières vertèbres lombaires. Ce n'est que pour justifier la dénomination de moelle épinière, qui est l'origine apparente des nerfs spinaux, et en faciliter l'étude, que j'ai défini la moelle : toute cette portion du centre nerveux renfermée dans le canal vertébral.

La moelle épinière n'occupe donc que les deux tiers supérieurs du canal vertébral. Elle est loin aussi de le remplir dans le sens de sa largeur ; elle n'en occupe, en effet, que les deux tiers internes. Tout le reste du canal renferme les racines des nerfs, les ligaments dentelés, le ligament coccygien, les trois enveloppes, les veines du rachis et une graisse fluide, rougeâtre, ayant de l'analogie avec la moelle des os longs. Cette graisse, en abondance surtout dans la région sacrée, se trouve encore en plus grande quantité chez les enfants.

Les figures 1, 2 montrent la moelle épinière avec ses sillons et ses renflements, isolée du canal rachidien, privée de la pie-mère et des racines des nerfs spinaux.

La figure 3 sert à montrer l'entre-croisement des cordons latéraux de la moelle, qui concourent à former les pyramides antérieures du bulbe crânien.

Figure 4, coupe transversale des pédoncules cérébraux.

Figure 5, coupe horizontale du bulbe crânien, au niveau de la partie moyenne des olives.

La figure 7 et les autres sont des coupes horizontales de la moelle, faites à diverses hauteurs, pour étudier : 1° les deux substances blanche et grise de la moelle ; 2° leurs rapports de position et de proportion ; 3° les différentes formes de la substance grise ; 4° les sillons de la moelle.

PRÉPARATION DES FIGURES 1 ET 2. — Après avoir isolé la moelle pourvue de son névrilème, par les procédés déjà décrits, on la dépouille complétement, soit à la manière d'une anguille (*voy.* préparation de la pie-mère rachidienne), soit en enlevant sa membrane propre lambeaux par lambeaux, au moyen d'une incision longitudinale faite un peu en dehors du sillon médian. Afin de ne pas intéresser la moelle, on détache avec beaucoup de précaution la pie-mère, qui tient à celle-ci par une multitude de prolongements fibro-vasculaires.

Une moelle excessivement fraîche est de rigueur.

Explication de la figure 1.

PLAN ANTÉRIEUR.

Système nerveux. — 1. Chiasma des nerfs optiques. — 2. Pédoncule du cerveau. On remarque dans l'espace losangique compris entre le nerf optique et les pédoncules du cerveau, d'avant en arrière : — 3, le tuber cinereum ; — 4, les tubercules mamillaires ; — 5, et les lamelles perforées médianes. — 6. Protubérance annulaire. — 7. Coupe du pédoncule moyen du cervelet. — 8. Sillon transversal, séparant le bulbe de la protubérance. — 9. Premier renflement de la moelle ou bulbe crânien. — 10. Pyramide antérieure. — 11. Corps olivaire. — 12. Portion antérieure du corps restiforme. — 13. Collet du bulbe. — 14. Bulbe rachidien moyen ou renflement cervico-brachial. — 15. Bulbe rachidien inférieur ou renflement lombaire. — De 16 en 16, sillon médian antérieur. Il est peu profond et occupe le tiers antérieur de l'épaisseur de la moelle. En l'écartant un peu, on aperçoit au fond une lame blanche, criblée de trous : c'est la commissure antérieure. Ce sillon reçoit de la pie-mère un double prolongement. — De 17 en 17, sillons latéraux ou collatéraux antérieurs, très superficiels et plutôt apparents que réels; ils sont placés en dehors des racines antérieures : ces sillons ne sont pas admis par tous les anatomistes.

Explication de la figure 2.

PLAN POSTÉRIEUR.

Système nerveux. — 1. Coupe de la couche optique. — 2. Tubercules quadrijumeaux. — 3. Faisceau triangulaire latéral de l'isthme. — 4. Coupe du pédoncule du cervelet. — 5. Bulbe crânien. — 6. Plancher antérieur du quatrième ventricule. — 7. Sillon médian du quatrième ventricule, concourant à former le calamus scriptorius. — 8. Renflement mamelonné, bordant le bec du calamus. — 9. Portion postérieure du corps restiforme. — 10. Bulbe rachidien moyen. — 11. Bulbe rachidien inférieur.

De tout ce qui précède il résulte que la moelle présente dans sa longueur trois renflements. Le premier, bulbe rachidien supérieur ou crânien, commence au niveau du sillon qui le sépare de la protubérance annulaire, et se termine par un léger rétrécissement qu'on appelle collet. Ce bulbe occupe la gouttière basilaire, correspond par son collet au trou occipital, et donne naissance à la septième, à la huitième et à la neuvième paire crânienne. Le deuxième, renflement cervical ou brachial, bulbe rachidien moyen, est fusiforme et commence au niveau de la troisième vertèbre cervicale; il présente son plus grand développement au niveau de la cinquième et se termine à la deuxième vertèbre dorsale : de ce renflement naissent les gros cordons nerveux qui forment le plexus brachial. Le troisième, renflement lombaire, bulbe rachidien inférieur, fusiforme comme le précédent, commence au niveau de la dixième vertèbre dorsale et se termine en s'effilant à la partie inférieure de la première lombaire ; son plus grand développement correspond au disque intervertébral de la douzième dorsale et de la première lombaire : ce renflement donne naissance aux gros cordons nerveux qui forment les plexus lombaire et sacré.

De 12 en 12, sillon médian postérieur, plus profond, mais plus étroit que l'antérieur; il occupe un peu plus de la moitié postérieure de l'épaisseur de la moelle. On voit, par l'écartement, au fond de ce sillon, une lame grisâtre : c'est la commissure grise postérieure. Un simple prolongement de la pie-mère pénètre dans ce sillon. — De 13 en 13, sillons latéraux ou collatéraux postérieurs. Ils sont d'une couleur grisâtre due au prolongement de la substance grise centrale et servent d'implantation aux racines postérieures des nerfs spinaux. — 14, 14. Sillons postérieurs intermédiaires. Ils commencent en dehors des faisceaux renflés en mamelons qui bordent le bec du calamus scriptorius, longent la région cervicale et les deux tiers supérieurs de la région dorsale où ils semblent se terminer.

La moelle épinière se trouve donc divisée en deux moitiés longitudinales, par les sillons médians antérieur et postérieur, lesquelles sont réunies par les commissures blanche et grise. Chaque moitié est formée aussi de deux cordons ou faisceaux : l'un comprend toute la portion de la moitié de la moelle, circonscrite par le sillon médian postérieur et le sillon collatéral postérieur : c'est le faisceau postérieur ; l'autre est limité par le sillon collatéral postérieur et le sillon médian : c'est le faisceau antéro-latéral. Le premier occupe le tiers d'une moitié de la moelle ; le deuxième en constitue les deux tiers.

Cette division anatomique concorde avec les faits physiologiques, lesquels servent à établir une distinction entre le faisceau antéro-latéral qui préside au mouvement et le faisceau postérieur qui préside au sentiment. Celui-ci serait divisé en deux cordons secondaires par le sillon postérieur intermédiaire, dont le plus interne a été nommé cordon médian postérieur. Cette subdivision, plus apparente que réelle, n'est nullement justifiée, à cause du peu de profondeur du sillon postérieur intermédiaire.

FIGURE 3. — PLAN ANTÉRIEUR.

PRÉPARATION. — On se procure une moelle excessivement fraîche et dépouillée de son névrilème, que l'on fait macérer plusieurs jours dans l'alcool affaibli, pour la durcir un peu, lui donner de la consistance et une certaine élasticité. On divise d'abord, avec l'instrument tranchant, la moelle en deux moitiés, par une section faite dans les trois quarts inférieurs de la commissure; on complète la séparation jusqu'au collet du bulbe par de légères tractions en sens inverse. On sent alors une résistance plus grande due à un entre-croisement de fibres sur ce point. Cet entre-croisement est ce qu'on a appelé aussi décussation. Chacune des moitiés doit être divisée également en trois cordons ou faisceaux, au moyen de sections faites dans les deux sillons collatéraux antérieurs et postérieurs; on termine la séparation par le déchirement, jusqu'au niveau de l'entre-croisement; on écarte ensuite l'une de l'autre les pyramides: on voit alors une légère déviation du sillon médian. Si l'on agrandit l'écartement, on remarque que chaque pyramide est formée de deux portions : l'une interne, plus grande, se continue avec le cordon latéral ou moyen du côté opposé, pour produire avec le cordon latéral de l'autre côté l'entre-croisement; l'autre portion, externe, plus petite, se continue avec le cordon antérieur du même côté, sans s'entre-croiser.

Explication de la figure 3.

Système nerveux. — 1. Moitié droite de la moelle. — 2. Moitié gauche. Chacune de ces moitiés se divise en trois cordons. — 3. Cordon antérieur. — 4. Cordon postérieur. — 5. Cordon moyen ou latéral. Les cordons de la moitié gauche sont écartés les uns des autres pour être bien vus; ceux de la moitié droite sont rapprochés. — 6. Cordon antérieur de la moelle, divisé supérieurement en deux portions, dont la plus interne contribue à la formation de la pyramide correspondante. — 7. Cordon moyen ou latéral, divisé supérieurement en trois ou quatre portions entre-croisées par autant de portions du cordon latéral du côté opposé. Cet entre-croisement qui a lieu d'un côté à l'autre, et d'avant en arrière, est l'origine des deux tiers internes des pyramides. — 8, 8. Pyramides. — 9. Fibres blanches de la pyramide, traversant la protubérance d'avant en arrière et se continuant avec le pédoncule du cerveau. — 10. Coupe superficielle des fibres transverses de la protubérance, propre à montrer les rapports de profondeur qui existent entre celle-ci et les fibres antéro-postérieures de la pyramide correspondante. — 11. Coupe plus profonde des fibres transverses de la protubérance pour faire voir le prolongement du faisceau innominé du bulbe (faisceau moyen), qui se continue avec les pédoncules du cerveau. La portion du faisceau innominé, correspondant au pédoncule cérébral, se distingue de ce pédoncule par une couche de matière noirâtre, connue sous le nom de *locus niger* de Sœmmerring. — 12. Olive gauche. — 13. Olive droite mise à nu par la section de la pyramide correspondante.

Explication de la figure 4.

Système nerveux. — Coupe transversale faite sur les pédoncules cérébraux, immédiatement au-devant de la protubérance annulaire.

1. Espace inter-pédonculaire. — 2, 2. Étage inférieur des pédoncules. — 3, 3. Étage moyen des pédoncules. — 4, 4. Substance noire ou locus niger de Sœmmerring, séparant ces deux étages, dans l'épaisseur des pédoncules. — 5, 5. Étage supérieur. On y remarque : — 6, la coupe de l'aqueduc de Sylvius; — 7, 7, *id.* des pédoncules supérieurs du cervelet, ou processus cerebelli ad testes; — 8, 8, *id.* de deux des tubercules quadrijumeaux (testes).

Explication de la figure 5.

Système nerveux. — 1, 1. Coupe triangulaire des pyramides. — 2, 2. Coupe festonnée des olives. — 3, 3. Section des corps restiformes. — 4, 4. *Id.* des faisceaux moyens ou faisceaux innominés. — 5. *Id.* du plancher antérieur du quatrième ventricule.

Explication de la figure 7.

Système nerveux. — 1. Moitié droite de la moelle. — 2. Moitié gauche. — 3. Sillon médian antérieur. — 4. Sillon médian postérieur. — 5, 5. Sillons collatéraux postérieurs. — 6. Commissure antérieure ou blanche. — 7. Commissure postérieure ou grise. — 8, 8. Cornes antérieures de la substance grise, terminées par un renflement. — 9, 9. Cornes postérieures de la substance grise, prolongées jusque dans les sillons collatéraux postérieurs. — 10, 10. Faisceaux antéro-latéraux — 11, 11. Faisceaux postérieurs. Ces deux ordres de faisceaux sont formés par la substance blanche.

Les autres figures présentant les mêmes objets, à quelques modifications près, il suffit de les examiner avec un peu d'attention pour connaître les variétés de structure de la moelle étudiée à différentes hauteurs.

STRUCTURE DE LA MOELLE ÉPINIÈRE.

Les diverses coupes horizontales de la moelle montrent qu'elle est formée de deux substances, l'une blanche, et l'autre grise, dont la forme et les proportions respectives varient à différentes hauteurs. La première, périphérique, présente des sillons à sa circonférence et enveloppe la deuxième. En examinant ces coupes, on remarque que la substance grise envoie dans la substance blanche des prolongements curvilignes se regardant par leur convexité et réunis par un trait transversal de même couleur, qui leur donnent la forme d'une espèce d')-(. Ces prolongements constituent, en arrière, les cornes postérieures, en avant, les cornes antérieures. La ligne qui les unit est la commissure grise ou postérieure. Les cornes postérieures, minces, effilées, traversent la substance blanche, du centre à la périphérie, et se terminent dans les sillons latéraux postérieurs. Les cornes antérieures, plus courtes et plus épaisses, se dirigent aussi, en sens opposé, vers les sillons latéraux antérieurs et se terminent par un léger renflement, sans atteindre les sillons collatéraux antérieurs. La substance grise est plus abondante à la partie inférieure de la moelle qu'à sa partie supérieure; sa coloration, assez marquée dans la jeunesse, diminue de plus en plus avec l'âge et devient jaunâtre chez les vieillards, de manière à se confondre avec la substance blanche.

D'après Rolando, la substance grise de la moelle est formée de deux portions : l'une, d'un gris cendré, spongieuse et vasculaire, constitue les cornes antérieures ; l'autre, de même nuance et gélatineuse, constitue les cornes postérieures. Ces deux substances s'engrèneraient réciproquement à la manière des os du crâne.

Avant le quatrième mois de la vie intra-utérine, la substance grise n'existe pas : on trouve à sa place un liquide gélatineux renfermé dans le canal que chacune des moitiés de la moelle présente à cette époque; plus tard, ce liquide est remplacé par la substance grise qui oblitère ces canaux.

Ces coupes démontrent également que la substance blanche est formée, dans toute sa longueur, de deux moitiés demi-ovalaires, réunies par une lamelle transversale qu'on nomme commissure blanche ou antérieure, doublée elle-même par la commissure grise. Chaque moitié se compose aussi de deux cordons ou faisceaux : l'un, postérieur, triangulaire; l'autre, antéro-latéral, plus grand, séparé du précédent par la corne postérieure de la substance grise et une portion de la commissure de la même substance, est divisé, dans une partie de son étendue, par la corne antérieure. De là, dissidence des anatomistes sur le nombre des cordons qui constituent chaque moitié de la moelle. Chaque cordon se compose d'un grand nombre de lamelles ou segments longitudinaux, prismatiques, constitués eux-mêmes par un amas de fibres longitudinales, extensibles, *légèrement flexueuses*, qui sont considérées comme autant de tubes remplis d'un liquide clair, transparent et oléiforme ou mucilagineux.

DE L'ENCÉPHALE.

L'encéphale est toute la portion du centre nerveux qui est renfermée dans la cavité crânienne. C'est une masse molle, grisâtre et blanchâtre, ovoïde, irrégulièrement aplatie dans une partie de son étendue, dont l'extrémité postérieure est plus grosse que l'extrémité antérieure. Son volume est proportionnellement plus considérable dans l'enfant que dans l'adulte, dans l'homme que dans la femme. Sa forme est relative à celle de la cavité qui le contient. Indépendamment de sa boîte osseuse, l'encéphale est en rapport immédiat avec une triple enveloppe membraneuse (méninges), qui l'environne entièrement. Dépouillé de ses membranes, on voit qu'il est sillonné dans toute son étendue, par un grand nombre d'enfoncements plus ou moins profonds qui circonscrivent autant d'éminences oblongues diversement contournées : on nomme anfractuosités les sillons, et circonvolutions les saillies.

L'encéphale se compose du cerveau, du cervelet et de la moelle allongée. On lui distingue une région supérieure et externe (convexité), irrégulièrement convexe, qui répond à la voûte crânienne, et une région inférieure (base), alternativement convexe et concave, qui repose sur la base du crâne. La convexité est constituée exclusivement par le cerveau et la base, par le cerveau, le cervelet et la moelle allongée, lesquels communiquent entre eux et avec la moelle épinière au moyen de prolongements appelés pédoncules.

MANIÈRE D'ÉTUDIER L'ENCÉPHALE.

Les auteurs ne sont pas d'accord sur la manière d'étudier l'encéphale. Les uns, à l'exemple de Vicq d'Azyr, procédant de la convexité vers la base et par couches successives, étudient par ordre de superposition, au fur et à mesure, la conformation extérieure de chacun des organes et leurs rapports réciproques ; les autres, imitateurs de Gall et de Spurzheim, qui n'ont fait eux-mêmes que renouveler et perfectionner la méthode de Varoli, se sont appliqués uniquement à déterminer les connexions réciproques des différentes parties, en procédant de la base à la convexité, ou de la moelle vers le cerveau.

Loin de moi la pensée de contester ici l'utilité de ces méthodes. Je me permettrai toutefois de reprocher à la première de ne donner, pour ainsi dire, que la description topographique et de négliger l'étude si importante des connexions intimes des parties constituantes de l'encéphale.

La seconde méthode, qui est celle de nos auteurs français les plus modernes, a eu presque exclusivement pour objet de faire connaître les connexions différentes des organes, de suivre les prolongements des faisceaux de la moelle épinière à travers les autres renflements encéphaliques et n'a accordé que peu de chose à la topographie ; de sorte qu'au lieu de simplifier l'étude du centre nerveux, cette méthode n'a apporté que des complications.

Mes rapports directs et journaliers avec les élèves m'ayant mis à même, dans mes cours, d'apprécier la valeur relative de ces deux méthodes et d'insister principalement sur la dernière, qui me paraissait être la meilleure, il m'a été facile de reconnaître que les élèves avaient beaucoup de peine à saisir et à comprendre la description des diverses parties de l'encéphale. L'étude d'un organe m'obligeant de les entretenir à la fois d'un grand nombre d'autres organes qu'ils n'avaient jamais vus et dont la synonymie si variée et si difficile les détournait du sujet principal, il ne restait dans leur esprit que des idées vagues, confuses, que des notions anatomiques très superficielles sur le centre nerveux.

Il m'a donc paru nécessaire, pour simplifier l'étude si compliquée de l'encéphale, de donner d'abord des idées d'ensemble sur tout ce qu'on peut apercevoir à la périphérie, par le simple écartement des parties et sans le secours de l'instrument tranchant : cela fait, de pénétrer ensuite plus avant, afin de découvrir les organes cachés, par des coupes simples, faites de la convexité vers la base ou de la base vers la convexité.

Après avoir ainsi initié les élèves à la synonymie des organes et leur avoir fait connaître la conformation extérieure et la position respective de chacun d'eux, on peut alors passer à l'étude plus compliquée de ces organes, montrer à l'aide de coupes composées leurs connexions intimes, et suivre par des procédés variés, les divers prolongements de la moelle, à travers les renflements encéphaliques.

Cette méthode, qui nous paraît offrir des avantages sur les deux autres, est celle que nous avons adoptée dans l'étude de l'encéphale.

1° APERÇU GÉNÉRAL DES PARTIES CONSTITUANTES DE L'ENCÉPHALE DÉPOUILLÉES DE LA PIE-MÈRE, QUE L'ON VOIT PAR LE SIMPLE ÉCARTEMENT ET SANS LE SECOURS DE L'INSTRUMENT TRANCHANT.

Une scissure médiane, profonde et antéro-postérieure (*voy.* fig. 1, pl. 24), divise la convexité de l'encéphale en deux portions égales appelées improprement hémisphères cérébraux, et mieux lobes du cerveau. Par un léger écartement des lobes, on voit que, séparés complétement dans toute l'étendue de la convexité par la grande scissure médiane, ces mêmes lobes sont réunis, vers la partie moyenne et à quelque distance de la superficie, par un corps blanchâtre, presque central, à fibres transversales, qui leur sert de moyen d'union ou de commissure : c'est le *corps calleux*.

De chaque côté de la ligne médiane, entre la face supérieure et latérale du corps calleux et la face inférieure de la circonvolution antéro-postérieure, superposée à ce corps, on remarque une excavation longitudinale antéro-postérieure : c'est le *ventricule* ou *sinus du corps calleux* (*sinus corporis callosi*) que certains anatomistes ont comparé aux ventricules ou sinus du larynx.

La base de l'encéphale offre à considérer (*voy.* fig. 2, pl. 24) la face inférieure des lobes du cerveau, du cervelet et de la moelle allongée. Une scissure transversale, curviligne et profonde, appelée *scissure de Sylvius*, divise, au niveau de son tiers antérieur, chaque lobe en deux portions inégales. La portion qui est antérieure à cette scissure est légèrement excavée et repose sur la surface orbitaire constituée principalement par l'os frontal : on la nomme *lobule antérieur* ou *frontal*. La portion postérieure à cette scissure, beaucoup plus grande que l'autre, est creusée aussi d'une excavation qui répond au cervelet, dont elle est séparée par la tente : c'est le *lobe postérieur* de quelques anatomistes. L'extrémité antérieure de ce lobe, qui est logée dans la fosse latérale et moyenne de la base du crâne, fosse sphénoïdale, est désignée sous le nom de *lobule moyen* ou *lobule sphénoïdal*. Son extrémité postérieure, située dans la fosse occipitale postérieure et supérieure, s'appelle *lobule postérieur* ou *occipital*.

Quand on soulève un peu le lobule moyen, on voit au fond de la scissure de Sylvius : 1° en dedans, un espace blanchâtre, criblé de trous vasculaires : c'est la *substance blanche perforée de Vicq d'Azyr* ou *espace perforé latéral* ; 2° en dehors, un lobule triangulaire parsemé de circonvolutions, à sommet libre et à base confondue avec les lobules frontal et sphénoïdal : c'est l'*insula de Reil* ou *lobule du corps strié*.

Sur la ligne médiane, les deux lobes sont séparés, en avant et en arrière, par la *grande scissure verticale antéro-postérieure*. En écartant les lobules frontaux, on aperçoit (fig. 3, pl. 17) l'extrémité antérieure du corps calleux se réfléchir de la convexité vers la base, et former le *genou* et le *bec* de cette commissure. Immédiatement en arrière est le *chiasma des nerfs optiques*. Si on le renverse d'avant en arrière, on reconnaît qu'il se continue avec la portion moyenne de l'extrémité antérieure du corps calleux, au moyen d'une lame appelée *sus-optique*, qui concourt à former la partie antérieure ou plancher antérieur d'une cavité nommée troisième *ventricule*. Derrière le chiasma des nerfs optiques se trouve (fig. 2, pl. 24) une substance grise appelée *tuber cinereum*, laquelle se continue avec une petite tige grisâtre, nommée *infundibulum* ou tige pituitaire, qui communique avec la glande pituitaire. On remarque plus en arrière deux éminences blanchâtres du volume d'un pois : ce sont les *tubercules mamillaires* ou *pisiformes*; derrière ceux-ci sont les lamelles triangulaires perforées : c'est la *substance perforée médiane* ou *espace perforé moyen*. Toutes ces parties énumérées occupent une excavation limitée, en avant, par les portions les plus reculées des lobules frontaux; sur les côtés, par les lobules sphénoïdaux; en arrière, par un renflement considérable appelé *protubérance annulaire* ou *pont de Varole*. Cette excavation est l'excavation médiane du cerveau, qui circonscrit l'hexagone artériel.

Des parties latérales et antérieures de la protubérance émergent deux grosses colonnes blanches, fasciculées, qui se dirigent en divergeant vers les lobules du cerveau où elles pénètrent : ce sont les *pédoncules du cerveau*; ils sont croisés obliquement par deux lamelles médullaires, minces et blanches, appelées *bandelettes des nerfs optiques*, lesquelles se dirigent en avant, en convergeant, pour former le chiasma.

Les pédoncules et les bandelettes interceptent un espace losangique dans lequel on voit, d'avant en arrière, le *tuber cinereum* et son infundibulum, les tubercules mamillaires et les lamelles perforées médianes. L'ensemble de toutes ces parties constitue la *paroi inférieure* ou *plancher du ventricule moyen* du cerveau.

Sur les côtés du pont de Varole, et un peu en arrière, on distingue deux portions hémisphériques : ce sont les *lobe latéraux du cervelet*. Un examen attentif de la portion antérieure de la circonférence permet de reconnaître qu'ils tiennent à la protubérance au moyen de deux prolongements fasciculés et blanchâtres : ce sont les *pédoncules moyens* du cervelet ou *processus cerebelli ad pontem Varoli*.

Derrière la protubérance, entre les hémisphères du cervelet, on remarque : le *bulbe rachidien* ou *crânien*, séparé de la protubérance par un sillon superficiel, transversal et curviligne, dans lequel s'insère la sixième paire des nerfs crâniens. Du milieu de ce sillon part à angle droit un autre sillon, qui se continue avec le sillon médian antérieur de la moelle épinière. Les côtés de ce sillon sont bordés par les *pyramides*. En dehors de celles-ci est un autre sillon qui se continue avec le sillon collatéral antérieur de la moelle et dans lequel s'insère le nerf grand hypoglosse. Plus en dehors, on rencontre les *olives*, et enfin, plus en dehors encore, et un peu en arrière, se trouvent les *corps restiformes*, qui reçoivent l'insertion de la huitième paire de nerfs. Un sillon sépare les olives des corps restiformes et semble se continuer avec le sillon collatéral postérieur de la moelle épinière. En écartant le bulbe crânien du cervelet, on voit sur celui-ci une scissure médiane qui le divise complétement en arrière, et lui forme, en avant, une large gouttière qui loge le bulbe crânien. Si l'on écarte l'un de l'autre les deux lobes du cervelet, on remarque au fond une éminence pyramidale, sillonnée transversalement et connue sous le nom de *vermis inferior*, laquelle constitue en partie le *lobe moyen* du cervelet.

On distingue entre le *vermis inferior* et le bulbe crânien soulevé une portion d'une cavité nommée *quatrième ventricule*. En renversant un peu le cervelet, d'arrière en avant, on trouve une fente transversale formée par l'extrémité postérieure du corps calleux et par quatre éminences qu'on nomme *tubercules quadrijumeaux*. Cette fente change de direction de chaque côté et devient antéro-postérieure, en contournant le pédoncule cérébral, pour se continuer avec la scissure de Sylvius. Cette fente s'appelle *grande fente cérébrale* de Bichat; elle est traversée par les veines de Galien et par les prolongements de l'arachnoïde et de la pie-mère.

2° APERÇU GÉNÉRAL DES PARTIES PROFONDES DE L'ENCÉPHALE, QU'ON PEUT VOIR A L'AIDE DE COUPES SIMPLES.

Il est bon de se rappeler que, par l'écartement des lobes, on aperçoit au fond de la scissure médiane le corps calleux, et sur les parties latérales les ventricules de ce corps. Si on enlève toute la portion supérieure de chaque hémisphère, en pénétrant dans cette excavation par une section qui, d'abord horizontale, remonte un peu de dedans en dehors, pour redescendre bientôt au même niveau, on découvre alors une surface horizontale, légèrement onduleuse, de forme ovalaire, dont la périphérie est constituée par la substance grise ou corticale des circonvolutions et le centre par un noyau blanc très considérable de substance médullaire : c'est le *centre ovale de Vieussens* (*voy.* fig. 1, pl. 21), au milieu duquel se trouve le corps calleux, facile à reconnaître à la direction de ses fibres, qui sont transversales et croisées perpendiculairement par deux faisceaux de fibres qu'on nomme *tractus médullaires longitudinaux* ou *nerfs longitudinaux de Lancisi*.

Le corps calleux étant divisé avec la pointe d'un scalpel, par une incision qui longe chaque côté de la ligne médiane et les deux lambeaux latéraux renversés, on soulève ensuite la portion restante de ce corps, espèce de bandelette; on découvre alors une cloison mince, translucide, triangulaire, placée de champ, adhérente à la face inférieure de cette bandelette, qui sépare en avant, l'une de l'autre, deux cavités. Cette cloison est la *cloison transparente* ou *septum lucidum*, et les deux cavités sont les *ventricules latéraux*. Si l'on détache la cloison de la portion du corps calleux restée intacte, on distingue, après avoir renversé les lambeaux (*voy.* fig. 1, pl. 18), une petite fente formée par deux lamelles adossées du *septum lucidum :* cette fente est le *ventricule du septum lucidum*, ou *fosse de Sylvius*. Derrière et au-dessous, est une lame médullaire, triangulaire et horizontale, à sommet simple en apparence, dirigé en avant et dont la base, en arrière, présente sur ses angles deux prolongements nommés *piliers postérieurs*, qui pénètrent dans la portion réfléchie des ventricules latéraux. Cette lame porte le nom de *voûte à trois piliers;* elle est longée, sur les côtés, par les *plexus choroïdes*, et concourt par son sommet à former les *trous de Monro :* deux petits orifices qui établissent une communication entre les ventricules latéraux et le ventricule moyen.

La voûte à trois piliers étant divisée transversalement en deux portions et les lambeaux renversés, on remarque au-dessous (fig. 3) une lame membraneuse, triangulaire, prolongement de la pie-mère extérieure, qui se continue de chaque côté avec les plexus choroïdes : c'est la *toile choroïdienne*. Enfin, l'ablation de celle-ci permet à l'œil de pénétrer jusque dans une petite cavité oblongue (*voy.* fig. 1, pl. 17), située sur la ligne médiane, qu'on nomme *ventricule moyen* ou *troisième ventricule ;* elle est traversée, vers sa partie moyenne, par une espèce de pont, de couleur grisâtre : c'est la *commissure grise*. Cette cavité est limitée en avant par l'extrémité antérieure de la voûte à trois piliers, qui se bifurque en cet endroit pour former les deux piliers antérieurs de la voûte. Si l'on écarte légèrement ces piliers, on voit qu'ils sont croisés en avant à angle droit, par un faisceau de fibres blanchâtres, appelé *commissure antérieure*. Quand on soulève la portion postérieure et la plus épaisse du corps calleux, appelée *bourrelet*, on voit au-dessous une fente qui est la portion transversale de la grande fente cérébrale de Bichat. L'ablation du bourrelet découvre les veines de Galien qui traversent cette fente. Sur les côtés et un peu en arrière du troisième ventricule, on remarque deux saillies ovoïdes, convergeant en avant : ce sont les *couches optiques;* en avant et en dehors de celles-ci sont deux renflements piriformes, d'un gris plus foncé, à grosse extrémité tournée en avant : ce sont les *corps striés ;* ils sont séparés l'un de l'autre par un sillon demi-circulaire qui reçoit la *lame cornée*. Au-dessous de celle-ci on voit la *bandelette demi-circulaire*.

Les couches optiques, les corps striés, les lames cornées et les bandelettes constituent la *paroi inférieure* ou *plancher des ventricules latéraux*.

En arrière des couches optiques, les ventricules latéraux se prolongent plus ou moins dans le lobe occipital du cerveau pour former une cavité appelée *digitale* ou *ancyroïde*. La cavité digitale présente sur les parois interne et inférieure une saillie quelquefois double, nommée *ergot de Morand* ou *petit hippocampe*. En soulevant légèrement les extrémités postérieures des couches optiques, on voit les ventricules latéraux se réfléchir pour se prolonger dans le lobe sphénoïdal et constituer (fig. 2, pl. 18) l'*étage inférieur des ventricules latéraux*. La paroi supérieure de cet étage, constituée par la face inférieure des couches optiques, offre de chaque côté deux petits renflements grisâtres désignés sous le nom de *corps genouillés* et distingués en *interne* et en *externe*, le premier plus petit que l'autre. *La paroi inférieure et interne de cet étage* porte une saillie appelée *corne d'Ammon*, ou *grand hippocampe*, dont le bord concave est surmonté d'une lamelle médullaire à laquelle a été donné le nom de *corps bordé*, et mieux *corps bordant*.

Entre les extrémités postérieures des couches optiques et immédiatement en arrière du troisième ventricule, sont (fig. 1, pl. 17) deux éminences désignées sous le nom de *tubercules quadrijumeaux*. Les deux tubercules antérieurs s'appellent *nates* et les postérieurs *testes*. Un corps grisâtre, conoïde, placé sur la ligne médiane, sépare l'un de l'autre les tubercules antérieurs : c'est la *glande pinéale* ou *conarium;* elle est fixée aux couches optiques par deux tractus blanchâtres bordant le troisième ventricule et constituant les *pédoncules antérieurs* de la glande (*habenæ*). Par un léger renversement de la glande pinéale, on découvre au-devant et au-dessous d'elle, un faisceau de fibres blanches, dirigées transversalement d'une couche optique à l'autre : c'est la *commissure postérieure*. Derrière les tubercules postérieurs ou *testes*, on rencontre une portion de la face supérieure du cervelet. Une échancrure pratiquée sur cet organe, au point correspondant aux *nates*, laisse voir une lame grisâtre, mi-transparente : c'est la *valvule de Vieussens;* elle se continue de chaque côté avec un faisceau médullaire blanc, qui se dirige du cervelet vers les *testes*. Ce faisceau constitue les *pédoncules supérieurs* du cervelet ou *processus cerebelli ad testes*.

Si l'on écarte l'un de l'autre les hémisphères du cervelet, préalablement divisé par une section verticale antéro-postérieure, on arrive dans une petite cavité losangique appelée *quatrième ventricule*, dont le bulbe crânien et la protubérance constituent la paroi antérieure, et le cervelet la paroi postérieure. Ce ventricule communique avec le troisième au moyen d'un canal qui passe sous les tubercules quadrijumeaux et qu'on appelle *aqueduc de Sylvius*.

Nous venons d'étudier l'encéphale à sa périphérie et de faire connaître, au moyen de coupes horizontales pratiquées de la convexité vers la base, toutes les parties centrales qui le constituent ; nous allons passer successivement à l'étude de chacune d'elles et déterminer leurs connexions réciproques, en procédant de la moelle vers l'encéphale.

Nous diviserons, comme tous les anatomistes, l'encéphale en trois parties ou segments : 1° la moelle allongée ; 2° le cervelet ; 3° le cerveau. La séparation du cervelet et du cerveau est indiquée naturellement par une scissure profonde et horizontale, intermédiaire à ces deux organes, dans laquelle se trouve la tente du cervelet. Il n'en est pas de même de la moelle allongée ; ses limites ne pouvant être fixées d'une manière aussi rigoureuse, elles sont purement arbitraires. Aussi, la dénomination de *moelle allongée* est une expression qui a été employée indifféremment par les auteurs pour désigner des objets si divers, qu'il en est résulté une grande confusion pour l'étude.

Haller appelle moelle allongée le bulbe rachidien seulement. Aux yeux de certains anatomistes, la moelle allongée comprend le bulbe crânien, la protubérance annulaire, les pédoncules, les tubercules quadrijumeaux, les couches optiques, les corps striés ; en un mot, toutes les parties contenues dans la cavité crânienne, le cerveau et le cervelet exceptés. D'autres, et c'est le plus grand nombre, désignent sous le nom de *moelle allongée* la réunion du bulbe, de la protubérance annulaire, des pédoncules cérébraux et cérébelleux ; enfin, toutes les parties blanches ou médullaires placées à la base de l'encéphale.

J'adopte volontiers cette dernière division, qui me semble plus rationnelle et plus conforme à l'étymologie du mot. La dénomination de *moelle allongée* a été donnée à ces organes, à cause sans doute de leur coloration, qui est celle de la moelle épinière, c'est-à-dire qu'ils sont, comme celle-ci, blancs à l'extérieur et gris à l'intérieur ; et aussi parce que ces organes, privés comme elle de circonvolutions et d'anfractuosités, se prolongent dans la cavité crânienne. Cette division permet de réunir sous un même titre le *bulbe crânien* et l'*isthme de l'encéphale*, dont l'ensemble constitue la *moelle allongée* du plus grand nombre des auteurs.

Nous allons maintenant aborder l'étude des parties constituantes de la moelle allongée et déterminer leurs connexions réciproques.

Préparation. — La préparation de l'encéphale sera précédée de celles qui sont indiquées ci-dessus pour les méninges. Dépouillez l'encéphale de la pie-mère avec lenteur et précaution, pour ne pas entamer la substance propre de cet organe, qui adhère à cette membrane par une multitude de prolongements cellulo-vasculaires. Pour cela, il est indispensable que l'encéphale immerge dans l'eau complétement. Cette précaution facilite singulièrement l'ablation de la pie-mère, et permet de tourner le cerveau dans tous les sens, sans altérer sa forme. On a aussi l'avantage de le dégorger du sang qu'il contient.

Le choix d'un sujet convenable n'est pas indifférent; il doit tomber de préférence sur le cadavre d'un adulte mort d'une maladie aiguë, les affections cérébrales exceptées. Les sujets morts d'apoplexie ou des suites d'un coup ou d'une chute sur la tête ne peuvent servir. L'ouverture du crâne sera faite avec le marteau pour ne pas intéresser l'encéphale.

L'étude de la disposition des fibres exige des cerveaux durcis par l'alcool, porté d'abord à 32 degrés, et à 40 degrés, après une immersion de deux ou trois jours. Afin de durcir plus facilement un cerveau entier, il est bon de pratiquer sur les hémisphères des piqûres qui pénètrent jusque dans les ventricules ou de diviser l'encéphale en plusieurs portions. La préparation sera retournée tous les jours pour rendre l'endurcissement uniforme. On évite ainsi la putréfaction ou le ramollissement de la portion inférieure du cerveau qui touche le fond du vase.

Les acides minéraux et métalliques sont inférieurs à l'alcool; trop faibles, ils ne durcissent pas assez les parties; trop concentrés, ils les rendent cassantes. L'acide chromique doit être réservé pour les études microscopiques. La créosote et les liquides créosotés, les alcalis, les dissolutions de sublimé et d'autres sels métalliques conviennent encore moins.

PLANCHE 14.

1° MOELLE ALLONGÉE.

La moelle allongée est cette portion de la face inférieure et postérieure de l'encéphale intermédiaire au cerveau, au cervelet et à la moelle épinière qu'elle lie entre eux, et avec lesquels elle se continue. Elle est l'origine de presque tous les nerfs crâniens ; sa couleur blanchâtre et l'absence d'anfractuosités et de circonvolutions la distinguent facilement des autres organes encéphaliques qui l'entourent et dont la coloration est au contraire grisâtre à la superficie. Quand on l'examine isolée, on voit que sa forme est très irrégulière et que sa direction est oblique de haut en bas et d'avant en arrière.

La moelle allongée comprend la protubérance annulaire, le bulbe crânien, les pédoncules cérébraux et cérébelleux moyens, les tubercules quadrijumeaux et la valvule de Vieussens. L'ensemble de ces diverses parties a été comparé par les anciens à un animal, dont la protubérance serait le corps, les pédoncules cérébraux les bras, les pédoncules cérébelleux moyens les cuisses et le bulbe crânien la queue ; d'où l'origine de la dénomination de *nates* et *testes* pour désigner les tubercules quadrijumeaux.

On peut distinguer à la moelle allongée quatre faces et deux extrémités : 1° une face inférieure et antérieure qui repose sur la gouttière basilaire, dont elle est séparée par les vaisseaux et les méninges ; 2° une face postérieure et supérieure, recouverte par le cervelet et par le corps calleux dont elle est séparée par la toile choroïdienne, la glande pinéale et le canal arachnoïdien de Bichat ; 3° deux faces latérales plus étroites, irrégulièrement convexes, libres d'adhérence en haut, recouvertes en bas seulement par le cerveau et le cervelet, et réunies à celui-ci à leur partie moyenne, à l'aide des pédoncules cérébelleux.

L'extrémité antérieure et supérieure est continue aux lobes du cerveau ; l'extrémité postérieure et intérieure à la moelle épinière.

Cette planche a pour objet de montrer la conformation extérieure des différentes parties de la moelle allongée.

Préparation. — Placez l'encéphale sur sa convexité et détachez la pie-mère qui recouvre la base ; écartez l'un de l'autre les lobes moyens du cerveau, pour mettre à nu la face inférieure de la moelle allongée. En renversant d'arrière en avant le cervelet, et en détachant avec précaution la pie-mère qui entoure les veines de Galien, on met à nu la portion horizontale de la fente de Bichat, les tubercules quadrijumeaux et la glande pinéale.

Cela fait, divisez les pédoncules du cerveau par une section perpendiculaire, qui passe au-devant des tubercules quadrijumeaux. De cette manière vous détachez du cerveau la moelle allongée et le cervelet.

Ensuite enlevez par une coupe horizontale toute la portion du cervelet située au-dessus et en arrière des tubercules quadrijumeaux : vous découvrez alors ces organes et les pédoncules supérieurs du cervelet, qui sont unis entre eux par une lamelle mince, mi-transparente et légèrement déprimée. Cette lamelle est la valvule de Vieussens.

Immédiatement derrière, et un peu en dehors des tubercules quadrijumeaux, on voit les faisceaux triangulaires. Une solution de continuité pratiquée sur la valvule de Vieussens permet de pénétrer dans le quatrième ventricule.

Si vous enlevez toute la portion médiane et un lobe latéral du cervelet au moyen d'une section qui divise les pédoncules cérébelleux, vous découvrez complètement la paroi antérieure du quatrième ventricule, les corps restiformes et les renflements mamelonnés qui bordent le bec du *calamus scriptorius*.

FIGURE 1.

FACE ANTÉRO-INFÉRIEURE DE LA MOELLE ALLONGÉE.

La face antéro-inférieure de la moelle allongée présente la protubérance annulaire ou pont de Varole, le bulbe rachidien ou crânien, les pédoncules cérébelleux moyens et les pédoncules cérébraux

Explication de la figure 1.

1. *Protubérance annulaire* (*pont de Varole, mésocéphale, nœud de l'encéphale*). C'est un renflement blanc, cuboïde, placé à la base de l'encéphale, et intermédiaire, d'une part, à la moelle épinière, au cerveau et au cervelet, dont il est en quelque sorte le lien commun; de l'autre, à la gouttière basilaire, sur la partie supérieure de laquelle il repose. Elle offre à sa face inférieure ou antérieure et sur la ligne médiane, un sillon large, antéro-postérieur, qui loge le tronc basilaire : ce sillon est le produit de deux saillies longitudinales, dues au soulèvement des fibres transverses de la protubérance par les pyramides qui la traversent. Trois séries de fibres transversales et blanchâtres, disposées en autant de bandelettes ou faisceaux, se remarquent sur cette face : l'une, supérieure, se contourne de bas en haut, pour constituer la partie supérieure des pédoncules moyens du cervelet; l'autre, moyenne, croise en descendant et en dehors la bandelette inférieure, pour former avec celle-ci la partie inférieure des pédoncules moyens du cervelet.

Dans l'écartement qui sépare l'une de l'autre la bandelette moyenne et la bandelette supérieure, on voit, 2, 2, l'*origine apparente de la cinquième paire*. Les faces latérales de la protubérance se confondent avec, 3, 3, les pédoncules moyens du cervelet. Ces pédoncules se continuent directement avec les *fibres transverses de la protubérance*, lesquelles se contournent en se réunissant en faisceaux, pour contribuer à la formation du noyau blanc du cervelet.

(Ici le pédoncule droit est conservé pour montrer ses irradiations jusque dans les lamelles du cervelet; le pédoncule gauche est coupé.)

La protubérance se continue en arrière, avec, 4, le bulbe crânien.

Le *bulbe crânien* est un renflement conoïde et tronqué, légèrement aplati d'avant en arrière, à sommet dirigé en bas; sa base est limitée par un sillon transversal, curviligne et superficiel, qui le sépare de la protubérance avec laquelle il se confond. Ce sillon est l'origine apparente de la sixième paire. Ce renflement occupe, en haut et en arrière, l'échancrure médiane du cervelet, en bas et en avant, la gouttière basilaire de l'occipital, dont il est séparé par les artères vertébrales. Il constitue, d'après les uns, l'extrémité supérieure ou portion crânienne de la moelle épinière (*pars cephalica medullæ spinalis*); d'après les autres, l'extrémité inférieure de la moelle allongée, queue de la moelle allongée (*caudex medullæ oblongatæ*), et réunit la moelle épinière au cerveau et au cervelet. Il offre au milieu le sillon médian superficiel, qui se continue, en bas, avec le sillon antérieur de la moelle épinière. L'extrémité supérieure de ce sillon se termine par une fossette appelée *trou borgne de Vicq d'Azyr*, et tombe perpendiculairement sur le sillon curviligne précédent; son extrémité inférieure est déviée un peu par l'effet d'un entre-croisement qui a lieu sur ce point. L'écartement des bords de ce sillon laisse voir au fond une lame blanchâtre criblée de trous vasculaires.

De chaque côté de ce sillon se voient, 5, 5, les *pyramides*: elles sont constituées par deux cordons prismatiques, triangulaires, légèrement renflés au milieu, à base périphérique et à sommet central, qui pénètre jusque vers le milieu de l'épaisseur du bulbe; elles mesurent toute la longueur du bulbe crânien. Leur extrémité supérieure se rétrécit et s'arrondit un peu au moment de pénétrer dans la protubérance, et présente quelquefois des fibres arciformes.

En dehors et en arrière des pyramides se trouvent, 6, 6, les *corps olivaires*, ainsi nommés à cause de leur ressemblance avec une olive : ils sont blancs à l'extérieur, quelquefois bosselés, et plus courts que les pyramides antérieures. Leurs extrémités supérieures divergent l'une de l'autre, sans atteindre la protubérance, et sont séparées de celle-ci par une dépression assez profonde : cette dépression est la *fossette de l'éminence olivaire de Vicq d'Azyr*, dans laquelle naissent le nerf facial et la portion antérieure du nerf auditif. Les extrémités inférieures, moins volumineuses, sont croisées souvent par deux faisceaux de fibres disposées en arcs, à concavité supérieure : ce sont les *faisceaux arciformes de l'olive*.

A 5 ou 6 millimètres au-dessous et en arrière des olives, on remarque, 7, 7, les *tubercules cendrés de Rolando*. Deux sillons profonds, qui sont la continuation des sillons collatéraux antérieurs de la moelle, lesquels sont, au contraire, très superficiels, séparent les olives des pyramides. Au fond de ces sillons s'insèrent les radicules du nerf grand hypoglosse.

Immédiatement en dehors de ces sillons, on aperçoit, 8, 8, les *corps restiformes*, dont une portion seulement est visible ici. Le reste se voit à la face postéro-supérieure de la moelle allongée, qui sera décrite plus loin.

La face antérieure de la protubérance annulaire se continue, en grande partie, avec, 9, 9, les *pédoncules cérébraux* dont elle se distingue par la direction de ses fibres, qui n'est pas la même, et par une saillie qui est beaucoup plus considérable, surtout chez l'homme.

Les *pédoncules cérébraux* sont deux grosses colonnes blanches, fasciculées, à fibres parallèles. Cylindriques au point d'immergence avec la protubérance, bientôt ces deux colonnes s'aplatissent en s'élargissant, et se dirigent en divergeant vers les lobes cérébraux, dans lesquels elles s'enfoncent : là, elles sont limitées par les bandelettes des nerfs optiques qui les croisent obliquement.

Un espace triangulaire sépare l'un de l'autre les pédoncules. Cet espace inter-pédonculaire forme, conjointement avec un autre espace triangulaire, circonscrit par le chiasma et les bandelettes des nerfs optiques, un grand espace losangique qui loge, d'arrière en avant, un cul-de-sac assez profond, appelé *trou borgne antérieur*, les nerfs moteurs oculaires communs, les lamelles perforées médianes ou lamelles criblées inter-pédonculaires, les tubercules pisiformes ou éminences mamillaires, le *tuber cinereum* et sa tige pituitaire.

En dehors et en arrière des pédoncules, sont, 10, 10, les *corps genouillés :* ce sont quatre renflements, deux de chaque côté, qui se continuent avec les bandelettes des nerfs optiques. Les internes sont gris et saillants, les externes sont blanchâtres et moins marqués.

FIGURE 2.

FACE POSTÉRO-SUPÉRIEURE DE LA MOELLE ALLONGÉE.

Elle offre à considérer la paroi antérieure du quatrième ventricule, les pédoncules supérieurs du cervelet, les faisceaux triangulaires latéraux, les tubercules quadrijumeaux et la glande pinéale.

Explication de la figure 2.

1. *Paroi antérieure ou inférieure du quatrième ventricule, ou sinus rhomboïdal.* On désigne sous ce nom tout l'espace losangique qui résulte lui-même de l'adossement par la base de deux excavations triangulaires. L'excavation inférieure est constituée par la face supérieure du bulbe crânien : c'est le *calamus scriptorius* d'Hérophile. L'excavation supérieure est la face supérieure même de la protubérance annulaire. On remarque sur cette paroi :

2. Le *sillon médian :* il se dirige de l'angle supérieur vers l'angle inférieur du sinus rhomboïdal et constitue la tige du calamus. La moitié inférieure de ce sillon présente sur les côtés des stries blanches, transversales, non symétriques, dont quelques unes forment les racines des nerfs auditifs : ces stries sont les barbes du calamus. L'extrémité inférieure de ce sillon médian se termine par un cul-de-sac triangulaire, appelé *bec du calamus* ou *ventricule d'Arantius*, lequel se continue avec le sillon médian postérieur de la moelle épinière. Son extrémité supérieure fait suite au troisième ventricule, au moyen de l'*aqueduc de Sylvius.*

Cette paroi est revêtue d'une substance grise continue à celle de la moelle épinière dont la couleur contraste avec la blancheur des stries.

Les bords de l'excavation triangulaire inférieure sont formés par :

3, 3, les *corps restiformes* (*processus cerebelli ad medullam oblongatam*, pédoncules cérébelleux inférieurs ou pyramides latérales) : ce sont deux colonnes qui résultent de la divergence des faisceaux postérieurs de la moelle épinière. Les deux tiers externes se recourbent pour se diriger en arrière et pénétrer jusque dans l'épaisseur du cervelet, et former, avec les autres pédoncules cérébelleux, le noyau blanc du cervelet; le tiers interne longe le quatrième ventricule, pour se confondre avec une saillie longitudinale, *portion du faisceau intermédiaire ou innominé du bulbe* grisâtre, située sur chaque côté du sillon médian.

Dans l'écartement des corps restiformes et en bas, on trouve, 4, 4, les *pyramides postérieures* ou *renflements mamelonnés des cordons médians postérieurs.* Ce sont deux petites éminences qui se continuent en bas, avec les cordons médians postérieurs et qui se dirigent en haut, en divergeant, pour se confondre insensiblement avec les parties postérieures des corps restiformes. Un sillon sépare, en avant, les corps restiformes des olives, et se continue avec le sillon postérieur de la moelle.

L'espace triangulaire supérieur de l'excavation rhomboïdale est limité de chaque côté par :

5, 5, *les pédoncules cérébelleux supérieurs* (*processus cerebelli ad testes, processus cerebelli ad cerebrum*). Ce sont deux bandelettes blanches médullaires, à fibres longitudinales et parallèles, qui se dirigent d'arrière en avant, et un peu de dehors en dedans du noyau central de chacun des lobes latéraux du cervelet, vers les tubercules quadrijumeaux. Au point d'émergence du cervelet, ces pédoncules supérieurs croisent pardessus les pédoncules inférieurs de cet organe. Leur face inférieure contribue à la formation de la paroi postérieure du quatrième ventricule. Les bords externes sont séparés des pédoncules moyens du cervelet par un sillon longitudinal (*sillon latéral de l'isthme*). Les bords internes paraissent réunis par la valvule de Vieussens. Les extrémités inférieures se perdent dans le noyau blanc du lobe latéral du cervelet. Les extrémités supérieures s'engagent sous les tubercules quadrijumeaux et sont recouverts par :

6, 6, les *faisceaux triangulaires latéraux de la moelle allongée* ou *rubans de Reil.* Ces deux faisceaux sont grisâtres, à fibres obliques et légèrement curvilignes, et correspondent par leur base, 7, 7, au sillon latéral de la moelle allongée (*sillon latéral de l'isthme*). L'un des bords de ces faisceaux longe les tubercules *testes*, l'autre forme relief sur les pédoncules supérieurs du cervelet; ils se distinguent des pédoncules cérébelleux supérieurs par la couleur, qui est d'un gris blanc, et par la direction différente des fibres.

Au-devant des pédoncules cérébelleux supérieurs et des faisceaux triangulaires, et au-dessus des pédoncules cérébraux, on remarque 8, 8, les *tubercules quadrijumeaux* ou *bijumeaux:* ce sont quatre éminences grisâtres dont les deux antérieures (*nates*) sont plus grosses et plus arrondies que les deux postérieures (*testes*), qui sont plus petites et moins saillantes. Les deux antérieures sont séparées des postérieures par un sillon transversal. Dans une petite excavation qui sépare l'un de l'autre les tubercules antérieurs, est logée la *glande pinéale.* Une autre excavation bien plus petite sépare aussi l'un de l'autre les tubercules postérieurs et présente le *frein de la valvule de Vieussens.* Les tubercules antérieurs communiquent, de chaque côté, avec le corps genouillé externe, au moyen d'un faisceau blanc qui est ordinairement peu prononcé chez l'homme. Un faisceau analogue, mais plus prononcé, établit de chaque côté une communication entre les tubercules postérieurs et le corps genouillé interne. Au-dessous des tubercules quadrijumeaux et sur la ligne médiane, passe l'*aqueduc de Sylvius.*

Explication de la figure 3.

1. *Valvule de Vieussens :* elle consiste en une lamelle médullaire, mince, mi-transparente, longitudinale, qui ferme l'espace compris entre les deux pédoncules supérieurs du cervelet. Sa face postérieure ou supérieure, légèrement déprimée, contiguë en avant seulement, se continue, en arrière, avec quelques lamelles grisâtres de la portion antérieure et inférieure du vermis supérieur; sa face antérieure ou inférieure, un peu convexe, contribue à former avec les pédoncules supérieurs du cervelet la paroi postérieure du quatrième ventricule et répond au vermis inférieur. Cette valvule est donc située, en partie, entre les vermis supérieur et inférieur. En arrière, elle se continue avec le lobe médian du cervelet et forme l'arbre de vie de ce lobe; en avant, elle se termine au niveau des tubercules *testes;* là elle se confond avec le frein de cette valvule. — 2, 2. Nerf pathétique ou quatrième paire : il a son origine sur la valvule de Vieussens. — 3, 3. Faisceaux triangulaires latéraux ou rubans de Reil. — 4. Tubercules quadrijumeaux. — 5. Vermis supérieur; il est renversé ici pour bien voir la valvule de Vieussens. — 6, 6. Coupe des pédoncules cérébelleux. — 7. Glande pinéale renversée.

Explication de la figure 4.

1. Portion du vermis supérieur recouvrant la valvule de Vieussens. — 2. Tubercules quadrijumeaux. — 3. Coupe antéro-postérieure et oblique du cervelet. — 4. Coupe horizontale du cervelet.

(Ces deux coupes ont pour objet de montrer les rapports de situation et de profondeur qui existent entre la valvule de Vieussens et le cervelet.)

Explication de la figure 5.

1. Extrémité antérieure du vermis inférieur. — 2, 2. Extrémités antérieures des lobules tonsillaires; elles se voient dans le quatrième ventricule par l'ablation de la valvule de Vieussens. — 3, 3. Pédoncules cérébelleux supérieurs. — 4. Corps rhomboïdal, mis à nu par une section horizontale du cervelet : il correspond aux angles latéraux du quatrième ventricule. — 5, 5. Lobes latéraux du cervelet. — 6. Portion du lobe moyen du cervelet.

Explication de la figure 6.

FACE LATÉRALE DE LA MOELLE ALLONGÉE.

1. Pyramide antérieure. — 2. Olive. — 3. Sillon longitudinal qui sépare la pyramide de l'olive, et dans lequel s'insèrent les filets radiculaires du nerf grand hypoglosse. — 4. Fibres arciformes et tubercule cendré de Rolando. — 5. Corps restiforme. — 6. Sillon qui le sépare de l'olive. — 7. Ligne d'insertion des nerfs glosso-pharyngien, pneumo-gastrique et des racines bulbaires du nerf spinal; elle est la continuation du sillon latéral postérieur correspondant. — 8. Faisceau intermédiaire à cette ligne et à l'olive, ou faisceau respiratoire du bulbe de Ch. Bell. — 9. Nerf auditif, contournant le corps restiforme. — 10. Pédoncule moyen du cervelet, coupé. — 11. Grosse racine de la cinquième paire, se dégageant de la protubérance, entre les bandelettes supérieure et moyenne. — 12. Deux des tubercules quadrijumeaux. — 13. Corps genouillés externe et interne : ils se continuent avec les racines externe et interne de la bandelette optique. — 14. Pédoncule du cerveau coupé.

PLANCHE 15.

CETTE PLANCHE MONTRE LA CONFORMATION INTÉRIEURE DES PARTIES CONSTITUANTES DE LA MOELLE ALLONGÉE.

PRÉPARATION. — Afin d'étudier toutes les parties reproduites sur cette planche et de suivre la direction des fibres constituantes des renflements encéphaliques, il est indispensable d'avoir à sa disposition plusieurs moelles allongées très fraîches. Quelques unes serviront à l'étude telles quelles, sans aucune préparation préalable; les autres devront être durcies par une immersion de dix à douze jours dans l'alcool concentré.

On peut aussi employer la coction dans l'huile ou dans l'eau salée.

Le jet-d'eau, dont on varie la force à volonté, donne aussi de bons résultats; mais à la condition de n'agir que sur des organes excessivement frais et n'ayant subi aucune espèce de macération, ni coction.

L'étude de la conformation intérieure de la moelle allongée réclame la combinaison de plusieurs moyens nécessaires au succès d'une bonne préparation.

Ainsi, pour reproduire les figures 1 et 2, on pratiquera des coupes horizontales faites par tranches successives et très minces. La reproduction des figures 4 et 6 sera pratiquée d'abord par des incisions faites avec le scalpel, et terminée par l'écartement complet ou incomplet à l'aide des doigts.

Trois moyens seront mis en usage pour la reproduction des figures 3 et 7 : le scalpel, la dissociation des fibres au moyen d'un écartement suffisant, et l'action de racler.

La figure 5 sera préparée par des coupes pratiquées à la fois avec le scalpel et par l'action de racler.

J'ajouterai, pour prémunir les élèves contre les mécomptes et les découragements qui seraient la suite des mauvais succès des préparations, que la cause tient assez souvent à l'emploi qu'ils ont pu faire, à leur insu, de sujets qui, ayant au dehors toutes les apparences d'une fraîcheur convenable, contenaient au dedans un commencement d'altération.

Une autre cause peut, indépendamment de celle-ci, faire manquer une préparation : c'est le défaut d'habitude et de dextérité, si utiles dans ces sortes de préparations, et que la pratique seule peut donner.

Explication de la figure 1.

1. Coupe horizontale et superficielle de la face inférieure de la protubérance. Cette face constitue un plan de fibres blanches, transversales, disséminées au milieu d'une substance d'un gris jaunâtre. Les fibres blanches, moins marquées que celles de la couche superficielle, qui est enlevée ici, sont à peine sensibles sur la ligne médiane, où elles paraissent former une espèce de raphé. — 2. Coupe horizontale et superficielle du bulbe crânien. On voit les olives se rapprocher de la ligne médiane, en passant derrière les pyramides. On reconnaît qu'elles sont formées à la périphérie par une écorce blanche, doublée elle-même d'une substance grise jaunâtre plissée sur elle-même, ouverte sur la ligne médiane, et dans laquelle se trouve un noyau de substance blanche et grise.

Explication de la figure 2.

1. Coupe horizontale et plus profonde de la protubérance, faite au niveau du plan du bulbe et des pédoncules du cerveau. On voit les fibres transverses continues, de chaque côté, avec les pédoncules cérébelleux moyens, qui sont coupés ici. Ces fibres transverses sont croisées perpendiculairement, et comme natées, par des faisceaux de fibres blanches antéro-postérieures, qui vont des pyramides, dont elles ne sont que des prolongements, dans les pédoncules cérébraux. La substance grise est interposée à ces fibres. — 2, 2. Pyramides conservées en entier. — 3, 3. Olives dont on ne voit qu'une portion, l'autre portion étant cachée par les pyramides. — 4, 4. Pédoncules du cerveau.

Explication de la figure 3.

1. Coupe des fibres transversales, superficielles de la protubérance, pratiquée sur un côté, pour voir plus profondément, 2, les fibres antéro-postérieures de la pyramide se continuant, à travers la protubérance, avec

les fibres superficielles du pédoncule cérébral correspondant. — 3. Coupe des fibres transversales moyennes de la protubérance, pour laisser voir, 4, d'autres fibres longitudinales qui appartiennent à la face antérieure du *cordon intermédiaire* ou *latéral du bulbe* (faisceau moyen, faisceau innominé, faisceau de renforcement). La face postérieure de chaque cordon latéral proémine sur la paroi antérieure du quatrième ventricule, où elle forme, en dehors du sillon médian, une saillie antéro-postérieure; elle est tapissée par la substance grise qui revêt cette paroi. Ce faisceau ou cordon n'est autre chose que toute cette portion du faisceau antéro-latéral étrangère à la formation de l'entre-croisement des pyramides; il traverse la protubérance, d'arrière en avant, pour se continuer : 1° avec la couche profonde des fibres du pédoncule cérébral; 2° avec la lamelle perforée médiane; 3° avec le pédoncule cérébelleux moyen, par une petite portion qui se détourne pour se rendre dans cet organe. Nous verrons que la face postérieure des deux cordons latéraux ou moyens donne, de chaque côté de la ligne médiane, deux autres prolongements. L'un, le faisceau triangulaire latéral, forme avec celui du côté opposé une sorte de commissure au-dessous des tubercules quadrijumeaux; l'autre, qui constitue une des moitiés de la *valvule de Vieussens*, s'entre-croise avec celui du côté opposé, à la manière du chiasma des nerfs optiques, pour compléter cette valvule, laquelle occupe l'intervalle qui sépare les bords internes des pédoncules cérébelleux supérieurs, et se prolonge dans l'épaisseur du lobe médian du cervelet. On voit donc que le faisceau intermédiaire, ou cordon latéral, fournit cinq prolongements. Ce cordon contient dans son épaisseur l'olive, et a été nommé, à cause de cela, faisceau sous-olivaire, ou mieux olivaire; il est placé entre le *corps restiforme et la pyramide*, dont il est séparé par une couche de fibres transverses de la protubérance, et par un noyau de substance grise.

D'après M. Cruveilhier, le faisceau moyen serait formé par une portion seulement (la portion la plus profonde) du faisceau ou cordon latéral, qui serait renforcée par un tissu propre, d'un gris jaunâtre, ayant quelque analogie avec la substance des couches optiques; de là, son nom de faisceau de renforcement. L'autre portion du faisceau antéro-latéral, la plus grande, constituerait le corps restiforme correspondant. Les résultats de mes dissections contredisent formellement cette opinion; j'adopte la première, énoncée ci-dessus, qui est aussi celle de M. Longet.

5. Fibres transversales profondes de la protubérance annulaire. — 6. Corps genouillés externe et interne, donnant naissance aux racines interne et externe de la bandelette optique. — 7. Substance noirâtre (*locus niger* de Sœmmerring), placée dans l'épaisseur des pédoncules cérébraux, immédiatement au-devant de la protubérance, entre les fibres pédonculaires de la pyramide et celles du faisceau moyen. — 8. Section de la portion cérébelleuse du corps restiforme. — 9. Pyramide. — 10. Pyramide coupée en partie, pour laisser voir toute l'olive correspondante. — 11. Point d'entre-croisement ou de décussation des pyramides, rendu visible par un léger écartement de ces corps.

Explication de la figure 4.

1. Entre-croisement des fibres, vu au fond du sillon médian de la paroi antérieure du quatrième ventricule. On le voit au moyen d'une section verticale et médiane des tubercules quadrijumeaux, de la glande pinéale et par l'écartement, au moyen des doigts, du sillon médian de la paroi antérieure du quatrième ventricule. Cet entre-croisement ou décussation, que M. Foville a représenté dans son atlas, peut être obtenu facilement. Quant à son existence réelle, elle est encore un sujet de doute. D'après MM. Valentin et Longet, qui l'admettent, la partie supérieure de cet entre-croisement aurait lieu entre les pédoncules supérieurs du cervelet, qui sont eux-mêmes une dépendance des faisceaux postérieurs, et les prolongements des cordons latéraux (faisceaux moyens du bulbe, faisceaux innominés). Sa partie inférieure serait due uniquement à l'entre-croisement des faisceaux moyens (faisceaux innominés).

M. Cruveilhier s'exprime ainsi : «Il n'y a pas entre-croisement, mais apparence d'entre-croisement dans toute la hauteur du faisceau innominé du bulbe, depuis le collet du bulbe jusqu'au niveau de l'extrémité postérieure de l'espace inter-pédonculaire; que cette apparence d'entre-croisement est le résultat de l'accolement des deux moitiés du bulbe; que d'ailleurs cet entre-croisement, s'il avait lieu, ne se ferait qu'aux dépens des fibres antéro-postérieures, lesquelles forment un système particulier de fibres entre les deux faisceaux innominés, et ne se continuent, en aucune façon, avec les fibres longitudinales de ces faisceaux innominés; mais que l'entre-croisement est sinon démontré d'une manière incontestable, au moins infiniment probable, entre ces faisceaux innominés dans toute l'étendue de l'espace inter-pédonculaire, c'est-à-dire au niveau des tubercules quadrijumeaux.»

Un peu plus haut M. Cruveilhier dit : «Au niveau des pédoncules cérébraux, il m'a paru qu'il n'y avait pas seulement juxta-position avec accolement des deux faisceaux innominés, mais bien véritable entre-croisement. Le faisceau innominé du côté droit m'a paru s'entre-croiser par fascicules avec le faisceau innominé du côté gauche, pour aller se jeter dans la couche optique gauche, et réciproquement.» M. Cruveilher ajoute : «Toutefois la chose n'est pas aussi évidente, aussi incontestablement démontrée pour moi que l'entre-croisement des pyramides. »

Malgré l'autorité imposante de MM. Foville, Valentin et Longet, je me range à l'opinion de M. Cruveilhier, qui nie l'entre-croisement réel et qui n'admet qu'une simple apparence d'entre-croisement. Mes préparations m'ont démontré que cette apparence était uniquement le résultat des procédés employés pour le démontrer. En écartant l'un de l'autre les bords ou lèvres du sillon médian du quatrième ventricule, on dissocie les fibres antéro-postérieures qui étaient simplement juxta-posées, et, pendant que les extrémités supérieures de ces fibres s'écartent, leurs extrémités inférieures se rapprochent, se pressent les unes contre les autres, de manière à s'engrener réciproquement. Quand on complète la séparation des deux moitiés, un examen attentif démontre que toutes les fibres antéro-postérieures sont parallèles entre elles ; on ne trouve nulle part aucun vestige de déchirure de ces fibres ; ce qui aurait lieu inévitablement, si leur passage s'effectuait d'un côté à l'autre.

2, 2. *Corps restiformes.* Ils sont le résultat de la bifurcation des faisceaux postérieurs de la moelle épinière. On peut distinguer à chacun deux portions. L'une, plus considérable, se recourbe pour pénétrer dans le cervelet : c'est, 3, la portion cérébelleuse du corps restiforme (pédoncule cérébelleux inférieur du cervelet). L'autre portion, 4, plus grêle, se dirige de bas en haut, longe le sillon médian de la paroi antérieure du quatrième ventricule, se réunit avec l'extrémité supérieure du *processus cerebelli ad testes*, et s'engage sous les tubercules quadrijumeaux et les couches optiques, pour se rendre au pédoncule cérébral correspondant.

5, 5. *Pédoncules supérieurs du cervelet (processus cerebelli ad testes*, ou mieux *processus cerebelli ad cerebrum*). Chacun d'eux se dégage du noyau blanc du cervelet, dans l'épaisseur duquel il semble se continuer avec le pédoncule inférieur de cet organe. Parallèle d'abord au pédoncule cérébelleux inférieur, il se dirige bientôt en haut et en dedans, et le croise presque perpendiculairement au moment où il émerge du cervelet, et arrive aux tubercules quadrijumeaux, sous lesquels il s'engage pour constituer avec la portion interne du corps restiforme correspondant l'étage supérieur du pédoncule cérébral.

6, 6. *Faisceaux triangulaires :* Ils contournent les extrémités supérieures des pédoncules cérébelleux supérieurs où ils forment relief, et passent sous les tubercules quadrijumeaux, en constituant par leur réunion une commissure transversale. M. Longet les considère comme une dépendance des faisceaux moyens ou innominés du bulbe, sur les côtés desquels ils ont leur origine.

7. Valvule de Vieussens. Elle est regardée généralement comme la continuation des bords internes des pédoncules supérieurs du cervelet.

Mes dissections m'ont démontré que son origine et son trajet sont ceux du faisceau triangulaire avec lequel elle se confond supérieurement. En effet, il est facile de voir que chacune des moitiés de la valvule prend naissance au niveau du bord externe du pédoncule supérieur correspondant du cervelet, où elle se continue avec le faisceau intermédiaire du bulbe ou faisceau innominé. Là, elle se recourbe de dehors en dedans, recouvre la face supérieure du pédoncule cérébelleux supérieur; arrivée au niveau du bord interne du pédoncule correspondant, elle se réunit et s'entre-croise avec celle du côté opposé. Cette valvule n'est donc que le résultat d'un entre-croisement des fibres les plus externes des faisceaux innominés du bulbe ou faisceaux intermédiaires.

8, 8. *Tubercules quadrijumeaux.* Ils sont formés principalement par une substance grise centrale, qui semble se continuer avec celle de la couche optique. Une couche mince de substance blanche recouvre la périphérie. La substance grise est traversée par quelques fibres longitudinales, qui paraissent se continuer avec les pédoncules supérieurs du cervelet et avec des fibres transverses qui émergent des faisceaux triangulaires. — 9, 9. Moitiés de la glande pinéale. — 10, 10. Couches optiques. — 11, 11. Coupe des pédoncules cérébelleux moyens.

FIGURE 5.

Elle représente la moelle allongée de profil, sur laquelle on voit l'origine réelle de la grosse racine de la cinquième paire.

Préparation. — Après avoir séparé le pédoncule moyen de la protubérance par une section pratiquée sur la limite de ces deux organes, on enlève avec le scalpel, sur la coupe obtenue, des couches minces, soit par tranches successives, soit par l'action de racler, en procédant de haut en bas et d'avant en arrière, c'est-à-dire dans la direction d'une ligne oblique allant de la face antérieure de la protubérance, vers l'angle latéral du quatrième ventricule : on découvre alors un gros faisceau qui n'est que la continuation de la grosse racine de la cinquième paire, et dont l'origine réelle a lieu par trois ordres de racines. Les unes, antérieures, se dirigent en avant, entre la face inférieure de la protubérance et la portion cérébelleuse du corps restiforme, pour s'anastomoser avec le nerf auditif. Les deuxièmes, postérieures, se continuent sous la substance grise de la paroi antérieure du quatrième ventricule, avec le faisceau intermédiaire du bulbe ou faisceau moyen ; enfin, les autres descendent dans l'épaisseur du corps restiforme, pour se continuer avec celui-ci, dans l'intérieur duquel on peut les suivre jusqu'au niveau du bec du *calamus scriptorius.*

Explication de la figure 5.

1. Protubérance annulaire. — 2. Bulbe crânien. — 3. Pédoncule cérébral. — 4. Grosse racine de la cinquième paire. — 5. Nerf auditif.

Explication de la figure 6.

1. Moitié de la moelle allongée obtenue au moyen d'une coupe verticale antéro-postérieure, pratiquée sur la ligne médiane. On y voit, 2, des fibres antéro-postérieures et transversales. Chez quelques sujets, une portion de ces fibres se continue, au niveau du sillon médian antérieur, avec les fibres arciformes qui recouvrent les pyramides et les olives. Ce sont ces fibres qui, avec les fibres semblables de l'autre moitié de la moelle allongée, concourent à produire l'apparence d'entre-croisement signalée plus haut.

Explication de la figure 7.

1,1. Coupe antéro-postérieure et verticale de la moelle allongée, faite un peu en dehors de la ligne médiane. — 2. Protubérance annulaire coupée. — 3. Bulbe crânien. — 4. Faisceau moyen ou faisceau *innominé*, placé dans l'épaisseur du bulbe, entre, 5, la pyramide antérieure et, 6, le corps restiforme : on voit ce faisceau traverser la protubérance et passer au-devant, 7, du pédoncule supérieur du cervelet et, 8, des tubercules quadrijumeaux, dont il est séparé par, 9, l'aqueduc de Sylvius. On aperçoit, 10, quelques fibres se détacher de ce faisceau, pour se continuer avec le collier interpédonculaire de la protubérance. — 11. Coupe des fibres qui ont formé la décussation des pyramides.

Explication de la figure 8.

1. Coupe transversale et horizontale de la moelle allongée, à 5 millimètres au-dessus des pyramides. Les fibres transversales prennent une direction onduleuse pour s'entre-croiser avec les fibres antéro-postérieures. — 2. Protubérance. — 3, 3. Pédoncule moyen du cervelet. — 4, 4. Tubercules *testes*. — 5. Valvule de Vieussens. — 6. Aqueduc de Sylvius.

PLANCHE 16.

2° CERVELET.

CONFORMATION EXTÉRIEURE.

Le cervelet est cette portion de l'encéphale qui est située à la partie postérieure et inférieure de la cavité crânienne, dans les fosses occipitales, au-dessous du cerveau, dont elle est séparée par la tente, et en arrière de la moelle allongée. Il a la forme d'un ellipsoïde aplati de haut en bas, arrondi dans son contour et plus mince sur les bords que dans son milieu ; son grand diamètre est transversal, et le petit antéro-postérieur. On l'a comparé à un cœur de carte à jouer, à sommet tronqué dirigé en avant et à base tournée en arrière. Les anciens l'ont assimilé à deux sphéroïdes aplatis et confondus par leurs points juxtaposés. Parfaitement symétrique, et recouvert par le cerveau et les méninges, le cervelet est sillonné, dans toute sa périphérie, par des rainures plus ou moins profondes, et formé de trois lobes : deux lobes latéraux et un lobe moyen qui les réunit entre eux. Sa circonférence offre sur la ligne médiane deux échancrures qui sont la terminaison d'une grande scissure, placée à la région inférieure : l'une, postérieure, est en rapport avec la faux du cervelet et la crête occipitale interne ; l'autre, antérieure, embrasse la moelle allongée.

Trois substances composent son tissu : l'une blanche, médullaire et centrale, est entourée par la substance grise ou corticale périphérique ; la troisième, qui est jaunâtre, est intermédiaire aux deux autres.

La substance médullaire du cervelet est plus consistante que celle du cerveau ; la substance grise est, au contraire, plus molle.

Le volume du cervelet de l'adulte est proportionnellement plus considérable que celui de l'enfant. Entre le cerveau et le cervelet de l'enfant le rapport est : : 1 : 20.

Gall et Cuvier prétendent que le cervelet de la femme est proportionnellement plus volumineux que celui de l'homme. Les observations de M. Leuret contredisent cette assertion.

Le cervelet des autres espèces animales est aussi proportionnellement moins volumineux que celui de l'homme.

M. Flourens considère le cervelet comme le siége exclusif du principe qui coordonne les mouvements de locomotion.

D'après Gall et M. Serres, il est l'organe de l'instinct de la propagation ou de l'amour physique.

On considère au cervelet une région supérieure, une région inférieure et une circonférence.

Cette planche représente la conformation intérieure et extérieure du cervelet.

PRÉPARATION. — Le cerveau reposant sur la convexité, soulevez d'une main le cervelet, de manière à l'écarter du cerveau, vous observez entre ces deux organes une espèce de cul-de-sac revêtu par la pie-mère, qui est très épaisse et très vasculaire sur ce point. Enlevez cette membrane avec précaution, vous découvrez alors la portion transversale de la fente cérébrale de Bichat. En écartant et en soulevant les lèvres de cette fente, vous rencontrez plus avant les tubercules quadrijumeaux et la glande pinéale, qui demeure quelquefois adhérente à la toile choroïdienne ; faites ensuite avec un bon scalpel à longue lame une section perpendiculaire ou oblique, qui, passant au-devant des tubercules quadrijumeaux, se termine sur les pédoncules cérébraux, un peu au-devant de la protubérance : vous séparez ainsi du cerveau le cervelet et la moelle allongée, qui sont réunis entre eux. La séparation étant obtenue, vous dépouillez complétement et avec soin le cervelet de la pie-mère, pour ne pas entraîner la substance grise, unie intimement à cette membrane par une multitude de prolongements cellulo-vasculaires. Sans cette précaution, l'ablation de cette substance, déjà si facile, serait inévitable, surtout si l'organe éprouvait un commencement d'altération ou de ramollissement.

FIGURE 1.

Cette figure montre la région supérieure du cervelet. Les tubercules quadrijumeaux sont conservés pour indiquer leurs rapports avec cet organe.

Explication de la figure 1.

Séparée des lobules postérieurs du cerveau par la tente du cervelet, cette région offre sur la ligne médiane, 1, l'*éminence vermiculaire supérieure* (*processus vermiformis superior*). Cette éminence antéro-postérieure est une dépendance du lobe médian du cervelet et divise la région supérieure en deux parties égales ; elle est sillonnée par des rainures transversales et annulaires qui lui donnent l'aspect d'un ver à soie. Son extrémité antérieure, plus marquée, recouvre la valvule de Vieussens, les *processus cerebelli ad testes*, et un peu les deux tubercules postérieurs (*testes*). Son extrémité postérieure n'arrivant pas jusqu'à la circonférence du cervelet, elle concourt à former en arrière, 2, l'*échancrure médiane du cervelet*.

De chaque côté de l'éminence vermiculaire supérieure, cette région présente un plan incliné en bas et en dehors, et est sillonnée par des rainures curvilignes, à concavité antérieure, et de plus en plus grandes d'avant en arrière. La profondeur de ces rainures ou sillons n'est pas la même ; de là sa division en lobules, segments, lames et lamelles. Les sillons les plus profonds et les plus larges se continuent d'un côté à l'autre, sans être interrompus par le vermis supérieur. Les autres sillons, plus petits et superficiels, semblent se terminer sur le vermis supérieur et ne se continuent pas d'un côté à l'autre. — 3. Tubercules quadrijumeaux.

FIGURE 2.

Elle représente la région inférieure du cervelet. Le bulbe crânien est coupé à sa base, pour mettre à nu le vermis inférieur. La protubérance et les pédoncules sont conservés, pour faire voir les rapports de ces organes avec le cervelet.

Explication de la figure 2.

Cette région est convexe et en rapport, sur les côtés, avec les fosses occipitales inférieures de la base du crâne, sur lesquelles elle se moule, et sur la partie médiane, avec le bulbe crânien qui est logé dans l'échancrure médiane du cervelet ; elle est divisée en deux moitiés latérales, arrondies, qu'on a appelées lobes ou hémisphères du cervelet, par, 1, la *grande scissure médiane du cervelet* : c'est une large dépression antéro-postérieure (*vallecula*) faisant suite, en arrière, à l'échancrure qui reçoit la faux du cervelet ; en avant, cette scissure se termine par une large gouttière qui reçoit la moitié postérieure de la moelle allongée. Elle présente au fond, 2, l'*éminence vermiculaire inférieure*, *vermis inferior* ou (*processus vermiformis inferior*) : c'est une éminence conoïde, antéro-postérieure et sillonnée transversalement. Son extrémité postérieure ou base est dirigée en bas, proémine dans le fond de l'échancrure médiane postérieure et se continue avec l'éminence vermiculaire supérieure, pour constituer le vermis postérieur. Son extrémité antérieure, ou sommet, regarde en haut et fait saillie dans le quatrième ventricule, jusqu'au-dessous de la valvule de Vieussens. Chaque côté de l'éminence offre un prolongement dirigé transversalement dans l'épaisseur du cervelet et est recouvert entièrement par le lobule correspondant (lobule tonsillaire) du vermis inférieur.

La réunion du vermis inférieur, du vermis supérieur et du vermis postérieur constitue le lobe médian du cervelet, que Gall a appelé partie fondamentale du cervelet, parce qu'il existe chez tous les vertébrés, et qu'il précède l'apparition des lobes latéraux.

En dehors de cette scissure et de l'éminence vermiculaire, on aperçoit la face inférieure des lobes latéraux ou hémisphères du cervelet, lesquels ne sont en quelque sorte que des parties de perfectionnement qui appartiennent aux mammifères seulement, et dont le développement devient considérable, surtout chez l'homme. Ces lobes sont arrondis et sillonnés aussi par des rainures qui paraissent interrompues sur la ligne médiane.

Nous verrons dans la troisième figure, que la communication a lieu, entre les deux lobes du cervelet, par les prolongements latéraux du vermis inférieur.

Les sillons les plus profonds divisent le cervelet en lobules. Les lobules qui avoisinent le bulbe crânien sont, 3, 3, les *amygdales* (*lobules tonsillaires*). Placés en dehors du bulbe crânien, ces lobules se dirigent d'avant en arrière ; leur extrémité postérieure, renflée, dépasse le niveau de la face inférieure du cervelet et s'engage en partie dans le trou occipital ; leur extrémité antérieure, plus petite et arrondie en mamelon, proémine dans le quatrième ventricule, de chaque côté de l'extrémité inférieure du vermis inférieur ; le côté interne contribue à former l'échancrure médiane du cervelet; le côté externe est séparé des autres lobules par un sillon assez profond. Deux pédoncules blancs, dirigés en dehors et en arrière, jusque sur les prolongements latéraux du vermis inférieur, les retiennent au cervelet. — 4, 4. *Lobules du nerf vague*, espèce de touffe située sur le pédoncule moyen du cervelet auquel elle adhère. En dehors des lobules tonsillaires et au-dessous des lobules du nerf vague, on voit de chaque côté d'autres lobules concentriques et de plus en plus grands, à mesure qu'on approche de la partie postérieure de la circonférence. Le nombre total de ces lobules est d'environ huit à neuf de chaque côté. — 5. Bulbe crânien coupé au niveau de sa base. Cette coupe montre, 6, la section des pyramides, 7, *id.* des olives, et, 8, des corps restiformes. — 9. Protubérance annulaire se continuant de chaque côté avec le cervelet par les pédoncules moyens. Elle présente, 10, la grosse et la petite racine de la cinquième paire; 11, la sixième paire; 12, la portion dure et la portion molle de la septième paire, et son nerf intermédiaire.

FIGURE 3.

Cette figure est la continuation de la région inférieure et a pour objet de montrer complétement le vermis inférieur et ses prolongements mis à nu par le renversement d'arrière en avant du bulbe crânien, et par un léger écartement des hémisphères du cervelet.

Les lobules tonsillaires sont enlevés pour montrer les valvules de Tarin.

Explication de la figure 3.

1. Le *vermis inférieur*, plus saillant et plus distinct que le vermis supérieur, offre à considérer quatre prolongements. — 2, 2. Les prolongements latéraux : ils pénètrent dans les lobes latéraux du cervelet avec lesquels ils se confondent, et auxquels ils forment une espèce de commissure qui les réunit entre eux. — 3. Le prolongement postérieur : il est renflé, et occupe le fond de l'échancrure postérieure. — 4. Le prolongement antérieur : il marche en s'effilant d'avant en arrière, et se termine par un petit renflement appelé *éminence mamillaire* (*luette* ou *tubercule lamineux du quatrième ventricule*), qui pénètre dans le fond du quatrième ventricule, jusqu'au niveau de ses angles latéraux et au-dessous de la valvule de Vieussens. Cette éminence donne naissance, de chaque côté, aux, 5, 5, *valvules de Tarin* : ce sont deux replis semi-lunaires, minces, demi-transparents, qu'on a comparés aux valvules sygmoïdes de l'aorte. Le bord antérieur, concave, est libre et plus épais que le reste; l'extrémité interne se continue avec la luette; l'extrémité externe remonte en dehors, entre l'échancrure antérieure du cervelet et le bulbe crânien, et se continue avec les touffes ou lobules du nerf vague. La face inférieure de ces valvules est recouverte par le lobule tonsillaire, qui doit être enlevé pour la bien voir. Sa face supérieure, légèrement concave, forme un cul-de-sac avec la paroi postérieure du quatrième ventricule.

L'ensemble de ces diverses parties a été comparé au voile du palais. L'extrémité antérieure du vermis inférieur serait la luette, les valvules de Tarin, les piliers, les lobules tonsillaires, les amygdales, et l'espace compris entre la luette, les bords libres de la valvule de Tarin, le bulbe crânien et le quatrième ventricule, constituerait l'isthme du gosier.

6. Plexus choroïde du quatrième ventricule.

FIGURE 4.

Cette figure est destinée à faire voir la partie antérieure de la circonférence ou pourtour du cervelet. Le reste de la circonférence se voit sur les figures qui précèdent.

La circonférence du cervelet a à peu près la forme d'un cœur de carte à jouer dont le sommet serait échancré comme la base; elle est interrompue en avant et sur la ligne médiane par la grande échancrure cérébelleuse antérieure. C'est une excavation ou gouttière profonde qui embrasse la moitié postérieure de la moelle allongée, et qui est le rendez-vous commun des pédoncules qui unissent le cervelet aux autres portions du centre nerveux.

Ainsi, le cervelet tient au centre nerveux : 1° par les pédoncules cérébelleux inférieurs, *corps restiformes* (*processus cerebelli ad medullam spinalem*); 2° à la moelle allongée par les *pédoncules cérébelleux moyens* (*processus cerebelli ad pontem Varoli*); 3° au cerveau par les *pédoncules cérébelleux supérieurs*, (*processus cerebelli ad testes*, ou mieux, *processus cerebelli ad cerebrum*).

La circonférence présente en arrière, et sur la ligne médiane, une autre échancrure à bords arrondis, épais et convexes, au fond de laquelle se voit le *vermis postérieur*, qui unit le vermis supérieur au vermis inférieur. Cette échancrure correspond à la crête occipitale interne et au repli de la dure-mère, appelé *faux du cervelet*, et se continue, en avant, avec la grande scissure médiane qui reçoit la moitié postérieure du bulbe crânien.

Un sillon horizontal et très profond, commençant à l'échancrure antérieure pour se terminer circulairement à l'échancrure postérieure, divise les hémisphères cérébelleux en deux segments, l'un inférieur, l'autre supérieur, plus considérable.

Explication de la figure 4.

1. Région supérieure du cervelet : elle forme un double plan incliné. — 2. Région inférieure. — 3. Sillon de la circonférence, qui divise le cervelet en deux portions, l'une supérieure, l'autre inférieure. — 4. Pédoncule cérébelleux moyen, pénétrant dans l'épaisseur du cervelet. Ce pédoncule est masqué un peu par, 5, le lobule du nerf vague. — 6. Coupe verticale et transversale d'une portion de la circonférence antérieure du cervelet, pour laisser voir, 7, le pédoncule moyen, s'irradiant dans l'épaisseur des lobules, lames et lamelles des régions inférieure, supérieure, et de la circonférence du cervelet. — 8. Bulbe crânien. — 9. Protubérance annulaire. — 10. Coupe faite sur les pédoncules cérébraux. — 11. Collier inter-pédonculaire de la protubérance. — 12. *Locus niger* de Sœmmerring.

FIGURE 5.

Cette figure, qui montre la conformation intérieure du cervelet, fait voir l'arbre de vie et le corps rhomboïdal, à l'aide d'une section verticale antéro-postérieure pratiquée sur la partie la plus épaisse d'un lobe latéral du cervelet. Le pédoncule cérébelleux moyen est légèrement entamé. La protubérance annulaire et le bulbe crânien sont conservés en entier et vus de profil.

La coupe de cette figure et celle de la figure 4 démontrent que deux substances principales constituent le cervelet : l'une grise, périphérique, c'est la *corticale*; l'autre blanche, centrale ; c'est la *substance médullaire*. La densité plus considérable de celle-ci lui permet de résister à une assez forte pression. La substance grise, qui est au contraire molle, se détache ordinairement avec les membranes, à la suite de la putréfaction ou de la macération du cervelet.

Quelques anatomistes admettent avec Rolando une substance qui est jaunâtre et intermédiaire aux deux autres : on l'appelle *couche interstitielle*. D'une densité assez grande, elle demeure intacte, alors que la grise est enlevée.

La substance corticale domine sur la substance médullaire. La première est considérée par M. Baillarger comme formée par la superposition de couches alternativement blanches et grises ; elle est très vasculaire.

On voit, au centre du cervelet, un noyau blanc considérable constitué par la substance médullaire. Des côtés et du sommet de ce noyau, dont la forme est ici triangulaire, à base tournée en avant et à sommet dirigé en arrière, émergent quinze ou seize branches. Les unes ascendantes ou descendantes, et les autres horizontales, deviennent les noyaux d'autant de lobules.

Ces branches sont subdivisées en rameaux et les rameaux en ramuscules. On a comparé ces diverses ramifications de la substance blanche aux branchages d'un arbre dépouillé de ses feuilles ; de là le nom d'*arbre de vie* qui lui a été donné.

Les lobules sont les portions comprises entre les sillons les plus profonds, qui aboutissent de la périphérie aux côtés ou au sommet du noyau central médullaire.

Les segments sont des divisions des lobules par des sillons moins profonds. Chacun d'eux est formé d'un rameau de substance blanche entouré par les deux substances jaune et grise.

Les lames sont les subdivisions des segments par des sillons encore plus petits.

Enfin, on nomme lamelles les subdivisions des lames, indiquées par les sillons les plus courts.

Les ramuscules et les expansions les plus déliées de la substance blanche sont entourées d'un double feuillet de substance grise et jaune.

Au centre du noyau blanc de chacun des lobes du cervelet se trouve le *corps rhomboïdal*. C'est un corps ovoïde, enveloppé d'une membrane plissée en zigzag ; son plus grand diamètre est antéro-postérieur : il est oblique de dehors en dedans, d'avant en arrière et de haut en bas, et plus rapproché de la région supérieure que de la région inférieure. Son extrémité antérieure (*voy.* fig. 6, pl. 14) correspond aux angles latéraux du quatrième ventricule, et présente un orifice qui le fait communiquer avec la substance grise qui revêt la paroi antérieure de ce ventricule. Le corps rhomboïdal est constitué par une substance propre dont la couleur est d'un gris jaunâtre; il ressemble beaucoup aux corps olivaires du bulbe crânien.

Si l'on cherche à écarter les lobules des uns des autres, sur un cervelet convenablement durci par l'alcool, en procédant de la périphérie au centre, on voit la séparation de chacun d'eux s'effectuer jusqu'à la portion la plus épaisse du corps rhomboïdal, où ils s'incurvent. Les uns, ascendants, se rendent à la région supérieure; les autres, descendants, à la région inférieure. Les derniers sont presque horizontaux et aboutissent à la circonférence.

En opérant sur un lobule, on divise alors le feuillet pédiculaire qui fait suite à ce lobule en lames juxtaposées. Chacune de ces lames peut être subdivisée encore en lamelles secondaires, tertiaires, etc.

Il résulte donc que le noyau central médullaire est constitué, comme un livre, par un grand nombre de feuillets juxtaposés ou superposés, dont un des bords correspond au noyau central, où ils sont fortement serrés les uns contre les autres, et dont l'autre bord est à la périphérie, où ils sont écartés.

Chaque feuillet est formé par l'agglomération d'un grand nombre de fibres parallèles entre elles. Ces fibres ne sont elles-mêmes qu'une réunion de fibres primitives tubulaires, remplies d'un liquide analogue à celui que l'on trouve dans les autres fibres primitives constituant ces des différentes parties du centre nerveux.

PLANCHE 17.

3° DU CERVEAU.

Le cerveau proprement dit est cette portion de l'encéphale qui remplit la plus grande partie de la cavité crânienne. Il est le renflement le plus considérable de l'axe médullo-encéphalique. Regardé tour à tour comme l'origine ou comme l'épanouissement de la moelle épinière, il tient intimement à celle-ci et au cervelet par la moelle allongée.

Sa forme est celle d'un segment d'ovoïde irrégulier, plus renflé vers le milieu de sa longueur. Il se compose de deux moitiés, désignées sous le nom d'*hémisphères*, ou mieux de *lobes cérébraux*, et réunies entre elles, sur la ligne médiane, par un noyau central appelé *corps calleux*.

Le cerveau est le siége des facultés intellectuelles et morales qui font de l'homme l'être le plus complet de la création.

On lui distingue une conformation extérieure et une conformation intéreure.

(Afin de mieux étudier les rapports et les connexions intimes de cet organe avec les autres parties constituantes du centre nerveux, déjà connues, nous procéderons du centre à la périphérie, savoir : des ventricules au corps calleux).

Ceux qui ne peuvent pas disposer d'un nombre suffisant de cerveaux auront un avantage, dans l'étude de cet organe, à procéder de la périphérie au centre, c'est-à-dire du corps calleux vers les ventricules.

Cette planche a pour objet d'étudier le quatrième ventricule, le ventricule moyen ou troisième ventricule, et leurs moyens de communication, la glande pinéale, les couches optiques, les corps striés, la lame cornée, la bandelette demi-circulaire et les commissures cérébrales.

FIGURE 1.

PRÉPARATION. — Le corps calleux étant mis à nu par l'ablation de toute la portion des hémisphères qui le recouvraient, enlevez successivement sa portion médiane, la voûte à trois piliers et la toile choroïdienne. Découvrez aussi la face supérieure du cervelet, en enlevant les parties correspondantes du cerveau ; divisez le lobe médian du cervelet et la valvule de Vieussens par une section verticale antéro-postérieure ; écartez les unes des autres les portions divisées, vous voyez alors tout le plan reproduit par cette figure.

Explication de la figure 1.

(Bien que l'étude de ce ventricule appartienne au cervelet, nous avons cru devoir la faire ici, à cause des rapports immédiats et de la communication de cette cavité avec le ventricule moyen que nous décrivons dans cette figure.)

1. *Quatrième ventricule* (premier ventricule de Tiedemann, parce qu'il existe constamment chez tous les vertébrés, et que son développement est antérieur aux autres).

C'est une cavité losangique, intermédiaire au cervelet et à la moelle allongée, en communication, d'une part, avec l'espace sous-arachnoïdien de la moelle épinière, de l'autre avec le troisième ventricule, au moyen de l'aqueduc de Sylvius. Il présente à considérer une paroi antérieure, une paroi postérieure, quatre parois latérales, dont deux latérales supérieures, deux latérales inférieures, et quatre angles.

2. *Paroi antérieure du quatrième ventricule :* elle est oblique de bas en haut, d'arrière en avant, et formée par une portion de la face postérieure du bulbe crânien (*calamus scriptorius*), et toute la face postérieure de la protubérance annulaire. Cette paroi ayant été l'objet d'une étude précédente, voyez la figure 2 de la planche 14. — 3. *Paroi postérieure du quatrième ventricule*, elle est constituée, en haut, par la valvule de Vieussens et les *processus cerebelli ad testes* ; en bas, par la portion antérieure de la région inférieure du cervelet.

Les *parois latérales supérieures* ne sont autre chose que les bords latéraux et supérieurs de la cavité losangique formés eux-mêmes par la continuité des bords des *processus cerebelli ad testes* et de la portion correspondante de la paroi antérieure du quatrième ventricule.

Les *parois latérales inférieures* sont formées par, 4, deux lamelles fibro-vasculaires. Ces lamelles émergent du bord interne des corps restiformes, et remontent vers la face interne des lobules tonsillaires; elles ne sont qu'une expansion de la pie-mère du bulbe.

Les *angles latéraux* correspondent aux points de croisement des pédoncules supérieurs avec les pédoncules inférieurs du cervelet (*voy.* fig. 2, pl. 14), et à l'ouverture des corps rhomboïdaux.

L'*angle supérieur* aboutit à l'orifice inférieur de l'aqueduc de Sylvius. Ce canal passe, d'arrière en avant et de bas en haut, sous les tubercules quadrijumeaux, pour s'ouvrir dans le ventricule moyen. L'aqueduc de Sylvius établit une communication entre ces deux ventricules.

5. *Angle inférieur* du quatrième ventricule. Il répond au bec du *calamus scriptorius* et à un orifice intermédiaire aux deux lamelles fibro-vasculaires, dont nous venons de parler. C'est par cet orifice que ce ventricule communique dans l'espace sous-arachnoïdien, et livre passage aux plexus choroïdes de cette même cavité.

Dans ce ventricule se voient trois éminences mamelonnées, une moyenne et deux latérales (*voy.* fig. 6, pl. 14). La première n'est autre chose que l'extrémité antérieure de l'éminence vermiculaire inférieure. Les éminences latérales sont les extrémités antérieures des lobules tonsillaires.

6. Portion antérieure du vermis supérieur. — 7. Extrémité antérieure du vermis inférieur ou luette. Entre ces deux éminnces est placée, 8, la valvule de Vieussens. (Elle est coupée ici sur la ligne médiane; ses fragments et la moitié correspondante du cervelet sont écartés l'un de l'autre). Ainsi donc, cette valvule est interposée aux extrémités antérieures des vermis supérieur et inférieur. — 9, 9. Arbre de vie du lobe médian du cervelet; il paraît n'être qu'une dépendance de la valvule de Vieussens. — 10. Faisceau triangulaire ou ruban de Reil. — 11. Tubercules quadrijumeaux.

12. *Glande pinéale* ou *conarium*, parce qu'elle a la forme d'un cône; *corps pinéal*, à cause de sa ressemblance avec une pomme de pin. C'est un corps rougeâtre, mou, à base échancrée et adhérente en avant, à sommet libre en arrière, situé sur la ligne médiane, entre les tubercules quadrijumeaux antérieurs (*nates*), dans la petite excavation qui les sépare, derrière le troisième ventricule, au-dessus et en arrière de la commissure cérébrale postérieure, au-dessous du bourrelet du corps calleux et de la toile choroïdienne. Il a le volume d'un pois ordinaire. Quatre petits cordons médullaires (*pédoncules de la glande pinéale*) contribuent à le maintenir dans sa position : deux sont inférieurs, et l'assujettissent aux tubercules antérieurs (*testes*); les deux autres sont antérieurs, et le fixent aux couches optiques. *Les deux pédoncules antérieurs*, 13, 13, (*habenæ*), rênes de l'âme, sont deux prolongements blanchâtres, grêles, qui se dirigent d'abord transversalement, de chaque côté de la glande pinéale, vers la couche optique, forment une commissure transversale superposée à la commissure cérébrale postérieure, et, changeant direction, longent, d'arrière en avant, les limites de la face supérieure et de la face interne de la couche optique, pour se réunir, en avant, avec les piliers antérieurs de la voûte à trois piliers (*trigone cérébral*).

Entre la commissure cérébrale postérieure et la commissure transversale de la glande pinéale, se voit une petite cavité ou cul-de-sac, qui a été considérée comme une sorte de ventricule, et qui renferme des corpuscules cristallins.

La glande pinéale est constituée, en partie, par une substance blanche continue aux fibres de ses pédoncules, et une substance grise vasculaire. Elle contient aussi des concrétions ossiformes, qu'on a prises à tort pour des osselets, et qui manquent très rarement. Le plus souvent en grand nombre, elles sont analogues à des granulations juxtaposées et disséminées à la surface, et même dans son intérieur.

Les usages de la glande pinéale sont inconnus. M. Magendie pense qu'elle ferme, à la manière d'un tampon, l'orifice de communication du troisième avec le quatrième ventricule.

Des anatomistes modernes pensent, avec Galien, que sa nature glandulaire l'a destinée à la sécrétion d'un liquide.

Descartes faisait de la glande pinéale le siége de l'âme, qui, au moyen des rênes (*habenæ*, rênes de l'âme), dirigeait tous les mouvements.

14, 14, *Couches optiques*. Ce sont deux renflements ovoïdes placés sur les côtés de la ligne médiane, à grosse extrémité tournée en arrière et divergente, en dehors et au-devant des tubercules quadrijumeaux, au-dessus et un peu en-dedans des pédoncules cérébraux, en arrière et en dedans des corps striés. Leur couleur de café au lait les fait distinguer facilement des corps striés, qui sont grisâtres. Les couches optiques ont quatre faces :

La *face supérieure* convexe est en partie recouverte par la voûte à trois piliers, la toile choroïdienne et les plexus choroïdes (ces trois organes sont enlevés ici), et offre, en avant, 15, une saillie longitudinale : c'est le *corpus album sub-rotundum* de Vieussens. Cette face concourt à former le plancher de l'étage supérieur des ventricules latéraux.

Les *faces internes*, planes, sont revêtues à la partie antérieure par la substance grise, et constituent les parois latérales du ventricule moyen. Les pédoncules antérieurs de la glande pinéale sont placés sur les limites de la face supérieure et de la face interne de chaque couche optique.

La *face inférieure des couches optiques* (*voy.* la fig. 2) présente en arrière, où elle est libre, les corps genouillés internes et externes, et contribue à former le plafond de l'étage inférieur des ventricules latéraux; elle fait partie de la grande fente cérébrale de Bichat.

La *face externe*, confondue avec les corps striés, en est distincte par un sillon demi-circulaire, dans lequel on remarque la lame cornée et la bandelette demi-circulaire.

Les *extrémités antérieures* convergent et sont contournées par les piliers antérieurs de la voûte à trois piliers, où elles forment les trous de Monro.

Les *extrémités postérieures*, plus volumineuses, divergentes et arrondies, sont contournées par les piliers postérieurs du trigone cérébral et adhèrent en dedans aux tubercules quadrijumeaux.

16. *Ventricule moyen ou troisième ventricule.* C'est une cavité oblongue, d'avant en arrière, située sur ligne médiane, entre les couches optiques dont elle constitue les parois internes, au-devant des tubercules quadrijumeaux et de la commissure cérébrale postérieure, en arrière des piliers antérieurs de la voûte à trois piliers (*trigone cérébral*), de la commissure cérébrale antérieure et du ventricule du *septum lucidum.*

On lui considère six parois. Les *parois latérales* sont planes, grises et divisées en deux portions par une gouttière horizontale, qui est la continuation de l'aqueduc de Sylvius : l'une est supérieure et l'autre inférieure. La portion supérieure est constituée par la face interne des couches optiques; la portion inférieure, par une substance d'un gris plus foncé, qui se continue avec le *tuber cinereum*, dont elle n'est qu'une expansion. Une bandelette transversale de substance grise, intermédiaire à ces deux parois, les réunit entre elles, à la manière d'un pont. On nomme cette bandelette, 17, *commissure molle* (*commissure grise des couches optiques*). C'est une lamelle grisâtre, mince, très facile à déchirer, qui traverse le ventricule moyen, au milieu de sa hauteur; elle est quelquefois double : alors les deux commissures sont superposées l'une à l'autre.

La *paroi postérieure* du troisième ventricule est limitée en arrière, par les tubercules quadrijumeaux, la glande pinéale et par les deux commissures postérieures, dont l'une, superficielle, appartient aux pédoncules de la glande pinéale, et l'autre, profonde, est recouverte par celle-ci : cette dernière est la *commissure cérébrale postérieure*, qui se présente sous l'aspect d'un faisceau cylindroïde, dont le volume est moindre que celui de la commissure cérébrale antérieure. Elle passe d'une couche optique à l'autre, dans l'épaisseur desquelles elle se perd. Au devant et au-dessous d'elle se voit l'*orifice antérieur* de l'aqueduc de Sylvius (*anus*).

La *paroi antérieure* du ventricule moyen résulte de la juxtaposition de quatre plans successifs qui sont, d'arrière en avant, 18, les piliers antérieurs de la voûte à trois piliers; 19, la commissure cérébrale antérieure, la lame sus-optique et un repli de la pie-mère qui la revêt. La lame sus-optique est une petite cloison mince, demi-transparente (*voy.* fig. 3), percée quelquefois d'un trou central, qui se continue avec le chiasma des nerfs optiques et la portion médiane réfléchie du corps calleux.

La *paroi supérieure* de ce ventricule, que nous étudierons plus loin, est formée par la superposition de trois plans, qui sont, de bas en haut, la toile choroïdienne, la voûte à trois piliers (trigone cérébral) et le corps calleux.

Sa *paroi inférieure* est constituée par les parties situées dans l'espace inter-pédonculaire, qui sont, d'arrière en avant (*voy.* fig. 2 et 3), les lamelles perforées médianes, les tubercules mamillaires, le *tuber cinereum* et sa tige pituitaire.

Cette cavité ventriculaire est le confluent des autres ventricules encéphaliques, et communique, en arrière, avec le quatrième ventricule, au moyen de l'aqueduc de Sylvius; en avant, avec les ventricules latéraux, par les trous de Monro. D'après quelques anatomistes, le troisième ventricule communique aussi avec le *septum lucidum*, par une petite fente (*vulva*) située à sa partie antérieure.

Dans le sillon demi-circulaire qui sépare la couche optique du noyau intra-ventriculaire du corps strié, on remarque la lame cornée et la bandelette demi-circulaire.

20. *Lame cornée* (*frenulum novum* de Tarin). C'est une lame mince, étroite, grisâtre, demi-transparente, d'un aspect corné, située dans le sillon demi-circulaire qui sépare la couche optique du noyau intra-ventriculaire du corps strié, et formée par un repli de la membrane ventriculaire, dans lequel se trouve de la substance grise. Cette lame paraît se continuer antérieurement avec la portion de membrane ventriculaire qui revêt le *septum lucidum;* à peine visible vers le bord postérieur de la couche optique, elle se confond avec la membrane ventriculaire et recouvre, en avant, la bandelette demi-circulaire, dont elle est séparée par les veines du corps strié.

21. *Bandelette demi-circulaire.* Elle est recouverte, en avant, par la lame cornée et située dans le même sillon qu'elle. C'est une espèce de cordon demi-circulaire, aplati, formé de fibres blanches, qui cerne les couches optiques. Elle longe le côté externe de la face supérieure des couches optiques; arrivée à son extrémité postérieure, elle la contourne pour côtoyer le même côté de la face inférieure.

Quant à l'origine et au mode de terminaison de cette bandelette, les auteurs ne sont pas d'accord. Nous décrivons ici cet organe, tel que nous l'avons vu le plus fréquemment dans nos dissections, et qui est, à quelques modifications près, la description de la plupart des anatomistes.

De cette bandelette émergent, en dedans, des racines qui se confondent avec les fibres blanches qui traversent les couches optiques; en dehors, d'autres racines qui s'entre-croisent presque à angle droit avec les fibres rayonnantes pédonculaires, situées entre les deux noyaux gris des corps striés.

L'extrémité antérieure et supérieure de cette bandelette se confond, en avant, avec les piliers de la voûte. Son extrémité antérieure et inférieure se termine en s'irradiant sur la corne d'Ammon, et dans l'étage inférieur du ventricule latéral.

M. Foville fait aboutir cette bandelette à l'espace perforé de Vicq d'Azyr, qu'il appelle *quadrilatère perforé*.

22. *Corps striés*. Ainsi nommés à cause des stries blanches qui les traversent. Ce sont deux renflements piriformes, placés en avant et en dehors des couches optiques, au-dessous du corps calleux. L'extrémité antérieure, grosse et assez arrondie, converge en avant; l'extrémité postérieure, mince, effilée et divergeant en dehors, se prolonge jusque dans l'étage inférieur du ventricule latéral. Chacun de ces corps striés est constitué par deux noyaux de substance grise, séparés l'un de l'autre par une lame à fibres blanches, laquelle n'est qu'un épanouissement du pédoncule cérébral correspondant. De ces noyaux, l'un est intra-ventriculaire, constitue avec les couches optiques le plancher de l'étage supérieur du ventricule latéral, et est revêtu par la membrane ventriculaire. La couleur grise de ces noyaux les fait distinguer des couches optiques et des autres parties environnantes. (Le noyau extra-ventriculaire est décrit dans la figure 2 de cette planche.)

On voit, 23, la face supérieure des fibres rayonnées pédonculaires, mise à nu par l'ablation du noyau intra-ventriculaire du corps strié. — 24. Ventricule du *septum lucidum*.

FIGURE 2.

Cette figure montre, à la base du cerveau, la face inférieure des couches optiques, le noyau extra-ventriculaire des corps striés et la commissure cérébrale antérieure d'un côté.

Ces organes sont enlevés, du côté opposé, pour voir la face inférieure d'un pédoncule cérébral et l'épanouissement de ses fibres.

Préparation. — Le cerveau reposant sur la convexité, soulevez et écartez le lobule sphénoïdal ou moyen du lobe antérieur ou frontal, vous voyez au fond de la scissure (scissure de Sylvius) qui sépare les deux lobules, un petit lobule triangulaire surmonté de petites circonvolutions, à sommet libre tourné en bas, à base dirigée en haut, et confondu avec les lobules frontal et sphénoïdal: c'est l'*insula* de Reil, ou lobule du corps strié. Si vous enlevez d'abord, par une coupe horizontale, toute, la portion de la base du cerveau qui masque l'*insula* et toute celle qui dépasse le niveau des bandelettes des nerfs optiques, vous découvrez alors un noyau d'un gris rougeâtre, pointillé de blanc : c'est le noyau extra-ventriculaire du corps strié; vous mettez à nu aussi la commissure cérébrale antérieure. L'ablation de ce noyau vous laisse voir une petite excavation, dont le fond est formé d'un plan de fibres grosses, rayonnantes, blanches, entremêlées d'une substance grisâtre; c'est une partie de la face inférieure du pédoncule correspondant du cerveau. Ce plan de fibres sépare l'un de l'autre les noyaux intra et extra-ventriculaires de chacun des corps striés.

Explication de la figure 2.

1. *Corps genouillé interne*. — 2. *Corps genouillé externe*. Le premier, gris, plus saillant et moins volumineux, est placé en dehors des tubercules quadrijumeaux. Il est, réuni, en arrière, au tubercule postérieur correspondant (*testes*) par une bandelette médullaire, et en avant, à la racine interne de la bandelette optique. Un peu plus gros, mais moins marqué, le *corps genouillé externe*, situé en dehors et un peu plus en avant de l'extrémité postérieure de la couche optique, se distingue de l'autre par sa coloration, qui est d'un blanc grisâtre, et reçoit, en avant, la racine externe du nerf optique. Une petite bandelette, qui n'est pas toujours bien marquée, l'unit au tubercule quadrijumeau antérieur (*nates*).

3. Face inférieure d'un pédoncule cérébral, contourné par, 4, la bandelette et les racines des nerfs optiques. La *bandelette des nerfs optiques* est blanche et naît en arrière, de chaque côté, des corps genouillés externe et interne dont elle est la continuation. Sa portion large et mince adhère au pédoncule cérébral, dont la distingue la direction de ses fibres; la portion étroite et plus épaisse contourne horizontalement ce pédoncule, et, arrivée au-devant de lui, change de direction, se dirige en avant et en dedans, pour se réunir à celle du côté opposé et former le *chiasma* des nerfs optiques.

Les deux corps genouillés externe et interne, les racines et la bandelette optiques et la face inférieure des pédoncules cérébraux constituent la face inférieure de la couche optique et le côté supérieur de la portion antéro-postérieure de la grande fente cérébrale de Bichat.

5. *Noyau extra-ventriculaire des corps striés.* Ce noyau est parsemé de stries blanches dues à la section des fibres qui les traversent dans tous les sens.

6. *Commissure cérébrale antérieure.* Sa forme est celle d'un cordon cylindrique au milieu, aplati et rayonnant aux extrémités; elle est blanche, presque parallèle et concentrique aux bandelettes et au chiasma des nerfs optiques dont elle est un peu éloignée; elle est croisée perpendiculairement par les piliers antérieurs du trigone cérébral, au-devant desquels elle est placée. Ses extrémités postérieures s'épanouissent en fibres, dont les unes se continuent avec le lobule sphénoïdal ou moyen du cerveau, les autres avec les fibres pédonculaires. — 7. Face inférieure du plan des fibres rayonnées pédonculaires, mise à nu par l'ablation du noyau extra-ventriculaire du corps strié. — 8. Entre-croisement des fibres pédonculaires ascendantes avec les fibres verticales descendantes du corps calleux. — 9. Continuation des fibres pédonculaires avec celles des pyramides.

Dans l'espace losangique circonscrit par la bandelette des nerfs optiques et les pédoncules cérébraux, on trouve les lamelles perforées médianes, les tubercules mamillaires ou pisiformes, le *tuber cinereum* et sa tige pituitaire.

La réunion des lamelles perforées médianes, des tubercules mamillaires et le *tuber cinereum*, constituent le plancher du ventricule moyen (paroi inférieure).

10. *Lamelles perforées médianes* ou *espace inter-pédonculaire.* Ce sont deux prolongements des faisceaux intermédiaires du bulbe crânien (faisceaux innominés).

11. *Tubercules mamillaires.* Ce sont deux petits corps pisiformes, hémisphériques, blancs à l'extérieur et gris à l'intérieur, situés derrière le *tuber cinereum* et l'infundibulum, au-devant des lamelles *perforées médianes*, entre les pédoncules cérébraux. Légèrement aplatis en dedans et séparés complétement l'un de l'autre par une fente ou scissure profonde, ils sont réunis, à leur partie supérieure, par une couche mince de substance grise, très facile à déchirer. La substance blanche corticale de ces petits corps est une double expansion terminale des piliers antérieurs de la voûte, d'où le nom de bulbes de la voûte à trois piliers (*bulbi fornicis*), et d'un gros faisceau blanc qui émerge de la face interne de la couche optique. L'enroulement de ces deux faisceaux autour de chacun des noyaux gris, qui a lieu à la manière d'un 8 de chiffre, constitue les tubercules mamillaires (*voy.* fig. 4, pl. 18.).

12. *Tuber cinereum* et sa *tige pituitaire.* Le *tuber cinereum* (*base de l'infundibulum*) est un amas de substance grise et molle, proéminant à la base de l'encéphale, entre le chiasma des nerfs optiques et les tubercules mamillaires. Il se prolonge en haut, sur les parois latérales du troisième ventricule, sur la cloison transparente ou *septum lucidum* et sur la lame sus-optique, enveloppe les piliers antérieurs et contribue à former le plancher du troisième ventricule.

Tige pituitaire ou *infundibulum.* C'est une petite tige conique, d'un gris rougeâtre, longue de 4 à 6 millimètres et oblique d'arrière en avant. Sa base ou extrémité postérieure répond au *tuber cinereum*, son sommet se continue avec la glande pituitaire. La substance grise constitue cet organe que revêt aussi un prolongement de la pie-mère, parcouru par des ramifications vasculaires longitudinales, qui sont communes à celles de la glande pituitaire.

Quelques anatomistes admettent un canal dans l'intérieur de ce corps, d'autres nient son existence. M. Longet n'est pas éloigné de l'admettre; car, malgré les difficultés de la démonstration, chez l'homme, il croit l'avoir vu : il l'a rencontré constamment chez le cheval et le bœuf.

Glande ou *corps pituitaire* (*voy.* fig. 4 et 5). C'est un petit corps arrondi, allongé transversalement, situé dans la selle turcique ou fosse sphénoïdale, et en communication, en haut, par l'infundibulum, avec le *tuber cinereum* et le troisième ventricule. La glande pituitaire est enveloppée presque entièrement par la dure-mère et longée par le sinus coronaire et caverneux. Elle est formée de deux lobes séparés par une membrane. L'antérieur, plus considérable, est réniforme, concave en arrière, et convexe en avant. Le postérieur, logé dans l'échancrure de l'autre, est plus mou, plus arrondi et de moitié plus petit. Deux substances, l'externe, d'un gris foncé et l'autre d'un jaune blanchâtre, constituent le lobe antérieur. Une seule substance, d'une teinte uniforme, plus ou moins grise et analogue à celle qui revêt les circonvolutions, forme le lobe postérieur. Un grand nombre de vaisseaux capillaires pénètrent les deux lobules du corps pituitaire qui est creusé d'une cavité en communication avec le ventricule moyen; ses usages sont inconnus. Quelques anatomistes considèrent cet organe comme un ganglion lymphatique; d'autres le rangent dans les ganglions nerveux et le regardent comme un des ganglions du grand sympathique. J'adopte d'autant mieux cette dernière opinion, que j'ai toujours vu, dans mes dissections, un grand nombre de filets nerveux se rendre des ganglions cervicaux supérieurs à cet organe. M. Bourgery, dont l'opinion lui a été suggérée par mes préparations, le regarde comme l'origine crânienne du grand sympathique. —13. Chiasma coupé à son origine et légèrement renversé en arrière, pour voir, 14, les rapports de la lame sus-optique avec la commissure cérébrale antérieure. — 15. Circonvolutions de l'hippocampe. — 16. Protubérance annulaire et pédoncule cérébelleux coupés. — 17. Bulbe crânien.

Explication de la figure 3.

1, 1. Lobules frontaux écartés l'un de l'autre, afin de voir, 2, la portion réfléchie du corps calleux appelée *genou*, et l'autre portion plus antérieure, nommée *bec*. Ce bec se divise en trois portions. L'une forme, en se continuant avec le chiasma des nerfs optiques, le plancher antérieur ou paroi antérieure du ventricule moyen ; c'est, 3, la portion médiane. Les deux autres, 4, 4, portions latérales, sont les *pédoncules du corps calleux* de Vicq d'Azyr. Ces prolongements se dirigent en dehors, vers les lobules sphénoïdaux, parallèlement aux racines externes des nerfs olfactifs, dont ils sont séparés par une portion de l'espace perforé latéral (*espace perforé de Vicq d'Azyr*).

5. *Chiasma des nerfs optiques*, renversé en arrière pour bien voir sa continuité avec la portion médiane du bec du corps calleux. La réunion de ces deux organes constitue une lamelle mince, demi-transparente, analogue à la valvule de Vieussens et percée quelquefois d'un trou qui conduit dans le ventricule moyen. Cette lame, *lame sus-optique*, est doublée par un prolongement de la pie-mère et constitue la paroi antérieure ou plancher antérieur du troisième ventricule. — 6. Nerfs olfactifs.

FIGURES 4 ET 5.

La figure 4 représente le corps pituitaire par sa face supérieure.

La figure 5 montre une moitié de ce corps et de sa tige par le côté de la section verticale antéro-postérieure.

PLANCHE 18.

Cette planche montre la voûte à trois piliers, les trous de Monro, le septum lucidum, la toile choroïdienne, les plexus choroïdes et les ventricules latéraux.

FIGURE 1.

PRÉPARATION. — Faites d'abord une coupe horizontale et circulaire du cerveau, pour enlever toute la portion des hémisphères supérieure au corps calleux ; pratiquez ensuite sur le corps calleux, à quelques millimètres de la ligne médiane, une incision longitudinale qui se prolonge de chaque côté et en arrière, dans les lobules occipitaux ; coupez ou renversez les lambeaux ; vous pénétrez alors dans deux cavités séparées l'une de l'autre, sur la ligne médiane, par une petite cloison mince, triangulaire et placée de champ ; ces deux cavités sont les ventricules latéraux et la cloison est le *septum lucidum* ou *cloison transparente*. Vous découvrez aussi les corps striés, les lames cornées et les bandelettes demi-circulaires, les couches optiques, les plexus choroïdes et la voûte à trois piliers, et même une portion de la toile choroïdienne.

Explication de la figure 1.

1. *Voûte à trois piliers* (*trigone cérébral*). C'est une lame blanche, située sur la ligne médiane, dont la forme est celle d'un triangle à base tournée en arrière, laquelle se bifurque en deux cordons médullaires divergents et aplatis, à sommet dirigé en avant, et simple en apparence. Elle répond en haut au corps calleux qui lui est superposé et dont elle est séparée en avant par le septum lucidum.

On lui distingue une face supérieure, une face inférieure, deux bords latéraux, une base et les piliers postérieurs, un sommet ou pilier antérieur.

La *face supérieure*, légèrement convexe, répond, en avant, à la cloison transparente et, dans le reste de son étendue, au corps calleux avec lequel elle adhère d'une manière intime.

La *face inférieure* repose sur la toile choroïdienne, la glande pinéale, et recouvre médiatement le troisième ventricule et le tiers interne des faces supérieures des couches optiques. Cette face constitue en arrière (fig. 2, pl. 20) un espace triangulaire, excavé, dont les côtés sont circonscrits par les prolongements postérieurs de la voûte et la base par le bourrelet. Cet espace est formé par trois ordres de fibres. Les unes transversales et onduleuses, les autres antéro-postérieures, les dernières obliques et convergentes en avant. La forme triangulaire de cet espace et la disposition variée de ses fibres, l'ont fait comparer à un instrument de musique dont quelques unes des fibres seraient les cordes ; de là, la dénomination de lyre (*psalterium* ou *corpus psalloides*) qui a été donnée à cet espace. Il est recouvert d'une membrane mince et blanchâtre, qui dérobe à la vue les fibres transverses du corps calleux.

Les *bords latéraux* de la voûte sont un peu concaves, minces, libres et longés par les plexus choroïdes qui les recouvrent souvent.

La *base* confondue supérieurement avec le bourrelet du corps calleux, est contiguë inférieurement aux tubercules *nates* et à la glande pinéale, dont la sépare la toile choroïdienne. Chacun des angles latéraux postérieurs ou piliers postérieurs se prolonge (voy. fig. 3) obliquement en dehors et en bas, dans la portion réfléchie des ventricules latéraux, en contournant l'extrémité postérieure de la couche optique correspondante, et se divise en deux portions ; l'une se confond avec le pied hippocampe ou corne d'Ammon ; l'autre, sous la forme d'une bandelette mince, revêt le bord concave de la corne d'Ammon, en formant une sorte de bordure désignée sous le nom de *corps frangé* ou *corps bordant*.

Le *sommet* de la voûte est une espèce de cordon médullaire, volumineux, arrondi, mais plane en haut et en avant, et divisé en deux faisceaux nommés piliers (voy. fig. 1, pl. 17), dont chacun contourne l'extrémité antérieure de la couche optique. Examinés au-dessous des trous de Monro, on voit ces piliers diverger un peu derrière la commissure cérébrale antérieure, se couder, se diriger en bas et un peu en arrière, pour traverser le *tuber cinereum* et se terminer en partie aux tubercules mamillaires.

2, 2. *Trous de Monro*. Ce sont deux petits orifices, à peu près ovalaires, situés un peu au-dessous de la commissure antérieure, formés de chaque côté par deux échancrures pratiquées sur l'extrémité antérieure de la couche optique et le pilier antérieur correspondant de la voûte, qui établissent une communication entre les ventricules latéraux et le ventricule moyen. Ces orifices sont traversés par l'extrémité antérieure des plexus choroïdes qui se rendent à la toile choroïdienne.

3. *Septum lucidum* ou *cloison transparente*, C'est une lame médullaire mince, placée de champ sur la ligne médiane, qui sépare, en avant, les deux ventricules latéraux. Elle est molle, demi-transparente et trian-

gulaire (voy. fig. 4). Sa base, curviligne, regarde en bas et en avant, et adhère à la face inférieure de la portion antérieure du corps calleux. Le sommet, très prolongé et antéro-postérieur, pénètre dans l'angle qui résulte de la réunion du corps calleux avec la voûte à trois piliers. Le bord supérieur adhère à la partie médiane de la face inférieure du corps calleux, le bord inférieur ou postérieur aux piliers antérieurs de la voûte.

Les faces latérales concourent à la formation de la paroi interne des ventricules latéraux.

Cette cloison est constituée par l'adossement de deux lames dont la séparation, ayant lieu sur un point, forme une sorte de sinus ou ventricule, à dimension variable. Ce sinus triangulaire (ventricule du *septum lucidum*, *fosse de Sylvius*), terminé en pointe en arrière, plus large et plus évasé en avant, renferme toujours une certaine quantité de sérosité et devient quelquefois le siége d'une hydropisie.

4, 4. Couches optiques. — 5, 5. Corps strié. — 6, 6. Lames cornées. — 7, 7. Bandelettes demi-circulaires. — 8 8. Plexus choroïdes.

9, 9. *Ventricules latéraux*. Ce sont deux cavités symétriques, plus considérables que les autres, situées de chaque côté de la ligne médiane et d'avant en arrière, dans l'épaisseur des hémisphères ou lobes cérébraux, dont elles occupent les lobules frontal, sphénoïdal et occipital. Ces ventricules, circonscrits presque de tous côtés par le corps calleux, commencent dans l'épaisseur du lobule antérieur ou frontal du cerveau, au-devant du ventricule moyen; de là, se dirigent en arrière et un peu en dedans, jusqu'au niveau de la partie postérieure de ce ventricule et de l'extrémité postérieure des couches optiques; là, ils changent de direction, se réfléchissent sur eux-mêmes, contournent d'arrière en avant et de haut en bas les couches optiques, et se terminent dans l'épaisseur des lobules sphénoïdaux. Au point de leur réflexion, ils présentent un prolongement qui a sa terminaison dans le lobule occipital.

La portion qui surmonte les couches optiques et les corps striés constitue l'*étage supérieur;* la portion réfléchie, subjacente à ces mêmes organes, est l'*étage inférieur*.

Le prolongement occipital de ce ventricule, appelé *cavité digitale* ou *ancyroïde*, se trouve au point de rencontre des deux étages; il est regardé généralement comme une dépendance de l'étage supérieur.

Les ventricules latéraux ont été comparés à un *£* majuscule italique renversé; de là, la division de chacun d'eux en *trois branches* ou *cornes*. Une antérieure, *frontale;* une inférieure, *sphénoïdale* et une autre postérieure, *occipitale*.

De là encore, la dénomination de *ventricules tricornes* qui leur a été donnée.

(L'étage supérieur et la cavité digitale se voient sur cette figure; l'étage inférieur est représenté sur la figure 2).

Étage supérieur. Il a une paroi supérieure, une paroi inférieure, une paroi interne, une paroi externe et deux extrémités.

La *paroi supérieure*, ou *voûte*, est concave, et formée aux dépens de la face inférieure du corps calleux.

La *paroi inférieure*, ou *plancher*, est inégale, bosselée, sillonnée par de nombreux vaisseaux, et n'est autre chose que la face ventriculaire des corps striés, de la couche optique, de la lame cornée, de la bandelette demi-circulaire, du plexus choroïde et de la face supérieure de la voûte à trois piliers.

La *paroi interne* (*cloison des ventricules latéraux*) est le *septum lucidum*, qui est commun aux deux ventricules latéraux qu'il sépare l'un de l'autre et dont la communication se fait, comme nous l'avons déjà vu, par les trous de Monro. Cette paroi est plus large en avant qu'en arrière, où elle n'est constituée que par la contiguïté de la face inférieure du corps calleux et de la voûte à trois piliers.

La *paroi externe* est simplement le résultat de la rencontre du corps strié et du corps calleux.

L'*extrémité antérieure*, ou *paroi antérieure*, est formée par l'extrémité antérieure réfléchie du corps calleux.

L'*extrémité postérieure* ou *paroi postérieure*, répond à l'étage inférieur et à la cavité digitale.

10. *Cavité digitale* ou *ancyroïde*. C'est un prolongement, sous forme d'ancre ou de crochet, de l'étage supérieur de chaque ventricule latéral, qui pénètre jusque dans le lobe postérieur du cerveau d'avant en arrière et en dedans. Cette cavité est la portion occipitale du ventricule latéral et se termine en pointe mousse. Elle est limitée de tous côtés par la corne postérieure du corps calleux (*forceps major de Reil*), et se dirige horizontalement en décrivant une courbure à convexité tournée en dehors. Ses dimensions sont très variables.

La paroi interne et inférieure de la cavité ancyroïde est refoulée par 11, l'*ergot de Morand* (*petit hippocampe*, *éminence unciforme*). C'est une saillie ordinairement recourbée sur elle-même, convexe en avant et en dehors, dont la forme et le volume sont variables. Quelquefois étroit et allongé, d'autres fois plus large, souvent lisse, l'ergot de Morand présente chez quelques sujets, surtout en arrière, des sillons et des renflements; chez d'autres, au contraire, il offre un sillon longitudinal qui le divise en deux moitiés, dont la supérieure est ordinairement plus volumineuse que l'inférieure. Il est quelquefois double; à peine marqué d'un côté, on le rencontre chez le même individu très prononcé de l'autre; il manque quelquefois d'un côté. On la vu aussi manquer complétement, mais plus rarement. L'ergot de Morand, dont la forme est à peu près celle du pied d'hippocampe, n'est autre chose qu'une circonvolution renversée en dedans, du côté du ventricule, et constitue, du côté de la cavité ancyroïde, une lame mince de substance blanche continue, d'une part, à la voûte à trois piliers; de l'autre, au corps calleux avec lequel elle se confond. Cette lame recouvre une autre lame blanche et plus ou moins épaisse, qui est revêtue d'une couche grise. Ces deux lames se confondent avec les substances correspondantes des circonvolutions voisines du lobe postérieur. — 12. Portion du corps calleux, renversée. — 13. Coupe du bourrelet. — 14. Veines de Galien dans le canal arachnoïdien de Bichat.

FIGURE 2.

Cette figure montre l'étage inférieur ou portion réfléchie d'un ventricule latéral et la cavité digitale, mis à nu, au moyen d'une coupe faite sur les lobules sphénoïdal et occipital (lobe postérieur).

PRÉPARATION. — Après avoir fait la préparation qui a été indiquée pour les ventricules latéraux, soulevez l'extrémité postérieure des couches optiques; suivez le pilier postérieur de la voûte et le plexus choroïde qui contournent cette extrémité pour se rendre dans l'étage inférieur; introduisez ensuite le tranchant du scalpel entre la face inférieure de la couche optique qui constitue le plafond de cette cavité, et entre la saillie qui semble faire suite au pilier postérieur de la voûte, de manière à faire pénétrer la lame dans la portion antéro-postérieure de la fente cérébrale de Bichat, qui appartient à la paroi interne de cet étage. Cela fait, incisez, de haut en bas, d'arrière en avant et de dedans en dehors, la paroi externe de cette cavité et les circonvolutions voisines du lobule sphénoïdal : de la sorte, vous reproduisez la coupe représentée par cette figure.

Explication de la figure 2.

1. *Étage inférieur.* C'est une cavité constituée par la face inférieure de la couche optique et du corps strié, et par le prolongement sphénoïdal du corps calleux (*Tapetum* de Reil) ; elle est ouverte vers son côté interne, s'étend en avant à 2 centimètres environ de l'extrémité antérieure du lobule moyen, et contourne, en arrière, la couche optique, pour se continuer avec l'étage supérieur du ventricule latéral et la cavité digitale. On lui distingue quatre parois : une supérieure, une inférieure, une interne et une externe.

La *paroi supérieure* et externe (*voy.* fig. 1, pl. 20, et fig. 2, pl. 17) est légèrement concave, afin de loger la saillie formée par la corne d'Ammon ; elle est constituée par la face inférieure de la couche optique et par un petit prolongement du corps calleux, et présente, en dedans, sur la face inférieure de la couche optique, la terminaison de la bandelette demi-circulaire ou *tænia semi-circularis*.

La *paroi inférieure et interne* de l'étage inférieur est constituée principalement par la corne d'Ammon et par une portion du corps calleux.

2. *Corne d'Ammon* (*pied d'hippocampe* ou de *cheval marin*). C'est une éminence conoïde, recourbée sur elle-même, à grosse extrémité tournée en avant et à petite extrémité dirigée en arrière, dont la concavité est en dedans et la convexité en dehors et en avant. L'extrémité antérieure, plus large et plus épaisse, offre le plus souvent depuis deux jusqu'à cinq bosselures, que séparent des sillons peu profonds. L'extrémité postérieure, ascendante en dedans, de plus en plus mince et étroite, se réduit à une lame blanche, qui se confond avec le bourrelet du corps calleux et le pilier postérieur de la voûte. La concavité de cette éminence est bordée par, 3, le *corps frangé* ou *corps bordant*, qui se continue avec le pilier postérieur de la voûte à trois piliers. Au-dessous de ce corps, on voit : 4, une bandelette grisâtre, denticulée, qui longe aussi le bord concave de la corne d'Ammon, dont l'extrémité postérieure contourne le bourrelet du corps calleux et va se perdre à la face inférieure de l'ourlet (*voy.* fig. 4). L'extrémité externe de cette bandelette se termine, en avant et en bas, un peu derrière la portion renflée de la corne d'Ammon, et se confond avec la substance grise voisine. Cette bandelette grisâtre a été nommée par Vicq-d'Azyr *corps godronné*, et reçoit de la pie-mère un grand nombre de prolongements cellulo-vasculaires.

En dehors de la corne d'Ammon, se trouve quelquefois une autre éminence de même forme, dont la longueur et le volume sont variables, mais qui est toujours plus petite qu'elle. Désignée sous le nom de *cuissart* par Malacarne, on l'appelle encore *accessoire du pied d'hippocampe*, ou *éminence collatérale*.

La *paroi interne* de l'étage inférieur présente une solution de continuité longitudinale antéro-postérieure, au moyen de laquelle cet étage communique avec l'espace sous-arachnoïdien de la base de l'encéphale : c'est la *portion antéro-postérieure de la grande fente cérébrale de Bichat*. Le côté supérieur de cette fente appartient à la face inférieure de la couche optique, sur laquelle on voit les corps genouillés interne et externe ; le côté inférieur est formé par le pied d'hippocampe, le corps bordant ou frangé, et par 5, la circonvolution de l'hippocampe.

6. Cavité digitale ou ancyroïde. — 7. Portion du pilier postérieur de la voûte. — 8. Portion du bourrelet du corps calleux.

Il résulte de ce qui précède : 1° que l'étage supérieur et l'étage inférieur communiquent entre eux et avec la cavité digitale, au niveau de l'extrémité postérieure de la couche optique ; 2° que la communication des ventricules latéraux avec l'espace sous-arachnoïdien antérieur se fait à la base de l'encéphale, au moyen de la fente cérébrale de Bichat ; 3° que ces mêmes ventricules communiquent avec le troisième, par les trous de Monro ; 4° que la communication des ventricules latéraux entre eux a lieu par l'intermède du ventricule moyen et des trous de Monro ; 5° que le ventricule moyen ou troisième ventricule communique avec le quatrième par l'aqueduc de Sylvius ; 6° enfin, que l'ouverture située au niveau du bec du *calamus scriptorius* établit une communication entre le quatrième ventricule et l'espace sous-arachnoïdien médullaire.

GRANDE FENTE CÉRÉBRALE DE BICHAT.

Elle a à peu près la forme d'un fer à cheval, dont la concavité regarde en avant. On lui considère trois portions : deux latérales antéro-postérieures, un peu obliques, de haut en bas ; l'autre transversale et horizontale, qui les réunit entre elles. Les deux premières sont constituées, d'une part, par la circonvolution de l'hippocampe et les corps bordants ; de l'autre, par la face inférieure des couches optiques et la face externe des pédoncules cérébraux. Leurs extrémités se continuent, en avant, avec les scissures de Sylvius. La portion transversale est intermédiaire au bourrelet du corps calleux, qui en forme la paroi supérieure, et aux tubercules quadrijumeaux, qui en constituent la paroi inférieure. La fente cérébrale de Bichat livre passage à la pie-mère des ventricules latéraux et moyen, aux veines de Galien et au canal arachnoïdien de Bichat.

FIGURE 3.

Cette figure représente la partie moyenne de la figure 1, à l'exception de la voûte à trois piliers enlevée ici pour laisser voir la toile choroïdienne qui lui est subjacente, et les plexus choroïdes, dont l'ensemble a été désigné sous le nom de pie-mère intérieure.

Explication de la figure 3.

1. *Toile choroïdienne*, ainsi nommée par Hérophile, à cause de sa ressemblance avec le chorion du fœtus. C'est une lame membraneuse, triangulaire, horizontale, à base postérieure. Elle est la continuation de la pie-mère extérieure et pénètre dans le troisième ventricule par la portion transversale de la fente de Bichat. Sa face supérieure est recouverte par la voûte à trois piliers, à laquelle elle adhère faiblement par un tissu cellulo-vasculaire. Sa face inférieure constitue la paroi supérieure immédiate du ventricule moyen ; elle est sillonnée par deux petites traînées de granulations rouges, analogues aux plexus choroïdes, et appelées *plexus choroïde du ventricule moyen*. Cette face répond, sur les côtés, à la face supérieure et un peu interne des couches optiques, adhère vers le milieu aux veines de Galien et à la glande pinéale par des prolongements cellulo-vasculaires, et recouvre le canal arachnoïdien de Bichat. Par ses bords latéraux, la toile choroïdienne se réunit aux plexus choroïdes ; son extrémité antérieure, bifurquée, se continue avec les plexus choroïdes par les trous de Monro.

2, 2. *Plexus choroïdes*. Ils sont le résultat d'une sorte de pelotonnement de la pie-mère, qui a pénétré dans les ventricules latéraux à travers les portions antéro-postérieures de la fente cérébrale de Bichat. D'un aspect granuleux et disposés en houppes vasculaires, ils sont comme spongieux.

Ces plexus, après avoir parcouru l'étage inférieur, remontent dans l'étage supérieur en s'appliquant sur les couches optiques, et longent les bords latéraux de la voûte à trois piliers, sous lesquels ils se continuent avec la toile choroïdienne. De là, ils pénètrent dans le ventricule moyen, par les trous de Monro, pour se continuer de nouveau dans ce ventricule avec la toile choroïdiene. Leur usage est inconnu.

3, 3. Couches optiques. — 4, 4. Corps striés. — 5. *Septum lucidum*. — 6, 6. Lames cornées. — 7, 7. Bandelettes demi-circulaires. — 8. Veines de Galien à nu. — 9. Mêmes veines vues par la transparence de la toile choroïdienne.

FIGURE 4.

Cette figure représente l'hémisphère ou lobe droit, vu par sa face latérale interne, et séparé de l'autre au moyen d'une coupe médiane, verticale, antéro-postérieure, pour montrer le volume, la forme, la terminaison et les rapports de position entre les différents organes qui ont été étudiés dans les trois premières figures de cette planche et dans celle qui précède.

Explication de la figure 4.

1. Lobule antérieur ou frontal. — 2. Lobule moyen ou sphénoïdal. — 3. Lobule postérieur ou occipital.

4. Corps calleux. On voit qu'il forme une espèce d'arc à convexité supérieure, séparé de la circonvolution qui lui est superposée par un vide ; la circonvolution, 5, est l'*ourlet* du corps calleux ; le vide, 6, est le *ventricule* de ce corps (*sinus corporis callosi*). On remarque aussi en arrière, 7, un épaississement du corps calleux, appelé *bourrelet;* en avant, 8, sa réflexion nommée *genou*, et, 9, le *bec* qui est la terminaison de ce corps.

10. Voûte à trois piliers. Elle forme une espèce d'arc subjacent au corps calleux avec le bourrelet, duquel elle est confondue en arrière, et dont elle est séparée, en avant, par un espace triangulaire qui contient, 11, le *septum lucidum*. Sous la voûte à trois piliers, on voit, 12, la face supérieure de la couche optique et, 13, sa face interne. Ces deux faces sont séparées l'une de l'autre par le pédoncule antérieur de la glande pinéale ou *habenæ*. — 14. Coupe d'une portion de la face interne de la couche optique, commençant au niveau de la commissure.

15. *Pilier antérieur de la voûte*. Il contourne en descendant l'extrémité antérieure de la couche optique, vient s'enrouler à la manière d'un 8 de chiffre autour du noyau gris central des tubercules mamillaires, et remonte pour se terminer à la face interne de la couche optique.

16. Trou de Monro. On peut voir qu'il résulte de la contiguïté des deux échancrures placées, l'une sur l'extrémité antérieure de la couche optique, l'autre sur le pilier correspondant de la voûte. — 17. Commissure antérieure coupée, située au-devant des piliers antérieurs de la voûte.

18. *Pilier postérieur de la voûte*. Il contourne l'extrémité postérieure de la couche optique, pénètre dans l'étage inférieur et se continue avec, 19, le *corps bordant* (*corps bardé*). Au-dessous du corps bordant se trouve, 20, le *corps godronné*, qui se continue par son extrémité antérieure et inférieure avec la substance grise de la circonvolution de l'hippocampe. Son extrémité potérieure remonte en contournant le bourrelet du corps calleux, pour se perdre à la face inférieure de la *circonvolution* du *corps calleux* (*ourlet*). — 21. Terminaison de la bandelette demi-circulaire sur la circonvolution de l'hippocampe. — 22. Corps genouillés interne et externe sur la face inférieure de l'extrémité postérieure de la couche optique, se continuant en avant avec, 23, la bandelette du nerf optique. — 24. Nerf olfactif. — 25. Bulbe ethmoïdal du même nerf.

PLANCHE 19.

Cette planche permet de voir d'un coup d'œil, à l'aide de coupes verticales antéro-postérieures des hémisphères cérébraux, les rapports de situation entre les deux substances blanche et grise, l'ensemble des ventricules latéraux et leurs connexions avec les parties centrales qui font relief dans ces cavités.

FIGURE 1.

PRÉPARATION. — Faites avec un couteau à lame longue, large, mince et bien tranchante, une section verticale, antéro-postérieure, sur un des lobes cérébraux (hémisphères), à environ un centimètre de la ligne médiane. La portion externe de ce lobe, vue du côté de la section, donne le plan reproduit par cette figure.

Explication de la figure 1.

1. Noyau intra-ventriculaire du corps strié. — 2. Surface ventriculaire de la couche optique.

Le corps strié entoure la couche optique sous la forme d'une courbe elliptique excentrique et ouverte un peu en avant. Cet organe, dont l'extrémité antéro-supérieure très renflée est antérieure à la couche optique, devient de plus en plus mince, à mesure qu'il se rapproche de l'extrémité postérieure et de la face inférieure de ce corps. Sa portion supérieure proémine dans l'étage supérieur du ventricule latéral, dont elle constitue, en partie, le *plancher* (*paroi inférieure*), et correspond par son extrémité antérieure à la *corne frontale* de cette cavité. La portion inférieure réfléchie du corps strié contribue à former le *plafond* (*paroi supérieure*) de l'étage inférieur et présente aussi un léger renflement qui fait saillie dans la corne sphénoïdale.

On voit aisément, par cette figure, que la couche optique a à peu près la forme d'un ovoïde antéro-postérieur, à grosse extrémité dirigée en arrière. Sa *face supérieure*, libre et convexe, fait partie du plancher du ventricule latéral; sa *face inférieure*, libre en bas, offre en arrière, 3, les corps genouillés; un peu plus en avant, 4, les racines et la bandelette du nerf optique, et concourt à former le *plafond* (*paroi supérieure*) de l'étage inférieur. Sa paroi interne est ici intacte dans sa partie supérieure seulement; inférieurement elle est coupée, pour mettre à nu un gros faisceau de fibres blanches, duquel émerge, en partie, le tubercule mamillaire correspondant. La face externe de la couche optique est cernée complétement par le noyau intra-ventriculaire du corps strié, auquel elle adhère par la membrane qui revêt les cavités ventriculaires. Entre ces deux noyaux et le corps calleux se trouve, 5, la *bandelette demi-circulaire;* elle est logée dans un sillon elliptique qui sépare l'un de l'autre le corps strié et la couche optique qu'elle entoure. La portion supérieure de cette bandelette se dégage entre la lame cornée et la face supérieure de la couche optique, contourne l'extrémité postérieure de celle-ci, et arrivée sous sa face inférieure, elle s'épanouit en un pinceau de filaments blanchâtres, divergents, qui se terminent, les uns à la corne d'Ammon, les autres à la paroi supérieure de l'étage inférieur.

6. *Corps calleux*, on voit qu'il est tricorne. — 7. *Corne antérieure* ou *frontale*. — 8. *Corne moyenne* ou *sphénoïdale* (*tapetum de Reil*). — 9. *Corne postérieure* ou *occipitale* (*forceps major de Reil*).

L'intervalle qui sépare le corps calleux du *noyau central* (*couche optique* et *corps striés* réunis) constitue le *ventricule latéral*. C'est une rigole elliptique, divisée en trois parties. — 10. La *partie supérieure* (*étage supérieur*): elle commence dans le lobule frontal, contourne l'extrémité antérieure du corps strié, se porte horizontalement en arrière où elle s'élargit, et se confond avec, 11, la *portion postérieure* (*cavité digitale* ou *ancyroïde*), creusée dans l'épaisseur du lobule postérieur ou occipital, et avec, 12, la *portion inférieure* (*étage inférieur*), pratiquée dans l'épaisseur du lobule sphénoïdal.

13. *Pilier antérieur* de la voûte à trois piliers. Il contourne l'extrémité antérieure de la couche optique et forme avec elle le *trou de Monro;* plus bas, il se contourne à la manière d'un 8 de chiffre, avec un faisceau blanc qui se dégage de la face interne de la couche optique, et constitue, 14, le *tubercule mamillaire* correspondant. — 15. Coupe de la *commissure cérébrale antérieure*. Cette commissure est placée au-devant du pilier antérieur de la voûte. — 16. Nerf olfactif et son renflement d'origine. — 17, 17. Substance blanche ou médullaire. — 18, 18. Substance grise ou corticale. — 19. Coupe oblique du pédoncule cérébral.

FIGURE 2.

Elle représente la portion centrale de la figure 1 et les fibres rayonnantes pédonculaires, mises à nu par l'ablation du noyau intra-ventriculaire du corps strié qui les recouvrait.

Explication de la figure 2.

1, 1, 1. *Couronne rayonnante de Reil* (*grand soleil* ou *éventail de Vieussens*). Elle décrit une courbe elliptique, ouverte en avant, semblable à celle du corps strié, dont elle occupe l'épaisseur, et est constituée par des faisceaux de fibres blanches, entremêlées d'une substance grise, qui émergent de la face externe de la couche optique. De là, ces fibres s'irradient dans tous les sens. Les unes, antérieures et supérieures à la couche optique, se dirigent en avant et en haut; les autres, postérieures, vont en arrière; enfin, les fibres inférieures regardent en bas et en avant. Ces fibres se continuent, en partie, avec celles de la face inférieure du corps calleux et de l'hémisphère correspondant, ainsi que nous le démontrerons plus tard, et sont un épanouissement des fibres pédonculaires résultant elles-mêmes de trois ordres de fibres qui émanent des pyramides antérieures, des faisceaux innominés du bulbe et des pédoncules supérieurs du cervelet.

FIGURE 3.

Préparation. — Faites une coupe verticale, antéro-postérieure, sur un hémisphère cérébral, à environ quinze millimètres de la ligne médiane. La portion interne de ce lobe, vue du côté de la section, donne le plan reproduit par cette figure.

Explication de la figure 3.

1. *Noyau intra-ventriculaire du corps strié.* On reconnaît aisément que ce noyau, épais et arrondi en avant, mince et effilé en arrière, est formé par de la substance grise. — 2. *Noyau extra ventriculaire*, plus petit, mais plus épais que l'autre, placé, 3, au fond de la scissure de Sylvius, où il est masqué par les petites circonvolutions de l'*insula*.

4. *Lame de substance blanche*, entremêlée d'un pointillé grisâtre, interposée à ces noyaux. Cette lame, épaisse en arrière, effilée en avant, se continue avec la substance blanche des hémisphères, et n'est qu'un épanouissement du pédoncule cérébral.

5. *Étage supérieur* du ventricule latéral. — 6. *Étage inférieur* rempli par, 7, la *corne d'Ammon* (*grand hippocampe*). Cette saillie porte plusieurs bosselures séparées par des sillons superficiels; elle est concave en dedans et longée par, 8, le *corps bordant*.

9. *Cavité digitale* ou *ancyroïde*. Elle est occupée presque entièrement par, 10, l'*ergot de Marand* (*petit hippocampe*). — 11. Fibres transversales de la face inférieure du corps calleux, circonscrivant le ventricule latéral. — 12. Lobule frontal. — 13. Lobule sphénoïdal. — 14. Lobule occipital. — 15. Substance blanche (médullaire). — 16. Substance grise (corticale). — 17. Commissure cérébrale antérieure.

FIGURE 4.

Cette figure représente la portion centrale de la figure 3, pour faire voir le trajet du plexus choroïde.

Explication de la figure 4.

1. *Plexus choroïde.* Plus épais dans l'étage inférieur, où il se continue avec la pie-mère de la base de l'encéphale, il contourne l'extrémité postérieure de la couche optique, monte en s'effilant jusque dans l'étage supérieur et traverse le trou de Monro, pour se continuer avec le plexus choroïde du ventricule moyen.

PLANCHE 20.

Elle a pour objet d'étudier différentes parties du cerveau au moyen de coupes horizontales et obliques faites de la base vers la convexité.

FIGURE 1.

Le cerveau est vu par sa base et laisse voir plusieurs de ses parties superficielles.

PRÉPARATION. — L'encéphale reposant sur la convexité et préalablement dépouillé de ses enveloppes, soulevez et renversez d'arrière en avant le cervelet et la moelle allongée, de manière à découvrir la portion transversale de la grande fente cérébrale de Bichat. Séparez ensuite ces deux organes du cerveau par une section oblique de bas en haut et d'arrière en avant, qui commence derrière les tubercules *testes* et se termine sur les pédoncules cérébraux, immédiatement au-devant de la protubérance; soulevez encore un des lobules moyens ou sphénoïdaux pour écarter les lèvres de la scissure de Sylvius : vous trouvez au fond le lobule du corps strié (*insula*). Enlevez alors par une section légèrement oblique d'avant en arrière et de bas en haut tout le lobule moyen (sphénoïdal) qui masque l'*insula*, et le lobule postérieur (occipital) : vous reproduisez exactement cette figure.

Explication de la figure 1.

1. Lobule antérieur (*frontal*). — 2. Lobule moyen (*sphénoïdal*). — 3. Lobule postérieur (*occipital*).

4. *Scissure de Sylvius* (*grande scissure interlobulaire*). C'est une fente curviligne, à convexité tournée en avant, qui s'étend de l'extrémité antérieure de la grande fente cérébrale jusqu'aux limites de la base et de la convexité du cerveau, où elle se divise en deux branches : l'une, antérieure, finit à la partie antérieure de la convexité; l'autre, postérieure, plus étendue, se termine aussi à la convexité, à une hauteur variable. Cette scissure sépare l'un de l'autre les lobules frontal et sphénoïdal, et répond, en dedans à l'espace perforé latéral, en avant au bord postérieur des petites ailes du sphénoïde. Au fond de cette scissure se trouvent le lobule du corps strié, un double prolongement de la pie-mère et l'artère cérébrale moyenne.

5. *Lobule du corps strié* (*insula de Reil*). C'est une éminence triangulaire, placée au fond de la scissure de Sylvius, à base tournée en haut et confondue avec le reste de l'hémisphère, à sommet libre dirigé en bas, dont la périphérie présente de petites circonvolutions qui vont en rayonnant du sommet à la base. Il renferme dans son épaisseur un noyau grisâtre qui n'est que le noyau extra-ventriculaire du corps strié.

6. *Espace perforé de Vicq d'Azyr* (*quadrilatère perforé* ou *espace perforé latéral*). C'est une légère dépression blanchâtre, quadrilatère, criblée de trous vasculaires, située entre la bandelette du nerf optique, qui la limite en arrière, et la racine externe du nerf olfactif, qui longe son bord antérieur, et entre la circonvolution la plus reculée du lobule frontal et le lobule sphénoïdal, au point de jonction de la scissure de Sylvius avec la fente cérébrale.

7. *Nerf olfactif* droit. Le gauche est coupé afin de voir l'anfractuosité dans laquelle il est logé. — 8. Partie antérieure de la grande scissure médiane du cerveau, qui reçoit le sommet de la faux. — 9. Partie postérieure de cette même scissure, recevant la base de la faux. — 10. Face inférieure du bourrelet du corps calleux, se continuant avec les fibres de la voûte à trois piliers. — 11. *Tubercules testes* séparés par le frein de la valvule de Vieussens. Entre ces organes se trouve la portion *médiane* ou *transverse* de la fente cérébrale de Bichat.

12. *Face inférieure* de l'extrémité postérieure de la couche optique, sur laquelle on remarque, 13, le *corps genouillé externe*, et, 14, le *corps genouillé interne*. — 15. *Bandelette du nerf optique*. Elle contourne, 16, le pédoncule cérébral, se continue en arrière, par ses deux racines, avec les corps genouillés, et constitue avec ces organes le bord supérieur et interne de la portion antéro-postérieure de la grande fente cérébrale de Bichat. — 17. *Circonvolution de l'hippocampe*. Elle forme avec le corps bordant le bord inférieur et externe de cette même fente. — 18. *Chiasma*. Il résulte de la réunion et de l'entre-croisement des nerfs optiques.

Dans l'espace losangique circonscrit par le chiasma, les bandelettes du nerf optique et les pédoncules cérébraux sont d'arrière en avant. — 19. Les *lamelles triangulaires perforées médianes* (*espace perforé médian*). — 20. Les *tubercules mamillaires*, et, 21, le *tuber cinereum*, séparé ici de sa tige (*infundibulum*) dont on voit seulement l'orifice.

22. *Cavité digitale* ou *ancyroïde* vue par l'ablation de sa paroi inférieure. — 23. *Ergot de Morand* contenu dans cette cavité. Il est le résultat de la proéminence d'une circonvolution qui refoule sa paroi inférieure et interne.

FIGURE 2.

Le cerveau est vu par la base, et permet d'étudier plusieurs de ses parties profondes.

PRÉPARATION. — La préparation de la figure 1 étant faite, incisez sur la ligne médiane les tubercules *testes*, l'aqueduc de Sylvius, les pédoncules du cerveau, les lamelles perforées médianes, les tubercules mamillaires, le *tuber cinereum* et le chiasma ; conservez ces organes d'un côté et enlevez-les du côté opposé, à l'exception du tubercule mamillaire qui doit être rejeté légèrement en dehors, en respectant aussi le pilier correspondant de la voûte et la commissure cérébrale antérieure : vous pénétrez ensuite dans la portion transversale de la fente cérébrale de Bichat avec un scalpel à lame longue, large et bien acérée, tenue dans la position horizontale. De là, ramenez cette lame obliquement et de bas en haut vers la périphérie, de manière à diviser la base de l'*insula* et la partie interne du lobule frontal, qui recouvre le genou et le bec du corps calleux : vous obtenez une excavation dont le fond est constitué, en dedans par la face inférieure de la voûte à trois piliers, en dehors par la *face inférieure* du corps calleux ou *plafond* de l'étage supérieur du ventricule latéral.

Enlevez encore du côté opposé, par une coupe oblique de bas en haut et d'avant en arrière, les circonvolutions des lobules sphénoïdal et occipital (lobe postérieur), pour dégager l'étage inférieur et la cavité digitale. Ces diverses coupes faites, vous reproduisez exactement cette figure.

Explication de la figure 2.

1. Corps genouillés interne et externe, sur la face inférieure de l'extrémité postérieure de la couche optique. — 2. Bandelette et racines du nerf optique. — 3. Pédoncule du cerveau, coupé immédiatement au-devant de la protubérance. — 4. Coupe de la couche optique. — 5. Tubercule mamillaire. — 6. Portion du *tuber cinereum*. — 7. Fibres transversales de la face inférieure du bourrelet du corps calleux. — 8. Face inférieure de la voûte à trois piliers. — 9. Sillon de séparation des deux cordons de la voûte, et, 10, espace triangulaire, légèrement excavé, confondu par la base avec le bourrelet du corps calleux, dont les côtés et le sommet sont constitués par les parties saillantes de la voûte. On y voit des fibres blanchâtres, à directions différentes : celles du milieu, antéro-postérieures, longitudinales, légèrement curvilignes, convergent en avant et sont réunies en un seul faisceau ; les fibres latérales, obliques, curvilignes et de plus en plus longues vers la périphérie, forment, de chaque côté un faisceau qui vient se confondre avec les fibres du milieu. Toutes ces fibres se réunissent, en arrière, avec les fibres transversales, légèrement curvilignes, de la face inférieure du bourrelet du corps calleux, et constituent par leur disposition ce qu'on a appelé *lyre* (*psalterium* ou *corpus psalloides*).

11. *Pilier antérieur* de la voûte. Il forme un crochet dont l'extrémité se termine, en partie, par un renflement pisiforme, blanchâtre, appelé, 12, *tubercule mamillaire*. Le pilier du côté opposé traverse la substance grise du *tuber cinereum* pour se rendre aussi au tubercule mamillaire. — 13. *Commissure cérébrale antérieure*, vue au moment où elle vient de traverser le noyau extra-ventriculaire pour croiser perpendiculairement les piliers antérieurs de la voûte, au-devant desquels elle est placée.

14. *Pilier postérieur* de la voûte. Il contourne l'extrémité postérieure de la couche optique et se continue avec, 15, le *corps bordant*, qui finit en avant, 16, à l'extrémité réfléchie de la circonvolution de l'hippocampe. — 17. *Corps godronné*. Il occupe l'espace compris entre le corps bordant et la paroi *interne* de l'*étage inférieur*. L'extrémité antérieure du corps *godronné* se réunit à la substance grise de la circonvolution de l'hippocampe ; son extrémité postérieure, effilée, contourne le bourrelet du corps calleux et va se perdre aussi dans la substance grise de la face inférieure de l'*ourlet* (*circonvolution du corps calleux*), vers sa partie moyenne.

18. *Cavité de l'étage inférieur*, visible par l'ablation de sa paroi inférieure. Elle se continue en arrière avec, 19, la *cavité digitale*.

20. *Face inférieure* du corps calleux. On reconnaît trois ordres de fibres. Les fibres de la partie moyenne sont transverses ; celles de la corne frontale et de la corne occipitale sont obliques et curvilignes ; mais l'obliquité et la courbure des fibres de la corne occipitale sont plus prononcées. Les fibres du troisième ordre sont longitudinales, légèrement curvilignes, et appartiennent à la corne sphénoïdale du corps calleux.

21. Genou du corps calleux. — 22. Noyau gris de l'*insula* ou noyau extra-ventriculaire du corps strié. — 23. Circonvolution de l'*insula*.

FIGURE 3.

Elle représente une portion des lobules frontaux, afin d'étudier les rapports de ces organes avec le genou et le bec du corps calleux.

Explication de la figure 3.

1, 1. Lobules frontaux, écartés l'un de l'autre par leur extrémité antérieure. — 2. *Genou* du corps calleux, et, 3, bec. Cette figure montre la division du bec en trois branches : une médiane et deux latérales. La première se continue avec, 4, la lame sus-optique, percée ici d'un trou; elle concourt à former la paroi antérieure du ventricule moyen. Les deux autres branches contournent les circonvolutions les plus reculées des lobules frontaux, augmentent de volume et longent les bords postérieurs des quadrilatères perforés, où elles se terminent. Ces deux branches ont été désignées par Vicq-d'Azyr sous le nom de *pédoncules* du corps calleux : elles manquent quelquefois. Ces pédoncules sont la terminaison des tractus longitudinaux de la face supérieure du corps calleux, ainsi que nous le verrons dans la planche suivante.

5. Nerf olfactif coupé. Sa section fait voir sa forme triangulaire. — 6. Renflement gris ou bulbe d'origine de ce nerf. — 7. Ses racines blanches externes et internes. — 8. Bulbe de terminaison.

PLANCHE 21.

Cette planche a pour objet l'étude du corps calleux.

Le corps calleux est une commissure transverse qui réunit l'un à l'autre les deux hémisphères cérébraux. Il est constitué principalement par l'expansion fibreuse des lobes et par une petite portion des pédoncules cérébraux. En faisant l'étude de cet organe, isolé des autres parties, on reconnaît qu'il représente, de chaque côté, une espèce de noyau tricorne, autour duquel viennent s'appliquer les deux hémisphères.

La forme du corps calleux est celle d'une voûte superposée transversalement aux ventricules latéraux et moyen, plus large en arrière qu'en avant. Recourbé, mince et bifurqué en avant, épais et bifide en arrière, le corps calleux est encore bifide inférieurement et sur ses côtés, pour aboutir aux lobules moyens.

On lui distingue deux faces, deux bords et deux extrémités.

FIGURE 1.

Elle montre la face supérieure, les bords latéraux et les extrémités du corps calleux. Du côté gauche, la portion du lobe qui les recouvrait est renversée ; à droite, cette portion est coupée au niveau de l'entre-croisement et de l'*insula*.

Face supérieure du corps calleux. Elle est convexe dans le sens antéro-postérieur, légèrement excavée sur toute la ligne médiane et un peu convexe sur les côtés. La partie moyenne de cette face est libre, et répond aux artères calleuses et au bord inférieur de la faux.

Sur les côtés de la ligne médiane, entre la face supérieure du corps calleux et la circonvolution qui la borde, on découvre (*voy.* fig. 4, pl. 18) une cavité longitudinale, nommée par Vésale, *sinus corporis callosi*, et par Sabatier, *ventricules du corps calleux.*

Les parties latérales de cette face, un peu bombées, sont au contraire masquées complétement par les hémisphères, et représentent un bourrelet longitudinal, arrondi, qui répond au bord externe des couches optiques et des corps striés.

Bords latéraux. Leur point de terminaison est encore pour les anatomistes un sujet de controverse. La plupart d'entre eux admettent que le corps calleux se perd latéralement dans l'épaisseur des hémisphères. M. Foville exprime une opinion entièrement opposée. Cet organe n'aurait, selon lui, aucune connexion intime avec les hémisphères. Le corps calleux serait limité sur les côtés par un bourrelet longitudinal, arrondi, correspondant au niveau du bord externe des couches optiques et des corps striés, et constitué seulement par une incurvation de haut en bas des fibres du corps calleux, qui se continuent avec les radiations des pédoncules cérébraux. Aussi M. Foville regarde-t-il le corps calleux comme une commissure formée par l'expansion pédonculaire.

A. Dugès, se fondant sur l'anatomie comparée, professe une autre opinion. D'après cet auteur, deux couches de fibres constitueraient le corps calleux ; les fibres de l'une remonteraient vers les circonvolutions ; les fibres de l'autre descendraient sur les couches optiques.

M. Cruveilhier admet une double continuité du corps calleux avec les radiations des hémisphères, et avec celles des corps striés et des couches optiques ; et il explique cette continuité par un entre-croisement qui aurait lieu de la manière suivante :

« Les fibres radiées, émanées du côté externe du corps strié et de la couche optique du côté droit, se recourbent immédiatement en dedans, se portent de droite à gauche pour constituer le corps calleux, traversent la ligne médiane ; parvenues au bord gauche du corps calleux, au niveau du côté externe du corps strié et de la couche optique gauche, ces fibres, au lieu de se recourber pour se continuer avec les radiations émanées du corps strié et de la couche optique, comme le dit M. Foville, s'épanouissent et vont se terminer dans les circonvolutions de l'hémisphère gauche. D'un autre côté, les radiations blanches émanées du corps strié et de la couche optique gauche se recourbent immédiatement en dedans, rencontrent au lieu de cette courbure, c'est-à-dire au niveau du bord gauche du corps calleux, les radiations émanées de la couche optique et du corps strié droit, s'entre-croisent avec elles, et, après l'entre-croisement, s'associent avec ces radiations qui leur sont parallèles, pour constituer toute l'épaisseur du corps calleux, traversent avec elles la ligne médiane, et, parvenues au bord droit du corps calleux, les abandonnent pour aller s'épanouir dans l'hémisphère droit et se terminer dans les circonvolutions de cet hémisphère. Le corps calleux est donc constitué par les radiations blanches émanées des deux hémisphères. Il y a donc entre-croisement de ces radiations dans l'épaisseur du corps calleux. Cet entre-croisement n'a pas lieu sur la ligne médiane, mais bien de chaque côté de la ligne médiane, sur les limites externes du ventricule latéral, au côté externe des corps striés et des couches optiques, et si cet entre-croisement a échappé à l'investigation des anatomistes, c'est parce qu'il y a parallélisme entre les fibres qui se croisent.

» Cet entre-croisement, qui résulte du double fait de la continuité du corps calleux, d'une part, avec les radiations émanées des couches optiques et des corps striés; d'autre part, avec les radiations des hémisphères, et par conséquent des circonvolutions; cet entre-croisement, dis-je, explique parfaitement l'effet croisé des maladies du cerveau, et fait qu'il n'est que partiellement expliqué par l'entre croisement des pyramides : car cet entre-croisement porte sur tous les faisceaux de la moelle qui, se prolongeant dans le cerveau, ont échappé à l'entre-croisement du collet du bulbe. »

Cette manière de voir est assurément très ingénieuse ; mais quelque louables que soient les efforts tentés pour trouver la raison des faits pathologiques encore inexpliqués, cette explication n'est rien moins qu'une hypothèse ; or toute hypothèse doit être exclue du domaine de l'anatomie.

Les dissections multipliées du corps calleux, faites par divers procédés, m'ont permis de reconnaître, en effet, l'existence d'un entre-croisement de chaque côté du bourrelet longitudinal ; mais le mode de l'entre-croisement diffère de celui adopté par M. Cruveilhier. Avant d'en donner l'explication, il est indispensable de montrer de quelle manière je considère le corps calleux.

Cet organe est constitué par un plan de couches de fibres, superposées, horizontales, curvilignes, accolées les unes aux autres, dont le nombre est indéterminé. Ce plan de fibres devient, dans son pourtour, au niveau des couches optiques et des corps striés, le point de départ des fibres rayonnées dans toutes les directions. Les unes, ascendantes, se portent vers la convexité du cerveau ; les autres, descendantes, se dirigent vers la base. Enfin, les fibres intermédiaires, horizontales, se continuent et rayonnent en avant, en arrière et sur les côtés.

Il importe aussi de rappeler en peu de mots la disposition des fibres rayonnées pédonculaires. Toutes ces fibres traversent l'épaisseur des couches optiques et des corps striés, en formant une lame dirigée obliquement de bas en haut, et de dedans en dehors. La face inférieure de cette lame adhère au noyau extra-ventriculaire auquel elle envoie des fibres blanchâtres très déliées ; sa face supérieure donne aussi des fibres très déliées, qui pénètrent dans tous les sens le noyau intra-ventriculaire. Ces deux ordres de fibres se terminent dans les noyaux extra et intra-ventriculaires du corps strié. Indépendamment de ces fibres, d'autres fibres plus externes et plus grosses, après avoir traversé le corps strié, s'incurvent vers la face inférieure du corps calleux et semblent se réunir, en avant, aux fibres de la face inférieure de cet organe, dont les sépare dans le reste de leur étendue une espèce de raphé. Enfin, les fibres les plus grosses et les plus nombreuses montent en rayonnant vers la convexité, où elles constituent le noyau de chaque circonvolution. C'est entre ce dernier ordre de fibres pédonculaires, c'est-à-dire celles qui rayonnent vers la convexité, et les fibres rayonnées du corps calleux, que je place cet entre-croisement. Voici comment je l'explique :

A la base du cerveau, au niveau du côté externe du noyau extra-ventriculaire du corps strié, les fibres pédonculaires ascendantes s'entre-croisent avec les fibres descendantes du corps calleux; parvenues à l'extrémité antérieure du noyau intra-ventriculaire du corps strié, les fibres pédonculaires antérieures rencontrent aussi les fibres transverses et obliques de la portion réfléchie de cet organe, et forment avec elles un entre-croisement; enfin, arrivées au niveau des bourrelets longitudinaux, les fibres pédonculaires s'entre-croisent de nouveau avec les fibres horizontales du corps calleux.

De ce qui précède, je conclus :

1° Que le corps calleux est constitué par des fibres qui aboutissent aux circonvolutions ou qui en émanent;

2° Que les fibres de la face inférieure semblent se continuer, de chaque côté, avec les fibres radiées pédonculaires; mais que la continuité n'est pas directe, surtout en arrière, à cause de l'existence d'un raphé sur les limites de ces deux ordres de fibres;

3° Qu'il existe un entre-croisement au niveau des bourrelets longitudinaux, mais que cet entre-croisement a lieu entre les fibres pédonculaires et les fibres du corps calleux;

4° Que les pédoncules cérébraux et le corps calleux envoient des expansions fibreuses dans les circonvolutions pour en constituer le noyau;

5° Que le corps calleux est une véritable commissure des hémisphères, et non pas, comme le veut M. Foville, une commissure des pédoncules cérébraux.

Quant aux préparations faites par cet anatomiste pour démontrer la réalité de son assertion, je pense qu'elles étaient purement artificielles et le produit de la rupture des fibres médullaires qui du corps calleux se rendent aux lobes (hémisphères). Ce reproche me paraît d'autant plus fondé qu'il lui a été déjà adressé par MM. de Blainville et Longet.

Extrémité antérieure du corps calleux. Échancrée dans son milieu, elle présente sur les côtés deux cornes, dont la proéminence dans les lobes cérébraux antérieurs ferme en avant les ventricules latéraux. Recourbée de haut en bas, entre les deux lobules frontaux (fig. 3, pl. 17, et fig. 3, pl. 20), et de plus en plus mince, cette extrémité laisse voir à sa surface la terminaison des tractus blancs longitudinaux, et va se confondre au milieu avec la lame (lame sus-optique) qui sort de la commissure des nerfs optiques, et, sur les côtés, avec les fibres qui réunissent entre elles les cornes frontales et sphénoïdales du corps calleux.

D'après Vicq d'Azyr, la terminaison du corps calleux aurait lieu, en avant, par deux cordons blancs, ou tractus, qu'il appelle pédoncules du corps calleux, qui vont en divergeant jusqu'à la substance perforée, près de l'origine du nerf olfactif.

Ces tractus, que j'ai rencontrés souvent, sont reproduits dans les fig. 3 des pl. 17 et 20.

La courbure *antérieure* de cette extrémité est le *genou*, et la portion la plus mince qui la termine, le *bec*.

Nous avons vu plus haut que la partie moyenne du bec aboutit à la lame sus-optique, et que ses parties latérales s'épanouissent, de chaque côté, dans les lobules frontaux, et, en partie, dans le lobule du corps strié. Ces épanouissements latéraux sont les pédoncules du corps calleux.

Extrémité postérieure. Nommée bourrelet à cause de son renflement qui est considérable, elle est échancrée dans son milieu. Des parties latérales et inférieures de cette extrémité émergent quatre cornes. Deux se prolongent dans les lobules postérieurs, les deux autres dans les lobules moyens. L'extrémité postérieure constitue le bord supérieur de la fente médiane (portion horizontale de la grande fente cérébrale de Bichat).

L'échancrure médiane postérieure du bourrelet est la terminaison même du sillon qui sépare les tractus blancs longitudinaux (*voy.* l'explication de la fig. 1).

PRÉPARATION. — Le cerveau étant dépouillé de ses membranes et placé sur sa base, écartez l'un de l'autre les hémisphères dans leur milieu, de manière à apercevoir au fond de la scissure médiane le corps calleux. Ensuite faites deux incisions horizontales antéro-postérieures, l'une qui divise le lobule frontal jusqu'au niveau du genou du corps calleux, l'autre qui s'étend depuis le lobule occipital jusqu'au bourrelet. Cela fait, introduisez avec précaution l'extrémité du doigt dans le sillon de séparation (*sinus corporis callosi*) intermédiaire au corps calleux et à la circonvolution qui le contourne; pressez doucement le fond de cet intervalle avec la pulpe du doigt, de dedans en dehors, en le promenant successivement d'avant en arrière et d'arrière en avant : de cette manière vous décollez l'hémisphère du corps calleux.

Il importe, pour assurer le succès de cette préparation qui a été indiquée par M. Foville, d'avoir à sa disposition un cerveau bien frais ou durci par l'alcool.

Un autre mode de préparation, plus généralement suivi, consiste à enlever toute la portion supérieure des hémisphères par une section horizontale pratiquée à 3 ou 5 millimètres au-dessus du corps calleux. On découvre ainsi le centre ovale de Vieussens, qui résulte lui-même de la réunion des deux noyaux médullaires hémisphéraux avec le corps calleux.

Explication de la figure 1.

1. *Face supérieure du corps calleux.* Elle offre sur toute l'étendue de la ligne médiane, 2, le sillon médian superficiel, sur les côtés duquel on remarque, 3, quelques tractus blancs longitudinaux, désignés sous le nom de *nerfs longitudinaux de Lancisi.* Ces tractus présentent des dispositions variées : réunis en un seul à la partie antérieure du corps calleux, tantôt simples d'un côté, tantôt doubles de l'autre, ils se confondent entre eux pour se séparer de nouveau. Ces tractus sont coupés à angle droit par, 4, des faisceaux de fibres transverses qui passent au-dessous, s'incurvent dans la direction oblique, et se prolongent dans l'épaisseur des lobules frontaux et occipitaux.

5, 5. Bords latéraux (bourrelets longitudinaux). — 6. Extrémité antérieure (genou). — 7. Extrémité postérieure (bourrelet du corps calleux). — 8. Ligne qui établit la démarcation entre la partie de la face supérieure du corps calleux qui constitue le ventricule de cet organe, et celle adhérente au lobe cérébral correspondant (hémisphère).

FIGURE 2.

Cette figure montre la face inférieure du corps calleux, ses connexions avec les fibres rayonnées pédonculaires, et les prolongements que cet organe envoie sous forme de cornes dans les lobules frontaux, sphénoïdaux et occipitaux.

La face inférieure du corps calleux est légèrement convexe au milieu, concave sur les côtés, et constitue la paroi supérieure ou voûte des ventricules latéraux. Elle contribue à former la paroi supérieure du ventricule moyen, et est doublée par la membrane ventriculaire.

Libre dans une grande étendue, cette face répond sur la ligne médiane, en avant, au *septum-lucidum* et à son ventricule; en arrière, à la voûte à trois piliers (*voy.* fig. 2, pl. 20), à laquelle elle adhère d'une manière intime, surtout vers la partie postérieure.

PRÉPARATION. — Placez d'abord sur la convexité le cerveau dépouillé de ses membranes; découvrez complétement sa base par l'ablation du cervelet et de la moelle allongée, comme dans la préparation de la figure 1 de la planche 20. Faites sur toute la ligne médiane une incision verticale antéro-postérieure; écartez et renversez du côté gauche toute la portion correspondante divisée, vous pénétrez dans les ventricules. Enlevez le noyau intra-ventriculaire du corps strié pour mettre à nu la face supérieure de l'épanouissement pédonculaire (*couronne rayonnante de Reil*); découvrez l'étage inférieur et la cavité digitale par une section légèrement oblique, qui divise les lobules sphénoïdal et occipital.

Ensuite portez du côté droit le couteau dans la scissure de Sylvius, et enlevez par une section oblique, d'avant en arrière, la moitié inférieure des lobules sphénoïdal et occipital, pour dégager le noyau extra-ventriculaire du corps strié et la cavité digitale; faites l'ablation de ce noyau, vous découvrez la face inférieure de l'épanouissement pédonculaire. Coupez par une section horizontale toute la portion des lobules frontaux qui est au-dessus du niveau du genou et du bec du corps calleux. On termine par l'ablation complète de la voûte à trois piliers.

Explication de la figure 2.

1. Face inférieure du corps calleux. — 2. Raphé médian. — 3, 3. *Fibres transverses.* Celles d'un côté ne se continuent pas avec les fibres du côté opposé, dont elles sont séparées sur la ligne médiane par le raphé. Ces fibres sont moins apparentes que celles de la face supérieure.

4, 4. *Fibres obliques.* On reconnaît qu'elles sont la continuation des fibres transverses qui ont changé de direction, et se prolongent, en avant, dans le lobule frontal, pour constituer la corne frontale; en arrière, dans le lobule occipital, pour former la corne occipitale.

5. *Fibres longitudinales.* Elles sont la continuation des fibres transverses, lesquelles s'incurvent au niveau

de l'extrémité postérieure de la couche optique, pour se prolonger dans le lobule sphénoïdal, et constituer la corne sphénoïdale.

Les faisceaux fibreux recourbés du bourrelet du corps calleux, qui pénètrent dans les lobules postérieurs pour envelopper l'ergot de Morand, ont été décrits par Reil sous le nom de *forceps major;* et le large tractus qui, recourbé de haut en bas, de dedans en dehors, et d'arrière en avant, constitue les parois supérieure, latérale et inférieure de la corne inférieure du ventricule latéral, où se loge le pied d'hippocampe, a été nommé par le même auteur *tapetum.*

6. *Fibres rayonnées pédonculaires (couronne rayonnante de Reil).* Elles sont mises à nu par l'ablation du noyau intra-ventriculaire du corps strié. On les voit ici émerger en rayonnant du côté externe de la couche optique. Ces fibres sont blanches comme celles du corps calleux, un peu plus grosses, et entremêlées de substance grise. Les plus antérieures semblent se continuer avec les fibres du corps calleux, en formant des angles de plus en plus ouverts en arrière ; les autres fibres sont séparées par, 7, le raphé latéral.

8. Épanouissement des fibres pédonculaires, mis à nu par l'ablation du noyau extra-ventriculaire du corps strié. — 9. Entre-croisement. Il est formé par les fibres pédonculaires ascendantes, qui s'entre-croisent avec les fibres descendantes du corps calleux.

10. Bourrelet du corps calleux. — 11. Section du genou. — 12. Noyau blanc d'une circonvolution. Il résulte de l'épanouissement des fibres du corps calleux et du pédoncule cérébral. — 13. Couche optique. — 14. Corps genouillés se continuant avec le nerf optique. — 15. Coupe d'un pédoncule.

PLANCHE 22.

Elle a pour objet d'étudier la structure du corps calleux, ses rapports avec le cerveau, le cervelet et la moelle allongée, et les prolongements pédonculaires supérieurs jusque dans l'épaisseur de la couche optique.

FIGURE 1.

Dans cette figure, le corps calleux tenant au lobe droit est vu de profil et mis à nu par l'ablation du lobe gauche qui le recouvrait.

PRÉPARATION. — Procurez-vous un cerveau débarrassé de son enveloppe immédiate et durci par l'alcool. Isolez d'abord cet organe des autres parties encéphaliques; couchez-le sur un des lobes et agrandissez la scissure médiane afin d'apercevoir au fond le corps calleux; opérez le décollement de l'autre lobe par le procédé de M. Foville, indiqué dans la fig. 1 de la pl. 21, de manière à décoiffer complétement toute la portion du corps calleux qui était recouverte, pour voir la forme tricorne de cet organe. Cela fait, pratiquez dessus des entailles superficielles qui vous donnent de petites lames très minces de substance, dont vous complétez la séparation par la traction avec les doigts. On peut de la sorte suivre et reconnaître la direction des fibres du corps calleux et l'épanouissement pédonculaire.

Explication de la figure 1.

1, 1. Face supérieure du corps calleux. — 2, 2. Grande circonvolution du corps calleux (ourlet). — 3. Ventricule du corps calleux (*sinus corporis callosi*). On voit que c'est une espèce de rigole curviligne, intermédiaire à la face supérieure du corps calleux qui forme sa paroi inférieure, et à l'ourlet qui constitue sa paroi supérieure. — 4, 4. Débris de tractus longitudinaux du corps calleux. — 5. Fibres transverses. L'ablation des tractus, sur certains points, permet de constater qu'elles sont subjacentes, sur la ligne médiane, à ces tractus. — 6, 6, 6. Fibres obliques. On peut reconnaître leur incurvation vers les cornes frontale, sphénoïdale et occipitale du corps calleux, et leur entre-croisement avec 7, 7, les fibres rayonnées pédonculaires. — 8. Lambeau renversé, qui montre l'entre-croisement des fibres obliques avec les fibres rayonnées pédonculaires. — 9. Bourrelet longitudinal limitant le bord latéral du corps calleux. On reconnaît ici qu'il n'y a aucune continuité entre les fibres du corps calleux et celles du pédoncule. — 10. Fibres rayonnées du corps calleux et du pédoncule. Ces fibres, dont quelques débris seulement sont visibles ici, se dirigent vers le lobule occipital pour constituer les noyaux des circonvolutions. — 11. Circonvolution interne du lobule frontal. — 12. Circonvolutions du lobule occipital ou de la cavité digitale.

FIGURE 2.

Cette figure présente la face postérieure de la moelle allongée et ses connexions avec le cerveau.

PRÉPARATION. — Faites d'abord une coupe horizontale qui mette à nu les ventricules; enlevez complétement le lobe postérieur par une section verticale et transversale, pratiquée de chaque côté, immédiatement derrière la couche optique.

Séparez aussi le cervelet de la moelle allongée au moyen d'une autre section faite de chaque côté sur ses trois pédoncules; découvrez les fibres rayonnées qui émergent des côtés externes des couches optiques, par l'énucléation des noyaux intra-ventriculaires des corps striés; enlevez d'un côté les deux tubercules quadrijumeaux, la commissure formée par les faisceaux triangulaires (rubans de Reil) et la partie postérieure de la couche optique correspondante, afin de suivre les prolongements supérieurs du cervelet jusque dans le cerveau. Pratiquez une échancrure sur l'extrémité postérieure de la couche optique du côté opposé, pour constater le trajet de la commissure cérébrale postérieure. Cela fait, vous reproduisez exactement cette figure.

Explication de la figure 2.

1. Bulbe crânien. — 2. Paroi antérieure du quatrième ventricule. — 3, 3. Pédoncules inférieurs du cervelet. — 4, 4. Pédoncules moyens. — 5, 5. Ses pédoncules supérieurs. — 6. Faisceau triangulaire. — 7. *Testes* et *nates*

conservés du côté gauche. Le pédoncule cérébelleux supérieur du côté gauche semble se terminer au niveau du tubercule *testes;* mais l'ablation du *testes* et du *nates*, du côté droit, laisse voir la continuation de ces pédoncules dans l'épaisseur de la couche optique pour aller constituer l'étage supérieur du pédoncule cérébral.

La terminaison des pédoncules cérébelleux supérieurs dans le cerveau justifie la dénomination de *processus cerebelli ad cerebrum*, qui leur a été donnée de préférence à celle de *processus cerebelli ad testes*, seu *ad corpora quadrigemina*.

8. Commissure cérébrale postérieure, visible dans la couche optique au moyen d'une échancrure pratiquée sur celle-ci. — 9. *Corpus album subrotundum*. On voit les fibres blanchâtres et superficielles de cet organe se continuer avec, 10, la bandelette demi-circulaire, dont les fibres s'engrènent avec, 11, les fibres rayonnées pédonculaires ; celles-ci forment un entre-croisement avec, 12, les fibres obliques et transverses de la portion réfléchie du corps calleux. — 13. *Septum lucidum*. Il paraît résulter de l'incurvation, de bas en haut, de chaque côté, des fibres de la portion réfléchie du corps calleux. — 14. Lambeau du corps calleux renversé. — 15. Raphé intermédiaire à l'épanouissement des fibres pédonculaires et du corps calleux. — 16. Pilier antérieur de la voûte. — 17. Commissure antérieure. — 18. *Habenæ*. — 19. Trou de Monro. — 20, 20. Substance blanche ou médullaire des circonvolutions. — 21, 21. Substance grise ou corticale des circonvolutions.

FIGURE 3.

Cette figure représente une coupe verticale et transversale de l'encéphale et de ses enveloppes osseuses et membraneuses.

Préparation. — Sciez le crâne et l'encéphale verticalement, dans la direction d'une ligne transversale, demi-circulaire, qui commence au milieu de la suture sagittale, divise les bosses pariétales et les condyles occipitaux, en passant au-devant de l'apophyse mastoïde ; enlevez complétement la portion occipitale : le plan vu du côté de la section donne cette figure.

Explication de la figure 3.

1. Corps calleux. Sa face supérieure est en rapport, sur la ligne médiane, avec la faux et, de chaque côté, avec les hémisphères dont la séparent, 2, les ventricules du corps calleux. On voit encore sur les côtés, mais un peu plus en dehors, l'épanouissement des fibres du corps calleux se prolonger dans les noyaux blancs des circonvolutions. La face inférieure du corps calleux constitue avec les tubercules quadrijumeaux la portion transversale de la grande fente cérébrale de Bichat, traversée par les veines de Galien et la pie-mère extérieure, qui assujettit la glande pinéale aux tubercules *nates*.

3, 3. Ventricules latéraux. Ils sont circonscrits, de tous côtés, par les prolongements du corps calleux. La paroi interne de l'étage inférieur est refoulée par, 4, la corne d'Ammon, blanchâtre à la périphérie et grisâtre à l'intérieur. — 5. Cervelet séparé du cerveau par la tente. — 6. Coupe des tubercules quadrijumeaux, de l'aqueduc de Sylvius et de la protubérance. — 7. Bulbe crânien, en rapport avec les artères vertébrales et le rameau spinal antérieur. — 8. Nerf auditif s'engageant dans le conduit auditif interne. — 9. Nerf pneumo-gastrique traversant le trou déchiré postérieur. — 10. Nerf grand hypoglosse, traversant le trou condylien antérieur. — 11. Substance grise ou corticale, et, 12, substance blanche ou médullaire des circonvolutions. Celle-ci est formée par des fibres du corps calleux, qui vont en rayonnant jusqu'à la substance grise des circonvolutions.

PLANCHE 23.

CIRCONVOLUTIONS ET ANFRACTUOSITÉS DU CERVEAU.

Les *circonvolutions* (*gyri, meandri, processus anteroidei*) sont de nombreuses saillies oblongues et ondulées, placées à la surface des lobes cérébraux et séparées par des sillons diversement profonds qu'on nomme *anfractuosités*.

Le nombre des circonvolutions et des anfractuosités est beaucoup plus considérable chez l'homme que chez les animaux; mais il ne saurait être déterminé d'une manière précise, parce que la terminaison entre deux circonvolutions voisines n'est qu'apparente et qu'elles se continuent toujours sur un point plus ou moins éloigné.

L'étendue des circonvolutions ou des anfractuosités est variable dans tous les sens et se trouve toujours en rapport direct avec le développement général du cerveau, et par conséquent avec le volume et le poids de cet organe.

On admet des *circonvolutions* et des *anfractuosités constantes*, des *circonvolutions* et des *anfractuosités variables*.

La direction variée et la continuité des circonvolutions les ont fait comparer par les anciens aux circonvolutions intestinales.

Chaque circonvolution a *deux faces*, un *bord adhérent* et un *bord libre*. Les *faces* des circonvolutions correspondantes se moulent l'une sur l'autre et sont séparées par un double feuillet de la pie-mère.

Le *bord adhérent* (*base*) de chaque circonvolution est confondu avec le noyau médullaire des lobes cérébraux. Le *bord libre*, visible, en général, au dehors, forme avec celui de la circonvolution contiguë une petite dépression longitudinale. D'autres petites dépressions oblongues, d'une profondeur et d'une étendue variables, sillonnent dans le même sens le bord libre des circonvolutions. Tantôt la forme de ces dépressions est anguleuse et rayonnée à trois ou quatre branches; tantôt, au contraire, c'est une dépression superficielle ou un enfoncement profond et étroit, ou bien encore cette dépression n'est qu'une simple rainure.

La rencontre de trois circonvolutions forme toujours un espace triangulaire. Petits dans l'état normal, ces espaces s'agrandissent beaucoup par suite de l'atrophie des circonvolutions.

M. Cruveilhier divise toutes les circonvolutions en trois ordres.

Le premier ordre comprend les circonvolutions et les anfractuosités de la face interne des lobes cérébraux.

Le deuxième ordre est constitué par les circonvolutions et les anfractuosités de la face inférieure de l'hémisphère.

Le troisième ordre embrasse les circonvolutions et anfractuosités de la convexité.

Ier ORDRE. — Les circonvolutions et anfractuosités de la face interne sont (*voy.* fig. I, pl. 23, et fig. IV, planche 18) :

1° La *grande circonvolution du corps calleux*. Plus grande que toutes celles du plan interne de l'hémisphère, cette circonvolution entoure le corps calleux et s'étend en avant, depuis l'extrémité réfléchie de cet organe auquel elle adhère, jusqu'au bourrelet pour continuer son trajet sur la face inférieure du cerveau, après avoir recouvert la face supérieure du corps calleux.

Cette circonvolution, étroite à son extrémité antérieure, qui est considérée par Rolando comme la racine principale du nerf olfactif, s'élargit bientôt; arrivée au tiers postérieur du corps calleux, elle se redresse, devient encore plus large et se creuse de plusieurs sillons, les uns superficiels, les autres profonds. Du pourtour de cette portion redressée, que Rolando a nommée *processo enteroido cristato*, émergent plusieurs petites circonvolutions qui se continuent, les unes avec les circonvolutions supérieures de la face externe, les autres avec les circonvolutions postérieures et supérieures de la face interne des lobes cérébraux.

2° La *circonvolution et anfractuosité internes du lobule antérieur du cerveau*. Excentrique à celle du corps calleux dont la sépare une anfractuosité profonde, elle en suit la direction. Cette circonvolution, très volumineuse à son origine, constitue la partie interne du lobule antérieur (frontal). Elle commence au-devant de la scissure de Sylvius, contourne la courbure antérieure de la circonvolution du corps calleux, et gagne la face interne de l'hémisphère; arrivée au-devant de la portion redressée de la circonvolution du corps calleux, elle monte pour se continuer avec les circonvolutions de la face externe de cet hémisphère. Cette circonvolution est séparée de la précédente, dans toute sa longueur, par une anfractuosité profonde et offre à sa superficie plusieurs anfractuosités secondaires.

3° La *circonvolution* et l'*anfractuosité de la cavité digitale*. Un sillon antéro-postérieur très profond, en rapport avec la cavité digitale du ventricule latéral, commence à la circonvolution du corps calleux, au niveau du bourrelet, se dirige d'avant en arrière et de bas en haut jusqu'au lobule occipital et le divise en deux moitiés, l'une supérieure et antérieure, l'autre inférieure et postérieure. Ce sillon est l'*anfractuosité de la cavité digitale*, et la portion postérieure et inférieure de ce lobule est la *circonvolution de la cavité digitale* ou *circonvolution du lobule postérieur* (*occipital*).

IIe ORDRE. — Les circonvolutions et les anfractuosités de la face inférieure sont (*voy.* fig. II, pl. 24) :

1° Les *circonvolutions externes du lobule antérieur*. Les circonvolutions constantes de ce lobule sont : les deux petites circonvolutions antéro-postérieures, rectilignes, bornées par le sillon du ruban olfactif et la circonvolution flexueuse, oblique en avant et en dehors : celle-ci finit à la scissure de Sylvius et se continue, en arrière, avec la circonvolution externe, qui est l'origine du ruban olfactif.

2° Les *circonvolutions du lobule postérieur*. Elles sont formées par la *circonvolution de la grande fente*, qui est la continuation de la circonvolution du corps calleux, et qui se termine en avant par un renflement unciforme en rapport avec l'extrémité renflée de la corne d'Ammon ; elle est longée en dedans par la grande fente cérébrale.

La circonvolution du corps calleux et celle de la grande fente cérébrale, qui en est la continuation, représentent une ellipse interrompue par la scissure de Sylvius.

La circonvolution du lobule postérieur est limitée, en dehors, par une anfractuosité antéro-postérieure en rapport avec la paroi inférieure de la portion réfléchie du ventricule latéral, et circonscrite par des circonvolutions antéro-postérieures, petites et flexueuses, qui émergent de la circonvolution de la grande fente cérébrale.

La plus externe de ces circonvolutions borne inférieurement l'anfractuosité qui correspond à la cavité digitale.

La circonvolution de la grande fente cérébrale de Bichat donne à sa partie antérieure des circonvolutions extrêmement flexueuses, qui constituent la corne sphénoïdale et se confondent avec les circonvolutions de la face externe.

D'autres circonvolutions petites et superficielles, qui vont en rayonnant du sommet vers la base, sillonnent l'*insula* de Reil (lobule du corps strié).

Deux petites anfractuosités, qui résultent de la bifurcation de la scissure de Sylvius, isolent ce lobule des autres parties.

IIIe ORDRE. — Les circonvolutions et anfractuosités de la convexité de l'hémisphère, plus compliquées, forment trois séries correspondant à autant de régions : ce sont les *circonvolutions frontales*, *pariétales* et *occipitales* (*voy.* fig. II, pl. 23, et fig. I, pl. 24).

1° *Circonvolutions frontales*. Au nombre de trois ou quatre, antéro-postérieures et très flexueuses, les circonvolutions frontales sont contiguës à elles-mêmes dans une grande partie de leur étendue ; leur volume, inférieur à celui des circonvolutions pariétales, est supérieur au volume des circonvolutions occipitales.

2° *Circonvolutions pariétales*. Au nombre de trois seulement, plus volumineuses que les autres et présentant plus de variétés, les circonvolutions pariétales, flexueuses, dirigées de dedans en dehors, se continuent avec la circonvolution qui limite en haut la scissure de Sylvius.

3° *Circonvolutions occipitales*. Elles sont antéro-postérieures, et commencent, soit à la circonvolution pariétale la plus postérieure, soit au bord postérieur de la scissure de Sylvius. Ces circonvolutions, les plus grêles de toutes, ont aussi leurs sinuosités plus petites et plus courtes.

Les recherches de M. Leuret l'ont amené à diviser les circonvolutions en plusieurs groupes, qu'il distingue en grands et en petits.

Les grands groupes sont constants dans leur direction, et susceptibles d'une description rigoureuse.

Les petits groupes appartiennent aux ondulations ou sinuosités de la surface du cerveau de l'homme; mais, infiniment variables, ils ne peuvent être décrits que d'une manière générale. Le même anatomiste distingue encore des *circonvolutions additionnelles* ou de *perfectionnement*, situées non pas à la région antérieure du cerveau, comme on l'a prétendu, mais sur les côtés et vers les parties postérieure et interne.

M. Leuret, s'appliquant à ramener les circonvolutions à un type spécial, a pris le cerveau du renard pour point de départ de ses études comparatives.

D'après la même manière de voir, M. Longet distingue les circonvolutions de l'homme en circonvolutions de la face latérale externe, et en circonvolutions de la face latérale interne.

Les circonvolutions de la face latérale externe forment *trois ordres*, savoir : 1° circonvolutions *frontales*, 2° *pariétales* et 3° *occipitales*, groupées toutes autour d'un centre commun, qui est une anfractuosité constante, profonde, un peu oblique d'arrière en avant, de dedans en dehors, et désignée sous le nom de *scissure de Rolando*. Cette anfractuosité est intermédiaire à deux circonvolutions qui lui sont parallèles : l'une est en avant, l'autre en arrière. Derrière celle-ci on voit une autre circonvolution plus petite, qui se continue avec le système de circonvolutions qui surmonte la grande circonvolution du corps calleux. On nomme ces trois circonvolutions, *circonvolutions transversales* ou *pariétales*. La circonvolution antérieure à l'anfractuosité (scissure de Rolando) est la *circonvolution pariétale antérieure;* celle qui est placée immédiatement derrière, a reçu le nom de *circonvolution pariétale postérieure;* enfin la plus postérieure est la *circonvolution pariétale rudimentaire.*

Le bord antérieur de la circonvolution pariétale antérieure donne naissance à trois ou quatre pédicules de circonvolutions sinueuses, antéro-postérieures : ce sont les *circonvolutions frontales.*

Le bord postérieur de la circonvolution pariétale postérieure donne deux circonvolutions principales, et du bord postérieur de la circonvolution pariétale rudimentaire s'en détachent aussi quelquefois une ou deux, appelées *circonvolutions occipitales*. Elles sont flexueuses, et confondues avec les circonvolutions de la face latérale interne du lobe cérébral.

Les circonvolutions de la face latérale interne sont : 1° La grande circonvolution qui entoure le corps calleux. Elle commence en avant, au-dessous de la courbure antérieure de cet organe, la contourne, marche d'avant en arrière, et devient de plus en plus épaisse. Arrivée au niveau du bourrelet, elle se redresse, et finit par un renflement quadrilatère, qui constitue un groupe de circonvolutions confondu avec les circonvolutions occipitales de la face latérale externe; au-dessous du bourrelet, elle se réunit à la circonvolution de l'hippocampe. Une anfractuosité profonde limite dans toute son étendue le bord supérieur de cette circonvolution. En arrière et au-dessous de la portion redressée (renflement quadrilatère) de la circonvolution du corps calleux, immédiatement derrière le bourrelet, on rencontre une autre anfractuosité plus courte, et parallèle à la portion redressée de la première anfractuosité. On voit donc que le petit groupe de circonvolutions est toute la portion circonscrite par ces deux anfractuosités. 2° Une autre circonvolution qui décrit la même courbure, et s'arrête à la portion redressée, surmonte la circonvolution du corps calleux. Elle appartient au groupe des circonvolutions transverses de la face externe. Quant à la scissure de Sylvius, et aux circonvolutions de l'*insula* de Reil, elles sont décrites à part.

M. Foville admet dans le cerveau de l'homme *quatre ordres* de circonvolutions.

Au *premier ordre* appartient une seule circonvolution qu'il nomme *ourlet*. Elle commence au bord antérieur du quadrilatère perforé, contourne le corps calleux, la portion transversale de la fente cérébrale de Bichat, le pédoncule cérébral, et finit au bord postérieur de ce même quadrilatère, en formant une ellipse interrompue par la scissure de Sylvius. Cette circonvolution est, à quelques modifications près, celle que M. Cruveilhier décrit sous le nom de circonvolution du corps calleux.

Le *deuxième ordre* comprend deux grandes lignes circonvolutionnaires, décrivant des anses elliptiques et concentriques, antéro-postérieures, dont la plus grande convexité est dirigée en arrière.

La *première* et la plus grande de ces lignes (*grande circonvolution d'enceinte de l'hémisphère*) marche du bord antérieur de l'espace perforé, sur la face inférieure et interne et jusqu'à l'extrémité antérieure du lobule frontal; change de direction, s'élève vers la face supérieure de l'hémisphère, pour former la limite de la convexité et de la face latérale interne, gagne l'extrémité postérieure du lobule occipital, se réfléchit sur sa face inférieure, longe le bord externe de la circonvolution terminale (circonvolution de l'hippocampe) de la ligne du premier ordre, atteint l'extrémité antérieure du lobule sphénoïdal et se termine au bord postérieur et externe du quadrilatère perforé.

La *seconde* (*circonvolution d'encainte de la scissure de Sylvius*), concentrique à la première, commence sur le bord antérieur et externe de l'espace perforé, se porte obliquement en avant et en dehors pour former le côté externe de la surface orbitaire, et partant la lèvre antérieure de la scissure de Sylvius; se dirige en arrière sur la convexité, où elle constitue les lèvres supérieure, postérieure et inférieure de cette même scissure, à l'extrémité de laquelle elle se termine, sur le sommet du lobule sphénoïdal et au niveau du bord externe de l'espace perforé.

On voit, par ce qui précède, que la circonvolution du premier ordre et les deux du second ordre forment des anses elliptiques antéro-postérieures, la première sur la face latérale interne, les deux autres sur la face latérale externe; que toutes les trois commencent et finissent à l'espace perforé et sont interrompues par la scissure de Sylvius.

Le *troisième ordre* unit entre elles la circonvolution du premier ordre et les deux lignes circonvolutionnaires du second.

Le *quatrième ordre* comprend toutes les circonvolutions de la convexité de l'hémisphère, lesquelles remplissent l'espace intermédiaire aux circonvolutions du second ordre.

La plupart des anatomistes et les philosophes de l'antiquité ont attribué la supériorité intellectuelle de l'homme sur les animaux à l'étendue plus considérable des circonvolutions.

Gall et Spurzheim, adoptant cette opinion, ont imaginé un système d'après lequel, à chacune des facultés de l'âme dont ils admettent la pluralité, correspondrait un point déterminé, précis, plus ou moins étendu des circonvolutions, qui serait lui-même l'instrument matériel, l'organe chargé d'émettre, de produire, en un mot, de sécréter cette faculté dont la nature se révèle par la fonction. De sorte qu'à un certain nombre de points de la convexité correspondrait un nombre égal de facultés. D'après ces mêmes auteurs, les lobes antérieurs du cerveau seraient le siége des facultés les plus nobles de l'homme.

On a opposé à ce système de nombreuses objections dont je m'abstiens d'examiner ici la valeur.

PRÉPARATION. — Divisez l'encéphale en deux parties égales par une section verticale antéro-postérieure.

Explication de la figure 1.

FACE LATÉRALE INTERNE DE LA MOITIÉ GAUCHE DE L'ENCÉPHALE.

1. Moitié du bulbe crânien.—2. *Id.* de la protubérance.— 3. *Id.* d'un pédoncule cérébral.—4. Arbre de vie du lobe médian du cervelet.—5. Aqueduc de Sylvius.—6. Moitié de la valvule de Vieussens.— 7. Deux des tubercules quadrijumeaux.—8. Moitié de la glande pinéale.—9. Son pédoncule inférieur, et, 10, son pédoncule antérieur (*habenæ*). — 11. Portion transversale de la fente cérébrale de Bichat. —12. Face supérieure de la couche optique.—13. Sa face interne formant la paroi externe du ventricule moyen.—14. Commissure molle.—15. Tige pituitaire ou infundibulum.— 16. Portion de la glande pituitaire.— 17. *Id.* du *tuber cinereum*. — 18. Tubercule pisiforme.—19. Lamelle perforée médiane.— 20. Nerf moteur oculaire commun.—21. Portion du nerf optique. — 22. Commissure cérébrale antérieure.—23. Trou de Monro.— 24. Voûte à trois piliers. — 25. Cloison transparente (*septum lucidum*).— 26. Corps calleux. — 27. Bourrelet.— 28. Genou et bec. — 29. Ventricule du corps calleux (*sinus corporis callosi*). — 30. Grande circonvolution du corps calleux. — 31. Circonvolution interne du lobule antérieur du cerveau. — 32. Anfractuosité profonde intermédiaire à ces deux circonvolutions. — 33. Circonvolution de la cavité digitale ou du lobule postérieur. — 34. Anfractuosité de la cavité digitale.

Explication de la figure 2.

FACE LATÉRALE EXTERNE DE LA MOITIÉ DROITE DE L'ENCÉPHALE.

1. Bulbe crânien.—2. Protubérance.—3. Cervelet.—4. Lobule du nerf vague.—5. Circonvolutions frontales.— 6. Circonvolutions pariétales.—7. Circonvolutions occipitales.—8. Scissure de Sylvius et 9, 9, ses deux branches

PLANCHE 24.

Cette planche montre la convexité du cerveau (*région supérieure*), sa base (*région inférieure*), et l'origine des nerfs crâniens.

PRÉPARATION. — Ouvrez le crâne; enlevez le cerveau et dépouillez-le de ses membranes avec précaution pour respecter l'origine des nerfs.

Explication de la figure 1.

CONVEXITÉ (RÉGION SUPÉRIEURE).

1, 1. Lobules antérieurs ou frontaux. — 2, 2. Lobules postérieurs ou occipitaux. — 3, 3. Grande scissure médiane (*scissure interlobaire*), — 4, 4. Scissures de Rolando. — 5, 5. Circonvolutions pariétales antérieures. — 6, 6. Circonvolutions pariétales postérieures. — 7, 7. Circonvolutions pariétales rudimentaires. — 8, 8. Circonvolutions frontales. — 9, 9. Circonvolutions occipitales.

Explication de la figure 2.

BASE (RÉGION INFÉRIEURE).

1, 1. Lobules antérieurs ou frontaux. On voit au milieu une légère excavation qui repose sur la surface orbitaire de l'os frontal. — 2, 2. Lobules sphénoïdaux ou moyens, ainsi nommés parce qu'ils sont logés dans les fosses sphénoïdales. — 3, 3. Lobules postérieurs ou occipitaux.

4. Portion antérieure de la grande scissure médiane. — 5. Sa portion postérieure. — 6, 6. Scissures de Sylvius (*grandes scissures inter-lobulaires*). — 7, 7. Portions antéro-postérieures de la grande fente cérébrale de Bichat; elles se continuent de chaque côté avec la scissure de Sylvius.

8. *Tuber cinereum* et sa tige pituitaire (*infundibulum*). — 9, 9. Tubercules mamillaires. — 10. Espace perforé moyen (*lamelle perforée médiane*). — 11, 11. Pédoncules cérébraux. — 12. Protubérance annulaire se continuant sur les côtés, avec les pédoncules cérébelleux moyens. — 13. Bulbe crânien. — 14, 14. Pyramides antérieures, séparées l'une de l'autre par le sillon médian. — 15, 15. Olives (*corps olivaires*); séparées des pyramides par un autre sillon. — 16, 16. Corps restiformes. — 17, 17. Lobes latéraux du cervelet. — 18. Portion de son lobe médian (*vermis inferior*).

19, 19. Deux petites circonvolutions antéro-postérieures du lobule frontal, séparées par le sillon du nerf olfactif. — 20. Circonvolution oblique du lobule frontal limitant la scissure de Sylvius. — 21. Circonvolution de la grande fente cérébrale.

22. Nerf olfactif et ses racines blanches entre lesquelles se trouve un renflement grisâtre considéré comme sa racine grise. — 23. Son bulbe de terminaison. — 24, 24. Nerfs optiques et chiasma. — 25, 25. Nerfs moteurs oculaires communs. — 26, 26. Nerfs pathétiques. — 27, 27. Grosses et petites racines des trijumeaux. — 28, 28. Nerfs moteurs oculaires externes. — 29, 29. Nerfs faciaux. 30, 30. Nerfs acoustiques; entre le nerf facial et le nerf acoustique du même côté, on voit le nerf intermédiaire. — 31, 31. Nerfs glosso-pharyngiens. — 32, 32. Nerfs pneumo-gastriques. — 33, 33. Nerfs spinaux ou accessoires de Willis. — 34, 34. Nerfs grands hypoglosses.

STRUCTURE DES CIRCONVOLUTIONS CÉRÉBRALES.

En examinant une tranche de circonvolution, on la trouve formée par deux substances, l'une blanche, médullaire, centrale, qui est le noyau de chaque circonvolution, dont elle détermine la forme; l'autre grise, corticale, périphérique, qui se moule exactement sur la première. L'épaisseur et la proportion relative de ces deux substances varient suivant les sujets. La substance grise est à la substance blanche des circonvolutions : : 5 : 6.

SUBSTANCE BLANCHE.

Lorsqu'on soumet la substance cérébrale des circonvolutions à une macération de trois ou quatre semaines dans l'alcool plusieurs fois renouvelé, ou à la coction dans l'huile, ou bien encore dans l'eau salée, suivie d'une immersion suffisamment prolongée dans l'essence de térébenthine, on reconnait que la substance blanche des circonvolutions est constituée par un grand nombre de lamelles striées, disposées en éventail. Le bord le plus large répond au bord libre de la circonvolution, et le bord étroit au bord adhérent. Des filaments cellulo-vasculaires unissent les lamelles, dont le nombre varie chez les différents sujets. Ces lamelles sont formées par un grand nombre de fibres juxtaposées, qui se continuent avec les radiations du corps calleux et des pédoncules cérébraux. Indépendamment de ces fibres, il y en a d'autres qui n'appartiennent qu'aux circonvolutions. Les fibres de celles-ci s'infléchissent sous forme d'anses au fond de chaque anfractuosité, et passent d'une circonvolution à la circonvolution voisine (*voy.* fig. 3, pl. 22).

Herbert Mayo admet trois ordres de fibres dans les circonvolutions cérébrales : 1° des fibres qui se dirigent d'une circonvolution à la circonvolution voisine, et à des circonvolutions plus éloignées; 2° des fibres émanées des commissures; 3° des fibres qui émergent de la moelle épinière.

Le premier ordre de fibres constituerait en grande partie l'épaisseur de chaque circonvolution; le centre des circonvolutions serait formé par les fibres blanches qui viennent en partie des commissures, en partie des couches optiques et des corps striés.

Les fibres blanches de la couche inférieure des pédoncules cérébraux s'irradient dans l'épaisseur du cerveau, dont elles constituent les fibres antérieures et moyennes; et les fibres qui émanent de la couche optique constituent les fibres cérébrales postérieures.

Les recherches microscopiques ont démontré que les fibres de la substance médullaire sont formées par un grand nombre de fibres primitives, canaliculées, uniformément cylindriques et rectilignes. D'après Fontana, deux enveloppes constitueraient les parois de ces fibres tubuleuses. L'interne est formée d'une membrane particulière, transparente, homogène, remplie d'un liquide gélatineux, oléiforme. Ces fibres primitives sont indépendantes et isolées les unes des autres, depuis leur origine jusqu'à leur terminaison. Leur diamètre est, d'après Krause, de $\frac{1}{40}$ jusqu'à $\frac{1}{80}$ de millimètre. Vagner le réduit à $\frac{1}{120}$ de millimètre.

SUBSTANCE GRISE DES CIRCONVOLUTIONS.

La couche de substance grise qui revêt les circonvolutions est striée, et semble, aux yeux d'Herbert Mayo, constituée par des fibres implantées sur la substance blanche.

Malpighi, Boerhaave, Vieussens et autres anatomistes, regardent la superficie du cerveau comme formée par un amas considérable de petites glandes intermédiaires aux extrémités des artérioles et aux fibres blanches, desquelles partiraient des canaux excréteurs qui seraient tout simplement les fibres nerveuses canaliculées (*vascula nervea* de Malpighi).

Ruysch nie l'existence de ces glandes, et donne à la substance grise ou corticale du cerveau une texture purement vasculaire.

La plupart des anatomistes modernes reconnaissent aujourd'hui dans la substance corticale, indépendamment des vaisseaux, des corpuscules dont la nature n'est pas encore bien déterminée.

Il suffit d'examiner attentivement une tranche de circonvolution pour reconnaître principalement sur le lobe occipital que la substance grise est formée de deux couches grises, séparées l'une de l'autre par une couche blanche. Vicq d'Azyr, qui avait observé cette disposition, l'a désignée sous le nom de *ruban rayé*.

M. Cazauvieilh admet trois couches dans la substance grise des circonvolutions : une profonde, gris plomb; une moyenne, d'un blanc sale, et une superficielle, d'un gris blanchâtre.

M. Baillarger a reconnu dans la substance grise ou corticale des circonvolutions six couches.

La première, la plus centrale, est grise, la deuxième blanche, la troisième grise, la quatrième blanche, la cinquième grise, et la sixième blanche.

Chacune de ces couches se voit à l'œil nu dans beaucoup de cas. La diaphanéité des couches de la substance grise et l'opacité de la substance blanche sont un moyen facile de les distinguer l'une de l'autre, à l'aide d'un procédé employé par cet auteur. Ce procédé consiste à placer une lame très mince de substance grise, coupée verticalement, entre deux verres réunis avec de la cire pour prévenir tout mouvement. Ainsi disposée, on l'examine par transparence à la lumière d'une lampe. On reconnaît alors, en allant de dedans en dehors, qu'elle est alternativement diaphane et opaque. Cette disposition a fait assimiler la substance grise des circonvolutions à un ruban gris rayé de trois raies blanches.

M. Baillarger nie l'existence, dans les circonvolutions, d'une matière jaune nommée par quelques auteurs *couche interstitielle*, qui résulterait elle-même d'un mélange intime des deux substances blanche et grise. Pour lui, la surface du cerveau est dépourvue de la substance grise, appelée improprement substance corticale; il la croit formée seulement par une matière plus en rapport avec la substance médullaire, et il prouve son assertion par l'intégrité de la couleur blanche superficielle, qui demeure entière alors que la substance corticale est fortement colorée. Ce fait pathologique donne la raison des colorations cadavériques partielles et par petites couches, qu'on observe dans la substance grise ou corticale.

Le même auteur a observé dans la substance corticale un certain nombre de fibres blanches, coniques, à grosse extrémité dirigée en bas. Très flexueuses et en grand nombre au sommet des circonvolutions, ces fibres deviennent plus rares et plus courtes à mesure qu'on descend vers le fond des anfractuosités, où elles disparaissent presque complétement comme dans le cerveau du mouton. Il n'admet pas la juxtaposition des substances blanche et grise, dont la réunion aurait lieu au sommet des circonvolutions par un grand nombre de fibrilles.

M. Baillarger a trouvé dans les trois couches blanches de la substance corticale deux rangées de fibres verticales. Un grand nombre de ces fibres lui ont paru émaner de la matière blanche centrale. En quittant celles-ci, elles traversent, en s'amincissant, la première couche qui est grise et transparente, puis se renflent à travers la deuxième couche qui est blanche et opaque, diminuent de nouveau dans la troisième couche qui est grise, et se renflent une seconde fois dans la quatrième couche qui est blanche. Le même auteur n'est pas éloigné d'admettre des fibres qui appartiennent aux couches ou lames blanches intermédiaires, indépendantes de la substance médullaire centrale.

Les auteurs diffèrent entre eux sur le mode d'union de la substance blanche avec la substance grise.

Malpighi veut qu'il y ait à la surface du cerveau pénétration réciproque entre les fibres canaliculées de la substance médullaire et la substance corticale, dans l'épaisseur de laquelle ces fibres prennent naissance.

Vieussens ne voit qu'une simple adhérence mutuelle des deux substances.

Reil n'admet qu'une simple superposition et nie toute connexion entre les deux substances.

Les vaisseaux sanguins se ramifient dans les substances médullaire et corticale; mais ceux de cette dernière sont bien plus nombreux.

DES NERFS

OU DU SYSTÈME NERVEUX PÉRIPHÉRIQUE

CONSIDÉRÉ EN GÉNÉRAL.

Les nerfs sont des espèces de cordons, les uns d'un blanc mat, les autres gris, qui établissent des relations entre l'*axe médullo-encéphalique* (cérébro-spinal), et les autres parties constituantes de l'organisme.

Organes de transmission du sentiment et du mouvement, les uns président à la sensibilité, les autres à la motilité.

Les nerfs du sentiment forment deux séries : l'une comprend les nerfs de la sensibilité générale : tels sont ceux qui transmettent les sensations du froid, de la chaleur, de la douleur, etc. ; l'autre renferme les nerfs de la sensibilité spéciale : tels sont ceux qui, dans les appareils de la vision, de l'ouïe, de l'odorat et du goût, transmettent les diverses impressions de ces organes.

Les nerfs de mouvement constituent deux ordres. Les uns président aux *mouvements volontaires :* ce sont ceux qui animent les organes de l'appareil musculaire de la vie de relation ; les autres sont destinés au *mouvement involontaire :* ce sont ceux qui, dans l'appareil musculaire de la vie nutritive, communiquent le principe du mouvement péristaltique des intestins et proviennent du grand sympathique.

Bichat a fait de tous les nerfs deux classes. Dans l'une il a rangé les nerfs qui sont sous l'influence de la volonté et de la conscience (nerfs de l'axe médullo-encéphalique), et qu'il nomme *nerfs de la vie animale* ou de *relation ;* l'autre embrasse les nerfs soustraits à l'influence de la volonté et de la conscience, qu'il appelle *nerfs de la vie organique* ou *végétative.* Ces derniers constituent le *système nerveux ganglionnaire* ou *grand sympathique.*

Les nerfs de l'*axe médullo-encéphalique* (nerfs de la vie animale), au nombre de quarante paires pour les uns et de quarante-trois paires pour les autres, surgissent symétriquement de chaque côté et marchent par paires. On les a divisés en *nerfs médullaires* ou *spinaux*, qui émergent par les trous de conjugaison de la colonne vertébrale ; en *nerfs encéphaliques* ou *crâniens*, dont la sortie a lieu par les trous de la base du crâne.

Chaque nerf a une extrémité centrale, une extrémité périphérique et une portion médiane ou trajet. L'extrémité centrale est l'origine même du nerf, c'est-à-dire le point de communication ou de conjugaison avec l'axe médullo-encéphalique.

L'origine des nerfs est apparente ou réelle. L'origine apparente est le point extérieur du centre médullo-encéphalique d'où émerge le nerf.

L'origine réelle est dans la profondeur même du centre médullo-encéphalique ; mais le point précis de cette origine est encore à trouver.

Le trajet d'un nerf se fait dans la cavité vertébro-crânienne même et hors de cette cavité. L'étendue du trajet est variable, et la distribution des nerfs hors de cette cavité diversement compliquée. Presque tous les nerfs communiquent avec le grand sympathique. Simples dans leur distribution si les organes qu'ils desservent sont simples, ils sont au contraire compliqués si les parties sont complexes ; c'est alors qu'ils communiquent entre eux, se séparent pour se réunir de nouveau, et forment ainsi des entrelacements appelés *plexus.*

La division des nerfs se fait par séparation ou par émergence, et leur distribution dans tel ou tel organe est déterminée d'avance. De là l'impossibilité qu'un nerf puisse en suppléer un autre. Il n'en est pas de même d'un vaisseau artériel, dont la ligature n'empêche pas le liquide contenu d'arriver au même organe par des voies collatérales.

La terminaison des nerfs est variable comme la nature des organes dans lesquels elle a lieu. Ainsi : à la peau, elle s'effectue dans les papilles ; dans la langue, elle présente une particularité qu'il est bon de noter ; les dernières divisions nerveuses offrent de petits renflements d'où se détachent des filaments d'une grande ténuité, qui vont se perdre dans les papilles de cet organe. Dans les muscles, la terminaison se fait par filaments très déliés, très longs et curvilignes, que l'œil nu ou armé du microscope ne peut plus suivre.

MM. Prévost et Dumas admettent la terminaison des filets nerveux en anses dans l'épaisseur des muscles et rejettent la terminaison périphérique. Les extrémités centrifuges, en revenant sur elles-mêmes, forment un tout avec la portion centripète.

Chaque nerf est un plexus qu'enveloppe une gaîne fibreuse commune, résultant de l'anastomose d'une multitude de petits cordons nerveux d'une grosseur inégale.

Deux parties fondamentales constituent un nerf : 1° la substance nerveuse proprement dite, 2° l'enveloppe ou gaîne fibreuse désignée sous le nom de névrilème.

Chacun des petits cordons ou filets, indépendamment de la gaîne névrilématique commune, est pourvu aussi d'un névrilème propre qui paraît être de nature fibreuse, et constitué au centre par de la substance nerveuse proprement dite.

Le mode d'union, de subdivision et d'anastomose des canaux névrilématiques est le même que celui des petits cordons nerveux eux-mêmes.

Le tissu fibreux constitue les canaux névrilématiques et fait suite au névrilème de la moelle épinière.

La substance propre des filets nerveux est un assemblage de fibres creuses, d'une ténuité extrême, flexueuses, parallèles et juxtaposées, d'une couleur blanc de lait, libres dans toute la longueur du nerf et pouvant être isolées les unes des autres.

Fontana, Remak et Purkinje prétendent que chacune des fibres élémentaires, cylindroïdes, est formée de deux tubes. Le plus petit, uniforme, central, est constitué par une membrane particulière, transparente, homogène, et contient une humeur blanchâtre, oléagineuse ; le tube extérieur paraît être formé d'une substance de nature celluleuse.

Ehrenberg et les micrographes les plus habiles admettent deux ordres de tubes nerveux primitifs. 1° Les uns, renflés en vésicules de distance en distance, nommés par Ehrenberg *tubes variqueux* ou *articulés*, sont remplis à l'intérieur d'une matière particulière, transparente, qu'il appelle *liquide* ou *fluide nerveux*.

Le diamètre de ces tubes est de $\frac{1}{48}$ à $\frac{1}{1500}$ de millimètre ; ils sont de plus en plus petits du centre à la périphérie du cerveau, aussi leurs nodosités sont-elles à peine visibles dans la substance grise ; on les trouve surtout dans les nerfs de sensibilité spéciale et dans l'axe médullo-encéphalique.

2° Les autres, uniformément cylindriques dans leur trajet, droits et non renflés, sont remplis d'un liquide peu transparent, blanc, visqueux, qui s'écoule facilement sous forme de globules. Ehrenberg les appelle *tubes cylindriques ;* on les rencontre spécialement dans les nerfs sensitifs et moteurs du système nerveux de la vie animale.

M. Leuret ne reconnaît qu'un seul ordre de fibres, *fibres rectilignes*.

D'après M. Mandl, les fibres les plus grosses appartiennent aux nerfs du mouvement, et les fibres les plus ténues aux nerfs sensitifs.

DES GANGLIONS NERVEUX.

On désigne sous le nom de ganglions nerveux, des espèces de renflements gris-rougeâtres, plus ou moins volumineux, placés sur le trajet des nerfs, qui sont le produit de l'entrelacement d'un nombre variable de filaments nerveux, et analogues par leur aspect aux ganglions lymphatiques. Ils sont pour ainsi dire autant de centres où aboutissent et d'où émergent les filets nerveux. Winslow les a comparés à de petits cerveaux.

On peut diviser les ganglions nerveux en deux classes parfaitement distinctes par la nature de leurs fonctions.

Première classe.—Elle réunit les ganglions qui appartiennent aux nerfs de la vie de relation : ce sont les *ganglions inter-vertébro-crâniens ;* ils sont constants, réguliers et symétriques.

Deuxième classe. — Elle comprend les ganglions destinés aux nerfs de la vie nutritive ou végétative : ce sont les ganglions *sur-vertébro splanchniques* dont l'ensemble constitue le *système du grand sympathique* ou *système ganglionnaire.*

PREMIÈRE CLASSE.

Première série. — *Ganglions inter-vertébraux* (spinaux), situés dans les trous de conjugaison des vertèbres et dans le canal sacré. Ces ganglions, le plus souvent au nombre de trente et une paires comme les nerfs spinaux, se divisent en cervicaux, dorsaux, lombaires et sacrés. Un de leurs caractères distinctifs, c'est de prendre naissance par deux groupes de racines. L'un antérieur, *racine antérieure*, *racine motrice ;* l'autre postérieur, *racine postérieure*, *racine sensitive.* Ces ganglions émanent principalement des racines postérieures, et donnent trois branches : l'une, *antérieure* ou *ganglionnaire*, va dans le ganglion correspondant du grand sympathique ; l'autre, *moyenne*, est destinée à la peau et aux muscles de la partie antérieure du tronc et des extrémités ; la troisième, *postérieure*, se rend aux muscles et à la peau de la région postérieure du tronc.

Deuxième série. — *Ganglions crâniens.* Ils sont placés sur le trajet ou dans le voisinage des nerfs crâniens et peuvent être distingués en ganglions à *double racine* et en ganglions à *triple racine.*

Les ganglions à *double racine* sont : le ganglion de Gasser, le ganglion géniculaire du facial, le ganglion pneumo-gastrique, et à la rigueur le ganglion glosso-pharyngien. De ces deux racines, l'une est la *racine sensitive*, l'autre la *racine motrice.* Ces ganglions émanent principalement des racines postérieures. On peut donc les considérer comme les analogues des ganglions inter-vertébraux.

Les ganglions à *triple racine* sont : les ganglions ophthalmiques, sphéno-palatins, otiques, sous-maxillaire, et peut-être aussi les ganglions sublinguaux. Indépendamment des racines motrice et sensitive, ces ganglions ont de plus une troisième racine fournie par le grand sympathique : c'est la *racine végétative.*

DEUXIÈME CLASSE.

Première série. — *Ganglions sur-vertébraux.* Ils sont situés sur les côtés de la colonne vertébrale, depuis la première cervicale jusqu'à la dernière sacrée. Réunis en général par des cordons nerveux, ils forment en quelque sorte deux chaînes renflées de distance en distance. Le nombre de ces ganglions aux régions dorsale, lombaire et sacrée, égale presque toujours celui des ganglions inter-vertébraux (spinaux). A la région cervicale trois de ces ganglions correspondent aux huit ganglions inter-vertébraux.

Les ganglions sur-vertébraux ont pour caractère commun de communiquer par un ou plusieurs filets avec les ganglions inter-vertébraux, et d'émettre des branches qui se perdent directement, soit dans les viscères, soit dans les ganglions splanchniques.

Deuxième série. — *Ganglions splanchniques.* Situés à la portion médiane du tronc, ils forment une série de ganglions renfermés dans la cavité splanchnique, et sont autant de centres plexiformes où convergent un grand nombre de nerfs qui viennent : les uns de l'axe médullo-encéphalique, les autres des deux chaînes ganglionnaires, et d'où émanent des branches qui enlacent les artères viscérales en formant autour des plexus secondaires qui prennent le nom de ces vaisseaux et se perdent avec eux dans l'épaisseur des organes.

M. Cruveilhier divise les ganglions nerveux en trois séries : les *ganglions spinaux* ou *rachidiens* (ganglions de la vie de relation) ; les ganglions intercostaux ; les ganglions splanchniques (système du grand sympathique ou système ganglionnaire).

M. Gosselin fait de tous les ganglions nerveux deux grandes classes, savoir... (*Voy.* sa thèse de concours pour une chaire d'anatomie, 1846.)

Première classe. — Renflements situés sur le trajet d'un seul cordon nerveux exclusivement sensitif (branches postérieures spinales, cinquième paire, etc.), et peut-être quelquefois sur un nerf exclusivement moteur, comme le facial d'après Arnold, l'hypoglosse d'après Mayer, ou, si l'on veut, renflements situés sur le trajet d'un nerf avant sa sortie complète de la cavité céphalo-rachidienne.

Deuxième classe. — Renflements situés sur le trajet de plusieurs cordons qui sont habituellement, les uns sensitifs, les autres moteurs, et à une certaine distance de leur origine.

Dans l'état actuel de la science, le système nerveux ganglionnaire se compose de tous les ganglions de la deuxième classe ; mais il distingue trois variétés sous les noms de ganglions, *du premier, du deuxième* et *du troisième* ordre.

Müller rapporte aussi les ganglions nerveux à deux classes :

1° Ganglions des racines postérieures des nerfs rachidiens et cérébraux, ganglion de la grande portion du nerf trijumeau, ganglion de la paire vague, ganglion jugulaire supérieur du nerf glosso-pharyngien.

2° Ganglions du grand sympathique, divisés en deux séries.

Première série. — Ganglions limitrophes situés dans les points où les racines du grand sympathique qui proviennent des nerfs cérébraux et rachidiens : s'unissent pour produire le cordon limitrophe ; ce sont les ganglions du cordon vertébral du grand sympathique et plusieurs ganglions des nerfs cérébraux, comme le ganglion pétreux du glosso-pharyngien, le renflement gangliforme du genou du facial, le ganglion sphéno-palatin à la seconde branche du trijumeau, et le ganglion otique à la troisième branche du même.

Deuxième série. — Elle comprend les ganglions périphériques, comme ceux des plexus abdominaux, et à la tête le ganglion ciliaire, le ganglion sous-maxillaire.

STRUCTURE DES GANGLIONS NERVEUX.

Les ganglions nerveux sont constitués par une substance propre, par une enveloppe et par des vaisseaux.

La substance propre résulte du mélange intime de deux parties : 1° de filets nerveux ; 2° d'une substance spéciale.

Quelle est la disposition de ces *fibrilles nerveuses* ?

D'après Scarpa, les filets nerveux qui aboutissent aux ganglions se divisent dans leur épaisseur en un grand nombre de filaments de plus en plus petits pour constituer un épanouissement sous forme de touffes ou de plexus. Ces dernières divisions se réunissent ensuite, deviennent des filaments de plus en plus gros et constituent les filets nerveux qui émanent de ces ganglions. C'est dans les mailles des filaments nerveux que se trouve la substance spéciale.

Cette disposition permet de supposer que les filets nerveux convergents donnent exactement la somme des filets divergents. On peut d'autant mieux admettre cette manière de voir qu'elle s'appuie sur les observations de micrographes modernes, tels que Henle et Valentin (*Encyclopédie anatomique*, Paris, 1843).

Les *corpuscules ganglionnaires* qui constituent la substance spéciale sont des éléments microscopiques interposés par groupes aux fibres nerveuses des ganglions. Une tranche de ganglions examinée au microscope montre que ces corpuscules, dont le diamètre serait, selon Henle, de 0,040 à 0,050 de millimètre, sont arrondis, ovales ou polygonaux. Ces corpuscules semblent être formés par d'autres de plus en plus petits, renfermés les uns dans les autres, et dont chacun serait une cellule, un noyau et une ou plusieurs nucléoles.

D'après Ehrenberg, les globules des ganglions nerveux seraient analogues à ceux de la substance grise du cerveau.

M. Mandl distingue seulement les corpuscules ganglionnaires de ceux de la substance grise par une couche solidifiée de substance grise amorphe qui les enveloppe.

Valentin admet une ressemblance entre les corpuscules des ganglions et ceux de la substance grise cérébrale, quant au type de la cellule enveloppante, de la cellule incluse et des nucléoles; mais il trouve des différences pour le contenu du noyau et de la nucléole.

MM. Robin et Gosselin ont examiné au microscope le ganglion cervical supérieur et la substance grise d'un lapin récemment tué. Ils ont trouvé une ressemblance entre les corpuscules, dans la matière amorphe qui les entoure, et dans la forme de leurs diverses parties constituantes; mais ils ont constaté une différence dans le volume des corpuscules cérébraux, qui sont beaucoup plus petits, et dans le contenu, qui a une apparence moins grenue.

L'enveloppe qui revêt les ganglions est de nature celluleuse, et se continue avec le névrilème des nerfs ganglionnaires. Des prolongements minces partent de sa face interne, et divisent la substance propre en plusieurs lobules.

Les artères et les veines très nombreuses qui pénètrent ces ganglions viennent des vaisseaux voisins.

PRÉPARATION DES NERFS.

Pour faciliter l'étude des nerfs, on fait choix d'un sujet très maigre, infiltré, jeune ou vieux; on laisse pendant vingt-quatre heures les pièces fraîches dans l'eau pure renouvelée deux ou trois fois, pour les dégorger du sang qu'elles contiennent. On les soumet ensuite à une macération d'un mois dans un bain acidulé d'acides azotique et chlorhydrique étendus d'eau (60 grammes d'acide azotique et autant d'acide chlorhydrique pour 10 litres d'eau environ). Dans les chaleurs, il est bon de renouveler le liquide au moins une fois. Cette macération facilite surtout l'étude si compliquee des nerfs crâniens, parce qu'elle procure le ramollissement des os en les rendant sécables comme les parties molles.

DES NERFS CRANIENS.

On comprend sous la dénomination de nerfs encéphaliques ou crâniens les cordons nerveux qui émergent de l'encéphale et sortent par les trous de la base du crâne. (Il est bon de se rappeler que le bulbe crânien est une des parties constituantes de l'encéphale.) Chacun de ces nerfs étant double, on les compte par paires, d'avant en arrière, dont le nombre est déterminé d'après la classification admise par les anatomistes.

Willis divise les nerfs crâniens en neuf paires, distinguées suivant l'ordre de leur origine, par les noms numériques de première paire (*nerfs olfactifs*); deuxième paire (*nerfs optiques*); troisième paire (*nerfs moteurs oculaires communs*); quatrième paire (*nerfs pathétiques*, *nerfs trochléateurs*); cinquième paire (*nerfs trijumeaux*, *nerfs trifaciaux*); sixième paire (*nerfs moteurs oculaires externes*); septième paire, divisée en *portion dure* (*nerfs faciaux*), *portion molle* (*nerfs auditifs* ou *acoustiques*); huitième paire, divisée en *glosso-pharyngiens*, *pneumo-gastriques* (*nerfs vagues*), *accessoires de Willis* (*spinaux*); neuvième paire (*grands hypoglosses*).

Bichat a divisé les nerfs crâniens : 1° en nerfs du cerveau (*olfactifs et optiques*); 2° en nerfs de la protubérance (*moteurs oculaires communs*, *pathétiques*, *trijumeaux*, *moteurs oculaires externes*, *faciaux* et *auditifs*); 3° en nerfs de la moelle allongée (*glosso-pharyngiens*, *pneumo-gastriques*, *spinaux* et *hypoglosses*). Cette division n'a pas été adoptée.

La classification physiologique des nerfs, fondée sur la différence des foyers d'émergence, et proposée par Ch. Bell, renferme plusieurs catégories.

A l'une répondent les nerfs des sensations spéciales (*olfactif*, *optique* et *auditif*). L'autre comprend seulement un nerf de sensibilité générale (*portion ganglionnaire du trijumeau*), qui, d'après cet anatomiste, distribue la sensibilité à la tête, à la face, et à toutes les parties qu'elles contiennent. A la troisième catégorie appartiennent les nerfs du mouvement volontaire (*moteur oculaire commun*, *moteur oculaire externe* et *hypoglosse*).

Enfin, la quatrième catégorie réunit les nerfs du mouvement respiratoire (*pathétique*, *facial*, *glosso-pharyngien*, *pneumo-gastrique* et *spinal*), dont l'origine serait sur les côtés de la portion médullaire prolongée dans le crâne, et que Ch. Bell appelle colonne respiratoire, parce que, selon lui, elle serait en communication avec tous les nerfs qui président aux phénomènes de la respiration.

J. Müller fait trois classes des nerfs encéphaliques ou crâniens : 1° Les nerfs purement sensitifs ou des sensations supérieures : tels sont l'*olfactif*, l'*optique* et l'*acoustique*. 2° Les nerfs mixtes, à racine double. Ce sont : le *trijumeau*, le *glosso-pharyngien*, le *pneumo-gastrique*, l'*accessoire de Willis*, et, chez plusieurs mammifères, le *grand hypoglosse*. 3° Les nerfs principalement moteurs, à racine simple. Ce sont : le *nerf moteur oculaire commun*, le *pathétique*, l'*abducteur* et le *facial*.

M. Longet divise les nerfs crâniens en trois classes. La première classe renferme les nerfs de sensations spéciales (l'*olfactif*, l'*optique* et l'*auditif*).

La deuxième classe contient les nerfs de sensibilité générale (*portion ganglionnaire du trijumeau*), le *glosso-pharyngien*, et le *pneumo-gastrique*.

Dans la troisième classe il range les nerfs qui président à la fois aux mouvements volontaires et respiratoires : le *moteur oculaire commun*, le *pathétique*, le *masticateur* (*portion ganglionnaire du trijumeau*), le *moteur oculaire externe*, le *facial*, le *spinal*, et le *grand hypoglosse*.

Sœmmerring a divisé les nerfs crâniens en douze paires. Il a fait de la septième paire de Willis la septième paire (*nerf facial*) et la huitième paire (*nerf auditif*). La huitième paire est devenue à la fois la neuvième paire (*glosso-pharyngien*), la dixième paire (*pneumo-gastrique*), et la onzième paire (*accessoire de Willis* ou *spinal*). La douzième paire est constituée par le *grand hypoglosse*. Cette dernière classification est presque généralement admise.

PLANCHE 25.

Elle sert à faire voir à la base du crâne l'origine des nerfs crâniens qui traversent la dure-mère, et le trajet et la terminaison des deux premières paires crâniennes. Il est indispensable d'avoir sous les yeux la figure 2 de la planche 22, qui montre l'origine des nerfs à la base de l'encéphale.

FIGURE 1.

Préparation. — Cassez le crâne préalablement dénudé de ses parties molles; coupez les nerfs au milieu de leur longueur, sur la portion comprise entre l'encéphale et la base du crâne; isolez l'encéphale avec précaution et placez-le sur la convexité afin d'étudier en même temps l'origine de ces nerfs sur l'encéphale et sur la base du crâne.

Pour découvrir le nerf optique et le globe oculaire, enlevez la voûte de l'orbite par une section horizontale, triangulaire, dont le sommet répond au trou optique et la base à l'arcade orbitaire. Cela fait, détachez le périoste, le nerf frontal, les muscles droits supérieurs de l'œil, l'élévateur de la paupière supérieure et l'amas de graisse qui s'y trouve.

Explication de la figure 1.

1, 1. Première paire (*nerfs olfactifs, nerfs ethmoïdaux*).

La première paire est formée par deux rubans blancs et gris qui émergent de la partie postérieure du *lobule antérieur (frontal)* du cerveau, traversent d'arrière en avant l'anfractuosité des nerfs olfactifs et constituent dans la gouttière ethmoïdale une espèce de ganglion ou de bulbe, d'où partent des filets qui s'épanouissent dans la muqueuse de la partie supérieure des fosses nasales.

Considérés dans leur extrémité centrale et leur trajet crânien, les nerfs olfactifs sont des nerfs à part, dont le véritable caractère n'est pas encore connu. Aux yeux des anciens, ce n'étaient point des nerfs, mais de simples prolongements du cerveau qu'ils appelaient *caronculæ processus mamillares olfactorii*, destinés à servir de couloir aux mucosités de cet organe.

Quelques anatomistes ont fait des nerfs olfactifs la première paire des nerfs crâniens. Aujourd'hui, ils sont regardés comme une dépendance de l'encéphale, comme le vestige des lobes olfactifs des animaux ; et la dénomination de nerfs olfactifs est réservée seulement aux filets nerveux qui, émergés du bulbe ethmoïdal, s'épanouissent dans la membrane pituitaire.

L'origine apparente des nerfs olfactifs est dans le cerveau. Ce caractère les sépare des autres nerfs : ce sont les seuls nerfs cérébraux proprement dits.

Ils naissent par trois racines, une grise et deux blanches. La racine grise est un mamelon ou renflement pyramidal situé sur la circonvolution la plus postérieure du lobule antérieur, au-devant de la substance perforée de Vicq d'Azyr. Ce renflement ou bulbe grisâtre, très visible quand on renverse le nerf d'avant en arrière, se prolonge comme une traînée linéaire de substance grise, sur le bord supérieur du nerf.

Les deux racines blanches ont plutôt l'apparence de stries, et sont distinguées en externe et en interne.

La racine externe, grêle, longue, curviligne, située dans la scissure de Sylvius, au-devant de l'espace perforé de Vicq d'Azyr, émerge du lobule moyen du cerveau. La racine interne, courte et plus épaisse, naît du lobule antérieur, sur l'extrémité postérieure de la circonvolution la plus interne, et marche en avant et en dehors pour se réunir à la racine longue. On trouve quelquefois deux ou trois stries blanches dont le nombre et la direction sont variables, qui traversent la substance perforée et s'interposent à ces racines.

Origine réelle. D'après les uns, les nerfs olfactifs proviennent de la moelle allongée; d'autres les font venir du corps calleux, des corps restiformes et de la corne d'Ammon. Enfin, les modernes les font venir, avec M. Cruveilhier, de la commissure antérieure, où les racines internes se réunissent à la manière des nerfs optiques.

Le nerf olfactif, né par les racines blanches et le renflement gris (renflement ou bulbe d'origine), se rétrécit immédiatement, se loge dans l'anfractuosité antéro-postérieure du lobule frontal, et répond à la lame criblée de l'ethmoïde, à la partie antérieure de laquelle il offre un renflement ou bulbe de terminaison, appelé bulbe ethmoïdal, analogue au renflement ou bulbe d'origine.

Inférieurement, le nerf olfactif est aplati; si on le renverse, ou si on le coupe en travers, on reconnaît qu'il est prismatique et triangulaire. Ses deux faces latérales concaves répondent aux circonvolutions qui limitent l'anfractuosité antéro-postérieure. Son bord supérieur n'est qu'une traînée linéaire de substance grise qui unit le renflement d'origine au renflement de terminaison, et est recouvert par la pie-mère qui tapisse l'anfractuosité correspondante. L'arachnoïde passe sous sa face inférieure et la maintient appliquée contre le lobule antérieur.

Bulbe ou renflement ethmoïdal. — Les nerfs olfactifs, après avoir convergé l'un vers l'autre, forment une espèce de bulbe olivaire cendré (*tuberculus cinereus* de Sœmmerring), occupant la gouttière ethmoïdale. Ce renflement, d'une consistance très molle, résulte de l'agglomération des filaments blanchâtres qui constituent le nerf olfactif et entre lesquels s'interpose de la substance grise ou cendrée, analogue à la substance des ganglions ; il est l'origine des nerfs olfactifs proprement dits, qui traversent les trous de la lame criblée de l'ethmoïde.

2, 2. Deuxième paire (*nerfs optiques*).

Elle naît de chaque côté, par deux racines, des corps genouillés internes et externes, communiquant eux-mêmes par deux petits faisceaux blanchâtres plus ou moins apparents aux tubercules quadrijumeaux. Ces racines constituent par leur réunion une espèce de bandelette mince et large qui contourne le pédoncule cérébral et longe la portion antéro-postérieure de la grande fente cérébrale de Bichat. Au-devant du pédoncule, le nerf s'arrondit, se dirige en avant et en dedans pour s'unir et former avec celui du côté opposé le chiasma ou commissure.

Du chiasma émergent les nerfs optiques. Ceux-ci se portent en avant et de dedans en dehors, vers les trous optiques, qu'ils traversent conjointement avec les artères ophthalmiques.

Le chiasma est en rapport, en arrière, avec le *tuber cinereum*, en avant et en haut, avec une lame mince, demi-transparente, la lame sus-optique surtout visible lorsqu'on renverse le chiasma d'avant en arrière.

La disposition anatomique des nerfs optiques n'est pas la même pour tous les auteurs : les uns veulent qu'il y ait un *véritable croisement* de ces nerfs sur la ligne médiane ; les autres regardent le chiasma comme le résultat d'un *accolement* ou tout au plus d'un mélange des fibres de chaque nerf optique, sans *entre-croisement ;* les modernes admettent un *entre-croisement partiel* qui aurait lieu de la manière suivante : les fibres les plus externes se dirigeraient de la bandelette vers le nerf optique du même côté ; les fibres les plus internes se dirigeraient de la bandelette d'un côté vers celle du côté opposé, en formant des anses ; les fibres moyennes d'un côté iraient s'entre-croiser avec celles du côté opposé (*voy.* fig. 5).

3, 3. Troisième paire (*nerfs moteurs oculaires communs*).

La dénomination de nerf moteur oculaire commun lui vient de ce qu'il se distribue à la plupart des muscles de l'œil. Il naît dans l'espace interpédonculaire, de la partie interne du pédoncule cérébral, par plusieurs filaments très déliés que l'on peut poursuivre dans l'épaisseur du pédoncule, les uns jusqu'au prolongement du faisceau antéro-latéral de la moelle (*faisceau moteur*), les autres jusqu'au *locus niger* de Sœmmerring. Au point d'immergence, ce nerf est large, aplati, formé de plusieurs filets ténus et distincts, et entouré par les artères cérébrale postérieure et cérébelleuse supérieure. Au delà de ces artères, il est arrondi, dirigé en haut, en avant et en dehors, passe au-dessous de l'apophyse clinoïde postérieure, traverse la dure-mère, se rend dans le sinus caverneux et de là dans l'orbite.

4, 4. Quatrième paire (*nerfs pathétiques*).

Le *nerf pathétique* (*nerf trochléateur*) est le plus grêle des nerfs crâniens. Il est réservé exclusivement au muscle grand oblique de l'œil, et a été ainsi appelé parce qu'il est destiné à exprimer l'amour et la pitié. L'origine apparente de ce nerf a lieu immédiatement derrière les tubercules quadrijumeaux, sur la valvule de Vieussens, par une ou plusieurs racines molles et fragiles.

On se rappelle que la valvule de Vieussens n'est elle-même qu'un prolongement du faisceau antéro-latéral de la moelle (*faisceau moteur*).

Au delà de son origine, le nerf pathétique marche transversalement en dehors, contourne le pédoncule cérébral avec l'artère cérébelleuse supérieure, se dirige en avant vers l'apophyse clinoïde postérieure, et pénètre dans le pertuis de la dure-mère, situé au point d'entre-croisement des extrémités de la grande et de la petite circonférence de la tente du cervelet.

5, 5. Cinquième paire (*nerfs trijumeaux*).

Le *nerf trijumeau* (*trifacial, nerf sympathique moyen*) naît sur la limite du pédoncule cérébelleux moyen et de la protubérance, entre les faisceaux supérieur et moyen des fibres transverses de cette dernière, par un gros cordon nerveux formé lui-même de deux racines bien distinctes, dont l'une est beaucoup plus grosse que l'autre.

La première, nommée grosse racine, *racine ganglionnaire* ou *sensitive*, traverse la substance grise et les fibres transverses de la protubérance, et pénètre dans l'épaisseur du bulbe crânien, où son origine a lieu (*voy.* fig. 5, pl. 17) par trois ordres de racines. Les unes antérieures, vont d'arrière en avant, entre la face inférieure de la protubérance et la portion cérébelleuse du corps restiforme pour s'anastomoser avec le nerf auditif. Les autres, postérieures, passent sous la substance grise de la paroi antérieure du quatrième ventricule, pour se continuer avec le faisceau intermédiaire du bulbe (*faisceau antéro latéral*). Enfin, les dernières se continuent avec le corps restiforme dans l'épaisseur duquel on peut les suivre jusqu'au bec du *calamus scriptorius*.

La seconde, petite racine, *non ganglionnaire*, est constituée par plusieurs faisceaux grêles qui émergent de la protubérance en haut et en arrière de la grosse racine, et paraît se continuer, d'après M. Longet, avec la portion du cordon *antéro-latéral* de la moelle qui traverse la protubérance annulaire.

Le nerf trijumeau se dirige en haut, en dehors et en avant, s'engage dans une dépression du bord supérieur du rocher, laquelle est convertie en un canal par un repli de la dure-mère. Là, ce nerf descend en avant et en dehors, où les filets de la grosse racine s'écartent et s'entrelacent pour se rendre à la concavité d'un renflement gris, jaunâtre, semi-lunaire, nommé *ganglion semi-lunaire* ou de *Gasser*.

La petite racine est au contraire étrangère à la formation de ce ganglion. Cette disposition permet de voir une analogie entre le nerf de la cinquième paire et les nerfs spinaux, qui ont les uns des racines ganglionnaires (*racines sensitives*), les autres des racines non ganglionnaires (*racines motrices*).

6, 6. Sixième paire (*nerfs moteurs oculaires externes*).

Le nerf moteur oculaire externe a son origine dans le sillon intermédiaire à la protubérance et au bulbe crânien, par plusieurs racines qui forment, au niveau des pyramides antérieures, deux faisceaux distincts. Le faisceau interne naît du bord inférieur de la protubérance; le faisceau externe, plus gros, naît de la partie supérieure et externe de la pyramide antérieure. Ces deux faisceaux se réunissent en un seul cordon, tantôt immédiatement après leur origine, tantôt dans le sinus caverneux seulement. Ce nerf marche en avant et en divergeant, entre la protubérance annulaire et la gouttière basilaire; arrivé au niveau du tiers supérieur de cette gouttière, il traverse la dure-mère et va se loger dans le sinus caverneux, accolé à l'artère carotide interne.

Son origine réelle n'est pas encore bien déterminée.

7, 7. Septième paire (*nerfs faciaux, portions dures de la septième paire de Willis*).

L'origine apparente du nerf facial est dans la fossette (*fossette de l'éminence olivaire*, *fossette latérale du bulbe*) qui termine l'extrémité supérieure du sillon de l'olive et du corps restiforme, au-dessous de la protubérance, entre les nerfs moteur oculaire externe et auditif. Au point d'émergence, ce nerf a l'apparence d'un cordon fasciculé un peu aplati, qui s'arrondit bientôt, contourne le bord inférieur et convexe de la protubérance sur les limites du pédoncule cérébelleux moyen, se dirige en avant, en dehors et en haut, et s'engage avec le nerf auditif dans le conduit auditif interne.

Son origine réelle a lieu sur les prolongements du faisceau intermédiaire du bulbe (*faisceau antéro-latéral*). D'après M. Cruveilhier, ce nerf commence dans l'épaisseur de la protubérance par deux faisceaux de racines. Le faisceau interne émerge de la protubérance sur les côtes de la ligne médiane; l'autre a son origine en dehors du côté du cervelet.

8, 8. Huitième paire (*nerfs auditifs, portions molles de la septième paire*).

Le *nerf auditif* est le plus mou de tous les nerfs et a presque deux fois le volume du nerf facial. Il offre deux racines bien distinctes : l'une, antérieure, commence dans la *fossette latérale du bulbe crânien* (*fossette de l'éminence olivaire*), en dehors du nerf facial, au-dessus du glosso-pharyngien, au-dessous du pédoncule cérébelleux; l'autre, postérieure, contourne horizontalement la partie postérieure du corps restiforme, arrive sur la paroi antérieure du quatrième ventricule, où elle s'épanouit en filaments blancs qui contrastent avec la substance grise de cette paroi, et forment plusieurs des barbes du *calamus scriptorius*.

Nous avons vu plus haut qu'il y aurait une troisième racine qui tire son origine de la grosse racine de la cinquième paire.

Ce nerf monte en dehors, au-devant du lobule du cervelet appelé lobule du nerf vague, pour pénétrer conjointement avec le nerf facial dans le conduit auditif interne.

9, 9. Neuvième paire (*nerfs glosso-pharyngiens, premières portions de la huitième paire*).

Le nerf glosso-pharyngien naît par plusieurs filets qui émergent des corps restiformes, au-dessus du pneumogastrique, au-dessous du nerf auditif. Chacun de ces filets est le produit de la réunion de deux ou trois filaments convergents. Les filets du glosso-pharyngien sont les plus élevés et ne peuvent être distingués à leur origine de ceux du pneumo-gastrique. D'une ténuité extrême, ils sont tous renfermés dans leur névrilème au moment où ils surgissent de la moelle et se réunissent en un ou deux cordons pour traverser la partie la plus antérieure du trou déchiré postérieur.

10, 10. Dixième paire (*nerfs pneumo-gastriques* ou *nerfs vagues, deuxièmes portions de la huitième paire*).

Le nerf pneumo-gastrique a son origine dans le bulbe crânien, sur le corps restiforme, au-dessous du glosso-pharyngien et au-dessus du nerf spinal, sur la ligne des racines postérieures des nerfs spinaux, par sept ou huit filets qui se réunissent en un seul cordon, lequel, parallèle au glosso-pharyngien et au spinal, s'engage dans le trou déchiré postérieur.

11, 11. Onzième paire (*nerfs spinaux, accessoires de Willis, troisièmes portions de la huitième paire*).

Le nerf spinal naît par deux groupes de racines; 1° des parties latérales de la région cervicale de la moelle, intermédiaires aux racines antérieures et aux racines postérieures des nerfs cervicaux, derrière le ligament dentelé; 2° du bulbe crânien.

Le premier groupe de ces racines (*racines cervicales* ou *inter-cervicales*), prend son origine immédiatement au-devant des racines postérieures des nerfs du cou, depuis la première jusqu'à la cinquième paire cervicale. Je l'ai vu descendre, chez le chat, jusqu'à la première paire lombaire.

Le deuxième groupe de ces racines (*racines bulbaires du nerf spinal, filets restiformes*, à cause du lieu précis de leur origine), monte dans toute la hauteur de l'intervalle qui se trouve entre les racines du pneumo-gastrique et les racines postérieures de la première paire, et établit la continuité entre ces deux ordres de racines. Ses filets bulbaires inférieurs sont ascendants, les supérieurs sont horizontaux et ont des connexions intimes avec le pneumo-gastrique. Ces derniers forment un petit groupe distinct du spinal et du pneumo-gastrique, qui devient horizontal en dehors, reçoit, au moment où il s'engage dans le trou déchiré postérieur, un filet du pneumo-gastrique, et se confond avec le spinal ou reste isolé de ce dernier.

Trajet vertébro-crânien. Très ténu en bas et constitué par un seul filet, rarement par deux, le nerf spinal monte verticalement sur les côtés de la région cervicale de la moelle, qu'il longe jusqu'au niveau de la première paire cervicale. Là, il s'éloigne de la moelle se porte en dehors et un peu en arrière, augmente de volume par l'accolement successif de nouveaux filets, croise perpendiculairement la partie latérale du trou occipital, sur laquelle il se réfléchit par une courbure à concavité inférieure, traverse le trou déchiré postérieur, et sort du crâne avec le nerf pneumo-gastrique, en dedans et en arrière duquel il est placé.

Ce nerf constitue, avec la moelle et le nerf pneumo-gastrique, un triangle rectangle dont le côté interne est la moelle, le côté externe le spinal, et la base le pneumo-gastrique. Il forme, tant dans sa portion intra-crânienne que dans sa portion extra-crânienne, une courbe parabolique, à sommet contigu au trou déchiré postérieur.

12, 12. Douzième paire (*grands hypoglosses*).

Le grand hypoglosse a son origine dans le sillon intermédiaire aux olives et aux pyramides, par une série linéaire de filets réunis en deux groupes bien distincts, qui passent dans le trou ou canal condylien antérieur, où ils sont séparés l'un de l'autre par une bride de la dure-mère, et forment un seul cordon arrondi au moment de sortir du canal.

FIGURES 2 ET 3.

Ces figures ont pour objet l'étude de la première paire des nerfs crâniens (nerfs olfactifs), depuis le bulbe ethmoïdal, jusqu'à leur terminaison.

Préparation. — Divisez par une section verticale, antéro-postérieure, la moitié antérieure de la base du crâne, en passant en dehors de l'apophyse *crista-galli* et de la cloison des fosses nasales. Vous obtenez, d'une part, la paroi interne des fosses nasales (cloison), de l'autre, la paroi externe.

Plongez les pièces dans un bain d'acide azotique étendu d'eau, afin de solidifier le nerf. Décollez et renversez la membrane pituitaire, vous verrez les nerfs sur le lambeau renversé; ou bien enlevez la moitié de l'épaisseur de la membrane pituitaire, et les divisions du nerf resteront en place entre cette membrane et le périoste.

Explication des figures 2 et 3.

1, 1. *Nerf olfactif.* Ce nerf, dont la description exacte est due à Scarpa, prend son origine à la face inférieure du bulbe ethmoïdal, traverse immédiatement les canaux de la lame criblée de l'ethmoïde, et se divise comme eux au sommet des fosses nasales, en trois ordres de filets entourés par une gaîne de la dure-mère.

Parmi ces filets, les uns, moyens, disparaissent presque aussitôt sur la muqueuse qui tapisse la portion horizontale de la voûte des fosses nasales; les autres se dirigent en bas, en divergeant, sur la face externe et la face interne des fosses nasales.

Les rameaux externes s'anastomosent entre eux sous forme de plexus et s'étendent jusqu'au cornet moyen; les rameaux internes, plus grêles, forment un plexus à mailles moins serrées que celles du plexus externe et descendent jusqu'à la partie moyenne de la cloison. Toutes ces divisions se perdent dans la membrane pituitaire, par un réseau de filaments déliés et très rapprochés.

Usages. Le nerf olfactif est destiné à transmettre à l'encéphale l'impression des odeurs sur la membrane pituitaire; il appartient donc aux nerfs de sensibilité spéciale.

FIGURES 4 ET 5.

Elles montrent le chiasma des nerfs optiques (*voy.* la figure 1 pour le trajet et la terminaison de ces nerfs).

Nerf optique. Il se dirige obliquement de dedans en dehors et d'arrière en avant, du chiasma vers le trou optique, traverse ce dernier conjointement avec l'artère ophthalmique qui lui est subjacente, et décrit dans l'orbite une courbure à concavité interne, pour se porter presque directement à la partie postérieure interne et inférieure du globe de l'œil. Au moment où il atteint la sclérotique, il présente un rétrécissement ou mieux une sorte de collet, se divise en un grand nombre de filaments qui s'expriment au travers d'une lame criblée de la sclérotique, traversent la choroïde et forment la rétine par leur épanouissement.

Depuis le chiasma jusqu'au trou optique, le nerf est entouré d'une double gaîne de la pie-mère et de l'arachnoïde Cette dernière membrane l'abandonne à l'entrée du trou optique et est remplacée par une enveloppe plus forte de la dure-mère; celle-ci l'accompagne jusqu'au globe de l'œil, où elle se continue avec la sclérotique et donne attache par sa face postérieure aux quatre muscles droits de l'œil.

Dans l'orbite, le nerf, séparé des muscles droits et obliques par une grande quantité de tissu adipeux, est en rapport, en dehors et en arrière, avec le ganglion ophthalmique, est entouré par les vaisseaux et nerfs ciliaires, et les autres vaisseaux et nerfs de l'orbite.

Usages. Le nerf optique transmet à l'encéphale l'impression des rayons lumineux sur la rétine. Il est, comme le nerf olfactif, un des nerfs de sensibilité spéciale.

PLANCHE 26.

NERFS DE L'ORBITE ET GANGLION OPHTHALMIQUE.

On appelle nerfs de l'orbite ceux qui se distribuent dans les parties accessoires de l'organe de la vision nommées par Haller *tutamina oculi*. Ces nerfs, au nombre de quatre, sont : 1° le moteur oculaire commun (3ᵉ paire) ; 2° le pathétique (4ᵉ paire) ; 3° le moteur oculaire externe (6ᵉ paire) ; 4° l'ophthalmique de Willis (portion de la 5ᵉ paire). Les trois premiers sont destinés aux muscles droits et obliques de l'œil et à l'élévateur de la paupière supérieure ; le quatrième se rend à la glande lacrymale, aux paupières, à la peau, au périoste et à l'os du front, enfin à la membrane pituitaire de la partie antérieure des fosses nasales et au lobe du nez.

Tous les quatre s'engagent dans le sinus caverneux : trois d'entre eux, le moteur oculaire commun, le pathétique et l'ophthalmique, se logent dans l'épaisseur de sa paroi externe ; le moteur oculaire externe est placé dans le sinus même, accolé à l'artère carotide interne. De là ils se rendent dans l'orbite par la partie la plus large de la fente orbitaire supérieure (fente sphénoïdale), les uns immédiatement au-dessous du périoste orbitaire, les autres après avoir traversé l'anneau des muscles droits de l'œil situé au sommet de la pyramide quadrangulaire formée par ces muscles, à la face profonde desquels ils se perdent.

On trouve encore dans l'orbite, au niveau de la partie postérieure et externe du nerf optique, un petit renflement blanc rougeâtre, nommé ganglion ophthalmique auquel aboutissent trois racines : l'une vient du rameau nasal de la branche ophthalmique de Willis, l'autre du nerf du petit oblique, la troisième du grand sympathique ; il donne naissance aux nerfs ciliaires.

TROISIÈME PAIRE. — (*Nerf moteur oculaire commun, oculo-musculaire commun.*)

Le nerf moteur oculaire commun prend naissance, comme nous l'avons vu précédemment, dans l'espace inter-pédonculaire, sur la face latérale interne du pédoncule cérébral, se dirige de là en avant et en dehors, traverse la dure-mère (2 et 15, fig. 1), se place dans l'épaisseur de la paroi externe du sinus caverneux et va se rendre à cinq des muscles de l'orbite.

Dans le sinus caverneux, le nerf situé en dehors de l'artère carotide interne et du nerf moteur oculaire externe, en dedans des nerfs pathétique et ophthalmique de Willis, s'anastomose avec ce dernier et le plexus caverneux, après avoir formé un renflement ganglionnaire, fusiforme, crevassé, composé de fibres blanches à l'extérieur, de grises à l'intérieur ; se divise en deux branches collatérales, l'une supérieure, l'autre inférieure au nerf optique, et franchit l'anneau des muscles droits de l'œil (2, fig. 2, et 2, fig. 4).

1° La branche supérieure (2, fig. 3, et 3, fig. 4) s'incline un peu en dedans et se subdivise en deux rameaux, dont l'un s'épanouit à la face inférieure du droit supérieur de l'œil, tandis que l'autre, plus grêle, suit le bord interne de ce dernier muscle et va se ramifier à la face inférieure de l'élévateur de la paupière supérieure.

2° La branche inférieure (fig. 3), plus volumineuse que la précédente, donne trois rameaux : un *interne*, destiné à la face externe du droit interne de l'œil ; un *moyen*, pour la face supérieure du droit inférieur ; un troisième, *externe*, arrondi, plus long que les deux autres, atteint perpendiculairement le bord postérieur du muscle petit oblique (4, fig. 4). Ce dernier rameau envoie un filet gros et court (*racine motrice*) au *ganglion ophthalmique*.

Usages. — Le nerf moteur oculaire commun donne le mouvement à l'élévateur de la paupière supérieure et à quatre muscles de l'œil : le droit supérieur, le droit interne, le droit inférieur et le petit oblique ; il préside en outre à la contraction de l'iris. Lorsqu'il est coupé ou paralysé, la paupière supérieure est abaissée, l'œil est tiré en dehors par le muscle droit externe, en dedans, en avant et en haut, par le muscle grand oblique ; la pupille est dilatée et immobile.

QUATRIÈME PAIRE. — (*Nerf pathétique ou trochléateur.*)

Ce nerf, le plus grêle de tous les nerfs crâniens, naît sur le côté de la valvule de Wieussens (émanation du faisceau antéro-latéral) par deux ou trois filets minces, faciles à déchirer, se dirige d'abord transversalement en dehors, décrit un long circuit autour de la protubérance, parallèlement au nerf optique en dedans duquel il est placé, et pénètre dans le sinus caverneux par un pertuis de la dure-mère, situé au point d'entre-croisement de la grande et de la petite circonférence du cervelet.

A partir de ce point, le nerf logé dans la paroi externe du sinus caverneux, en dehors et au-dessus du moteur oculaire commun, croise (3, fig. 1) l'ophthalmique de Willis, s'anastomose avec lui, franchit la partie la plus large de la fente orbitaire, au-dessus des extrémités postérieures des muscles élévateurs de la paupière supérieure et droit supérieur de l'œil, et se dirige obliquement en avant, en dedans, vers le muscle grand oblique, pour s'épanouir à son bord supérieur.

On décrit généralement le nerf de la tente du cervelet, comme une émanation de l'ophthalmique de Willis. J'ai, en effet, dans mes dissections, constaté cette origine; mais j'ai, en outre, trouvé un autre filet venant du nerf pathétique; ce filet marche tantôt isolément dans la tente du cervelet, tantôt s'anastomose avec le filet précédent, qui semble alors naître par deux racines l'une de l'ophthalmique, l'autre du pathétique (17, fig. 1).

Usages. — Le nerf pathétique est essentiellement destiné au muscle grand oblique auquel il donne le mouvement. Ch. Bell en a fait le nerf respiratoire de l'œil et en même temps le nerf de l'expression; d'après d'autres physiologistes il servirait à exprimer l'amour et la pitié; il aurait aussi quelque influence sur la direction de l'œil des mourants, parce que ses fonctions survivent à celles de tous les autres nerfs de l'orbite.

SIXIÈME PAIRE. — (*Nerf moteur oculaire externe, ou oculo-musculaire commun et abducteur de l'œil.*)

Le nerf moteur oculaire externe, le plus grêle des nerfs crâniens après le pathétique, prend son origine dans le sillon de séparation du bulbe et de la protubérance, par deux faisceaux: l'un externe, qui vient de la pyramide antérieure; l'autre interne, qui naît du bord antérieur de la protubérance.

Le nerf formé par la réunion de ces deux faisceaux se dirige en avant, en dehors et en haut, vers la gouttière basilaire, au niveau du tiers supérieur de laquelle il pénètre sous la dure-mère (18, fig. 1), et gagne la partie inférieure du bord latéral de la lame carrée. Il se place alors dans la paroi interne du sinus caverneux, s'accole à l'artère carotide interne (fig. 1), traverse la partie la plus large de la fente orbitaire, franchit l'anneau des muscles droits (4, fig. 2) en dehors du nerf moteur oculaire commun, du rameau nasal et de la racine longue et grêle du ganglion ophthalmique, et se perd entièrement à la face profonde du muscle droit externe de l'œil (6, fig. 3).

Ce nerf, en passant par l'orifice supérieur du canal carotidien (7, fig. 3), donne deux ou trois filets qui descendent accolés à l'artère carotide et concourent, avec le filet carotidien du nerf vidien et un des nerfs de Jacobson, à la formation du ganglion cervical supérieur; il participe encore à la formation du plexus caverneux qui résulte de l'enlacement de filets provenant du ganglion cervical supérieur, du ganglion de Gasser, de l'ophthalmique de Willis et des nerfs moteur oculaire commun et pathétique.

Usages. — Le moteur oculaire externe donne le mouvement au muscle droit externe.

CINQUIÈME PAIRE. — (*Nerf trijumeau, sympathique moyen, trifacial.*)

Nous savons que le nerf trijumeau émerge du bord externe de la protubérance, par deux racines, l'une grosse (racine sensitive), l'autre courte (racine motrice). Nous n'avons pu suivre cette dernière au delà de son point d'émergence, mais la première nous a conduits à travers la protubérance, jusque dans l'épaisseur du bulbe, où elle est trifurquée, comme nous l'avons dit plus haut.

La grosse racine présente, au sortir de la protubérance, un étranglement auquel fait suite un gros faisceau fasciculé formé de 90 à 100 filets nerveux, dont la déchirure laisse à l'endroit rétréci un mamelon blanc qui semblait caché dans l'intérieur du nerf, et pris par Bichat pour sa véritable origine.

De la protubérance, les deux racines se dirigent vers un trou ovalaire formé par un repli de la dure-mère et par une dépression du bord supérieur du rocher, et s'engagent entre la face supérieure de celui-ci et la dure-mère; la grosse racine (4, fig. 1) s'élargit, pour se rendre à la concavité d'un ganglion *semi-lunaire* (*ganglion de Gasser*), après avoir donné quelques filets à la dure-mère qui tapisse le rocher; la petite racine (14, fig. 1), passe en dedans de la grosse et du ganglion, à la formation duquel elle ne concourt pas, et se jette dans le nerf maxillaire inférieur, à sa sortie du trou ovale.

Le *ganglion de Gasser* (fig. 1, 2 et 3), situé obliquement sur la face supérieure et près du sommet du rocher, est un renflement gris jaunâtre, enfermé en quelque sorte entre deux lames de la dure-mère auxquelles il envoie quelques filets. Sa face externe et supérieure forme une saillie en dehors de la grosse racine, et adhère fortement à la dure-mère; sa face interne et inférieure, aplatie, communique avec le plexus caverneux par des filets gris qui semblent se confondre avec la substance grise du ganglion. La grosse racine du trijumeau aboutit à la concavité du bord postérieur du ganglion, dont le bord inférieur, antérieur et convexe, donne naissance à trois nerfs qui sont, de haut en bas et de dedans en dehors : 1° l'ophthalmique de Willis, le plus petit; 2° le maxillaire supérieur; 3° le maxillaire inférieur, le plus gros.

1° Ophthalmique de Willis.

Ce nerf, le plus petit et le plus supérieur des branches du ganglion de Gasser (5, fig. 1), se dirige, en avant en haut et en dedans, dans l'épaisseur de la paroi externe du sinus caverneux, au-dessous du pathétique, au-dessus du nerf moteur oculaire commun, s'anastomose avec le plexus carotidien et les nerfs moteurs de l'œil, donne un rameau récurrent (17, fig. 1.) appelé par Arnold *nervus recurrens inter laminas tentorii*, destiné à la tente du cervelet, et se divise en trois rameaux qui pénètrent dans l'orbite par la fente orbitaire, et sont de dehors en dedans : les rameaux lacrymal, frontal, nasal.

Nerf lacrymal (6, fig. 1). — Celui-ci, le plus petit et le plus externe des rameaux terminaux de l'ophthalmique, très adhérent à la dure-mère dans la paroi externe du sinus caverneux, pénètre dans l'orbite par la partie la plus étroite de la fente orbitaire, immédiatement sous le périoste, longe le bord supérieur du muscle droit externe, sur la limite des parois supérieure et externe de l'orbite, et se divise en deux branches : l'une, *lacrymale*, donne à la glande du même nom et s'anastomose avec le filet lacrymal du nerf orbitaire du maxillaire supérieur ; l'autre, *palpébrale*, traverse la glande lacrymale pour se perdre à la muqueuse et à la peau de la paupière supérieure, à la peau de la région temporale antérieure.

Quant au rameau temporo-malaire, décrit par M. Cruveilhier et M. Longet comme une des branches du nerf lacrymal, je ne l'ai jamais vu venir de ce dernier, mais toujours du nerf orbitaire.

Nerf frontal (10, fig. 1). — Ce nerf, qui sous le rapport du volume semble être la continuation de l'ophthalmique, traverse la fente orbitaire supérieure entre le périoste et l'anneau des muscles droits, s'anastomose avec le pathétique situé au-dessus de lui, longe la partie moyenne de la voûte de l'orbite dont il est séparé par le périoste, poursuit son trajet sur le muscle élévateur de la paupière supérieure, et se divise, au niveau du tiers antérieur de la voûte orbitaire, en deux et quelquefois trois rameaux, savoir : le *frontal externe* ou *sus-orbitaire*, le *frontal interne*, et le *fronto-nasal* ou *supra trochlearis*, qui n'existe pas toujours.

Le *frontal externe* (11, fig. 1) sort par le trou sus-orbitaire, et se divise en rameaux *ascendants* ou *frontaux*, en rameaux *descendants* ou *palpébraux*.

Les frontaux, ordinairement au nombre de deux, se réfléchissent de bas en haut entre le muscle et le périoste; le plus externe rampe sur le périoste et traverse le muscle frontal vers sa partie supérieure pour arriver à la peau; l'autre traverse le frontal à sa partie inférieure et se perd aussi à la peau : ces deux nerfs se subdivisent et s'anastomosent entre eux. On trouve assez souvent un petit rameau qui s'engage dans le pertuis situé dans l'échancrure sous-orbitaire, et qui peut être poursuivi jusqu'au périoste, à la peau et à l'os.

Les palpébraux, dont le nombre est variable, se portent verticalement en bas dans l'épaisseur de la paupière supérieure, pour se terminer, soit à la conjonctive, soit à la peau.

Le *frontal interne* (12, fig. 1) sort de l'orbite entre le trou sus-orbitaire et la poulie cartilagineuse; il fournit des branches *ascendantes* ou *frontales*, des branches *descendantes* ou *palpébrales* et *nasales*.

Les branches frontales et palpébrales (3 et 4, fig. 7) se comportent comme celles du frontal externe; elles s'anastomosent avec ces dernières et avec le fronto-nasal, ou, lorsqu'il manque, avec le nerf nasal.

Les branches nasales se dirigent sur le dos du nez, où elles s'anastomosent avec le nasal.

Fronto-nasal (13, fig. 1). — Ce petit rameau se sépare assez souvent du nerf frontal avant sa bifurcation terminale, se place en dedans des nerfs frontal externe et frontal interne, passe entre la poulie et l'os frontal, et se termine par des branches ascendantes destinées à la peau du front, et des branches descendantes qui vont à la peau du nez. Il s'anastomose avec le frontal interne et le nasal.

Rameau nasal de l'ophthalmique (3, fig. 2, et 8, fig. 4). — Celui-ci, plus petit que le frontal, plus gros que le lacrymal, se détache de la face interne du nerf ophthalmique avant son entrée dans l'orbite, se place en dehors du moteur oculaire commun, donne immédiatement la racine longue et grêle du ganglion ophthalmique, et traverse avec elle la fente orbitaire et l'anneau des muscles droits (*d*, fig. 2; *e*, fig. 4). Il se dirige alors en avant et en dedans vers le trou orbitaire interne et antérieur, au milieu du tissu adipeux, entre le muscle droit supérieur et le nerf optique, fournit directement quelques nerfs ciliaires, passe au-dessous du grand oblique, au-dessus du droit interne, et se divise en deux filets, le *nasal externe* et le *nasal interne* ou *ethmoïdal*.

Le *nasal externe*, ou *infra trochlearis* (8, fig. 1, et fig. 2), longe la face inférieure du grand oblique, passe au-dessous de la poulie qu'il traverse même quelquefois, puis se partage en filets frontaux (5, fig. 7) et nasaux (6, fig. 7). Les premiers se perdent à la peau du front et s'anastomosent avec les autres nerfs frontaux, les seconds se distribuent à la peau du nez et s'anastomosent avec le sous-orbitaire, dans l'épaisseur de la paupière inférieure.

Le *nasal interne*, ou filet *ethmoïdal de la branche nasale de l'ophthalmique* (9, fig. 1 et 2), croise le grand oblique et le droit interne, s'engage dans le trou orbitaire interne et antérieur, remonte dans un canal situé au côté externe de la lame criblée de l'ethmoïde, passe entre l'apophyse *crista-galli* et une petite lame osseuse située en avant et en dehors de cette apophyse, pénètre dans le nez et se termine par deux ramuscules, l'un externe, l'autre interne.

L'externe se porte à la partie antérieure de la pituitaire de la paroi externe des fosses nasales, où il donne lui-même deux petites divisions (2, fig. 6). L'une d'elles traverse un pertuis situé entre le cartilage latéral et les os du nez, se place profondément au-dessous du muscle triangulaire et se rend à la peau du lobe du nez : on lui a donné le nom de *naso-lobaire* (8, fig. 7). L'autre se dirige en arrière et s'épanouit dans la muqueuse du cornet et du méat inférieur.

La ramuscule interne se distribue à la partie antérieure de la pituitaire de la cloison (3, fig. 6).

Les filets que nous venons de décrire atteignent la pituitaire par sa face adhérente; ils ne s'anastomosent jamais avec les nerfs olfactifs.

D'après ce qui précède, on voit que la branche ophthalmique de la cinquième paire est entièrement destinée aux téguments cutanés et muqueux; il n'en n'est pas de même chez les ruminants et les pachydermes, chez lesquels l'ophthalmique fournit quelques branches musculaires. Celles-ci semblent être suppléées chez l'homme par les anastomoses des nerfs moteurs avec l'ophthalmique et le grand sympathique, dans le sinus caverneux; anastomoses auxquelles on peut attribuer la sensibilité et la nutrition des muscles de l'œil.

Ganglion ophthalmique (18, fig. 2; 9, fig. 4; 1, fig. 5). — Le ganglion ophthalmique, situé en dehors du nerf optique et à quelques millimètres du trou du même nom, enveloppé de toutes parts de tissu adipeux, est un renflement blanchâtre à la circonférence, gris rougeâtre au centre, d'une forme tantôt lenticulaire, tantôt semi-lunaire; on lui décrit généralement quatre angles: deux postérieurs, l'un supérieur, l'autre inférieur; deux antérieurs, distingués également en inférieur et supérieur.

L'angle postérieur et supérieur reçoit du nerf nasal de l'ophthalmique un filet long et grêle (2, fig.5) (racine longue et grêle ou *sensitive*); on voit à l'angle postérieur et inférieur une racine courte et épaisse (racine motrice) (4, fig. 5), fournie par le nerf du muscle petit oblique, émanation du moteur oculaire commun. Entre les deux racines dont nous venons de parler, le ganglion ophthalmique reçoit encore un filet (6, fig. 5) (racine molle) du plexus carotidien, et partant du grand sympathique; ce filet arrive au ganglion, tantôt directement, tantôt par la racine longue et grêle à laquelle il s'accole.

Chacun des angles antérieurs donne naissance à un faisceau de 8 à 12 nerfs ciliaires (7, fig. 5; 9, fig. 2), qui se dirigent flexueusement au milieu de la graisse, l'un au-dessus, l'autre au-dessous du nerf optique. Ces nerfs atteignent et perforent la partie postérieure de la sclérotique, les uns autour du nerf optique, les autres plus en avant, marchent entre la sclérotique et la choroïde en adhérant à la surface intérieure de la première de ces membranes (8, fig. 3), gagnent le cercle ciliaire où chaque nerf se divise en plusieurs filets qui s'anastomosent entre eux et avec les filets voisins, et se perdent les uns dans le cercle même, les autres dans l'iris; quelques uns, d'après M. Géraldès, traverseraient la cornée pour s'épanouir dans la conjonctive.

Gganglion ciliaire. — Le cercle ciliaire a reçu des modernes le nom de *ganglion ciliaire*, à cause de sa couleur grise et du grand nombre de nerfs qui y arrivent et en émanent. Les nerfs ciliaires président à la contraction de l'iris: ils doivent cette propriété à la racine grosse et courte du ganglion ophthalmique. La racine longue et grêle leur transmet des propriétés sensitives et leur donne une certaine influence sur la conjonctive.

FIGURES 1, 2 ET 3.

PRÉPARATION. — Mettez à nu le ganglion de Gasser et les nerfs du sinus caverneux par l'ablation des gaines de la dure-mère. Détachez avec soin et rabattez le périoste et les téguments de la région frontale; cela fait, enlevez une portion triangulaire de la voûte de l'orbite, ayant pour base l'arcade sus-orbitaire et pour sommet la partie la plus large de la fente sphénoïdale, comme l'indiquent les lignes ponctuées de la fig. 1. Le trait de scie interne doit respecter la poulie cartilagineuse, le trait de scie externe doit pareillement respecter la glande et le nerf lacrymal; l'instrument portera principalement sur la partie antérieure de la voûte orbitaire; la partie postérieure, à cause de son peu d'épaisseur, sera détachée avec le ciseau et le maillet. Pour compléter la préparation et conserver le nerf frontal, vous renverserez le fragment d'un coup de maillet, ou bien vous laisserez un petit pont osseux en dedans au niveau de la base de l'orbite.

Vous trouverez alors sur le même plan, après avoir enlevé le périoste, plusieurs des muscles de l'œil que vous disséquerez avec soin; et trois nerfs, qui sont, en dedans le pathétique, au milieu le frontal, le plus volumineux; en dehors le lacrymal, le plus grêle, très adhérent en arrière à la dure-mère: aussi, pour ne pas le couper, faudra-t-il le découvrir d'avant en arrière.

Coupez sur le milieu du globe oculaire le nerf frontal et les muscles subjacents, c'est-à-dire, l'élévateur de la paupière supérieure et le droit supérieur; renversez-les en arrière, et vous aurez le plan de la figure 2.

Vous obtiendrez la figure 3 après avoir enlevé l'anneau des muscles droits, le nerf optique, jusqu'au point où il pénètre dans le globe de l'œil, et la partie supérieure de la sclérotique qui cache les nerfs ciliaires.

Vous préparerez enfin le ganglion ophthalmique, soit en ôtant avec soin, et couche par couche, le tissu adipeux qui l'environne au côté externe et postérieur du nerf optique, soit en suivant d'avant en arrière un des nerfs ciliaires, ou bien encore le nerf du petit oblique qui lui donne une racine.

Ces divers modes de préparation permettent d'étudier sur la même pièce, et par ordre de superposition, tous les nerfs de l'orbite; si l'on veut suivre l'ordre numérique, il est nécessaire d'avoir deux pièces, l'une pour la couche superficielle, l'autre pour la couche profonde.

FIGURE 1.

On voit, sur la moitié antérieure de la base du crâne, à droite, entre des lignes ponctuées, la partie triangulaire de l'os qu'il faut enlever; à gauche, la couche superficielle des nerfs de l'orbite placés au-dessus de l'anneau des muscles droits.

Explication de la figure 1.

Parties accessoires. — *a.* Surface orbitaire et lignes ponctuées, indiquant la portion de l'os qu'il faut enlever. — *b.* Apophyse *crista-galli*, sur les côtés de laquelle sont les gouttières de la lame criblée de l'ethmoïde. — *c.* Selle turcique. — *d.* Gouttière basilaire. — *e.* Muscle temporal. — *f.* Muscle frontal. — *g.* Grand oblique de l'œil traversant la poulie cartilagineuse. — *h.* Muscle élévateur de la paupière supérieure, superposé au muscle droit supérieur. — *k.* Droit externe. — *l.* Glande lacrymale. — *m.* Tissu adipeux de l'orbite.

Système nerveux. — 1. Nerf optique s'engageant dans le trou optique, avec l'artère ophthalmique. — 2. Nerf moteur oculaire commun ; on le voit entrer dans le canal que lui fournit la dure-mère, pour pénétrer dans le sinus caverneux. — 3. Nerf pathétique. — 4. Grosse racine du ganglion de Gasser, débordée en haut et en arrière par la petite racine. — 5. Nerf ophthalmique de Willis et ses trois branches. — 6. Branche externe ou lacrymale. — 7. Branche interne ou nasale, divisée en deux rameaux. — 8. Rameau nasal externe. — 9. Rameau nasal interne. — 10. Branche moyenne ou frontale. — 11. Son rameau externe ou frontal externe. — 12. Son rameau interne ou frontal interne. — 13. Rameau fronto-nasal (*supra trochlearis*). — 14. Ganglion de Gasser renversé, pour laisser voir sa racine motrice ou petite racine. — 15. Nerf moteur oculaire commun. — 16. Nerf pathétique. Ces deux derniers nerfs sont aussi renversés, afin qu'on puisse les voir dans la paroi externe du sinus caverneux. — 17. Rameau de la tente du cervelet. — 18. Moteur oculaire externe, accolé dans le sinus à l'artère carotide interne.

FIGURE 2.

Couche moyenne des nerfs de l'orbite.

Explication de la figure 2.

Parties accessoires. — *a.* Portion renversée des muscles élévateur de la paupière supérieure et droit supérieur de l'œil. — *b.* Muscle droit interne, et *c* muscle droit externe, tirés par une érigne. — *d.* Anneau fibreux des muscles droits de l'œil.

Système nerveux. — 1. Chiasma. — 2. Troisième paire, nerf moteur oculaire commun. — 3. Nerf nasal. — 4. Nerf moteur oculaire externe. Ces trois nerfs traversent l'anneau des muscles de l'œil. — 5. Ganglion de Gasser et ses trois branches, dont une, l'ophthalmique, est coupée. — 6. Nerf nasal et ses deux rameaux interne et externe. — 7. Nerf du petit oblique. Ces deux derniers nerfs donnent : le premier, la racine longue et grêle ; le second, la racine courte et épaisse du, 8, ganglion ophthalmique qui fournit, 9, les nerfs ciliaires.

FIGURE 3.

L'anneau des muscles droits de l'œil a été coupé, pour montrer les nerfs de la couche profonde de l'orbite.

Explication de la figure 3.

Parties accessoires. — *a.* Extrémités postérieures des muscles élévateur de la paupière supérieure et droit supérieur de l'œil, renversées. — *b.* Muscle droit interne. — *c.* Muscle droit externe. — *d.* Muscle droit inférieur.

Système nerveux. — 1. Nerf moteur oculaire commun et ses deux branches principales, supérieure et inférieure. — 2. Branche supérieure donnant deux rameaux, l'un au muscle droit supérieur de l'œil, et l'autre à l'élévateur de la paupière supérieure. — 3. Rameau du muscle droit interne. — 4. Rameau du droit inférieur. — 5. Rameau du petit oblique. Les trois derniers nerfs énumérés viennent de la branche inférieure du moteur oculaire commun. — 6. Nerf moteur oculaire externe. — 7. Branche de ce nerf enlaçant l'artère carotide interne et s'anastomosant plus loin avec le ganglion cervical supérieur. — 8. Nerfs ciliaires qui, après avoir traversé la sclérotique, rampent entre celle-ci et la choroïde, pour se rendre au ganglion ciliaire.

FIGURE 4.

Elle fait voir, par la face externe et de profil, la cavité orbitaire, le globe oculaire et ses dépendances.

PRÉPARATION. — Divisez verticalement de haut en bas, et d'avant en arrière, la voûte et l'arcade orbitaire, immédiatement en dehors du trou sus-orbitaire; sciez aussi obliquement, et de bas en haut, la base de l'apophyse ptérygoïde, la tubérosité de l'os maxillaire supérieur et l'apophyse malaire du même os, de manière à intéresser la partie externe du trou sous-orbitaire; enlevez le fragment externe, vous aurez à nu, sur le fragment interne, le globe oculaire et ses dépendances, entourés du périoste orbitaire. Détachez cette membrane, coupez à son insertion oculaire et renversez en arrière le muscle droit externe, ôtez enfin avec précaution le tissu adipeux qui recouvre le ganglion ophthalmique et les nerfs ciliaires, dont la ténuité est extrême et la coloration analogue à celle de ce tissu.

Explication de la figure 4.

Parties accessoires. — *a*. Muscle élévateur de la paupière supérieure et droit supérieur de l'œil. — *b*. Droit inférieur. — *c*. Petit oblique. — *d*. Portion du droit externe renversé. — *e*. Anneau des muscles droits.

Système nerveux. — 1, 1. Nerf optique et globe oculaire. — 2. Nerf moteur oculaire commun, traversant l'anneau et se divisant en deux branches. — 3. Branche supérieure qui se perd à la face profonde des muscles droit supérieur de l'œil et élévateur de la paupière supérieure; on ne voit de la branche inférieure que 4, nerf du muscle petit oblique. — 5. Moteur oculaire externe se distribuant à la face profonde du muscle droit externe, dont on ne voit que des débris. — 6. Ganglion de Gasser et ses trois branches. — 7. Branche supérieure ou ophthalmique, coupée et renversée, pour montrer, 8, son rameau nasal. Celui-ci, avant de traverser l'anneau, fournit la racine longue et grêle du, 9, ganglion ophthalmique; après avoir traversé l'anneau, il donne directement quelques nerfs ciliaires. — 10. Racine grosse et courte du ganglion ophthalmique. — 11. Nerfs ciliaires traversant la sclérotique. — 12. Nerf frontal.

FIGURE 5.

Ganglion ophthalmique.

Explication de la figure 5.

Système nerveux. — 1. Ganglion ophthalmique. On voit à son angle postérieur et supérieur, 2, sa racine longue et grêle émanée du, 3, nerf nasal; à son angle postérieur et inférieur, 4, sa racine grosse et courte, venant du, 5, nerf du muscle petit oblique. — 6. Sa racine végétative, située entre les deux précédentes et fournie par le plexus caverneux, émanation du ganglion cervical supérieur. — 7. Nerfs ciliaires coupés, venant de la partie antérieure du ganglion ophthalmique. — 8. Nerf ciliaire du nerf nasal.

FIGURE 6.

Cette figure montre sur un fragment de la partie externe des fosses nasales la portion ethmoïdale du nerf nasal.

Explication de la figure 6.

Parties accessoires. — *a*. Cornet moyen. — *b*. Cornet inférieur. — *c*. Voûte palatine.

Système nerveux. — 1. Divisions du filet ethmoïdal de la branche nasale de l'ophthalmique, qui se perdent sur la pituitaire du cornet inférieur. — 2. Une de ces divisions traversant le nez pour se rendre à son lobe. — 3. Une autre division coupée et destinée à la pituitaire de la paroi interne des fosses nasales.

FIGURE 7.

PRÉPARATION. — Enlevez la peau de la face et du front, pour mettre en évidence la terminaison de plusieurs des nerfs étudiés plus haut.

Parties accessoires. — *a*. Muscle frontal. — *b*. Muscle orbiculaire. — *c*. Élévateur commun de l'aile du nez et de la lèvre supérieure.

Système nerveux. — 1. Terminaison du nerf lacrymal et ses anastomoses avec, 2, branches du facial. — 3. Branches frontales ascendantes, s'anastomosant entre elles et avec le facial. — 4. Branches frontales descendantes ou palpébrales. — 5. Branches nasales ascendantes et leurs anastomoses avec le frontal. — 6. Branches nasales et palpébrales descendantes, qui s'unissent au, 7, nerf sous-orbitaire. — 8. Nerf naso-lobaire, ou terminaison du filet ethmoïdal de la branche nasale de l'ophthalmique.

PLANCHE 27.

2° Nerf maxillaire supérieur.

Ce nerf prend naissance du ganglion de Gasser, au-dessous de l'ophthalmique, au-dessus du maxillaire inférieur, entre lesquels il tient le milieu pour le volume; franchit aussitôt le trou grand rond, traverse successivement le sommet de la voûte zygomatique, la gouttière sous-orbitaire, le trou sous-orbitaire dont il prend le nom, et se termine, au sortir de ce dernier, par un grand nombre de rameaux divergents. Ses rapports sont avec le tissu adipeux de la voûte zygomatique et le périoste du plancher de l'orbite qui le sépare du globe oculaire et du muscle droit inférieur; à sa sortie du trou sous-orbitaire, il est placé entre les muscles élévateurs de la lèvre supérieure et canin.

Les rameaux qui se détachent du nerf maxillaire supérieur dans toute la longueur de son trajet sont, d'arrière en avant : 1° le nerf orbitaire fourni immédiatement au-devant du trou grand rond; 2° deux ou trois rameaux qui aboutissent au sommet de la voûte zygomatique, au ganglion sphéno-palatin, d'où partent de nouvelles divisions; 3° les alvéolo-dentaires postérieurs et supérieurs au nombre de deux ou trois, qui naissent au niveau de la tubérosité maxillaire; 4° les dentaires antérieurs et supérieurs donnés par le maxillaire supérieur avant sa sortie du trou sous-orbitaire; 5° les rameaux sous-orbitaires.

1° *Nerf orbitaire* (4, fig. 1, et 4, fig. 2). — Celui-ci, grêle, adhérent dès son origine à la dure-mère, très difficile à préparer, se sépare du maxillaire supérieur au-devant du trou grand rond, longe le bord inférieur de la paroi externe de l'orbite, au-dessous et au côté externe du muscle droit externe, en dehors du périoste, et se partage vers la partie moyenne de la fente sphéno-maxillaire en rameaux lacrymal, malaire et temporal.

Le rameau *lacrymal* (5, fig. 1) se dirige en haut, en dehors et en avant, tantôt en dedans, tantôt en dehors du périoste orbitaire; se loge dans une portion de son trajet, soit dans un sillon, soit dans un canal complet de l'os de la pommette, et se divise en deux filets, l'un pour la peau de la paupière supérieure, l'autre destiné à la glande lacrymale dans laquelle il s'anastomose (7, fig. 2) avec le lacrymal de l'ophthalmique de Willis.

Le nerf *malaire* (6, fig. 1, et 6, fig. 2), quelquefois double, traverse l'ouverture simple ou double située sur l'os malaire, perfore l'orbiculaire des paupières, se perd à la peau de la région malaire, et s'anastomose avec le facial.

Le rameau *temporal* (7, fig. 1, et 5, fig. 2) naît tantôt isolément du nerf orbitaire, tantôt du nerf lacrymal, entre dans un canal oblique de la paroi externe de l'orbite, arrive dans la fosse temporale, et s'y anastomose avec le nerf temporal profond antérieur du maxillaire inférieur.

2° *Rameaux qui aboutissent au ganglion sphéno-palatin, et rameaux qui en émanent.* — Au niveau du sommet de la voûte zygomatique, le nerf maxillaire supérieur envoie deux ou trois rameaux (9, fig. 1) à un renflement grisâtre d'une forme variable, le plus souvent triangulaire, situé en dehors du trou sphéno-palatin, entouré par les branches de l'artère maxillaire interne, et appelé *ganglion de Meckel* ou *sphéno-palatin*. Ce dernier, masqué par du tissu adipeux, enveloppé par une gaîne fibreuse de la dure-mère, est très difficile à découvrir; il fournit trois branches divisées en antérieures (nerfs sphéno-palatins interne et externe), postérieures (filet pétreux et filet carotidien du nerf vidien), inférieures (nerfs palatins).

Nerfs sphéno-palatins. — On distingue ces nerfs en sphéno-palatins externes et sphéno-palatins internes ou naso-palatins : tous franchissent le trou sphéno-palatin. Les premiers marchent au nombre de trois ou quatre vers la paroi externe des fosses nasales pour se perdre à la pituitaire du cornet et du méat moyen (6, fig. 3); le second se dirige obliquement sur la paroi interne des fosses nasales 1 et 2, fig. 4), jusque dans le trou palatin antérieur, où il se termine à l'angle supérieur d'un renflement décrit par Hippolyte Cloquet sous le nom de *naso-palatin;* et lorsque celui-ci n'existe pas, à la muqueuse de la voûte du palais, au-dessus des incisives, à un tubercule qu'on y remarque.

Dans son trajet dans les fosses nasales, le naso-palatin se divise en deux rameaux qui s'accolent presque aussitôt; il donne en outre à la pituitaire de la cloison des filets représentés par Arnold, niés par M. Cruveilhier, mais que j'ai vus parfaitement sur des pièces macérées dans l'acide nitrique, et sans aucune autre préparation. L'existence du ganglion naso-palatin est encore sujet de doute; je l'ai le plus souvent rencontré dans mes dissections, mais je n'ai pas encore pu y constater la présence de la substance grise.

Branches postérieures (*nerf vidien*). — Le nerf vidien pénètre dans le conduit du même nom, et se bifurque, tantôt avant, tantôt après sa sortie, en deux rameaux, l'un supérieur, l'autre inférieur.

Le rameau supérieur (*grand nerf pétreux superficiel*) (7, fig. 5) remonte par le trou déchiré antérieur sur la face supérieure du rocher, se place dans une gouttière osseuse, communique par un filet (petit pétreux profond d'Arnold) avec le nerf de Jacobson, pénètre dans l'*hiatus Fallopi*, et se rend au ganglion géniculé du facial. Cette description est à peu près celle donnée par Meckel, qui fait venir le grand pétreux superficiel du ganglion sphéno-palatin. Les anatomistes modernes le considèrent comme la racine motrice du ganglion sphéno-palatin, et comme une émanation du facial; aussi suivrait-il d'après eux un trajet inverse, c'est-à-dire, du facial vers le ganglion de Meckel.

Le rameau inférieur (*filet carotidien du nerf vidien*) (9, fig. 5) s'engage dans le canal carotidien, et s'anastomose avec les nerfs qui enlacent l'artère carotide interne; ceux-ci viennent du ganglion cervical supérieur, du nerf moteur oculaire externe et des filets de Jacobson.

Meckel regarde aussi le filet carotidien du nerf vidien comme une émanation du ganglion sphéno-palatin; les anatomistes modernes disent qu'il provient du grand sympathique, et en font la racine végétative du ganglion.

Branches inférieures (*nerfs palatins*). — Ceux-ci, généralement décrits au nombre de trois, bien que plus nombreux, sont distingués en grand nerf palatin ou palatin antérieur, petit nerf palatin ou palatin moyen par sa position, et palatin postérieur.

Le *palatin antérieur* (2, fig. 3) traverse le canal palatin postérieur à l'orifice inférieur duquel il se réfléchit en avant, et se divise en branches gingivales et palatines, destinées aux muqueuses gingivale, palatine, et aux glandules palatines; et en branches qui se rendent à l'angle inférieur du ganglion naso-palatin ou au tubercule muqueux qui surmonte les incisives supérieures. Dans le canal palatin, le nerf palatin antérieur envoie quelques filets, l'un nasal, au méat moyen et au cornet inférieur (5, fig. 3), les autres aux dernières molaires.

Le *petit palatin*, ou palatin moyen par sa position (4, fig. 3), s'engage dans les conduits palatins accessoires, et se perd aux muqueuses buccale et nasale du voile du palais, ainsi qu'à ses glandules.

Le *nerf palatin postérieur* (3, fig. 3), destiné aux muscles palato-staphylin et péristaphylin interne, donne aussi quelques filets à la muqueuse et aux glandules du voile du palais; il est regardé par M. Longet comme la continuation du grand pétreux superficiel qui a traversé le ganglion de Meckel.

Le *nerf naso-pharyngien*, ou *nerf de Bock* (11, fig. 3), n'est autre chose qu'un ou deux filets issus tantôt du ganglion de Meckel, tantôt du nerf vidien dans le canal du même nom. Ce nerf est destiné à la muqueuse du pharynx au voisinage de la trompe d'Eustache.

On peut encore signaler quelques branches qui se détachent du ganglion de Meckel et s'anastomosent avec le plexus nerveux de l'artère maxillaire interne.

3° *Branches fournies au niveau de la tubérosité maxillaire* (*nerfs alvéolo-dentaires postérieurs et supérieurs*). — Ces nerfs, au nombre de deux ou trois, sont les uns superficiels, destinés au périoste de la tubérosité maxillaire et aux gencives des dernières molaires (14, fig. 1); les autres traversent de petits pertuis situés sur la tubérosité de l'os maxillaire, se logent dans l'épaisseur de la paroi externe du sinus, et vont s'anastomoser en avant avec les nerfs dentaires supérieurs et antérieurs, pour former un plexus à mailles serrées (3, fig. 5), à convexité inférieure qui envoie des rameaux aux dents et aux gencives; il n'est pas rare de voir quelques branches traverser la tubérosité et s'épanouir à la muqueuse du sinus maxillaire.

4° *Nerf dentaire antérieur et supérieur.*—Ce nerf, très volumineux, quelquefois double, se détache du maxillaire supérieur avant sa sortie (4, fig. 5) du trou sous-orbitaire, s'engage dans un canal particulier de l'os maxillaire supérieur, s'anastomose avec le nerf dentaire postérieur et supérieur, et envoie plus particulièrement des filets aux dents incisives et à la canine. D'autres divisions se réfléchissent de bas en haut, traversent l'épine nasale antérieure, et vont se perdre à la pituitaire de la partie antérieure des fosses nasales.

5° *Nerf sous-orbitaire.*—Le nerf sous-orbitaire (15, fig. 1), qui est en quelque sorte la terminaison du nerf maxillaire supérieur, s'élargit au sortir du trou sous-orbitaire, et s'épanouit en branches ascendantes, horizontales et descendantes.

Les branches ascendantes, *palpébrales inférieures*, se placent derrière l'orbiculaire des paupières, s'anastomosent avec le nerf nasal de l'ophthalmique, et se perdent à la peau et à la conjonctive de la paupière inférieure.

Les branches horizontales ou nasales se rendent à la peau du nez.

Les branches descendantes ou labiales sont, les unes superficielles, destinées à la peau de la lèvre supérieure; les autres, profondes, traversent le muscle orbiculaire, et se rendent à la muqueuse et aux glandules de la lèvre supérieure. Les branches descendantes sont croisées perpendiculairement par les branches sous-orbitaires du facial avec lesquelles elles s'anastomosent, et forment le plexus sous-orbitaire. Nous verrons plus loin que dans ce plexus on peut très facilement distinguer les filets de la cinquième paire de ceux de la septième.

Cette planche présente le nerf maxillaire supérieur, ses divisions et le ganglion sphéno-palatin.

FIGURE 1.

On voit, de profil, le nerf maxillaire supérieur, le nerf orbitaire, le ganglion sphéno-palatin (ganglion de Meckel) et ses branches, les nerfs alvéolo-dentaires supérieurs et postérieurs.

PRÉPARATION. — Faites une première coupe oblique d'arrière en avant et de dehors en dedans, de manière à intéresser la moitié du trou stylo-mastoïdien, une petite portion du canal carotidien, les trous déchirés postérieur, ovale, grand rond, et la base de l'apophyse ptérygoïde. Rejoignez cette coupe par une seconde qui commence à l'arcade orbitaire, en dehors du trou sous-orbitaire, et se termine à la partie la plus large de la fente sphénoïdale. Enlevez le fragment externe, en ayant soin de conserver le filet lacrymal du nerf orbitaire; disséquez les nerfs et les muscles de l'orbite; débarrassez le ganglion de Meckel du tissu adipeux situé au sommet de la voûte zygomatique, fendez enfin la gaîne fibreuse qui enveloppe le ganglion.

Explication de la figure 1.

Système nerveux. — 1. Grosse racine de la cinquième paire aboutissant à la concavité du ganglion de Gasser. — 2. Branche supérieure de ce ganglion, ou ophthalmique de Willis, et deux de ses divisions, nerfs lacrymal et frontal. — 3. Branche moyenne du nerf maxillaire supérieur, qui se dirige en avant, traverse le trou grand rond dont on a enlevé la moitié, passe au sommet de la voûte zygomatique, s'engage dans la gouttière sous-orbitaire et s'épanouit en un grand nombre de filets. — 4. Rameau orbitaire du maxillaire supérieur divisé en trois branches. — 5. Branche lacrymale s'anastomosant avec le lacrymal de l'ophthalmique. — 6. Branche malaire coupée. — 7. Branche temporale coupée. — 8. Ganglion de Meckel. — 9. Ses racines sensitives provenant du maxillaire supérieur. — 10. Sa racine motrice, ou filet pétreux du nerf vidien, émané du 11, nerf facial. — 12. Sa racine végétative, ou filet carotidien du nerf vidien, provenant du ganglion cervical supérieur. — 13. Branche palatine du maxillaire supérieur. — 14. Nerfs dentaires postérieurs et supérieurs. — 15. Terminaison du maxillaire supérieur, et, 16, branches du facial qui s'anastomosent avec lui.

FIGURE 2.

Trajet du nerf maxillaire supérieur sur le plancher de l'orbite, vu de haut en bas par l'ablation de la voûte orbitaire et du globe oculaire.

Explication de la figure 2.

Système nerveux. — 1. Ophthalmique de Willis coupé et érigné en dedans avec les muscles de l'œil. — 2. — Branche lacrymale conservée. — 3. Nerf maxillaire supérieur dans la gouttière et le trou sous-orbitaire. — 4. Nerf orbitaire et ses divisions. — 5. Sa branche temporale qui traverse la paroi externe de l'orbite pour s'anastomoser avec le nerf temporal profond. — 6. Ses branches malaires qui franchissent les conduits du même nom. — 7. Branche lacrymale anastomosée avec le nerf lacrymal de l'ophthalmique.

FIGURE 3.

Ganglion de Meckel et ses branches, sur une coupe de la paroi externe des fosses nasales.

PRÉPARATION. — Elle nécessite deux coupes, l'une dirigée obliquement d'arrière en avant et faite sur l'apophyse mastoïde, le trou déchiré postérieur, le canal carotidien et le rocher ; l'autre pratiquée dans les fosses nasales, comme pour les nerfs olfactifs. Vous enlèverez alors avec précaution la membrane pituitaire de la paroi externe des fosses nasales, de manière à laisser les nerfs adhérents au périoste ; vous casserez la lamelle mince qui forme le canal palatin, afin de mettre à nu le ganglion et le nerf palatin ; vous ouvrirez le conduit vidien d'arrière en avant, et fendrez la gaîne fibreuse qui entoure le nerf vidien et ses divisions ; enfin, vous dégagerez l'artère carotide de la gaîne fibreuse qui l'entoure.

Explication de la figure 3.

Parties accessoires. — *a* Cornet supérieur. — *b*. Cornet moyen. — *c*. Cornet inférieur. — *d*. Muscle ptérygoïdien interne. — *e*. Ptérygoïdien externe. — *f*. Péristaphylin externe. — *g*. Portion du péristaphylin interne. — *h*. Artère carotide externe vue dans son canal.

Système nerveux. — 1. Ganglion sphéno-palatin ou de Meckel, vu en dedans. — 2. Nerf palatin antérieur. — 3. Palatin postérieur, se distribuant au péristaphylin interne et au palato-staphylin. — 4. Palatin moyen. — 5. Rameau nasal inférieur destiné au cornet inférieur. — 6. Nerf sphéno-palatin externe qui se ramifie sur le cornet moyen. — 7. Sphéno-palatin interne coupé. — 8. Nerf vidien. — 9. Son filet supérieur, ou filet pétreux du nerf vidien s'anastomosant avec le facial. — 10. Son rameau inférieur ou carotidien, uni au réseau nerveux qui enlace l'artère carotide. — 11. Nerf de Bock ou naso-pharyngien provenant du nerf vidien.

FIGURE 4.

Cette figure montre sur la cloison ou paroi interne des fosses nasales, le nerf sphéno-palatin interne (naso-palatin), et les filets émanés de ce nerf et destinés à la pituitaire.

FIGURE 5.

Nerfs dentaires supérieurs, plexus qu'ils forment, et filets qui en émanent; nerf vidien et ses anastomoses.

PRÉPARATION. — Sur une pièce macérée dans l'acide nitrique étendu d'eau, vous pouvez voir les nerfs dentaires à travers la demi-transparence de l'os ; vous les étudierez encore après avoir enlevé la table externe de l'os maxillaire supérieur. Pour mettre à nu les anastomoses du nerf vidien, ouvrez la cavité tympanique par l'ablation de sa paroi externe ; brisez l'aqueduc de Fallope, vous aurez sous les yeux le facial et les nerfs de Jacobson ; ouvrez enfin le canal carotidien et débarrassez l'artère carotide de son enveloppe fibreuse.

Explication de la figure 5.

Système nerveux. — 1. Nerf maxillaire supérieur. — 2. Nerfs dentaires postérieurs et supérieurs. — 3. Arcade plexiforme qu'ils présentent dans l'épaisseur de l'os, en s'anastomosant avec, 4, nerf dentaire supérieur et antérieur ; de cette arcade naissent des filets destinés aux racines des dents. — 5. Ganglion de Meckel. — 6. Nerf vidien. — 7. Filet pétreux du nerf vidien, uni au, 8, nerf facial. — 9. Filet carotidien du nerf vidien : il concourt à former, 10, le plexus carotidien, conjointement avec des filets du, 11, moteur oculaire externe, avec des expansions du, 12, nerf de Jacobson et du, 13, ganglion cervical supérieur, — 14. Nerf glosso-pharyngien.

PLANCHE 28.

3° Nerf maxillaire inférieur.

Ce nerf, la plus grosse et la plus postérieure des branches du ganglion de Gasser, sort du crâne par le trou ovale, reçoit immédiatement après la racine motrice de la cinquième paire, et se divise aussitôt en cinq branches collatérales et deux terminales.

Les branches collatérales peuvent être distinguées en supérieure, ou nerf temporal profond; inférieures, ou nerf massétérin en arrière, nerf buccal en avant; interne, ou ptérygoïdien interne; postérieure, ou auriculo-temporal superficiel. Cette dernière s'anastomose avec le facial et se perd à la peau; les quatre premières, destinées aux muscles dont elles portent les noms, sont presque entièrement formées par la racine motrice.

Les branches terminales viennent surtout de la racine sensitive. Ce sont : le nerf lingual et le nerf dentaire inférieur.

Branches collatérales.

Nerf temporal profond (7, fig. 1 et 2), *et nerf massétérin* (5, fig. 1, et 1, fig. 2). — Ces deux nerfs, à leur sortie du trou ovale, se placent sous la paroi postérieure de la fosse zygomatique, au-dessous du bord supérieur du muscle ptérygoïdien externe, et marchent ensemble jusqu'à la crête zygomato-temporale vers laquelle ils se séparent. Le nerf temporal ascendant va se ramifier à la face profonde et dans l'épaisseur du muscle temporal : on lui donne le nom de *temporal profond moyen*. Le massétérin descendant passe entre la face externe du muscle ptérygoïdien externe et la base de l'arcade zygomatique, pour se rendre à la face profonde et jusqu'à l'extrémité inférieure du muscle masséter. Au moment où il change de direction, il envoie (6, fig. 1, et 2, fig. 2) un rameau à la partie postérieure du muscle temporal; ce rameau se distribue dans ce muscle et s'anastomose avec le temporal profond moyen: on l'appelle *temporal profond postérieur*. Un autre des filets du massétérin pénètre dans l'articulation temporo-maxillaire.

Nerf buccal. — Le nerf buccal, la plus antérieure des branches du maxillaire inférieur, se dirige obliquement en bas et en avant, traverse le muscle ptérygoïdien externe, lui donne quelques filets et se divise en deux branches. L'une, descendante (3, fig. 1), passe en dehors de la tubérosité de l'os maxillaire supérieur, en dedans du bord externe de la branche de la mâchoire inférieure, s'anastomose avec le nerf facial (4, fig. 2), s'enfonce dans le muscle buccinateur, et se termine à la muqueuse buccale. L'autre, ascendante (*temporal profond antérieur*) (4, fig. 1, et 5, fig. 2), gagne la fosse temporale, s'anastomose avec un filet du nerf orbitaire, division du maxillaire supérieur, se perd à la partie antérieure du muscle temporal, et s'anastomose avec le temporal profond moyen.

Les trois nerfs que nous venons d'étudier donnent chacun des rameaux temporaux, parallèles les uns aux autres, anastomosés entre eux et avec l'auriculo-temporal superficiel. On peut les distinguer en *temporaux antérieurs* fournis par le buccal, *temporaux profonds moyens*, ou nerf *temporal profond* proprement dit, enfin *temporaux postérieurs* donnés par le massétérin.

Nerf ptérygoïdien interne (6, fig. 3, et 13, fig. 5). — Celui-ci, destiné au muscle ptérygoïdien interne, dont il longe quelque temps la face profonde avant de s'y ramifier, traverse le ganglion otique et peut servir à le trouver.

Le nerf *auriculo-temporal superficiel* (3, fig. 3, et 7, fig. 5) naît par plusieurs racines de la portion motrice, et surtout de la portion sensitive du maxillaire inférieur; il donne passage entre ses racines à l'artère méningée moyenne, et forme un seul tronc aplati à son origine, qui se dirige en bas et en arrière, vers le col de la mâchoire inférieure, le contourne en dehors, et fournit des branches dont l'une est ascendante, supérieure ou temporale, les autres inférieures, descendantes ou auriculaires.

La branche ascendante ou temporale (9 et 10, fig. 2) marche entre l'aponévrose et la peau de la région temporale, se divise en rameaux qui s'anastomosent entre eux et avec le facial, et se perdent à la peau du lobule et de la conque de l'oreille, à la glande parotide, à la peau de la partie supérieure et interne du pavillon de l'oreille, à la peau de la région temporale; les branches descendantes (11, fig. 2), contournent le col du condyle et s'anastomosent les unes avec le facial, les autres avec les ramifications du grand sympathique qui enlacent l'artère temporale.

A son origine, le nerf donne assez souvent une anastomose avec la corde du tympan et le nerf dentaire inférieur. Il n'est peut-être pas sans intérêt de signaler aussi un petit renflement gangliforme, qu'il présente constamment sur son trajet et d'où émanent les branches que nous venons de décrire.

BRANCHES TERMINALES.

Nerf dentaire inférieur (13, fig. 2; 17, fig. 3; 2, fig. 5). — Ce nerf, la plus grosse des branches terminales du maxillaire inférieur, marche accolé au nerf lingual entre le pharynx et le ptérygoïdien interne, quitte le nerf lingual, passe comme lui entre les ptérygoïdiens interne et externe, entre le premier de ces muscles et la branche de la mâchoire inférieure, derrière l'artère maxillaire interne; se place en dedans du ligament sphéno-maxillaire, atteint le canal dentaire inférieur, qu'il parcourt en donnant des filets qui, après s'être anastomosés entre eux, vont se perdre aux racines des dents molaires (14, fig. 2), arrive au trou mentonnier (15, fig. 2) et se bifurque. L'une de ses branches de bifurcation, la *branche mentonnière*, la plus grosse (15, fig. 2, et 20, fig. 3), sort par le trou mentonnier, se place entre l'os et le muscle carré du menton, s'irradie en rameaux divergents, destinés la plupart à la muqueuse labiale inférieure et à ses glandules, quelques uns seulement à la peau de la lèvre inférieure et du menton, et forme, en s'anastomosant à angle droit avec les filets du facial, le *plexus mentonnier*, analogue au plexus sous-orbitaire. La seconde branche de bifurcation, *branche incisive* (29, fig. 3), reste dans le canal dentaire inférieur et fournit des filets aux dents incisives et à la canine. A sa partie supérieure, le nerf dentaire inférieur présente un renflement plexiforme long de 2 à 3 centimètres, d'où partent des filets anastomotiques avec les nerfs lingual et auriculo-temporal superficiel; avant de s'engager dans le canal dentaire, il émet une branche (nerf milo-hyoïdien) pour les muscles milo-hyoïdien (18, fig. 3, et 3, fig. 5) et ventre antérieur du digastrique.

Nerf lingual. — Le nerf lingual (12, fig. 2; 8, fig. 3; 4, fig. 5) se dirige en bas et en avant comme le précédent, traverse au niveau du bord antérieur du ptérygoïdien interne une arcade aponévrotique du buccinateur, se porte d'arrière en avant sous la muqueuse linguale à la partie inférieure du bord de la langue, longe le bord supérieur de l'hyoglosse, croise en X le canal de Warthon, se place entre le stylo-glosse et la glande sublinguale, et se termine à la pointe de la langue, après avoir décrit dans tout son trajet une courbure à concavité supérieure.

Au-dessous de son anostomose avec le nerf dentaire inférieur, le lingual reçoit la *corde du tympan* (9, fig. 3, et 5, fig. 5). Cette branche, émanée du nerf facial avant sa sortie du trou stylo-mastoïdien, remonte dans la cavité tympanique, longe la face interne de la membrane du tympan, entre le muscle du marteau et la branche de l'enclume, sort par un canal situé dans la scissure de Glaser, et se rend au nerf lingual. J'ai vu quelquefois la corde du tympan s'anastomoser avec le ganglion otique.

Le nerf lingual donne quelques branches qui se rendent, les unes à la muqueuse buccale et aux amygdales; au niveau de sa courbure on remarque un renflement fusiforme, analogue à celui du nerf dentaire, et d'où émanent des filets pour les ganglions sous-maxillaire et sublingual.

Le nerf lingual s'anastomose avec l'hypoglosse, vers le bord antérieur du muscle hyoglosse, s'épanouit en filets très nombreux qui traversent de bas en haut les muscles de la langue, se perdent à la muqueuse et aux papilles, et s'anastomosent encore à la pointe de la langue avec l'hypoglosse devenu superficiel. Quelques filets gagnent la glande de Nuhn pour se réunir à ceux du côté opposé, malgré l'assertion contraire de quelques anatomistes.

A l'histoire du maxillaire inférieur se rattache la description de trois ganglions, savoir : le ganglion otique, le ganglion sous-maxillaire et le ganglion sublingual.

Ganglion otique ou d'Arnold. — Celui-ci, visible sur les pièces fraîches, invisible sur celles macérées dans l'acide nitrique, est situé au-dessous du trou ovale, en dedans du nerf maxillaire inférieur auquel il adhère, et au voisinage de la trompe d'Eustache. Il reçoit trois racines: l'une, courte (racine motrice), vient de la portion motrice du maxillaire inférieur, et, d'après M. Longet, de son petit pétreux superficiel; l'autre, longue, grêle (racine sensitive), décrite par Arnold sous le nom de *petit pétreux superficiel*, vient du nerf de Jacobson et fait communiquer le glosso-pharyngien avec la cinquième paire; la troisième racine, végétative, vient du plexus nerveux du grand sympathique qui enlace l'artère méningée moyenne.

Les branches qui émanent du ganglion ne font que le traverser; elles proviennent de la portion motrice de la cinquième paire, et sont : les filets du péristaphylin externe, du muscle interne du marteau et du ptérygoïdien interne. Quelquefois le ganglion s'anastomose avec la corde du tympan.

Ganglion sous-maxillaire. — Meckel a le premier décrit un petit ganglion rougeâtre, de forme lenticulaire, situé au niveau ou plutôt dans l'épaisseur de la glande sous-maxillaire, appendu en quelque sorte au nerf lingual. Ce renflement reçoit des racines sensitives du nerf lingual, une racine motrice de la corde du tympan ou plutôt de l'hypoglosse, que l'on poursuit plus facilement jusqu'au ganglion que la corde du tympan, une racine végétative du plexus nerveux de l'artère faciale; il donne des branches longues, flexueuses, à la glande sous-maxillaire, au canal de Varthon et au plexus qui enlace l'artère faciale.

Ganglion sub-lingual. — M. Blandin a signalé au niveau et en dedans de la glande sub-linguale, un ganglion formé par des filets du nerf lingual et donnant des ramifications à la glande sub-linguale. Ce ganglion n'existe pas toujours, mais j'ai pourtant constaté sa présence assez souvent ; ses racines viennent des mêmes nerfs que celles du ganglion sous-maxillaire.

Trajet et terminaison du nerf maxillaire inférieur ses branches, ganglion otique.

FIGURE 1.

Branches collatérales du maxillaire inférieur, vues par la cavité crânienne.

PRÉPARATION. — Disséquez le ganglion de Gasser et ses branches par l'ablation du feuillet de la dure-mère qui le couvre; détachez le muscle temporal en rasant l'os; enlevez une portion triangulaire d'os située dans la fosse latérale et moyenne du crâne, et comprise entre deux lignes, menées, l'une de l'extrémité externe de la petite aile du sphénoïde jusqu'au trou ovale, l'autre du même trou à la base du rocher; sciez la portion verticale, c'est-à-dire temporale, brisez la portion zygomatique. Vous mettrez à nu, de cette manière, le bord supérieur du muscle ptérygoïdien externe, son insertion sur le condyle et une partie de la face profonde ou face adhérente du muscle temporal. Vous poursuivrez les branches collatérales du maxillaire inférieur, de leur origine vers leur terminaison.

Explication de la figure 1.

Système nerveux. — 1. Ganglion de Gasser et sa grosse racine. — 2. Nerf maxillaire inférieur vu dans le trou ovale. — 3 Nerf buccal passant entre les deux faisceaux du ptérygoïdien externe, et donnant au moment où il change de direction, 4, le nerf temporal profond antérieur. — 5. Nerf massétérin qui contourne l'insertion condylienne du ptérygoïdien externe, et donne, 6, le nerf temporal profond postérieur. — 7. Nerf temporal profond moyen, fourni directement par le maxillaire inférieur. Ces trois dernières branches proviennent de la racine motrice de la cinquième paire; on voit naître au même endroit l'auriculo-temporal superficiel, dirigé en dedans de l'insertion condylienne du ptérygoïdien externe.

FIGURE 2.

Branches collatérales du nerf maxillaire inférieur vues par le côté externe.

PRÉPARATION. — Disséquez les muscles temporal, masséter et buccinateur; coupez l'arcade zygomatique par deux traits de scie faits, l'un sur l'os malaire, l'autre à la racine de l'apophyse zygomatique, ce dernier avec précaution, pour ménager le nerf massétérin. Renversez l'arcade zygomatique et le muscle masséter, à la face profonde duquel vous verrez le nerf massétérin; découvrez les muscles ptérygoïdiens interne et externe en coupant à sa base l'apophyse coronoïde. Enlevez la portion inférieure du muscle temporal; échancrez sa partie supérieure, pour mettre à nu à sa face profonde les nerfs temporaux; disséquez avec précaution, au niveau du condyle, les anastomoses entre le nerf facial et le nerf temporal; sculptez enfin la table externe du maxillaire inférieur, jusqu'au trou mentonnier, pour voir le trajet et la terminaison du nerf dentaire inférieur.

Explication de la figure 2.

Parties accessoires. — *a.* Muscle temporal. — *b.* Ptérygoïdien externe. — *c.* Ptérygoïdien interne. — *d.* Masséter renversé. — *e.* Buccinateur traversé par le canal de Sténon. — *f.* Canal dentaire inférieur et racines des dents.

Système nerveux. — 1. Nerf massétérin. — 2. Sa branche ascendante ou nerf temporal profond postérieur. — 3. Nerf buccal sortant entre les deux faisceaux du ptérygoïdien externe, et s'anastomosant avec, 4, branche du facial. — 5. Sa branche temporale ascendante, ou nerf temporal profond antérieur. — 6. Sa branche ptérygoïdienne externe. — 7. Nerf temporal profond moyen. — 8. Nerf auriculo-temporal superficiel; il contourne le col du condyle, et se divise en trois rameaux. — 9. Rameau temporal ou nerf temporal superficiel. — 10. Rameaux auriculaires et parotidiens. — 11. Rameaux anastomotiques avec le facial. — 12. Nerf lingual: il s'engage entre le buccinateur et la mâchoire inférieure, pour se rendre à sa destination. — 13. Nerf dentaire inférieur vu dans l'intérieur du canal dentaire. — 14. Ses divisions aux racines des dents. — 15. Le nerf dentaire traverse le trou mentonnier, et forme le nerf mentonnier. — 16. Branche du facial qui s'anastomose avec le nerf mentonnier.

FIGURE 3.

Branches terminales du maxillaire inférieur et origine de quelques unes de ses branches collatérales.

Préparation. — Enlevez une portion triangulaire des fosses temporale et zygomatique, comprise entre une première ligne dirigée obliquement sur la partie postérieure de l'apophyse mastoïde, l'aqueduc de Fallope, le conduit auditif et le trou ovale, et une seconde ligne commençant en arrière et à un travers de doigt de l'apophyse orbitaire externe, pour se terminer au trou ovale. Le fragment enlevé, vous aurez sous les yeux le ganglion de Gasser et le nerf maxillaire inférieur à son passage au trou ovale. Vous couperez en outre la base de l'apophyse coronoïde, le tiers moyen du corps de la mâchoire inférieure, et vous tirerez la langue en dehors afin de rendre le nerf lingual plus apparent.

Explication de la figure 3.

Parties accessoires. — *a.* Ptérygoïdien interne. — *b.* Portion du ptérygoïdien externe. — *c.* Muscle milo-hyoïdien. — *d.* Portion du ventre antérieur du digastrique. — *e.* Muscle hyoglosse. — *f.* Portion de la glande sous-maxillaire.

Système nerveux. — 1. Racine motrice et racine sensitive du ganglion de Gasser. — 2. Jonction de la racine motrice avec le maxillaire inférieur; de ce point partent presque toutes les branches collatérales — 3. Nerf auriculo-temporal entre les deux racines duquel passe l'artère méningée; derrière le col du condyle, ce nerf embrasse l'artère temporale. — 5. Nerf buccal. — 6. Nerfs des muscles ptérygoïdiens. — 7. Branches des nerfs temporal et massétérin coupées à leur origine. — 8. Nerf lingual. — 9. Corde du tympan: elle se dirige dans la cavité tympanique entre le manche du marteau et la branche de l'enclume, et va s'anastomoser plus loin avec, 10, le facial. — 11. Anastomose des nerfs lingual et dentaire inférieur. — 12. Rameau tonsillaire. — 13. Ganglion sous-maxillaire. — 14. Ganglion ou plexus sub-lingual. — 15. Anastomose du nerf lingual avec le nerf hypoglosse. — 16. Branches terminales du nerf lingual. — 17. Nerf dentaire inférieur. — 18. Branche collatérale de ce nerf ou nerf milo-hyoïdien destiné aux muscles milo-hyoïdien, et ventre antérieur du digastrique. — 19. Branche incisive du nerf dentaire. — 20. Branche mentonnière coupée.

FIGURE 4.

Ganglion sous-maxillaire, ses racines et ses ramifications.

Explication de la figure 4.

Système nerveux. — 1. Nerf lingual et les trois ou quatre racines qu'il donne au, 2, ganglion sous-maxillaire. — 3. Rameaux de la glande sous-maxillaire. — 4. Anastomoses du ganglion avec le plexus nerveux qui enlace l'artère faciale et ses divisions.

FIGURE 5.

Face interne du ganglion de Gasser et ganglion otique.

PRÉPARATION. — Fendez verticalement sur la ligne médiane, et d'avant en arrière, les fosses nasales; dirigez la scie depuis le corps du sphénoïde jusqu'à l'apophyse mastoïde, en passant un peu en dedans du trou ovale et sur le bord interne de la cavité glénoïde. Préparez sur la portion attenante à la paroi externe des fosses nasales le ganglion otique situé au-dessous du trou ovale, en dedans du nerf maxillaire inférieur, au voisinage du nerf auriculo-temporal et de l'artère sphéno-palatine.

Explication de la figure 5.

Parties accessoires. — *a.* Muscle ptérygoïdien interne échancré, et laissant voir l'entrée du nerf dentaire inférieur dans le canal du même nom. — *b.* Ptérygoïdien externe. — *c.* Péristaphylin externe. — *d.* Muscle interne du marteau. — *e.* Marteau. — *f.* Enclume. — *g.* Membrane du tympan.

Système nerveux. — 1. Face interne du ganglion de Gasser laissant voir la racine motrice de la cinquième paire, et sa réunion au maxillaire inférieur. — 2. Nerf dentaire. — 3. Sa branche milo-hyoïdienne. — 4. Nerf lingual. — 5. Corde du tympan anastomosée avec, 6, facial. — 7. Nerf auriculo-temporal superficiel : on voit entre ses racines l'artère méningée moyenne. — 8. Ganglion otique et ses racines fournies par le maxillaire inférieur. — 9. Petit pétreux superficiel d'Arnold qui fait communiquer le ganglion otique et le glosso-pharyngien au moyen du nerf de Jacobson. — 10. Nerf du muscle interne du marteau. — 11. Anastomose du ganglion otique avec l'auriculo-temporal. — 12. Racine végétative provenant du plexus nerveux de l'artère méningée moyenne. — 13. Nerf du ptérygoïdien interne. — 14. Nerf du péristaphylin externe.

PLANCHE 29.

RÉSUMÉ DE LA CINQUIÈME PAIRE.

Si, après avoir étudié le trijumeau en détail et avoir consacré un chapitre spécial à chacune de ses trois grandes divisions, nous passons rapidement en revue l'ensemble de cette importante paire nerveuse, nous voyons qu'elle naît à la manière des nerfs rachidiens par deux racines, l'une ganglionnaire, l'autre non ganglionnaire. Cette dernière provient du faisceau antéro-latéral (faisceau moteur) de la moelle, et va se jeter dans le maxillaire inférieur. La racine ganglionnaire diffère toutefois de celles des nerfs rachidiens, parce qu'au lieu d'être comme elles entièrement sensitive, on peut la poursuivre jusqu'au bulbe crânien, où son origine a lieu par trois racines secondaires : l'une se confond avec le faisceau antéro-latéral (racine de mouvement), l'autre avec le corps restiforme (racine de sensibilité générale), la dernière s'anastomose avec le nerf auditif (racine de sensibilité spéciale). Le gros faisceau qui résulte de la réunion de ces trois racines forme entièrement le ganglion de Gasser, d'où émanent trois branches : 1° ophthalmique de Willis ; 2° maxillaire supérieur ; 3° maxillaire inférieur.

1° Ophthalmique de Willis (2, fig. 1; 1, fig. 2.; 2, fig. 3).

Il longe la paroi externe du sinus caverneux, s'anastomose avec les nerfs moteurs de l'œil et le plexus carotidien, envoie un rameau récurrent à la tente du cervelet, puis se divise en trois branches, lacrymale, frontale et nasale, dont les deux premières pénètrent dans l'orbite, en traversant la fente orbitaire au-dessus de l'anneau des muscles droits, tandis que la troisième passe dans l'anneau.

Le nerf *lacrymal* (4, fig. 1, et 3, fig. 3), ou *lacrymo-palpébral*, s'épanouit sous la glande lacrymale, dans la paupière supérieure et s'anastomose avec le facial et l'orbitaire du maxillaire supérieur.

Le *frontal* (3, fig. 1, et 4, fig. 3), le plus volumineux des trois, se divise en deux branches constantes, frontale externe et frontale interne, destinées à la peau du front, à la peau et à la conjonctive de la paupière supérieure, à la peau du nez. Il fournit assez souvent une troisième branche fronto-nasale. Toutes ces divisions s'anastomosent entre elles et avec le facial.

Le nerf *nasal* (5, fig. 1, et 5, fig. 3) donne la racine sensitive (racine longue et grêle) (7, fig. 3) au ganglion ophthalmique, envoie directement quelques nerfs ciliaires (6, fig. 3), et par ses branches nasale externe et nasale interne, se rend à la peau du front et du nez, s'anastomose avec le frontal, préside à la sécrétion de la membrane pituitaire de la cloison et de la paroi externe des fosses nasales.

2° Maxillaire supérieur (7, fig. 1; 2, fig. 2; 14, fig. 3).

Ce nerf, plus gros que le précédent, se place sous le globe de l'œil, dans une gouttière du plancher de l'orbite et traverse le canal sous-orbitaire dont il prend le nom ; il fournit de nombreuses branches collatérales, qui sont :

Nerf orbitaire (8, fig. 1). — Celui-ci est divisé en trois rameaux : l'un anastomosé avec le lacrymal de l'ophthalmique ; l'autre, temporal, anastomosé avec le temporal du maxillaire inférieur ; le troisième, rameau malaire, uni au facial, est variable suivant le nombre et même l'existence des trous malaires.

Branches qui émanent du ganglion sphéno-palatin. — Elles sont encore au nombre de trois, savoir :

1° Le nerf *vidien* ou *ptérygoïdien*, issu, d'après les anciens anatomistes, du ganglion de Meckel, partagé, dans le canal vidien, en deux rameaux ; le *grand pétreux du nerf vidien* (10, fig. 1; 4, fig. 2; 24, fig. 3), anastomosé avec le premier coude du facial ; et le *filet carotidien du nerf vidien* (4, fig. 2; 26, fig. 3). Celui-ci, par ses anastomoses avec des filets du ganglion cervical supérieur, du moteur oculaire externe et du nerf de Jacobson, concourt à la formation d'un plexus et quelquefois même d'un ganglion (ganglion caverneux ou carotidien), situé sur la première courbure de l'artère carotide interne. Suivant les anatomistes modernes, les deux nerfs dont je viens de parler viendraient, le *premier* du facial, le *second* du ganglion cervical supérieur, et formeraient les racines motrice et végétative du ganglion de Meckel, dont les racines sensitives sont fournies par le maxillaire supérieur.

2° Les *palatins antérieur, postérieur et moyen* (11, fig. 1). L'antérieur (21, fig. 3) se rend à la pituitaire du cornet inférieur et du méat moyen ; il envoie quelques filets aux dernières molaires, aux gencives, à la muqueuse de la voûte du palais, à ses glandules, et donne encore quelques rameaux à l'angle inférieur du ganglion naso-palatin. Le palatin moyen (22, fig. 3) est destiné à la muqueuse, aux glandules du voile du palais et à la muqueuse nasale. Le palatin postérieur (23, fig. 3) se ramifie dans l'amygdale, et dans les muscles péristaphylin interne et palato-staphylin. D'après M. Longet, ces deux derniers rameaux viendraient du nerf facial, par l'intermédiaire du nerf vidien.

3° Les nerfs *sphéno-palatins interne* et *externe* (18 et 19, fig. 3), fournis également par le ganglion de Meckel, se terminent au ganglion sphéno-palatin d'Hippolyte Cloquet, après s'être ramifiés chemin faisant dans la pituitaire de la paroi externe et de la cloison des fosses nasales.

Nerfs alvéolo-dentaires postérieurs et supérieurs (13, fig. 1), *antérieurs et supérieurs* (7 et 8, fig. 2). — Ceux-ci s'anastomosent les uns avec les autres, et forment un plexus (*plexus dentaire*) à mailles serrées, d'où partent des filets pour les alvéoles et les racines des dents. Avant de s'anastomoser, ils donnent quelques branches à la muqueuse des gencives.

La branche terminale ou *sous-orbitaire* du maxillaire supérieur constitue un pinceau de filaments divergents, anastomosés avec les divisions du facial pour former le plexus sous-orbitaire, destinés à la peau de la région sous-orbitaire et de l'aile du nez, à la peau et à la muqueuse de la paupière inférieure et de la lèvre supérieure.

3° Maxillaire inférieur (15, fig. 1, et 29, fig. 3).

Le nerf maxillaire inférieur vient à la fois de la portion motrice du nerf trijumeau et du ganglion de Gasser ; ses deux racines présentent, au point où elles se réunissent, un renflement appelé *ganglion otique* (20, fig. 2, et 35, fig. 3), et donnent des branches collatérales fournies presque entièrement par la racine motrice et destinées aux muscles qui agissent dans la mastication, la déglutition et l'audition, savoir : le masséter, le temporal, le buccal, les ptérygoïdiens interne et externe, le péristaphylin externe et le filet du muscle interne du marteau; le nerf massétérin envoie encore un filet à l'articulation temporo-maxillaire ; le buccal s'anastomose avec le facial et l'orbitaire du maxillaire supérieur ; il se distribue en outre à la muqueuse buccale.

Le nerf *auriculo-temporal superficiel* (16, fig. 1) naît à la fois de la portion motrice et de la portion sensitive du maxillaire inférieur : il est destiné à la peau de la région temporale et de la joue, au lobule et à la conque de l'oreille, à la glande parotide; il s'anastomose avec le facial, le nerf dentaire inférieur, la corde du tympan et le grand sympathique.

Les *branches terminales* du maxillaire inférieur, sont : le *lingual* et le *dentaire inférieur*, qui, d'abord réunis, se séparent, s'envoient une anastomose au-dessous de laquelle le nerf lingual (22, fig. 1, et 10, fig. 2) reçoit du facial la *corde du tympan* (23, fig. 1, 31, fig. 3) ; celle-ci, d'après une opinion généralement abandonnée, ferait suite au filet pétreux du nerf vidien, resterait accolée au nerf lingual jusqu'au ganglion sous-maxillaire, dont elle formerait la racine motrice, et établirait ainsi la communication entre les ganglions sous-maxillaire (12, fig. 2; 32, fig. 3) et sphéno-palatin.

S'il est difficile de démontrer anatomiquement la continuité de la corde du tympan avec le ganglion sous-maxillaire, il est au contraire assez facile, sur des pièces macérées pendant longtemps dans l'acide nitrique étendu, de décoller du facial une des racines de la corde du tympan et de la poursuivre presque jusqu'au nerf vidien.

Le nerf lingual envoie des branches à la muqueuse buccale, tonsillaire et pharyngienne, donne la racine sensitive au ganglion sous-maxillaire, concourt à la formation du ganglion sublingual se termine aux glandules (glande de Nuhn), à la muqueuse, aux papilles de la langue et s'anastomose avec l'hypoglosse (13, fig. 2).

Le *dentaire inférieur* (19, fig. 1; 16, 16, fig. 2), se distribue à toutes les dents, par les nerfs dentaire et incisif (19, fig. 2), à la peau, à la muqueuse et aux glandules de la lèvre inférieure par la branche mentonnière (20, fig. 1, et 18, fig. 2), qui s'entre-croise avec le facial; il fournit en outre un rameau pour les muscles mylo-hyoïdien et ventre antérieur du digastrique (21, 21, fig. 1 ; 17, 17, fig. 2.)

GANGLIONS DE LA CINQUIÈME PAIRE.

Huit ganglions dépendent de la cinquième paire : 1° ganglion de Gasser, origine des trois branches du trijumeau ; 2° et 3° ganglions ophthalmique et ciliaire de la branche ophthalmique ; 4° et 5° ganglions sphéno-palatin et naso-palatin du maxillaire supérieur ; 6°, 7°, 8° ganglions otique, sous-maxillaire, sublingual du maxillaire inférieur. Trois de ces ganglions, le ciliaire, le naso-palatins et le sublingual ne sont pas admis par tous les anatomistes.

1° Le *ganglion de Gasser* (1, fig. 1, et 1, fig. 3) peut être classé parmi les ganglions à double racine et comparé aux ganglions rachidiens.

Tous les autres appartiennent aux ganglions à triple racine.

2° et 3° Le *ganglion ophthalmique* (6, fig. 1 ; 10, fig. 3) reçoit sa courte racine du nerf du muscle du petit oblique (branche du moteur oculaire commun), sa racine longue et grêle (racine sensitive) de la branche nasale de l'ophthalmique, sa racine végétative du plexus carotidien et partant du grand sympathique. Les nerfs ciliaires (11, fig. 3) qui en émanent se rendent au *ganglion ciliaire* (12, fig. 3) duquel partent des branches pour l'iris et la conjonctive.

4° *Ganglion sphéno-palatin ou de Meckel* (9, fig. 1 ; 3, fig. 2 ; 17, fig. 3). Il a pour racine motrice le filet pétreux du nerf vidien, pour racine végétative le filet carotidien du nerf vidien ; le maxillaire supérieur lui fournit des racines sensitives.

5° L'existence du *ganglion naso-palatin* (20, fig. 3) est encore douteuse ; quant à moi, je n'ai jamais vu qu'un petit renflement communiquant avec les nerfs naso-palatins interne et externe, dans lequel je n'ai pas encore pu constater la présence de la substance grise.

6° Le *ganglion otique* (20, fig. 2 ; 35, fig. 3) reçoit une racine sensitive du glosso-pharyngien, par l'intermédiaire du petit pétreux superficiel d'Arnold, une racine motrice du facial, au moyen du petit pétreux de M. Longet ; sa racine végétative lui vient du plexus du grand sympathique qui entoure l'artère méningée moyenne.

7° *Ganglion sous-maxillaire* (12, fig. 2 ; 32, fig. 3). On lui donne pour racine motrice la corde du tympan, mais ne pourrait-elle pas venir de la branche récurrente de l'hypoglosse qui s'accole au lingual ; sa racine sensitive est fournie par le lingual ; quant à la racine végétative, elle vient du plexus nerveux du grand sympathique qui enlace l'artère sous-maxillaire.

8° *Ganglion sublingual* (33, fig. 3). La racine sensitive vient du nerf lingual, la végétative du grand sympathique par le plexus de l'artère sublinguale ; sa racine motrice est formée par la corde du tympan ou peut être aussi par l'hypoglosse.

Usages du nerf trijumeau. -- La portion sensitive de la cinquième paire est destinée aux téguments muqueux et cutanés de la moitié antérieure du crâne et de la face ; elle se distribue à la peau du front, des paupières, de la joue, du nez, des lèvres, de l'oreille et se termine par une ou deux branches au pourtour des orifices sensoriaux, oculaire, nasal, buccal, auriculaire. Elle tient sous sa dépendance les sécrétions glandulaires et folliculaires ; aussi la voyons-nous se rendre aux glandes lacrymale, palpébrale, sous-maxillaire, sublinguale, parotide, aux glandules labiales, à l'amygdale, aux follicules cérumineux de l'oreille et aux follicules nasaux. Par ses branches dentaires elle donne la sensibilité aux dents et anime les muscles mylo-hyoïdien et le ventre antérieur du digastrique. Cette anomalie apparente s'explique, si l'on se rappelle que la racine sensitive du trijumeau reçoit des fibres motrices du faisceau intermédiaire du bulbe.

Les muscles qui agissent dans la mastication, de même que le péristaphylin externe et le muscle interne du marteau, dépendent de la portion motrice de la cinquième paire ; le péristaphylin interne et le palato-staphylin reçoivent des filets du facial, par l'intermédiaire du grand pétreux du nerf vidien.

Les portions sensitive et motrice du maxillaire inférieur donnent naissance par deux ordres de racines au nerf auriculo-temporal, qui se distribue à la peau de l'oreille, de la région temporale, et par ses anastomoses avec le facial, à la peau de la joue.

Les faits pathologiques et les vivisections nous montrent que la perte du trijumeau prive de la sensibilité tous les points où il se distribue, mais elle cause aussi dans les organes spéciaux des sens, des lésions médiates ou immédiates qui peuvent faire regarder ce nerf comme nerf complémentaire des sens.

En effet, la section du trijumeau semble priver l'œil de tous ses mouvements (Magendie), diminue la sécrétion des larmes, rend l'iris immobile, le contracte ou le dilate suivant l'espèce animale (contracte chez le lapin, dilate chez le chien) sans changement de forme de la pupille; affaiblit la faculté visuelle, et même par la suite occasionne des troubles de nutrition assez grands pour amener la perte complète de l'organe de la vue.

Relativement à l'odorat, les phénomènes que l'on observe ne sont pas moins curieux : l'olfaction est presque toujours abolie, non pas que le trijumeau soit impressionnable aux odeurs, mais parce que la sécrétion des mucosités nasales n'existe plus, parce que le mode de vitalité de la pituitaire est vicié.

M. Magendie a remarqué la perte de l'ouïe consécutivement à la section du trijumeau; de nombreux faits pathologiques viennent à l'appui de cette assertion. Sans parler de l'action que ce nerf peut avoir sur la sécrétion des liquides et des concrétions labyrinthiques, ne pourrait-on pas invoquer ici l'anastomose que j'ai vue entre le nerf auditif et l'origine de la cinquième paire?

Quant au sens du goût, la sensibilité générale et gustative est complétement abolie dans les deux tiers antérieurs de la langue par la section du trijumeau.

FIGURE 1.

Elle montre le ganglion de Gasser, ses trois branches, leurs divisions et subdivisions et leurs rapports avec les autres nerfs, les artères et les muscles de la face et du cou.

PRÉPARATION. — Enlevez toute la portion de la base du crâne comprise entre deux lignes, dont l'une divise obliquement l'apophyse mastoïde, l'aqueduc de Fallope, le conduit auditif externe au-devant de la membrane du tympan, les trous petit rond et ovale; dont l'autre sépare le frontal, la voûte et l'arcade orbitaire, au point de jonction de leur tiers interne avec les deux tiers externes, le plancher de l'orbite vers la gouttière sous-orbitaire, l'apophyse ptérygoïde, la moitié du trou grand rond, et arrive enfin jusqu'au trou ovale.

Disséquez alors tous les nerfs qui partent du ganglion de Gasser, sculptez le canal ptérygoïdien pour mettre à nu le nerf du même nom; désarticulez le condyle, détachez-le en coupant le muscle ptérygoïdien externe près de son insertion à l'apophyse ptérygoïde, détachez l'apophyse coronoïde et ouvrez le canal dentaire inférieur jusqu'au trou mentonnier. Écartez les mâchoires et échancrez le muscle orbiculaire des lèvres, afin de poursuivre jusqu'à la muqueuse la terminaison des nerfs mentonnier et sous-orbitaire.

Explication de la figure 1.

Parties accessoires. — *a*. Membrane du tympan presque entière et osselets. — *b*. Cavité glénoïde. — *c*. Orbiculaire des lèvres échancré. — *d*. Buccinateur traversé par le canal de Sténon. — *e*. Ptérygoïdien interne. — *f*. Ptérygoïdien externe coupé, pour montrer les rapports des branches terminales du nerf maxillaire inférieur avec les deux muscles ptérygoïdiens. — *g*. Muscle digastrique. — *h*. Sterno-cléïdo-mastoïdien coupé.

Système vasculaire. — A. Artère carotide externe. — B. Artère faciale. — C. Artère temporale. — D. Artère maxillaire interne située en dehors des branches terminales du maxillaire inférieur. — E. Sa branche dentaire. — F. Sa branche méningée moyenne dans le trou petit rond à moitié ouvert.

Système nerveux. — 1. Ganglion de Gasser. — 2. Ophthalmique de Willis et ses trois branches. — 3. Branche frontale. — 4. Lacrymale, et 5, nasale. — 6. Ganglion ophthalmique, ses trois racines et ses branches ciliaires. — 7. Nerf maxillaire supérieur. — 8. Branche orbitaire et ses trois rameaux; le temporal et le malaire sont coupés : le lacrymal s'anastomose avec le filet du même nom de l'ophthalmique de Willis. — 9. Ganglion de Meckel et racines sensitives données par le maxillaire supérieur. — 10. Filet pétreux du nerf vidien qui fait communiquer le ganglion géniculé avec le ganglion de Meckel. — 11. Nerfs palatins s'enfonçant dans le canal du même nom. — 12. Anastomoses du ganglion de Meckel avec le plexus nerveux, qui enlace l'artère maxillaire interne. — 13. Nerfs dentaires postérieurs et supérieurs; ils pénètrent dans des canaux de l'os maxillaire supérieur. — 14. Épanouissement du nerf sous-orbitaire, ses anastomoses avec le facial et plus haut avec le nasal. — 15. Nerf maxillaire inférieur recevant la portion motrice de la cinquième paire. — 16. Nerf auriculo-temporal superficiel; ses racines embrassent l'artère méningée moyenne; il contourne ensuite le col du condyle, forme des anses autour de l'artère temporale, donne des branches anastomotiques au facial et des branches ascendantes coupées ici. — 17. Nerf buccal anastomosé au facial. On a coupé sa branche temporale. — 18. Section des autres branches collatérales du maxillaire inférieur. — 19. Nerf dentaire inférieur et ses ramifications aux racines des dents. — 20. Nerf mentonnier; sa terminaison à la muqueuse labiale inférieure, ses anastomoses avec le facial. — 21. Lingual passant entre le buccinateur et la branche de la mâchoire inférieure. — 22. Corde du tympan ; elle monte entre le manche du marteau et la branche de l'enclume, et établit la communication entre le lingual et, 23, le facial.

FIGURE 2.

Parties de la cinquième paire qui n'ont pas été étudiées sur la figure précédente. On a détaché le ganglion de Gasser de ses branches, afin de montrer le plexus nerveux de l'artère carotide interne.

Préparation. — Même coupe osseuse que la précédente. Détachez la membrane du tympan pour voir les rameaux nerveux de la paroi interne de la cavité tympanique ; ouvrez les canaux dentaires de l'os maxillaire supérieur et enlevez une portion du corps de la mâchoire inférieure, après l'avoir séparée du muscle mylo-hyoïdien, afin de mettre à nu le ganglion et la glande sous-maxillaire ; tirez la langue hors de la bouche pour montrer les anastomoses de l'hypoglosse avec le lingual et le ganglion sublingual.

Explication de la figure 2.

Parties accessoires. — *a*. Os maxillaire supérieur dont la table externe a été enlevée afin de voir le plexus dentaire. — *b*. Cartilages du nez. — *c*. Paroi interne de la cavité tympanique. — *d*. Muscle ptérygoïdien interne et angle de la mâchoire. — *e*. Muscle buccinateur coupé. — *f*. Muscle mylo-hyoïdien détaché en partie de l'os maxillaire. — *g*. Portion du ventre antérieur du digastrique. — *h*. Portion du sterno-cléïdo-mastoïdien renversé.

Système nerveux. — 1. Ophthalmique de Willis coupé. — 2. Maxillaire supérieur coupé à ses deux extrémités. — 3. Ganglion de Meckel. — 4. Filet pétreux et filet carotidien du nerf vidien. Ce dernier concourt, avec les branches du, 5, moteur oculaire externe, du, 6, nerf de Jacobson et du grand sympathique, à la formation d'un plexus ou quelquefois d'un ganglion (ganglion caverneux ou carotidien), placé sur la première courbure de l'artère carotide interne. — 7. Nerfs dentaires postérieurs et supérieurs, formant avec, 8, le nerf dentaire antérieur et supérieur, un plexus d'où partent des branches pour les dents et l'os maxillaire supérieur. — 9. Ganglion otique et tronc commun des deux petits pétreux. — 10. Lingual. — 11. Corde du tympan. — 12. Ganglion sous-maxillaire, ses racines et les branches qu'il envoie à la glande sous-maxillaire. — 13. Anastomoses du lingual avec l'hypoglosse. — 14. Ganglion ou plexus sublingual. — 15. Branches terminales du nerf lingual, destinées à la muqueuse. — 16, 16. Nerfs dentaires inférieurs. — 17, 17. Branche mylo-hyoïdienne pour le muscle mylo-hyoïdien et le ventre antérieur du digastrique. — 18. Nerf mentonnier coupé. — 19. Nerf incisif. — 20. Ganglion du glosso-pharyngien. — 21. Facial dans l'aqueduc de Fallope. — 22. Nerf hypoglosse.

FIGURE 3.

Figure schématique montrant la cinquième paire en connexion avec la plupart des ganglions crâniens.

Explication de la figure 3.

Système nerveux. — 1. Ganglion de Gasser, ses racines et ses branches. — 2. Ganglion ophthalmique. — 3. Sa racine longue et grêle fournie par le rameau nasal. — 4. Sa racine grosse et courte émanée du nerf du petit oblique, branche du moteur oculaire commun. — 5. Racine végétative provenant du plexus qui entoure l'artère carotide interne. — 6. Nerfs ciliaires traversant la sclérotique, pour se placer entre elle et la choroïde, et se rendre au, 7, ganglion ciliaire. — 8. Ganglion de Meckel. — 9. Ses racines sensitives données par le maxillaire supérieur. — 10. Filet pétreux du nerf vidien ou racine motrice du ganglion de Meckel. — 11. Filet carotidien considéré comme sa racine végétative. — 12. Ganglion naso-palatin recevant par son angle supérieur le nerf sphéno-palatin interne (naso-palatin), et par son angle inférieur, le nerf palatin antérieur. — 13. Ganglion otique. — 14. Petit pétreux superficiel d'Arnold. — 15. Ganglion sous-maxillaire tenant au nerf lingual par ses racines sensitives et donnant des branches à la glande sous-maxillaire dont une portion seulement est conservée ici. — 16. Ganglion sublingual tenant aussi au nerf lingual et se distribuant à la glande sublinguale. — 17. Ganglion géniculé qui adhère au premier coude du facial et donne naissance au grand pétreux superficiel. — 18. Ganglion caverneux.

PLANCHE 30.

SEPTIÈME PAIRE. — (*Portion dure de la septième paire de Willis, nerf facial.*)

Nous avons vu le facial prendre son origine en dedans du nerf auditif, sur le faisceau antéro-latéral de la moelle (faisceau moteur), au fond de la fossette sus-olivaire; nous l'avons vu en outre s'engager dans le conduit auditif interne et se placer dans une gouttière que lui offre inférieurement le nerf auditif. Parvenu au fond du conduit, il abandonne cette gouttière, franchit un trou situé à la partie supérieure de la lame criblée, et pénètre dans l'aqueduc de Fallope, canal tortueux creusé dans la paroi interne de la cavité tympanique et s'étendant de la lame criblée au trou stylo-mastoïdien.

Dans cette partie de son trajet, le facial décrit les mêmes courbures que le canal qu'il traverse. Ainsi, dirigé horizontalement (fig. 1) de dedans en dehors et d'avant en arrière, depuis le fond du conduit auditif interne jusqu'à l'*hiatus Fallopii*, il se coude brusquement d'avant en arrière (2, fig. 2) en restant horizontal, passe au-dessus de la fenêtre ovale, devient vertical (3, fig. 2) en arrière de cette ouverture et sort par le trou stylo-mastoïdien. Il marche alors obliquement de haut en bas et d'arrière en avant, dans l'épaisseur de la glande parotide (1, fig. 4), jusque vers le col du condyle où il se divise en deux branches terminales, l'une ascendante, *temporo-faciale* (9, fig. 4), l'autre descendante, *cervico-faciale* (17, fig. 4).

Pour faciliter l'étude du facial, nous décrirons successivement les branches qu'il fournit dans le conduit auditif interne et l'aqueduc de Fallope; les branches qu'il fournit après sa sortie par le trou stylo-mastoïdien.

1° Du nerf facial dans le conduit auditif interne.

Nerf intermédiaire ou de Wrisberg (2, fig. 3, et 8, fig. 5). — Lorsqu'on écarte légèrement le facial de l'auditif, on les voit communiquer par un petit cordon nerveux dont Wrisberg a le premier signalé la position par ces mots : *portio media inter communicantem faciei et nervum auditivum*. Certains anatomistes prétendent que ce rameau établit une anastomose entre le facial et l'auditif; d'autres, comme M. Cruveilhier, ne voient qu'un simple accolement entre le nerf acoustique et une portion distincte du facial. Bischoff et d'autres physiologistes allemands ont regardé le nerf de Wrisberg comme la racine sensitive du facial. M. Longet le considère comme un nerf particulier qui s'accolerait au facial, dont il croiserait le premier coude : une partie irait former le petit pétreux, traverserait le ganglion otique et animerait le muscle interne du marteau; une autre partie continuerait son trajet le long du facial pour donner le filet nerveux du muscle de l'étrier. M. Cusco, dans sa Thèse pour le doctorat, adopte presque les idées de Bischoff : il assigne à ce nerf une origine distincte sur la partie interne du cordon médian postérieur, et le fait arriver jusqu'au ganglion géniculé. Dans mes dissections, je n'ai pas encore pu constater, ni l'origine donnée par M. Cusco, ni la continuité avec le petit pétreux de M. Longet; j'ai vu seulement le nerf intermédiaire donner quelques filets au facial et se perdre presque en totalité dans le ganglion géniculé.

Arnold a décrit une seconde anastomose (10, fig. 5) entre le facial et l'auditif. Suivant lui, ce filet, venu de la branche vestibulaire du nerf auditif, croiserait le coude du facial, s'accolerait au petit pétreux superficiel d'Arnold, et ferait communiquer le ganglion otique avec le nerf auditif; dans cette hypothèse, la partie de cette anastomose comprise entre le coude et le petit pétreux superficiel ne serait autre que le petit pétreux de M. Longet. J'ai vu, en effet, un second filet se rendre de l'auditif au facial, et se perdre en regard du petit pétreux de M. Longet; mais je ne l'ai jamais vu croiser le coude du facial.

Ganglion géniculé (2, fig. 1; 1, fig. 2). — Au niveau de son coude, dans l'*hiatus Fallopii*, le facial présente un renflement triangulaire, gris rougeâtre, dont la nature et même l'existence sont encore un sujet de litige parmi les anatomistes. M. Cruveilhier le nie formellement; Arnold le regarde comme une transition entre une intumescence gangliforme et un véritable ganglion; M. Longet ne voit qu'une intumescence rougeâtre due à la divergence des filets du grand pétreux superficiel et aux nombreuses ramifications vasculaires qui leur sont entremêlées. D'après Bischoff, ce serait un ganglion situé sur le nerf de Wrisberg, nerf sensitif, et partant comparable aux ganglions spinaux. M. Valentin admet ce ganglion et le décrit de la manière suivante (voy. son *Traité de névrologie*, p. 399) : « Le ganglion géniculé représente une masse ayant la forme d'un triangle arrondi, dont le sommet regarde en devant et en dehors, dont la base convexe est tournée en arrière et en dedans, et qui se trouve pour ainsi dire surajoutée à l'angle antérieur du genou du nerf facial. Comme dans tous les ganglions, les fibres primitives forment dans l'intérieur de celui-là un plexus compliqué, dans l'intervalle et à la surface des mailles duquel se trouvent les globules ganglionnaires. » Tout récemment, M. Cusco et M. Robin ont aussi constaté que la texture du ganglion géniculé était analogue à celle des ganglions spinaux, sous le rapport des globules.

Au milieu d'opinions aussi diverses, j'ai voulu m'assurer par moi-même de l'existence réelle ou supposée de ce ganglion; j'ai pu voir, à l'œil nu, surtout sur des pièces fraîches, au niveau et en avant du coude du facial, un renflement gris rougeâtre, contrastant avec la blancheur du nerf facial auquel il est attaché, uni à son sommet au grand nerf pétreux superficiel, et recevant à son angle postérieur la majeure partie du nerf de Wrisberg. M. le docteur Follin, prosecteur de la Faculté de Paris, a bien voulu m'aider dans l'étude microscopique, et nous nous sommes assurés tous les deux, en examinant de petites tranches du ganglion, qu'il présente des globules semblables à ceux des ganglions spinaux.

Grand nerf pétreux superficiel (3, fig. 1; 6, fig. 2; 3, fig. 3). — Les anatomistes ne sont pas complétement d'accord sur l'origine de ce nerf. D'après Meckel, il émane du ganglion sphéno-palatin; M. Longet le fait venir en partie du ganglion sphéno-palatin, en partie de l'intumescence gangliforme du coude du facial; enfin, M. Cruveilhier pense qu'il est fourni tout entier par le facial. Quelle que soit l'origine admise, on le voit sortir par l'*hiatus Fallopii*, se placer dans une gouttière au-devant de cet orifice, franchir le trou déchiré antérieur, dans un canal particulier, s'engager dans le canal vidien, et arriver au ganglion de Meckel qu'il traverserait en partie, suivant M. Longet, pour se rendre aux muscles palato-staphylin et péristaphylin interne. Au-devant du ganglion géniculé, le grand pétreux superficiel reçoit du nerf de Jacobson une anastomose désignée sous le nom de *petit pétreux profond* (13, fig. 3).

Petit pétreux de M. Longet (5, fig. 3). — Au delà de son coude, le facial donne un rameau très grêle, qui s'accole au petit pétreux superficiel d'Arnold, qui se rend avec lui au ganglion otique et nommé *petit pétreux* par M. Longet. Nous avons vu plus haut que ce filet a été signalé par Arnold, et d'autres anatomistes qui l'ont envisagé sous un autre point de vue.

Derrière la fenêtre ovale, on voit naître de la portion verticale du facial, et presque à angle droit, un filet figuré par Sœmmerring; rejeté d'abord, puis admis par M. Cruveilhier, ce filet traverse la pyramide et se rend au muscle de l'étrier (6, fig. 3).

Corde du tympan (4, fig. 1; 9, fig. 2). — Ce nerf se détache du facial un peu avant sa sortie du trou stylo-mastoïdien; il naît par deux racines, dont l'une se porte vers l'origine, l'autre vers la terminaison du facial; il se dirige obliquement de bas en haut vers la cavité tympanique, y pénètre par un petit trou situé au niveau de l'extrémité postérieure du diamètre transverse de l'encadrement de la membrane du tympan, remonte le long de cette dernière en formant une courbure à concavité inférieure, se place entre le manche du marteau et la branche de l'enclume, sort par une ouverture située à la partie postérieure de la scissure de Glaser, et se rend au nerf lingual.

Nous faisons naître ici la corde du tympan entièrement du facial. MM. H. Cloquet, Hirzel et autres la font venir du nerf maxillaire supérieur, par l'intermédiaire du grand pétreux superficiel qui s'accolerait au facial et s'en détacherait plus loin pour former la corde du tympan. M. Longet regarde celle-ci comme un nerf mixte constitué par des filets du facial et des filets rétrogrades du lingual. Nous avons exprimé plus haut notre opinion à cet égard (*voy.* le résumé de la cinquième paire).

Ce nerf ne fait que traverser la cavité tympanique, sans y laisser aucune ramification; mais hors de cette cavité, je l'ai vu plusieurs fois s'anastomoser avec le ganglion otique.

Quelques observations pathologiques tendent à démontrer que la motilité de la langue est en partie sous l'influence du facial; aussi a-t-on prétendu que la corde du tympan ne faisait que s'accoler au nerf lingual, allait former la racine motrice du ganglion sous-maxillaire et se perdait aux fibres musculaires subjacentes à la muqueuse papillaire de la langue; je l'ai toujours vue se terminer au lingual avant sa pénétration dans l'épaisseur de la langue, mais j'ai souvent trouvé un filet envoyé directement à la langue par le facial, et qui pourrait très bien expliquer l'influence de ce dernier sur la motilité de cet organe.

Rameau auriculaire d'Arnold (7, fig. 3). — Au niveau de la corde du tympan, mais du côté opposé, on aperçoit le rameau auriculaire d'Arnold, anastomose remarquable entre le facial et le pneumo-gastrique. Ce filet sort de l'aqueduc de Fallope, pénètre dans la fosse jugulaire sur la moitié antérieure de laquelle il se trouve logé dans une espèce de rigole ou même de canal complet situé entre la fosse et la veine, qui le conduit jusqu'au pneumo-gastrique. D'après Arnold, il se divise en trois rameaux, l'un qui s'anastomose avec le facial, l'autre avec l'occipito-auriculaire, le troisième se rend à l'oreille.

Anastomose avec le glosso-pharyngien. — Le facial fournit encore, avant sa sortie de l'aqueduc, un rameau anastomotique avec le glosso-pharyngien; le trajet de ce rameau est très variable : tantôt il traverse le trou stylo-mastoïdien, passe derrière l'apophyse styloïde au-devant de la veine jugulaire, et s'anastomose en formant une anse avec le ganglion d'Andersh du glosso-pharyngien : cette disposition a été appelée *anse de Haller;* tantôt l'anastomose a lieu d'une autre manière, le nerf descend verticalement en bas, au niveau de la partie moyenne du ventre postérieur du digastrique (11, fig. 2), le contourne en demi-spirale ou quelquefois le traverse, s'y ramifie dans tous les cas et remonte s'anastomoser avec le ganglion d'Andersh. Ce rameau donne presque toujours au muscle stylo-hyoïdien; pourtant celui-ci reçoit quelquefois un filet direct du facial après sa sortie du trou stylo-mastoïdien (12, fig. 2).

Rameau lingual (13, fig. 2). — J'ai vu naître du facial, et sortir par le trou stylo-mastoïdien, un rameau qui n'a pas encore fixé l'attention de tous les anatomistes, et qu'on pourrait appeler rameau *lingual du facial*. Il longe le côté externe et antérieur du muscle stylo-pharyngien, le traverse par quelques uns de ses filets qui vont s'anastomoser avec le nerf glosso-pharyngien, se dirige vers la langue entre le pilier antérieur et le pilier postérieur du voile du palais, sous l'amygdale, et se distribue aux fibres musculaires qui sont subjacentes à la muqueuse papillaire de la langue.

Nerf occipito-auriculaire (10, fig. 2; 2, fig. 4). — Le dernier nerf donné par le facial dans l'aqueduc de Fallope, et même assez souvent dans le trou stylo-mastoïdien, est le nerf occipito-auriculaire. Celui-ci sort par le trou stylo-mastoïdien, se place très profondément en dedans de l'apophyse mastoïde sur laquelle il remonte, croise l'auriculaire du plexus cervical avec lequel il s'anastomose (3, fig. 4), et se divise en deux branches, l'une occipitale, l'autre auriculaire.

La branche occipitale (4, fig. 4) longe l'insertion inférieure du muscle occipital auquel elle se perd.

La branche auriculaire envoie un filet au muscle auriculaire postérieur (5, fig. 4), le traverse et se rend à la partie postérieure de l'auriculaire supérieur (6, fig. 4).

2° Du nerf facial après sa sortie de l'aqueduc de Fallope.

Après avoir franchi le trou stylo-mastoïdien, le facial se dirige de haut en bas, d'arrière en avant, de dedans en dehors, dans l'épaisseur de la glande parotide, jusqu'au col du condyle, où il se divise en deux branches terminales, temporo-faciale et cervico-faciale. Avant sa bifurcation il s'anastomose (7, fig. 4) avec l'auriculaire du plexus cervical, et donne les branches du stylo-hyoïdien et du ventre postérieur du digastrique, lorsqu'elles ne naissent pas, comme nous l'avons vu plus haut, dans l'intérieur de l'aqueduc de Fallope.

Branche temporo-faciale. — Elle se dirige obliquement en haut et en avant vers le col du condyle, et se recourbe presque toujours au niveau de celui-ci, en formant une anse à concavité postérieure, à convexité antérieure; la concavité reçoit de l'auriculo-temporal superficiel plusieurs anastomoses (9, fig. 4) qui, d'après certains physiologistes, donnent naissance au nerf cutané fourni par le facial à la peau de la joue. De la convexité partent en rayonnant de nombreuses ramifications qui toutes s'anastomosent entre elles à la manière des artères mésentériques et forment des arcades d'où émanent les divisions terminales de la branche temporo-faciale. Celles-ci peuvent être divisées en rameaux temporaux ou ascendants, en rameaux ascendants obliques ou frontaux et orbitaires, en rameaux horizontaux ou sous-orbitaires, en rameaux descendants ou buccaux.

Les *rameaux ascendants* ou *temporaux* (10, fig. 4) s'anastomosent avec le temporal de l'auriculo-temporal de la cinquième paire, après s'être distribués aux muscles auriculaires antérieur et supérieur.

Rameaux ascendants obliques. — Les frontaux (11, fig. 4) se dirigent obliquement vers le bord externe du muscle frontal, et se perdent à sa face profonde après s'être anostomosés entre eux en formant une sorte de plexus à angles très aigus, sur le sommet desquels on trouve assez souvent de petits *renflements gangliformes;* il existe encore une autre anastomose de ces nerfs avec les branches orbitaires du facial et le frontal de l'ophthalmique.

Les *rameaux orbitaires* peuvent se subdiviser en palpébraux supérieurs, moyens et inférieurs. Les supérieurs (12, fig. 4) se perdent au muscle sourcilier, à la partie supérieure de l'orbiculaire dans l'épaisseur duquel ils s'anastomosent avec le frontal externe et le lacrymo-palpébral de l'ophthalmique. Les moyens (13, fig. 4) croisent obliquement l'extrémité supérieure du grand zygomatique, lui donnent des filets et se perdent à l'orbiculaire des paupières, vers la commissure externe de l'œil. Les inférieurs (14, fig. 4) se distribuent à la partie inférieure du muscle orbiculaire, à l'élévateur commun de l'aile du nez et de la lèvre supérieure, au petit zygomatique et s'anastomosent avec les nerfs malaires et nasal de la cinquième paire.

Les *rameaux horizontaux* ou *sous-orbitaires* (15, fig. 4) croisent perpendiculairement le masséter, passent sous le grand zygomatique, forment entre eux un plexus à mailles serrées, se placent entre le canin et l'élévateur propre de la lèvre supérieure, et constituent, avec le nerf sous-orbitaire de la cinquième paire, le *plexus sous-orbitaire* (16, fig. 4). Celui-ci n'est pas un simple accolement, mais une véritable anastomose entre le facial et le sous-orbitaire. On peut malgré cela reconnaître assez facilement les filets nerveux du premier de ces nerfs, parce qu'ils sont horizontaux, plus superficiels, plus minces, plus gris que les filets du sous-orbitaire; en outre ceux-ci se perdent à la peau et à la muqueuse, tandis que les autres se distribuent aux muscles.

Rameaux descendants ou buccaux. — Ils traversent comme les autres la glande parotide, marchent ensuite parallèlement au canal de Sténon, au-dessus de lui; se dirigent vers le muscle buccinateur, s'anastomosent avec les filets sous-orbitaires du facial, avec les rameaux buccaux de la branche cervico-faciale et de la branche buccale de la cinquième paire, et forment aussi une espèce de plexus qui envoie ses ramifications aux muscles buccinateur et orbiculaire des lèvres; le muscle buccinateur reçoit surtout des filets du facial, le nerf buccal de la cinquième paire ne fait que le traverser.

Branche cervico-faciale (18, fig. 4). — On peut lui considérer des rameaux faciaux et des rameaux cervicaux. Les rameaux destinés à la face sont : 1° les *buccaux inférieurs* (19, fig. 4) qui donnent à la partie inférieure du muscle buccinateur, s'anastomosent avec le buccal de la cinquième paire, les buccaux du temporo-facial et le réseau nerveux de l'artère faciale (27, fig. 4); 2° *rameaux mentonniers* (21, fig. 4) : ceux-ci passent sous le muscle triangulaire des lèvres et le carré du menton, se distribuent à ces muscles, à la houppe du menton, et vont former avec le nerf mentonnier de la cinquième paire le *plexus mentonnier* (22, fig. 4), dont les filets sont disposés d'une manière analogue à ceux du plexus sous-orbitaire.

Les *rameaux cervicaux* (23, fig. 4) se dirigent vers la région sus-hyoïdienne, se placent derrière le peaucier qui les sépare de la branche cervicale transverse du plexus cervical, se distribuent à la face profonde du peaucier, le traversent et s'anastomosent en formant un plexus avec la branche cervicale transverse (24, fig. 4).

Résumé anatomique du facial.

Si nous embrassons d'un seul coup d'œil le trajet et la distribution du facial, nous voyons que depuis sa naissance sur le faisceau moteur de la moelle, au fond de la fossette sus-olivaire, jusqu'à l'intérieur du conduit auditif interne, il est accompagné par les nerfs auditif et intermédiaire. Au fond du conduit ces nerfs se séparent; l'auditif s'enfonce dans l'épaisseur du rocher, une partie du nerf de Wrisberg s'arrête sur le facial, l'autre partie va un peu plus loin rejoindre le ganglion géniculé; le facial traverse l'aqueduc de Fallope, sort par le trou stylo-mastoïdien, se bifurque et s'épanouit par de nombreuses radiations dans les muscles peauciers du crâne, de la face, du cou, après avoir fourni directement des branches aux muscles de l'étrier, stylo-hyoïdien, ventre postérieur du digastrique, aux fibres musculaires subjacentes à la muqueuse papillaire de la langue; et indirectement, par le nerf grand pétreux superficiel, aux muscles péristaphylin interne et palato-staphylin.

Dans tout son trajet, le facial contracte de fréquentes anastomoses avec les nerfs crâniens et rachidiens. Ainsi : dans le conduit auditif interne, il s'accole à quelques filets du nerf de Wrisberg; au niveau de l'*hiatus Fallopii*, il reçoit à sa face postérieure un petit rameau qui l'unit à la branche vestibulaire du nerf auditif; à sa face antérieure il présente le ganglion géniculé auquel aboutit la majeure partie du nerf de Wrisberg, et qui donne naissance par son sommet au grand pétreux superficiel, branche de communication entre le facial et le maxillaire supérieur à l'aide du ganglion sphéno-palatin, et peut être aussi entre le facial et le glosso-pharyngien par l'intermédiaire du petit pétreux profond d'Arnold. Au delà du coude, on remarque le petit pétreux de M. Longet, rameau important par ses connexions avec le ganglion otique du maxillaire inférieur et avec le glosso-pharyngien, à l'aide d'un seul nerf, le petit pétreux superficiel d'Arnold. Plus loin, la corde du tympan va se jeter sur le nerf lingual; d'autres ramifications s'anastomosent avec les nerfs auriculo-temporal superficiel, frontal, lacrymal, malaire, sous-orbitaire, buccal, mentonnier, et complètent les moyens d'union entre la septième et la cinquième paire.

Le filet lingual du facial, l'anse anastomotique de Haller, ou lorsqu'elle manque, le filet qui s'enroule autour du ventre postérieur du digastrique, donnent encore de nouvelles anastomoses avec le glosso-pharyngien. Le rameau auriculaire d'Arnold, ou rameau de la fosse jugulaire, va s'unir avec le pneumo-gastrique, et enfin le réseau nerveux qui enveloppe les artères de la face fait communiquer le facial avec les quatre dernières paires crâniennes (glosso-pharyngien, pneumo-gastrique, spinal, grand hypoglosse), et le nerf grand sympathique.

Les anastomoses avec le plexus cervical ont lieu par l'intermédiaire de ses branches auriculaire et cervicale transverse.

Usages du facial. — Les expériences de Charles Bell, répétées depuis par les autres physiologistes, les observations pathologiques, et surtout la distribution anatomique du facial, prouvent, d'une manière incontestable, que ce nerf préside à la contraction des muscles sous-cutanés du crâne, de la face, du cou et des autres muscles signalés plus haut, qu'il est tout à fait étranger à la sensibilité tactile de la face, dévolue tout entière au nerf trijumeau. Cette différence d'action, entre celui-ci et le facial, est parfaitement d'accord avec leur différence d'aspect : les branches du trijumeau sont en effet plus volumineuses que celles du facial; or nous savons que les nerfs sensitifs sont généralement plus volumineux que les nerfs moteurs. On pourrait encore signaler l'aspect transparent et nacré du facial, tandis que le trijumeau est d'un blanc mat, et présente sur son trajet plusieurs plexus gangliformes formés par des filaments blanchâtres anostomosés entre eux et entremêlés de substance grise, comme on peut le voir sur les nerfs lingual, dentaire inférieur, auriculo temporal superficiel.

De nombreuses vivisections ont montré que le facial, nullement sensible à son origine, le devenait à sa sortie de l'aqueduc de Fallope. La source de cette sensibilité est encore un sujet de controverse. M. Magendie l'attribue aux anostomoses avec le trijumeau. Müller, observant que le facial conserve encore un reste de sensibilité après la section du trijumeau, pense qu'elle lui est communiquée par le pneumo-gastrique, à l'aide du filet auriculaire d'Arnold. Bischoff et d'autres physiologistes allemands disent que le facial doit sa sensibilité au nerf de Wrisberg, qu'ils regardent comme sa racine sensitive, et qu'ils comparent aux racines postérieures des nerfs rachidiens. Cette assertion n'est pas aussi hypothétique que M. Longet a voulu le démontrer : Bischoff, et plus récemment M. Cusco, ont poursuivi le nerf de Wrisberg jusqu'au faisceau postérieur de la moelle. Je l'ai vu comme eux arriver à l'angle postérieur du ganglion géniculé ; j'ai pu aussi m'assurer que la texture de ce dernier était analogue à celle des ganglions spinaux.

Ch. Bell avait nommé le facial nerf respiratoire, parce qu'il avait remarqué qu'après sa section, la narine du côté opéré avait cessé de se contracter et de se dilater régulièrement avec la poitrine ; M. Cruveilhier propose, avec plus de raison, de l'appeler nerf de l'expression, car il se distribue dans les muscles de la face destinés à l'expression des passions.

C'est aux nombreuses anastomoses du facial, soit avec ses propres ramifications, soit avec celles des autres nerfs, que certains physiologistes ont attribué la rapidité et la délicatesse de l'expression de la physionomie et ses relations intimes avec les sensations; ces anastomoses sont en effet placées, les unes entre les muscles, les autres dans l'épaisseur des muscles et de la graisse, surtout au niveau des paupières, du nez, des joues, du menton, c'est-à-dire vers les parties qui concourent spécialement au jeu mimique de la face. Le facial participe encore à la formation des plexus nerveux qui enlacent les vaisseaux de la face, et contribue peut-être de cette manière à la coloration ou à la pâleur des joues, sous l'influence de certaines impressions morales.

Outre les différentes fonctions que nous venons d'assigner au facial, il est bon de reconnaître son influence sur les sens spéciaux ; sa section ou sa paralysie affaiblissent ces organes, non pas qu'ils soient sous sa dépendance immédiate, mais parce que les muscles qui les protégent et qui facilitent l'exercice de leurs fonctions sont paralysés.

HUITIÈME PAIRE. — (*Nerf auditif, portion molle de la septième paire de Willis.*)

Les anatomistes ont généralement reconnu au nerf auditif deux racines. L'une, formée par la réunion des stries blanches situées sur la substance grise du quatrième ventricule, contourne le corps restiforme, et s'accole à l'autre racine issue de la fossette sus-olivaire; j'ai montré qu'une troisième racine, émanée du nerf trijumeau, allait renforcer les deux précédentes, entre le corps restiforme et le pédoncule moyen du cervelet.

Le tronc nerveux formé par la réunion de ces trois origines s'engage dans le conduit auditif interne, conjointement avec le facial et le nerf de Wrisberg, abandonne bientôt ces derniers et se divise en deux branches, l'une *limacienne*, l'autre *vestibulaire;* toutes les deux traversent la lame criblée du fond du conduit.

Dans ce trajet, le nerf, d'abord presque arrondi, s'aplatit, passe au-dessous du facial et du nerf de Wrisberg, et leur offre une gouttière (1, fig. 5) à concavité tournée en haut, formée en quelque sorte par la juxta-position de ses branches de bifurcation, qui, plus loin, s'écartent et deviennent distinctes l'une de l'autre.

La branche *antérieure* ou *limacienne* (2, fig. 5), la plus considérable, se dirige en avant, en dehors et en bas, se contourne en pas de vis, et présente un renflement gangliforme d'où partent une multitude de filets très minces qui traversent la partie de la lame criblée correspondante à la base de la columelle, s'engagent dans les conduits situés à l'intérieur de cette dernière, se coudent à angle droit et se rendent à la cloison spirale (3, fig. 5) : les plus extérieurs au premier tour de spire, les filets internes au deuxième tour, les filets centraux au troisième tour de spire et à l'infundibulum. Les petits rameaux, placés d'abord entre les deux lamelles osseuses de la cloison, se subdivisent en deux ou trois ramuscules qui s'anastomosent entre eux et avec les filets voisins, forment des plexus à mailles serrées, et constituent, pour ainsi dire, la portion membraneuse.

La branche *vestibulaire* (4, fig. 5), plus superficielle que la précédente, marche obliquement en arrière, envoie une anastomose au facial (10, fig. 5), passe dans le vestibule et se divise en trois branches : la plus grande est destinée aux ampoules des canaux demi-circulaires supérieur et horizontal (5, fig. 5); une autre se rend au canal demi-circulaire postérieur (6, fig. 5); la troisième se ramifie dans le vestibule (7, fig. 5). Je renvoie, pour de plus amples détails, au chapitre du sens de l'ouïe.

Usages. — Le nerf auditif n'a d'autres attributions que de transmettre au sensorium commun les impressions auditives. Sa section et sa destruction chez les animaux ne provoquent ni sensations douloureuses, ni mouvements. L'anatomie comparée, les faits pathologiques et les expériences de M. Flourens semblent démontrer que, des deux branches de bifurcation du nerf auditif, la branche vestibulaire est la plus essentielle, la plus indispensable à la fonction auditive. Quelques physiologistes admettent que ces deux branches sont destinées à transmettre des sons différents.

FIGURE 1.

Nerf facial depuis son entrée dans le conduit auditif interne jusqu'à l'*hiatus Fallopii*.

PRÉPARATION. — Enlevez sur le rocher la paroi supérieure du conduit auditif interne, depuis l'orifice de ce dernier jusqu'à l'*hiatus Fallopii;* mettez à nu en arrière les canaux demi-circulaires osseux, sculptez en avant une partie du limaçon, et découvrez les nerfs facial et auditif en fendant la gaine fibreuse qui les entoure.

Explication de la figure 1.

Parties accessoires. — *a, a, a.* Os temporal vu par en haut. — *b.* Limaçon. — *c.* Canaux demi-circulaires. — *d.* Marteau et enclume. — *e.* Muscle interne du marteau.

Système nerveux. — 1. Première portion horizontale du nerf facial. — 2. Son premier coude et ganglion géniculé. — 3. Filet pétreux du nerf vidien. — 4. Corde du tympan. — 5. Nerf auditif. — 6. Ganglion de Gasser.

FIGURE 2.

Nerf facial et branches qu'il fournit dans l'aqueduc de Fallope, c'est-à-dire depuis l'*hiatus Fallopii* jusqu'au trou stylo-mastoïdien.

PRÉPARATION. — Divisez successivement par une coupe verticale, oblique de dehors en dedans, l'apophyse mastoïde, le conduit auditif externe en dehors de la membrane du tympan et de l'apophyse styloïde, la moitié interne du trou ovale, et disséquez avec précaution tous les nerfs que vous découvrirez.

Explication de la figure 2.

Parties accessoires. *a.* — Moitié de la membrane du tympan et osselets. — *b.* Apophyse styloïde. — *c.* Ventre postérieur du digastrique. — *d.* Muscle stylo-hyoïdien. — *e.* Muscle stylo-pharyngien. — *f.* Stylo-glosse.

Système nerveux. — 1. Première courbure ou coude du facial et ganglion géniculé. — 2. Deuxième portion horizontale. — 3. Portion verticale. — 4. Seconde courbure. — 5. Sortie du facial par le trou stylo-mastoïdien. — 6. Filet pétreux du nerf vidien. — 7. Ganglion de Meckel. — 8. Tronc commun du petit pétreux de M. Longet et du petit pétreux superficiel d'Arnold. — 9. Corde du tympan. — 10. Filet occipito-auriculaire du facial. — 11. Nerf du ventre postérieur du digastrique. — 12. Nerf du muscle stylo-hyoïdien. — 13. Filet qui contourne le stylo-pharyngien et se rend à la langue en s'anastomosant avec, 14, 14, le nerf glosso-pharyngien.

FIGURE 3.

Figure schématique montrant la portion du facial contenue dans l'aqueduc de Fallope, et ses anastomoses avec les autres nerfs. On a érigné sa portion verticale, pour laisser voir son anostomose avec le pneumo-gastrique.

Explication de la figure 3.

Système nerveux. 1. Facial. — 2. Nerf de Wrisberg se rendant au facial et au ganglion géniculé. — 3. Filet pétreux du nerf vidien. — 4. Ganglion de Meckel. — 5. Petit pétreux de M. Longet. — 6. Filet du muscle de l'étrier. — 7. Filet auriculaire d'Arnold (rameau de la fosse jugulaire de M. Cruveilhier), établissant la communication entre le facial et, 10, le ganglion du pneumo-gastrique. — 8. Corde du tympan coupée. — 9. Ganglion du glosso-pharyngien (ganglion d'Andersh). — 10. Nerf de Jacobson divisé en six filets, savoir : 11. Filet anastomotique avec, 12, le plexus carotidien ; 13, filet anastomotique (petit pétreux profond d'Arnold) avec le grand pétreux superficiel ; 14, petit pétreux superficiel d'Arnold accolé au petit pétreux de M. Longet, pour former, 15, un tronc commun qui aboutit au, 16, ganglion otique ; 17, filet de la fenêtre ronde ; 18, filet de la fenêtre ovale ; 19, filet de la trompe d'Eustache.

FIGURE 4.

Nerf facial au sortir du trou stylo-mastoïdien ; sa distribution aux muscles de la face, ses anastomoses avec la cinquième paire et les branches du plexus cervical.

PRÉPARATION. — Enlevez la peau et la graisse de l'un des côtés de la face ; puis, comme le nerf facial est profondément placé dans la glande parotide, à sa sortie du trou stylo-mastoïdien, découvrez une de ses branches là où il est sous-cutané, c'est-à-dire à la portion antérieure et supérieure du masséter ; suivez cette branche en arrière, dans la profondeur de la parotide, elle vous conduira au tronc du facial dont vous disséquerez avec précaution toutes les divisions, en allant alors de leur origine vers leur terminaison. Étudiez avec soin les anastomoses du facial avec la cinquième paire et avec le plexus cervical superficiel. Le facial se rendant à la face profonde des muscles, enlevez la plupart de ceux-ci et échancrez-en quelques uns, comme on le voit sur la figure.

Explication de la figure 4.

Parties accessoires. — *a*. Muscle frontal. — *b*. Occipital. — *c*. Auriculaire antérieur. — *d*. Auriculaire supérieur. — *e*. Auriculaire postérieur. — *f*. Orbiculaire des paupières. — *g*. Grand zygomatique coupé. — *h*. Buccinateur. — *i*. Fragment de l'orbiculaire des lèvres. — *k*. Masséter. — *l*. Glande parotide et canal de Sténon. — *m*. Portion du peaucier. — *n*. Muscle stylo-hyoïdien et ventre postérieur du digastrique. — *o*. Muscle sterno-cléïdo-mastoïdien. — *p*. Trapèze.

Système nerveux. — 1. Tronc du facial à sa sortie de l'aqueduc de Fallope. — 2. Branche occipito-auriculaire anastomosée avec, 3, l'auriculaire du plexus cervical. — 4. Rameau du muscle occipital. — 5. Rameau du muscle auriculaire postérieur. — 6. Rameau de l'auriculaire supérieur. — 7. Anastomose du facial avec l'auriculaire du plexus cervical. — 8. Branche des muscles stylo-hyoïdien et ventre postérieur du digastrique. — 9. Temporo-facial anastomosé avec l'auriculo-temporal superficiel de la cinquième paire. — 10. Filets temporaux du facial ; les uns sont destinés au muscle auriculaire antérieur, tandis que les autres s'anastomosent avec la branche temporale de l'auriculo-temporal superficiel. — 11. Filets frontaux ; une partie se perd au muscle frontal, l'autre partie s'anastomose avec le frontal de l'ophthalmique. — 12. Filets palpébraux supérieurs, ramifiés dans le sourcilier, dans le segment supérieur de l'orbiculaire des paupières et anastomosés avec les branches palpébrales du lacrymal et du frontal de l'ophthalmique. — 13. Filets palpébraux moyens, destinés à la commissure externe des paupières. — 14. Palpébraux inférieurs ou malaires ; les uns se rendent à la partie inférieure de l'orbiculaire des paupières, les autres s'anastomosent avec les filets malaires du nerf orbitaire. — 15. Filets sous-orbitaires : quelques uns croisent l'insertion supérieure du muscle grand zygomatique, auquel ils donnent quelques branches ; le plus grand nombre passe en dedans de ce muscle, se place entre l'élévateur propre de la lèvre supérieure et le canin, leur donne des ramifications et forme, avec le sous-orbitaire de la cinquième paire, 16, le plexus sous-orbitaire. — 17. Buccaux supérieurs. — 18. Branche cervico-faciale. — 19. Rameaux buccaux destinés à l'orbiculaire des lèvres ; anastomosés avec les buccaux supérieurs et avec, 20, le nerf buccal de la cinquième paire. — 21. Rameaux mentonniers pour le muscle triangulaire, le carré et la houppe du menton ; ils forment en outre avec, 22, le nerf mentonnier de la cinquième paire, le plexus mentonnier. — 23. Rameaux cervicaux dont quelques uns se distribuent à la face profonde du peaucier ; quelques autres forment un plexus avec, 24, branche cervicale transverse du plexus cervical. — 25. Branches parotidiennes de l'auriculo-temporal superficiel. — 26. Branches parotidiennes du facial. — 27. Anastomoses du facial avec le réseau nerveux qui enlace l'artère faciale.

FIGURE 5.

Nerf auditif vu sur la face supérieure du rocher d'un temporal de grandeur naturelle.

PRÉPARATION. — La même que pour la figure 1.

Explication de la figure 5.

Parties accessoires.— *a*. Apophyse zygomatique. — *b*. Face supérieur du rocher. — *c*. Sa face postérieure. — *d*. Portion écailleuse du temporal. — *e*. Gouttière latérale.

Système nerveux. — 1. Nerf auditif formant une gouttière pour le facial. — 2. Branche limacienne. — 3. Terminaison de ses filets sur la cloison spirale. — 4. Branche vestibulaire divisée en trois rameaux, *qui sont* : 5. Rameau des canaux demi-circulaires, vertical supérieur et horizontal ; 6, rameau du canal vertical postérieur, et, 7, rameau vestibulaire. — 8. Nerf intermédiaire (nerf de Wrisberg) ou anastomose de l'auditif avec, 9, le facial. — 10. Anastomose entre la branche des canaux demi-circulaires et le facial.

PLANCHE 31.

NEUVIÈME PAIRE. — (*Nerf glosso-pharyngien, première portion de la huitième paire de Willis.*)

L'origine du glosso-pharyngien a lieu, à 2 millimètres environ en arrière de l'olive, par une série de filets radiculaires (1, fig. 1) placés au-dessus des racines du pneumo-gastrique et formant assez souvent deux faisceaux : l'un, inférieur, plus gros, qui avoisine le pneumo-gastrique; l'autre, supérieur, situé immédiatement au-dessous du facial.

Ces deux faisceaux se réunissent bientôt en un tronc arrondi qui se porte obliquement en dehors et en avant pour atteindre la partie la plus antérieure du trou déchiré postérieur, et s'y engager dans un canal particulier de la dure-mère, au-devant du pneumo-gastrique, du spinal et de la veine jugulaire. Au moment de pénétrer dans le trou déchiré, il présente à son côté externe un petit ganglion formé aux dépens de quelques unes de ses fibres, signalé par Müller et Ehrenritter, mais que je n'ai jamais rencontré.

Plus bas, dans le même trou, on remarque le ganglion d'Andersh (4, fig. 1) (ganglion pétreux) logé dans une fossette qui se voit au-dessous du trou déchiré, appelée par Andersh *receptaculum ganglioli petrosi* ; au delà, le nerf se dirige en bas, derrière les muscles styliens, contourne en demi-spirale le côté externe du stylo-pharyngièn qu'il traverse quelquefois, se place entre celui-ci et le stylo-glosse, arrive au niveau du bord externe de l'hyoglosse (9, fig. 3), passe en dedans de ce muscle, et remonte en dehors du pilier postérieur du voile du palais et de l'amygdale, vers la base de la langue, où il se ramifie à la portion de la muqueuse et aux glandules situées derrière le V des papilles caliciformes.

Dans son trajet, le glosso-pharyngien, placé entre les deux carotides, au-dessous du lingual, au-dessus de l'hypoglosse, qui sont plus gros que lui, décrit une courbure à concavité antérieure et supérieure, et donne des branches que l'on peut distinguer en celles fournies au niveau du ganglion d'Andersh et celles fournies au-dessous de lui.

A. Branches fournies au niveau du ganglion.

1° *Nerf d'Andersh ou de Jacobson* (2, fig. 3, et 1, fig. 4). — Celui-ci émane de la partie antérieure du ganglion du glosso-pharyngien, monte vers un canal osseux ouvert inférieurement sur la crête qui sépare le trou déchiré du canal carotidien, en dehors de l'aqueduc du limaçon, pénètre dans l'intérieur de ce canal, et se divise sur le promontoire en six ou quelquefois sept filets contenus dans autant de gouttières particulières, entre l'os et la muqueuse tympanique. Trois de ces filets, le rameau carotidien, le petit pétreux profond et le petit pétreux superficiel d'Arnold, établissent des communications avec les autres nerfs ; les trois autres, ceux des fenêtres ronde et ovale, celui de la trompe d'Eustache, se perdent à la muqueuse tympanique.

Le filet *carotidien* (6, fig. 3, et 2, fig. 4), quelquefois double, se dirige horizontalement en avant, traverse la paroi très mince qui sépare la cavité tympanique du canal carotidien, et s'anastomose avec le réseau nerveux qui enlace cette artère. Le petit *pétreux profond d'Arnold* (8, fig. 3, et 3, fig. 4) remonte obliquement s'anastomoser avec le grand pétreux superficiel. Le petit *pétreux superficiel d'Arnold* (7, fig. 3, et 5, fig. 4), suit à peu près le même trajet que le précédent, au-dessous duquel il est placé, et s'accole au petit pétreux de M. Longet, pour former avec lui un tronc commun qui se jette dans le ganglion otique. Des trois autres filets, l'un se perd dans la muqueuse qui tapisse la fenêtre ronde (3, fig. 3), le second dans celle de la fenêtre ovale (4, fig. 3), le troisième dans celle de la trompe d'Eustache (5, fig. 3). M. Cusco a signalé un septième filet qui s'anastomoserait avec la seconde portion du facial, après avoir traversé l'étrier. J'ai trouvé sur le chat un filet qui se rend à la portion verticale du facial.

2° *Anastomose du glosso-pharyngien avec le facial.* — Elle présente, comme il a été dit plus haut, quelques variétés : tantôt elle forme une anse qui passe derrière l'apophyse styloïde ; tantôt elle contourne le ventre postérieur du digastrique, lui donne quelques filets ainsi qu'au stylo-hyoïdien, et remonte s'anastomoser avec le glosso-pharyngien, un peu au-dessous de son ganglion.

3° Nous avons encore signalé plus haut une anastomose entre les deux nerfs précédents (8, 8, fig. 1; 3, fig. 2; 7, fig. 4), à l'aide d'un filet qui se porte au-devant du stylo-pharyngien, communique avec le glosso-pharyngien par des branches transversales, et se perd aux trois quarts postérieurs de la face supérieure du bord de la langue.

4° *Anastomose avec le pneumo-gastrique* (5, fig. 1; 8, fig. 4). — Le trajet de cette branche est très variable : ainsi Andersh et M. Blandin l'ont vue communiquer avec le pneumo-gastrique, au-dessus du ganglion d'Andersh; assez souvent l'anastomose a lieu avec le ganglion même, plus fréquemment encore au-dessous, par l'intermédiaire du nerf pharyngien, qui vient à la fois du spinal et du pneumo-gastrique.

5° *Anastomose du glosso-pharyngien avec le grand sympathique.* — Elle s'effectue à l'aide d'un filet tres grêle, très difficile à découvrir, qui, parti du ganglion d'Andersh, va se jeter sur le rameau carotidien du ganglion cervical supérieur.

B. Branches fournies au-dessous du ganglion d'Andersh.

1° *Rameau carotidien* (6, fig. 1). — Celui-ci, d'un volume assez considérable, quelquefois multiple et moins gros, marche en avant et en dedans le long de l'artère carotide interne, jusque vers l'espace inter-carotidien, où il s'anastomose avec les filets carotidiens du pneumo-gastrique, du ganglion cervical supérieur, et quelquefois même avec une branche très ténue de l'hypoglosse; il concourt à la formation du plexus inter-carotidien (14, fig. 1), au milieu duquel on trouve quelques renflements et qui donne naissance à des plexus secondaires embrassant toutes les divisions de l'artère carotide externe.

2° Le *rameau pharyngien* (6, fig. 1), tantôt simple, tantôt multiple, gagne les parties latérales du pharynx, et concourt à la formation du plexus pharyngien (12, fig. 2), conjointement avec le pneumo-gastrique, le spinal, le grand sympathique. De ce plexus partent des branches destinées aux constricteurs du pharynx et à la muqueuse pharyngienne; mais il est impossible de distinguer les branches musculaires des branches sensitives, et de savoir à quels nerfs elles appartiennent spécialement.

3° *Branches tonsillaires.* — Lorsque le glosso-pharyngien passe derrière l'hyoglosse, il donne des ramuscules très grêles, anastomosés ensemble, désignés par Andersh sous le nom de *plexus tonsillaire*, destinés à la muqueuse tonsillaire, à la muqueuse des piliers, et peut-être aussi aux muscles de ces derniers.

4° *Rameaux linguaux* (4, fig. 2). — Enfin le glosso-pharyngien s'amincit, remonte sur la base de la langue, et se divise en sept ou huit filets qui se subdivisent eux-mêmes pour se perdre aux glandules, à la muqueuse linguale placée derrière le V, aux papilles caliciformes, où ils paraissent se terminer. En dehors du V, quelques filets s'anastomosent avec le rameau lingual du facial, marchent sur le bord supérieur de la langue, et finissent à la couche musculaire subjacente à la muqueuse; on peut les poursuivre jusqu'au tiers antérieur de la langue. M. Huguier a signalé une ou deux anastomoses médianes entre les deux glosso-pharyngiens, derrière le *foramen cœcum*.

Usages. — Le glosso-pharyngien est le nerf de la sensibilité tactile et gustative de la base de la langue; par les filets qu'il emprunte au facial et au spinal, il préside aux contractions du pharynx, des piliers et du voile du palais, du ventre postérieur du digastrique et du stylo-pharyngien.

FIGURE 1.

Origine de la huitième paire de Willis et trajet du glosso-pharyngien.

PRÉPARATION. — Enlevez toute la masse encéphalique, à l'exception du bulbe rachidien et de la portion attenante de la protubérance annulaire. Au moyen de deux sections faites sur les bases des lames vertébrales, découvrez la portion cervicale de la moelle que vous débarrasserez de ses enveloppes ; coupez à leur base les racines postérieures des cinq ou six premières paires cervicales pour mettre à nu la portion cervicale du spinal comprise entre ces racines et le ligament dentelé; disséquez les racines bulbaires du glosso-pharyngien, du pneumo-gastrique et du spinal; détachez la partie postérieure de la base du crâne située derrière une ligne qui passerait successivement par le trou occipital, le trou déchiré postérieur, la base du rocher, le trou stylo-mastoïdien ; enlevez enfin, avec précaution, la veine jugulaire interne, au-devant de laquelle vous trouverez les trois nerfs de la huitième paire et le rameau de la fosse jugulaire. Au cou, ces nerfs sont situés derrière la peau, le peaucier et les sterno-cléido-mastoïdiens que vous enlèverez, mais il faudra respecter les muscles styliens, les muscles sous-hyoïdiens, l'artère carotide interne et les divisions de l'artère carotide externe.

C'est ici surtout qu'il est nécessaire de faire macérer la pièce dans l'acide nitrique étendu d'eau; en effet, le tissu cellulaire se gonfle et son ablation est plus facile, le névrilème devient comme transparent et nacré, il se détruit même à la longue, tandis que le nerf est plus dense et plus opaque. On voit alors manifestement les anastomoses des trois nerfs de la huitième paire et la disposition plexiforme du pneumo-gastrique.

Explication de la figure 1.

Système nerveux. — 1. Origine du glosso-pharyngien sur le bulbe entre, 2, le pneumo-gastrique et, 3, le facial. — 4. Ganglion du glosso-pharyngien ou d'Andersh, anastomosé avec le ganglion supérieur du pneumo-gastrique. — 5. Rameaux pharyngiens et carotidiens du glosso-pharyngien anastomosés avec le pharyngien du pneumo-gastrique et du spinal. — 6. Anastomose du glosso-pharyngien avec le filet lingual du facial. — 7. Accolement du spinal au ganglion supérieur du pneumo-gastrique. — 8. Rameau de la fosse jugulaire. — 9. Ganglion plexiforme ou ganglion du tronc du nerf vague, recevant la branche interne du spinal et donnant le nerf pharyngien. — 10. Branche carotidienne qui concourt à former le plexus inter-carotidien, duquel émanent des plexus secondaires qui enlacent les divisions de l'artère carotide externe. — 11. Nerf laryngé supérieur ou interne. — 12. Laryngé externe. — 13. Laryngé inférieur ou récurrent. — 14. Faisceau cervical du spinal. — 15. Faisceau bulbaire du même nerf. De la réunion de ces deux faisceaux résulte un tronc qui se divise bientôt en deux branches. — 16. Branche externe ou postérieure coupée avant de s'engager dans le sterno-cléido-mastoïdien. — 17. Branche interne ou antérieure. Ces deux branches communiquent par une petite anastomose arciforme, qui s'oppose à leur décollement. — 18. Portion cervicale du grand sympathique. — 19. Hypoglosse coupé.

FIGURE 2.

Plexus pharyngien et nerfs laryngés.

PRÉPARATION. — La même que la précédente; en outre, vous enlèverez la moelle, vous couperez la mâchoire inférieure au-devant du masséter, et vous la désarticulerez, afin de poursuivre le glosso-pharyngien jusqu'à sa terminaison à la langue.

Explication de la figure 2.

Système nerveux. — 1. Glosso-pharyngien ; 2, sa branche pharyngienne ; 3, ses anastomoses avec le facial; 4, sa terminaison à la langue. — 5. Pneumo-gastrique; 6, sa branche carotidienne; 7, sa branche pharyngienne. — 8. Origine du laryngé supérieur derrière l'artère carotide interne coupée ici. — 9. Branche externe du spinal coupée. — 10. Branche interne concourant à former le pharyngien. — 11. Ganglion cervical supérieur donnant des branches qui se jettent dans, 12, le plexus pharyngien.

FIGURE 3.

Glosso-pharyngien, depuis le ganglion d'Andersh jusqu'à la partie postérieure de la langue, en rapport avec les principaux muscles, vaisseaux et nerfs.

PRÉPARATION. — 1° Enlevez complètement l'arcade zygomatique et le masséter, sciez le maxillaire inférieur en avant du trou mentonnier; coupez les muscles ptérygoïdiens interne et externe et le muscle temporal aux points où ils s'attachent sur cet os, et désarticulez le condyle. 2° Détachez les deux ptérygoïdiens de l'apophyse ptérygoïde ; emportez une portion triangulaire d'os comprise entre deux lignes dont l'une passe obliquement par l'apophyse mastoïde, l'aqueduc de Fallope, le conduit auditif externe derrière la membrane du tympan, les trous petit-rond et ovale; dont l'autre commence vers l'apophyse orbitaire externe, se dirige obliquement au-devant de la base de l'apophyse ptérygoïde et arrive aussi au trou ovale. 3° Disséquez avec *soin les nerfs* et les muscles de cette région, surtout le glosso-pharyngien, les branches et les anastomoses qu'il fournit ou qu'il reçoit; enlevez la muqueuse de la cavité tympanique, pour trouver dans les gouttières du promontoire le nerf de Jacobson, que l'on voit cependant quelquefois à travers la muqueuse.

Explication de la figure 3.

Système nerveux. — 1. Ganglion d'Andersh. — 2. Nerf de Jacobson et ses six filets, savoir : 3. Filet de la fenêtre ronde; 4, filet de la fenêtre ovale ; 5, filet de la trompe d'Eustache ; 6, rameau carotidien ; 7, petit pétreux superficiel d'Arnold; 8, petit pétreux profond. — 9. Glosso-pharyngien passant entre les piliers du voile du palais et arrivant à la base de la langue. — 10. Pneumo-gastrique. — 11. Spinal. — 12, 12. Hypoglosse.— 13. Nerf lingual. — 14. Ganglion cervical supérieur. — 15. Plexus cervical.

FIGURE 4.

Figure schématique, montrant les anastomoses qui existent entre le trijumeau, le facial, le glosso-pharyngien, le pneumo-gastrique, le spinal, l'hypoglosse, le plexus cervical profond et le ganglion cervical supérieur.

Explication de la figure 4.

Système nerveux. — 1. Facial. — 2. Glosso-pharyngien. — 3. Pneumo-gastrique. — 4. Spinal. — 5. Hypoglosse. — 6. Ganglion cervical supérieur. — 7, 7. Branches antérieures des deux premières paires cervicales. — 8. Réseau qui enlace l'artère carotide interne. — 9. Nerf de Jacobson. — 10. Son filet anastomotique avec le plexus carotidien. — 11. Petit pétreux profond qui se jette dans le grand pétreux superficiel. — 12. Petit pétreux superficiel accolé au petit pétreux de M. Longet pour se rendre au, 13, ganglion otique. — 14. Anastomose du glosso-pharyngien avec le filet lingual du facial. — 15. Anastomose du glosso-pharyngien et du pneumo-gastrique. — 16. Anastomose entre le pharyngien du glosso-pharyngien et celui du pneumo-gastrique et du spinal. — 17. Filet auriculaire d'Arnold. — 18. Accolement du tronc du spinal au ganglion supérieur du pneumo-gastrique. — 19. Anastomose de la branche interne du spinal avec le ganglion du tronc du nerf vague. — 20. Anastomose du pneumo-gastrique avec l'hypoglosse. — 21. Anastomose de l'hypoglosse avec l'anse formée par la première et la deuxième paire cervicale. — 22, 22. Anastomose des deux premières paires avec le ganglion cervical. — 23. Plexus pharyngien. — 24. Plexus laryngé. — 25. Anastomose de la branche externe du spinal avec la branche antérieure de la troisième paire cervicale.

PLANCHES 32 et 33, 34 et 35, 36.

PNEUMO-GASTRIQUE ET SPINAL.

DIXIÈME PAIRE. — (*Nerf pneumo-gastrique*, *nerf vague*, *deuxième portion de la huitième paire de Willis.*)

Nous avons vu précédemment le nerf pneumo-gastrique prendre naissance sur le corps restiforme (2, fig. 1, pl. 51) et sur le prolongement du sillon collatéral postérieur, au-dessous du glosso-pharyngien, au-dessus du spinal, par six ou huit petits faisceaux qui se rapprochent les uns des autres en se dirigeant vers le trou déchiré postérieur qu'ils traversent. Ces faisceaux forment un ganglion (ganglion supérieur) auquel succède un tronc nerveux plexiforme qui descend sur les parties latérales du cou, en dehors des voies respiratoires et digestives, pénètre dans le thorax où il affecte des rapports différents à droite et à gauche, se place derrière la bronche de son côté, s'accole à l'œsophage, traverse avec lui le diaphragme, et passe dans la cavité abdominale pour se terminer à l'estomac et au plexus solaire (1, 1, 1, pl. 32 et 33).

Sa direction est en général flexueuse, en rapport au cou avec les courbures des artères carotides interne et primitive, dans le thorax avec les courbures de l'œsophage. Son volume ne présente pas de différences notables, soit à droite, soit à gauche.

Nous étudierons le pneumo-gastrique successivement dans le trou déchiré postérieur, au sortir de ce trou, le long du cou, dans le thorax et dans l'abdomen.

A. Du pneumo-gastrique dans le trou déchiré postérieur.

Ganglion supérieur du pneumo-gastrique (9, fig. 1, pl. 31). — Le pneumo-gastrique s'engage dans le trou déchiré postérieur, conjointement avec le spinal, séparé du glosso-pharyngien, en avant, par une cloison cartilagineuse ou osseuse; séparé en arrière de la veine jugulaire, quelquefois aussi par une cloison semblable; il présente un renflement appelé *ganglion supérieur* ou ganglion jugulaire, arrondi, oblong, légèrement aplati, long de deux à trois lignes, d'un aspect raboteux, crevassé, et auquel aboutissent ou duquel partent les rameaux suivants :

1° *Anastomose avec le spinal* (11, fig. 4, pl. 31). Ce dernier nerf, avant sa bifurcation terminale, s'accole à la partie supérieure du ganglion jugulaire, et communique avec lui par quelques minces filets.

2° *Anastomose avec le glosso-pharyngien* (8, fig. 4, pl. 31). Nous avons signalé plus haut cette branche et ses variétés d'origine.

3° *Rameau auriculaire d'Arnold*, *ou rameau de la fosse jugulaire de M. Cruveilhier* (10, fig. 1, pl. 31). Nous l'avons déjà décrit à propos du facial que nous lui avions donné pour origine; mais Arnold et Valentin le font venir du pneumo-gastrique; le glosso-pharyngien lui fournit quelquefois un filet de renforcement.

4° *Anastomose avec le grand sympathique.* Nous ferons son histoire avec celle du grand sympathique.

B. Du pneumo-gastrique au-dessous du trou déchiré.

Ganglion inférieur, *plexus gangliforme*, *ganglion du tronc du nerf vague* (11, fig. 1, pl. 31). — Au-dessous du ganglion supérieur, le pneumo-gastrique affecte une disposition plexiforme très marquée, qui est désignée sous le nom de *ganglion inférieur*. Celui-ci, formé à l'extérieur par des filaments blanchâtres, à l'intérieur par des filets grisâtres, s'étend depuis le trou déchiré jusqu'à la deuxième ou troisième vertèbre cervicale; il est situé au-devant et en dedans du ganglion cervical supérieur, avec lequel il offre des connexions importantes, au-devant du plexus cervical profond, en arrière du glosso-pharyngien et de l'artère carotide interne; l'hypoglosse le contourne en demi-spirale et se place successivement en arrière, en dehors et au-devant de lui. On le trouve plus constamment chez les mammifères que le ganglion supérieur; on y constate aisément la présence des globules ganglionnaires, aussi l'a-t-on considéré comme le véritable ganglion du pneumo-gastrique.

1° *Branche interne du spinal* (3, pl. 32, 33). Elle aboutit au ganglion inférieur; en l'examinant sur des pièces macérées dans l'acide nitrique étendu, on voit qu'elle se divise en filets qui se comportent de la manière suivante : quelques-uns se perdent dans le ganglion inférieur du pneumo-gastrique; d'autres vont, avec des filets de celui-ci, donner naissance au rameau pharyngien; d'autres s'accolent à la portion cervicale du pneumo-gastrique, pour concourir à la formation du laryngé inférieur; les derniers se dirigent vers l'hypoglosse et s'anastomosent avec lui au moment où il croise le nerf vague, ils s'anastomosent aussi quelquefois avec sa branche descendante.

2° *Anastomose avec le glosso-pharyngien.* Elle a principalement lieu entre le pharyngien du glosso-pharyngien et celui du spinal et du pneumo-gastrique réunis.

3° *Anastomose avec l'hypoglosse* (2, pl. 32, 33). Au moment où l'hypoglosse croise le pneumo-gastrique, il s'anastomose avec lui et avec le spinal par une ou plusieurs branches.

4° *Anastomose avec l'anse nerveuse des branches antérieures des première et deuxième paires cervicales.* Elle va de l'anse nerveuse au plexus formé par les anastomoses du pneumo-gastrique, de l'hypoglosse et du spinal.

5° *Anastomose avec le ganglion cervical supérieur.* On remarque, surtout chez les oiseaux, un accolement intime entre la face profonde du ganglion plexiforme et le ganglion cervical supérieur. Cette disposition s'observe aussi quelquefois chez l'homme et chez quelques mammifères, mais le plus souvent on ne voit qu'un ou deux petits rameaux qui réunissent les deux ganglions.

C. Du pneumo-gastrique le long du cou.

Dans sa portion cervicale, ce nerf, appuyé sur les muscles prévertébraux, placé en dedans du plexus cervical profond et du cordon cervical du grand sympathique, dont il est séparé par un tissu cellulaire dense, est logé dans une gouttière que lui offrent les artères carotides primitive et interne en dedans, la veine jugulaire en dehors. Il fournit trois nerfs, savoir : 1° le pharyngien; 2° le laryngé supérieur ; 3° le cardiaque supérieur.

1° Le *nerf pharyngien* (4, pl. 32, 33), tantôt simple, tantôt multiple, vient du spinal ou du pneumo-gastrique, le plus souvent de tous les deux; se dirige en bas, en avant, en croisant l'artère carotide interne, se jette dans le plexus pharyngien avec le glosso-pharyngien et le grand sympathique, et donne quelques branches au plexus inter-carotidien mentionné déjà.

2° Le *nerf laryngé supérieur* (6, pl. 32, 33) émane par deux ou trois racines, du côté interne et de la partie inférieure du ganglion plexiforme, du côté opposé au rameau anastomotique du nerf spinal; il se dirige obliquement en bas, en avant, en dedans, derrière l'artère carotide interne, sur le côté du pharynx, en décrivant la quatrième courbure à concavité supérieure située sur le cou, marche vers le muscle thyro-hyoïdien, s'engage entre ce muscle et la membrane du même nom, traverse cette dernière et se divise dans la gouttière latérale du pharynx, en branches terminales, l'une ascendante, les autres descendantes, sur lesquelles je reviendrai tout à l'heure.

Immédiatement à son origine, il donne le *laryngé externe* (7, pl. 32, 33), qui vient quelquefois directement du pneumo-gastrique, d'autres fois de celui-ci et du laryngé supérieur. Cette nouvelle branche, moins grosse que le nerf précédent, se partage, au niveau du muscle crico-thyroïdien, en rameaux destinés les uns à ce muscle (3, fig. 1, pl. 36), les autres au constricteur inférieur, les autres au corps thyroïde ; elle s'anastomose, chemin faisant, avec le ganglion cervical supérieur, avec son cordon de communication, avec le plexus pharyngien, et forme (8, pl. 32, 33) le plexus laryngé de Haller.

Des *branches terminales du laryngé* supérieur, l'*ascendante* (1, fig. 3, pl. 36) ou épiglottique se distribue aux muqueuses linguale et laryngée de l'épiglotte, et envoie vers la base de la langue plusieurs rameaux qui se perdent à toute la portion comprise entre les deux glosso-pharyngiens. Les *branches descendantes* gagnent la muqueuse pharyngienne qui tapisse la face postérieure du larynx, L'une d'elles traverse le muscle aryténoïdien (2, fig. 3, pl. 36). et atteint, d'après M. Blandin, la muqueuse laryngienne; je puis néanmoins affirmer qu'elle laisse quelques filets dans le muscle lui-même. Une autre branche (3, fig. 3, p. 36), signalée par Galien, s'anastomose avec le laryngé inférieur.

3° *Nerf cardiaque supérieur.* Immédiatement au-dessous du nerf laryngé, d'autres fois beaucoup plus bas, on remarque le nerf *cardiaque supérieur* (4, fig. 1, pl. 36) qui marche en bas et en dedans, croise obliquement la carotide primitive, et se termine, dans le plexus cardiaque, tantôt directement, tantôt en s'anastomosant avec les autres nerfs cardiaques.

D. Portion thoracique du pneumo-gastrique.

Dans la cavité thoracique, le pneumo-gastrique affecte des rapports différents à droite et à gauche : à droite il passe entre l'artère et la veine sous-clavière qu'il coupe presque perpendiculairement; il se place ensuite derrière le tronc veineux brachio-céphalique et la veine cave supérieure, dans le sillon qui sépare l'œsophage de la trachée. Vers la racine du poumon, il présente un renflement plexiforme, au-dessous duquel il se décompose en un grand nombre de filets aplatis qui longent la partie postérieure de l'œsophage en s'anastomosant avec ceux du côté opposé, pour former un véritable plexus; bientôt il se reconstitue en un seul cordon (cordon œsophagien), qui suit la partie postérieure de l'œsophage et traverse avec lui le diaphragme.

A gauche, le pneumo-gastrique franchit l'angle compris entre l'artère sous-clavière et la carotide primitive gauche, croise obliquement l'artère et la veine sous-clavière entre lesquelles il est placé, se dirige derrière le tronc veineux brachio-céphalique, à gauche de la crosse de l'aorte, et va former derrière la bronche gauche un renflement plexiforme au-dessous duquel il se décompose en filaments aplatis destinés au demi-cylindre antérieur de l'œsophage, s'anastomosant avec les filets du côté opposé et formant le cordon œsophagien gauche.

Dans son trajet il fournit : 1° le nerf récurrent, 2° des rameaux cardiaques, 3° des rameaux trachéens, 4° œsophagiens, 5° le plexus pulmonaire, 6° le plexus œsophagien.

1° Le *laryngé inférieur* naît du pneumo-gastrique et d'une portion de la branche interne du spinal; il offre, à droite et à gauche, des différences de longueur et de rapports inhérentes à son mode d'origine.

A gauche (11, pl. 32, 33), il se détache du pneumo-gastrique au-devant de la crosse de l'aorte, à gauche du cordon fibreux qui résulte de l'oblitération du canal artériel, contourne la partie inférieure et postérieure de la crosse de l'aorte, en formant une anse à concavité supérieure, se dirige en haut et en avant, se place dans un sillon formé par l'œsophage et la trachée, et s'enfonce dans le larynx vers le bord inférieur du constricteur inférieur. *A droite* (11, pl. 34, 35), il naît au niveau de l'artère sous-clavière, l'embrasse en formant une courbure à concavité supérieure, se réfléchit obliquement en haut et en dedans, croise l'artère carotide primitive, se place entre la trachée et le muscle long du cou qui le sépare de la colonne vertébrale, et traverse le pharynx au même niveau que le laryngé gauche.

La différence de longueur des deux laryngés est donc mesurée par la hauteur des deux premières vertèbres dorsales : le laryngé gauche a en effet son origine au niveau de la crosse de l'aorte qui correspond à la troisième vertèbre dorsale; le laryngé droit naît au niveau de l'artère sous-clavière, c'est-à-dire de la première vertèbre dorsale; tous les deux se terminent à la même hauteur. Le laryngé droit n'a qu'une portion cervicale, tandis que le gauche a une portion cervicale et une portion thoracique et donne des branches aux organes de ces deux régions.

Dans son trajet, avant sa terminaison, le laryngé inférieur donne des branches cardiaques, œsophagiennes, trachéennes et pharyngiennes.

Les *branches cardiaques* (5, fig. 1, pl. 36), qu'on peut appeler moyennes, partent de la convexité de l'anse que forme le nerf autour de l'aorte à gauche et de la sous-clavière à droite; elles s'unissent aux cardiaques supérieures du pneumo-gastrique et à celles du grand sympathique pour former un plexus situé sur la partie latérale du cou; quelquefois elles marchent isolément, jusqu'au plexus cardiaque.

Les *branches œsophagiennes* sont fournies en plus grande quantité par le récurrent gauche; elles se perdent à toutes les tuniques de l'œsophage.

Les *trachéennes* naissent en grande partie du récurrent droit; elles passent derrière la trachée, se distribuent à ses tuniques et s'anastomosent avec les trachéennes du côté opposé.

Les *pharyngiennes* sont destinées au muscle constricteur inférieur.

J'ai toujours rencontré une grosse branche (13, pl. 34, 35) qui fait communiquer le laryngé inférieur avec le ganglion cervical moyen.

Après avoir traversé le constricteur inférieur, le récurrent se place dans une gouttière formée par les cartilages cricoïde et thyroïde, derrière l'articulation crico-thyroïdienne postérieure, sous la muqueuse, et se termine en autant de rameaux qu'il y a de muscles à la partie postérieure du larynx, savoir (fig. 1 et 3, pl. 36): le crico-aryténoïdien postérieur, le crico-aryténoïdien latéral, le thyro-aryténoïdien, l'aryténoïdien; en outre, l'anastomose de Galien l'unit au laryngé supérieur.

2° *Cardiaques inférieurs* (6, fig. 1, pl. 36). Ceux-ci émanent du pneumo-gastrique, immédiatement après le récurrent, quelquefois avant; ils descendent obliquement en dedans, s'anastomosent avec les cardiaques du ganglion cervical supérieur, avec ceux du pneumo-gastrique, et concourent à la formation du plexus cardiaque (7, fig. 1, pl. 36). Ce plexus, que nous décrirons avec plus de détails à propos du grand sympathique, est situé entre l'aorte et l'artère pulmonaire, à droite du canal artériel; on y remarque assez souvent un ganglion (ganglion de Wrisberg ou cardiaque) auquel aboutissent les nerfs cardiaques du pneumo-gastrique et ceux du grand sympathique. Il fournit des branches qui enlacent les artères coronaires cardiaques droite et gauche, et pénètrent dans l'intérieur du cœur; on trouve quelquefois de petits renflements sur leur trajet.

3° *Rameaux trachéens.* Ils émanent du pneumo-gastrique, derrière la bronche et le long de l'œsophage; ils sont destinés à la partie postérieure ou membraneuse de la trachée.

4° *Rameaux œsophagiens moyens.* Ceux-ci, assez nombreux, naissent à la même hauteur que les précédents et vont se rendre à la partie postérieure et moyenne de l'œsophage.

5° *Ganglion et plexus pulmonaire postérieur* (14, pl. 32 et 33). Derrière chaque bronche, le pneumo-gastrique présente un renflement plexiforme analogue à celui désigné plus haut sous le nom de ganglion du tronc du pneumo-gastrique. Ce renflement, dont je n'ai vu la description dans aucun auteur, a la même longueur que le ganglion supérieur; on y remarque à l'extérieur des filaments blanchâtres anastomosés entre eux et à l'intérieur de la substance grise; il reçoit de nombreux rameaux des trois ou quatre premiers ganglions thoraciques du grand sympathique; d'autres anastomoses le font communiquer avec le ganglion du côté opposé et forment un véritable plexus (plexus bronchique), situé à la partie postérieure de la *trachée* et de l'*origine des bronches.*

Il donne de grosses branches qui constituent par leurs anastomoses le plexus pulmonaire postérieur, qui accompagnent dans l'intérieur du poumon quelques rameaux vasculaires et suivent la partie postérieure des divisions bronchiques jusqu'à leurs dernières ramifications.

Le *plexus pulmonaire antérieur* (9, fig. 1, pl. 36) est formé par quelques minces filets émanés du pneumo-gastrique, un peu au-dessus du ganglion; il donne des branches à la partie antérieure des divisions bronchiques.

6° *Plexus œsophagien* (15, pl. 32, 33). Au-dessous des plexus pulmonaires le pneumo-gastrique se décompose en beaucoup de filets qui s'anastomosent entre eux et avec ceux du côté opposé, pour former un plexus à mailles serrées (plexus œsophagien), d'où émanent des branches pour les différentes tuniques de l'œsophage. On attribue à ce plexus la sensation douloureuse produite par un bol alimentaire trop volumineux.

Toutes ces branches se réunissent de nouveau en un ganglion plexiforme, auquel fait suite le cordon œsophagien (pl. 32, 33), quelquefois double.

E. Portion abdominale du pneumo-gastrique.

Les deux cordons œsophagiens pénètrent dans l'abdomen, le gauche en avant, le droit en arrière de l'œsophage; tous les deux diffèrent quant à leur terminaison.

Le gauche, après avoir franchi l'ouverture diaphragmatique, se place sur la face antérieure de l'estomac, au-dessous du péritoine, s'éparpille, s'anastomose avec des divisions du plexus solaire, puis forme un plexus parsemé de ganglions plats (18, pl. 32, 33). Celui-ci donne des branches dont les unes vont à la grosse tubérosité de l'estomac, dont les autres longent la petite courbure entre les deux feuillets de l'épiploon, et se perdent à la face antérieure de l'estomac; les dernières remontent entre les mêmes feuillets, dans le sillon transverse du foie, accompagnent les vaisseaux hépatiques, s'anastomosent avec le plexus hépatique du grand sympathique et se distribuent au foie.

Le droit se divise derrière le cardia en deux faisceaux (3, pl. 34, 35): l'un, plus petit, se perd à la face postérieure de l'estomac où il s'anastomose avec le gauche par l'intermédiaire de ganglions plats; l'autre se dirige vers l'extrémité interne du ganglion semi-lunaire droit et s'anastomose avec le plexus solaire. J'ai pu poursuivre quelques filets jusqu'au plexus nerveux mésentérique supérieur.

Les expériences physiologiques prouvent que les branches du pneumo-gastrique, qui vont à l'estomac, se distribuent dans toutes les tuniques.

Résumé anatomique du pneumo-gastrique. — Son origine a lieu sur le corps restiforme et sur le prolongement du sillon collatéral postérieur, par six ou sept filets qui se rapprochent les uns des autres en se dirigeant vers le trou déchiré postérieur.

A. *Dans le trou déchiré*, il présente un ganglion (ganglion supérieur ou jugulaire du pneumo-gastrique), d'où partent ou auquel aboutissent quatre branches, savoir : une anastomose avec le spinal, une autre avec le glosso-pharyngien, une troisième (rameau auriculaire d'Arnold) avec le facial, une quatrième avec le grand sympathique.

B. *Au-dessous du trou*, on trouve le ganglion inférieur (plexus gangliforme, ganglion du tronc du nerf vague), plus constant que le ganglion supérieur, communiquant avec la branche interne du spinal, avec le glosso-pharyngien, l'hypoglosse et le ganglion cervical supérieur.

C. *Le long du cou*, le pneumo-gastrique fournit : 1° le nerf pharyngien, qui naît quelquefois du spinal, mais le plus souvent du spinal et du pneumo-gastrique, et qui concourt à la formation des plexus pharyngiens et inter-carotidien ; 2° le laryngé supérieur, destiné à la muqueuse du pharynx, du larynx, de la langue ; au muscle aryténoïdien, et par sa branche *laryngée externe* aux muscles crico-thyroïdien, constricteur inférieur du pharynx, et au corps thyroïde; 3° les rameaux cardiaques supérieurs qui se jettent dans le plexus cardiaque.

D. *Dans le thorax*, on remarque : 1° le laryngé inférieur, qui anime tous les muscles du larynx, à l'exception du crico-thyroïdien, s'anastomose avec le laryngé supérieur et donne des rameaux cardiaques, œsophagiens, trachéens, pharyngiens et une branche anastomotique avec le ganglion cervical moyen ; 2° les cardiaques inférieurs ; 3° les trachéens ; 4° les rameaux œsophagiens ; 5° les plexus pulmonaires postérieur et antérieur ; 6° le plexus œsophagien auquel fait suite le cordon œsophagien.

E. *Dans l'abdomen*, nous avons suivi le pneumo-gastrique ; à l'estomac, au foie, nous l'avons vu s'anastomoser avec son homologue, avec le ganglion semi-lunaire, le plexus solaire et avec le plexus mésentérique supérieur qu'il concourt à former.

Le pneumo-gastrique est remarquable par sa texture et sa distribution ; il présente en effet sur son trajet plusieurs renflements plexiformes, et même sur l'estomac des ganglions plats membraniformes, que l'on trouve seulement sur le grand sympathique. Il se distribue aux organes de trois grands appareils de l'économie, les appareils digestif, respiratoire et circulatoire, savoir : au pharynx, à l'œsophage, à l'estomac, au foie, au larynx, au corps thyroïde, à la trachée, aux poumons, au cœur et aux gros vaisseaux ; il s'anastomose avec le pneumo-gastrique du côté opposé, avec le facial, le glosso-pharyngien, le spinal, l'hypoglosse, les deux premières paires cervicales et le grand sympathique. Ainsi, bien qu'appartenant aux nerfs crâniens, il se perd aux viscères contenus dans les cavités thoraciques et abdominales, en partie soustraits à l'influence de la volonté, ce qui le distingue des nerfs étudiés jusqu'à présent ; il en diffère encore par des anastomoses médianes, disposition que nous n'avons encore vue que sur le glosso-pharyngien et le lingual, que nous verrons plus tard sur l'hypoglosse et sur le grand sympathique ; il affecte en outre des connexions intimes avec le grand sympathique, marche parallèlement à la direction de ce dernier, et forme avec lui les plexus pharyngien, laryngien, inter-carotidien, cardiaque, pulmonaires, solaire, mésentérique supérieur.

Usages. — C'est encore un des points les plus controversés, de savoir si le pneumo-gastrique est entièrement sensitif, s'il l'est seulement à son origine et mixte dans le reste de son trajet, ou bien s'il est mixte dans toute son étendue, soit par lui-même, soit par des anastomoses avec les nerfs moteurs. Quelques expériences physiologiques tendent à démontrer qu'il est sensitif à son origine;

l'irritation exercée sur ses racines est douloureuse. L'anatomie semblerait aussi démontrer la propriété sensitive du pneumo-gastrique, car il prend naissance sur le prolongement du sillon collatéral postérieur de la moelle, sillon dans lequel s'insèrent toutes les racines sensitives des nerfs rachidiens avec lesquelles il présente quelque analogie. Il offre en effet comme elles un ganglion ; aussi l'a-t-on réuni au spinal pour en former une seule paire nerveuse dont ce dernier serait la racine antérieure ou motrice. Cette comparaison est vraie pour la portion du spinal qui s'implante sur la moelle entre les racines antérieures et les racines postérieures des nerfs cervicaux ; mais elle ne l'est pas pour sa portion bulbaire émanée du faisceau postérieur, comme les racines du pneumo-gastrique; cette communauté d'origine devrait entraîner une communauté d'action.

Le pneumo-gastrique n'est-il que sensitif dans tout son trajet ? Ceux qui le prétendent attribuent l'influence motrice qu'il exerce sur le pharynx, l'œsophage, l'estomac, le larynx, la trachée, les bronches, le cœur, les uns à la branche interne du spinal, les autres à ce dernier ainsi qu'au facial et à l'hypoglosse, d'autres enfin aux nerfs que l'on vient de citer, au grand sympathique et aux nerfs cervicaux.

Quand on examine des pièces macérées pendant longtemps dans l'acide nitrique, on voit que le nerf pharyngien vient du spinal et du pneumo-gastrique, que le laryngé inférieur naît en majeure partie du pneumo-gastrique et un peu de la branche interne du spinal, tandis que le laryngé supérieur est formé entièrement par le premier de ces nerfs, et donne pourtant à quelques muscles. Aux autres organes, où le pneumo-gastrique se distribue, il est impossible de démontrer anatomiquement que les filets moteurs viennent du spinal ou des autres nerfs moteurs nommés plus haut ; aussi peut-on supposer que le pneumo-gastrique est mixte par lui-même dans toute son étendue, mais que certaines de ses branches, comme le fait remarquer Valentin, possèdent les propriétés motrices et sensitives à des degrés différents : ainsi, la propriété motrice prédomine dans le laryngé inférieur, la propriété sensitive dans le supérieur.

D'après M. Bernard, le pneumo-gastrique possède une puissance motrice propre, indépendante du spinal et des autres nerfs moteurs ; il a sous sa dépendance les phénomènes organiques moteurs et sensitifs de trois grandes fonctions, savoir : la respiration, la circulation et la digestion. Quant à la respiration, comme elle est en partie soumise à la volonté, en partie indépendante de celle-ci, elle est sous l'influence de deux nerfs : le pneumo-gastrique, qui commande aux mouvements involontaires, le spinal, qui régit les mouvements volontaires, et tient encore sous sa dépendance la phonation.

Suivant le même physiologiste, le laryngé inférieur, venant à la fois du pneumo-gastrique et du spinal, jouit des propriétés de ces deux nerfs : les filets qu'il tient du pneumo-gastrique président aux mouvements respiratoires du larynx ; les filets qui lui viennent du spinal président aux mouvements de constriction vocale : aussi, après la section du laryngé inférieur, remarque-t-on une paralysie complète du larynx, qui ne peut plus servir ni à la respiration ni à la phonation.

Des expériences encore récentes de M. Bernard sembleraient prouver que la sécrétion du suc est sous l'influence du pneumo-gastrique.

Onzième paire. — (*Spinal ou accessoire de Willis, nerf respiratoire supérieur de Charles Bell, troisième portion de la huitième paire de Willis.*)

Ce nerf émane du faisceau latéral de la moelle, entre les racines antérieures, ou plutôt entre le ligament dentelé et les racines postérieures, dont il est rapproché par de nombreux filets radiculaires bifurqués à leur origine, comme les racines antérieures des nerfs rachidiens, et s'étendant depuis la cinquième paire cervicale, tantôt plus haut, tantôt plus bas, jusqu'au-dessous du pneumo-gastrique,

On a partagé ces racines en deux groupes, l'un compris entre la cinquième et la première paire cervicale (groupe cervical) (20, fig. 1, pl. 31), l'autre compris entre la première cervicale et les racines du pneumo-gastrique (groupe bulbaire) (21, fig. 1, pl. 31). Nous savons déjà que ce dernier s'implante sur la même ligne que les racines postérieures, tandis que le premier naît au-devant d'elles. Ces deux groupes forment généralement un seul tronc (22, fig. 1, pl. 31), quelquefois deux, qui s'accolent l'un à l'autre, pour constituer un nerf qui s'éloigne de la moelle, se dirige de bas en haut, pénètre dans le crâne par le trou occipital et ressort par le trou déchiré postérieur, dans une gaîne commune avec le pneumo-gastrique.

Dans le rachis, le spinal s'anastomose avec les racines postérieures de la première et de la deuxième paire cervicale; son volume et le nombre de ses racines sont en raison inverse du volume et du nombre des racines de ces deux paires; on a signalé à son point d'entre-croisement avec la première cervicale un renflement que j'ai vu rarement et que j'ai toujours attribué plutôt aux racines postérieures de la première cervicale, qu'au spinal.

Hors de la cavité crânienne, ce nerf se place au-dessous et en arrière du pneumo-gastrique, s'accole au ganglion jugulaire et se partage en deux branches, l'une interne, l'autre externe, qui s'envoient au moment de se séparer une arcade anastomotique (25, fig. 1, pl. 31). Willis regarde la branche externe comme principalement formée par les racines cervicales, et lui donne le nom d'accessoire. M. Bernard partage cette opinion; il prétend en outre que cette branche est tout à fait indépendante de la branche interne, qu'il appelle *nerf spécial de la phônation.*

Quelque séduisante que soit cette opinion pour la physiologie, elle n'est pas encore démontrée pour moi au point de vue anatomique. Je suis, en effet, porté à croire que cette disposition, décrite par M. Bernard comme normale, n'est qu'une rare exception; car j'ai toujours vu une fusion intime entre les deux branches du spinal, même après la destruction de la gaine névrilématique; il existe en outre une anastomose en forme d'arcade, qui s'oppose en quelque sorte au décollement de ces branches. J'ai montré plusieurs de mes pièces au physiologiste distingué que je viens de citer tout à l'heure, qui m'a dit avoir toujours pu séparer les deux branches, et n'avoir pas tenu compte de l'anastomose qui les réunit, lorsqu'il l'avait rencontrée. D'après son propre aveu, cette séparation ne semblerait-elle pas un peu artificielle?

Branche interne ou antérieure (24, fig. 1, pl. 31). — Si on l'examine sur des pièces macérées dans l'acide nitrique étendu, on voit qu'elle se divise en plusieurs filets dont la disposition a été déjà mentionnée plus haut (*voy.* p. 120).

Branche externe (29, pl. 32, 33). — Celle-ci, plus volumineuse que la précédente, se dirige en bas et en arrière, derrière la veine jugulaire interne, atteint la face profonde du sterno-cléido-mastoïdien, le traverse et se divise dans son intérieur en deux branches: l'une qui se ramifie dans ce muscle et forme un plexus dans son épaisseur, en s'anastomosant avec des branches des deuxième et troisième paires cervicales; l'autre, plus grosse, qui abandonne le sterno-cléido-mastoïdien, parcourt obliquement la région sus-claviculaire, où elle est renforcée par une branche de la troisième cervicale, passe ensuite à la face profonde du trapèze, reçoit une anastomose de la quatrième cervicale (32, pl. 34, 35), ou quelquefois même du plexus brachial, et longe le bord spinal du trapèze, jusqu'à l'angle inférieur duquel on peut la poursuivre. Elle donne chemin faisant des branches à ce muscle, et forme dans son épaisseur un plexus, en s'anastomosant avec les nerfs intercostaux.

Usages. — Le spinal est un nerf essentiellement moteur; son irritation sur les animaux vivants ne cause aucune douleur ou du moins une douleur peu sensible. Par sa branche externe il donne le mouvement aux muscles sterno-cléido-mastoïdien et trapèze, qui reçoivent en même temps des branches des nerfs cervicaux. Charles Bell fait remarquer que le spinal ne préside qu'aux mouvements respiratoires involontaires de ces muscles, tandis que les nerfs cervicaux président aux mouvements volontaires. Par sa branche interne, qui s'anastomose avec le pneumo-gastrique, il tient sous sa dépendance les mouvements du larynx et du pharynx. On remarque après la section de cette branche une grande raucité de la voix; quelques uns même admettent par induction qu'il anime encore l'œsophage, l'estomac, la trachée, les bronches, le cœur; nous avons exprimé plus haut notre opinion à cet égard.

M. Cl. Bernard pense que la branche interne agit sur les muscles du larynx pour tendre les cordes vocales, pour rendre l'expiration sonore, en un mot pour produire la voix; c'est pour cela qu'il l'appelle nerf spécial de la phonation. Elle exerce aussi son action sur les muscles pharyngiens pour fermer la glotte; après sa section, on remarque une gêne de la déglutition et une aphonie complète. La branche externe tiendrait sous sa dépendance le système des mouvements respiratoires volontaires du thorax, nécessaires pour la phonation.

PLANCHES 32 et 33.

Pneumo-gastrique gauche, depuis le trou déchiré postérieur jusqu'à sa terminaison sur l'estomac et le foie, en rapport avec les autres nerfs.

PRÉPARATION. — Détachez le côté gauche de la mâchoire inférieure jusqu'au trou mentonnier, coupez l'arcade zygomatique, enlevez une portion d'os comprise entre deux lignes dont l'une est dirigée obliquement, d'arrière en avant, depuis l'apophyse mastoïde jusqu'au trou déchiré postérieur, dont l'autre va de l'apophyse orbitaire externe au même trou.

Coupez et renversez le sterno-cléido-mastoïdien ; disséquez les muscles et les nerfs du cou ; sciez le thorax au niveau des angles des côtes, d'un côté seulement ; sciez le sternum sur la ligne médiane, enlevez la portion gauche du thorax et de l'abdomen, renversez à droite le poumon gauche et érignez-le ; ouvrez le médiastin postérieur, pour mettre à nu les organes qu'il contient. Poursuivez le plexus pulmonaire postérieur sur les divisions bronchiques, jusque dans l'intérieur du poumon ; enlevez avec une pince très fine le tissu cellulaire qui masque le plexus œsophagien ; continuez la même dissection jusque dans la cavité abdominale, sur l'estomac, où vous trouverez le nerf, surtout le long de la petite courbure, logé entre le péritoine et la tunique subjacente ; vous suivrez enfin les divisions du nerf jusqu'au foie, en dédoublant les feuillets de l'épiploon gastro-hépatique. On peut en décollant la plèvre, préparer la chaîne ganglionnaire thoracique et ses anastomoses avec le pneumo-gastrique.

Explication de la figure 1.

Parties accessoires. — *a.* Corps thyroïde. — *b.* Trachée. — *c.* Poumon gauche déjeté à droite. — *d.* Foie soulevé et érigné par son ligament suspenseur. — *e.* Œsophage. — *f.* Grosse tubérosité de l'estomac, tirée à gauche. — *g.* Crosse de l'aorte. A sa convexité on voit les artères sous-clavières et carotides coupées ; à la concavité s'abouche le canal artériel.

Système nerveux. — 1, 1, 1. *Nerf pneumo-gastrique.* — 2. Anastomoses du pneumo-gastrique et de l'hypoglosse. — 3. Anastomose du ganglion plexiforme avec la branche interne du spinal. — 4. Pharyngien passant au-devant de l'artère carotide interne. — 5. Nerf laryngé supérieur ou interne placé derrière l'artère carotide interne. — 6. Laryngé externe. — 7. Plexus laryngé formé par le laryngé externe et le grand sympathique. — 8. Cardiaque supérieur. — 9. Cardiaque moyen. — 10, 10. Laryngé inférieur ou récurrent formant une anse autour de la crosse de l'aorte et s'engageant derrière le bord inférieur du constricteur inférieur du pharynx. — 11. Ganglion pulmonaire. — 12. Ses anastomoses avec le grand sympathique. — 13. Plexus pulmonaire postérieur. — 14. Plexus œsophagien. — 15. Anses formées autour de l'œsophage par les pneumo-gastriques gauche et droit. — 16. Cordon œsophagien traversant le diaphragme. — 17. Plexus formé par le cordon sur la face antérieure du cardia. — 18. Branches pour la grosse tubérosité de l'estomac. — 19. Branches de la petite courbure. — 20. Branches de la face antérieure de l'estomac. — 21. Branches hépatiques s'associant au plexus hépatique du grand sympathique et se ramifiant dans l'épaisseur du foie après avoir traversé le sillon transverse. — 22. *Glosso-pharyngien.* — 23. Sa branche linguale. — 24. Branche pharyngienne. — 25. Branche pour le muscle stylo-pharyngien. — 26. *Spinal.* — 27. Branche interne concourant à former le nerf pharyngien. — 28. Branche externe passant en avant de la veine jugulaire interne, derrière le sterno-cléido-mastoïdien auquel elle donne des branches. — 29. Rameau de la branche externe traversant le sterno-cléido-mastoïdien pour se rendre au trapèze, et s'anastomosant avec la troisième cervicale. — 30. Anastomose avec la branche trapézienne de la quatrième cervicale. — 31. Portion cervicale du grand sympathique. — 32, 32. Portion thoracique.

PLANCHES 34 et 35.

Pneumo-gastrique droit, depuis la première paire cervicale jusqu'à sa terminaison à la face postérieure de l'estomac et au ganglion semi-lunaire droit, en rapport avec les muscles, les vaisseaux et les nerfs.

PRÉPARATION. — Pour les portions cervicale, thoracique et abdominale, même préparation que pour le pneumo-gastrique gauche. Quant à la portion céphalique, enlevez la peau d'une portion de la face et du crâne, préparez les organes situés immédiatement derrière, poursuivez les anastomoses du plexus inter-carotidien avec les autres nerfs et les plexus secondaires qui en émanent et entourent les artères du crâne et de la face.

Explication de la figure 5.

Parties accessoires. — *a.* Masséter recouvert supérieurement par la glande parotide et le canal de Sténon. — *b.* Buccinateur traversé par le canal de Sténon. — *c.* Sterno-cléido-mastoïdien coupé. — *d.* Trapèze échancré afin de voir les divisions du spinal. — *e.* Muscle thyro-hyoïdien. — *f.* Crico-thyroïdien. — *g.* Constricteur inférieur du pharynx. — *h.* Œsophage traversant le diaphragme. — *i.* Estomac coupé et érigné pour montrer en même temps ses faces antérieure et postérieure. — *k.* Trachée. — *l.* Bronche et ses divisions. — *m.* Foie.

Système vasculaire. — A. Tronc brachio-céphalique. — B. Artère sous-clavière passant entre les deux scalènes. — C. Artère carotide primitive coupée pour laisser voir le laryngé inférieur qui est placé derrière elle. — D. Artère carotide externe et ses divisions. — E. Carotide interne. — F. Veine cave supérieure recevant, G, la veine azygos. — H. Canal thoracique. — I. Aorte thoracique. — K. Aorte abdominale. — L. Trépied cœliaque. — M. Artère mésentérique supérieure. — N. Artère rénale. Toutes ces artères sont enlacées par des plexus nerveux qui portent les mêmes noms qu'elles.

Système nerveux. — 1. Portion cervicale du pneumo-gastrique longeant les artères carotides primitive et interne. — 2. Portion thoracique du même nerf appliquée à la face postérieure de la bronche et de l'œsophage. — 3. Portion abdominale se perdant à la face postérieure de l'estomac, où elle s'anastomose avec le pneumo-gastrique gauche; elle se jette en majeure partie dans, 4, le ganglion semi-lunaire droit. — 5. Branches inter-carotidiennes. — 6. Laryngé supérieur traversant la membrane thyro-hyoïdienne. — 7. Laryngé externe donnant au muscle crico-thyroïdien. — 8. Plexus laryngé. — 9. Cardiaque supérieur. — 10. Laryngé inférieur ou récurrent formant autour de l'artère sous-clavière une anse à concavité supérieure, et traversant le pharynx au niveau du, 11, bord inférieur du constricteur inférieur. — 12. Anastomose du laryngé inférieur avec, 13, le ganglion cervical moyen. — 14. Branches cardiaques inférieures. — 15. Ganglion pulmonaire. — 16. Plexus pulmonaire envoyant des rameaux qui accompagnent la partie postérieure des divisions bronchiques. — 17. Anastomose du ganglion pulmonaire avec les ganglions thoraciques supérieurs. — 18. Branches qui passent derrière l'œsophage pour s'anastomoser avec le pneumo-gastrique gauche. — 19. Nerf glosso-pharyngien. — 20. Son rameau carotidien. — 21, 21. Hypoglosse coupé. — 22. Rameau carotidien de ce dernier nerf. — 23. Ganglion cervical supérieur. — 24. Plexus inter-carotidien, formé par les nerfs pneumo-gastrique, glosso-pharyngien, hypo-glosse et grand sympathique; ce plexus en fournit d'autres qui enlacent toutes les artères de la face et du crâne. — 25. Anastomose du réseau nerveux de l'artère faciale avec le nerf facial. — 26. Branche externe du spinal. — 27. Son rameau pour le sterno-cléido-mastoïdien, anastomosé avec la troisième paire cervicale. — 28. Rameau trapézien du spinal, s'anastomosant avec le rameau trapézien de la quatrième paire cervicale. — 29, 29. Nerf phrénique. — 30, 30. Chaîne ganglionnaire thoracique. — 31. Grand splanchnique se jetant dans le ganglion semi-lunaire. — 32. Petit splanchnique destiné au plexus rénal.

PLANCHE 36.

Elle montre les rapports et la terminaison des nerfs laryngés, les plexus pulmonaires cardiaques et bronchiques.

FIGURE 1.

Laryngés inférieurs, vus par la face antérieure ; plexus pulmonaires antérieurs et plexus cardiaque.

PRÉPARATION. — Enlevez la moitié antérieure du thorax, en coupant les côtes avec la scie ou les cisailles, vers le milieu de leur longueur ; renversez et érignez les poumons en dehors ; démasquez la face antérieure du cœur par l'ablation du péricarde, et disséquez avec soin les prolongements de cette enveloppe sur les gros vaisseaux. Découvrez au cou la trachée et une partie du larynx, en coupant les muscles de la région sous-hyoïdienne et la portion antérieure du corps thyroïde ; poursuivez avec soin les nerfs que vous rencontrerez.

Explication de la figure 1.

Parties accessoires. — *a.* Os hyoïde. — *b.* Portion saillante du larynx. — *c.* Trachée. — *d.* Muscle thyro-hyoïdien. — *e, e.* Crico-thyroïdien. — *f, f.* — Scalène antérieur. — *g, g.* Corps thyroïde. — *h, h.* Diaphragme. — *i, i.* Débris du péricarde.

Système vasculaire. — A. Artère pulmonaire et infundibulum. — B. Branche gauche de l'artère pulmonaire. — C. Branche droite passant par derrière, D, la crosse de l'aorte. — E. Cordon fibreux qui résulte de l'oblitération du canal artériel. — F. Artère sous-clavière gauche. — G, G. Artère carotide primitive gauche, dont une portion a été enlevée pour laisser voir le laryngé supérieur du même côté. — H. Tronc brachio-céphalique coupé pour démasquer les nerfs cardiaques. — I. Veine cave supérieure et embouchure de la veine azygos. — K. Artère et veine coronaire gauche. — L. Artère et veine coronaire droite.

Système nerveux. — 1, 1. Pneumo-gastrique. — 2, 2. Laryngé supérieur passant entre le muscle thyro-hyoïdien et la membrane du même nom. — 3, 3. Laryngé externe se perdant au crico-thyroïdien. — 4. Nerf cardiaque supérieur. — 5, 5. Cardiaques moyens. — 6. Cardiaques inférieurs ; ces nerfs se rendent aux, 7, ganglion et plexus cardiaques. — 8, 8. Nerfs qui émanent de ce plexus et enlacent les vaisseaux coronaires. — 9, 9. — Plexus pulmonaire antérieur. — 10, 10. Laryngé inférieur. On voit que le gauche embrasse la crosse de l'aorte, que le droit embrasse l'artère sous-clavière ; tous les deux se rendent à la face postérieure du larynx en traversant le bord inférieur du constricteur inférieur. — 11. Branches trachéennes.

FIGURE 2.

Ganglions pulmonaires, leurs anastomoses médianes ou plexus bronchiques ; commencement du plexus œsophagien : toutes ces parties sont vues par la face postérieure.

Système nerveux. — 1, 1. Ganglions pulmonaires. — 2. Anastomoses médianes de ces ganglions à la face postérieure de la trachée et de l'origine des bronches (plexus bronchique). — 3. Nerf laryngé gauche concourant à la formation de ce plexus. — 4. Anastomoses de deux pneumo-gastriques à la face postérieure de l'œsophage.

FIGURE 3.

Terminaison des nerfs laryngés à la face postérieure des muscles et de la muqueuse du larynx.

PRÉPARATION. — Fendez le pharynx, renversez et érignez le lambeau d'un côté ; coupez celui de l'autre côté, sur le bord postérieur du cartilage thyroïde ; enlevez la moitié de la muqueuse qui couvre la face postérieure du larynx. Cette préparation est assez facile à faire, car la muqueuse est lâchement unie aux muscles du larynx.

Explication de la figure 3.

Parties accessoires. — *a.* Base de la langue. — *b.* Bord postérieur du cartilage thyroïde. — *c, c.* Corps thyroïde. — *d.* Muscle crico-aryténoïdien postérieur. — *e.* Muscle aryténoïdien.

Système nerveux. — 1, 1. Laryngé supérieur traversant la membrane thyro-hyoïdienne et donnant des branches linguales, épiglottiques, et d'autres pour la muqueuse qui recouvre la face postérieure du larynx. — 2. Filet du muscle aryténoïdien. — 3. Anastomose de Galien. — 4. Laryngé inférieur. — 5. Branches trachéennes. — 6. Filet du muscle crico-aryténoïdien postérieur. — 7. Filet du muscle aryténoïdien, donné par le laryngé inférieur. — 8. Branche destinée aux muscles crico-aryténoïdien latéral et crico-aryténoïdien postérieur.

FIGURE 4.

Larynx vu de profil pour montrer la terminaison du laryngé inférieur.

Préparation. — Coupez une des moitiés latérales du cartilage thyroïde et de l'os hyoïde ; conservez une portion de l'œsophage et la base de la langue.

Explication de la figure 4.

Parties accessoires. — *a, a.* Moitié de l'os hyoïde. — *b.* Cartilage thyroïde coupé. — *c.* Membrane thyro-hyoïdienne. — *d.* Cartilage cricoïde. — *e.* Trachée. — *f.* Œsophage. — *g.* Épiglotte. — *h.* Grande corne du cartilage thyroïde unie à *i*, la grande corne de l'os hyoïde, par *k*, le ligament thyro-hyoïdien latéral. — *l.* Membrane thyro-hyoïdienne traversée par le laryngé supérieur. — *m.* Muscle crico-aryténoïdien postérieur. — *n.* Crico-aryténoïdien latéral. — *o.* Thyro-aryténoïdien.

Système nerveux. — 1. Laryngé inférieur. — 2. Filets du crico-aryténoïdien postérieur. — 3. Filets du crico-aryténoïdien latéral. — 4. Filets du thyro-aryténoïdien. — 5. Filet aryténoïdien.

PLANCHE 37.

DOUZIÈME PAIRE. — (*Nerf grand hypoglosse, neuvième paire de Willis.*)

Le grand hypoglosse, appelé ainsi par opposition au nerf lingual nommé petit hypoglosse par quelques anatomistes, naît entre les pyramides antérieures et l'olive, sur le prolongement du sillon collatéral antérieur par une série linéaire de filets superposés, réunis en deux faisceaux distincts composés chacun de deux ou trois fascicules. Chaque groupe constitue un tronc qui traverse le trou condylien antérieur dans un canal particulier de la dure-mère, s'unit à l'autre tronc, et forme un nerf qui se porte en bas, en avant et en dehors, vers l'os hyoïde où il se recourbe un peu pour remonter vers la face inférieure de la langue, dans l'épaisseur de laquelle il se perd.

Depuis le trou condylien jusqu'à la langue, le grand hypoglosse décrit une courbure à concavité supérieure, courbure parallèle à celle du nerf lingual placé au-dessus.

Rapports. — Dans sa portion intrâ-crânienne, l'hypoglosse est en rapport avec l'artère vertébrale derrière laquelle ses racines sont placées; au sortir du trou condylien, il est situé entre le spinal et le pneumo-gastrique, au devant des branches antérieures des deux premières paires cervicales; bientôt il contourne en demi-spirale le pneumo-gastrique, et passe entre la veine jugulaire interne qui est en arrière, et l'artère carotide interne qui est en dedans. Il quitte ces deux vaisseaux pour s'enfoncer dans l'épaisseur du bouquet de Riolan, au devant des muscles stylo-glosse et stylo-pharyngien, derrière et au-dessous des muscles stylo-hyoïdien et ventre postérieur du digastrique et derrière le sterno-mastoïdien; il croise quelques divisions de l'artère carotide externe, et devient superficiel vers le bord antérieur du sterno-cléido-mastoïdien, où il n'est plus séparé de la peau que par le peaucier. En cet endroit, il présente des rapports importants avec le bord inférieur du ventre postérieur du digastrique, avec l'artère linguale et la grande corne de l'os hyoïde, ces deux dernières étant situées au-dessous de lui. Plus loin, il s'engage derrière l'extrémité inférieure des muscles stylo-hyoïdien, ventre antérieur du digastrique et mylo-hyoïdien, derrière la glande sous-maxillaire qui le couvre, au devant du muscle hyo-glosse qui le sépare de l'artère linguale. Arrivé au niveau du bord antérieur de ce dernier muscle, il s'enfonce dans le génio-glosse, où il se divise en plusieurs rameaux destinés à tous les muscles de la langue.

On peut partager les branches fournies par l'hypoglosse en branches anastomotiques et en branches musculaires.

Branches anastomotiques :

1° *Avec le pneumo-gastrique.* Au moment de croiser le pneumo-gastrique, l'hypoglosse s'anastomose avec lui, ou plutôt avec quelques filets venant à la fois du pneumo-gastrique et de la branche interne du spinal.

2° *Avec l'anse nerveuse des deux premières paires cervicales* (*voy.* 13, fig. 2). Ces anastomoses sont multiples; elles se dirigent, les unes vers l'origine de l'hypoglosse, les autres vers sa terminaison; ces dernières ne font que s'accoler à l'hypoglosse, et vont former en partie sa branche descendante. On trouve quelquefois un véritable plexus entre la première paire et l'hypoglosse, plexus d'où partent des filets qui se réunissent au pneumo-gastrique.

3° *Avec le ganglion cervical supérieur.* Cette anastomose très grêle, très difficile à trouver, a lieu tantôt avec le ganglion lui-même, tantôt avec son filet carotidien.

Branches musculaires :

Branche descendante (*ramus descendens noni* ou *nervi hypoglossi*). Cette branche, une des plus importantes de celles fournies par l'hypoglosse, naît au niveau de la deuxième paire cervicale, au-dessous de sa branche anastomotique avec les deux premières paires, par deux racines, dont l'une descend vers la terminaison de l'hypoglosse, tandis que l'autre remonte vers son origine et peut être décollée jusqu'à la branche descendante fournie par l'anse nerveuse des deux premières paires ; quelques filets, venus de la branche interne du spinal, après qu'elle s'est anastomosée au pneumo-gastrique, contribuent encore à la formation de cette branche. Celle-ci se dirige en bas, en avant, en croisant les artères carotides interne et externe, au point où elles naissent de la carotide primitive; se place ensuite au devant de la carotide primitive, en arrière des muscles sous-hyoïdiens, et arrivée au niveau du tendon de l'omoplat-hyoïdien, s'anastomose avec le tronc commun qui résulte de l'accolement des branches descendantes des troisième et quatrième paires, quelquefois aussi des première et deuxième; il n'est pas rare de voir le ganglion cervical supérieur lui envoyer une racine. De ces anastomoses résulte une anse à convexité inférieure, plexiforme, qui donne des branches aux muscles de la région sous-hyoïdienne. Cette anse présente quelques variétés : ordinairement elle descend jusqu'au tendon du muscle omoplat-hyoïdien ; d'autres fois on la trouve au-dessus de ce tendon ; je l'ai vue double et formant deux anses superposées, l'une située au niveau du tendon, l'autre au-dessus. Sa convexité est en général placée, quelle que soit la hauteur à laquelle on la trouve, entre le muscle sterno-cléido-mastoïdien et la veine jugulaire interne; d'autres fois entre celle-ci et l'artère carotide. De la convexité de l'anse nerveuse naissent deux branches pour l'omoplat-hyoïdien, l'une pour sa portion supérieure, l'autre pour sa portion inférieure; les muscles sterno-thyroïdien et sterno-hyoïdien reçoivent chacun deux ou trois branches, les unes ascendantes, les autres descendantes. Celles-ci peuvent être poursuivies à la face profonde de ces muscles jusqu'à leur insertion sternale : j'ai vu l'une d'elles s'anastomoser dans le thorax avec le nerf phrénique. Cette anastomose est très petite et a lieu avec une branche qui vient de la convexité de l'anse.

Nerf du muscle thyro-hyoïdien. Il se détache de l'hypoglosse au-dessus de l'artère linguale, et se porte en bas, en avant, vers le muscle thyro-hyoïdien dans lequel il s'épanouit (*voy.* 16, fig. 1).

Rameau destiné à l'artère linguale. Celui-ci naît de l'hypoglosse au moment où il est contigu à l'artère; il marche obliquement de bas en haut et d'arrière en avant vers l'artère linguale, et se jette dans le plexus nerveux qui l'enveloppe.

Rameaux de l'hyo-glosse et du stylo-glosse (17 et 18, fig. 2). Ces nerfs, au nombre de six à huit, abandonnent l'hypoglosse à sa partie supérieure, s'anastomosent entre eux et forment un petit plexus destiné au muscle hyo-glosse; quelques uns suivent un trajet rétrograde et se rendent au muscle stylo-glosse ; d'autres se dirigent vers le nerf lingual, en avant du ganglion sous-maxillaire, pour s'anastomoser avec lui; enfin quelques petites branches se jettent dans le ganglion sous-maxillaire dont elles forment la racine motrice (21 et 22, fig. 2).

Nerf du génio-hyoïdien. Il se dirige obliquement d'arrière en avant, et de haut en bas, vers le muscle génio-hyoïdien, dans lequel il se perd; il s'anastomose quelquefois avec celui du côté opposé.

Nerf du mylo-hyoïdien. Il se rend à la face supérieure du muscle mylo-hyoïdien, qui reçoit à sa face inférieure la branche mylo-hyoïdienne du nerf dentaire.

Nerf du génio-glosse. Après avoir donné tous les filets précédents, l'hypoglosse s'enfonce dans le muscle génio-glosse, et se divise en plusieurs rameaux qui constituent une espèce de plexus dans la partie externe et inférieure de ce muscle (*voy.* 20, fig. 2); de ce plexus émanent des ramuscules, les uns supérieurs, les autres inférieurs : ceux-ci gagnent la pointe de la langue, traversent les fibres charnues pour devenir sous-muqueux, et se distribuent probablement à la muqueuse de la face inférieure de la langue; certains d'entre eux s'anastomosent avec le nerf lingual, quelques autres avec le plexus nerveux de l'artère linguale. Les supérieurs traversent le génio-glosse de bas en haut, et donnent des ramifications très nombreuses dans toute l'épaisseur de la langue.

Résumé. — L'hypoglosse naît, comme les racines antérieures des nerfs rachidiens, dans le sillon collatéral antérieur, par dix ou douze filets séparés en deux troncs qui traversent le trou condylien antérieur, et forment un nerf qui décrit une courbure à concavité supérieure étendue depuis le trou condylien jusqu'à la langue; chemin faisant, il s'anastomose avec le pneumo-gastrique, le spinal, le trijumeau, le phrénique, le grand sympathique, avec le plexus cervical et le réseau nerveux de l'artère linguale. Il donne des branches aux muscles de la langue, aux muscles mylo-hyoïdien et génio-hyoïdien; par son anse nerveuse il anime trois des muscles de la région sous-hyoïdienne, l'omoplat-hyoïdien, le sterno-thyroïdien, le sterno-hyoïdien; il donne un filet direct au muscle thyro-hyoïdien.

Usages. — L'anatomie, les expériences physiologiques et les faits pathologiques démontrent que l'hypoglosse est éminemment moteur. La section de ce nerf à son origine n'est pas douloureuse: lorsqu'elle est faite vers l'os hyoïde, elle occasionne une faible douleur, qui est probablement due aux anastomoses avec le pneumo-gastrique, le trijumeau et le plexus cervical; tous les mouvements de la langue sont détruits du côté opéré, mais la sensibilité tactile et gustative persiste, étant sous la dépendance des nerfs lingual et glosso-pharyngien. La paralysie d'un des nerfs hypoglosses sur l'homme entraîne la paralysie des mouvements de la langue du côté correspondant; la paralysie des deux nerfs hypoglosses prive entièrement la langue de mouvements.

FIGURE 1.

Bulbe rachidien présentant l'émergence des deux groupes de filets du nerf hypoglosse du sillon de séparation de la pyramide et de l'olive.

FIGURE 2.

Hypoglosse vu depuis son origine jusqu'à sa terminaison.

PRÉPARATION. — Coupez l'arcade zygomatique; enlevez une des moitiés de la mâchoire inférieure, préalablement dénudée de ses parties molles, en sciant la symphyse du menton, et désarticulant le condyle du même côté. Détachez les muscles digastrique et sterno-cléido-mastoïdien, et faites sur la partie postérieure de la base du crâne deux coupes, dont l'une passe au-devant de l'apophyse mastoïde, derrière l'apophyse styloïde, divise le trou déchiré postérieur, le trou condylien antérieur, le condyle, et se termine au trou occipital; dont l'autre partage la crête occipitale externe et arrive également au trou occipital. Enlevez la moitié de l'atlas et la dure-mère qui cachent le bulbe rachidien sur lequel on trouve les racines de l'hypoglosse. Coupez les trois quarts inférieurs du muscle stylo-hyoïdien, et disséquez avec soin les nerfs de la région que vous venez de découvrir, en conservant leurs rapports avec les muscles et les vaisseaux.

Explication de la figure 2.

Parties accessoires. — *a.* Portion du condyle de l'occipital. — *b.* Section médiane de l'atlas. — *c.* Apophyse styloïde. — *d.* Stylo-glosse. — *e.* Stylo-pharyngien. — *f.* Hyo-glosse. — *g.* Génio-glosse. — *h.* Ptérygoïdien externe. — *i.* Ptérygoïdien interne.

Système vasculaire. — A. Artère vertébrale contournée en dehors et en arrière par les nerfs cervicaux. — B. Artère carotide externe. — C. Artère linguale. — D. Artère temporale. — E. Artère maxillaire interne.

Système nerveux. — 1. Bulbe rachidien. — 2. Glosso-pharyngien. — 3. Pneumo-gastrique. — 4. Laryngé supérieur. — 5. Spinal. — 6. Première paire cervicale. — 7. Deuxième paire. — 8. Troisième paire. — 9. Quatrième paire. Ces quatre paires sont, à leur sortie des trous de conjugaison, logées dans les gouttières des apophyses transverses; elles s'anastomosent les unes avec les autres. — 10. Lingual. — 11. Origine de l'hypoglosse. Ce nerf s'engage entre le spinal et le pneumo-gastrique, croise obliquement ce dernier et s'anastomose avec lui. — 12. Anastomose de l'hypoglosse avec la première paire cervicale. — 13. Anastomose avec l'anse nerveuse des deux premières cervicales. — 14. Branche descendante de l'hypoglosse anastomosée avec, 15, les branches descendantes du plexus cervical. — 16. Filet du muscle thyro-hyoïdien. — 17. Rameaux de l'hyo-glosse. — 18. Rameau récurrent du stylo-glosse. — 19. Rameaux du génio-hyoïdien. L'un d'eux se prolonge au delà de la ligne médiane pour s'anastomoser avec celui du côté opposé. — 20. Rameaux plexiformes de l'hypoglosse, visibles par l'ablation de la couche la plus inférieure du génio-glosse, et destinés à ce muscle. — 21. Rameau anastomotique avec le lingual. — 22. Rameau destiné au ganglion sous-maxillaire.

FIGURE 3.

Elle montre les rapports de l'hypoglosse et de son anse nerveuse sur les parties latérales du cou, la tête étant renversée.

PRÉPARATION. — Enlevez la peau et le peaucier; décollez le muscle sterno-cléido-mastoïdien des parties situées derrière lui; coupez le vers son tiers supérieur, et sciez la portion du sternum sur laquelle il s'attache. Disséquez les nerfs de la région cervicale antérieure en conservant leurs rapports; détachez la glande sous-maxillaire et une portion de la glande parotide.

Explication de la figure 3.

Parties accessoires. — *a.* Muscle sterno-cléido-mastoïdien coupé. — *b.* Trapèze échancré. — *c.* Digastrique. — *d.* Stylo-hyoïdien. — *e.* Omoplat-hyoïdien. — *f.* Sterno-hyoïdien. — *g.* Sterno-thyroïdien. — *h.* Thyro-hyoïdien.

Système vasculaire. — A. Veine jugulaire interne. — B. Veine jugulaire externe coupée. — C. Veine jugulaire antérieure. — D. Tronc veineux brachio-céphalique. — E. Artère carotide primitive. — F. Artère sous-clavière. — G. Artère et veine linguales.

Système nerveux. — 1. Nerf lingual. — 2, 2. Nerf pneumo-gastrique. — 3. Laryngé supérieur. — 4. Spinal. — 5. Deuxième paire cervicale. — 6. Troisième paire. — 7. Quatrième paire. — 8. Plexus brachial. — 9. Hypoglosse. — 10, 10. Sa branche descendante. — 11. Branche descendante de la deuxième paire cervicale. — 12. Branche descendante de la troisième. — 13. Branche descendante de la quatrième. — 14. Plexus formé par ces trois branches et par la branche descendante de l'hypoglosse; il est placé au niveau du tendon de l'omoplat-hyoïdien, au devant de la veine jugulaire interne. Il donne des rameaux à trois des muscles de la région sous-hyoïdienne : 15. Rameaux de l'omoplat-hyoïdien. 16, 16. Rameaux du sterno-hyoïdien, et 17, Rameaux du sterno-thyroïdien. — 18. Filet du muscle thyro-hyoïdien. — 19. Anastomose entre l'hypoglosse et le lingual — 20. Hypoglosse s'enfonçant dans l'épaisseur du génio-glosse.

PLANCHES 38 et 39.

NERFS SPINAUX OU RACHIDIENS.

ORIGINE ET TRAJET INTRA-RACHIDIEN.

On désigne sous le nom de *nerfs spinaux* ou *rachidiens* ceux qui tirent leur origine de la moelle au-dessus du bulbe crânien, et sortent par les trous de conjugaison de la colonne épinière (colonne vertébro-sacrée). On les distingue en cervicaux, dorsaux, lombaires et sacrés; leur nombre est variable suivant les espèces animales, mais toujours en raison directe du nombre des vertèbres (en y comprenant les fausses vertèbres sacrées). Chez quelques mammifères, on compte jusqu'à soixante paires de nerfs, chez les serpents jusqu'à cent : chez l'homme, on trouve de chaque côté de la moelle trente et un nerfs placés symétriquement, et répartis de la manière suivante, savoir : *huit* cervicaux, parmi lesquels on place le nerf sous-occipital; *douze* dorsaux, *cinq* lombaires et *six* sacrés.

Tous ces nerfs naissent de la moelle par *deux ordres de racines :* les unes, *postérieures*, viennent de la partie latérale et postérieure de la moelle; les autres, *antérieures*, émergent de sa partie latérale et antérieure. Ces racines sont superposées et séparées les unes des autres par le ligament dentelé. Les antérieures, comme les postérieures, se séparent en autant de groupes que nous avons compté de paires rachidiennes; ces groupes se dirigent en convergeant vers les trous de conjugaison, et forment deux troncs aplatis, l'un antérieur, l'autre postérieur; ce dernier présente, dans le trou de conjugaison, un ganglion olivaire au delà duquel il se confond avec le groupe des racines antérieures pour former un seul tronc arrondi.

Les racines des nerfs rachidiens, avant de gagner les trous de conjugaison, suivent dans le canal vertébral un trajet plus ou moins long, suivant les régions dans lesquelles on les examine. A la région cervicale, elles marchent presque horizontalement, et toutes, à l'exception de la première qui remonte un peu, s'engagent dans les trous situés vis-à-vis de leur point d'émergence. A la région dorsale, elles pénètrent dans les trous situés à deux vertèbres au moins au-dessous de leur origine. Aux régions lombaire et sacrée elles descendent encore davantage, et presque verticalement; leur parcours est mesuré par la longueur de trois à quatre vertèbres. Ce trajet des racines dans le canal rachidien s'explique parfaitement par la brièveté de la moelle qui finit au niveau de la première vertèbre lombaire.

Au moment de quitter la moelle, les racines sont enveloppées par une gaîne de la pie-mère, continuation de la pie-mère rachidienne. On peut s'en assurer de deux manières : ou bien en dépouillant la moelle de ses enveloppes, comme on dépouille une anguille, on entraîne avec la pie-mère toutes les racines des nerfs rachidiens; ou bien en détruisant la moelle dans une dissolution de potasse, on obtient par l'insufflation un boyau formé par la pie-mère, qui présente latéralement les gaînes névrilématiques qui enveloppaient les racines. L'arachnoïde entoure chaque groupe de racines jusqu'au trou de conjugaison au niveau duquel elle se réfléchit sur la dure-mère pour former le feuillet pariétal; enfin la dure-mère forme un canal distinct pour les racines antérieures, un canal distinct pour les postérieures, jusqu'au moment où elles sont réunies en un tronc commun au-delà duquel elle se confond avec le névrilème.

Les troncs, formés par le mélange intime des racines antérieures avec les postérieures, ne tardent pas à se diviser chacun en deux branches, l'une postérieure, l'autre antérieure. Les branches postérieures, généralement moins volumineuses que les antérieures, se distribuent aux muscles et aux téguments de la partie postérieure du tronc, à la peau du segment postérieur de la tête; les branches antérieures se rendent aux parties latérales et antérieures du tronc, et aux extrémités supérieures et inférieures; quelques unes vont jusqu'à la peau du crâne et de la face.

Chaque nerf rachidien fournit encore des filets qui se rendent aux ganglions du grand sympathique.

Jusqu'ici nous avons étudié les caractères communs aux racines antérieures et postérieures; mais elles présentent entre elles des différences nombreuses au point de vue anatomique et au point de vue physiologique.

A. *Différences au point de vue anatomique.*

1° *Origine apparente (mode d'insertion).* Tandis que les racines postérieures s'insèrent régulièrement dans le sillon collatéral postérieur de la moelle épinière, les antérieures naissent irrégulièrement le long du sillon collatéral antérieur. Chacune de ces dernières présente, à son point d'émergence, une houppe de trois à quatre filets éparpillés sans ordre sur une petite colonne de 2 à 3 millimètres d'épaisseur; en outre, elles se rapprochent d'autant plus du sillon médian antérieur, qu'on les examine plus inférieurement.

2° *Origine réelle.* Si l'on poursuit l'origine des racines, tant antérieures que postérieures, dans l'épaisseur de la moelle, on voit que les premières se continuent avec la substance blanche, tandis que les dernières se confondent avec la substance grise. D'après M. Cruveilhier, ces racines traversent la substance grise centrale, et arrivent jusqu'aux cordons médians postérieurs; il est tenté de regarder la commissure blanche comme la commissure de ces nerfs. S'il faut en croire Valentin, aucune de ces racines ne se terminerait dans la moelle, toutes iraient jusqu'à l'encéphale.

3° *Volume et nombre.* Les racines postérieures sont plus volumineuses et plus nombreuses que les racines antérieures; les troncs aplatis qu'elles forment en convergeant sont plus gros que ceux formés par les racines antérieures, à l'exception cependant de celui de la première paire cervicale. M. Blandin a voulu établir le rapport de volume de ces racines dans les différentes régions. Il dit qu'à la région cervicale ces racines sont entre elles : : 2 : 1; à la région dorsale, : : 1 : 1; aux régions lombaire et sacrée, : : 1 1/2 : 1. Suivant M. Cruveilhier, ces rapports seraient : : 3 : 1 à la région cervicale; : : 1 1/2 : 1 à la région dorsale; : : 2 : 1 aux régions lombaire et sacrée.

4° *Ganglions des racines postérieures.* La principale différence qui existe entre les deux ordres de racines est la présence d'un ganglion olivaire sur chacun des troncs formés par les racines postérieures. Tous les anatomistes s'accordent à dire que ce ganglion est formé uniquement par les racines postérieures: les racines antérieures n'entrent pour rien dans sa composition. Ces dernières présentent assez généralement une espèce de gouttière dans laquelle se loge le ganglion, et se réunissent aux racines postérieures, au delà des ganglions. Alors l'union est intime; il est impossible, dans le tronc qui en résulte, de séparer les racines antérieures des postérieures, et les branches qui en naissent contiennent chacune des fibres motrices et des fibres sensitives.

Le nombre des ganglions, de chaque côté de la moelle, est égal au nombre des paires rachidiennes; cependant la première paire cervicale en manque quelquefois. Ces renflements sont placés dans les trous de conjugaison, excepté à la région sacrée où on les trouve dans le canal sacré.

5° *Texture.* D'après Ehrenberg et Remak, la forme des fibres primitives servirait à la distinction des nerfs de mouvement et de sentiment; les fibres motrices primitives seraient des tubes uniformément cylindriques, et les fibres sensorielles des tuyaux variqueux. Ce caractère différentiel n'a pas été confirmé par les recherches ultérieures. Selon M. Mandl, les fibres antérieures seraient plus grosses que les postérieures; ce serait surtout ce caractère qui distinguerait les fibres primitives dans les racines antérieures et postérieures.

B. *Différences au point de vue physiologique.*

La plupart des physiologistes admettent, d'après les expériences faites par les vivisections et l'application du galvanisme, que les racines antérieures sont motrices et les racines postérieures sensitives : en effet, la section des premières n'est pas douloureuse, mais prive de mouvement les organes auxquels elles se distribuent; la section des secondes est douloureuse et abolit la sensibilité dans les organes qu'elles tiennent sous leur dépendance.

M. Magendie, tout en admettant ces différentes fonctions dans les racines des nerfs rachidiens, savoir, que les racines postérieures président au sentiment, les antérieures au mouvement, reconnaît aussi une certaine sensibilité à ces dernières, avec cette différence toutefois, que les racines postérieures tirent la source de leur sensibilité dans le centre nerveux pour la répandre à la périphérie, tandis que les antérieures puisent leur sensibilité à la périphérie, dans la racine postérieure correspondante, pour la propager vers le centre. C'est cette sensibilité acquise par les racines antérieures qu'il désigne sous le nom de *sensibilité de retour*, *sensibilité récurrente.*

Cette différence de fonction est parfaitement en rapport avec la différence d'aspect. En effet, les racines postérieures sont plus volumineuses que les antérieures, et nous avons vu que les nerfs sensitifs étaient toujours plus gros que les nerfs moteurs; en outre, les racines postérieures sont plus nombreuses que les antérieures, et présentent des ganglions; nous n'avons trouvé ces derniers que sur les nerfs sensitifs, plus nombreux aussi que les nerfs moteurs.

Gall explique cette prédominance des racines antérieures sur les postérieures, par la prédominance des muscles extenseurs sur les fléchisseurs; il dit qu'il faut déployer une plus grande force pour se dresser et résister à un fardeau que pour se pencher et se baisser, et, partant, qu'un plus grand nombre de nerfs doivent présider à l'extension qu'à la flexion; il ignorait les expériences de Charles Bell, qui nous ont montré les racines antérieures motrices et les postérieures sensitives.

Les racines postérieures cervicales sont plus grosses que celles des autres régions; à la région dorsale, elles ont à peu près le même volume que les racines antérieures qu'elles surpassent encore aux lombes et à la région sacrée. M. Blandin fait observer que ces différences de volume sont en rapport avec la sensibilité des régions auxquelles ces nerfs se distribuent. Ainsi, dans les membres thoraciques, la sensibilité l'emporte beaucoup plus sur la motilité que dans les membres abdominaux. Au tronc, la sensibilité et la motilité sont à peu près également réparties. L'anatomie comparée vient encore à l'appui de cette assertion; chez les quadrupèdes, où les quatre membres servent à la sustentation, les racines postérieures sont égales aux racines antérieures; quelquefois même elles sont moins volumineuses que ces dernières.

Au delà du ganglion des racines postérieures, celles-ci se mêlent entièrement aux racines antérieures pour former un seul tronc arrondi d'où partent deux branches, dont chacune est à la fois sensitive et motrice; mais il est impossible de poursuivre dans ces branches les racines postérieures ou les racines antérieures, tant elles sont mêlées, tant elles sont intriquées ensemble. On ne peut donc supposer que les branches antérieures soient la continuation des racines antérieures, et les postérieures des racines postérieures.

FIGURE 1.

Origine des racines antérieures des nerfs rachidiens.

PRÉPARATION. — Ayant retiré la moelle, le bulbe rachidien, et la protubérance du canal osseux qui les contient, par le procédé déjà indiqué, incisez sur la face antérieure et sur la ligne médiane la dure-mère; renversez le lambeau de chaque côté; enlevez complétement l'arachnoïde pour mettre à nu l'origine des racines antérieures des nerfs rachidiens; fendez quelques unes des gaînes qui les entourent, et poursuivez les prolongements de ces racines sur le ganglion. Sur l'un des côtés, coupez les racines à leur point d'émergence et au niveau du ganglion; vous mettrez à nu le ligament dentelé, le ligament coccygien et une partie des racines postérieures.

Explication de la figure 1.

Système nerveux. — 1. Protubérance annulaire. — 2. Grosse et petite racine de la cinquième paire. — 3. Sixième paire ou moteur oculaire externe. — 4. Nerf facial. — 5. Nerf auditif. — 6. Nerf intermédiaire. — 7. Nerf glosso-pharyngien. — 8. Pneumo-gastrique. — 9. Nerf spinal ou accessoire de Willis. — 10. Nerf hypoglosse. — De 11 à 11, les huit racines antérieures des nerfs cervicaux. — De 12 à 12, les douze racines antérieures des nerfs dorsaux. — De 13 à 13, les cinq racines antérieures des nerfs lombaires. — De 14 à 14, les six racines antérieures des nerfs sacrés.

On voit de chaque côté, 15, 15, 15, les branches antérieures des trente et une paires de nerfs rachidiens. — 16, 16, 16. Branches postérieures. — 17, 17. Ganglions spinaux formés aux dépens des racines postérieures.

De 18 à 18, racines antérieures coupées. — 19, 19, 19. Racines antérieures coupées au niveau des ganglions. — 20, 20. Ligament dentelé, séparant les racines antérieures des postérieures. — 21, 21. Insertion de ce ligament sur la dure-mère, par son bord denticulé. — 22, 22. Insertion du même ligament sur la pie-mère. — 23. Ligament caudal ou coccygien. — 24, 24. Dure-mère rachidienne renversée sur les côtés.

FIGURE 2.

Origine des racines postérieures des nerfs rachidiens.

Préparation. — Faites sur la face postérieure de la moelle la même préparation que pour la figure précédente ; coupez seulement les racines plus près de la moelle, pour montrer le sillon collatéral postérieur qui est représenté ici par une ligne ponctuée. Cette préparation montre encore l'origine du nerf spinal.

Explication de la figure 2.

Système nerveux. — 1. Tubercules quadrijumeaux. — 2, 2. Faisceaux triangulaires. — 3, 3. Pédoncules supérieurs du cervelet. — 4, 4. Pédoncules cérébelleux moyens. — 5, 5. Pédoncules cérébelleux inférieurs. — 6. Paroi antérieure du quatrième ventricule. — 7. Nerf glosso-pharyngien. — 8. Nerf pneumo-gastrique. — 9. Nerf spinal. On voit du côté droit son origine entre les racines postérieures et le ligament dentelé ; à gauche il est démasqué par l'ablation des racines postérieures. — De 10 à 10, racines postérieures des huit paires cervicales. — De 11 à 11, racines postérieures des douze paires dorsales. — De 12 à 12, racines postérieures des cinq paires lombaires. — De 13 à 13, racines postérieures des six paires sacrées. — De 14 à 14, ligne ponctuée résultant de l'arrachement de toutes les racines postérieures. — 15, 15, 15. Racines antérieures des nerfs rachidiens, et ligament dentelé mis à nu par la section des racines postérieures. — 16, 16, 16. Ganglions spinaux, au nombre de trente, lorsque la première paire en manque. — 17, 17, 17. Branches antérieures des nerfs spinaux, à droite et à gauche. — 18, 18, 18. Branches postérieures. — 19, 19. Ligament dentelé droit placé entre les racines postérieures et les racines antérieures, et entre la pie-mère et la dure-mère, auxquelles il s'attache. — 20, 20. Ligament dentelé gauche, entièrement mis à nu. — 21. Ligament coccygien ou caudal. — 22, 22. Dure-mère renversée.

FIGURE 3.

Elle présente un fragment de la moelle épinière, entouré de ses enveloppes et vu de profil, afin de voir simultanément l'origine des racines antérieures et postérieures, leur convergence et les ganglions spinaux dépendant des racines postérieures.

Préparation. — Conservez la dure-mère dans son tiers supérieur ; incisez et érignez-la dans le reste de son étendue ; enlevez aussi l'arachnoïde pour voir à la fois l'origine des racines antérieures et postérieures et leurs rapports avec les ganglions spinaux. Inférieurement, on a enlevé les ganglions par une section faite sur les racines antérieures et postérieures pour démasquer le ligament dentelé.

Explication de la figure 3.

Système nerveux. — 1, 1. Racines postérieures des nerfs spinaux et leurs ganglions. — 2, 2. Racines antérieures des mêmes nerfs s'anastomosant avec l'extrémité antérieure de ces ganglions. — 3 et 4. Racines antérieure et postérieure coupées. — 5. Ligament dentelé. — 6. Dure-mère conservée pour laisser voir les gaînes qu'elle forme autour des ganglions et des branches des nerfs spinaux. — 7. Section verticale de la gaîne et des racines antérieure et postérieure, afin de voir une petite lame qui sépare l'une de l'autre ces deux racines. — 8, 8. Face intérieure de la dure-mère, qui est érignée sur les côtés pour voir son aspect lisse, dû au feuillet pariétal de l'arachnoïde qui la revêt.

PLANCHES 40, 41 et 42.

NERFS CERVICAUX.

Nous venons de voir que ces nerfs naissent par deux groupes de racines qui convergent vers les trous de conjugaison, où ils se réunissent en un seul tronc, au delà du ganglion des racines postérieures. Ces troncs, au nombre de huit, sortent de chaque côté du canal vertébral, le premier entre l'os occipital et la première vertèbre cervicale, le dernier entre la dernière cervicale et la première dorsale, les autres par les trous de conjugaison intermédiaires. On les désigne par les noms numériques de premier, second, troisième, quatrième, etc. Le premier, qui a été considéré autrefois comme un nerf crânien et désigné sous le nom de nerf sous-occipital, est rangé maintenant parmi les nerfs rachidiens.

Ces troncs, d'un aspect crevassé, comme plexiforme, vont en augmentant graduellement de volume, depuis le premier jusqu'au dernier. A l'exception du premier, qui est horizontal ou même un peu ascendant, tous les autres sont d'autant plus obliques et descendants, qu'on les examine plus inférieurement. Tous sont placés derrière l'artère vertébrale, hormis le premier qui est subjacent à la seconde courbure de cette artère, entre celle-ci et la gouttière de l'axe postérieur de l'atlas; il offre encore comme particularités, qu'il est plus long, qu'il sort plus en arrière que les autres nerfs, parce que son trou de conjugaison est situé derrière l'apophyse articulaire de l'atlas.

Les troncs des deux premiers nerfs cervicaux communiquent généralement avec le ganglion cervical supérieur, le troisième et le quatrième s'anastomosent avec le ganglion cervical moyen; les quatre derniers avec le ganglion cervical inférieur, à l'aide de son rameau vertébral; quelquefois le troisième, le quatrième et le cinquième communiquent avec les ganglions cervicaux supérieur, moyen et inférieur.

Tous ces nerfs, à leur sortie des trous de conjugaison, se divisent en deux branches, l'une *antérieure*, l'autre *postérieure*. (Les branches postérieures de tous les nerfs rachidiens pouvant être mises à nu par une seule préparation, je les décrirai simultanément, après avoir étudié les branches antérieures qui sont plus compliquées et plus importantes.)

BRANCHES ANTÉRIEURES DES NERFS CERVICAUX.

Ces branches, plus volumineuses que les postérieures, à l'exception des deux premières, se placent, au sortir des trous de conjugaison, dans la gouttière de la face supérieure de l'apophyse transverse, entre les muscles intertransversaires antérieurs et postérieurs, derrière l'artère vertébrale qu'ils contournent ensuite en dehors. Les quatre premières s'anastomosent entre elles et forment des anses nerveuses qui se divisent et s'anastomosent de nouveau, pour constituer le plexus cervical. Les quatre dernières, plus volumineuses que les précédentes, s'anastomosent à angles plus ou moins aigus, et constituent, avec la première dorsale, le plexus brachial.

Branche antérieure de la première cervicale. — De même que son tronc, cette branche est située entre l'artère vertébrale et la gouttière de l'arc postérieur de l'atlas; elle se dégage entre les muscles petit droit antérieur et droit latéral de la tête, quelquefois en dehors, mais le plus souvent en dedans de l'artère vertébrale, se réfléchit de haut en bas en contournant la base de l'apophyse transverse de l'atlas, et s'anastomose en formant une anse avec la branche antérieure de la deuxième cervicale. Elle envoie des filets aux muscles grand et petit droits antérieurs de la tête et au droit latéral; elle donne plusieurs anastomoses au grand hypoglosse dont les unes se dirigent vers l'origine de ce nerf, les autres vers sa terminaison. Ces dernières forment un petit plexus d'où partent quelques rameaux pour le nerf pneumo-gastrique et pour le ganglion cervical supérieur. Les rameaux du ganglion sont gros et grisâtres.

Branche antérieure de la deuxième cervicale.— Celle-ci, plus large que la précédente, rubanée, sort par le trou de conjugaison formé par l'atlas et l'axis, entre les muscles intertransversaire postérieur, angulaire et splénius, en arrière ; et les muscles intertransversaire antérieur et droit antérieur, en avant ; elle se divise aussitôt en deux rameaux, l'un supérieur, l'autre inférieur.

Le supérieur s'anastomose, au devant de l'apophyse transverse de l'atlas, avec la première cervicale ; au niveau de sa bifurcation il donne un gros filet au ganglion supérieur. L'inférieur, plus gros que le précédent, se recourbe en avant, puis en arrière, en formant une anse, et se divise en plusieurs filets : le plus antérieur de ces filets se jette dans le muscle petit droit antérieur ; un autre, assez grêle, se dirige obliquement en bas et en avant (branche descendante supérieure), et concourt à la formation de l'anse nerveuse de l'hypoglosse. Enfin, un troisième filet, plus postérieur que les autres, remonte en longeant le bord externe du muscle sterno-mastoïdien, et forme le nerf occipital externe, ou mastoïdien.

Branche antérieure de la troisième cervicale. — Elle sort entre l'axis et la troisième cervicale, se dirige obliquement en avant, puis en arrière, en contournant le faisceau de l'angulaire de l'omoplate et se divise en deux rameaux, l'un antérieur, l'autre postérieur.

L'*antérieur* donne : 1° quelques filets grêles au droit antérieur de la tête ; 2° un filet qui se jette soit à l'extrémité inférieure du ganglion cervical supérieur, soit dans son cordon de communication ; 3° un petit rameau (branche descendante moyenne), qui s'anastomose avec la branche descendante supérieure et fait encore partie de l'anse nerveuse de l'hypoglosse ; 4° quelques filets qui s'anastomosent avec la quatrième cervicale. Il donne aussi assez souvent une racine au nerf phrénique.

Le *postérieur*, plus gros que le précédent, forme, en s'anastomosant avec la branche descendante de la seconde paire, la branche cervicale transverse ou superficielle, l'auriculaire, la petite mastoïdienne, quelques nerfs pour l'extrémité supérieure de l'angulaire, et une anastomose avec le spinal.

Branche antérieure de la quatrième cervicale.— Cette branche, plus volumineuse que la troisième, sort entre la troisième et la quatrième vertèbre cervicale, derrière l'intertransversaire antérieur, le droit antérieur de la tête, au devant de l'intertransversaire postérieur et du scalène postérieur. Elle donne plusieurs rameaux, dont le plus antérieur, très grêle, s'anastomose avec le cordon de communication des ganglions cervicaux supérieur et moyen ; un autre (branche descendante inférieure), se jette dans l'anse nerveuse de l'hypoglosse, dans le tronc qui résulte déjà de l'adossement des branches descendantes supérieure et moyenne ; enfin un dernier constitue une des racines du nerf phrénique.

Cette branche se termine en fournissant les branches descendantes superficielles, qui se dirigent obliquement en bas, en croisant le triangle sus-claviculaire ; elle reçoit des anastomoses de la troisième cervicale et donne un ou deux filets aux muscles trapèze et angulaire de l'omoplate.

PLEXUS CERVICAL.

On appelle *plexus cervical* l'entrelacement qui résulte des anastomoses des branches antérieures des quatre premières paires cervicales.

Il est situé sur les parties latérales et antérieures des quatre premières vertèbres cervicales, au devant des muscles scalène postérieur, splénius du cou, angulaire, et en arrière du grand droit antérieur de la tête et derrière le bord postérieur du muscle sterno-cléido-mastoïdien, dont il est séparé par une grande quantité de tissu cellulaire graisseux, par des ganglions lymphatiques et par une lame aponévrotique qui lui adhère intimement. On trouve encore, au-devant de lui, la veine jugulaire interne, l'artère carotide interne, le nerf pneumo-gastrique et le ganglion cervical supérieur.

Les nerfs avec lesquels il communique sont : en haut et en avant, le ganglion cervical supérieur, l'hypoglosse et le pneumo-gastrique ; en bas, le plexus brachial, et en arrière le spinal.

Bichat regarde le plexus cervical comme un centre auquel aboutissent des branches et duquel partent d'autres branches. Il semblerait, en effet, impossible au premier abord d'en débrouiller l'intrication; mais il n'y a rien d'inextricable dans ce plexus: il est facile, en poursuivant chaque branche avec attention, de reconnaître l'origine réelle de chacune d'elles.

On divise le plexus cervical en *profond* et *superficiel*.

Le *profond* est placé derrière le sterno-mastoïdien; il n'a que des branches descendantes, qu'on peut distinguer en *antérieures*, *moyennes* et *postérieures*. Elles sont musculaires ou anastomotiques.

Les *antérieures* sont: les branches descendantes concourant à former l'anse de l'hypoglosse, les anastomoses avec le ganglion cervical supérieur, l'hypoglosse et le pneumo-gastrique, et les branches musculaires.

Les *branches moyennes*, au nombre de deux ou trois, forment les racines du nerf phrénique.

Les *postérieures* sont: les anastomoses avec le spinal, les branches du trapèze, les branches de l'angulaire et du rhomboïde.

Le plexus cervical *superficiel* est situé entre le sterno-mastoïdien et le peaucier, qu'il traverse pour se rendre à la peau. On peut lui distinguer des branches *ascendantes* et *descendantes*, lesquelles sont antérieures, moyennes et postérieures. Ces branches s'anastomosent entre elles et avec le nerf facial.

Les branches *ascendantes* sont, d'avant en arrière: la cervicale superficielle, l'auriculaire, la petite mastoïdienne, et la grande mastoïdienne.

Les *descendantes* sont, d'avant en arrière: les sus-sternales, sus-claviculaires et sus-acromiennes, qui naissent d'un ou de deux troncs communs et quelquefois isolément.

PLEXUS CERVICAL PROFOND.

A. Branches antérieures.

1° *Branches descendantes.* — Elles sont au nombre de deux à quatre; ordinairement elles viennent des deuxième et troisième paires cervicales; quelquefois elles viennent aussi de la quatrième. J'ai vu plusieurs fois un filet nerveux fourni par la première cervicale et le ganglion cervical supérieur. Toutes ces branches se dirigent en bas et en dedans, en dehors de la veine jugulaire interne, et s'anastomosent les unes avec les autres pour constituer un tronc plus volumineux (*voy.* 7, 12 et 18, fig. 2, pl. 40). Celui-ci descend en avant et en dedans entre le sterno-mastoïdien et la veine jugulaire interne, quelquefois entre cette veine et l'artère carotide primitive, se réfléchit en haut au niveau du tendon de l'omoplat-hyoïdien et s'anastomose en arcade vers la branche descendante de l'hypoglosse, avec laquelle il forme l'anse nerveuse de l'hypoglosse (*voy.* 26, fig. 2, pl. 40). Cette anse, plexiforme, à concavité supérieure, donne naissance, par sa convexité, à des rameaux destinés à tous les muscles de la région sous-hyoïdienne, moins le thyro-hyoïdien, savoir: l'omoplat-hyoïdien, le sterno-hyoïdien, le sterno-thyroïdien. L'omoplat-hyoïdien reçoit deux rameaux, l'un ascendant pour son ventre supérieur, l'autre descendant pour son ventre inférieur. Les rameaux du sterno-hyoïdien et du sterno-thyroïdien longent ces muscles jusqu'à leur insertion inférieure. On voit très souvent l'anse nerveuse s'anastomoser avec le nerf phrénique, malgré l'assertion contraire de M. Longet et de quelques autres anatomistes.

2° *Branches anastomotiques avec l'hypoglosse, le pneumo-gastrique et le ganglion cervical supérieur.* (*voy.* 3, 4, 5, 6, fig. 2, pl. 40). — Nous avons déjà signalé plus haut deux ou trois de ces branches qui se dirigent, de l'anse nerveuse formée par les deux premières paires, les unes vers l'origine, les autres vers la terminaison de l'hypoglosse, et forment entre elles une espèce de plexus d'où partent quelques filets pour le pneumo-gastrique. Quant aux anastomoses avec le ganglion cervical supérieur, elles se font à l'aide de grosses branches grisâtres, dont le nombre est variable, et qui vont, les unes du ganglion vers l'anse nerveuse des deux premières paires; les autres de l'extrémité inférieure du ganglion ou de son cordon de communication vers les branches antérieures de la troisième et de la quatrième paire.

3° *Branches musculaires.* — De la convexité de l'anse nerveuse des deux premières paires et de la troisième, on voit naître de petits rameaux qui s'enfoncent profondément derrière les muscles grand et petit droits antérieurs de la tête dans lesquels ils se perdent.

B. Branches moyennes.

Nerf phrénique ou diaphragmatique (*voy.* 18, fig. 2, pl. 40). — Ce nerf est ordinairement formé par trois racines qui lui viennent des troisième, quatrième et cinquième paires cervicales (*voy.* 19, fig. 2, pl. 40). Assez souvent il reçoit une quatrième racine de la seconde paire, plus rarement de la première et du ganglion cervical supérieur. Quelquefois la sixième cervicale lui donne un petit filet; nous avons déjà vu qu'il communique fréquemment avec la branche descendante de l'hypoglosse.

Devenu plus volumineux par l'admission successive de toutes ces racines, le phrénique se dirige obliquement en bas et en avant, en contournant en demi-spirale le scalène antérieur, se place en arrière de la veine jugulaire interne, de l'artère carotide primitive, du pneumo-gastrique et du grand sympathique, et franchit l'ouverture supérieure de la cavité thoracique entre la veine et l'artère sous-clavière. Dans le thorax, il s'accole au péricarde, contre lequel il est maintenu par la plèvre du médiastin antérieur, et arrive au diaphragme, dans lequel il se perd.

Les deux nerfs phréniques diffèrent l'un de l'autre par la longueur, la situation et les rapports. Le gauche contourne la pointe du cœur avant d'arriver au diaphragme, et, pour cette raison, surpasse en longueur le droit, qui longe la base du cœur et gagne le diaphragme, dont la voussure est plus haute de ce côté qu'à gauche, à cause de la saillie du foie. Le phrénique gauche est situé sur un plan plus postérieur que le droit; il accompagne le tronc veineux brachio-céphalique gauche, tandis que le droit longe la veine cave supérieure. Ces deux nerfs offrent des différences de volume à peine sensibles.

A la région cervicale, le nerf phrénique donne des branches anastomotiques arciformes au grand sympathique; il communique par des anastomoses transversales, soit avec le cordon de communication des ganglions cervicaux supérieur et moyen, soit avec le ganglion cervical moyen. Avant de pénétrer dans le thorax, il reçoit du ganglion cervical inférieur un gros filet, que j'ai souvent rencontré dans mes dissections, et que M. Cruveilhier dit n'avoir jamais vu.

Dans le thorax, il s'anastomose avec des filets du sous-clavier. J'ai vu plusieurs fois ce nerf donner quelques filets très grêles au péricarde. Sur le diaphragme, les deux phréniques se divisent en un grand nombre de filets divergents qui se perdent les uns entre le muscle et la plèvre; les autres traversent les fibres musculaires et se répandent entre le diaphragme et le péritoine; ces derniers et surtout ceux du côté droit, s'anastomosent avec quelques branches émanées du plexus solaire, qui enlacent les artères diaphragmatiques inférieures. Il n'est pas rare de voir les deux phréniques s'anastomoser transversalement au devant des piliers du diaphragme.

C. Branches postérieures.

1° *Anastomoses avec le spinal* (*voy.* 16, fig. 2, pl. 40). — Elles viennent de la branche antérieure de la troisième cervicale, se dirigent en bas, en arrière, et s'anastomosent à angle aigu avec les branches du spinal destinées au trapèze et au sterno-mastoïdien.

2° *Branche trapézienne.* — Elle naît de la troisième paire cervicale, quelquefois de la quatrième cervicale ou du plexus brachial; elle se dirige obliquement en arrière et en bas (*voy.* 24, fig. 2, pl. 40), et s'anastomose plusieurs fois avec le spinal, au moment où il atteint la face profonde du trapèze, pour former avec lui une espèce de plexus.

3° *Branches de l'angulaire et du rhomboïde.* — Fournies par les troisième et quatrième paires cervicales, elles marchent obliquement en bas et en arrière, en contournant le scalène postérieur (*voy.* 23, fig. 2, pl. 40), et se ramifient dans les muscles angulaire et rhomboïde qui reçoivent aussi des branches du plexus brachial.

PLEXUS CERVICAL SUPERFICIEL.

Ce plexus est une émanation du plexus profond; toutes les branches qui le composent émergent vers le milieu du bord postérieur du muscle sterno-cléido-mastoïdien, se placent entre ce muscle et le peaucier, et traversent après un certain trajet ce dernier pour se rendre à la peau.

A. Branches ascendantes.

1° *Branche cervicale superficielle* (*ascendante antérieure*). — Cette branche, la plus antérieure, émane du plexus cervical profond, par un tronc commun avec le nerf auriculaire, de l'anastomose des deuxième et troisième paires cervicales, contourne à la manière d'une anse le bord postérieur du sterno-mastoïdien, monte un peu obliquement en avant entre ce muscle et le peaucier (*voy.* fig. 1, pl. 42), croise la veine jugulaire externe derrière laquelle elle est ordinairement placée, et se partage, au niveau du bord antérieur du sterno-mastoïdien, en deux ordres de rameaux, les uns ascendants, les autres descendants.

Dans tout le trajet qu'elle parcourt avant sa bifurcation, cette branche est aplatie, rubaniforme, et constituée par la juxtaposition de plusieurs filets. Elle fournit quelques rameaux ascendants et descendants qui accompagnent la veine jugulaire externe, les uns en dehors, les autres en dedans, et vont se terminer soit à la peau de la joue, soit en s'anastomosant avec l'auriculaire et le facial.

Rameaux anastomotiques avec le facial (*voy.* 3, fig. 1, pl. 42). — Au niveau et au delà de sa bifurcation, ce nerf fournit plusieurs branches ascendantes qui vont s'anastomoser derrière le peaucier avec la branche cervico-faciale pour constituer un petit plexus, nié par M. Cruveilhier.

Le *rameau ascendant* (*voy.* 6, fig. 1, pl. 42) s'épanouit en plusieurs filets flexueux qui traversent le peaucier, deviennent sous-cutanés et vont se perdre à la peau du menton et de la région sus-hyoïdienne; il s'anastomose aussi par quelques rameaux avec le facial.

Le *rameau descendant* (*voy.* 7, fig. 1, pl. 42), presque toujours multiple, marche en bas et en dedans vers la région sous-hyoïdienne; il change bientôt de direction, se réfléchit un peu en haut, traverse le peaucier, et se perd à la peau de cette région. Quelques uns de ses filets longent la veine jugulaire antérieure.

2° *Branche auriculaire* (*ascendante moyenne*). — Elle naît de l'anse nerveuse des deuxième et troisième paires cervicales, conjointement avec la branche cervicale superficielle, se dirige en bas et en arrière, jusqu'au niveau de la partie moyenne du bord postérieur du sterno-mastoïdien, sur lequel elle se réfléchit en formant une courbe à concavité antérieure et supérieure; puis remonte obliquement entre le sterno-mastoïdien et le peaucier jusqu'au lobule de l'oreille, où elle se divise en deux rameaux, l'un externe ou superficiel, l'autre interne ou profond (*voy.* 8, fig. 1, pl. 42).

Avant sa bifurcation terminale, la branche auriculaire donne quelques rameaux appelés *faciaux* ou *parotidiens*, dont le nombre varie depuis deux jusqu'à cinq; parmi ces rameaux, les uns rampent obliquement entre la glande parotide et la peau de la face, les autres traversent la parotide; presque tous se terminent à la peau de la face où l'on peut les suivre jusqu'au-dessous de la pommette; quelques filets restent dans la glande, d'autres s'anastomosent avec le facial.

Le *rameau auriculaire externe* ou *superficiel* se porte verticalement en haut vers l'antitragus; il se distribue en grande partie à la peau de la face externe du pavillon de l'oreille. Un de ses filets traverse la scissure située entre la conque et l'extrémité caudale de l'hélix et de l'anthélix, pour se perdre à la conque; les autres se rendent à la peau de la rainure de l'hélix.

Le *rameau auriculaire interne* ou *profond* monte obliquement en haut et en arrière, dans l'épaisseur de la glande parotide, au devant de l'apophyse mastoïde, vers laquelle il croise à angle aigu l'occipito-auriculaire du facial, plus profond que lui et avec lequel il s'anastomose. Il se divise en deux filets, l'un postérieur, destiné à la peau de la région mastoïdienne où il reçoit une anastomose de l'occipitale externe; l'autre antérieur, qui se termine par des filets très déliés à la partie supérieure et interne du pavillon de l'oreille.

3° *Branche mastoïdienne* (*ascendante postérieure*, *occipitale externe*, *occipito-auriculaire de Chaussier*) (*voy.* 14, fig. 1, pl. 42). — Émanée de la deuxième paire cervicale, la branche occipitale externe contourne le bord postérieur du sterno-mastoïdien en formant une anse à concavité antérieure, située au-dessus de celle de l'auriculaire; elle se dirige en haut et en arrière, en longeant le bord postérieur du sterno-mastoïdien, parallèlement au nerf occipital interne, et se divise au niveau de l'apophyse mastoïde en deux rameaux, l'un antérieur, l'autre postérieur.

L'*antérieur* marche obliquement en avant vers le pavillon de l'oreille, s'anastomose avec un filet de l'auriculaire, et se partage en ramuscules dont les uns se perdent à la peau de la région mastoïdienne, les autres à la peau de la partie interne et supérieure du pavillon de l'oreille, malgré l'opinion contraire de M. Cruveilhier.

Le *rameau postérieur* fournit des filets divergents à la peau de la région latérale de l'occiput, où ils s'anastomosent plusieurs fois à angle aigu avec des filets du nerf occipital interne.

4° *Petite mastoïdienne* (*voy.* 13, fig. 1, pl. 42). — Elle tire assez souvent son origine de la troisième cervicale ; elle se dirige en haut et en arrière, entre l'auriculaire en avant, l'occipitale en arrière, et s'épanouit à la peau de la région mastoïdienne.

B. Branches descendantes.

Ordinairement au nombre de deux, et quelquefois ne formant qu'un seul tronc à leur origine, ces branches naissent de la quatrième cervicale, dont elles semblent être la terminaison. Elles se dégagent derrière le sterno-mastoïdien, au-dessous de sa partie moyenne (*voy.* 18, fig. 1, pl. 42), contournent son bord postérieur, descendent perpendiculairement à la clavicule en divergeant, et se divisent en plusieurs rameaux qui se subdivisent à leur tour. Ces rameaux, qu'on peut distinguer en antérieurs ou *sus-sternaux*, en moyens ou *sus-claviculaires*, en postérieurs ou *sus-acromiens*, traversent le peaucier à la partie supérieure du thorax, et se perdent à la peau de cette région et à celle de l'épaule. On peut poursuivre quelques uns de ces filets jusqu'au-dessous du deltoïde.

PLANCHE 40.

FIGURE 1.

Elle montre tous les nerfs cervicaux à leur sortie du trou de conjugaison anastomosés avec le grand sympathique et quelques nerfs crâniens.

PRÉPARATION. — Disséquer avec soin le muscle sterno-mastoïdien, doubler de précaution au niveau de la partie moyenne de son bord postérieur, point d'émergence du plexus cervical superficiel. Détacher complétement ce muscle, ainsi que les branches superficielles au niveau de leur réflexion. Faire la coupe du pharynx, c'est-à-dire détacher le pharynx des muscles prévertébraux, et couper la base du crâne par deux traits de scie obliquement dirigés de l'apophyse basilaire derrière l'apophyse mastoïde ; ou ce qui vaut mieux, faire cette section suivant la même direction avec une lame de sabre et un marteau. Cela fait, ouvrir le canal de l'artère vertébrale, enlever même une portion de l'artère, afin de poursuivre les anastomoses des nerfs cervicaux avec la portion cervicale du grand sympathique, l'hypoglosse et le pneumo-gastrique. Poursuivez les nerfs cervicaux et disséquez-les surtout avec attention au niveau du trou de conjugaison.

Explication de la figure 1.

Système vasculaire. — A. Tronc brachio-céphalique. — B. Carotide primitive. — C. Sous-clavière coupée. — D. Carotide interne. — E, E. Artère vertébrale.

Système nerveux. — 1. Branche antérieure de la première paire cervicale. — 2. Sa branche postérieure. — 3. Branche antérieure de la deuxième paire cervicale. — 4. Sa branche postérieure. — 5. Anse formée par l'anastomose des branches antérieures de la première et de la deuxième paire cervicale. — 6. Anastomose de cette anse avec, 7, le nerf grand hypoglosse. — 8. Son anastomose avec, 9, le ganglion cervical supérieur. — 10. Branche de la deuxième paire pour le muscle droit antérieur de la tête. — 11. Branche mastoïdienne coupée. — 12. Branche antérieure de la troisième paire cervicale. — 13. Son anastomose avec la seconde. — 14. Son anastomose dans l'intérieur du canal vertébral avec, 15, le ganglion cervical moyen. — 16. Quatrième paire cervicale. — 17. Ses anastomoses avec la troisième. — 18. Ses anastomoses avec le ganglion cervical moyen. — 19. Plexus brachial. — 20. Ses anastomoses avec le nerf vertébral, branche fournie par, 21, le ganglion cervical inférieur.

FIGURE 2.

Plexus cervical profond.

PRÉPARATION. — Disséquer et détacher le sterno-mastoïdien, d'après les préceptes indiqués dans la figure 1. Enlever avec précaution l'aponévrose, le tissu cellulaire et les nombreux ganglions de cette région, afin de mettre à nu le plexus cervical profond, et ses anastomoses avec les nerfs hypoglosse, pneumo-gastrique, spinal, la portion cervicale du grand sympathique et le plexus brachial. Pour mieux voir la première paire, enlevez une portion triangulaire de la partie latérale du crâne comprise entre deux lignes, dont l'une se dirige obliquement de l'apophyse mastoïde vers le trou ovale, l'autre d'avant en arrière de l'apophyse orbitaire externe vers le même trou ovale.

Explication de la figure 2.

Parties accessoires. — *a.* Coupe des muscles ventre postérieur du digastrique et stylo-hyoïdien. — *b.* Muscle thyro-hyoïdien. — *c.* Muscle omoplat-hyoïdien. — *d.* Muscle sterno-hyoïdien. — *e.* Muscle sterno-thyroïdien. — *f.* Scalène antérieur. — *g.* Scalène postérieur. — *h.* Muscle sous-clavier. — *i.* Angulaire de l'omoplate. — *j, j.* Trapèze coupé. — *k.* Splénius.

Système vasculaire. — A. Carotide primitive. — B. Artère carotide externe. — C. Artère carotide interne.

Système nerveux. — 1. Branche antérieure de la première paire se dégageant entre le petit droit antérieur et le petit droit latéral de la tête, et s'anastomosant en formant une anse avec, 2, branche antérieure de la seconde. — 3. Anastomoses de cette anse avec, 4, nerf grand hypoglosse, 5, nerf pneumo-gastrique et, 6, ganglion cervical supérieur. — 7. Branche descendante concourant à former l'anse nerveuse de l'hypoglosse. — 8. Branche mastoïdienne. — 9. Anastomose avec la branche sterno-mastoïdienne du spinal. — 10. Branche antérieure de la troisième paire cervicale. — 11. Ses branches anastomotiques avec la seconde. — 12. Seconde branche se jetant dans l'anse nerveuse de l'hypoglosse. — 13. Nerf auriculaire. — 14. Branche cervicale transverse. — 15. Petite mastoïdienne. — 16. Anastomose avec la branche trapézienne du spinal. — 17. Branche antérieure de la quatrième paire cervicale. — 18. Troisième branche d'origine pour l'anse de l'hypoglosse. — 19. Racine d'origine du nerf phrénique. — 20. Anastomose avec la troisième paire cervicale. — 21. Rameaux descendants superficiels coupés. — 22. Rameau de l'angulaire. — 23. Rameau trapézien du plexus cervical s'anastomosant avec, 24, le rameau trapézien du spinal. — 25. Anse nerveuse fournie par la branche descendante du plexus cervical et la branche descendante de l'hypoglosse. De la convexité de cette anse naissent des branches pour les muscles de la région sous-hyoïdienne, moins le muscle thyro-hyoïdien. — 26. Anastomose de cette anse avec, 27, Nerf phrénique. — 28. Anastomose du phrénique avec, 29, le filet du muscle sous-clavier. — 30. Plexus brachial.

PLANCHE 41.

Nerf phrénique.

PRÉPARATION. — Disséquez les portions cervicales des deux nerfs phréniques de la manière indiquée pour le plexus cervical profond. Mettez à nu leurs portions thoraciques et abdominales par l'ablation du sternum, au moyen de deux sections faites sur les cartilages costaux. Vous verrez alors les deux nerfs accolés au péricarde par les plèvres. Poursuivez-les jusqu'au diaphragme, et cherchez vers la face inférieure de ce muscle les branches, qui, après l'avoir traversé, vont s'anastomoser avec le plexus solaire.

Explication de la figure.

Parties accessoires. — *a.* Scalène antérieur. — *b, b.* Péricarde. — *c, c.* Diaphragme. — *d, d.* Poumons renversés et érignés en dehors. — *e, e.* Fragments des plèvres médiastines conservées afin de faire voir leurs rapports avec les nerfs phréniques.

Système vasculaire. — A, A. Artère sous-clavière. — B. Tronc veineux brachio-céphalique droit coupé. — C. Tronc veineux brachio-céphalique gauche. — D. Veine cave supérieure.

Système nerveux. — 1, 1. Racine du nerf phrénique fournie par la quatrième cervicale. — 2, 2. Racine fournie par le plexus brachial. — 3. Anastomose de ce nerf avec le filet du sous-clavier. — 4. Anastomose avec le ganglion cervical inférieur. — 5, 5. Anse nerveuse de l'hypoglosse coupée, envoyant un filet au nerf phrénique. — 6, 6. Branches péricardiques du nerf phrénique. — 7, 7. Branches qui se perdent à la face supérieure du diaphragme. — 8, 8. Branches de la face inférieure. — 9. Anastomoses de ces branches avec, 10, le plexus solaire. — 11. Communication transversale des deux nerfs phréniques.

PLANCHE 42.

FIGURE. 1.

Plexus cervical superficiel.

PRÉPARATION. — Inciser la peau suivant une ligne qui, partant du lobule de l'oreille, tombe perpendiculairement sur la clavicule. Disséquer avec soin le peaucier en avant et en arrière de l'incision. A mesure qu'on avance dans cette dissection, faire attention de ne pas couper les branches qui, traversant le muscle, vont se rendre à la peau ; quelques unes de ces branches, principalement la cervicale transverse, sont visibles à travers la demi-transparence du peaucier. Comme le plexus cervical superficiel est en partie situé entre le sterno-mastoïdien et le peaucier, en partie entre ce dernier et la peau, il suffit pour le mettre complétement à découvert, d'enlever la portion du peaucier qui le masque. Cela fait, poursuivre les branches dans tous les sens de leur point d'émergence à leur terminaison.

Cette préparation ne fait voir que le plexus superficiel. Une dissection que nous conseillons, et qui permet de voir en même temps le plexus cervical superficiel, le profond et même le plexus brachial, consiste, après avoir fait la préparation précédente, à disséquer le grand pectoral et à détacher ses insertions sternales et costales. Cela fait, sciez ou désarticulez l'extrémité sternale de la clavicule, sciez aussi cet os entre les insertions du deltoïde et du grand pectoral, détachez le fragment de la clavicule du muscle sous-clavier en rasant l'os, et coupez les insertions sternales du sterno-mastoïdien. On peut alors soulever ensemble le grand pectoral, la clavicule, le sterno-mastoïdien, et renverser le tout sur l'épaule. Coupez le muscle sous-clavier à son extrémité interne, après avoir trouvé le petit filet nerveux qui lui est destiné ; poursuivez les branches superficielles du plexus cervical derrière le sterno-mastoïdien et disséquez sous ce muscle ses branches profondes. Pour voir le plexus brachial, il suffit de renverser le petit pectoral après avoir coupé ses insertions costales. En détachant les muscles pectoraux, il faut faire attention de ne pas couper les nerfs qui se rendent à leur face profonde.

Explication de la figure 1.

Parties accessoires. — *a.* Muscle sterno-cléido-mastoïdien. — *b.* Peaucier. — *c.* Trapèze. — *d.* Splénius. — *e.* Muscle occipital. — *f.* Muscle auriculaire supérieur. — *g.* Muscle auriculaire postérieur. — *h.* Masséter. — *i.* Glande parotide.

Système vasculaire. — A. Veine jugulaire externe. — B. Son anastomose avec la veine jugulaire interne. — C. Veine jugulaire antérieure.

Système nerveux. — 1. Branche cervicale superficielle. — 2, 2. Rameaux satellites de la veine jugulaire externe. — 3. Anastomoses de ce nerf avec, 4, la branche cervico-faciale. — 5. Rameaux satellites de la veine jugulaire antérieure. — 6. Rameaux ascendants. — 7. Rameaux descendants. — 8. Branche auriculaire. — 9, 9. Rameaux parotidiens ou faciaux. — 10. Rameau auriculaire externe traversant l'oreille. — 11. Rameau auriculaire interne. — 12. Anastomoses de ce rameau avec le nerf occipito-auriculaire du facial. — 13. Petite mastoïdienne. — 14. Branche mastoïdienne. — 15. Son rameau externe se distribuant à la peau de la région mastoïdienne et à l'oreille. — 16. Rameau interne s'anastomosant avec, 17, l'occipital interne. — 18. Branches descendantes superficielles. — 19. Rameaux sus-sternaux ; 20, sus-claviculaires ; 21, sus-acromiens. — 22. Branche trapézienne du spinal anastomosée avec, 23, branche trapézienne du plexus cervical. — 24. Nerf facial.

FIGURE 2.

Pavillon de l'oreille traversé par la branche auriculaire externe qui se perd à la peau de la rainure de l'hélix.

PLANCHES 43, 44, 45 et 46.

PLEXUS BRACHIAL.

Ce plexus est formé par les quatre dernières paires cervicales et la première dorsale. Ces nerfs arrondis, d'autant plus volumineux qu'ils sont plus inférieurs, convergent l'un vers l'autre et se réunissent de la manière suivante : la cinquième paire cervicale s'anastomose avec la sixième pour former un tronc commun ; la huitième avec la première dorsale, pour constituer un autre tronc ; la septième reste isolée : de là trois troncs qui se réunissent pour se diviser plus loin. C'est l'ensemble de ces anastomoses et de ces divisions qui forme le plexus brachial.

Il est placé, en partie dans le triangle sus-claviculaire, en partie dans le creux axillaire. Large à son origine, où il répond aux quatre dernières paires cervicales, il est rétréci à sa partie moyenne, au niveau de l'entrelacement, pour s'élargir de nouveau à sa terminaison.

Rapports.—1° *Avec les os.* Situé d'abord entre les apophyses transverses des quatre dernières vertèbres cervicales, il passe entre la clavicule dont il est séparé par le muscle sous-clavier et la première côte, et répond ensuite à la partie interne du col chirurgical de l'humérus. — 2° *Avec les muscles.* Au-dessus de la clavicule, il est placé d'abord entre les deux scalènes, dans le triangle sus-claviculaire, où il est recouvert d'avant en arrière par la peau, le peaucier, le sterno-mastoïdien, et une aponévrose qui le sépare des branches superficielles du plexus cervical. Derrière la clavicule il est en rapport avec le sous-clavier. Dans le creux axillaire ses rapports sont les parois de ce creux, savoir : en avant le grand et le petit pectoral ; en arrière le grand dorsal, le grand rond, le sous-scapulaire ; en dedans le grand dentelé. On peut ajouter qu'en haut il correspond au sommet du creux axillaire et en bas à la peau de l'aisselle. — 3° *Avec les vaisseaux.* Occupant à la fois la région sus-claviculaire et la région axillaire, ce plexus est en rapport avec les vaisseaux de ces deux régions : l'artère et la veine sous-clavières, l'artère et la veine axillaires. L'artère, d'abord placée au-dessous du plexus, couvre légèrement le dernier tronc nerveux, s'avance sur un plan antérieur, traverse les deux racines du nerf médian pour se placer ensuite dans l'épaisseur du plexus. La veine, séparée de l'artère par le scalène antérieur, décrit un trajet concentrique à cette dernière, au-dessous et en dedans de laquelle elle se trouve placée. — 4° *Avec les nerfs.* En avant, ce plexus est en rapport avec les nerfs phrénique, pneumo-gastrique et grand sympathique ; ce dernier communique avec lui par plusieurs rameaux.

On distingue les branches fournies par le plexus brachial en *collatérales* et *terminales.*

BRANCHES COLLATÉRALES.

Les branches collatérales sont toutes musculaires ; elles se distribuent à tous les muscles extrinsèques et intrinsèques de l'épaule, et portent le nom du muscle qu'elles animent. Nous les diviserons comme les auteurs classiques, en branches fournies au-dessus, au niveau et au-dessous de la clavicule.

Branches fournies au-dessus de la clavicule. Au nombre de cinq. Ce sont : le nerf du sous-clavier, du grand dentelé, le sus-scapulaire, les branches de l'angulaire et du rhomboïde et les nerfs sous-scapulaires supérieurs. *Au niveau de la clavicule :* les branches du grand et du petit pectoral. *Au-dessous de la clavicule :* le nerf circonflexe et les branches sous-scapulaires inférieures. Deux branches seulement sont à la partie antérieure du plexus : ce sont les branches thoraciques et du sous-clavier. Toutes les autres sont postérieures.

A. Branches fournies au-dessus de la clavicule.

1° *Nerf du sous-clavier.*—Ce rameau, difficile à préparer, naît ordinairement de la cinquième paire, d'autres fois par deux ou trois racines, des trois premières branches du plexus. Le petit tronc qui en résulte se dirige en bas perpendiculairement au muscle sous-clavier auquel il est destiné. Il fournit avant sa terminaison un filet (*voy.* 5, fig. 1, pl. 43), qui se dirige en bas et en dedans en croisant l'insertion costale du scalène antérieur et s'anastomose avec le phrénique, tantôt en formant une anse, tantôt sous un angle plus ou moins aigu.

2° *Branche du grand dentelé.* (*Thoracique postérieure, respiratoire externe, de Charles Bell*) (*voy.* 6, fig. 1, pl. 43). — Elle émerge de la face postérieure du plexus, à sa sortie du trou de conjugaison, par trois ou quatre racines des cinquième, sixième et septième paires cervicales. Celles-ci traversent ou s'accolent au scalène postérieur et se réunissent en un seul tronc qui passe derrière l'artère et la veine sous-clavières, longe les parties latérales de la poitrine appliqué au grand dentelé, et se divise en autant de ramifications qu'il y a de digitations à ce muscle. Le rameau de son faisceau supérieur est plus volumineux que les autres.

3° *Branches sous-scapulaires supérieures* (*voy.* 6, fig. 1, pl. 44). — Au nombre de deux ou trois, elles prennent naissance de la face postérieure du plexus et atteignent la partie supérieure du muscle sous-scapulaire dans laquelle elles se perdent.

4° *Branches de l'angulaire et du rhomboïde* (*voy.* 9, fig. 2, pl. 43, et fig. 2, pl. 44). — Ces branches, qui ont le même trajet, naissent quelquefois de la quatrième paire cervicale, quelquefois de la cinquième paire, ou enfin des deux à la fois. Elles contournent le scalène postérieur en se dirigeant en arrière et en bas, et atteignent la face profonde de l'angulaire et du rhomboïde où elles se terminent.

5° *Branche sus-scapulaire ou des muscles sus et sous-épineux* (*voy.* 7, fig. 1, pl. 43). — Cette branche volumineuse, fournie par la branche antérieure de la cinquième paire, traverse obliquement le triangle sus-claviculaire en suivant le muscle omoplat-hyoïdien, entre celui-ci et le trapèze, et arrive à l'échancrure coracoïdienne ; elle traverse cette échancrure (*voy.* 3, fig. 2, pl. 44, et 11, fig. 1, pl. 44), convertie en trou par un ligament qui la sépare de l'artère sus-scapulaire et se divise en deux branches : l'une est destinée au muscle sus-épineux et le pénètre par sa face profonde, l'autre contourne le bord concave de l'épine de l'omoplate, pour se rendre dans la fosse sous-épineuse et se perd à la face profonde du muscle de ce nom, auquel elle donne plusieurs branches (*voy.* 4 et 5, fig. 2, pl. 44).

B. Branches fournies au niveau de la clavicule.

Branches thoraciques antérieures, ou *branches du grand pectoral et du petit pectoral.* — La première, volumineuse (*voy.* 8, fig. 4, pl. 43), prend naissance par une ou deux racines des deux premiers troncs du plexus brachial, passe entre le muscle sous-clavier et la veine sous-clavière, et vient se perdre à la face profonde du grand pectoral, qu'elle couvre de ses ramifications. Un de ces rameaux se dirige en avant, s'anastomose avec la branche du petit pectoral, et forme une anse que traverse l'artère axillaire (*voy.* 10, fig. 1, pl. 43). La seconde (*voy.* 9, fig. 1, pl. 43) naît du troisième tronc du plexus, se dirige en bas en passant derrière l'artère sous-clavière et atteint la face profonde du muscle petit pectoral, où elle forme l'anse dont nous venons de parler. De cette anse partent quelques rameaux destinés au petit et au grand pectoral. Constamment un rameau traverse le petit pectoral pour se rendre à la face profonde du grand.

C. Branches fournies au-dessous de la clavicule.

1° *Branches sous-scapulaires.* — On les distingue en branches *du grand dorsal, du grand rond*, et du bord inférieur du muscle sous-scapulaire, ou *sous-scapulaire inférieure* (*voy* 6, 7, 8, 9 et 10, fig. 1, pl. 44). Toutes ces branches viennent tantôt directement de la partie postérieure du plexus brachial, tantôt d'un tronc commun avec le nerf axillaire. Elles se dirigent verticalement en bas entre le muscle sous-scapulaire et le grand dentelé, entourées par le tissu cellulaire du creux de l'aisselle, et se perdent, la première à la face profonde du grand dorsal, sur lequel on peut la poursuivre très loin, la seconde dans le grand rond, la troisième au bord inférieur du muscle sous-scapulaire. Il est bon de rappeler que son bord supérieur est animé par le nerf sous-scapulaire supérieur.

2° *Nerf axillaire ou circonflexe* (*voy.* 13, fig. 1, pl. 44). — Nerf important qui anime le deltoïde. Il naît en arrière du plexus, d'un tronc commun au radial et assez souvent aux branches sous-scapulaires, se dirige en bas et en dehors, s'aplatit, augmente de volume, contourne le bord inférieur du muscle sous-scapulaire, pour traverser un espace triangulaire, ou plutôt *quadrangulaire*, formé en avant par le col chirurgical de l'humérus, en arrière par la longue portion du triceps, en haut par le petit rond et en bas par le grand rond (*voy.* 6, fig. 2, pl. 44), puis contourne, accompagné par les vaisseaux circonflexes, la moitié postérieure du col chirurgical de l'humérus, et se place, en décrivant une courbe à concavité antérieure, entre ce col et le deltoïde, dans lequel il se perd en lui donnant plusieurs rameaux divergents (*voy.* 9, fig. 2, pl. 44).

Le circonflexe donne avant sa terminaison deux rameaux : le *nerf du petit rond* (*voy.* 7, fig. 2, pl. 44), très volumineux, qui pénètre le muscle par son bord inférieur ; le *rameau cutané de l'épaule* (*voy.* 8, fig. 2, pl. 44), qui passe sous le bord postérieur du deltoïde et donne des branches ascendantes et descendantes pour la peau de l'épaule et de la partie supérieure et externe du bras.

Nous croyons devoir ranger parmi les branches collatérales l'*accessoire du cutané interne* (*voy.* 14, fig. 1, pl. 43). Il naît du dernier tronc du plexus à sa partie postérieure et supérieure, et se divise en deux branches : l'une longe le nerf cutané interne jusqu'au coude et s'anastomose avec lui en ce point; l'autre va s'anastomoser avec les rameaux perforants de la seconde et de la troisième intercostale (*voy.* 15, fig. 1, pl. 43). Toutes ces branches sont cutanées et sont destinées à la peau de la région interne et postérieure du bras.

BRANCHES TERMINALES.

Les branches terminales du plexus brachial sont au nombre de cinq. Ce sont : le *brachial cutané interne*, le *musculo-cutané*, le *médian*, le *radial* et le *cubital*. Le nerf médian naît par deux racines entre lesquelles passe l'artère axillaire : de sa racine externe naît le musculo-cutané; de sa racine interne émergent le cubital et le cutané interne. L'ensemble de ces nerfs, situé sur un premier plan, représente assez bien un M majuscule. Sur un plan postérieur naissent par un tronc commun le radial et le circonflexe. On peut reconnaître assez facilement ces nerfs par leur volume. Le plus volumineux est le radial, puis viennent le médian, le cubital, le musculo-cutané, et enfin le plus grêle, le cutané interne.

1° BRACHIAL CUTANÉ INTERNE.

Le brachial cutané interne est destiné à la peau de la partie interne du bras, et à celle de la partie antérieure, interne et postérieure de l'avant-bras (*voy.* 17, fig. 1, pl. 43). Né du plexus, conjointement avec le cubital de la racine interne du nerf médian, il se porte en bas et en dedans, d'abord parallèlement au nerf cubital, le croise bientôt en avant, et se place au-devant de la veine basilique, traverse l'aponévrose avec cette veine (*voy.* 5, fig. 1, pl. 45), vers la partie moyenne du bras, pour devenir sous-cutané, et se divise en deux branches : une postérieure, *épitrochléenne ;* une antérieure, *cubitale.* Avant sa bifurcation, et à une hauteur variable, il émet un petit rameau qui s'anastomose avec les perforantes des deuxième et troisième intercostales, et se perd à la peau de la partie interne du bras.

La *branche postérieure* ou *épitrochléenne* (*voy.* 6, fig. 1, pl. 45) se dirige en bas et en arrière au-dessus de l'épitrochlée, croise en descendant l'olécrâne et la face postérieure du cubitus, et se ramifie à la peau de la face postérieure et interne de l'avant-bras ; une de ces ramifications s'anastomose avec l'accessoire du cutané interne.

La *branche antérieure* ou *cubitale* (*voy.* 8, fig. 1, pl. 45), plus considérable, se dirige en bas et en dedans, au-devant de l'articulation du coude, en accompagnant la veine médiane basilique, qu'il enlace par ses ramifications, puis se divise en deux rameaux, dont l'un longe la veine cubitale, l'autre la veine médiane. Tous ces rameaux se divisent et se subdivisent, s'anastomosent entre eux et avec les rameaux du musculo-cutané, et se distribuent à la peau de la moitié antérieure et interne de l'avant-bras. A sa partie inférieure, un de ces rameaux s'anastomose avec le nerf cubital (*voy.* 2, fig. 2, pl. 45).

2° MUSCULO-CUTANÉ.

Ce nerf, qu'on ne doit pas appeler *cutané externe*, puisqu'il donne des branches musculaires, est la plus externe des branches terminales du plexus brachial et la plus grêle après le cutané interne. Le musculo-cutané prend son origine du plexus, par un tronc commun avec la racine externe du nerf médian, se dirige en bas et en avant (*voy.* 20, fig. 1, pl. 43), traverse ordinairement l'extrémité supérieure du muscle coraco-brachial, pour se placer entre le brachial antérieur et le biceps qu'il croise obliquement, et, arrivé au niveau du bord externe du tendon du biceps, traverse l'aponévrose (*voy.* 5, fig. 1, pl. 45), s'accole à la veine médiane céphalique, en arrière de laquelle il est placé, et devient sous-cutané.

Avant de perforer le coraco-brachial, ce nerf fournit quelques branches à l'extrémité supérieure de ce muscle. Après l'avoir traversé, il donne plusieurs rameaux qui se distribuent à la partie inférieure des muscles biceps, coraco-brachial et brachial antérieur ; l'un d'eux s'anastomose fréquemment avec le nerf médian.

Au pli du coude, après avoir traversé l'aponévrose, le musculo-cutané longe les veines superficielles de l'avant-bras, telles que les veines médiane céphalique, médiane et radiale, et se divise en deux rameaux. L'un, *externe*, contourne le côté externe de l'avant-bras pour se perdre à sa face dorsale. L'autre, *interne*, se divise en plusieurs rameaux parallèles, qui s'anastomosent les uns avec les autres et avec ceux du cutané interne. L'un d'eux s'anastomose au-dessus du poignet avec un rameau du nerf radial (*voy.* 6, fig. 2, pl. 45), et fournit quelques filets qui enlacent l'artère radiale et pénètrent dans l'articulation. On peut poursuivre quelques uns de ces rameaux jusqu'à la peau de l'éminence thénar. Toutes ces branches sont cutanées et se distribuent à la peau de la partie antérieure et externe de l'avant-bras et de la main.

En résumé, ce nerf est destiné aux muscles de la région antérieure du bras, savoir : le coraco-brachial, le biceps et le brachial antérieur, et à la peau de la moitié externe et antérieure de l'avant-bras.

PLANCHE 43.

FIGURE 1.

Plexus brachial.

PRÉPARATION. — Disséquez la moitié inférieure du sterno-mastoïdien, détachez avec précaution sa face profonde des parties subjacentes, coupez-le ensuite à son insertion inférieure et au niveau de l'os hyoïde supérieurement. Disséquez aussi le grand pectoral et détachez-le de ses insertions sternales et costales. Sciez la clavicule à son extrémité sternale et au niveau du creux sous-claviculaire; détachez-la du muscle sous-clavier en rasant l'os, et renversez cette portion en dehors avec le grand pectoral en respectant surtout les nerfs qui se rendent à la face profonde de ce muscle. Disséquez et renversez de même le petit pectoral. Disséquez maintenant le plexus brachial depuis son origine jusqu'à sa terminaison, en enlevant l'aponévrose, le tissu cellulaire, et les nombreux ganglions qui le couvrent. Redoublez de précaution, pour la préparation des filets du sous-clavier, de l'accessoire et de ses anastomoses avec les rameaux perforants des intercostaux, à cause de leur grande ténuité. Coupez aussi le sous-clavier au delà de son rameau nerveux et écartez le bras du tronc.

Explication de la figure 1.

Parties accessoires. — *a.* Scalène antérieur. — *b.* Scalène postérieur. — *c, c.* Muscle sous clavier. — *d, d.* Muscle grand pectoral. — *e, e.* Muscle petit pectoral. — *f.* Muscle grand dentelé. — *g.* Muscle sous-scapulaire. — *h.* Muscle grand dorsal et grand rond. — *i.* Muscle coraco-brachial. — *j.* Muscle biceps.

Système vasculaire. — A. Artère sous-clavière. — B. Artère axillaire. — C. Artère humérale. — D. Veine basilique.

Système nerveux. — 1. Tronc résultant de l'anastomose des cinquième et sixième paires cervicales. — 2. Second tronc nerveux formé par la septième paire. — 3. Troisième tronc formé par la huitième paire cervicale et la première dorsale. — 4. Racine du nerf phrénique fournie par le plexus brachial. — 5. Filet du sous-clavier s'unissant au nerf phrénique. — 6. Nerf du grand dentelé. — 7. Nerf sus-scapulaire. — 8. Branche du grand pectoral. — 9. Branche du petit pectoral. — 10. Anse anastomotique formée par ces deux nerfs. — 11. Branches sous-scapulaires inférieures. — 12. Branches du grand rond. — 13. Branche du grand dorsal. — 14. Accessoire du cutané interne; son rameau anastomotique avec, 15, les rameaux perforants de la deuxième et de la troisième intercostale. — 16. Son rameau brachial. — 17. Nerf cutané interne. — 18. Nerf cubital. — 19. Nerf médian entre les racines duquel on voit s'engager l'artère axillaire. — 20. Nerf musculo-cutané. — 21. Tronc commun au nerf radial et au nerf circonflexe.

FIGURE 2.

Figure schématique qui montre le plexus brachial écarté pour mieux voir son intrication.

Explication de la figure 2.

1. Cinquième branche cervicale. — 2. Sixième branche cervicale. — 3. Septième branche cervicale. — 4. Huitième cervicale. — 5. Première dorsale. — 6. Filet du muscle sous-clavier. — 7. Nerf du grand dentelé fourni par les branches antérieures des cinquième, sixième et septième paires cervicales. — 8. Nerf sus-scapulaire. — 9. Branches de l'angulaire et du rhomboïde. — 10. Branches sous-scapulaires supérieures. — 11. Branches thoraciques antérieures. — 12. Branches sous-scapulaires inférieures. — 13. Branche du grand dorsal. — 14. Branches du grand rond. — 15. Nerf circonflexe. — 16. Nerf accessoire du cutané interne. — 17. Brachial cutané interne. — 18. Nerf cubital. — 19. Nerf médian. — 20. Nerf musculo-cutané. — 21. Nerf radial.

PLANCHE 44.

FIGURE 1.

Cette figure est destinée à faire voir plusieurs des branches du plexus brachial qui n'ont pu être bien représentées dans la planche précédente, telles que les nerfs radial, circonflexe, les branches sous-scapulaires supérieures, sous-scapulaires inférieures, et la branche sus-scapulaire.

PRÉPARATION. — La même que pour la planche 43. Coupez et enlevez de plus le faisceau superficiel du plexus brachial et les vaisseaux, afin de mettre à nu le tronc commun des nerfs radial et circonflexe, et les autres branches collatérales que fournit ce tronc.

Explication de la figure 1.

Système nerveux. — 1, 1, 1. Racines d'origine du nerf radial. — 2. Nerf radial s'enfonçant dans l'épaisseur du triceps et fournissant : 3, une branche pour la peau de la partie interne du bras ; 4, branche de la longue portion du triceps, et, 5, branche du vaste externe. — 6. Nerf sous-scapulaire supérieur. — 7. Nerf sous-scapulaire moyen. — 8. Nerf sous-scapulaire inférieur. — 9. Nerf du grand rond. — 10. Nerf du grand dorsal. — 11. Nerf sus-scapulaire s'enfonçant dans le trou coracoïdien et séparé de l'artère par le ligament coracoïdien. — 12. Nerf du grand dentelé. — 13. Nerf circonflexe. — 14. Nerf musculo-cutané coupé.

FIGURE 2.

Elle a pour but de montrer la terminaison des nerfs sus-scapulaire et circonflexe sur la partie postérieure de l'épaule.

PRÉPARATION. — Disséquez les muscles sus et sous-épineux, et échancrez-les afin de poursuivre les nerfs qui s'y rendent. Préparez aussi le deltoïde et érignez-le en dehors, afin de voir le circonflexe entre ce muscle et le col chirurgical de l'humérus. Faites attention surtout de ne pas couper les rameaux du muscle petit rond et cutanés de l'épaule.

Explication de la figure 2.

Parties accessoires. — *a*. Clavicule. — *b*. Acromion. — *c*. Épine de l'omoplate. — *d*. Ligament formant le trou coracoïdien. — *e*. Muscle sus-épineux. — *f*. Muscle sous-épineux. Ces deux muscles sont échancrés afin de voir la terminaison du nerf sus-scapulaire. — *g*. Muscle petit rond. — *h*. Muscle grand rond. — *i*. Longue portion du triceps. — *j*. Col chirurgical de l'humérus. — *k*. Deltoïde érigné. — *l*. Angulaire. — *m*. Rhomboïde.

Système nerveux. — 1. Plexus brachial vu en arrière. — 2. Nerf de l'angulaire et du rhomboïde. — 3. Nerf sus-scapulaire traversant le trou coracoïdien et se divisant en deux branches : 4, branche du muscle sus-épineux, et, 5, branche du muscle sous-épineux. — 6. Nerf circonflexe traversant d'avant en arrière l'espace quadrangulaire formé par le col chirurgical de l'humérus et les muscles grand rond, petit rond et longue portion du triceps. Ce nerf donne : 7, rameau du petit rond ; 8, rameau cutané de l'épaule, et, 9, 9, rameaux deltoïdiens.

PLANCHE 45.

Cette planche a pour objet de faire voir les nerfs cutanés de la partie antérieure du bras, de l'avant-bras, de la main et des doigts, en rapport avec les veines superficielles.

PRÉPARATION. — Enlevez la peau et disséquez les nerfs accolés à l'aponévrose et en rapport avec les veines superficielles. Nous préférons cette préparation à celle usitée généralement dans les amphithéâtres, qui consiste à faire une incision cutanée sur le milieu du membre supérieur, à détacher la peau avec le tissu cellulaire et l'aponévrose, à renverser les lambeaux de chaque côté, à poursuivre dans le lambeau interne les ramifications du nerf cutané interne, et dans le lambeau externe celles du musculo-cutané. Cette manière de procéder a l'avantage, il est vrai, de pouvoir préparer à la fois et sur la même pièce les nerfs cutanés et musculaires, mais elle a le grand inconvénient de ne pas présenter ces nerfs en rapport avec les veines superficielles.

Un autre mode de préparation des nerfs cutanés, qui est surtout employé pour les pièces sèches, consiste à dépouiller le membre supérieur de la peau et de l'aponévrose à la manière d'une anguille qu'on écorche. On obtient ainsi une espèce de gant dont la surface intérieure est formée par la peau et l'extérieure par l'aponévrose. On dissèque alors sur la surface extérieure les nerfs en rapport avec les veines superficielles.

Explication de la figure 1.

Système vasculaire. — A. Veine médiane. — B. Veine médiane céphalique; elle s'unit avec, C, la veine radiale pour former, D, la veine céphalique. — E. Point où cette veine devient sous-aponévrotique. — F. Veine médiane basilique s'unissant avec, G, veine cubitale, pour constituer, H, la veine basilique. — I. Point où cette veine traverse l'aponévrose pour devenir profonde.

Système nerveux. — 1,1. Branches sus-acromiennes et sus-claviculaires du plexus cervical. — 2,2. Branches ascendantes et descendantes du rameau cutané de l'épaule, fourni par le nerf circonflexe. — 3. Rameau du nerf cutané interne du bras. — 4. Nerf accessoire. — 5. Nerf cutané interne traversant l'aponévrose. — 6. Branche épitrochléenne de ce nerf s'anastomosant avec, 7, nerf cubital. — 8. Branche antérieure ou cubitale du nerf cutané interne. — 9. Anastomose de cette dernière branche avec le nerf cubital. — 10. Nerf musculo-cutané traversant l'aponévrose au niveau du bord externe du tendon du biceps, et se divisant en plusieurs branches. — 11, 11. Branches cutanées du nerf radial.

Explication de la figure 2.

Système vasculaire. — A. Veine cubitale. — B. Veine radiale. — C. Veine médiane. — D. Veine médiane céphalique. — E. Veine médiane basilique. — F. Anastomose des veines superficielles avec les veines profondes.

Système nerveux. — 1, 1, 1. Rameaux du nerf cutané interne. — 2. Anastomose de ce nerf avec un rameau du nerf cubital qui traverse l'aponévrose. — 3. Nerf musculo-cutané se dégageant derrière la veine médiane céphalique, après avoir traversé l'aponévrose. — 4. Son rameau externe. — 5. Son rameau interne. — 6. Anastomose de ce rameau avec, 7, nerf radial. — 8. Branche cutanée palmaire du nerf médian. — 9, 9. Rameaux collatéraux du pouce. — 10. Collatéral interne de l'index. — 11. Tronc commun des nerfs collatéral interne de l'index et collatéral externe du médius. — 12. Tronc commun des branches collatérales interne du médius et externe de l'annulaire. Ces branches collatérales sont fournies par le médian. — 13. Tronc commun des branches collatérales interne de l'annulaire et externe du petit doigt. — 14. Branche collatérale interne du petit doigt. Ces dernières branches sont fournies par le nerf cubital.

FIGURE 3.

Elle montre, sur la face palmaire d'un doigt de grandeur naturelle, les rameaux collatéraux s'anastomosant les uns avec les autres et présentant sur l'extrémité du doigt des corpuscules gangliformes en nombre indéterminé.

PLANCHE 46.

Cette planche représente la terminaison des nerfs cutanés, en rapport avec les veines, sur la partie postérieure du membre supérieur.

PRÉPARATION. — Enlevez la peau avec soin et laissez sur l'aponévrose les nerfs accompagnés par les veines.

FIGURE 1.

Terminaison des branches cutanées sur la partie postérieure de l'épaule et du bras.

Explication de la figure 1.

Système nerveux. — 1. Rameaux sus-acromiens (fournis par le plexus cervical superficiel). — 2, 3. Filets ascendants et descendants fournis par le rameau cutané de l'épaule. — 4. Nerf accessoire du brachial cutané interne. — 5. Rameau perforant du second intercostal. — 6. Branche épitrochléenne du brachial cutané interne anastomosée avec son accessoire. — 7. Rameau cutané brachial externe du nerf radial.

FIGURE 2.

Terminaison des branches cutanées sur la partie postérieure de l'avant-bras et de la main.

Explication de la figure 2.

Système nerveux. — 1. Branche épitrochléenne du brachial cutané interne. — 2, 2, 2. Rameaux internes et postérieurs du nerf cutané interne. — 3. Rameau cutané brachial externe du nerf radial. — 4. Rameau dorsal interne formant le collatéral dorsal interne du petit doigt. — 5. Rameau dorsal externe se divisant en deux ramuscules : l'un, 6, s'anastomose avec le nerf radial ; l'autre, 7, fournit deux filets qui donnent les collatéraux dorsaux de la moitié interne de la main, savoir : 8, le collatéral externe du petit doigt ; 9, le collatéral interne de l'annulaire ; 10, le collatéral externe de l'annulaire, et 11, le collatéral interne du médius. — 12. Nerf dorsal externe de la main, branche du nerf radial. — 13. Son rameau externe formant le collatéral dorsal du pouce. — 14. Son rameau interne se divisant en trois rameaux secondaires qui sont : 15, le tronc commun des collatéraux interne du pouce et externe de l'indicateur ; 16, le tronc commun des collatéraux interne de l'indicateur et externe du médius, et 17, le rameau anastomotique avec le nerf cubital. — 18. Rameaux sus-unguéaux provenant des collatéraux palmaires.

FIGURE 3.

Elle montre sur un doigt de profil, de grandeur naturelle, les rameaux collatéraux dorsal et palmaire et leurs anastomoses.

Explication de la figure 3.

Système nerveux. — 1. Branche collatérale palmaire. — 2. Son rameau palmaire. — 3. Son rameau dorsal ou unguéal. — 4. Branche collatérale dorsale. — 5, 5. Anastomoses entre les collatérales dorsale et palmaire.

PLANCHES 47, 48, 49 et 50.

3° NERF MÉDIAN.

La plus volumineuse des *branches terminales du plexus brachial après le nerf radial*, le médian prend naissance par deux racines, l'une interne, qui vient d'un tronc d'où émanent le cubital et le cutané interne, et l'autre externe qui se détache d'un tronc qui lui est commun avec le musculo-cutané. Ces racines laissent entre elles un intervalle que traverse l'artère axillaire. Ainsi constitué, le nerf médian descend le long de la partie interne et antérieure du bras en longeant le bord interne du biceps; arrivé au-devant de l'articulation du coude, il s'enfonce dans l'épaisseur des muscles de la région antérieure de l'avant-bras entre la seconde et la troisième couche, passe derrière le ligament annulaire du carpe, et vient se terminer à la paume de la main en se divisant en six branches. En raison de son long trajet, de ses importants rapports et de la multiplicité de ses branches, on peut l'étudier partiellement *au bras*, *à l'avant-bras* et *à la main*.

A. *Au bras.* — Ce nerf descend obliquement depuis le tiers antérieur du creux axillaire jusqu'à la partie antérieure et interne du pli du coude; dans ce trajet il est rectiligne et en général sous-aponévrotique.

Ses *rapports* sont : 1° *Avec l'os.* En haut il répond indirectement à la face interne de l'humérus; au niveau du pli du coude, il est placé au-devant de cet os, dont il est séparé par le brachial antérieur. 2° *Avec les muscles.* Contigu en haut au coraco-brachial, il est situé plus bas entre le brachial antérieur et le bord interne du biceps qui le longe et le recouvre un peu en avant chez les sujets fortement musclés; chez les sujets maigres, il est sous-aponévrotique dans toute sa portion brachiale. 3° *Avec l'artère.* Le nerf et l'artère se croisent obliquement, de manière qu'étant en dehors de l'artère à l'aisselle, le nerf se place ordinairement vers le milieu du bras au-devant de ce vaisseau et lui devient interne au pli du coude. Assez souvent, une fois sur dix à peu près, le nerf passe derrière l'artère. 4° *Avec les autres nerfs.* Le cutané interne longe son bord interne et en est séparé plus bas par l'aponévrose brachiale. Le nerf cubital, accolé en haut à son côté interne, s'en éloigne de plus en plus et forme avec lui un triangle à base inférieure. Le nerf radial n'a de rapports avec le médian qu'à la partie supérieure; il est situé en arrière de lui et en est séparé par l'artère humérale.

Branches collatérales. — Le nerf médian ne donne aucune branche au bras; quelquefois cependant il s'anastomose avec le musculo-cutané, ainsi que nous l'avons signalé plus haut en décrivant ce nerf.

B. *A l'avant-bras.* — *Direction et rapports.* — Séparé de l'articulation du coude par le muscle brachial antérieur et de la peau par l'expansion aponévrotique du biceps, le médian s'enfonce dans l'épaisseur des muscles de la partie antérieure de l'avant-bras en traversant deux arcades aponévrotiques. La première est pratiquée dans le rond pronateur entre ses insertions épitrochléennes et coronoïdienne; la seconde appartient au fléchisseur superficiel et se trouve placée entre ses insertions épitrochléennes et radiales. Après avoir traversé ces anneaux, il descend à l'avant-bras, entre le fléchisseur superficiel et le profond, au niveau de la ligne celluleuse qui sépare ce dernier du fléchisseur du pouce.

Dans ses trois quarts supérieurs, ce nerf répond à la face profonde du fléchisseur superficiel à laquelle il est accolé; dans le quart inférieur, il devient superficiel et apparaît entre les tendons du grand et du petit palmaire, et lorsque ce dernier manque, entre les tendons du grand palmaire et du fléchisseur superficiel Il est en rapport, dans son trajet antibrachial, en dehors avec l'artère et le nerf radial, en dedans avec l'artère et le nerf cubital, et est accompagné par une artère ordinairement grêle (artère du nerf médian), qui est quelquefois très considérable.

Vers la partie supérieure de l'avant-bras, le nerf médian fournit des branches à tous les muscles de la région antibrachiale antérieure, moins le cubital antérieur et la moitié interne du fléchisseur profond, animés par le nerf cubital. Ces branches prennent le nom des muscles auxquels elles se rendent, savoir : branches du *rond pronateur*, du *radial antérieur ou grand palmaire*, du *palmaire grêle*, du *fléchisseur superficiel*, du *fléchisseur propre du pouce*, de la *moitié externe du fléchisseur profond*, et du *carré pronateur*. Elles pénètrent les muscles superficiels par leur face profonde, et les muscles de la couche profonde par leur face superficielle.

Le *rameau du rond pronateur* se détache du nerf médian au-dessous de l'articulation du coude et fournit constamment plusieurs filets qui pénètrent dans cette articulation.

Le *nerf du carré pronateur*, appelé encore *nerf interosseux*, mérite aussi une description particulière; Accompagné par l'artère du même nom, il se porte vers le ligament interosseux en passant entre le fléchisseur profond et le long fléchisseur propre du pouce; arrivé au carré pronateur, il s'enfonce derrière lui et se divise en plusieurs filets pour ce muscle et l'articulation radio-carpienne.

Chez certains sujets, une des branches du nerf médian descend obliquement en dedans en longeant la partie supérieure de l'artère cubitale pour s'anastomoser avec le nerf cubital.

Au niveau du quart inférieur de l'avant-bras, il se détache du nerf médian une branche destinée à la peau de la main : c'est la *branche cutanée palmaire* (*voy.* 7, pl. 47, fig. 2). Elle naît au-dessus du ligament annulaire antérieur du carpe, descend d'abord accolée au nerf médian, traverse ensuite l'aponévrose antibrachiale, et se divise en deux rameaux : l'un, externe, qui va se perdre à la peau de l'éminence thénar; l'autre, interne, qui se distribue dans la peau de la paume de la main.

C. *A la main.* — Parvenu derrière le ligament annulaire antérieur du carpe, le nerf médian est placé au-devant des tendons du fléchisseur profond, en dehors de ceux du fléchisseur sublime; il est enveloppé conjointement avec ces tendons par une membrane synoviale. Au delà du ligament il s'élargit, s'aplatit, forme une patte d'oie qui donne six branches principales pour la peau et quelques muscles.

Rapports. — On trouve à la main, d'avant en arrière : la peau, l'aponévrose palmaire, l'arcade palmaire superficielle, et enfin le nerf qui recouvre les tendons des fléchisseurs et les lombricaux. Il est sous-cutané aux doigts et longe leurs parties latérales.

Branches terminales. — Le tronc du nerf médian se termine à la paume de la main en se partageant en deux divisions : l'une, externe, qui donne ordinairement quatre branches; l'autre, interne, qui en donne deux. Une seule de ces branches est musculaire, les autres sont musculo-cutanées. Elles se distinguent entre elles par les noms de première, seconde, etc., en comptant du pouce vers le petit doigt.

La première, *branche musculaire pour l'éminence thénar* (*voy.* 8, pl. 47, fig. 2), qui provient de la bifurcation la plus externe du nerf médian, est récurrente, décrit une courbe à concavité supérieure, située entre l'aponévrose et les muscles, se divise en autant de rameaux qu'il y a de muscles à l'éminence thénar, et les atteint par leur face profonde.

La seconde (*voy.* 9, pl. 47, fig. 2) se dirige obliquement en bas et en dehors, en dedans du tendon du long fléchisseur du pouce, croise l'articulation métacarpo-phalangienne, s'accole au côté interne du pouce pour constituer la *collatérale externe du pouce*.

La troisième longe obliquement le premier espace interosseux, au-devant de l'adducteur auquel elle fournit un rameau, se place au côté interne du pouce, et forme la *collatérale interne du pouce*.

La quatrième branche marche le long du côté externe du second os du métacarpe, fournit un filet au premier muscle lombrical, et se continue le long du bord externe du doigt indicateur pour constituer la *collatérale externe de l'index* (*voy.* 10, pl. 47, fig. 2).

La cinquième constitue le *tronc commun des branches collatérales interne de l'index et externe du médius*. Elle descend dans le second espace interosseux, donne un filet au second lombrical, et, arrivée au niveau de l'extrémité antérieure de cet espace, se divise en deux rameaux, dont l'un se porte au côté interne de l'indicateur, et l'autre au côté externe du médius (*voy.* 11, pl. 47, fig. 2).

Le sixième tronc, enfin, marche dans le troisième espace interosseux, s'anostomose avec le nerf cubital, et, au niveau de l'articulation métacarpo-phalangienne, se divise également en deux branches qui forment les *collatérales interne du médius et externe de l'annulaire* (*voy.* 12, pl. 47, fig. 2).

Tous ces nerfs collatéraux, accompagnés par les vaisseaux du même nom, se portent sur les parties antérieures et latérales des doigts et se divisent en deux rameaux, l'un *palmaire*, l'autre *dorsal*. Le premier (*voy.* 1, pl. 46, fig. 3) s'épanouit dans la pulpe du doigt et s'anastomose à la manière des artères avec le collatéral du côté opposé. Le second (*voy.* 4, pl. 46, fig. 5) contourne les parties latérales de la dernière phalange et se perd dans le derme sous-unguéal.

Le dernier tronc reçoit une anastomose du nerf cubital (*voy.* 17, pl. 47, fig. 2).

Les nerfs médian et cubital, réunis à la paume de la main par la branche anastomotique, forment une espèce d'*arcade palmaire*, subjacente à l'arcade artérielle palmaire superficielle.

En résumé, le médian ne fournit aucune branche au bras, à l'exception de l'anastomose avec le musculo-cutané. A l'avant-bras, il anime tous les muscles de la région antérieure moins le cubital antérieur et la moitié interne du fléchisseur profond, et donne la branche cutanée palmaire. A la main, il se distribue aux muscles de l'éminence thénar, aux deux lombricaux externes, et fournit des collatérales aux trois premiers doigts et à la moitié du quatrième.

4° NERF CUBITAL.

Le nerf cubital, moins gros que le médian, plus gros que le musculo-cutané, naît d'un tronc qui lui est commun avec la racine interne du nerf médian et le cutané interne. Il descend obliquement de haut en bas et d'avant en arrière, accolé d'abord au nerf médian, s'en écarte ensuite et longe le bord interne du triceps brachial jusqu'au niveau de l'articulation du coude. Parvenu en cet endroit, il s'engage dans une gouttière formée par l'épitrochlée et l'olécrâne, traverse l'extrémité supérieure du cubital antérieur qui s'insère à ces deux éminences, et va gagner l'avant-bras entre le cubital antérieur et le fléchisseur profond. Il devient superficiel vers le tiers inférieur de l'avant-bras, et se divise en deux branches, l'une dorsale, l'autre palmaire, qui vont se terminer à la main. On peut l'étudier partiellement comme le nerf médian, *au bras*, *à l'avant-bras* et *à la main*.

A. *Au bras.* — Il est en rapport avec le *muscle triceps* dont il longe le bord interne; avec le *nerf médian* qu'il suit d'abord et dont il s'écarte ensuite pour former avec lui un triangle à base inférieure; enfin, avec l'*artère humérale* qui est placée supérieurement entre lui et le nerf médian.

Le nerf cubital ne fournit aucune branche au bras.

B. *A l'avant-bras.* — Placé à sa sortie de la gouttière formée par l'épitrochlée et l'olécrâne entre le cubital antérieur et le fléchisseur profond, le nerf cubital devient sous-aponévrotique dans son tiers inférieur et apparaît alors entre les tendons du cubital antérieur et du fléchisseur superficiel. Supérieurement il est séparé de l'artère cubitale par un espace triangulaire à base supérieure, inférieurement il longe le côté interne de l'artère.

Ce nerf fournit au niveau du coude quelques petites branches articulaires; au-dessous il donne des rameaux au *cubital antérieur* et *à la moitié interne du fléchisseur profond*.

A la moitié inférieure de l'avant-bras, il donne une branche (*branche anastomotique avec le cutané interne*) qui s'accole à l'artère cubitale et se divise en deux rameaux, dont l'un suit l'artère pour se perdre dans son enveloppe et dont l'autre s'anastomose au-dessus du poignet avec le cutané interne.

A quatre travers de doigt environ au-dessus de l'articulation du poignet, le nerf cubital se divise en deux branches: une *antérieure musculo-cutanée* pour la face palmaire; une *postérieure cutanée* pour la moitié cubitale de la face dorsale de la main.

C. *A la main.* — 1° *Branche de bifurcation antérieure.* Celle-ci, arrivée au niveau de l'os pisiforme, ne passe pas, comme le médian, derrière le ligament annulaire, mais est reçue dans un dédoublement de ce ligament; elle se divise aussitôt en deux branches: l'une *superficielle*, l'autre *profonde*.

La *branche palmaire superficielle* complète l'arcade palmaire formée par le nerf médian, passe derrière le muscle palmaire cutané, lui donne plusieurs gros rameaux, puis fournit une branche simple qui se dirige obliquement sur les muscles de l'éminence hypothénar pour aller former la *collatérale interne du petit doigt;* et une branche double qui, après s'être anastomosée avec le médian, longe le quatrième espace interosseux et se bifurque à son extrémité antérieure, en *collatérale externe du petit doigt* et en *collatérale interne de l'annulaire.* Le nerf cubital ne fournit donc de collatérales à la région palmaire qu'à un doigt et demi. Les collatérales palmaires du cubital donnent, comme celles du nerf médian, au niveau de la phalange unguéale, un rameau *dorsal* ou *unguéal* et un rameau *palmaire*.

Toutes les branches collatérales palmaires des doigts présentent, surtout au niveau des dernières phalanges, des *corpuscules gangliformes grisâtres* ou *blanchâtres*, du volume d'un grain de millet, qui, découverts en France par MM. Andral, Lacroix et Camus, et étudiés depuis avec soin par Paccini, sont désignés sous le nom de *corpuscules de Paccini* (1). Ces petits renflements de nature nerveuse, et en rapport avec la sensibilité tactile de la main, seront décrits avec plus de détail à propos du sens du toucher.

La *branche palmaire profonde*, plus volumineuse que la précédente, passe derrière l'extrémité supérieure du muscle opposant du petit doigt ou traverse son court fléchisseur, et se dirige obliquement de haut en bas et de dedans en dehors vers l'adducteur du pouce, dans lequel elle se termine, et où elle s'anastomose quelquefois avec le médian et plus rarement avec le radial. Elle décrit ainsi une arcade à convexité dirigée en bas, située entre les tendons des fléchisseurs sublimes et profonds et les muscles lombricaux ; de la convexité de cette arcade partent des branches pour les muscles de l'éminence hypothénar, les deux derniers lombricaux et tous les muscles interosseux dorsaux et palmaires.

2° *Branche dorsale, postérieure ou cutanée*. Elle se dirige en bas et en dedans, passe entre la partie inférieure du cubitus et le tendon du cubital antérieur, va gagner la partie interne du dos de la main et se divise en deux rameaux : l'un *dorsal interne*, l'autre *dorsal externe*.

Le *dorsal interne* longe le bord interne du cinquième métacarpien et du petit doigt, et constitue le *collatéral dorsal interne du petit doigt*.

Le *dorsal externe* marche derrière le quatrième espace interosseux et fournit par plusieurs divisions : le *collatéral dorsal externe du petit doigt* ; les *collatéraux dorsaux interne et externe de l'annulaire*, et le *collatéral dorsal interne du médius* ; il s'anastomose de plus avec les branches dorsales du nerf radial.

Chacun de ces rameaux se distribue aux doigts par un grand nombre de filets, dont les uns s'anastomosent avec les collatérales palmaires, et les autres se perdent dans le tissu cellulaire et la peau correspondante.

En résumé, le nerf cubital ne donne aucune branche au bras. A l'avant-bras, il se distribue dans le muscle cubital antérieur et dans la moitié interne du fléchisseur profond ; il donne en outre quelques filets articulaires et une anastomose avec le nerf cutané interne. A la région dorsale de la main, il se ramifie dans la peau de la moitié interne, où il s'anastomose avec le radial, donne les rameaux collatéraux dorsaux internes et externes du petit doigt et de l'annulaire, et le collatéral interne du médius. A la région palmaire, il se divise en deux branches : l'une, cutanée, s'anastomose avec le médian, fournit les rameaux collatéraux interne et externe du petit doigt et le collatéral interne de l'annulaire ; l'autre, musculaire, est destinée aux muscles de l'éminence hypothénar, aux deux lombricaux internes, à l'adducteur du pouce et à tous les muscles interosseux.

5° NERF RADIAL.

Supérieur en volume à toutes les branches terminales du plexus brachial, le radial naît de ce plexus par plusieurs racines qui se réunissent en un tronc commun d'où émane aussi le circonflexe, avec lequel il forme un plan profond placé derrière le faisceau superficiel que nous venons de décrire. Il se dirige de haut en bas de dedans en dehors et d'avant en arrière, passe au-devant des tendons du grand dorsal et du grand rond, puis entre la longue portion et la portion interne du triceps pour s'engager dans la gouttière radiale de l'humérus. En longeant cette gouttière il contourne en demi-spirale les faces interne, postérieure et externe de cet os entre celui-ci et la masse commune du triceps brachial, reparaît à la partie externe du bras au niveau de son quart inférieur, où il est situé entre le long supinateur et le brachial antérieur, puis entre ce dernier muscle et le premier radial externe ; et au niveau de l'articulation du coude il se divise en deux branches terminales l'une *antérieure superficielle*, l'autre *postérieure profonde*.

(1) *Voyez* Muller, *Manuel de physiologie* ; 2e édition, Paris, 1851, t. I, p. 552.

Avant de s'engager dans la gouttière radiale, il est en rapport en avant avec le faisceau superficiel des nerfs, dont il est séparé par l'artère axillaire. Dans la gouttière il répond à l'artère et à la veine humérales profondes qui le longent.

Branches collatérales. — Dans ce trajet il fournit un assez grand nombre de collatérales. A la partie interne du bras, avant de s'engager derrière l'humérus, il donne : 1° le *rameau cutané brachial interne*, qui perce l'aponévrose brachiale et se distribue dans la peau de la partie interne et postérieure du bras ; 2° plusieurs gros rameaux pour la *longue portion* et la *portion interne du triceps*. A sa sortie de la gouttière radiale, il fournit, 3° le *rameau cutané brachial externe*, qui traverse de suite quelques fibres du triceps et l'aponévrose au-dessus de l'insertion du long supinateur, longe le bord externe du bras, va se perdre en se divisant en un grand nombre de filets à la peau de la région postérieure de l'avant-bras et peut être poursuivi jusqu'au poignet.

4° *Rameau du vaste externe et de l'anconé.* Ce nerf, placé entre la longue portion et le vaste externe du triceps, se dirige en bas et se distribue dans cette dernière portion et dans l'anconé.

Avant sa bifurcation, le radial donne, 5° des rameaux pour l'extrémité supérieure des muscles *long supinateur* et *premier radial externe*.

Branches terminales.— A. *Branche antérieure, superficielle ou cutanée.*— Cette branche, qui continue le trajet du nerf, est entièrement destinée à la peau. Elle descend verticalement, accolée à la face interne des muscles long supinateur et premier radial externe en dehors de l'artère radiale, et croise perpendiculairement les insertions des muscles court supinateur, rond pronateur et fléchisseur sublime qui la séparent du radius. Vers le tiers inférieur de l'avant-bras elle change de direction, contourne le bord externe du radius en passant entre l'os et les tendons du long supinateur et des radiaux externes; traverse l'aponévrose, devient sous-cutanée, et s'anastomose avec des filets du musculo-cutané. Un peu au-dessus de l'articulation du poignet, elle se divise en deux rameaux, l'un externe, l'autre interne.

Le *rameau externe* longe le bord externe de l'apophyse styloïde du radius, du carpe, du métacarpe et du pouce, et forme le *collatéral dorsal externe du pouce*.

Le *rameau interne* plus volumineux se dirige sur la face postérieure du carpe et du métacarpe, croise les tendons du long abducteur et du court extenseur du pouce, et vient donner à la main les nerfs : *collatéral dorsal interne du pouce*, *collatéral dorsal externe* et *collatéral dorsal interne de l'index*, *collatéral dorsal externe du médius*, et des *anastomoses avec le nerf cubital*.

Nous avons vu que la branche dorsale du nerf cubital fournissait les collatérales des autres doigts. Ces deux nerfs, qui s'anastomosent plusieurs fois entre eux, se partagent également la face dorsale de la main et les doigts, et sont disposés de telle sorte que le radial et le cubital se distribuent chacun à deux doigts et demi.

B. *Branche postérieure, profonde ou musculaire.* — Plus volumineuse que l'antérieure, elle se dirige en arrière, donne immédiatement des rameaux au second radial externe et au court supinateur, traverse obliquement le court supinateur en contournant le col du radius, et, parvenue entre les deux couches des muscles superficiels et profonds de la région postérieure de l'avant-bras, elle se divise en un grand nombre de rameaux destinés à tous ces muscles, moins l'anconé, savoir : pour la couche superficielle, l'*extenseur commun des doigts*, l'*extenseur propre du petit doigt*, le *cubital postérieur*; pour la couche profonde, le *grand abducteur*, le *court extenseur*, le *long extenseur du pouce*, et l'*extenseur de l'indicateur*.

Les rameaux destinés à la couche superficielle émergent tous d'un tronc commun, et pénètrent les muscles par leur face profonde. Les rameaux de la couche profonde atteignent les muscles par leur face superficielle. L'un d'eux, le *nerf interosseux*, accompagné par l'artère interosseuse postérieure, traverse la ligne celluleuse qui sépare le court extenseur du long extenseur du pouce, descend derrière le ligament interosseux, passe dans la coulisse de l'extenseur commun, et se distribue aux articulations radio-carpienne, carpiennes, et carpo-métacarpienne, et aux muscles interosseux. Ce rameau présente, au niveau de l'articulation radio-carpienne, un renflement grisâtre duquel se détachent tous les filets articulaires.

En résumé, le nerf radial fournit : *au bras*, aux trois portions du triceps et à l'anconé, et une petite branche cutanée interne ; à l'*avant-bras*, il donne le rameau cutané externe, et anime les muscles de la région externe et postérieure ; il se distribue enfin à la peau de la moitié externe de la face dorsale de la main et des doigts.

RÉSUMÉ DES NERFS DU MEMBRE SUPÉRIEUR.

Le membre supérieur reçoit ses nerfs sensitifs et moteurs des branches antérieures des cinq dernières paires cervicales et des trois premières dorsales. Les branches antérieures des quatre dernières paires cervicales et la première dorsale forment par leur réunion le plexus brachial, que l'on a partagé en branches collatérales et en branches terminales.

Branches collatérales.—Celles-ci, plus particulièrement *motrices*, sont destinées aux scalènes et à tous les muscles extrinsèques et intrinsèques de l'épaule, à l'exception du trapèze qui est animé par l'accessoire de Willis et un rameau du plexus cervical. Elles prennent les noms des muscles dans lesquels elles se distribuent.

Branches terminales. — Plus particulièrement *mixtes* (sauf le cutané interne qui est entièrement sensitif), elles se groupent en cinq ou six troncs principaux, se divisent et se ramifient dans la peau et les muscles du bras, de l'avant-bras, de la main et des doigts; avec cette restriction, toutefois, qu'elles sont d'abord plus spécialement musculaires et ensuite cutanées.

Rapports. — Les nerfs cutanés de l'épaule, du bras, de l'avant-bras et de la face dorsale de la main, sont accompagnés par le système veineux superficiel. Les nerfs musculaires des mêmes portions du membre supérieur suivent le trajet des artères et des veines profondes, mais avec quelques particularités qu'il est intéressant de noter.

A l'épaule, chaque nerf est accolé à une artère qui porte généralement le même nom et se distribue dans le même organe.

Au bras, pour un seul tronc artériel, l'huméral, il existe cinq nerfs correspondants, parmi lesquels on doit surtout distinguer le médian qui affecte des rapports intimes avec l'artère et peut servir de guide dans la ligature de ce vaisseau, aussi a-t-il été considéré comme son satellite. Il importe donc de se souvenir que le médian croise obliquement l'artère en passant le plus souvent au-devant d'elle vers le milieu du bras, pour se placer à son côté interne au pli du coude.

A l'avant-bras, trois nerfs correspondent à deux artères ; et pour ne pas oublier leurs rapports réciproques, il suffit de remarquer que le nerf médian, répondant au milieu de l'avant-bras, peut être envisagé comme son axe, tandis que les nerfs radial et cubital, situés sur les côtés, sont en dehors de cet axe : les artères radiale et cubitale, partant d'un tronc qui est médian, se dirigent obliquement en bas pour longer les nerfs du même nom ; étant plus rapprochées du médian que ces nerfs, ceux-ci leur sont par conséquent externes par rapport à l'axe de l'avant-bras. Mais si l'on a égard à l'axe du corps, le nerf cubital est interne à son artère et le radial est externe à la sienne.

A la main, destinée à la préhension et au toucher, la face palmaire est pourvue d'un système nerveux et d'un système vasculaire double. Ainsi : l'arcade artérielle superficielle est accompagnée par l'arcade nerveuse formée par le médian anastomosé avec le cubital ; l'arcade artérielle palmaire profonde est longée par une arcade fournie par la branche profonde du nerf cubital anastomosée quelquefois avec le médian, ou avec le radial.

Tous les nerfs qui se distribuent au membre supérieur peuvent être distingués en branches cutanées, musculaires et articulaires.

A. *Branches cutanées.* — Elles proviennent *à l'épaule* des branches descendantes du plexus cervical superficiel et du rameau ascendant du circonflexe. *Au bras*, ce sont : aux régions interne et postérieure, l'accessoire du cutané interne et ses anastomoses avec les branches perforantes des deuxième et troisième nerfs intercostaux, avec un ou deux rameaux du brachial cutané interne, et le rameau cutané interne du radial; à la région externe, le rameau descendant du circonflexe et un filet cutané externe du radial. Trois nerfs cutanés se distribuent *à l'avant-bras*. Ce sont : le cutané interne, le musculo-cutané et le rameau cutané externe du radial, répartis de la manière suivante : le cutané interne donne à la moitié interne de l'avant-bras (régions antérieure, interne et postérieure); le musculo-cutané et le radial donnent à sa moitié externe (le musculo-cutané en avant, le radial en dehors et en arrière.) *A la main et aux doigts*, nous trouvons à la face palmaire, le médian et le cubital: le médian fournit les rameaux collatéraux des trois premiers doigts et le collatéral externe du quatrième; le cubital donne le collatéral interne du quatrième doigt et les deux collatéraux du cinquième. Le radial et le cubital se partagent également la face dorsale.

B. *Branches musculaires.* — Tous les muscles intrinsèques et extrinsèques de *l'épaule* reçoivent leurs nerfs des branches collatérales du plexus brachial. Les muscles de la région antérieure du *bras* (biceps, coraco-brachial, brachial antérieur), sont animés par le musculo-cutané; le muscle de la région postérieure (triceps) reçoit ses branches du radial. Le médian et le cubital se distribuent aux muscles antérieurs de *l'avant-bras;* le médian donne à tous ces muscles, moins le cubital antérieur et la moitié interne du fléchisseur profond qui sont animés par le cubital. Les rameaux des muscles des régions externe et postérieure de l'avant-bras émergent du nerf radial. A la face palmaire de *la main*, le médian donne des rameaux aux muscles de l'éminence thénar et aux lombricaux externes, le cubital aux muscles de l'éminence hypothénar, et par sa branche profonde aux deux lombricaux internes, à tous les muscles interosseux et à l'adducteur du pouce.

Si maintenant nous examinons au point de vue physiologique la distribution de tous ces nerfs, nous voyons que les *branches collatérales* du plexus brachial se ramifient dans les muscles abducteurs et adducteurs qui sont à la fois fléchisseurs et rotateurs du bras sur l'épaule; que le musculo-cutané se rend dans les fléchisseurs de l'avant-bras et dans le coraco-brachial; nous voyons le radial animer les supinateurs et les extenseurs de l'avant-bras de la main et des doigts; le médian se répandre dans les pronateurs et les fléchisseurs de l'avant-bras, de la main et des doigts; enfin, le cubital est destiné à l'adducteur de la main sur l'avant-bras (cubital antérieur), aux adducteurs et aux abducteurs de tous les doigts, sauf le pouce, dont les muscles court abducteur, court fléchisseur et opposant reçoivent des filets du médian.

C. *Branches articulaires.* — Les nerfs fournis par le plexus brachial aux articulations du membre thoracique proviennent du circonflexe, pour l'*articulation scapulo-humérale;* du musculo-cutané, du médian et du cubital, pour l'*articulation du coude;* du rameau musculo-cutané anastomosé avec un rameau du nerf radial, et du rameau interosseux postérieur, pour l'*articulation du poignet:* ce dernier offre un renflement grisâtre duquel émanent les filets articulaires.

PLANCHE 47.

Cette planche a pour principal objet de montrer le nerf médian et le nerf cubital en rapport avec les muscles et les artères. On aperçoit aussi des portions du musculo-cutané, du cutané interne et du radial.

FIGURE 1.

PRÉPARATION. — Disséquez la portion brachiale des nerfs médian, cubital et musculo-cutané, en conservant avec soin les rapports avec les muscles et l'artère humérale. Les muscles biceps, rond pronateur et long supinateur ont été érignés afin de voir ces nerfs perforant les muscles.

Explication de la figure 1.

Parties accessoires. — *a.* Muscle coraco-brachial. — *b.* Biceps. — *c.* Rond pronateur érigné. — *d.* Deltoïde érigné. — *e.* Grand supinateur érigné.

Système nerveux. — 1, 1. Nerf musculo-cutané traversant le coraco-brachial et se plaçant entre le biceps et le brachial antérieur. — 2. Point où le musculo-cutané traverse l'aponévrose. — 3 Rameau de ce nerf pour le coraco-brachial. — 4. Rameau du biceps. — 5. Rameau du brachial antérieur. — 6. Nerf médian. — 7. Le même traversant le rond pronateur. — 8, 8. Anastomose de ce nerf avec le musculo-cutané. — 9. Rameau du médian pour le rond pronateur. — 10. Nerf cubital. — 11. Nerf brachial cutané interne. — 12. Accessoire du cutané interne. — 13. Nerf radial se dégageant entre le brachial antérieur et le long supinateur et se divisant en deux branches : 14, branche postérieure traversant le court supinateur ; 15, branche antérieure. — 16. Rameau pour le long supinateur. — 17. Rameau pour le premier radial externe. — 18. Rameau pour le second radial externe. — 19. Rameau cutané du nerf radial.

FIGURE 2.

PRÉPARATION. — Disséquez les muscles de la région antérieure de l'avant-bras. Coupez les muscles rond pronateur, grand palmaire, petit palmaire à leurs insertions supérieures et inférieures, afin de démasquer le passage du nerf médian à travers les anneaux du rond pronateur et du fléchisseur sublime. A la partie inférieure de l'avant-bras, le nerf médian, devenant de nouveau sous-cutané, fournit entre les tendons du grand et du petit palmaire, une branche cutanée palmaire qu'il faut poursuivre avec soin. Suivez les nerfs médian et cubital à la face palmaire de la main en enlevant la peau, l'aponévrose, et en conservant l'arcade palmaire superficielle. Coupez le long supinateur, érignez les radiaux pour voir le radial traversant le court supinateur.

Explication de la figure 2.

Parties accessoires. — *a.* Tendon du biceps. — *b.* Anneau du rond pronateur pour le passage du nerf médian. — *c.* Anneau du fléchisseur sublime. — *d.* Coupe des muscles grand et petit palmaire. — *e.* Cubital antérieur, — *f.* Fléchisseur profond. — *g.* Muscle fléchisseur propre du pouce. — *h.* Tendon du muscle grand palmaire. — *i.* Tendon du petit palmaire. — *j, j.* Grand supinateur. — *k.* Premier radial externe érigné. — *l.* Second radial externe. — *m.* Court supinateur. — *n.* Muscles de l'éminence thénar — *o.* Muscles de l'éminence hypothénar.

Système vasculaire. — A. Artère humérale. — B. Artère radiale — C, C. Artère cubitale. — D. Arcade palmaire superficielle.

Système nerveux. — 1, 1. Nerf médian traversant le rond pronateur, le fléchisseur sublime et se dégageant au-dessus du poignet entre les tendons du grand et du petit palmaire. — 2, 2. Branche du rond pronateur. — 3. Branche du grand palmaire. — 4. Branche du petit palmaire. — 5. Branche du fléchisseur sublime. — 6. Branche destinée aux muscles fléchisseur profond des doigts, fléchisseur propre du pouce, et carré pronateur. — 7. Branche cutanée palmaire. — 8. Branche destinée aux muscles de l'éminence thénar. — 9. Rameaux collatéraux du pouce. — 10. Collatéral externe de l'index. — 11. Tronc commun des nerfs collatéral interne de l'index et collatéral externe du médius. — 12. Tronc commun des branches collatérales interne du médius et externe de l'annulaire. — 13, 13. Nerf cubital. — 14. Branche palmaire profonde. — 15. Branche palmaire superficielle. — 16. Nerf du palmaire cutané. — 17. Anastomose du cubital avec le nerf médian. — 18. Tronc commun des branches collatérales interne de l'annulaire et externe du petit doigt. — 19. Branche collatérale interne du petit doigt. — 20. Nerf radial. — 21. Rameau du grand supinateur visible dans la coupe de ce muscle. — 22. Rameau du premier radial. — 23. Branche profonde ou musculaire traversant le muscle court supinateur. — 24. Rameau qu'elle fournit au second radial. — 25, 25. Branche superficielle ou digitale du radial.

PLANCHE 48.

Cette planche a pour objet principal de montrer le nerf médian et le nerf cubital. On y distingue aussi une portion du musculo-cutané et du radial.

FIGURE 1.

Portions humérales du médian et du cubital.

Préparation. — Enlevez la peau et l'aponévrose de la partie antérieure du bras et disséquez les nerfs en conservant les rapports avec les autres nerfs, les muscles et l'artère humérale.

Explication de la figure 1.

Parties accessoires. — *a*, *a*. Biceps coupé. — *b*. Expansion aponévrotique de ce muscle, séparant la veine médiane basilique de l'artère humérale. — *c*. Muscle coraco-brachial. — *d*. Muscle brachial antérieur. — *e*. Rond pronateur. — *f*. Biceps. — *g*. Deltoïde érigné. — *h*. Long supinateur érigné.

Système vasculaire. — A, A. Artère humérale. — B. Veine médiane basilique.

Système nerveux. — 1, 1. Nerf musculo-cutané traversant le coraco-brachial, devenant sous-cutané au niveau du bord externe du tendon du biceps. — 2. Branche qu'il donne au coraco-brachial. — 3. Branche pour le biceps. — 4. Branche du brachial antérieur. — 5, 5. Nerf médian entre les racines duquel passe l'artère humérale. — 6. Son anastomose avec le musculo-cutané. — 7, 7. Nerf cubital. — 8, 8. Nerf brachial cutané interne. — 9. Son accessoire. — 10, 10. Nerf radial.

FIGURE 2.

Portions antibrachiales et palmaires du médian et du cubital.

Préparation. — Coupez, après avoir préparé les muscles de la région antérieure de l'avant-bras, les deux couches musculaires superficielles à leur insertion épitrochléenne, et suivez le nerf médian sur les muscles de la troisième couche. Pour voir le nerf cubital, il suffit de rejeter un peu en dedans le muscle cubital antérieur.

A la main, enlevez la peau, l'aponévrose, l'arcade artérielle superficielle, et poursuivez les branches palmaires superficielles des nerfs médian et cubital jusqu'aux extrémités inférieures des doigts. Pour voir la branche palmaire profonde du nerf cubital, isolez le nerf médian des tendons fléchisseurs et enlevez, au moyen de deux sections, la portion de ces tendons comprise entre le bord inférieur du carré pronateur et l'extrémité supérieure des doigts. Vous trouverez ainsi ce nerf croisant l'extrémité supérieure des muscles interosseux.

Explication de la figure 2.

Parties accessoires. — *a*. Tendon du biceps. — *b*, *b*. Coupe des muscles rond pronateur, grand palmaire, petit palmaire et fléchisseur sublime à leur insertion épitrochléenne. — *c*. Insertion radiale du fléchisseur superficiel. — *d*. Insertion radiale du rond pronateur. — *e*. Muscle cubital antérieur déjeté en dedans pour voir le nerf et l'artère cubital. — *f*. Muscle fléchisseur profond. — *g*. Fléchisseur propre du pouce. — *h*. Carré pronateur. — *i*, *i*. Long supinateur coupé. — *j*. Premier radial externe coupé. — *k*. Second radial externe érigné en dehors. — *l*. Court supinateur traversé par la branche musculaire du nerf radial. — *m*. Muscle opposant. — *n*. Adducteur du pouce échancré. — *o*. Muscles de l'éminence hypothénar.

Système vasculaire. — A. Artère humérale. — B. Artère radiale. — C. Artère cubitale.

Système nerveux. — 1. Portion antibrachiale du nerf médian donnant les branches suivantes : 2, nerf du rond pronateur ; 3, nerfs des grand et petit palmaires ; 4, nerf du fléchisseur sublime ; 5, nerf de la moitié externe du fléchisseur profond ; 6, nerf du fléchisseur propre du pouce, et, 7, nerf du carré pronateur ou interosseux. — 8. Branche cutanée palmaire coupée. — 9. Branche récurrente pour les muscles de l'éminence thénar. — 10. Branche collatérale externe du pouce. — 11. Branche collatérale interne du pouce. — 12. Collatérale externe de l'index. — 13. Tronc commun des branches collatérales interne de l'index et externe du médius. — 14. Tronc commun des branches collatérales interne du médius et externe de l'annulaire. — 15, 15. Nerfs des deux premiers lombricaux. — 16. Nerf cubital. — 17. Rameau du muscle cubital antérieur. — 18. Rameau de la moitié interne du fléchisseur profond. — 19. Filet de l'artère cubitale. — 20. Branche dorsale interne de la main. — 21. Branche palmaire du cubital. — 22. Branche palmaire superficielle donnant : 23, la collatérale interne du petit doigt, et, 24, le tronc commun des collatérales externe du petit doigt et interne de l'annulaire. — 25. Branche palmaire profonde traversant les muscles de l'éminence hypothénar et formant une arcade de la convexité de laquelle partent, 25, 26, branches pour les deux derniers lombricaux et pour les muscles interosseux. — 27. Terminaison de ce nerf dans l'adducteur du pouce. — 28. Nerf radial. — 29. Branche superficielle ou digitale. — 30. Branche profonde ou musculaire de ce nerf.

PLANCHE 49.

Elle présente le nerf radial au bras, à l'avant-bras et à la main.

FIGURE 1.

Nerf radial traversant le triceps pour se placer dans la gouttière radiale de l'humérus.

Explication de la figure 1.

Parties accessoires. — *a.* Tête de l'humérus. — *b.* Son corps. — *c.* Tendons réunis du grand dorsal et du grand rond. — *d.* Longue portion du triceps. — *e.* Sa portion interne. — *f.* Brachial antérieur.

Système nerveux. — 1. Tronc commun des nerfs radial et circonflexe. — 2. Nerf circonflexe. — 3, 3. Nerf radial. — 4. Branche cutanée interne du radial. — 5. Branche de la longue portion du triceps. — 6. Branche de la portion interne. — 7. Rameau cutané externe.

FIGURE 2.

On voit le nerf radial à la partie postérieure du bras, dans la gouttière radiale de l'humérus.

Préparation. — Disséquez le triceps brachial, et échancrez sa portion externe, afin de mettre à nu, dans la gouttière humérale, le nerf radial, dont vous poursuivrez les branches musculaires et cutanées.

Explication de la figure 2.

Parties accessoires. — *a*, *a.* Vaste externe. — *b.* Longue portion du triceps. — *c.* Vaste interne. — *d.* Muscle anconé.

Système nerveux. — 1. Nerf radial se dégageant entre la portion externe et la longue portion du triceps et donnant les rameaux suivants ; 2, rameau du vaste externe ; 3, rameau de l'anconé ; 4, rameau du vaste interne ; 5, rameau de la longue portion, et, 6, rameau cutané brachial externe. — 7. Circonflexe contournant le col chirurgical de l'humérus et se perdant dans le deltoïde.

FIGURE 3.

Elle montre sur l'avant-bras et la main, vus de profil, les deux branches terminales du nerf radial, et quelques unes de ses branches collatérales, ainsi que l'anastomose avec le nerf musculo-cutané.

Préparation. — Disséquez les muscles de la région postérieure de l'avant-bras, écartez la couche superficielle de la couche profonde, et poursuivez la branche profonde du nerf radial depuis sa sortie du court supinateur jusqu'à sa terminaison dans tous les muscles de cette région. Disséquez aussi les muscles de la région externe et renversez-les, afin de pouvoir étudier simultanément les deux branches terminales du nerf radial.

Explication de la figure 3.

Parties accessoires. — *a*, *a* Long supinateur. — *b*, *b.* Premier radial externe. — *c*, *c.* Second radial externe. — *d.* Court supinateur. — *e.* Couche musculaire superficielle de la région postérieure de l'avant-bras, érignée. — *f.* Couche musculaire profonde de cette région.

Système nerveux. — 1. Nerf radial se dégageant entre le brachial antérieur et le long supinateur et fournissant : 2, le rameau du long supinateur, et, 3, le rameau du premier radial externe. — 4. Branche postérieure ou musculaire fournissant à son origine, 5, le rameau du second radial externe. Elle traverse ensuite le court supinateur et donne des rameaux aux muscles de la région postérieure de l'avant-bras, savoir : 6, rameau du muscle extenseur commun des doigts ; 7, rameau de l'extenseur propre du petit doigt ; 8, rameau du cubital postérieur ; 9, rameau du grand abducteur et du court extenseur du pouce ; 10, rameau de l'extenseur propre du pouce et de l'extenseur propre de l'indicateur, et, 11, nerf interosseux.— 12, 12. Branche antérieure ou cutanée du nerf radial. Elle se dégage entre le long supinateur et le premier radial externe, s'anastomose avec, 13, nerf musculo-cutané, et fournit : 14, le collatéral externe dorsal du pouce ; 15, le tronc commun des branches collatérales internes dorsales du pouce et externe de l'index ; 16, le tronc commun des collatérales dorsales interne de l'index et externe du médius, et, 17, branche anastomotique avec le cubital.

PLANCHE 50.

FIGURE 1.

Branches profondes du nerf radial vues sur la couche profonde des muscles de la région postérieure de l'avant-bras ; la couche musculaire superficielle est en partie enlevée et en partie érignée.

Préparation. — La même que pour la figure 3 de la planche 49.

Explication de la figure 1.

Parties accessoires. — *a*. Cubital postérieur. — *b*. Coupe de l'extenseur commun des doigts et de l'extenseur propre du petit doigt. — *c*. Court supinateur traversé par la branche profonde du nerf radial. — *d*. Long abducteur du pouce. — *e*. Son court extenseur. — *f*. Son long extenseur. — *g*. Extenseur propre de l'indicateur.

Système nerveux. — 1. Tronc du nerf radial. — 2. Branche musculaire du radial à sa sortie du court supinateur, fournissant : 3, 3, les rameaux de la couche musculaire superficielle ; 4, les rameaux de la couche profonde, savoir : 5, rameau du long abducteur du pouce, 6, de son court extenseur, 7, de son long extenseur, et 8, de l'extenseur propre de l'indicateur. — 9. Rameau interosseux. — 10. Renflement grisâtre de ce nerf d'où émanent les filets pour l'articulation radio-carpienne. — 11, 11. Nerf cubital.

FIGURE 2.

Résumé de la distribution générale des branches terminales du plexus brachial.

Explication de la figure 2.

1. Portion brachiale du nerf médian. — 2, 2. Portion antibrachiale traversant le rond pronateur et le fléchisseur superficiel. — 3. Portion palmaire donnant les rameaux des muscles de l'éminence thénar, et des branches collatérales aux trois premiers doigts et à la moitié externe du quatrième. — 4. Portion brachiale du cubital. — 5. Sa portion antibrachiale : Elle se divise en deux branches terminales : 6, branche dorsale, et, 7, branche palmaire. Cette dernière donne : 8, les rameaux collatéraux internes de l'annulaire et les collatéraux externe et interne du petit doigt. — 9, 9. Branche palmaire profonde. — 10. Nerf brachial cutané interne. — 11. Son accessoire. — 12. Nerf musculo-cutané anastomosé avec le nerf médian. — 13, 13. Nerf radial. — 14. Sa branche superficielle, et, 15, sa branche profonde.

PLANCHES 51, 52 et 53.

NERFS DORSAUX.

Les *nerfs dorsaux* ou *thoraciques* sont au nombre de douze paires distinguées par les noms numériques de première, seconde, etc., en comptant de haut en bas. La première paire sort du canal vertébral, entre la première et la seconde vertèbre dorsale, la dernière entre la douzième vertèbre dorsale et la première lombaire, et les autres par les trous de conjugaison intermédiaires. Quelques anatomistes, et entre autres Haller, qui regardaient la douzième comme la première lombaire, ne comptaient que onze paires dorsales.

Ces nerfs, comme les nerfs cervicaux, naissent de la partie latérale de la moelle par deux groupes de racines, les uns antérieurs, les autres postérieurs, avec cette différence, que ces racines sont moins nombreuses et plus déliées, et que les intervalles qui les séparent sont plus grands et irréguliers. A l'exception de la première paire, qui a quelque ressemblance avec la dernière cervicale, toutes ces racines marchent obliquement en bas et en dehors, et offrent d'autant plus de longueur et d'obliquité qu'on les examine plus inférieurement, de telle sorte que, dans une certaine étendue de leur trajet, elles sont appliquées contre la moelle; enfin, il y a presque égalité de volume entre les racines antérieures et les postérieures. Au niveau du trou de conjugaison, chaque groupe de racines postérieures converge, au delà de son ganglion, vers le groupe antérieur, avec lequel il constitue un tronc commun, d'où émanent deux branches: une, *postérieure*, très petite; l'autre, *antérieure*, plus considérable.

BRANCHES ANTÉRIEURES DES NERFS DORSAUX OU NERFS INTERCOSTAUX.

Les nerfs intercostaux ont des caractères généraux qui les font connaître, quel que soit le nerf qu'on examine; ils présentent aussi des caractères particuliers qui les différencient les uns des autres. Aussi, pour avoir une connaissance exacte de ces nerfs, il faut examiner d'abord dans une description générale ce qu'ils ont de commun dans leur ensemble, et faire ressortir ensuite dans une description particulière ce qui est spécial à chacun d'eux.

1° DESCRIPTION GÉNÉRALE.

Les douze *nerfs intercostaux* sont aplatis, rubaniformes, et offrent à peu près tous le même volume; ils sortent par la partie antérieure du trou de conjugaison, communiquent chacun, par un ou plusieurs filets, avec la chaîne ganglionnaire du grand sympathique, et s'engagent aussitôt dans l'espace intercostal correspondant, excepté le dernier, qui longe le bord inférieur de la douzième côte. Placés d'abord à égale distance des deux côtes, entre le muscle intercostal externe et l'aponévrose, qui est pour ainsi dire, en arrière, la continuation du muscle intercostal interne, ils pénètrent au niveau de l'angle des côtes, entre les deux muscles intercostaux, en se rapprochant du bord inférieur de la côte supérieure. Vers le milieu de la paroi latérale du thorax, ils se divisent en deux rameaux : l'un *externe perforant* ou *cutané*, l'autre *intercostal*.

1° Le *rameau perforant externe* ou *cutané* traverse le muscle intercostal externe. sort entre les digitations du grand dentelé supérieurement, et du grand oblique inférieurement, puis se divise en deux filets qui se dirigent l'un en avant, l'autre en arrière, pour se perdre tous deux à la peau.

2° Le *rameau intercostal* continue le trajet primitif du nerf, longe le bord inférieur de la côte et du cartilage qui sont au-dessus, puis se place en avant entre le muscle intercostal interne et une aponévrose qui continue l'intercostal externe, assez souvent même dans l'épaisseur du muscle intercostal interne. Arrivé sur les côtés du sternum, il perfore l'aponévrose et le muscle grand pectoral, se réfléchit en dehors pour se perdre à la peau, et forme le *perforant antérieur*.

Les nerfs intercostaux sont en rapport avec les artères intercostales et leurs veines satellites, qui sont situées au-dessus d'eux, dans la gouttière même des côtes. Ils répondent médiatement à la plèvre dont ils sont séparés, en arrière, depuis le trou de conjugaison jusqu'à l'angle des côtes, par une lame aponévrotique très mince ; en avant, par quelques fibres des muscles intercostaux internes ; dans le reste de leur trajet, par toute l'épaisseur de ces derniers muscles.

Ils donnent dans toute leur longueur des rameaux destinés aux muscles intercostaux. Parmi ces rameaux, quelques uns se détachent du nerf intercostal avant sa bifurcation, pour se porter le long du bord supérieur de la côte qui est au-dessous ; d'autres vont former des arcades qui s'anastomosent avec les nerfs voisins sur la face interne des côtes.

2° DESCRIPTION PARTICULIÈRE DES NERFS INTERCOSTAUX.

Branche antérieure de la première paire dorsale. — Elle se divise aussitôt son origine en deux rameaux : l'un, beaucoup plus volumineux que les autres nerfs intercostaux, se dirige en haut, contourne le bord supérieur de la première côte derrière l'artère sous-clavière, s'anastomose avec la branche antérieure de la huitième cervicale, et concourt à former le plexus brachial ; l'autre, très grêle, se porte en bas sous la face inférieure de la première côte, longe son bord interne, donne des branches musculaires aux muscles intercostaux, et devient superficiel sur les côtés de la première pièce du sternum.

Branches antérieures des deuxième et troisième paires dorsales. — Leur trajet dans les parois de la poitrine n'a rien de remarquable, mais leur rameau perforant externe mérite une description particulière. Le *rameau perforant* de la seconde paire, après avoir traversé le deuxième muscle intercostal externe, au niveau de la digitation correspondante du grand dentelé, se dirige en arrière du grand dorsal, vers le creux de l'aisselle, où il s'anastomose avec l'accessoire du cutané interne et un filet du cutané interne, et va se distribuer à la peau de la partie interne et postérieure du bras, jusqu'au coude. Le *rameau perforant* de la troisième paire a le même trajet, mais est un peu moins volumineux ; il sort par le troisième espace intercostal, va s'anastomoser avec l'accessoire du cutané interne, et descend à la partie interne du bras un peu plus haut et plus en arrière que le précédent.

Branches antérieures des quatrième, cinquième, sixième et septième paires dorsales. — Elles offrent ceci de particulier, que la quatrième et la cinquième donnent au muscle triangulaire du sternum, à la peau de la mamelle et à celle de la partie postérieure de l'épaule ; que la sixième et la septième se ramifient à la partie supérieure des muscles grand droit et grand oblique.

Branches antérieures des huitième, neuvième, dixième et onzième paires dorsales. — Elles sont destinées surtout aux parois de l'abdomen. Leurs *rameaux internes* croisent la face profonde des cartilages des fausses côtes au moment où ceux-ci changent de direction pour devenir ascendants ; ils s'engagent dans les parois de l'abdomen, la plupart entre les muscles transverse et petit oblique, quelques uns entre ce dernier et le grand oblique. Après avoir donné des branches multiples à tous ces muscles, ils se divisent au niveau du bord externe du muscle droit en deux rameaux : l'un, perforant, qui va se perdre à la peau de l'abdomen ; l'autre, qui pénètre dans la gaîne du muscle droit, marche dans l'épaisseur de ce muscle près de sa face postérieure, et se divise en plusieurs ramuscules dont la plupart restent dans ce muscle, tandis que les autres traversent l'aponévrose au niveau de la ligne blanche et se distribuent à la peau. Les *rameaux perforants externes* deviennent superficiels au niveau de l'entrecroisement des digitations des muscles grand oblique et grand dentelé, donnent quelques filets à ces muscles et se perdent dans la peau voisine.

Branche antérieure de la douzième paire dorsale. — Cette branche, que quelques anatomistes rangent dans le plexus lombaire, diffère beaucoup des précédentes ; elle n'est pas logée dans un espace intercostal, mais sous la douzième côte. A la sortie du trou de conjugaison, elle envoie un rameau de communication à la branche antérieure de la première paire lombaire, puis se dirige en bas et en dehors au-devant du muscle carré des lombes, et au niveau de son bord externe se divise en deux rameaux, l'un abdominal, l'autre perforant. Le *rameau abdominal* a un trajet parallèle au rameau abdominal des dernières branches intercostales; il perfore le transverse pour se placer entre lui et le petit oblique, leur fournit des rameaux, s'anastomose presque toujours dans leur épaisseur avec la branche abdominale du plexus lombaire, et se comporte comme les branches précédentes. Le *rameau perforant*, très considérable, traverse obliquement les muscles petit et grand obliques, croise perpendiculairement la crête iliaque, et va se distribuer à la peau de la région fessière. Quelquefois cette branche fessière manque, elle est alors remplacée par la branche abdominale de la première lombaire.

RÉSUMÉ DES NERFS INTERCOSTAUX.

Ces nerfs sont destinés aux muscles et à la peau qui recouvrent les régions antérieure et latérale de la cavité thoraco-abdominale. Ils s'anastomosent avec le grand sympathique, avec le plexus brachial supérieurement et le plexus lombaire inférieurement.

1° *Rameaux musculaires.* Ils se distribuent à tous les muscles intercostaux, au triangulaire du sternum, aux muscles grand et petit obliques, transverse et grand droit de l'abdomen. et au pyramidal lorsqu'il existe.

2° *Rameaux cutanés.* Ils se rendent à la peau après avoir traversé de dedans en dehors les parois du thorax et de l'abdomen. Ces rameaux perforants forment deux séries distinctes. Les uns apparaissent sur les parties latérales du sternum et de la ligne blanche, ce sont les *perforants antérieurs.* Les autres, latéraux, traversent au niveau des digitations des muscles grand dentelé et grand oblique supérieurement et entre ce dernier muscle et le grand dorsal inférieurement, puis se divisent en deux ordres de filets, les uns antérieurs, les autres postérieurs : on peut les appeler *perforants latéraux.* Indépendamment de ces deux séries de rameaux perforants, on en voit une troisième à l'abdomen, vers le bord externe du muscle droit : on peut désigner ses rameaux sous le nom de *perforants moyens*.

Nous devons encore rappeler parmi les rameaux cutanés ceux qui se perdent au bras, à la mamelle chez la femme, et ceux qui se distribuent à la région scapulaire postérieure et à la région fessière.

PLANCHE 51.

Nerfs intercostaux vus sur la face interne de la cavité thoraco-abdominale.

PRÉPARATION. — On peut la faire de deux manières différentes : 1° Sur un sujet frais, ouvrez largement les cavités thoracique et abdominale, renversez d'un côté les viscères qu'elles contiennent; puis, sur le côté opposé, détachez la plèvre en la tirant légèrement avec les doigts, et poursuivez les nerfs intercostaux de dedans en dehors, par l'ablation des muscles intercostaux internes, sous-costaux, diaphragme et transverse de l'abdomen.

2° Si l'on veut étudier ces nerfs à partir de leur origine, comme ils sont représentés sur la planche, il est nécessaire d'avoir un sujet dont les os soient devenus flexibles par une macération suffisamment prolongée dans l'acide chlorhydrique ou azotique étendu d'eau. Il faut alors diviser verticalement le sternum et la paroi abdominale antérieure sur la ligne médiane, puis ouvrir dans le même sens la cavité thoraco-abdominale, en arrière, mais en dehors de la ligne médiane, de manière à conserver sur une des moitiés les régions dorsale et lombaire de la colonne vertébrale. Débarrassez cette moitié de tous les organes qu'elle contient, décollez la plèvre pariétale, découvrez la moelle par l'ablation des corps des vertèbres et des méninges ; incisez quelques muscles intercostaux internes sur le trajet des nerfs ; détachez peu à peu le muscle transverse, afin de voir les rameaux nerveux qui rampent entre lui et l'oblique interne ; fendez de haut en bas la gaîne du muscle droit, pour mettre à nu les nerfs qui s'y ramifient et ceux qui le traversent avant de se perdre dans les téguments : vous verrez ainsi tout le trajet des nerfs intercostaux et leurs connexions avec les ganglions du grand sympathique.

Explication de la figure.

Parties accessoires. — *a*, *a*. Muscles intercostaux internes. — *b*, *b*. Muscles intercostaux externes. — *c*, *c*. Sous-costaux. — *d*. Triangulaire du sternum. — *e*. Muscle transverse coupé. — *f*. Petit oblique. — *g*, *g*. Muscle droit échancré. — *h*. Carré des lombes. — *i*. Muscle psoas iliaque.

Système vasculaire. — A. Tronc brachio-céphalique coupé. — B. Tronc veineux brachio-céphalique. — C. Aorte abdominale. — D, D. Vaisseaux intercostaux.

Système nerveux. — 1, 1. Face antérieure de la moelle, couverte inférieurement par la dure-mère. — 2, 2. Racines antérieures des nerfs intercostaux. — 3. Premier nerf intercostal, se divisant en deux rameaux, dont l'un, 4, très gros, contourne la première côte pour se jeter dans le plexus brachial, tandis que l'autre, 5, gagne le premier espace intercostal. — 6. Deuxième nerf intercostal, se partageant en, 7, rameau perforant ou cutané, et, 8, rameau intercostal. — 9. Troisième nerf intercostal. — 10, 11, 12, 13. Quatrième, cinquième, sixième et septième nerfs intercostaux. — 14, 15, 16, 17. Huitième, neuvième, dixième et onzième nerfs intercostaux. Après avoir donné leurs rameaux perforants moyens, ils s'épanouissent par leurs rameaux intercostaux dans le muscle grand droit de l'abdomen, et fournissent, 18, 18, des rameaux perforants antérieurs. — 19. Douzième nerf intercostal ; il se divise en, 20, rameau abdominal qui s'anastomose avec la première lombaire, et en, 21, rameau perforant, destiné à la peau de la région fessière. — 22. Branche antérieure de la première paire lombaire. — 23, 23, 23. Chaîne ganglionnaire du grand sympathique, anastomosée par un ou plusieurs filets avec chacun des nerfs intercostaux.

PLANCHE 52.

Elle présente sur les parties latérale et antérieure du tronc, les rameaux cutanés perforants des nerfs intercostaux et leurs anastomoses avec quelques filets du plexus brachial.

PRÉPARATION. — 1° Pour découvrir les branches perforantes antérieures, disséquez la peau de la poitrine le long du bord externe du sternum, et celle de la paroi abdominale le long de la ligne blanche, en allant de dedans en dehors. 2° Les rameaux (perforants moyens) qui traversent la paroi abdominale au niveau du bord externe du muscle droit, offrant deux ramuscules, dirigés l'un en dedans, l'autre en dehors, doivent être suivis dans ces deux sens; on incisera donc la peau le long du bord externe du muscle droit, on l'enlèvera lambeau par lambeau, en dedans et en dehors, et on laissera les nerfs appliqués sur l'aponévrose. 3° Pour trouver les rameaux cutanés (perforants latéraux), qui percent les muscles intercostaux externes entre les digitations du grand dentelé supérieurement et celles du grand oblique inférieurement, on fera à la peau une incision curviligne à convexité antérieure, étendue depuis le creux axillaire jusqu'au quart postérieur de la crête iliaque, et l'on rabattra les lambeaux en dehors et en dedans, afin de poursuivre, de l'origine vers leur terminaison, les filets antérieurs et postérieurs. On prolongera la dissection, en haut, du creux de l'aisselle jusqu'à la partie interne et postérieure du bras, après avoir écarté celui-ci du tronc ; en bas, jusqu'à la région fessière, pour mettre à nu, d'une part, les rameaux des seconde, troisième et quelquefois quatrième intercostales, qui se rendent dans les téguments du bras, d'une autre part les rameaux fessiers de la douzième intercostale.

Explication de la figure.

Parties accessoires. — *a.* Grand dorsal. — *b.* Grand pectoral. — *c.* Grand oblique. L'aponévrose qui couvre ces muscles a été enlevée au niveau de leurs bords axillaires et conservée dans le reste de leur étendue. — *d.* Grand dentelé. — *e.* Aponévrose d'enveloppe du muscle droit.

Système nerveux. — 1, 1, 1. Rameaux perforants antérieurs thoraciques. — 2, 2, 2. Perforants antérieurs abdominaux. — 3, 3, 3. Perforants moyens. — 4. Ramuscule externe du second perforant latéral s'anastomosant avec, 5, l'accessoire du brachial cutané interne, et assez souvent avec le brachial cutané interne lui-même, pour s'épanouir à la peau du bras. — 6. Ramuscule interne du même perforant, se perdant aux téguments du thorax et du bras. — 7. Ramuscule externe du troisième perforant, destiné à la peau du moignon de l'épaule. — 8. Ramuscule interne se rendant à la peau de la mamelle. — 9, 10, 11, 12. Branches externes des quatrième, cinquième, sixième et septième perforants latéraux, qui se distribuent à la peau de l'omoplate. — 13, 14, 15, 16. Branches internes des mêmes nerfs, ramifiées aux téguments du thorax et de la mamelle. — 17, 18, 19, 20. Ramuscules externes des huitième, neuvième, dixième et onzième perforants latéraux, allant à la peau de la portion externe du dos. — 21, 22, 23, 24. Ramuscules internes épanouis dans les téguments de la paroi antérieure de l'abdomen. — 25, 25. Rameau perforant latéral du douzième intercostal, qui se distribue à la peau de la région fessière. — 26. Rameau fessier de la branche antérieure de la première lombaire s'anastomosant avec le rameau fessier de la douzième intercostale.

PLANCHE 53.

Elle montre sur la partie antérieure du tronc les rameaux intercostaux et perforants des douze paires intercostales.

Préparation. — Après avoir mis à nu les nerfs sous-cutanés, comme on l'a indiqué dans la planche précédente, enlevez avec précaution, et sans couper les nerfs qui les traversent : d'un côté, les muscles grand et petit pectoral, intercostaux externes et grand oblique, ainsi que l'aponévrose qui recouvre le muscle droit ; de l'autre côté, les mêmes muscles, plus le grand dentelé, le petit oblique et les trois quarts antérieurs de l'épaisseur du grand droit. Vous découvrirez, de cette manière, les nerfs qui rampent entre ces différents plans musculaires, et leurs connexions avec les branches superficielles ; mais comme les rameaux intercostaux se trouvent placés en avant dans l'épaisseur des muscles intercostaux internes, il faut échancrer ceux-ci, pour les voir dans leur entier.

Explication de la figure.

Parties accessoires. — *a*. Portion du grand pectoral. — *b*, *b*, *b*, *b*. Muscles intercostaux internes. — *c*. Grand dentelé. — *d*. Grand droit conservé en entier. — *e*. Même muscle dont on a enlevé une portion de son épaisseur. — *f*. Pyramidal. — *g*. Petit oblique. — *h*. Coupe du grand oblique. — *i*. Transverse. — *k*. Coupe du grand et du petit oblique.

Système nerveux. — 1, 1. Plexus brachial en rapport avec la veine et l'artère axillaire. — 2, 2. Premiers rameaux intercostaux. — 3, 3, 3, 3. Rameaux intercostaux et perforants latéraux de la deuxième paire intercostale. — 4, 4, 4, 4. Mêmes rameaux de la troisième paire. — 5, 5. Anastomoses des rameaux perforants latéraux des deuxième et troisième paires avec, 6, 6, les accessoires des cutanés internes. — De 7 à 7, de chaque côté, rameaux intercostaux et perforants latéraux des quatrième, cinquième, sixième, septième, huitième et neuvième paires intercostales. — De 8 à 8, rameaux intercostaux et perforants latéraux des dixième et onzième paires. — 9, 9. Rameaux abdominaux et fessiers de la douzième. — 10, 10. Rameaux fessiers et abdominaux de la première lombaire, anastomosés avec les mêmes rameaux de la dernière intercostale. — De 11 à 11, perforants antérieurs des douze paires dorsales. — De 12 à 12, perforants moyens.

PLANCHE 54.

DES NERFS LOMBAIRES.

Ces nerfs, au nombre de cinq, qu'on distingue par leur nom numérique en comptant de haut en bas, prennent leur origine du renflement inférieur de la moelle épinière par des doubles racines qui sont peu espacées les unes des autres, et plus nombreuses que celles des autres régions. Elles se dirigent presque verticalement en bas appliquées contre la moelle, parcourent un trajet de plusieurs vertèbres avant de sortir du canal rachidien et concourent à former, avec les racines des nerfs sacrés, la queue de cheval. Les racines antérieures, à peu près moitié moins volumineuses que les racines postérieures, naissent, comme nous l'avons déjà dit, très près du sillon médian antérieur, tandis que les racines postérieures ont leur origine dans les sillons collatéraux postérieurs. Enfin, les racines antérieures et postérieures augmentent graduellement de volume de haut en bas, s'unissent entre elles au delà des ganglions des racines postérieures, au niveau des trous de conjugaison, pour donner chacune une *branche antérieure* et une *branche postérieure.*

BRANCHES ANTÉRIEURES DES NERFS LOMBAIRES.

Les cinq branches lombaires sortent du canal vertébral, la première, entre la dernière vertèbre dorsale et la première lombaire, la dernière entre la dernière vertèbre lombaire et la première sacrée, les autres par les trous de conjugaison intermédiaires. Ces branches, beaucoup plus grosses que les postérieures, vont toutes en croissant graduellement de volume depuis la première jusqu'à la dernière; elles communiquent par un ou plusieurs filets avec les ganglions lombaires du grand sympathique, descendent obliquement dans l'épaisseur du muscle psoas, et, s'anastomosant les unes avec les autres, forment le *plexus lombaire.*

Branche antérieure de la première paire lombaire.—A sa sortie du trou de conjugaison, elle s'anastomose avec la dernière intercostale et la branche antérieure de la deuxième lombaire, puis elle se divise en deux branches que l'on peut appeler abdomino-scrotales.

Branche antérieure de la deuxième paire lombaire.—Elle communique avec la première et la troisième, fournit deux branches : l'une qui se dirige en dehors, c'est la *fémorale cutanée externe;* l'autre qui se dirige en dedans, c'est la *génito-crurale* des auteurs; et donne constamment deux racines, l'une au *nerf obturateur*, l'autre au *nerf crural.*

Branche antérieure de la troisième paire lombaire. — Elle donne deux rameaux, qui, s'anastomosant avec les branches antérieures de la seconde et de la quatrième paire, contribuent à former le *nerf crural* et le *nerf obturateur.*

Branche antérieure de la quatrième paire lombaire.— Elle se divise en trois rameaux : les deux premiers s'anastomosent avec ceux venus de la seconde et de la troisième paire pour former le nerf crural et le nerf obturateur; le troisième va se jeter dans la branche antérieure du cinquième nerf lombaire.

Branche antérieure de la cinquième paire lombaire.—Elle forme, en se réunissant avec la moitié de la branche antérieure de la quatrième paire, le *nerf lombo-sacré*, qui se jette dans le plexus sacré.

PLEXUS LOMBAIRE.

Le plexus lombaire est formé par les anastomoses des branches antérieures des trois premières paires lombaires et de la moitié de la quatrième. La réunion de ces nerfs se fait sous des angles aigus et plus ou moins loin des vertèbres; la première branche s'anastomosant avec la seconde près du trou de conjugaison, et les autres à une distance de plus en plus considérable, il en résulte que ce plexus est triangulaire. Il est situé sur le côté des corps des vertèbres, au-devant de leurs apophyses transverses et dans l'épaisseur du muscle psoas. On lui distingue des *branches collatérales* et des *branches terminales*. Les branches collatérales, sur le nom desquelles les auteurs ont beaucoup varié, sont au nombre de quatre; on peut les appeler : *grande abdomino-scrotale*, *petite abdomino-scrotale*, *fémorale cutanée externe* et *génito-crurale*. Les deux premières sont, à leur sortie du psoas, sous-péritonéales, les deux autres sous-aponévrotiques. Les branches terminales sont le *nerf crural*, le *nerf obturateur*, et le *nerf lombo-sacré*.

A. BRANCHES COLLATÉRALES.

1° *Grande abdomino-scrotale.*

(*Grande branche abdominale*, *branche musculo-cutanée supérieure*, *ilio-scrotale ou ilio-hypogastrique.*)

Cette branche, qu'il est plus juste d'appeler *abdomino-scrotale*, à cause de sa distribution, naît de la branche antérieure de la première paire lombaire au niveau du trou de conjugaison, passe obliquement au-devant du carré des lombes entre lui et le péritoine, en affectant un trajet presque parallèle à la dernière intercostale avec laquelle on la confond souvent. Il est cependant facile de les distinguer: l'intercostale est placée sous la dernière côte et atteint le muscle transverse vers la partie moyenne du carré des lombes; la grande abdomino-scrotale atteint le muscle transverse au niveau du bord externe du carré, près de son insertion à la crête iliaque. Arrivée là, elle s'enfonce entre le transverse et le petit oblique, leur donne quelques filets, longe la crête iliaque, et se divise en deux rameaux, l'un *abdominal*, l'autre *pubien* ou *scrotal*.

Le *rameau abdominal* décrit un trajet semblable et parallèle à celui de la douzième branche intercostale, avec laquelle il s'anastomose, entre les muscles transverse et petit oblique, et se divise en deux ramuscules, l'un perforant vers le bord externe du muscle droit, l'autre qui pénètre dans la gaîne de ce muscle, lui donne quelques filets et se termine au niveau de la ligne blanche par un second perforant.

Le *rameau pubien* ou *scrotal* traverse le petit oblique, marche entre ce muscle et le grand oblique parallèlement et au-dessus de l'arcade fémorale, s'anastomose souvent avec la petite abdomino-scrotale, et sort par l'anneau cutané du canal inguinal avec le cordon des vaisseaux spermatiques au-dessus duquel il est placé. Il se divise alors en deux ramuscules: l'un, *pubien*, qui va se distribuer à la peau du pubis ; l'autre, *scrotal*, qui se perd dans le scrotum chez l'homme, ou dans la grande lèvre chez la femme.

On voit souvent la grande abdomino-scrotale donner, au moment où elle atteint la crête iliaque, une branche *cutanée fessière* qui perfore le muscle grand oblique, se dirige en bas et en arrière et va se distribuer à la peau de la région fessière.

2° *Petite abdomino-scrotale.*

(*Petite branche abdominale*, *branche musculo-cutanée moyenne*, *ilio-inguinale.*)

Cette branche, que nous proposons aussi d'appeler *petite abdomino-scrotale*, naît tantôt de la branche antérieure de la première paire lombaire, tantôt de la première anse nerveuse lombaire. Elle traverse le psoas un peu plus en avant que la précédente, se dirige obliquement en bas au-dessous de la grande abdomino-scrotale à laquelle elle est parallèle, et perfore le transverse au niveau de l'épine iliaque antérieure et supérieure. Elle s'anastomose alors avec la grande abdomino-scrotale et se divise en deux rameaux : l'un, *abdominal*, destiné aux muscles et à la peau de la paroi abdominale; l'autre, *scrotal*, qui perce le petit oblique, suit le trajet du rameau scrotal de la grande abdomino-scrotale, sort comme lui par l'anneau cutané du canal inguinal, quelquefois cependant par un orifice spécial, et se distribue de la même manière.

L'existence de cette branche n'est pas constante, elle est alors suppléée par la grande abdomino-scrotale ; d'autres fois, après un certain trajet, elle va se confondre avec elle.

3° *Fémorale cutanée externe.*

(*Inguino-cutanée, inguinale externe, musculo-cutanée inférieure.*)

La troisième des collatérales du plexus lombaire, la *fémorale cutanée externe*, prend ordinairement son origine de la branche antérieure de la seconde paire, ou de la seconde anse nerveuse lombaire. Je l'ai vue naître plusieurs fois par deux racines de la première et de la seconde paire, d'autres fois même du nerf crural. Ainsi constituée, cette branche se dirige en bas et en dehors en traversant le psoas près de sa face postérieure, croise obliquement le muscle iliaque contre lequel elle est appliquée par le *fascia iliaca*, s'élargit, s'aplatit, et sort de l'abdomen au niveau de l'échancrure qu'on remarque au-dessous de l'épine iliaque antérieure et supérieure, en croisant l'arcade fémorale. Elle s'engage alors dans l'épaisseur de l'aponévrose *fascia lata*, où elle s'anastomose souvent avec quelques branches cutanées du nerf crural. Arrivée à trois travers de doigt au-dessous de l'épine iliaque, elle devient sous-cutanée et se dirige vers la partie antérieure et externe de la cuisse, où elle se divise en deux ordres de rameaux, l'un fémoral, l'autre fessier.

Le rameau *fémoral* descend verticalement en bas jusqu'au niveau du genou, et donne dans son trajet, à diverses hauteurs, plusieurs filets récurrents qui décrivent des anses à concavité supérieure et se distribuent à la peau de la partie externe et postérieure de la cuisse. Le *rameau postérieur* ou *fessier* décrit aussi une anse à concavité supérieure, se porte en arrière, croise le muscle *fascia lata*, et s'épanouit dans la peau de la région fessière.

4° *Génito-crurale.*

(*Branche inguinale interne, rameau sous-pubien.*)

Cette branche, pour laquelle nous préférons la dénomination de *génito-crurale*, émane de la branche antérieure de la seconde paire lombaire, quelquefois de la première et de la seconde; je l'ai vue aussi s'anastomoser avec un des ganglions lombaires du grand sympathique. Ainsi constituée, elle se dirige obliquement en bas et en avant appliquée contre les parties latérales de la seconde vertèbre lombaire, traverse le psoas près de son insertion vertébrale, et longe la face antérieure de ce muscle, contre lequel elle est maintenue par une aponévrose. Puis elle atteint les artères iliaques primitive et externe dont elle suit le trajet, ce qui peut servir de moyen pour la reconnaître, et, un peu au-dessus de l'anneau crural, se divise en deux rameaux dont un s'engage dans le canal inguinal, l'autre dans le canal crural.

Le premier, *rameau du canal inguinal*, quelquefois double, coupe perpendiculairement l'artère épigastrique, s'engage dans l'orifice abdominal du canal inguinal, et parcourt tout le trajet de ce canal placé au-dessous du cordon des vaisseaux spermatiques (nous avons vu que la partie supérieure de ce cordon était longée par le rameau scrotal de la grande abdomino-scrotale); il sort ensuite par l'orifice externe du canal inguinal, et va se perdre dans la peau du scrotum chez l'homme, ou de la grande lèvre chez la femme.

Le second, *rameau du canal crural*, croise perpendiculairement l'artère circonflexe iliaque, sort de l'abdomen en traversant le canal crural, perfore l'aponévrose, devient sous-cutané, et va se perdre dans la peau de la partie supérieure et interne de la cuisse.

PLANCHE 54.

Branches antérieures des cinq nerfs lombaires, plexus lombaire et ses branches collatérales.

Préparation. — Ouvrez l'abdomen par une incision cruciale, renversez le paquet intestinal sur le côté opposé à la préparation, ou enlevez-le complétement. Décollez le péritoine avec les doigts, débarrassez les muscles psoas iliaque et carré des lombes du tissu cellulaire et graisseux qui les recouvre; conservez le psoas d'un côté, afin de bien voir de quelle manière les nerfs le traversent; incisez le côté opposé avec précaution, et couche par couche, pour trouver dans son épaisseur le plexus lombaire et ses anastomoses avec les ganglions lombaires du grand sympathique.

Les branches abdomino-scrotales doivent être suivies soigneusement, en séparant avec précaution le transverse du petit oblique, et celui-ci du grand oblique. Le rameau scrotal, étant appliqué au cordon des vaisseaux spermatiques chez l'homme, et au ligament rond chez la femme, passe avec ces organes à travers l'orifice cutané du canal inguinal, et les accompagne jusqu'à leur destination. Quant aux branches cutanée, externe et génito-crurale, on n'a qu'à les suivre de leur origine vers leur terminaison, en prenant toutefois quelques précautions, au moment où elles s'engagent derrière l'arcade fémorale et traversent les anneaux inguinal et crural.

Explication de la figure.

Parties accessoires. — *a*, *a*. Douzièmes côtes. — *b*, *b*. Crêtes des os des iles. — *c*, *c*. Carrés des lombes. — *d*. Grand et petit psoas. — *e*, *e*. Muscles iliaques. — *f*. Muscles grand et petit obliques et transverse accolés. — *g*. Mêmes muscles écartés afin de faire voir le passage des nerfs. — *h*. Muscle obturateur. — *i*, *i*. Aponévroses fémorales. L'aponévrose d'un côté a été en partie enlevée pour laisser voir les vaisseaux et nerfs subjacents. — *j*. Orifice péritonéal du canal inguinal. — *k*. Son orifice cutané.

Système vasculaire. — A. Aorte et sa bifurcation recouverte par le plexus nerveux aortique. — B. Vaisseaux fémoraux. — C, C. Artères circonflexes iliaques. — D, D. Artères épigastriques. — E, E. Veines saphènes internes.

Système nerveux. — 1, 1. Chaîne ganglionnaire lombo-sacrée du grand sympathique. — 2, 2. Douzième nerf intercostal de chaque côté longeant le bord inférieur de la douzième côte. — 3. Branche antérieure du premier nerf lombaire s'anastomosant avec le douzième nerf intercostal, la branche antérieure du deuxième nerf lombaire, les ganglions correspondants du grand sympathique, et fournissant, 4, grande branche abdomino-scrotale, et, 5, petite branche abdomino-scrotale. — 6. Branche antérieure du deuxième nerf lombaire anastomosée avec la troisième lombaire et les ganglions correspondants du grand sympathique, et donnant, 7, branche fémorale cutanée externe, et, 8, branche génito-crurale. — 9. Branche antérieure du troisième nerf lombaire qui s'anastomose avec la quatrième lombaire et le grand sympathique. — 10. Branche antérieure du quatrième nerf lombaire s'anastomosant avec la cinquième lombaire et le grand sympathique. — 11. Branche antérieure du cinquième nerf lombaire s'anastomosant avec le sympathique et avec, 12, le plexus sacré. — 13. Rameau fessier de la grande branche abdomino-scrotale. — 14. Son rameau abdominal, et, 15, son rameau scrotal qui traverse successivement les muscles transverse, petit oblique et grand oblique pour se rendre, en accompagnant le cordon des vaisseaux spermatiques, à la peau du scrotum. — 16. Petite branche abdomino-scrotale qui perfore le muscle transverse, s'anastomose avec la grande abdomino-scrotale et se comporte de la même manière. — 17. Nerf fémoral cutané externe se dégageant de la paroi abdominale au niveau de l'échancrure qu'on remarque au-dessous de l'épine iliaque antérieure et supérieure. — 18, 18. Nerf génito-crural divisé en deux branches: 19, branche du canal inguinal croisant l'artère épigastrique; 20, branche du canal crural qui croise l'artère circonflexe iliaque. — 21, 21. Nerf lombo-sacré. — 22. Nerf crural naissant du plexus par trois racines. — 23. Nerf crural dans la gouttière du psoas iliaque. — 24. Nerf obturateur émané également du plexus par trois racines sus-jacentes aux racines du nerf crural. — 25. Nerf dorsal de la verge.

PLANCHES 55 et 56.

A. BRANCHES TERMINALES DU PLEXUS LOMBAIRE.

1° NERF CRURAL.

Branche terminale la plus externe du plexus, le nerf crural naît des deuxième, troisième et quatrième paires lombaires par trois racines, subjacentes à autant de racines du nerf obturateur. Le tronc volumineux qui en résulte se porte obliquement en bas et en dehors dans l'épaisseur du psoas, s'en dégage bientôt pour se placer dans la gouttière formée par ce muscle et l'iliaque, et sort de l'abdomen avec ces muscles, en passant derrière l'arcade crurale, au niveau de son tiers externe. Là il change un peu de direction, forme une légère courbure à concavité interne, puis s'élargit, s'aplatit et se divise en un grand nombre de rameaux.

Rapports.—Les racines du nerf crural sont logées dans l'épaisseur du psoas, le tronc est placé entre le bord externe de ce muscle et l'iliaque, derrière le *fascia iliaca;* il est séparé de l'artère par le psoas. A son passage derrière l'arcade fémorale, il est contenu dans la gaîne des muscles précédents, gaîne distincte de celle des vaisseaux fémoraux, en dehors de laquelle il est situé.

Dans l'intérieur du bassin le nerf crural donne au psoas iliaque un grand nombre de rameaux collatéraux, qui affectent une disposition plexiforme avant leur épanouissement.

Branches terminales. — Le nerf crural se divise un peu au-dessous de l'arcade crurale en un grand nombre de branches, qui sont disposées en *deux faisceaux*, l'un *superficiel*, l'autre *profond.*

A. FAISCEAU SUPERFICIEL.

Il fournit la *branche musculo-cutanée* et les *branches de la gaîne des vaisseaux fémoraux.*

1° La *branche musculo-cutanée* se divise en *rameaux musculaires*, exclusivement destinés au couturier; et en *rameaux cutanés* qui se distribuent à la peau de la partie antérieure de la cuisse et du genou.

a. Les *rameaux musculaires* pénètrent la face profonde du couturier par ses parties supérieure, moyenne et inférieure.

b. Les *rameaux cutanés* sont généralement au nombre de trois : il y en a deux qui perforent ordinairement le couturier, le premier vers sa partie supérieure, le second vers sa partie moyenne, pour se rendre ultérieurement à la peau, on les appelle perforants supérieur et moyen ; le troisième accompagne le nerf saphène interne, et porte le nom d'accessoire du nerf saphène interne.

Le *perforant supérieur* traverse la partie supérieure du couturier, se place entre ce muscle et l'aponévrose fémorale, qu'il perce après un court trajet, et devient sous-cutané. Il longe alors la partie antérieure de la cuisse, en marchant parallèlement au nerf fémoral cutané externe, en dedans duquel il est situé, et avec lequel il s'anastomose, puis se divise en deux filets, dont on peut poursuivre les ramifications jusqu'au genou.

Le *perforant moyen*, placé en dedans du précédent, auquel il est parallèle, se dirige derrière le couturier pour le traverser vers sa partie moyenne, perfore plus bas l'aponévrose, devient ainsi sous-cutané, et se partage en plusieurs filets qui vont se perdre à la peau de la partie interne du genou.

L'*accessoire du nerf saphène interne*, situé en dedans des deux précédents, se divise aussitôt en deux filets: l'un *profond, satellite de l'artère fémorale;* l'autre *superficiel, satellite de la veine saphène interne.* Le profond croise le nerf saphène interne et longe l'artère fémorale jusqu'au niveau de l'anneau du troisième adducteur; arrivé là, il traverse un petit pertuis de l'aponévrose en abandonnant l'artère, et s'épanouit en plusieurs ramuscules qui s'anastomosent avec le nerf obturateur, le saphène interne et les nerfs voisins, pour former une intrication d'où émanent des filets qui vont se perdre à la partie supérieure de la jambe et à la peau qui couvre la région postérieure et interne de la cuisse. Le filet *superficiel, satellite de la veine saphène interne*, longe le bord interne du couturier, s'accole à la veine saphène interne, croise le droit interne et les adducteurs, et s'anastomose avec le nerf saphène interne et le rameau satellite de l'artère.

2° *Nerfs de la gaîne des vaisseaux fémoraux.*—Ils sont multiples et naissent au niveau de l'arcade fémorale, quelquefois même au-dessus. Ils se dirigent en bas et en dedans, en passant les uns en avant, les autres, plus nombreux, en arrière des vaisseaux fémoraux; les uns se perdent dans la gaîne de ces vaisseaux, les autres s'épanouissent dans le muscle pectiné et dans la peau de la partie interne de la cuisse. Il n'est pas rare de voir un des rameaux qui passent derrière les vaisseaux fémoraux s'anastomoser avec un de ceux qui passent au-devant pour former un tronc qui traverse l'orifice inférieur du canal crural, longe la veine saphène interne, s'anastomose avec les nerfs obturateur, saphène interne et son accessoire, au niveau de l'anneau du troisième adducteur, et se prolonge jusqu'à la peau de la partie supérieure et postérieure de la jambe.

B. FAISCEAU PROFOND.

Plus volumineux que le superficiel, ce faisceau fournit un grand nombre de branches divisées en *branches musculaires pour le triceps*, et en branche cutanée, désignée sous le nom de *nerf saphène interne*.

1° *Branches musculaires pour le triceps.*—Nous savons que le triceps est composé de trois portions: le droit antérieur, le vaste externe, le vaste interne; chacune de ces portions reçoit plusieurs gros rameaux. Un seul mérite de fixer l'attention, c'est le rameau du vaste interne qui longe le nerf saphène interne, en dehors duquel il est placé et avec lequel il est assez souvent confondu, parce qu'il présente le même volume; il est cependant facile de l'en distinguer par sa distribution dans le muscle, tandis que le saphène continue son trajet jusqu'à la jambe. Ce nerf atteint le vaste interne vers la partie moyenne de la cuisse et se ramifie dans son épaisseur. Quelques uns de ses filets peuvent être poursuivis jusqu'à la partie interne de l'articulation du genou.

2° *Nerf saphène interne.*—Ce nerf, profondément placé à la cuisse, où il est satellite de l'artère fémorale, devient superficiel à la jambe et satellite de la veine saphène interne. Né du crural en dehors de l'artère, il se dirige en bas en dedans, pénètre dans la gaîne des vaisseaux fémoraux, se place au-devant de l'artère, puis longe son côté interne, traverse avec elle le canal fibreux, formé par le vaste interne et les adducteurs, et, parvenu à l'orifice inférieur de ce canal (anneau du troisième adducteur), abandonne l'artère, passe par une ouverture spéciale et continue son trajet au-devant du tendon du troisième adducteur. Il vient ensuite se placer derrière le couturier, entre lui et le droit interne, puis se divise au-dessus de l'articulation du genou en deux branches terminales, l'une *antérieure* réfléchie, *perforante inférieure du couturier*, l'autre *postérieure*, qui suit le trajet primitif du nerf, en longeant la veine saphène interne.

Dans ce trajet il donne quelquefois *deux rameaux cutanés;* un se distribue à la peau de la partie postérieure et interne de la cuisse, l'autre à la peau de la partie postérieure et interne de la jambe. De plus, il s'anastomose dans le canal fibreux de l'adducteur avec des filets de l'obturateur et de l'accessoire.

Branche terminale antérieure, ou perforante inférieure du couturier.—Elle traverse le couturier au niveau de la partie supérieure du condyle interne, et forme ainsi la troisième perforante; elle décrit une anse à concavité supérieure au-dessous de l'articulation du genou, et se divise en trois ordres de rameaux qui sont tous cutanés et se distribuent, les uns au niveau du bord supérieur de la rotule, les autres au niveau de la face antérieure de celle-ci, les troisièmes, descendants, dans la peau qui revêt la région externe de la jambe. Ils couvrent donc la rotule de leurs ramifications, qui présentent souvent, sur leur trajet, quelques renflements gangliformes.

Branche terminale postérieure. — Située d'abord entre le droit interne et le couturier, point où il est facile de la découvrir, cette branche traverse l'aponévrose, devient sous-cutanée et croise le tendon du couturier pour aller s'accoler à la veine saphène interne dont elle suit le trajet tantôt en avant, tantôt en arrière. Vers la partie moyenne de la jambe elle se divise en deux rameaux qui longent la veine, l'un en avant, l'autre en arrière. Le postérieur, assez grêle, peut être suivi jusqu'à la malléole interne et quelquefois même jusqu'à la plante du pied. L'antérieur, plus considérable, passe avec la veine en avant de la malléole interne, fournit des filets cutanés et va se perdre sur le bord interne du pied, en s'anastomosant avec le nerf musculo-cutané ; quelquefois il se prolonge un peu plus loin, et fournit le collatéral interne du gros orteil. Le nerf saphène interne donne le long de la jambe des rameaux à la peau de la face antérieure et de la face postérieure ; au niveau du genou, il reçoit plusieurs anastomoses des nerfs obturateur et accessoire.

Résumé du nerf crural. — Le nerf crural donne donc des branches cutanées pour la peau de la partie antérieure et interne de la cuisse, pour celle qui revêt la partie antérieure de l'articulation du genou et celle de la face interne de la jambe et du pied ; des branches musculaires aux muscles psoas et iliaque, au pectiné, au deuxième adducteur superficiel, au couturier et aux trois portions du triceps. Une de ses branches cutanées, le nerf saphène interne, accompagne l'artère fémorale et la veine saphène interne.

2° NERF OBTURATEUR.

La moins volumineuse des branches terminales du plexus lombaire, ce nerf prend naissance par trois racines, des deuxième, troisième et quatrième paires lombaires. Ces trois racines, qui sont placées en avant de celles du nerf crural et les croisent un peu, se réunissent pour former un tronc qui se dirige en bas dans l'épaisseur du psoas, entre le nerf crural en dehors et le lombo-sacré en dedans. Ce tronc passe plus loin, entre le muscle psoas et la dernière vertèbre lombaire, dans l'écartement des vaisseaux iliaques interne et externe, en longeant le détroit supérieur du bassin, où il est accompagné le plus souvent par l'artère obturatrice ; puis il s'élargit, s'aplatit et se dirige vers le trou sous-pubien dont il traverse la gouttière d'arrière en avant. Au sortir de cette gouttière, il se divise, après avoir fourni quelques rameaux à l'obturateur externe, en quatre rameaux terminaux, destinés au droit interne et aux adducteurs, moins le pectiné, qui en reçoit du nerf crural. Il n'en donne jamais à l'obturateur interne.

Ces rameaux terminaux sont disposés en deux faisceaux : l'un *superficiel*, l'autre *profond*, séparés par le muscle petit adducteur (premier adducteur profond).

Le faisceau superficiel est composé de rameaux pour le droit interne, le moyen adducteur (second adducteur superficiel) et le petit adducteur (premier adducteur profond). Le rameau du *petit adducteur* se perd immédiatement dans son épaisseur. Le rameau du *droit interne* passe obliquement entre les deux premiers adducteurs et va se perdre à la face interne du muscle. Le rameau du *moyen adducteur* est long et grêle ; il va gagner le canal fibreux du muscle grand adducteur, et s'anastomose en ce point avec le nerf saphène interne et son accessoire ; il donne quelques filets cutanés à la partie interne et postérieure de la cuisse.

Le faisceau profond est formé par les rameaux destinés au grand adducteur ; ils passent entre lui et le petit adducteur (premier adducteur profond), et vont se perdre dans son épaisseur. Nous verrons plus loin que le grand adducteur reçoit aussi des branches du nerf grand sciatique.

3° NERF LOMBO-SACRÉ.

C'est la branche la plus volumineuse et la plus interne du plexus lombaire. Elle est formée par la moitié de la branche antérieure du quatrième et tout le cinquième nerf lombaire ; elle descend dans le bassin au-dessus du sacrum, près de la symphyse sacro-iliaque, en arrière des vaisseaux hypogastriques, s'unit au plexus sacré dont elle constitue une des branches les plus volumineuses, et établit ainsi une communication entre lui et le plexus lombaire. Nous verrons, en décrivant le plexus sacré, que cette branche donne naissance au nerf fessier supérieur, et contribue en grande partie à la *formation du grand nerf sciatique.*

RÉSUMÉ DU PLEXUS LOMBAIRE.

Formé par la réunion des branches antérieures des trois premiers nerfs lombaires et par la moitié de la branche antérieure du quatrième, le plexus lombaire est situé dans l'épaisseur du muscle psoas, où il fournit sept branches, quatre collatérales et trois terminales. Des quatre branches collatérales, une seule, la *fémorale cutanée externe*, est entièrement sensitive et se distribue à la peau de la région externe de la cuisse ; les trois autres, la *grande et la petite abdomino-scrotale, et la génito-crurale* sont mixtes, et se ramifient dans la peau et les muscles de la partie inférieure de la paroi antérieure de l'abdomen, au scrotum chez l'homme, au pénis et aux grandes lèvres chez la femme, à la peau de la partie supérieure et interne de la cuisse, et assez souvent à celle de la partie externe et postérieure de la fesse. Des trois branches terminales, le nerf *lombo-sacré* établit la communication entre les plexus lombaire et sacré, et peut être considéré comme une dépendance du dernier plexus ; le *crural* et l'*obturateur* sont des nerfs musculo-cutanés, par conséquent mixtes ; ils sont destinés au psoas iliaque, à l'obturateur externe, à tous les muscles des régions antérieure, externe et interne de la cuisse, et à la peau des régions antérieure et interne de la cuisse, et interne de la jambe et du pied.

Le nerf crural fournit, immédiatement après la condensation de ses trois racines, plusieurs rameaux plexiformes au muscle psoas iliaque. Parvenu dans le pli de l'aine, après avoir passé derrière le tiers externe de l'arcade fémorale et séparé des vaisseaux fémoraux par le psoas, il se divise en deux faisceaux superposés, l'un superficiel, l'autre profond.

Le *faisceau superficiel* se partage aussitôt en deux groupes de nerfs juxtaposés, dont l'un, plus rapproché des vaisseaux, se compose des nerfs de la gaîne des vaisseaux fémoraux, et dont l'autre, plus éloigné, est formé par le nerf musculo-cutané. 1° Nerfs de la gaîne des vaisseaux. Ils sont multiples et se ramifient dans la gaîne, dans la peau de la partie interne de la cuisse, dans les deux premiers adducteurs superficiels et dans la partie antérieure de l'articulation coxo-fémorale. 2° Nerf musculo-cutané. Il fournit des *branches musculaires* qui se perdent dans le couturier, et des *branches cutanées*, dont deux, la *perforante supérieure* et la *perforante moyenne*, ne font que traverser le couturier pour se ramifier dans la peau de la partie antérieure de la cuisse ; dont la troisième, l'*accessoire*, offre deux rameaux satellites, l'un de l'artère fémorale, l'autre de la portion fémorale de la veine saphène interne, qui s'épanouissent dans la peau de la partie interne de la cuisse et du genou.

Le *faisceau profond* offre aussi deux groupes : le premier, plus rapproché de l'artère fémorale, suit le nerf saphène interne ; le second, situé en dehors du précédent, est composé des nerfs musculaires du triceps crural. Les particularités les plus importantes du nerf saphène sont : 1° sa longueur qui est celle de la cuisse, de la jambe et du pied ; 2° les rapports qu'il affecte successivement avec l'artère fémorale, en dehors de laquelle il est placé supérieurement, et qu'il croise vers la partie moyenne en passant au-devant d'elle ; à la jambe et au pied, il marche parallèlement à la veine saphène interne ; 3° sa branche réfléchie rotulienne, qui perfore la partie inférieure du couturier. Ainsi donc il y a trois rameaux perforants du couturier qu'on peut distinguer en supérieur, moyen et inférieur ; les deux premiers sont fournis par les branches cutanées du nerf musculo-cutané, la troisième émane du nerf saphène.

Le nerf obturateur, émané également des branches antérieures des second, troisième et quatrième nerfs lombaires, par trois racines superposées à celles du nerf crural, sort du bassin par la gouttière du trou sous-pubien, et se divise, après avoir donné quelques rameaux collatéraux au muscle obturateur externe, en quatre branches terminales, qui sont destinées au droit interne, à tous les adducteurs moins le pectiné, à la peau de la partie interne de la cuisse et à l'articulation du genou ; il s'anastomose aussi avec le saphène et son accessoire.

PLANCHE 55.

Elle a pour objet principal de montrer les branches terminales du plexus lombaire (nerf crural, obturateur et lombo-sacré). Le plexus sacré n'est représenté ici qu'accessoirement et comme rapport.

Préparation des nerfs crural, obturateur et lombo-sacré (planches 55 et 56). — 1° Après avoir partagé transversalement le sujet en deux moitiés, au niveau de la première vertèbre lombaire, détachez du bassin le péritoine, le tissu cellulaire graisseux et les vaisseaux; renversez sur le côté ou enlevez complétement les organes qui sont contenus dans le bassin, et divisez-le verticalement, dans le sens antéro-postérieur, en deux parties égales, en sciant en arrière les vertèbres lombaires et la colonne sacro-coccygienne, en sciant ou en coupant avec une forte lame de couteau la symphyse pubienne, en avant. Cela fait, découvrez les nerfs crural, obturateur et lombo-sacré, par l'ablation du psoas, comme nous l'avons dit plus haut.

2° Disséquez le nerf crural depuis son origine jusqu'à l'arcade fémorale, coupez celle-ci, mais préparez auparavant les branches collatérales du plexus lombaire, qui, marchant parallèlement ou perpendiculairement à l'arcade, seraient infailliblement coupées en même temps qu'elle. Au-dessous de l'arcade, le nerf crural se divisant en faisceau superficiel (nerf musculo-cutané, nerf de la gaîne des vaisseaux fémoraux) et en faisceau profond (nerf musculaire, nerf saphène), vous découvrirez d'abord le faisceau superficiel.

Pour le préparer, enlevez dans l'espace triangulaire (triangle de Scarpa) de la partie supérieure et antérieure de la cuisse, la peau, le *fascia superficialis*, les ganglions et les vaisseaux lymphatiques superficiels de l'aine, et conservez la veine saphène interne; enlevez aussi la partie criblée de l'aponévrose fémorale (*fascia cribriformis*), derrière laquelle vous trouverez le nerf crural et les vaisseaux fémoraux disposés de manière que l'artère est au milieu, la veine en dedans et le nerf en dehors. Poursuivez les nerfs cutanés depuis leur origine jusqu'au couturier, qu'ils traversent pour la plupart, depuis ce muscle jusqu'à l'aponévrose, qu'ils perforent également, et sur laquelle vous les laisserez couchés en rapport avec la veine saphène interne.

Le faisceau profond du nerf crural sera mis à découvert, soit en coupant le faisceau superficiel, soit en échancrant en dehors le couturier, ainsi que les nerfs qui le perforent ou qui lui sont accolés. Cela fait, on dissèque les muscles de la région antérieure de la cuisse, et on les écarte simplement les uns des autres sans les inciser; on enlève le tissu adipeux, les ganglions lymphatiques profonds et les nombreuses ramifications vasculaires, en ne conservant que l'artère et la veine fémorale; de cette manière, on peut poursuivre les branches musculaires à la face profonde des muscles légèrement renversés. Le nerf saphène peut être facilement suivi à la cuisse, le long de l'artère fémorale, qu'il croise légèrement au niveau de la gaîne fibreuse fournie par les muscles vaste interne et troisième adducteur; mais il faut éviter de couper son anastomose avec un filet du nerf obturateur, et la branche de l'accessoire qui l'accompagne. On redoublera de précaution sur la partie inférieure et interne de la cuisse, où le saphène est placé entre le couturier et le tendon du droit interne; là, en effet, il offre plusieurs anastomoses, et fournit le rameau perforant inférieur. Le long de la jambe et de la face dorsale du pied, le nerf saphène devient sous-cutané; on le trouvera par l'ablation de la peau, et on le laissera accolé à l'aponévrose, en rapport avec la veine saphène interne.

3° La dissection du nerf obturateur ne présente pas de difficultés, il suffit d'enlever le psoas et les vaisseaux iliaques, derrière lesquels il est placé, près du détroit supérieur du petit bassin; à la cuisse, il faut préparer les muscles de la région interne, les écarter les uns des autres après avoir échancré le muscle pectiné ou l'avoir détaché de son insertion supérieure, et suivre les divisions de l'obturateur dans les muscles, ainsi que son anastomose avec le saphène.

FIGURE 1.

Faisceau superficiel du nerf crural, depuis l'arcade fémorale jusqu'à sa terminaison.

Explication de la figure 1.

Parties accessoires. — *a.* Aponévrose fémorale échancrée supérieurement. — *b.* Muscle couturier en partie découvert, en partie caché par l'aponévrose. — *c.* Arcade fémorale.

Système vasculaire. — A. Veine saphène interne se jetant dans B, veine fémorale, et recevant C, la veine sous-cutanée abdominale. — D. Artère fémorale.

Système nerveux. — 1, 1, 1. Premier nerf perforant qui traverse la partie supérieure du couturier, et, un peu au-dessous, l'aponévrose fémorale ; il s'anastomose avec, 2, 2, le nerf fémoral cutané externe, qui lui est parallèle. — 3, 3, 3. Deuxième perforant traversant la partie moyenne du couturier, et, plus bas, l'aponévrose ; il donne, 4, un filet au muscle couturier. — 5. Branche cutanée accessoire du nerf saphène externe ; elle se divise en deux rameaux : l'un, 6, 6, rameau satellite de la portion fémorale de la veine saphène interne ; l'autre, 7, rameau satellite de l'artère fémorale. — 8, 8. Nerf de la gaîne des vaisseaux fémoraux. — 9. Rameau antérieur ou réfléchi du nerf saphène. — 10. Son rameau direct.

FIGURE 2.

Elle montre les nerfs crural, obturateur et lombo-sacré, depuis leur origine jusqu'à leur terminaison. Le faisceau superficiel du nerf crural est en partie coupé.

Explication de la figure 2.

Parties accessoires. — *a.* Muscle iliaque. — *b.* Portion du psoas. — *c, c.* Couturier. — *d.* Droit antérieur érigné. — *e.* Vaste externe. — *f.* Vaste interne. — *g.* Pectiné ou premier adducteur superficiel, échancré. — *h.* Deuxième adducteur superficiel dont on a enlevé la portion médiane. — *i.* Premier adducteur profond. — *j.* Deuxième adducteur profond ou grand adducteur. — *k.* Muscle droit interne échancré. — *l.* Muscle obturateur externe. — *m.* Artère crurale.

Système nerveux. — 1. Nerf crural naissant par trois racines. — 2 et 3. Branches qu'il fournit au psoas et à l'iliaque. — 4. Faisceau superficiel du nerf crural, coupé en partie. — 5. Nerf du muscle pectiné. — 6. Nerf du deuxième adducteur superficiel. — 7. Nerf de la gaîne des vaisseaux fémoraux, formant une anse autour de l'artère. — 8. Rameau satellite de l'artère fémorale, fourni par l'accessoire. — 9. Nerf du droit antérieur. — 10. Nerf du vaste externe. — 11, 11. Nerfs du vaste interne. — 12. Nerf saphène traversant le canal fibreux formé par le troisième adducteur et le vaste interne. Il se divise en deux rameaux : l'un, 13, rameau perforant inférieur (du couturier) réfléchi ou rotulien ; l'autre, 14, rameau direct. — 15. Nerf obturateur formé par trois racines, placées au-devant de celles du nerf crural. Ce nerf traverse la gouttière du trou sous-pubien, au sortir de laquelle il se divise en quatre rameaux. — 16. Rameau du deuxième adducteur superficiel. — 17. Rameau du premier adducteur profond. — 18. Rameau du droit interne s'anastomosant avec le nerf saphène et son accessoire. — 19. Rameau du deuxième adducteur profond ou grand adducteur. — 20. Nerf lombo-sacré. — 21. Plexus sacré. — 22. Chaîne ganglionnaire lombo-sacrée, s'anastomosant avec les plexus lombaire et sacré. — 23. Nerf fémoral cutané externe.

PLANCHE 56.

Nerf obturateur et divisions du nerf crural.

FIGURE 1.

Elle a pour but de montrer à la fois, les faisceaux superficiel et profond du nerf crural, le nerf obturateur et le plexus sacré.

Explication de la figure 1.

Parties accessoires. — *a.* Muscle psoas iliaque. — *b.* Muscle obturateur interne. — *c.* Couturier érigné en avant — *d.* Droit antérieur de la cuisse. — *e.* Vaste interne. — *f.* Pectiné. — *g.* Moyen adducteur ou deuxième adducteur superficiel. — *h.* Premier adducteur profond. — *i.* Second adducteur profond ou grand adducteur. — *j.* Droit interne. — *k.* Artère fémorale.

Système nerveux. — 1. Faisceau superficiel du nerf crural donnant : 2, nerf du pectiné ; 3, nerf du second adducteur superficiel ; 4, nerf de la gaine des vaisseaux fémoraux ; 5, premier perforant qui s'anastomose avec, 6, le fémoral cutané externe ; 7, deuxième perforant ou perforant moyen, et, 8, nerf accessoire. Ce dernier fournit : 9, le rameau satellite de la veine saphène, et, 10, le rameau satellite de l'artère fémorale. — 11. Anastomose de ce rameau avec une branche cutanée du nerf obturateur. — 12. Faisceau profond du nerf crural, qui donne 13, les rameaux musculaires du triceps crural, et, 14, le nerf saphène interne. — 15. Anastomose du saphène avec l'obturateur. — 16. Perforant inférieur ou rameau réfléchi rotulien du nerf saphène. — 17. Anastomose de ce rameau avec l'accessoire. — 18. Rameau direct du saphène (satellite de la veine saphène interne). — 19. Ses anastomoses avec l'obturateur et l'accessoire. — 20. Nerf obturateur pénétrant dans la gouttière du trou sous-pubien, au-dessous de laquelle il se divise en deux faisceaux : l'un, 21, superficiel ; l'autre, 22, profond, séparés l'un de l'autre par le muscle premier adducteur profond. — 23. Nerf lombo-sacré qui se jette dans, 24, le plexus sacré. — 25. Nerf fessier supérieur sortant du bassin par la partie la plus élevée du grand trou sacro-sciatique. — 26. Nerf du muscle obturateur interne, qui contourne le petit ligament sacro-sciatique. — 27. Nerf honteux interne. — 28. Son rameau supérieur, pénien ou clitoridien. — 29. Son rameau périnéal.

FIGURE 2.

Portion jambière du nerf saphène interne, appliquée sur l'aponévrose et en rapport avec la veine saphène interne.

Explication de la figure 2.

Système nerveux. — 1. Branche réfléchie rotulienne du nerf saphène interne ; elle perce l'aponévrose au niveau du condyle interne du fémur et se perd à la peau du genou. — 2. Rameau direct du nerf saphène, longeant la veine, et se divisant, après avoir fourni des ramifications à la peau des régions antérieure et postérieure de la cuisse, en deux rameaux : l'un, 3, rameau postérieur, qui s'épanouit sur la malléole interne et arrive jusqu'à la plante du pied ; l'autre, 4, rameau antérieur, qui se distribue à l'articulation tibio-tarsienne et à la peau qui revêt le côté interne du tarse. — 5. Rameau calcanien du nerf tibial postérieur. — 6. Ramuscules du nerf musculo-cutané péronien.

PLANCHES 57, 58 et 59.

DES NERFS SACRÉS.

Les nerfs sacrés, généralement au nombre de six paires, naissent de la partie inférieure de la moelle épinière (renflement inférieur) par deux faisceaux ou groupes de racines, l'un antérieur, plus petit, et l'autre postérieur, plus considérable. Les groupes des racines sacrées renferment en général d'autant moins de filets radiculaires qu'ils sont plus inférieurs; ils descendent perpendiculairement dans le canal sacré et constituent avec ceux des dernières paires lombaires ce que l'on désigne sous le nom de *queue de cheval.* Les racines postérieures se renflent, dans le canal sacré même, en ganglions qui sont d'autant plus éloignés des trous sacrés et d'autant plus petits, qu'ils sont plus inférieurs; le ganglion de la sixième paire est à peine marqué. Les groupes des racines postérieures se réunissent, après la formation de leurs ganglions, avec ceux des racines antérieures, pour produire les troncs nerveux qui se partagent, après un court trajet, en *branches antérieures* et *postérieures.*

BRANCHES ANTÉRIEURES DES NERFS SACRÉS.

Beaucoup plus grosses que les postérieures, les branches antérieures sortent du canal sacré par les trous sacrés antérieurs : la première entre la première et la deuxième pièce du sacrum ; la cinquième, par un trou qui est formé par le sommet de cet os et la base du coccyx ; la sixième se dégage par l'échancrure qui se remarque sur la partie latérale et supérieure du coccyx ; les intermédiaires par les trous sacrés intermédiaires. Ces branches diminuent de grosseur par degrés, à partir de la seconde, de sorte que les deux dernières sont très déliées ; toutes s'anastomosent presque toujours par de doubles rameaux avec les ganglions sacrés du grand sympathique.

Branche antérieure de la première paire sacrée.— D'un volume considérable elle descend obliquement en bas et en dehors, le long du bord supérieur du muscle pyramidal, et se joint au nerf lombo-sacré et au second nerf sacré pour concourir à la formation du plexus sacré.

Branche antérieure de la seconde paire sacrée.— Elle se comporte comme la précédente dont elle a presque le volume, se porte moins obliquement en dehors et se jette dans le plexus sacré.

Branche antérieure de la troisième paire sacrée.— Un peu moins volumineuse que les précédentes, elle se porte presque horizontalement en dehors pour s'anastomoser avec la deuxième et la quatrième.

Branche antérieure de la quatrième paire sacrée.— Cette branche, moitié moins volumineuse que la troisième, se divise à sa sortie du trou sacré en deux rameaux, dont l'un, plus considérable, se dirige légèrement en haut pour entrer dans la formation du plexus, tandis que l'autre se porte en bas pour s'unir avec la cinquième paire, et donner quelques nerfs viscéraux et le nerf du releveur de l'anus.

Branche antérieure de la cinquième paire sacrée.— Elle est très grêle et se divise en deux rameaux, un ascendant, l'autre descendant, qui vont s'unir, le premier à la quatrième et le dernier à la sixième paire.

Branche antérieure de la sixième paire sacrée.— Malgré son excessive ténuité, on lui distingue trois rameaux, un ascendant qui se réunit à la branche antérieure de la cinquième, un moyen qui contribue à former le plexus hypogastrique, et le dernier, composé de filets descendants qui vont se perdre à la peau de la région ano-coccygienne, et se distribuer aux muscles grand fessier, ischio-coccygien, releveur et sphincter de l'anus. Le filet du grand fessier ne parvient à ce muscle qu'après avoir traversé le ligament sacro-sciatique.

PLEXUS SACRÉ.

Le plexus sacré est formé par la réunion à angle aigu du nerf lombo-sacré aux branches antérieures des trois premières paires sacrées et à la moitié de la quatrième. Ce plexus est situé sur la partie latérale et postérieure de l'excavation du bassin, au-devant du muscle pyramidal, en arrière des organes contenus dans l'excavation du bassin et de l'artère hypogastrique dont il est séparé par l'aponévrose pelvienne. Il a la forme d'un triangle dont la base mesure la largeur des quatre premiers trous sacrés, et dont le sommet, qui n'est autre chose que l'origine du nerf grand sciatique, répond à l'échancrure sciatique. Il communique avec le plexus lombaire au moyen du nerf lombo-sacré.

Les branches que fournit ce plexus sont distinguées en *collatérales* et en *terminales*.

A. BRANCHES COLLATÉRALES DU PLEXUS SACRÉ.

On partage les branches collatérales en antérieures et en postérieures. Les premières, au nombre de cinq, sont : les *branches viscérales*, les *branches du releveur de l'anus*, le *nerf du muscle obturateur interne*, le *nerf anal cutané*, et le *nerf honteux interne*. Les branches postérieures, au nombre de quatre ou cinq, sont : le *nerf fessier supérieur*, le *nerf fessier inférieur*, et les *nerfs du pyramidal*, *du carré crural* et *des jumeaux*.

Branches collatérales antérieures.

1° BRANCHES VISCÉRALES.

1° En nombre variable de quatre à huit, elles sont fournies principalement par la quatrième, par la cinquième, et souvent aussi par la troisième paire; elles se dirigent en avant sur les parties latérales du rectum et du bas-fond de la vessie, et vont se jeter dans des ganglions plats membraniformes du grand sympathique, pour former un entrelacement presque inextricable nommé *plexus hypogastrique*, dont les rameaux sont destinés au releveur de l'anus, au rectum, à la vessie, à la prostate et aux vésicules séminales chez l'homme ; au corps, et même au col de l'utérus, malgré l'opinion contraire de quelques anatomistes, et au vagin chez la femme.

2° BRANCHES DU RELEVEUR DE L'ANUS.

Indépendamment des rameaux qu'il reçoit du plexus hypogastrique, le releveur de l'anus est encore animé par un rameau spécial provenant de la quatrième paire. Ce nerf, long et grêle, passe obliquement au-devant du muscle ischio-coccygien, et atteint par sa face antérieure le releveur de l'anus, dans lequel il se ramifie.

3° NERF DU MUSCLE OBTURATEUR INTERNE.

Emané par plusieurs racines de la partie antérieure du lombo-sacré et du premier nerf sacré, il sort par le grand trou sciatique, contourne l'épine ischiatique et rentre dans le bassin par le petit trou sciatique, pour atteindre, par la face antérieure, le muscle obturateur, dans lequel il se ramifie par plusieurs filets divergents.

4° NERF ANAL CUTANÉ OU HÉMORRHOÏDAL.

Il naît de la partie inférieure et antérieure du plexus sacré, principalement de la troisième et de la quatrième paire, sort du bassin comme le précédent, au niveau du bord inférieur du pyramidal, traverse quelquefois le petit ligament sacro-sciatique, et rentre dans le bassin en contournant l'épine ischiatique. Il s'engage alors dans l'excavation ischio-rectale, s'anastomose avec le honteux interne, et se termine par un grand nombre de rameaux divergents destinés au sphincter et à la peau de l'anus.

5° NERF HONTEUX INTERNE.

Il est constitué par une grosse branche aplatie, qui émane de la partie inférieure du plexus, des deuxième, troisième et quatrième paires, et sort du bassin par le grand trou sacro-sciatique, au niveau du bord inférieur du muscle pyramidal. Il contourne l'épine ischiatique conjointement avec l'artère honteuse interne, et rentre dans le bassin par le petit trou sacro-sciatique. Là il se place dans la gouttière à concavité supérieure formée par l'insertion inférieure du grand ligament sacro-sciatique; appliqué d'abord contre la face interne de la tubérosité, il se place ensuite entre le muscle obturateur interne et son aponévrose. Parvenu au bord postérieur du muscle transverse du périnée, il se divise en deux branches, une *inférieure* ou *périnéale;* l'autre *supérieure, pénienne, dorsale de la verge* chez l'homme, *clitoridienne* chez la femme.

A. La *branche inférieure*, *périnéale* ou *superficielle*, la plus volumineuse des branches de terminaison, se porte en avant, en haut, au-dessous du muscle transverse du périnée, et se divise, après un court trajet, en deux rameaux : l'un *inférieur* ou *superficiel*, c'est le *rameau superficiel du périnée;* l'autre *supérieur* ou *profond*, c'est le *rameau bulbo-urétral*, ou mieux, *musculo-bulbaire.*

Avant sa bifurcation, la branche périnéale donne un rameau collatéral qui présente beaucoup de variétés pour sa distribution et son volume : c'est le *rameau périnéal externe.*

Ordinairement ce rameau traverse le grand ligament sacro-sciatique, longe la face interne de la tubérosité ischiatique, et va se distribuer au dartos chez l'homme et à la grande lèvre chez la femme, en s'anastomosant avec la génitale externe fournie par le petit sciatique et avec le rameau superficiel du périnée.

Le *rameau superficiel du périnée* se dirige obliquement en avant dans l'espace triangulaire formé par les muscles ischio-caverneux, bulbo caverneux, transverse du périnée, espace dans lequel il s'anastomose quelquefois avec le rameau périnéal externe, et se divise en plusieurs filets qui se perdent au scrotum et au dartos chez l'homme, à la peau de la face inférieure de la verge, et à la grande lèvre chez la femme.

Le *rameau bulbo-urétral* ou *musculo-bulbaire* se divise aussi en plusieurs ramuscules qui se perdent aux muscles releveur de l'anus, sphincter, transverse du périnée, bulbo-caverneux, ischio-caverneux, au bulbe de l'urètre chez l'homme et au bulbe du vagin chez la femme.

B. La *branche supérieure, pénienne, profonde, dorsale de la verge*, continue le trajet ascendant de la branche primitive, accolée à la face interne de la branche ischio-pubienne, se place entre elle et la racine correspondante du corps caverneux, traverse l'arcade pubienne d'arrière en avant sur les parties latérales du ligament suspenseur de la verge, et gagne la face supérieure du pénis chez l'homme et du clitoris chez la femme, accompagnée par l'artère du même nom. Elle se divise en plusieurs filets, dont un seul est interne et les autres externes; l'interne longe la partie médiane du corps caverneux et arrive jusqu'au gland; les filets externes, très minces, se dirigent obliquement en bas et en avant, se perdent à la peau de la verge et peuvent être poursuivis jusqu'au prépuce.

Branches collatérales postérieures.

1° NERF FESSIER SUPÉRIEUR.

Cette branche assez volumineuse se détache du nerf lombo-sacré avant son union avec la première paire. Elle sort du bassin par la partie la plus élevée de l'échancrure sciatique, au niveau du bord supérieur du pyramidal, entre lui et le moyen fessier; puis se réfléchit pour se placer entre le petit et le moyen fessier. Là elle se divise en deux rameaux : l'un suit l'insertion supérieure du petit fessier (ligne courbe inférieure), et se ramifie dans le moyen et le petit fessier; l'autre se dirige obliquement en bas, entre ces deux muscles, auxquels il donne quelques rameaux, et va se terminer dans le muscle *fascia lata*. Ce nerf est accompagné dans tout son trajet par l'artère fessière supérieure.

2° NERF PETIT SCIATIQUE OU FESSIER INFÉRIEUR.

Il se détache de la face postérieure du plexus sacré par deux racines, fournies par les deuxième et troisième paires sacrées. Il sort du bassin avec le grand nerf sciatique en arrière duquel il est placé, au-dessous du bord inférieur du muscle pyramidal, en avant du grand fessier, et se divise aussitôt en deux branches, l'une *musculaire*, l'autre *cutanée*.

La *branche musculaire* couvre de ses nombreuses ramifications ascendantes et descendantes la face antérieure du muscle grand fessier dans lequel elle se perd.

La *branche cutanée* descend verticalement derrière le grand nerf sciatique, croise la tubérosité de l'ischion, passe ainsi au-devant du grand fessier, derrière le biceps et le demi-tendineux, entre ces muscles et l'aponévrose. Au creux du jarret, elle se divise en deux rameaux dont l'un se perd dans la peau, dont l'autre accompagne la veine saphène externe, et peut être poursuivi jusqu'au tiers inférieur de la jambe, où il s'anastomose avec le nerf saphène externe. Elle fournit à la cuisse plusieurs rameaux cutanés, formant des anses à concavité supérieure qui se perdent à la peau de la partie postérieure et interne; quelques rameaux se distribuent aussi à la région externe, d'autres remontent même jusqu'à la région fessière.

Au niveau du bord inférieur du muscle grand fessier, elle donne une branche récurrente, *génitale externe* (*ramus pudendalis inferior*), qui se dirige en dedans et d'arrière en avant, contourne la cuisse au-dessous de la tubérosité sciatique, croise les muscles biceps et demi-tendineux à leurs insertions ischiatiques, puis remonte le long de la branche ascendante de l'ischion, placée entre la peau et l'aponévrose inférieure du périnée; elle arrive ainsi chez l'homme à la face inférieure du scrotum, et va se perdre dans le dartos, où elle forme, en s'y réunissant avec le nerf honteux interne, un véritable réseau plexiforme. Chez la femme, cette branche se distribue dans la peau de la grande lèvre.

Le nerf petit sciatique donne donc des branches musculaires au grand fessier et des branches cutanées au scrotum ou à la grande lèvre, aux parties interne postérieure et externe de la cuisse, et supérieure de la fesse.

3° NERFS DU PYRAMIDAL, DU CARRÉ CRURAL ET DES JUMEAUX.

Ces muscles reçoivent de petits rameaux qui leur sont propres et qui naissent de la partie postérieure du plexus. Le nerf du carré crural mérite de fixer notre attention; il est situé au-devant du grand sciatique qu'il est nécessaire de déplacer pour le voir, et va se perdre dans le muscle carré; il fournit aussi au jumeau inférieur et à l'articulation coxo-fémorale. Nous verrons plus loin que le rameau du jumeau supérieur vient assez souvent du nerf du muscle obturateur interne.

PLANCHE 57.

Elle est destinée à faire voir le plexus sacré, ses branches collatérales et terminales.

Préparation. — La dissection de ce plexus est difficile, parce qu'il est toujours incommode de porter les instruments dans le fond du bassin : aussi est-il nécessaire de partager celui-ci en deux moitiés verticales. Pour cela incisez, d'une part, le corps de l'un des pubis à un pouce de la symphyse, ou bien désarticulez celle-ci en ayant soin de laisser intacts les organes génitaux externes, afin d'étudier le nerf honteux interne; d'une autre part, coupez la symphyse sacro-iliaque du côté où a été faite la section du pubis, ou bien sciez sur la ligne médiane la colonne sacro-coccygienne et les dernières vertèbres lombaires, en conservant les organes génitaux internes et le rectum pour étudier les branches viscérales. Divisez les replis péritonéaux, débarrassez l'excavation du bassin du tissu cellulaire adipeux et des nombreuses ramifications vasculaires hypogastriques, renversez et érignez en avant les organes qui s'y trouvent contenus.

C'est alors seulement qu'il est aisé de suivre la marche des branches fournies par le plexus sacré, branches dont les unes se distribuent dans les organes contenus dans le bassin, dont les autres sortent de celui-ci pour se ramifier à l'extérieur, dont les dernières enfin sortent du bassin pour y rentrer après un court trajet. Le muscle pyramidal peut servir de guide dans la dissection de ces deux derniers ordres de branches; c'est, en effet, au niveau de son bord supérieur que sort le nerf fessier supérieur, tandis que la majeure partie des autres nerfs se dégage au-dessous de son bord inférieur. Pour découvrir tous ces nerfs, retournez la pièce, disséquez avec soin le muscle grand fessier, en ménageant autant que possible les nerfs cutanés que vous rencontrerez vers le milieu de son bord inférieur, lieu de sortie du petit nerf sciatique; renversez le grand fessier en haut et en arrière, après l'avoir détaché du fémur et de la partie postérieure du grand ligament sacro-sciatique; disséquez et détachez de la même manière le moyen fessier, mais sans couper les branches cutanées et musculaires du petit nerf sciatique, placées les unes vers le bord inférieur du moyen fessier, les autres à sa face interne, par laquelle elles pénètrent dans son épaisseur.

Cela fait, découvrez, après avoir enlevé le tissu cellulaire graisseux, les nerfs fessiers supérieur et inférieur, grand sciatique, honteux interne, nerf du muscle obturateur interne, qui sortent du bassin au-dessus et au-dessous du muscle pyramidal; vous érignerez le grand sciatique à sa sortie du bassin, pour voir le nerf du muscle carré; vous suivrez enfin la distribution de ces nerfs en coupant le moins possible leurs ramifications.

La préparation du nerf honteux interne demande beaucoup de soin et de lenteur; il faut le suivre, d'abord, depuis son origine jusqu'à sa sortie du bassin par le grand trou sacro-sciatique, ensuite depuis ce trou jusqu'à sa rentrée par le petit trou sacro-sciatique; à cet endroit, il est masqué par le grand ligament sacro-sciatique, qu'il est bon de couper; au delà il se place dans l'excavation ischio-rectale, que vous débarrasserez du tissu adipeux qui la remplit. C'est à ce moment qu'il convient de procéder à la dissection des muscles de la région ano-périnéale, et de suivre les divisions du nerf honteux interne, qui vont aux muscles et à la peau du périnée et de l'anus, et aux parties génitales externes.

FIGURE 1.

Plexus sacré, ses branches collatérales et ses anastomoses avec le grand sympathique.

Explication de la figure 1.

Parties accessoires. — *a.* Surface auriculaire du sacrum. — *b.* Muscle pyramidal coupé. — *c.* Muscle pyramidal du côté opposé, conservé. — *d.* Muscle obturateur interne. — *e.* Releveur de l'anus coupé. — — *f.* Ischio-coccygien. — *g.* Bulbe de l'urètre. — *h.* Transverse du périnée coupé.

Système vasculaire. — A. Aorte abdominale au moment de sa bifurcation. — B, B. Artère iliaque primitive. — C. Artère iliaque interne ou hypogastrique, coupée. — D. Artère fessière supérieure. — E. Artère obturatrice. — F. Artère et veine iliaques externes.

Système nerveux. — 1, 2, 3, 4, 5, 6. — Branches antérieures des nerfs sacrés. — 7. Tronc lombo-sacré. — 8, 8. Ganglions sacrés du grand sympathique, s'anastomosant avec les nerfs précédents. — 9. Plexus sacré. — 10. Ses branches viscérales. — 11. Nerf du releveur de l'anus. — 12, 12. Nerf du muscle obturateur interne. — 13. Nerf anal cutané. — 14. Nerf honteux interne se divisant en deux branches : l'une, 15, branche supérieure ou dorsale de la verge, traverse l'arcade pubienne en dehors du ligament suspenseur de la verge, sur le dos de laquelle elle se ramifie; l'autre, 16, branche inférieure ou périnéale, fournit, 17, la branche périnéale externe, et se partage en deux rameaux : l'un, 18, rameau superficiel du périnée, qui se rend à la face inférieure de la verge et au scrotum; l'autre, 19, rameau bulbo-urétral qui se distribue au bulbe et à tous les muscles du périnée. — 20. Nerf fessier supérieur sortant du bassin par la partie la plus élevée de l'échancrure sacro-sciatique. — 21. Rameau scrotal (*pudendalis longus inferior*) du petit sciatique. — 22. Rameau fémoral du même nerf. — 23. Nerf obturateur.

FIGURE 2.

Elle montre, sur la partie postérieure du bassin, l'origine du nerf sciatique et quelques unes des branches collatérales du plexus sacré.

Explication de la figure 2.

Parties accessoires. — *a, a.* Portion du muscle grand fessier. — *b, b.* Portion du moyen fessier. — *c.* Petit fessier. — *d.* Tenseur de l'aponévrose *fascia lata.* — *e.* Pyramidal échancré. — *f.* Tendon commun des muscles jumeaux pelviens et de l'obturateur. — *g.* Carré fémoral. — *h.* Grand ligament sacro-sciatique coupé.

Système nerveux. — 1. Nerf fessier supérieur divisé en deux branches principales : l'une, 2, qui longe l'insertion supérieure du petit fessier, et s'y ramifie, ainsi que dans le moyen fessier ; l'autre, 3, qui croise le petit fessier, lui donne quelques branches, et se termine dans le muscle *fascia lata.* — 4. Nerf du muscle pyramidal. — 5. Nerf fessier inférieur ou petit sciatique ; 6, 6, ses rameaux fessiers; 7, son rameau scrotal; 8, son rameau cutané fémoral. — 9. Nerf de l'obturateur interne et du muscle jumeau supérieur. — 10. Nerf honteux interne; 11, son rameau superficiel du périnée; et, 12, son rameau périnéal externe, s'anastomosant sur le scrotum avec le nerf scrotal du petit sciatique. — 13. Rameau bulbo-urétral coupé. — 14. Rameau dorsal de la verge ou pénien. — 15. Grand nerf sciatique.

PLANCHE 58.

Distribution du nerf honteux interne dans le périnée de l'homme.

PRÉPARATION. — L'origine du nerf honteux interne étant à découvert par la préparation indiquée à l'occasion du plexus sacré (planche 57), il ne s'agit ici que des branches fournies par ce nerf, et de leur continuation dans le périnée. A cet effet, on place le sujet comme pour l'opération de la taille, et l'on prépare les muscles de la région ano-périnéale en enlevant successivement, couche par couche, la peau, l'abondante quantité de graisse qui remplit l'excavation ischio-rectale, et en évitant de couper les nombreuses ramifications nerveuses qui la traversent. On trouve le nerf pénien dès que l'on a incisé la peau de la face dorsale de la verge.

Explication de la figure.

Parties accessoires. — *a*. Grand ligament sacro-sciatique. — *b*. Ligament du même nom coupé pour voir le passage du nerf honteux interne entre le grand et le petit ligament sacro-sciatique. — *e*. Muscle pyramidal. — *f*, *f*. Insertion ischiatique des muscles biceps et demi-tendineux. — *g*, *g*. Grand adducteur. — *h*, *h*. Muscle droit interne. — *i*, *i*. Releveur de l'anus. — *j*. Sphincter externe de l'anus. — *k*. Transverse du périnée. — *l*, *l*. Muscle ischio-caverneux. — *m*. Bulbo-caverneux. Ces trois derniers muscles forment, de chaque côté, un espace triangulaire au fond duquel on remarque une partie de l'aponévrose périnéale supérieure (ligament de Carcassonne).

Système nerveux. — 1. Nerf honteux interne sortant du bassin, et contournant le petit ligament sacro-sciatique. — 2. Sa branche supérieure ou dorsale de la verge. — 3. Sa branche inférieure ou périnéale, divisée en : 4, rameau périnéal externe ; 5, rameau superficiel du périnée ; et, 6, musculo-bulbaire (rameau bulbo-urétral de M. Cruveilhier). — 7. Nerf anal cutané. — 8. Nerf du muscle obturateur interne. — 9. Nerf petit sciatique. — 10. Sa branche fessière. — 11. Sa branche cutanée fémorale, qui fournit, 12, un rameau récurrent interne (*pudendalis longus inferior*), destiné à la peau du périnée et du scrotum. — 13, 13. Réseau nerveux du dartos, résultant des anastomoses du nerf précédent avec les rameaux périnéal externe et superficiel du périnée, donnés par le nerf honteux interne. — 14. Grand nerf sciatique. — 15. Nerf du muscle pyramidal.

PLANCHE 59.

Distribution du nerf honteux interne dans le périnée de la femme.

PRÉPARATION. — Il est inutile de donner des préceptes particuliers pour la dissection du nerf honteux interne dans le périnée de la femme ; ils sont les mêmes que ceux de la préparation précédente, à laquelle je renvoie.

Explication de la figure.

Parties accessoires. — *a, a.* Releveur de l'anus. — *b.* Sphincter de l'anus. — *c.* Constricteur du vagin. — *d.* Ischio-clitoridien érigné. — *e.* Transverse du périnée échancré. — *f.* Tissu cellulaire graisseux de la grande lèvre. — *g.* Clitoris.

Système nerveux. 1. Branche supérieure du nerf honteux interne se rendant au clitoris. — 2. Sa branche inférieure ou périnéale, qui fournit : 3, le rameau périnéal externe ; 4, les rameaux superficiels du périnée (tous ces rameaux sont destinés à la peau du périnée et à celle de la grande lèvre) ; et, 5, le rameau musculo-bulbaire se distribuant au bulbe du vagin et à tous les muscles de la région ano-périnéal. — 6. Nerf du releveur de l'anus ; un de ses filets traverse le grand ligament sacro-sciatique pour se rendre à la peau de la région fessière. — 7. Rameau récurrent du petit sciatique, se ramifiant dans la peau de la grande lèvre. — 8. Rameau cutané fémoral. — 9. Rameaux fessiers. — 10. Nerf du muscle obturateur interne.

PLANCHES 60, 61, 62, 63 et 64.

B. BRANCHE TERMINALE DU PLEXUS SACRÉ.

GRAND NERF SCIATIQUE.

Ce nerf, le plus volumineux de tous les nerfs du corps, est formé par la réunion du tronc lombo-sacré avec toutes les branches qui composent le plexus sacré, dont il est la seule branche terminale. Il est pour ainsi dire le sommet allongé du triangle que présente ce plexus. D'abord aplati, il s'arrondit en descendant, sort du bassin par la partie la plus inférieure du grand trou sciatique, au-dessous du bord inférieur du muscle pyramidal, entre lui et le jumeau supérieur, se place entre les deux saillies formées par le grand trochanter et la tubérosité de l'ischion, dont il est plus rapproché; change légèrement de direction en décrivant une courbe à concavité interne, et descend verticalement le long de la partie postérieure de la cuisse. Au niveau de la partie supérieure du creux poplité, il se divise en deux branches qui sont : les nerfs *sciatique poplité externe* et *sciatique poplité interne*. Cette division n'a pas toujours lieu au même point; elle se fait quelquefois au milieu de la cuisse, quelquefois au sortir du bassin, ou même dans le bassin. Dans ce dernier cas, il y a toujours une des branches, ordinairement le nerf sciatique poplité externe, qui traverse le muscle pyramidal. Cette division prématurée ne peut être regardée comme une anomalie, car le nerf sciatique est formé dès son origine de deux cordons accolés qui peuvent se séparer plus ou moins haut.

Rapports.—1° Avec les muscles. En avant, nous trouvons de bas en haut en rapport avec lui : les deux jumeaux, le tendon de l'obturateur interne, le carré crural et le grand adducteur. En arrière, vers le milieu du bord inférieur du grand fessier, il longe le bord externe du biceps, et correspond à la peau, dont il n'est séparé que par l'aponévrose; il se place ensuite au-devant du biceps pour occuper l'espace celluleux qui sépare ce muscle du demi-tendineux. Au creux poplité, ce nerf devient sous-aponévrotique et se loge au milieu de tissu adipeux dans l'intervalle des muscles qui limitent ce creux. 2° Avec les nerfs. Il est accompagné par le nerf petit sciatique dont il est séparé par les muscles postérieurs de la cuisse. 3° Avec les artères. Aucun vaisseau principal n'a de rapports avec lui; on voit pourtant quelquefois une petite artériole ischiatique qui lui est accolée, et qui acquiert, chez certains sujets, un volume assez considérable; il a aussi quelques connexions avec les artères perforantes. Il n'est pas rare de le voir accompagné par une grosse veine qui fait suite à la poplitée.

Branches collatérales. — Elles sont au nombre de cinq, savoir: deux pour le biceps, l'une pour la longue portion, l'autre pour la courte : celle-ci peut être suivie jusqu'à l'articulation du genou; deux autres pour le demi-tendineux et le demi-membraneux; enfin, une cinquième qui pénètre le troisième adducteur par sa face postérieure: nous avons déjà vu que la face antérieure recevait un rameau du nerf obturateur.

BRANCHES TERMINALES DU NERF SCIATIQUE.

A. NERF SCIATIQUE POPLITÉ EXTERNE.

Branche de bifurcation la plus externe et la moins volumineuse, ce nerf descend obliquement en dehors, le long du côté interne du tendon du biceps, derrière le condyle externe du fémur, en croisant obliquement l'extrémité supérieure du jumeau externe; arrive ainsi derrière la tête du péroné dont le sépare l'insertion du soléaire ; contourne le col de cet os, pour devenir antérieur, en perforant la partie supérieure du muscle long péronier latéral ; et se termine en se divisant en deux branches, qui sont le nerf *musculo-cutané*, et le *tibial antérieur*. Avant sa bifurcation il donne plusieurs branches collatérales, qui sont : le *nerf saphène péronier*, la *branche cutanée péronière* et des *branches articulaires et musculaires*.

Branches collatérales.

1° NERF SAPHÈNE PÉRONIER, OU RACINE EXTERNE DU NERF SAPHÈNE EXTERNE.

Cette branche naît dans le creux poplité ; d'abord accolée au nerf sciatique, elle se porte un peu obliquement en bas, en décrivant une courbe à concavité interne, entre le jumeau externe et l'aponévrose, jusqu'à la partie moyenne de la jambe, où elle traverse l'aponévrose pour devenir sous-cutanée. Elle se comporte alors d'une manière variable ; le plus souvent elle se jette entièrement dans le nerf saphène tibial, avec lequel elle forme un tronc assez volumineux qui est le nerf saphène externe ; d'autres fois, avant de traverser l'aponévrose, elle se divise en plusieurs rameaux destinés à la peau de la partie postérieure et externe de la jambe jusqu'au calcanéum, et n'envoie au nerf saphène tibial qu'un tout petit filet.

2° BRANCHE CUTANÉE PÉRONIÈRE.

Elle prend naissance un peu au-dessous de la précédente, se porte en bas en longeant le péroné et fournit à la peau de cette région des filets qu'on peut suivre jusqu'à la partie inférieure de la jambe.

3° BRANCHES MUSCULAIRES ET ARTICULAIRES.

Au niveau de sa bifurcation, le nerf sciatique poplité externe donne plusieurs branches récurrentes, qui se portent obliquement en haut et en dedans, et dont les unes, *musculaires*, se ramifient à la face profonde de l'extrémité supérieure des muscles jambier antérieur et extenseur commun des orteils ; tandis que les autres, *articulaires*, se distribuent à l'articulation du genou et à l'articulation péronéo-tibiale supérieure.

Branches terminales du sciatique poplité externe.

1° NERF MUSCULO-CUTANÉ.

Cette branche, qui est la plus externe, descend d'abord un peu obliquement en dedans et en avant, contourne la partie supérieure du péroné dans l'épaisseur du long péronier latéral ; se dégage de ce muscle vers l'insertion supérieure du court péronier latéral, et se place entre ce dernier, l'extenseur commun des orteils et l'aponévrose, qu'elle perfore au niveau du tiers inférieur de la jambe. Devenue sous-cutanée, elle se dirige obliquement en bas et un peu en dedans, et se divise au niveau ou un peu au-dessus de l'articulation tibio-tarsienne, en *deux rameaux*, l'un interne, l'autre externe ; ce sont les *rameaux dorsaux superficiels du pied*. Quelquefois cette division se fait bien plus haut, et alors les deux rameaux traversent isolément l'aponévrose.

Dans son trajet, ce nerf donne des rameaux aux muscles *long et court péroniers latéraux* ; il fournit un *filet malléolaire*, qui prend naissance dans sa portion sous-cutanée et va se perdre sur la malléole externe, où il s'anastomose quelquefois avec le rameau malléolaire du nerf saphène péronier.

Rameau interne et superficiel du dos du pied.—Il se dirige obliquement, en dedans et en avant sur le dos du pied ; donne quelques filets à la peau et au tissu cellulaire de cette région, s'anastomose avec le nerf saphène interne, et forme le collatéral *dorsal interne du gros orteil*.

Rameau externe et superficiel du dos du pied.—Il se divise en trois rameaux qui marchent le long de la partie moyenne de la face supérieure du pied, entre les tendons des extenseurs et la peau ; ces rameaux, parvenus au niveau de l'extrémité antérieure des trois premiers espaces interosseux, se subdivisent chacun en deux rameaux secondaires, qui forment le collatéral dorsal externe du gros orteil, les collatéraux dorsaux interne et externe du second et du troisième orteil, enfin le collatéral interne du quatrième. Lorsque le nerf saphène externe n'est pas très développé, il existe un quatrième rameau qui fournit le collatéral dorsal externe du quatrième orteil, et le collatéral interne du cinquième ; du reste, il y a toujours des anastomoses entre le saphène externe et le nerf musculo-cutané, qui se suppléent dans cette dernière distribution. Il existe constamment une anastomose entre le tronc commun des collatéraux externes du gros orteil et interne du second, et le pédieux, qui, dans certains cas, forme lui-même ces deux rameaux collatéraux.

2° NERF TIBIAL ANTÉRIEUR.

Ce nerf, qui a le même volume que le précédent, en dedans duquel il est placé, perfore au niveau de leurs insertions les plus supérieures les muscles long péronier latéral et extenseur commun des orteils. De là il se porte en bas, appliqué sur le ligament interosseux, en dehors de l'artère tibiale antérieure. Placé d'abord entre les muscles extenseur commun des orteils et tibial antérieur, il s'engage ensuite entre ce dernier muscle et l'extenseur propre du gros orteil, qui le sépare de l'extenseur commun, passe au-devant de l'artère pour devenir un peu plus superficiel, s'engage avec elle derrière le ligament annulaire du tarse, dans la gaîne du tendon de l'extenseur propre du gros orteil, qu'il croise, et auquel il est subjacent, se porte vers le dos du pied, et se divise en y arrivant en *deux branches*, l'une interne, l'autre externe ; ce sont les *branches profondes du dos du pied*. Dans son trajet le nerf tibial antérieur donne un grand nombre de rameaux aux muscles tibial antérieur, extenseur commun et extenseur propre du gros orteil.

Branche interne et profonde du dos du pied.—Elle suit la direction primitive du nerf, et se dirige d'arrière en avant, en dehors de l'artère pédieuse, entre les tendons de l'extenseur propre du gros orteil et de l'extenseur commun, passe au-dessous du faisceau interne du muscle pédieux, et se loge dans le premier espace interosseux. Dans ce trajet elle fournit quelques filets au faisceau interne du muscle pédieux et aux articulations du tarse. Au niveau du métatarse, elle se divise en deux filets destinés à former les *collatéraux dorsaux profonds externe du gros orteil et interne du second orteil*. Ces filets s'anastomosent avec les rameaux collatéraux superficiels et les suppléent quelquefois.

Branche externe et profonde du dos du pied. — Elle se dirige en dehors et en avant sur le tarse, sous le muscle pédieux, et se divise en un grand nombre de filets divergents destinés à ce muscle et aux articulations voisines.

B. NERF SCIATIQUE POPLITÉ INTERNE.

Beaucoup plus volumineux que l'externe, ce nerf est la continuation du tronc du nerf sciatique, et s'étend depuis la bifurcation du tronc même jusqu'au niveau de l'anneau aponévrotique du soléaire, qu'il franchit, et au-dessous duquel il prend le nom de *tibial postérieur*. Il traverse donc verticalement le creux poplité, dans lequel il est enveloppé par une couche adipeuse épaisse.

Ses rapports dans cette région sont très importants : il répond en arrière, supérieurement à la peau, à l'aponévrose, et plus bas à la bifurcation des jumeaux ; en avant, au fémur, à l'articulation du genou et au muscle poplité, dont il est séparé dans tout son trajet par les vaisseaux poplités ; en dehors, au biceps, dont il est séparé par le sciatique poplité externe ; en dedans, au bord interne du demi-membraneux, auquel il est accolé, et au jumeau interne. Ses rapports avec les vaisseaux sont les suivants : dans le creux poplité on trouve d'arrière en avant le nerf, la veine, l'artère. L'artère est appliquée contre l'os, le nerf contre l'aponévrose qui le sépare de la peau, la veine est entre les deux. Indépendamment, d'arrière en avant, les rapports des vaisseaux et du nerf doivent encore être examinés de dehors en dedans. Le nerf est le plus externe, l'artère la plus interne et la veine est au milieu. Ces différents organes ne se recouvrent donc pas complétement : ils sont échelonnés d'arrière en avant et de dehors en dedans.

Dans ce trajet, ce nerf fournit six rameaux distingués en musculaires, articulaires et cutané. Les *musculaires* sont : deux rameaux pour les muscles *jumeaux interne* et *externe*, trois pour le *soléaire*, le *plantaire grêle* et le *poplité*. Ces nerfs pénètrent les muscles de la couche superficielle par la face profonde, et ceux de la couche profonde, par la face superficielle. Les *rameaux articulaires*, dont le nombre est indéterminé, pénètrent aussitôt dans l'articulation du genou par le ligament postérieur. Il n'y a qu'un seul rameau cutané, c'est le nerf saphène tibial.

1° NERF SAPHÈNE TIBIAL.

Ce nerf, qu'on appelle aussi *saphène postérieur*, *saphène externe*, ou mieux, *racine interne du saphène externe*, est la seule branche cutanée qui tire son origine du sciatique poplité interne. Il naît un peu au-dessus des condyles du fémur, se dirige verticalement en bas entre l'aponévrose et les jumeaux, en suivant le trajet de la veine saphène externe. Quelquefois même il traverse les fibres les plus postérieures des jumeaux, en longeant le raphé médian qui les réunit. Vers le tiers inférieur de la jambe, il traverse l'aponévrose, et communique, tantôt par une seule anastomose, tantôt par plusieurs filets, avec le saphène péronier. Le tronc qui résulte de la jonction de ces deux nerfs est le véritable saphène externe. Celui-ci, formé par deux racines, l'une externe (nerf saphène péronier), l'autre interne (nerf saphène tibial), longe le bord externe du tendon d'Achille, contourne la malléole interne en arrière, en abandonnant la veine qui passe au-devant de cette éminence, gagne la partie externe du dos du pied, et se termine d'une manière variable. Tantôt il s'épuise en donnant le *collatéral externe du petit orteil;* tantôt il donne une seconde branche qui longe le quatrième espace interosseux, et qui, au niveau de son extrémité antérieure, se bifurque et fournit le *collatéral interne du cinquième orteil* et le *collatéral externe du quatrième;* quelquefois enfin il se partage également les rameaux collatéraux dorsaux des orteils avec le nerf musculo-cutané, avec lequel il s'anastomose dans tous les cas. Au niveau du talon il donne des filets divergents qui se répandent sur la peau des parties postérieure et externe de cette région, et sur la malléole externe. A la face dorsale du pied, il s'anastomose, comme nous l'avons déjà dit plus haut, avec le nerf musculo-cutané, et anime la peau de la partie externe du dos du pied.

2° NERF TIBIAL POSTÉRIEUR.

Continuation du nerf sciatique poplité interne, qui change de nom au niveau de l'arcade aponévrotique du soléaire, ce nerf descend obliquement en dedans le long de la jambe entre les muscles de la couche superficielle et ceux de la couche profonde, contre laquelle il est appliqué par l'aponévrose jambière profonde. Vers le bas de la jambe il devient superficiel et longe le bord interne du tendon d'Achille, passe derrière la malléole interne et l'articulation tibio-tarsienne, s'engage dans la gouttière calcanéo-astragalienne, entre cette gouttière et une arcade formée par les insertions du muscle adducteur du gros orteil, et se divise en deux branches : le *plantaire interne* et le *plantaire externe*. Cette division se fait quelquefois plus haut.

Il est en rapport : en arrière, avec les muscles jumeaux, soléaire, plantaire grêle, dont il est séparé par l'aponévrose profonde ; en avant, avec les muscles fléchisseur du gros orteil, fléchisseur commun des orteils, tibial postérieur. A la partie inférieure de la jambe, au niveau du bord interne du tendon d'Achille, le tibial postérieur est séparé de la peau par deux aponévroses, une superficielle et une profonde ; dans toute sa longueur il est placé en arrière et un peu en dehors de l'artère tibiale postérieure et de ses deux veines satellites.

Branches collatérales. — Le nerf tibial postérieur fournit en haut un filet qui va à la partie inférieure du *muscle poplité*. Dans différents points de son trajet, il donne des rameaux au *soléaire*, au *tibial postérieur*, aux *fléchisseurs propre et commun des orteils;* il donne aussi plusieurs filets déliés qui enlacent l'artère. A la partie inférieure de la jambe, il fournit un *filet malléolaire externe* qui se distribue au tissu cellulo-graisseux placé au-devant du tendon d'Achille, à la bourse muqueuse du calcanéum, à l'articulation tibio-tarsienne, et va s'anastomoser avec le nerf saphène externe. Un peu plus bas, il s'en sépare encore un *rameau calcanien interne*, nerf cutané volumineux, qui se porte verticalement en bas sur la face interne du calcanéum, où il se divise en deux rameaux principaux qui se perdent dans la peau du talon. Enfin le nerf tibial postérieur abandonne vers le même point un dernier rameau, le *nerf cutané de la plante du pied ;* celui-ci s'avance sous la plante du pied, entre l'aponévrose et la peau à laquelle il se distribue, ainsi qu'à l'extrémité postérieure de l'adducteur du gros orteil. Assez souvent ces trois derniers nerfs, savoir, le *malléolaire externe*, le *calcanien interne* et le *nerf cutané de la plante du pied*, naissent d'un tronc commun, mais leur distribution ultérieure reste toujours la même.

Branches terminales du tibial postérieur. — 1° *Nerf plantaire interne.* — Plus volumineux que l'externe, dont il se sépare à angle très aigu, il est d'abord placé derrière la malléole interne, dans une coulisse qui lui est commune avec les vaisseaux tibiaux postérieurs, et en arrière de la coulisse tendineuse du muscle long fléchisseur propre du gros orteil. Il se réfléchit sur la malléole interne et se porte directement en avant au-dessus de l'adducteur du gros orteil, à côté du tendon du long fléchisseur, se place entre le court fléchisseur du gros orteil et le court fléchisseur commun, et se divise en quatre branches, au niveau de l'extrémité postérieure des métatarsiens.

Avant sa division, le plantaire interne fournit des *branches cutanées* qui traversent l'aponévrose et vont se distribuer à la peau de la région plantaire interne et à la face inférieure du talon; des *branches musculaires* pour les muscles adducteur et court fléchisseur du gros orteil, et court fléchisseur commun des orteils.

Branches terminales du plantaire interne. — La première se sépare du tronc un peu avant les autres, se porte en avant et en dedans, au-dessous du court fléchisseur du gros orteil, auquel elle envoie quelques filets, gagne le côté interne de cet orteil et constitue le *collatéral interne plantaire du gros orteil.*

La seconde, la plus considérable de toutes, longe le côté externe du tendon du fléchisseur propre du gros orteil, s'avance dans le premier espace interosseux, et se divise au niveau de son extrémité antérieure en deux rameaux, qui sont le *collatéral externe du gros orteil* et le *collatéral interne du second.* Elle donne un filet au premier lombrical.

La troisième se dirige un peu obliquement dans le second espace interosseux, donne des filets au second lombrical, et fournit, au même niveau que la précédente, le *collatéral externe du second orteil* et le *collatéral interne du troisième.*

La quatrième, enfin, se porte plus obliquement en dehors que la précédente, s'anastomose avec le plantaire externe, et va former, vers l'extrémité antérieure du troisième espace, le *collatéral externe du troisième* et le *collatéral interne du quatrième orteil.*

Tous ces rameaux, semblables à ceux des doigts, s'anastomosent les uns avec les autres, donnent des filets qui s'épanouissent à la peau de la face plantaire des orteils, et fournissent un filet dorsal ou unguéal qui se perd au derme sous-unguéal, et un filet plantaire qui s'épanouit dans la pulpe des orteils.

2° *Nerf plantaire externe.* — Moins volumineux que le précédent, il marche obliquement en avant et en dehors, entre les muscles court fléchisseur commun des orteils et accessoire du long fléchisseur, et parvenu au niveau de l'extrémité postérieure du cinquième métatarsien, il se divise en deux branches, l'une *superficielle*, l'autre *profonde*. Dans ce trajet, il donne à son origine un rameau pour le muscle *abducteur du petit orteil*, et quelques filets pour l'*accessoire du long fléchisseur.*

a. *Branche superficielle.* — Elle continue le trajet du tronc, au-dessous du court fléchisseur du petit orteil, et se divise en deux rameaux : un *interne*, qui marche directement en avant entre les deux derniers muscles interosseux au-dessous des derniers tendons des fléchisseurs communs, s'anastomose avec le nerf plantaire interne, et forme en se bifurquant les *branches collatérales externes du quatrième*, et *interne du cinquième orteil.* Un *rameau externe* croise obliquement le muscle court fléchisseur du petit orteil auquel il donne quelques filets, et va former le *collatéral externe du petit orteil.*

b. *Branche profonde.* — Elle s'enfonce avec l'artère plantaire externe entre l'abducteur oblique et les interosseux, se dirige en avant et en dedans, et va se terminer dans le premier muscle interosseux dorsal et à l'articulation métatarso-phalangienne du gros orteil. Elle forme ainsi une arcade analogue à celle de l'artère, à convexité antérieure et externe, de laquelle partent des filets pour le court fléchisseur du petit orteil, les muscles interosseux, les abducteurs oblique et transverse du gros orteil et les deux derniers lombricaux.

Résumé du nerf sciatique. — Le nerf sciatique se distribue à tous les muscles de la région postérieure de la cuisse. Par le sciatique poplité externe, il fournit aux muscles et à la peau des régions antérieure et externe de la jambe et dorsale du pied; par le sciatique poplité interne, à la peau et aux muscles de la région postérieure de la jambe, et par les branches de terminaison de ce nerf, à la peau et aux muscles de la région plantaire.

RÉSUMÉ DU PLEXUS SACRÉ.

Les six branches antérieures des nerfs sacrés, après s'être anastomosées les unes avec les autres, et avec les ganglions sacrés du grand sympathique, se partagent en deux groupes, l'un supérieur et l'autre inférieur.

Le premier, formé par la convergence de trois premières branches sacrées antérieures et la moitié de la quatrième, entre, conjointement avec le tronc lombo-sacré, dans la formation du plexus sacré; le dernier, sans offrir la moindre disposition plexiforme, se rend au plexus hypogastrique du grand sympathique, ainsi qu'aux muscles releveurs de l'anus, ischio-coccygien, grand fessier et à la peau de la partie postérieure du périnée.

Le plexus sacré, de forme triangulaire, ct situé dans l'excavation du bassin, au-devant du pyramidal, derrière les vaisseaux hypogastriques qui le séparent du rectum, donne neuf à dix branches collatérales et une seule branche terminale.

A. *Branches collatérales.* — Fournissant à tous les organes contenus dans la cavité du bassin, à presque tous les muscles extra et intra-pelviens, aux parties génitales externes et internes et à la peau; ces branches peuvent être distinguées en *viscéro-génitales*, en *génitales* et en *pariétales.*

1° *Branches viscéro-génitales.*—En nombre variable, elles entrent pour la plupart dans la formation du plexus hypogastrique, dont les rameaux sont destinés au rectum, à la vessie, à la prostate, aux vésicules séminales chez l'homme, au vagin et même à l'utérus chez la femme. On pourrait ranger parmi ces dernières branches les nerfs du releveur de l'anus et l'hémorroïdal ou anal.

2° *Branches génitales.* — Elles viennent de deux sources, du nerf honteux interne et du petit nerf sciatique.

Naissant du bord inférieur et près du sommet du plexus sacré, le honteux interne sort du bassin par le grand trou sacro-sciatique, rentre par le petit et se divise en deux branches: l'une *supérieure* et l'autre *inférieure.* La supérieure dorsale de la verge, ou clitoridienne, remonte entre la branche ischio-pubienne et la racine correspondante du corps caverneux de la verge ou du clitoris, et se termine dans le gland et le prépuce de ces organes.

La branche inférieure, périnéale, se subdivise bientôt en *rameau cutané* (superficiel du périnée) qui s'épanouit dans les bourses et la face inférieure de la verge, ou dans les grandes lèvres, suivant le sexe; et en rameau *musculo-urétral*, qui, par ses subdivisions, est destiné aux muscles sphincter, releveur de l'anus, transverse du périnée, ischio-caverneux, bulbo-caverneux et à l'urètre.

3° *Branches pariétales.*— Ce sont: 1° le *nerf fessier supérieur.* Émané à la fois du cordon lombo-sacré et du plexus sacré, il sort du bassin au-dessus du muscle pyramidal, et parvenu entre le moyen et le petit fessier, il se ramifie dans ces deux muscles et dans le tenseur du *fascia lata.* 2° Le *nerf fessier inférieur ou petit sciatique.* Il sort du bassin au-dessous du muscle pyramidal et se divise en branche *musculaire* destinée au grand fessier, et en branche *cutanée*, bifurquée elle-même, après un court trajet, en *rameaux récurrents* qui se perdent dans la peau des parties génitales externes et à celle de la région fessière, et en *rameau direct*, pour la peau de la moitié postérieure de la cuisse et postéro-supérieure de la jambe. 3° Le *nerf du muscle pyramidal.* 4° Le *nerf du muscle obturateur interne.* Il a le même trajet pelvien que les nerfs honteux interne et hémorroïdal; il donne presque constamment le filet du jumeau supérieur. 5° Le *nerf du carré crural* duquel émane un filet pour le jumeau inférieur et quelques filets articulaires.

B. *Branche terminale.* — La seule branche terminale du plexus sacré, le grand nerf sciatique sort du bassin au-dessous du muscle pyramidal, descend profondément entre les muscles de la région postérieure de la cuisse et le grand adducteur, et après avoir fourni cinq rameaux à ces muscles et un rameau articulaire du genou, se divise, ordinairement, vers la partie supérieure du creux poplité, en deux branches, qui sont les *nerfs sciatique poplité externe* et *sciatique poplité interne.*

Nerf sciatique poplité externe. — Moins volumineux que l'interne, le poplité externe se dirige obliquement depuis la partie supérieure du creux poplité jusqu'à l'extrémité supérieure du péroné, qu'il contourne en dehors. Après avoir fourni : 1° la racine externe du nerf saphène externe (saphène péronier) ; 2° le rameau cutané péronier ; 3° les rameaux récurrents destinés aux muscles long péronier latéral, extenseur commun des orteils, jambier antérieur et aux articulations fémoro-tibiale et péronéo-tibiale supérieure ; ce nerf se termine en se séparant en deux branches, qui sont le *musculo-cutané* et le *tibial antérieur*.

1° *Nerf musculo-cutané*. — La plus externe des branches terminales du nerf poplité externe, le musculo-cutané se porte obliquement depuis le côté externe de l'extrémité supérieure du péroné jusque un peu au-dessus de l'articulation tibio-tarsienne, abandonne quelques ramifications aux muscles long et court péroniers latéraux, devient sous-cutané en perçant l'aponévrose, et se divise, tantôt avant, tantôt après cette perforation, en deux rameaux, qui sont le *dorsal superficiel externe* et le *dorsal superficiel interne du pied*. Ces deux rameaux se subdivisent en rameaux secondaires qui fournissent un grand nombre de filets cutanés au dos du pied, plusieurs collatéraux dorsaux des orteils et des anastomoses multiples aux nerfs saphènes et au nerf pédieux.

2° *Nerf tibial antérieur*. — Naissant, comme le précédent, au côté externe du col du péroné, ce nerf traverse obliquement la partie supérieure des muscles long péronier latéral, extenseur commun des orteils, et parvient à la région jambière antérieure au-devant du ligament interosseux. Dans ce trajet, il est successivement placé en dehors, en avant et en dedans de l'artère tibiale antérieure, entre les muscles extenseur commun des orteils et le tibial antérieur, puis entre ce dernier et le long fléchisseur propre. Après avoir fourni des rameaux à ces muscles, il se divise au-dessous du ligament annulaire dorsal du tarse en deux branches, dont l'une, *externe*, pour le muscle pédieux et les articulations du tarse, et dont l'autre, *interne*, se dirige en dehors de l'artère pédieuse vers le premier espace interosseux, où elle s'anastomose avec le nerf musculo-cutané, avec lequel elle concourt à former les nerfs collatéraux dorsaux interne du premier et externe du second orteil.

C. *Nerf sciatique poplité interne*. — Ce nerf, plus gros que le poplité externe, parcourt verticalement le creux du jarret, depuis sa séparation du grand nerf sciatique jusqu'à l'anneau du soléaire, au-dessous duquel il prend le nom de tibial postérieur. Dans son trajet il n'est séparé de la peau que par l'aponévrose, il est accolé aux côtés postérieur et externe de la veine qui l'éloigne un peu de l'artère. Les branches fournies par le nerf poplité interne sont distinguées en *musculaires*, destinées aux jumeaux, soléaire, plantaire grêle, poplité ; en *cutanée*, qui est la principale racine du nerf saphène externe, et en *articulaires* pour l'articulation du genou.

Nerf tibial postérieur. — Accompagné par les vaisseaux tibiaux postérieurs au côté externe desquels il se trouve placé, ce nerf descend obliquement, appliqué par l'aponévrose profonde contre la couche musculaire profonde de la région postérieure de la jambe, depuis l'arcade aponévrotique du muscle soléaire jusque derrière la malléole interne, où il se divise, après avoir fourni des rameaux pour les muscles de cette région et le rameau cutané calcanien interne, en *plantaire interne* et en *plantaire externe*.

Les deux nerfs plantaires se comportent à la plante du pied comme les nerfs médian et cubital à la paume de la main.

Le *nerf plantaire interne* représente la portion palmaire du nerf médian ; il fournit, en effet, aux muscles de la région plantaire interne, aux deux premiers lombricaux ; il donne les rameaux collatéraux des trois premiers orteils et le collatéral interne du quatrième, comme le médian qui anime les muscles de l'éminence thénar, les deux premiers lombricaux, et fournit les collatéraux palmaires, du pouce, de l'indicateur, du médius et le collatéral externe de l'annulaire.

Le *nerf plantaire externe* se divise en deux branches, l'une *superficielle* et l'autre *profonde*. La première fournit les rameaux collatéraux plantaires du cinquième orteil et le rameau collatéral externe du quatrième. La dernière, accompagnée par l'arcade artérielle plantaire, est destinée à tous les muscles interosseux et aux deux premiers lombricaux ; elle présente donc de l'analogie avec la portion palmaire du nerf cubital, qui complète par sa branche superficielle les rameaux collatéraux palmaires, et par sa branche profonde, également accompagnée par l'arcade artérielle profonde, se ramifie dans les muscles interosseux et dans les deux derniers lombricaux de la main.

PLANCHE 60.

Elle a pour objet de montrer les nerfs cutanés et musculaires de la région postérieure du bassin et de la cuisse.

FIGURE 1.

Distribution du nerf petit sciatique.

PRÉPARATION. — Pour ne pas couper les branches récurrentes de la peau de la région fessière, il convient de commencer la dissection du nerf sciatique au milieu de la partie postérieure de la cuisse, et de poursuivre, à partir de cet endroit, de bas en haut, les branches cutanées fémorales. Vous inciserez donc longitudinalement la peau et l'aponévrose, vers le milieu de la partie postérieure de la cuisse, pour mettre à nu le tronc du nerf; vous enlèverez la portion de l'aponévrose qui cache les ramifications du nerf à leur origine, jusqu'au moment où elles perforent cette aponévrose pour devenir sous-cutanées ; vous les laisserez appliquées sur celle-ci. Enfin, vous échancrerez une portion du grand fessier, afin de découvrir les branches musculaires qui se rendent à sa face profonde.

Explication de la figure 1.

Parties accessoires. — *a, a.* Aponévrose fessière échancrée. — *b, b.* Aponévrose fémorale échancrée. — *c, c.* Aponévrose jambière. — *d.* Muscle grand fessier échancré. — *e.* Biceps. — *f.* Demi-tendineux. — *g.* Demi-membraneux. — *h.* Jumeau interne. — *i.* Jumeau externe. Tous ces muscles sont en partie découverts, en partie cachés par l'aponévrose.

Système nerveux. — 1. Petit nerf sciatique. — 2, 2. Branches du muscle grand fessier. — 3, 3. Branches récurrentes destinées à la peau de la région fessière. — 4. Branche scrotale. — 5. Branche cutanée de la région postérieure de la cuisse ; 6, 6, ses rameaux perforants externes ; 7, 7, ses rameaux perforants internes; 8, 8, ses rameaux terminaux, qui se rendent à la peau de la région postérieure de la jambe. — 9. Ramuscule qui accompagne la veine saphène externe. — 10, 10. Rameaux postérieurs du nerf fémoral cutané externe.

FIGURE 2.

Nerf sciatique et branches collatérales du plexus sacré, sortant du bassin, au-dessus et au-dessous du muscle pyramidal.

PRÉPARATION. — Disséquez le muscle grand fessier, coupez-le à quelque distance de ses insertions fémorale et pelvienne, ou, mieux encore, coupez-le seulement à son insertion fémorale, et renversez-le en haut et en arrière ; échancrez le moyen fessier, afin de découvrir les ramifications du nerf fessier supérieur qui rampait entre le petit et le moyen fessier. Préparez avec soin le muscle pyramidal, au-dessus et au-dessous duquel vous trouverez la plupart des nerfs qui sortent du bassin. Pour mettre à nu le grand nerf sciatique, il faut disséquer les muscles de la région postérieure de la cuisse, les écarter les uns des autres, ou bien les couper, comme on l'a représenté sur la planche.

Explication de la figure 2.

Parties accessoires. — *a, a.* Muscle grand fessier. — *b.* Grand ligament sacro-sciatique. — *c.* Moyen fessier échancré. — *d.* Petit fessier. — *e.* Pyramidal. — *f.* Tendon commun des muscles jumeau supérieur, obturateur interne et jumeau inférieur. — *g.* Carré crural. — *h, h.* Longue portion du biceps; *i*, sa courte portion. — *j, j.* Demi-tendineux. — *k.* Demi-membraneux. — *l.* Troisième adducteur. — *m, m.* Jumeaux externe et interne érignés. — *n.* Artère poplitée.

Système nerveux. — 1. Nerf fessier supérieur, se distribuant au moyen, au petit fessier, et au muscle tenseur de l'aponévrose *fascia lata*. — 2. Nerf fessier inférieur ou petit sciatique ; — 3, 3, ses branches musculaires destinées au grand fessier ; — 4, sa branche cutanée, qui se divise, 5, en rameau scrotal, et, 6, en rameau fémoral, coupé. — 7. Nerf du carré crural. — 8. Nerf honteux interne. — 9. Nerf du muscle obturateur interne. 10, 10. — Nerf grand sciatique. — 11. Rameau de la longue portion du biceps. — 12. Rameau de la courte portion. — 13. Rameau du demi-tendineux. — 14. Rameau du demi membraneux. — 15. Rameau du troisième adducteur. — 16. Nerf sciatique poplité interne. — 17, 17. Branches qu'il donne aux muscles jumeaux. — 18. Branche du soléaire. — 19. Nerf saphène tibial, ou racine interne du nerf saphène externe. — 20, 20. Nerf sciatique poplité externe. — 21. Nerf saphène péronier ou racine externe du nerf saphène externe. — 22. Nerf cutané péronier.

PLANCHE 61.

Elle est destinée à faire voir le nerf saphène externe et ses deux racines, la branche cutanée péronière et toutes les branches collatérales dorsales du pied en rapport avec les veines superficielles.

FIGURE 1.

Origine et trajet du nerf saphène externe à la partie postérieure de la jambe.

PRÉPARATION. — Découvrez l'aponévrose de la partie postérieure de la jambe, coupez-la dans sa moitié supérieure pour mettre à nu la portion sous-aponévrotique des racines du nerf saphène externe et la veine du même nom; conservez-la dans sa moitié inférieure pour voir la portion sous cutanée du même vaisseau et des mêmes nerfs.

Explication de la figure 1.

Parties accessoires. — *a*, *a*. Jumeaux. — *b*. Aponévrose jambière. — *c*. Portion du biceps fémoral. — *d*. Portion du demi-membraneux. — *e*. Veine saphène externe.

Système nerveux. — 1. Nerf sciatique poplité externe. — 2. Nerf cutané péronier. — 3. Racine externe du saphène externe. — 4. Nerf sciatique poplité interne en rapport avec les vaisseaux poplités. — 5, 5. Racine interne du saphène externe traversant l'aponévrose et recevant plusieurs filets de la racine externe. — 6. Saphène externe résultant de la jonction de ces deux racines. — 7. Rameaux calcaniens du saphène externe; on voit aussi du côté opposé, 8, les rameaux calcaniens fournis par le tibial postérieur. — 9, 9. Rameaux postérieurs du nerf saphène interne, accompagnés par quelques ramifications de la veine du même nom.

FIGURE 2.

Elle a surtout pour objet de montrer, sur le côté externe de la jambe et du pied, l'épanouissement des nerfs cutané péronier, musculo-cutané et saphène externe.

PRÉPARATION. — Enlevez la peau et conservez les nerfs et les veines sous-cutanés appliqués sur l'aponévrose.

Explication de la figure 2.

Système vasculaire. — A. Arcade dorsale du pied formée par les veines collatérales des orteils. — B. Veine saphène externe naissant à l'extrémité externe de cette arcade. — C. Veine saphène interne tirant son origine de l'extrémité interne de la même arcade.

Système nerveux. 1. — Nerf sciatique poplité externe, s'enfonçant dans l'épaisseur du muscle long péronier latéral. — 2. Branche cutanée péronière. — 3. Son rameau récurrent. — 4, 4. Ses rameaux directs. — 5, 5. Branches du nerf musculo-cutané qui perforent séparément l'aponévrose jambière et se subdivisent sur le dos du pied pour concourir à former les collatéraux dorsaux des trois premiers orteils et le collatéral dorsal interne du quatrième. — 6. Branche dorsale interne profonde provenant du nerf tibial antérieur et fournissant, après s'être anastomosée avec le musculo-cutané, les collatérales externe du premier orteil et interne du second. — 7. Nerf saphène externe qui contourne la malléole externe, s'anastomose avec le nerf musculo-cutané et complète les collatéraux dorsaux des orteils. — 8, 8. Branches antérieures du nerf saphène interne.

PLANCHE 62.

Branches collatérales et terminales du nerf sciatique poplité externe.

FIGURE 1.

Elle présente sur le côté externe de la jambe, les nerfs sciatique poplité externe, musculo-cutané et saphène externe.

PRÉPARATION. — Enlevez la peau et l'aponévrose dans les deux tiers supérieurs de la jambe; conservez l'aponévrose dans le tiers inférieur et sur la face dorsale du pied, afin de voir les nerfs appliqués en haut sur les muscles, en bas sur l'aponévrose.

Explication de la figure 1.

Parties accessoires. — *a.* Jumeau externe. — *b.* Soléaire. — *c.* Long péronier latéral. — *d.* Court péronier latéral. — *e.* Extenseur commun des orteils. — *f.* Tibial antérieur. Ces deux derniers muscles, ainsi que le long péronier latéral, sont échancrés supérieurement pour voir dans leur épaisseur le passage des nerfs musculo-cutané, tibial antérieur et les rameaux récurrents. — *g.* Tête du péroné. — *h.* Aponévrose dorsale du pied.

Système nerveux. — 1. Nerf sciatique poplité externe, contournant en dehors le col du péroné, dans l'épaisseur du long péronier latéral. — 2. Son rameau cutané péronier. — 3. Saphène péronier ou racine externe du nerf saphène externe. — 4. Saphène tibial ou racine interne du même nerf. — 5. Saphène externe accompagné par la veine du même nom. — 6, 6. Ses rameaux calcaniens. — 7. Rameaux collatéraux internes du cinquième orteil. — 8. Tronc commun des rameaux collatéraux interne du cinquième orteil et externe du quatrième. — 9, 9. Nerf musculo-cutané. — 10, 10. Les deux branches superficielles interne et externe du dos du pied. — 11. Anastomose entre la branche externe et le saphène externe. — 12. Anastomose des deux branches interne et externe entre elles. Ces deux branches se terminent en formant des collatéraux dorsaux interne et externe des orteils, dont le nombre est en raison inverse de ceux fournis par le tibial antérieur et le saphène externe. — 13, 13. Nerf tibial antérieur, traversant la cloison inter-musculaire et se perdant entre les muscles tibial antérieur et extenseur commun des orteils. — 14. Branche dorsale interne profonde, traversant l'aponévrose et recevant une anastomose du nerf musculo-cutané. — 15. Rameaux récurrents musculaires et articulaires.

FIGURE 2.

Branches terminales du poplité externe. Le nerf tibial antérieur est en rapport avec l'artère tibiale antérieure.

PRÉPARATION. — Disséquez les muscles des régions antérieure et externe de la jambe, et ceux du dos du pied; érignez et échancrez plusieurs d'entre eux, comme le montre la figure, afin de démasquer le nerf tibial antérieur et ses ramifications.

Explication de la figure 2.

Parties accessoires. — *a.* Long péronier latéral coupé supérieurement. — *b.* Court péronier latéral. — *c.* Extenseur commun des orteils. — *d.* Extenseur propre du gros orteil érigné. — *e.* Tibial antérieur érigné également. — *f.* Muscle pédieux échancré. — *g.* Ligament annulaire dorsal du tarse. — *h.* Artère tibiale antérieure.

Système nerveux. — 1. Sciatique poplité externe. — 2, 2. Ses rameaux récurrents, musculaires et articulaires. — 3. Branche musculo-cutanée fournissant, 4, un rameau au long péronier latéral, et, 5, un rameau au court péronier. — 6. Division du musculo-cutané en deux branches. — 7. Sa branche interne, et, 8, sa branche externe, s'anastomosant avec, 9, le nerf saphène externe. — 10, 10. Tibial antérieur accompagné par l'artère du même nom. — 11. Rameau du muscle extenseur commun des orteils. — 12. Rameau de l'extenseur propre. — 13. Rameau du tibial antérieur. — 14. Point où le nerf tibial antérieur croise le tendon de l'extenseur propre du gros orteil, auquel il est subjacent. — 15. Division du tibial antérieur en deux branches, l'une, 16, branche interne et profonde du dos du pied, l'autre, 17, externe et profonde. La branche interne, après s'être anastomosée avec le nerf musculo-cutané, donne les collatérales dorsale externe du gros orteil et interne du second; le rameau externe se perd dans le muscle pédieux et les articulations du tarse.

PLANCHE 63.

Elle présente la bifurcation du grand nerf sciatique, en sciatique poplité externe et sciatique poplité interne, les rapports et la distribution de ce dernier, ainsi que le trajet, les rapports et les branches du tibial postérieur.

FIGURE 1.

Cette figure montre spécialement le nerf sciatique poplité interne en rapport avec la veine et l'artère poplitée, et ses branches collatérales.

PRÉPARATION. — Disséquez les muscles qui forment le creux poplité, écartez ou coupez ceux de la partie supérieure de ce creux, coupez ceux de la partie inférieure, c'est-à-dire, les jumeaux au-dessous des condyles du fémur et au niveau de leur jonction avec le soléaire, comme on le voit sur la figure. Après avoir enlevé la grande quantité de tissu cellulaire adipeux qui remplit cette excavation, vous découvrez le nerf sciatique poplité interne depuis son origine jusqu'au moment où il traverse l'anneau du soléaire, ses rapports et ses branches.

Explication de la figure 1.

Parties accessoires. — *a.* Courte portion du biceps. — *b.* Sa longue portion coupée. — *c.* Vaste interne. — *d.* Demi-membraneux — *e.* Grand adducteur. — *f.* Anneau de ce muscle servant de limite supérieure aux vaisseaux poplités. — *g, g, g.* Jumeaux coupés. — *h.* Plantaire grêle érigné. — *i.* Soléaire dont l'anneau sert de limite inférieure aux vaisseaux et nerfs poplités.

Système vasculaire. — A. Veine poplitée. — B, B. Veine saphène externe. — C. Artère poplitée.

Système nerveux. — 1. Grand nerf sciatique. — 2. Sciatique poplité externe. — 3. Tronc commun des nerfs cutané péronier et saphène péronier. — 4. Anastomose de ce dernier avec le saphène tibial. — 5. Nerf sciatique poplité interne. — 6, 6. Saphène tibial. — 7, 7. Branches des jumeaux. — 8. Branche du plantaire grêle. — 9. Nerf du muscle poplité. — 10. Nerf du soléaire.

FIGURE 2.

Elle a surtout pour but de faire voir le trajet du nerf tibial postérieur, depuis l'anneau du soléaire jusqu'au moment où il se divise en plantaire interne et plantaire externe, ses rapports et ses branches.

Explication de la figure 2.

Parties accessoires. — *a.* Coupe du soléaire au-dessous de son anneau. — *b.* Section du tendon d'Achille. *c.* Muscle poplité. — *d.* Fléchisseur propre du gros orteil. — *e.* Fléchisseur commun des orteils. — *f, f.* Tibial postérieur.

Système vasculaire. — A. Artère tibiale antérieure traversant la partie supérieure du ligament interosseux. — B. Tronc tibio-péronier. — C. Artère péronière. — D. Artère tibiale postérieure. — E. Bifurcation de cette dernière en plantaire externe et interne.

Système nerveux. — 1. Nerf sciatique poplité externe contournant l'extrémité supérieure du péroné dans l'épaisseur du muscle long péronier latéral. — 2. Nerf sciatique poplité interne qui traverse l'anneau du soléaire au-dessous duquel il prend le nom de, 3, tibial postérieur. — 4. Une des branches articulaires fournies par le nerf du muscle poplité. — 5, 5. Branches du tibial postérieur. — 6. Nerf du fléchisseur propre. — 7, 7. Nerfs du fléchisseur commun. — 8. Branches malléolaires et plantaires du tibial postérieur. — 9. Bifurcation de ce dernier en plantaires externe et interne.

FIGURE 3.

Elle montre, en haut, la situation des vaisseaux et nerfs tibiaux postérieurs entre la couche musculaire profonde et la couche superficielle, dont ils sont séparés par l'aponévrose profonde ; en bas, la réflexion des vaisseaux et des nerfs plantaires dans la gouttière calcanéo-astragalienne, et leurs rapports réciproques.

PLANCHE 64.

Trajet, rapports et distribution des nerfs plantaires interne et externe.

PRÉPARATION. — 1° Découvrez l'aponévrose plantaire, en ayant soin de ne pas couper les ramifications nerveuses qui rampent entre elle et la peau ; enlevez-la dans ses deux tiers antérieurs, pour démasquer le muscle et les nerfs plantaires qui lui sont subjacents, comme le présente la figure 1.

2° Coupez le muscle court fléchisseur à son insertion calcanienne et au niveau des articulations métatarso-phalangiennes ; échancrez un peu l'extrémité postérieure des muscles adducteur du gros orteil et abducteur du petit, et poursuivez les nerfs plantaires sur la couche musculaire subjacente, d'avant en arrière, jusqu'à leur origine, comme on le voit sur la figure 2.

3° Pour mettre à nu la branche profonde du nerf plantaire externe, comme elle est représentée par la figure 3, coupez au niveau des extrémités antérieures et postérieures des métatarsiens le long fléchisseur propre du gros orteil, le long fléchisseur commun et son accessoire, au-dessus duquel elle passe ; échancrez aussi un peu l'abducteur oblique.

FIGURE 1.

Nerfs plantaires sur la limite des régions plantaires interne et externe, se dégageant de dessus le court fléchisseur commun.

Explication de la figure 1.

Parties accessoires. — *a.* Aponévrose plantaire. — *b.* Muscle court fléchisseur commun. — *c.* Tendon du long fléchisseur propre. — *d.* Adducteur et court fléchisseur du gros orteil. — *e.* Adducteur et court fléchisseur du petit orteil. — De *f* à *f.* Muscles lombricaux.

Système nerveux. — 1, 1. Rameaux cutanés plantaires du tibial postérieur, anastomosés avec, 2, le rameau cutané du plantaire externe. — 3. Collatérale plantaire interne du gros orteil. — 4. Tronc commun des branches collatérales externe du gros orteil et interne du second, fournissant au premier lombrical. — 5. Tronc commun des branches collatérales externe du second orteil et interne du troisième, qui donne un rameau au deuxième lombrical. — 6. Tronc commun des collatérales externe du troisième et interne du quatrième orteil, anastomosé avec le plantaire externe. Ces quatre dernières branches sont fournies par le plantaire interne, comme on le voit dans la figure 2. — 7. Nerf plantaire externe. — 8. Sa branche musculaire ou profonde. — 9. Sa branche cutanée ou superficielle. — 10. Tronc commun des collatérales plantaires externe du quatrième orteil et interne du cinquième. — 11. Collatérale externe du cinquième orteil.

FIGURE 2.

Elle montre les nerfs plantaires depuis leur point de séparation du nerf tibial postérieur, jusqu'à leur terminaison.

Explication de la figure 2.

Parties accessoires. — *a.* Coupe du court fléchisseur commun des orteils. — *b.* Adducteur du gros orteil échancré à son extrémité postérieure. — *c.* Abducteur du petit orteil échancré aussi à son extrémité postérieure. — *d.* Long fléchisseur commun des orteils. — *e.* Son accessoire.

Système nerveux. — 1. Nerf plantaire interne accompagné de l'artère du même nom, fournissant, 2, un rameau au court fléchisseur commun. — 3. Branche interne du plantaire interne, constituant la collatérale interne du gros orteil, et fournissant, 4, des rameaux pour le muscle adducteur du gros orteil et, 5, pour le court fléchisseur du même orteil. — 6. Branche interne du plantaire interne, divisée bientôt en trois troncs communs qui, par leurs bifurcations, donnent les branches collatérales externe du gros orteil, interne et externe du second et du troisième et interne du quatrième. — 7. Anastomose entre les deux nerfs plantaires. — 8. Nerf plantaire externe accompagné par l'artère du même nom. — 9. Rameau de l'accessoire du long fléchisseur commun. — 10. Rameau de l'abducteur du petit orteil. — 11. Branche musculaire, profonde, s'enfonçant entre l'accessoire et l'abducteur oblique. — 12. Branche superficielle donnant la collatérale externe du quatrième orteil et les collatérales interne et externe du cinquième. Toutes les branches collatérales se divisent au niveau de l'extrémité postérieure de la dernière phalange en deux rameaux : l'un, 13, plantaire, qui se termine dans la pulpe de chaque orteil en s'anastomosant avec celui du côté opposé ; l'autre, 14, dorsal ou unguéal, qui se perd dans le derme sous-unguéal.

FIGURE 3.

On voit surtout la distribution de la branche profonde du nerf plantaire externe.

Explication de la figure 3.

Parties accessoires. — *a.* Accessoire du long fléchisseur commun, coupé. — *b.* Abducteur oblique échancré. — *c.* Abducteur transverse. — *d, d.* Troisième et quatrième lombricaux coupés. — *e.* Plan des muscles inter-osseux dorsaux et plantaires.

Système nerveux. — 1. Branche profonde du nerf plantaire externe se ramifiant dans l'abducteur oblique, l'abducteur transverse, les deux derniers muscles lombricaux et tous les muscles interosseux, dorsaux et plantaires. — 2. Rameau du court fléchisseur fourni par la branche superficielle du plantaire externe.

FIGURE 4.

Elle présente, sur une portion de gros orteil vu de profil, le rameau sous-unguéal d'une des branches collatérales.

PLANCHE 65.

Elle est destinée à montrer les nerfs articulaires des principales articulations des membres thoracique et abdominal.

FIGURE 1.

Articulation scapulo-humérale vue en avant. — Elle reçoit un rameau articulaire du nerf circonflexe.

FIGURE 2.

Articulations huméro-cubitale et radio-cubitale supérieure, plan antérieur. — Leurs nerfs articulaires émanent, en dehors du radial, en dedans du médian par l'intermédiaire du rameau du muscle rond pronateur.

FIGURE 3.

Articulation huméro-cubitale, plan postérieur (articulation du coude). — Les nerfs de cette articulation sont fournis en dedans directement par le nerf cubital, en dehors par le nerf du muscle anconé, rameau du radial.

FIGURE 4.

Articulation coxo-fémorale, plan antérieur. — Elle est animée par le rameau du pectiné, émanation du nerf crural.

FIGURE 5.

Articulation coxo-fémorale, plan postérieur. — C'est le plexus sacré, par l'intermédiaire du nerf du muscle carré, qui fournit à la face postérieure de cette articulation.

FIGURE 6.

Articulations fémoro-tibiale et péronéo-tibiale supérieure. — Les nerfs de ces articulations émanent directement du nerf poplité interne.

PLANCHES 66 et 67.

BRANCHES POSTÉRIEURES DES NERFS SPINAUX.

Ces branches, émanées des cordons plexiformes qui font suite aux ganglions spinaux, auxquels viennent aboutir les racines antérieures et postérieures, se dirigent d'avant en arrière, jusqu'aux trous de conjugaison, où elles sont séparées des branches antérieures par les ligaments transverso-costaux supérieurs. De là elles se portent obliquement entre les muscles profonds de la région postérieure du tronc, et se divisent en rameaux musculaires et en rameaux cutanés ou musculo-cutanés. Les branches postérieures sont remarquables par la brièveté de leur trajet, comparé à celui des branches antérieures, et par leur volume ordinairement inférieur, à quelques exceptions près, à celui de ces dernières. Elles ne forment pas de plexus, si ce n'est toutefois une sorte d'entrelacement situé à la région cervicale, et appelé *plexus* par quelques anatomistes; enfin elles n'ont aucune communication avec le grand sympathique.

Nous allons les étudier successivement dans les quatre régions *cervicale*, *dorsale*, *lombaire* et *sacrée*.

BRANCHES POSTÉRIEURES DES NERFS CERVICAUX.

Ces branches, qui diminuent progressivement de volume à partir de la troisième, se portent des trous de conjugaison vers les parties latérales du ligament cervical postérieur, en rampant dans l'espace celluleux qui sépare le transversaire épineux du grand complexus, et ce dernier du splénius; fournissent des rameaux à ses muscles, et traversent l'insertion aponévrotique du trapèze. Alors elles changent de direction, et marchent, les supérieures en haut, les inférieures en bas, les moyennes en affectant un trajet intermédiaire; toutes ces branches, sauf la première qui est entièrement musculaire, donnent des rameaux à tous les muscles de la région cervicale postérieure, et viennent s'épanouir dans la peau. Les trois premières s'anastomosent entre elles sous le grand complexus, et forment un entrelacement qui a reçu le nom de *plexus cervical postérieur*.

Branche postérieure de la première paire cervicale.—Elle sort entre l'occipital et l'arc postérieur de l'atlas, au-dessous de l'artère vertébrale, au milieu du triangle formé par les muscles grand droit postérieur de la tête, grand oblique et petit oblique. Cette branche, un peu plus volumineuse que l'antérieure, est entièrement musculaire; elle donne des rameaux aux muscles grand et petit droits postérieurs, grand et petit obliques postérieurs; elle fournit de plus un filet qui va s'anastomoser avec la deuxième branche postérieure.

Branche postérieure de la deuxième paire cervicale (*occipital interne*). — La plus volumineuse de toutes les branches postérieures, et double en volume de sa branche jumelle antérieure, elle sort du rachis entre l'atlas et l'axis, en croisant le bord inférieur du grand oblique. Elle marche d'abord obliquement en dedans et en haut, entre le grand oblique postérieur de la tête et le grand complexus qu'elle traverse, puis en dehors entre le grand complexus et le trapèze, perfore ce dernier, s'élargit en prenant un aspect rubaniforme, et devient sous-cutanée. Alors elle se dirige en haut, le long de l'artère occipitale, et va se terminer dans la peau de la région occipitale, après s'être divisée en un assez grand nombre de rameaux divergents. Dans tout son trajet, elle fournit : 1° des filets anastomotiques avec la première et la troisième branche cervicale, situés à la face profonde du grand complexus; 2° des rameaux musculaires pour le grand complexus, le splénius, le grand oblique et le trapèze; et 3° des rameaux cutanés pour le cuir chevelu. Ces derniers offrent cette particularité, qu'ils se séparent les uns des autres à angle aigu, et s'anastomosent entre eux et avec le nerf occipital externe, en interceptant des espaces losangiques. On peut poursuivre leurs ramifications jusqu'au sommet de la tête où elles s'anastomosent quelquefois avec les dernières divisions du frontal (branche de l'ophthalmique de Willis).

Branche postérieure de la troisième paire cervicale. — Cette branche, plus grêle que la précédente, sort du canal rachidien entre l'apophyse transverse de l'axis et celle de la troisième vertèbre cervicale, se dirige aussitôt en haut entre le transversaire épineux et le grand complexus, et donne un rameau anastomotique avec la deuxième paire.

Plexus cervical postérieur ou profond.

Ce sont les séries d'anastomoses des trois premières branches postérieures entre elles, qui forment le *plexus cervical postérieur ou profond*, plexus d'où émanent des branches pour tous les muscles voisins, savoir : 1° une *branche ascendante* qui traverse le grand complexus et le trapèze près de leurs insertions spinales, laisse quelques rameaux dans ces muscles, devient sous-cutanée et se perd dans la peau de la région occipitale, en dedans de la deuxième paire; 2° une *branche horizontale* qui se distribue à la peau de la nuque, après avoir traversé le trapèze.

Plexus cervical postérieur superficiel.

Les branches du plexus cervical postérieur, en se réfléchissant sur le grand complexus, s'anastomosent plusieurs fois entre elles, et forment un entrelacement situé entre le grand complexus et le splénius, qu'on peut appeler *plexus cervical postérieur superficiel;* ses branches sont destinées à la face profonde du splénius.

Branches postérieures des cinq dernières paires cervicales. — Celles-ci, beaucoup moins volumineuses que les précédentes, et d'autant plus petites qu'on les examine plus près de la région dorsale, offrent toutes une même distribution ; aussi les renferme-t-on généralement dans une seule description. Elles sont toutes musculo-cutanées; après leur sortie des trous de conjugaison, elles se portent obliquement en bas et en dedans, croisent le transversaire épineux, traversent le grand complexus, le splénius, le trapèze, dans lesquels elles laissent quelques rameaux, et viennent se terminer dans la peau des parties moyenne et inférieure de la région cervicale.

BRANCHES POSTÉRIEURES DES NERFS DORSAUX.

Séparées des branches antérieures par les ligaments transverso-costaux supérieurs, ces branches augmentent graduellement de volume, depuis la première jusqu'à la douzième; elles sont toutes destinées à la paroi postérieure musculo-cutanée du tronc. Elles présentent entre elles la plus grande analogie; cependant le mode de distribution des branches supérieures rappelle celui des nerfs cervicaux, tandis que les branches inférieures rappellent les paires lombaires; il est donc nécessaire, pour les décrire exactement, de les partager en trois sections.

1° *Branche postérieure de la première paire dorsale.*— Elle se divise comme les dernières branches cervicales, en deux rameaux : un musculaire profond qui anime les mêmes muscles que les dernières branches cervicales; un superficiel, destiné à la peau.

2° *Branches postérieures des deuxième, troisième, quatrième, cinquième, sixième, septième et huitième paires dorsales.* — Elles sont toutes destinées au thorax ; se dirigent en arrière, traversent les intervalles que laissent entre elles les apophyses transverses, et, parvenues dans les gouttières vertébrales, se divisent en deux rameaux, l'un externe, l'autre interne. Le *rameau externe* musculaire se place entre le sacro-lombaire et le long dorsal, dans lesquels il se ramifie. Le *rameau interne*, musculo-cutané, se réfléchit sur le bord externe du transversaire épineux, laisse quelques filets dans ce muscle, traverse les insertions du grand dorsal et du trapèze pour devenir sous-cutané, se porte en dehors, et va, après un certain trajet, se perdre dans la peau du dos, vers l'épine de l'omoplate.

M. Cruveilhier dit avoir rencontré une fois deux ganglions sur la branche musculo-cutanée des troisième, quatrième et cinquième paires dorsales; une autre fois, il les vit placés sur les branches cutanées des première et troisième paires; à ces ganglions, que j'ai rencontrés aussi, on peut en ajouter deux autres que j'ai trouvés sur les branches postérieures des sixième et septième paires cervicales, à l'endroit où elles perforent le trapèze.

3° *Branches postérieures des neuvième, dixième, onzième, douzième paires dorsales.* — Ces branches vont se placer, au sortir des trous de conjugaison, dans l'espace celluleux compris entre le sacro-lombaire et le long dorsal. Elles laissent des filets dans l'épaisseur de la masse sacro-lombaire, perforent obliquement les aponévroses des muscles grand dorsal, petit dentelé postérieur et inférieur, petit oblique et transverse, deviennent sous-cutanées, et envoient des rameaux cutanés internes vers la ligne médiane, et des rameaux externes dont les uns se perdent dans la peau des parties latérales de l'abdomen, et les autres, particulièrement celui de la douzième, dans la peau de la région fessière.

BRANCHES POSTÉRIEURES DES NERFS LOMBAIRES.

Les branches lombaires, plus grosses que les branches dorsales, diminuent de volume en allant de haut en bas; elles offrent une distribution analogue à celle des dernières paires dorsales. Les trois premières, musculo-cutanées, traversent la masse commune, lui fournissent de nombreux filets, et perforent l'aponévrose pour devenir sous-cutanées; alors elles envoient des rameaux cutanés internes qui gagnent la ligne médiane, et des rameaux cutanés externes plus considérables, pour les parties latérales des régions lombaire et fessière. Ces derniers se dirigent verticalement en bas en croisant perpendiculairement la crête de l'os des iles, et s'anastomosent entre eux, avec quelques rameaux des dernières branches postérieures dorsales et avec la première branche antérieure lombaire, en formant une sorte de plexus.

Les deux dernières sont simplement musculaires et donnent des rameaux à la masse commune et au transversaire épineux.

BRANCHES POSTÉRIEURES DES NERFS SACRÉS.

Excessivement déliées, elles sortent par les trous sacrés postérieurs, s'anastomosent toutes les unes avec les autres en arcades, et fournissent : 1° des rameaux musculaires pour la masse commune et le grand fessier; 2° des rameaux cutanés pour la peau de la région sacro-coccygienne.

PLANCHES 66 et 67.

BRANCHES POSTÉRIEURES DES NERFS RACHIDIENS.

Ces branches offrant entre elles une grande uniformité de distribution, et pouvant être étudiées sur le même sujet, nous les avons toutes figurées sur la même planche, mais à des couches différentes sur les deux moitiés. Sur le côté droit on peut suivre de haut en bas, par des couches superposées de profondeur variable, les nerfs musculaires depuis leur sortie des trous de conjugaison postérieurs jusqu'à leur distribution dans les muscles. Les branches cutanées ont été en partie conservées et en partie coupées, après la perforation de l'aponévrose. Le côté gauche montre uniquement les nerfs cutanés ramifiés sur les surfaces aponévrotiques, avant leur épanouissement dans la peau.

PRÉPARATION. — Le sujet étant couché sur le ventre, le dos et le cou fortement tendus par deux billots de grosseur différente, placés l'un sous l'abdomen, l'autre sous la poitrine : 1° divisez la peau le long des apophyses épineuses, depuis la voûte du crâne jusqu'au sommet du coccyx ; 2° détachez la peau de l'aponévrose de dedans en dehors pour le dos et les lombes, de bas en haut pour le cou et la tête. A mesure que vous vous éloignez de la ligne médiane, ayez soin de ménager avec l'aponévrose la couche cellulo-adipeuse ; cela fait, découvrez les nerfs cutanés ramifiés sur la surface aponévrotique, depuis leur perforation de l'aponévrose jusqu'à leur épanouissement dans la peau.

Pour suivre ces mêmes nerfs de la superficie vers la profondeur, et mettre à découvert en même temps les branches musculaires, détachez de leurs insertions externes les muscles trapèze, grand dorsal, rhomboïde, dentelés postérieur, supérieur et inférieur ; renversez-les de dedans en dehors, jusqu'à ce que vous ayez reconnu le passage des nerfs, alors vous les renverserez du côté opposé, où vous les couperez au niveau de leur perforation. Disséquez les deux portions du splénius, détachez les nerfs de sa face profonde (plexus cervical superficiel postérieur), laissez-les appliqués sur la partie inférieure du grand complexus et coupez l'insertion mastoïdienne du splénius. Le petit complexus doit être renversé en dehors, le grand complexus échancré vers sa partie moyenne, afin de mettre à nu le plexus cervical postérieur profond, placé d'une part entre le grand complexus et le transversaire épineux, d'une autre part entre les grands et petits droits et obliques postérieurs de la tête.

On doit aussi disséquer avec soin les muscles longs du dos ; les nerfs traversant plus ou moins la ligne cellulo-graisseuse qui sépare le sacro-lombaire du long dorsal, il convient de renverser le premier de ces muscles en dehors et le second en dedans, afin de mettre à nu les branches qui les animent et de suivre les nerfs depuis la ligne cellulo-graisseuse jusqu'aux trous de conjugaison postérieurs. Par l'ablation d'une portion du long dorsal et par le renversement en dedans du transversaire épineux, on découvrira les nerfs du dernier de ces muscles ; enfin en échancrant une portion de la masse commune, on verra les anastomoses des nerfs sacrés entre eux.

Explication de la figure.

Parties accessoires. — *a*. Aponévrose épicrânienne. — *b*, *b*, *b*. Surface aponévrotique des régions cervicale, dorsale et lombaire. — *c*. Aponévrose fessière. — *d*. Coupe du trapèze. — *e*, *e*. Fragments du splénius. — *f*, *f*. Grand complexus. — *g*. Petit complexus renversé. — *h*. Grand et petit droits postérieurs de la tête. — *i*. Grand et petit obliques postérieurs de la tête. — *j*. Sacro-lombaire. — *k*, *k*. Long dorsal échancré au milieu. — *l*. Transversaire épineux.

Système nerveux. — 1. Branche postérieure de la première paire cervicale, donnant des rameaux aux grands et petits droits et obliques postérieurs de la tête, et s'anastomosant avec, 2, la branche postérieure de la deuxième cervicale (nerf occipital interne). Cette dernière traverse successivement le complexus et le trapèze, et, devenue sous-cutanée, se ramifie dans la peau de la partie postérieure de la tête. — 3. Anastomose du nerf précédent avec la branche auriculaire. — 4. Branche postérieure de la troisième paire, divisée en deux rameaux, l'un ascendant, l'autre descendant; et anastomosée avec les branches précédente et suivante, pour constituer le plexus cervical postérieur. — De 5 à 5. Branches postérieures des cinq dernières paires cervicales. — De 6 à 6. Branches postérieures des six premières dorsales, donnant des rameaux externes musculaires et des rameaux internes musculo-cutanés. — De 7 à 7. Branches postérieures des six dernières paires dorsales, qui fournissent à la fois les rameaux cutanés et musculaires. — De 8 à 8. Branches postérieures des paires lombaires; les deux premières coupent perpendiculairement la crête iliaque, s'anastomosent plusieurs fois les unes avec les autres et se ramifient dans la peau de la région fessière. — De 9 à 9. Branches postérieures des paires sacrées, anastomosées en arcades, dans l'épaisseur de la masse commune. — De 10 à 10. Rameaux cutanés de la région cervicale. — De 11 à 11. Rameaux cutanés de la région dorsale. — De 12 à 12. Rameaux cutanés des régions lombaire et fessière.

PLANCHES 68, 69, 70, 71 et 72.

GRAND SYMPATHIQUE

(NERF DE LA VIE ORGANIQUE, TRISPLANCHNIQUE, SYSTÈME DES NERFS VÉGÉTATIFS OU GANGLIONNAIRES, NERF INTERCOSTAL).

Le grand sympathique est cette partie du système nerveux qui se compose d'une série considérable de renflements ou ganglions rougeâtres ou grisâtres, réunis entre eux par des cordons intermédiaires quelquefois renflés, de manière à former un système continu, communiquant d'une part avec presque tous les nerfs vertébro-crâniens, et se distribuant particulièrement, de l'autre part, dans les organes des fonctions involontaires.

C'est ainsi qu'il tient sous sa dépendance les phénomènes organiques les plus importants, des viscères qui concourent à former les appareils digestif, respiratoire, circulatoire et sécrétoire; viscères dont les fonctions se produisent involontairement en nous et sans que nous en ayons conscience : tels sont les mouvements de l'estomac et des intestins, l'assimilation, les mouvements du cœur, etc.; tandis qu'au contraire le système nerveux médullo-encéphalique aurait dans ses attributions la vie de relation et de conscience.

Le grand sympathique est situé profondément au-devant de la colonne vertébrale; il se prolonge supérieurement dans la cavité crânienne, inférieurement dans l'excavation pelvienne, et offre sur son trajet ainsi qu'à ses extrémités plusieurs anastomoses médianes.

Eu égard à leur siége, tous les renflements sympathiques peuvent être désignés sous le nom générique de *ganglions sus-vertébraux splanchniques*, divisés en : 1° *ganglions sus-vertébraux*, et 2° *ganglions splanchniques*.

1° *Ganglions sus-vertébraux*. — Ils se présentent sous la forme d'un long cordon renflé de distance en distance, étendu de chaque côté, sur la partie antérieure et latérale de la colonne vertébrale, depuis la tête jusqu'au coccyx; communiquant, d'une part, avec tous les nerfs rachidiens et avec presque tous les nerfs crâniens, de l'autre part avec les ganglions et les plexus splanchniques.

2° *Ganglions splanchniques*. — Ils se composent de ganglions plats et de cordons renflés qui se réunissent les uns avec les autres, de manière à former des plexus, lesquels répondent directement ou indirectement à la partie antérieure et médiane de la colonne vertébrale; s'unissent en dehors avec les deux cordons ou chaînes ganglionnaires, entre lesquelles ils établissent une communication intime, et fournissent en dedans des nerfs qui enlacent les artères, avec lesquelles ils pénètrent dans les viscères.

ORIGINE.

Une question qui a été gravement débattue, et qui n'est pas encore jusqu'à présent résolue d'une manière complète, est de savoir quelle est l'origine réelle du grand sympathique.

Si l'on consulte les auteurs à ce sujet, on trouve trois opinions en regard :

1° Celle qui fut développée avec tant de talent par Bichat, inspiré qu'il était lui-même par les idées déjà fécondes de Winslow et de Reil. D'après eux, le grand sympathique est considéré comme un système nerveux spécial; et les ganglions qui le composent, comme autant de petits centres indépendants les uns des autres et distincts du centre encéphalique, communiquant seulement entre eux et avec le centre médullo-encéphalique par de simples branches intermédiaires.

2° Celle de Sarlandière et de Burdach qui pensent que le grand sympathique tire son origine des organes intérieurs, pour se terminer dans tous les points du système cérébro-spinal. Quelque peu de faveur dont jouisse cette opinion, elle est néanmoins soutenable, lorsqu'on a égard au développement du sympathique, qui apparaît de très bonne heure, avant même les autres parties du système nerveux, en même temps que les organes splanchniques dans lesquels il se distribue; et lorsqu'on se rappelle que ce nerf se trouve bien développé chez les acéphales, et chez les monstres qui sont privés à la fois de l'encéphale et de la moelle épinière.

3° Une opinion diamétralement opposée à la précédente, soutenue par les plus anciens et les plus modernes anatomistes, consiste à regarder le grand sympathique comme émergeant par des racines multiples du système nerveux médullo-encéphalique, pour se terminer dans les organes intérieurs, après avoir subi toutefois des modifications notables par son mélange avec la substance ganglionnaire.

Mais les partisans de cette dernière opinion ne s'accordent en aucune manière sur l'origine précise du grand sympathique, à savoir, quelle est la portion spéciale du système nerveux médullo-encéphalique qui lui donne naissance. Ainsi, Gallien, Valsalva, Vésale, Eustachi, Morgagni, le considérant comme un nerf encéphalique, le faisaient dériver de la cinquième ou de la sixième paire crânienne, ou même des deux ensemble; ils le regardaient encore comme une dépendance du pneumogastrique. Riolan et Pourfour du Petit lui donnèrent pour origine la moelle épinière, et en firent un nerf spinal (*médullaire*). D'après Wrisberg, Scarpa, etc., il proviendrait de la cinquième et de la sixième paire crânienne, et de toutes les paires rachidiennes; suivant Lieutaud et Autenrieth, de tous les nerfs cérébro-spinaux. Valentin, se basant sur des recherches microscopiques, le considère comme un nerf médullaire; voici ses propres paroles: « Eu égard à ses fibres primitives essentielles, c'est un nerf rachidien, attendu qu'il ne conduit jusqu'à une certaine distance qu'un très petit nombre de fibres primitives provenant du cerveau. Mais ce qui le distingue parfaitement des autres nerfs rachidiens, c'est qu'au lieu de prendre ses racines dans un point déterminé et unique de cet organe (la moelle), il les puise dans toute l'étendue de sa longueur. En effet, de chaque nerf rachidien, ou pour être plus précis, des deux racines de chacun de ces nerfs, partent des filets radiculaires qui pénètrent dans les ganglions correspondants du grand sympathique. Ces filets, tantôt ne font que les traverser en ligne droite, tantôt s'entrelacent avec les fibres primitives qui s'y trouvent; la plupart d'entre eux vont gagner de là le cordon de jonction, puis marchent vers le ganglion suivant, y apparaissent comme fibres primitives embrassantes, et en sortent pour passer, les unes dans les filets destinés aux organes, les autres dans le cordon de jonction avec le ganglion suivant, et ressortir plus bas dans les branches latérales. »

La physiologie confirme pleinement ces dernières données anatomiques; les expériences de Legallois sur la moelle épinière nous montrent, en effet, que le grand sympathique est sous sa dépendance. Aussi, de nos jours, on admet généralement que le grand sympathique puise son origine dans le système nerveux médullo-encéphalique par toutes les branches de communication, lesquelles sont envisagées comme autant de racines; seulement ce nerf subit des modifications notables par son mélange avec la substance ganglionnaire, qui soustrait à l'influence de la volonté et de la conscience les organes dans lesquels il se distribue.

D'après Müller, Wutzer, Retzius et Panizza, chaque ganglion sympathique prendrait naissance, par un ou plusieurs filets, des deux groupes de racines des nerfs rachidiens, et par conséquent des fibres sensitives et motrices. Mayer (cité par Müller) a poussé ses investigations plus loin, il a pu suivre les fibres ganglionnaires à travers les racines antérieures et postérieures jusqu'à la moelle épinière. J'avoue que je n'ai pas été aussi heureux dans mes propres recherches, et malgré plusieurs tentatives, je n'ai jamais pu poursuivre les filets ganglionnaires du grand sympathique au delà des ganglions des nerfs rachidiens.

Les ganglions sympathiques fournissent de nombreux rameaux qui peuvent être distingués en trois genres: 1° ceux qui réunissent les ganglions sympathiques entre eux, et semblent former ainsi un nerf continu ; 2° ceux qui unissent les ganglions sympathiques aux ganglions intervertébro-crâniens ; et 3° ceux qui des ganglions se rendent aux organes.

Ces derniers, gris et mous, vont les uns directement aux viscères ; les autres n'y parviennent qu'après s'être mélangés sur leur trajet avec la substance des ganglions splanchniques. Ceux-ci sont placés, surtout dans l'abdomen, sur la région médiane du tronc, au voisinage des gros troncs artériels, entre les deux chaînes ganglionnaires, qu'ils font communiquer l'une avec l'autre ; il en résulte que tous les ganglions du corps sont unis ensemble, comme les anneaux d'une même chaîne.

Les ganglions splanchniques, réunis entre eux par de gros rameaux et associés à quelques nerfs qui émanent directement du centre nerveux médullo-encéphalique, forment quatre principaux plexus, savoir : 1° le plexus pharyngien, 2° le plexus cardiaque, 3° le plexus solaire, et 4° le plexus hypogastrique. Le plexus pharyngien et le plexus hypogastrique sont pairs, c'est-à-dire qu'il existe un plexus pharyngien et un plexus hypogastrique de chaque côté de la ligne médiane ; les deux plexus du même nom communiquent par des rameaux anastomotiques. Le plexus cardiaque et le plexus solaire sont impairs et situés sur la ligne médiane.

Le pneumogastrique entre dans la formation des plexus pharyngien, cardiaque et solaire ; dans le plexus pharyngien, il mélange ses fibres avec celles du glosso-pharyngien et du spinal. Les branches viscérales des nerfs sacrés contribuent à former le plexus hypogastrique.

La distribution du pneumogastrique dans les viscères, distribution exceptionnelle pour un nerf crânien, ne doit pas étonner, si l'on songe à l'analogie de forme et d'action qui existe entre le pneumogastrique et le grand sympathique, analogie qui paraît encore plus sensible, si l'on examine ces deux nerfs chez les animaux. En effet, Weber a pu constater que chez les animaux inférieurs le pneumogastrique est d'autant plus développé que le grand sympathique l'est moins, et qu'il finit même par le remplacer complétement dans certaines espèces, comme les mollusques céphalopodes.

Des quatre plexus médians du grand sympathique émergent des plexus secondaires qui entourent les artères dont ils prennent le nom, et pénètrent avec elles dans l'épaisseur des organes, pour s'y terminer.

Indépendamment des fréquentes anastomoses médianes qu'offrent sur leur trajet les deux chaînes ganglionnaires par l'intermédiaire des plexus viscéraux, elles communiquent encore à leurs extrémités supérieures et inférieures. Les extrémités supérieures ou céphaliques pénètrent dans la cavité crânienne par le canal carotidien, accolées aux artères carotides internes ; elles s'anastomosent entre elles sur l'artère communiquante antérieure et sur la gouttière basilaire ; elles s'anastomosent aussi avec plusieurs nerfs et ganglions crâniens. Les extrémités inférieures ou pelviennes se terminent à la base du coccyx, en se réunissant sur la ligne médiane à l'aide d'un petit ganglion et en constituant une arcade à convexité tournée en bas, de laquelle émergent quelques filets qui se perdent sur la face antérieure du coccyx.

La multiplicité des ganglions du grand sympathique, leurs nombreuses relations d'origine avec les nerfs médullo-encéphaliques, et leurs rapports différents dans les différentes régions du tronc, m'autorisent à diviser le grand sympathique en *portion céphalo-cervicale*, *portion thoracique*, *portion abdominale* et *portion pelvienne*.

1° PORTION CÉPHALO-CERVICALE.

Depuis la découverte des ganglions ophthalmique, sphéno-palatin, otique, etc., l'existence de la portion céphalique du grand sympathique est devenue un sujet de controverse parmi les anatomistes. Les uns, rattachant au système ganglionnaire de la vie organique tous les ganglions, quel que soit le lieu qu'ils occupent, admettent que le grand sympathique s'étend à la tête, comme au thorax et à l'abdomen ; de là, la dénomination de trisplanchnique sous laquelle ils l'ont désigné. Les autres, au contraire, soutiennent, mais sans faire connaître leurs motifs, que les ganglions de la tête appartiennent à une tout autre catégorie que ceux du grand sympathique, et que celui-ci n'a pas de portion céphalique.

D'après M. Longet, la partie céphalique du grand sympathique est représentée par les ganglions de la tête et par les nombreuses irradiations du ganglion cervical supérieur qui accompagnerait, soit la carotide interne, soit la carotide externe, ainsi que la plupart de leurs branches. M. Arnold considère les ganglions de la tête comme constituant un petit système à part destiné aux organes des sens. M. Blandin, tout en admettant la distinction spéciale aux organes des sens, des ganglions crâniens, les rattache à la série des autres ganglions sympathiques : selon lui, la portion céphalique du grand sympathique se composerait surtout des ganglions ophthalmique, sphéno-palatin, otique, sous-maxillaire et sublingual ; le ganglion cervical supérieur concourrait aussi à sa formation.

Pour mon compte, les ganglions de la tête n'appartiennent nullement au système ganglionnaire du grand sympathique, mais ils forment un petit appareil de ganglions à part qui dépendent des nerfs crâniens (cinquième et troisième paires) de la même manière que les ganglions intervertébraux dépendent des nerfs rachidiens. Les raisons anatomiques qui m'ont fait adopter cette manière de voir sont les suivantes : 1° Lorsque quelques uns des ganglions crâniens manquent, les rameaux qui en proviennent habituellement émergent du trijumeau. Ainsi, les ganglions sphéno-palatin, otique, sublingual et sous-maxillaire, manquent quelquefois chez l'homme ; le ganglion sphéno-palatin n'existe pas chez les ruminants, les rongeurs ; il manque aussi chez le chat : alors les rameaux qui en naissent ordinairement viennent du trijumeau. On a vu aussi le ganglion ophthalmique manquer dans quelques espèces, et les nerfs ciliaires tirer leur origine, soit de la cinquième paire, soit de la troisième. 2° Les liens qui rattachent les ganglions de la tête à l'appareil ganglionnaire du grand sympathique (racines végétatives) manquent assez souvent, et même on pourrait contester l'existence des racines végétatives des ganglions otique, sous-maxillaire, sublingual ; tandis que j'ai toujours constaté la présence des filets (racines sensitivo-motrices) qui les fixent aux nerfs crâniens. 3° Ces ganglions, quelquefois rougeâtres, ont souvent un aspect aussi blanc que celui des nerfs crâniens, ce qui s'explique parce qu'ils renferment beaucoup moins de substance grise que les ganglions sympathiques. 4° Si l'on examine enfin la texture des ganglions crâniens, on voit qu'elle est tout à fait analogue à celle des ganglions intervertébraux, tandis qu'elle diffère de celle des ganglions sur-vertébraux splanchniques.

Des recherches toutes récentes et pleines d'intérêt de M. le docteur Ch. Robin viennent pleinement confirmer cette dernière assertion ; voici ses propres paroles : « Il entre dans la constitution des ganglions nerveux crâniens les mêmes corpuscules ganglionnaires (cellules nerveuses de beaucoup d'auteurs) que dans les ganglions rachidiens. Quelques uns de ces corpuscules correspondent aux tubes nerveux minces, ils sont moins nombreux que ceux de même nature existant dans les ganglions du grand sympathique. Celui des ganglions qui en renferme le plus est le ganglion de Gasser, qui certainement ne sera pas comparé aux ganglions du grand sympathique. Les ganglions crâniens (ophthalmique, géniculé, sous-maxillaire, etc.) sont, comme les ganglions rachidiens, remarquables surtout par l'abondance des corpuscules ganglionnaires, comparativement au tissu cellulaire et à la matière amorphe granuleuse ; c'est à cette prédominance des corpuscules qu'est due la couleur blanche des ganglions nerveux céphaliques qui les distingue déjà à l'œil nu des ganglions sympathiques, différence qui coïncide avec une différence de structure intime, puisque dans les ganglions nerveux viscéraux on trouve, au contraire, une grande proportion de cette substance amorphe et aussi de tissu cellulaire et d'éléments fibro-plastiques, comparativement à la masse des globules ganglionnaires.

» Ainsi donc : 1° La proportion considérable des corpuscules dans les ganglions céphaliques, la petite proportion des éléments accessoires, comparée à la petite quantité des corpuscules dans les ganglions des nerfs viscéraux, relativement à la grande proportion des éléments accessoires ; ces faits, disons-nous, montrent que les ganglions des nerfs de la tête ne peuvent pas être considérés comme les analogues des ganglions du système nerveux dit de nutrition. 2° Les faits indiqués précédemment prouvent que l'on peut comparer les ganglions crâniens aux ganglions rachidiens, puisqu'ils contiennent les mêmes éléments fondamentaux et accessoires. »

L'existence constante de liens qui les fixent aux nerfs médullo-encéphaliques, la communauté d'aspect et de texture, m'autorisent à supposer une communauté de fonctions dans les ganglions crâniens et dans les ganglions rachidiens. Si donc les idées d'Arnold sont fondées, relativement à l'usage des ganglions crâniens, les ganglions rachidiens (intervertébraux) devront aussi être considérés comme des ganglions sensoriaux, avec cette restriction, toutefois, que les ganglions crâniens ont sous leur dépendance les quatre sens spéciaux qui ont leur siége à la tête; tandis que les ganglions intervertébraux, étant situés sur le trajet de toutes les racines sensitives, auront pour usage de modifier la perception des sensations générales, et de rendre les nerfs sur le trajet desquels ils sont placés aptes à transmettre les sensations spéciales du tact et du toucher.

Après avoir démontré que les ganglions de la tête ne peuvent, anatomiquement parlant, être considérés comme la portion céphalique du grand sympathique, il nous reste à parler du prolongement crânien du ganglion cervical supérieur, qui, à raison de ses nombreuses connexions avec les nerfs crâniens, de ses divisions, de ses anastomoses, de ses plexus multiples et de ses ganglions (ganglion carotidien et peut-être ganglion pituitaire), peut être envisagé comme l'origine céphalique du grand sympathique.

A la région cervicale, le grand sympathique est situé au-devant des muscles grand droit antérieur de la tête et long du cou, qui le séparent de la face antérieure de la colonne vertébrale; derrière les artères carotides interne et primitive, la veine jugulaire et le nerf pneumogastrique, auxquels il est uni par un tissu filamenteux très lâche. Il se compose ordinairement de trois ganglions distingués en *supérieur*, *moyen* et *inférieur*, qui communiquent entre eux par deux cordons offrant quelquefois de petits renflements sur leur trajet. Nous verrons plus loin qu'il existe aux régions dorsale, lombaire et sacrée, presque autant de ganglions sympathiques qu'il y a de nerfs rachidiens.

Cette différence de nombre entre les deux ordres de renflements tient, en général, à ce que souvent plusieurs ganglions sympathiques sont confondus en un seul, et qu'au cou, particulièrement, le ganglion cervical supérieur, mesurant la hauteur de trois ou quatre vertèbres, pourrait être considéré comme représentant à lui seul plusieurs ganglions. D'après les recherches sur l'anatomie comparée, de D. de Blainville, il résulterait qu'il existe surtout chez les oiseaux, dans le canal de l'artère vertébrale, sur le trajet du nerf vertébral (émanation du ganglion cervical inférieur), des ganglions en nombre égal aux vertèbres, et par conséquent aux ganglions rachidiens (intervertébraux), ganglions qu'il considérerait comme la véritable continuation du grand sympathique. Mais si cette disposition anatomique et l'interprétation qui en découle ont une apparence de vérité, pour les oiseaux, il n'en est pas de même pour l'homme, chez lequel je n'ai jamais vu ces ganglions; aussi ne décrirai-je dans la portion cervicale du grand sympathique que trois ganglions.

GANGLION CERVICAL SUPÉRIEUR.

Eu égard aux nombreux rameaux qu'il envoie vers la tête, rameaux qui forment la portion céphalique du grand sympathique, aux racines qu'il puise dans les trois premiers nerfs cervicaux, et aux branches qui restent en partie au cou, ce renflement peut être désigné sous le nom de *ganglion céphalo-cervical.*

Ce ganglion, remarquable par son existence constante, ordinairement simple, très rarement double, quelquefois bifurqué à son extrémité inférieure, toujours plus volumineux que les ganglions moyen et inférieur, est situé au-dessous de l'orifice inférieur du canal carotidien, au-devant de la deuxième et de la troisième vertèbre cervicale, dont il est séparé par le muscle grand droit antérieur de la tête; derrière l'artère carotide interne, au côté interne et postérieur des nerfs glosso-pharyngien, pneumogastrique et hypoglosse, auxquels il est uni. Il est allongé, arrondi, souvent fusiforme, quelquefois olivaire, plus rarement étranglé de distance en distance; sa consistance est molle, sa couleur est ordinairement d'un rouge grisâtre.

Il fournit ou reçoit des rameaux qui sont distingués en *supérieurs*, *inférieurs*, *externes*, *internes* et *antérieurs.*

A. — RAMEAUX SUPÉRIEURS OU ASCENDANTS.

Ils sont habituellement au nombre de deux, l'un *antérieur*, l'autre *postérieur*. Le *postérieur*, très grêle, se dirige vers les ganglions du glosso-pharyngien et du pneumogastrique, quelquefois aussi vers l'hypoglosse, et s'anastomose avec eux.

Le *rameau antérieur*, d'une couleur grisâtre, beaucoup plus gros que le précédent, et qui semble être la continuation de l'extrémité supérieure du ganglion, monte en dedans et en arrière de l'artère carotide interne, avec laquelle il s'introduit dans le canal carotidien, où il se divise en deux ramuscules, l'un *externe*, l'autre *interne*. Ces ramuscules communiquent entre eux par des filets anastomotiques, et forment autour de l'artère un plexus constitué par l'intrication de filaments mous et rougeâtres.

a. *Ramuscule externe.* — Il longe le côté externe et postérieur de la carotide, communique dans son trajet ascendant par plusieurs filets très déliés, avec le ramuscule interne, et s'anastomose successivement : 1° avec le rameau tympanique du *glosso-pharyngien* (nerf de Jacobson); 2° avec le ganglion *sphéno-palatin;* 3° il s'unit par un ou plusieurs filets avec le nerf *moteur oculaire externe* (sixième paire); 4° parvenu dans le sinus caverneux, ce ramuscule se partage en plusieurs filets dont les uns produisent assez fréquemment une petite lame nerveuse appelée *ganglion carotidien.*

1° *Anastomose avec le rameau tympanique du glosso-pharyngien (nerf de Jacobson).* — La communication du ramuscule externe avec le nerf de Jacobson a lieu par un ou deux filets qui perforent la paroi externe du canal carotidien, parviennent dans la cavité tympanique où ils parcourent des rainures ou des canaux creusés sur le promontoire, s'y anastomosent avec les divisions du rameau de Jacobson et contribuent à la formation du plexus tympanique.

2° *Anastomose avec le ganglion sphéno-palatin.* — Au niveau de l'orifice supérieur du canal carotidien et sous l'artère qui parcourt ce canal, il se détache du ramuscule externe un nerf grisâtre qui traverse d'arrière en avant la substance cartilagineuse du trou déchiré antérieur, puis le canal de la base de l'apophyse ptérygoïde (canal vidien), s'y accole au grand pétreux superficiel (filet crânien du nerf vidien), et aboutit avec ce dernier au ganglion sphéno-palatin. C'est par l'intermédiaire de ce nerf que Meckel, rattachant ce dernier renflement au ganglion cervical supérieur, faisait surtout dériver le grand sympathique du trijumeau. C'est aussi ce même nerf que M. Arnold considère comme la racine végétative du ganglion sphéno-palatin. Nous avons déjà dit, à propos des nerfs crâniens, que les anatomistes qui regardent ce rameau (rameau carotidien du nerf vidien) comme une émanation du ganglion sphéno-palatin lui font parcourir un trajet inverse.

3° *Anastomose avec le nerf moteur oculaire externe (sixième paire).* — Dans le sinus caverneux, deux ou trois filets mous, d'un gris cendré et assez résistants, émanent du ramuscule externe, et s'unissent à angle aigu avec le moteur oculaire externe, au moment où il croise en dehors l'artère carotide interne. Au point où se fait cette anastomose, il n'est pas rare de voir un petit plexus isolé, et même quelquefois un renflement, d'où partent quelques filets qui concourent à la formation du réseau nerveux enlaçant l'artère carotide interne et ses divisions.

4° *Ganglion carotidien ou caverneux.* — Lorsqu'il existe, il est situé sur le côté externe et un peu inférieur de la carotide interne, au niveau de sa seconde courbure ; il a l'aspect d'une lame nerveuse grisâtre; sa forme est variable, son volume est celui du ganglion ophthalmique. A son côté postérieur aboutissent quelques divisions du ramuscule externe, de son côté antérieur émergent plusieurs filaments très ténus dont les uns s'anastomosent avec le moteur oculaire externe, dont les autres, continuant leur marche ascendante, contribuent à la formation du plexus caverneux.

b. *Ramuscule interne.* — Ordinairement moins gros que l'externe, ce ramuscule se porte obliquement en haut et en avant, sur le côté interne de la carotide, fournit aussitôt un ou deux filets qui s'unissent par plusieurs ramifications avec le tronc commun et avec le ramuscule externe pour enlacer la carotide interne, et, parvenu au côté inférieur de la portion de l'artère comprise entre la première et la seconde courbure, donne : 1° des filets basilaires, 2° une anastomose avec le moteur oculaire externe. Il se termine enfin dans le sinus caverneux par des filaments très grêles, dont les uns s'anastomosent avec le ramuscule externe et dont les autres contribuent à la formation du plexus caverneux.

1° *Filets basilaires.* — Ces filets, d'une coloration grisâtre, d'une ténuité extrême, à peine visibles à l'œil nu, mais dont le microscope constate parfaitement la réalité, sont au nombre de deux ou trois. Ils se détachent du ramuscule interne, s'enfoncent dans l'épaisseur de la dure-mère qui revêt la gouttière basilaire, s'y dirigent transversalement vers la ligne médiane pour s'anastomoser avec des filets semblables venus du côté opposé, et forment ainsi plusieurs arcades transversales qui communiquent entre elles par des filets perpendiculaires, de manière à constituer un petit plexus que j'ai désigné sous le nom de *plexus basilaire*. Ce plexus, que j'ai disséqué pour la première fois en 1845, a été le sujet d'un mémoire lu à l'Académie des sciences; j'ai su depuis que M. Valentin avait, lui aussi, décrit les filets basilaires.

2° *Anastomose du ramuscule interne avec le moteur oculaire externe.* — Indépendamment des communications du ramuscule externe avec le nerf de la sixième paire, il existe encore une anastomose entre ce dernier et le ramuscule interne. C'est grâce à cette double communication avec le nerf moteur oculaire externe, qu'on a voulu faire venir, comme nous l'avons dit plus haut, le grand sympathique de la sixième paire.

c. *Plexus caverneux.* — Ce plexus résulte de l'entrelacement des filets du ramuscule externe, du ramuscule interne et du ganglion carotidien. Il est situé dans le sinus caverneux, autour de la portion caverneuse de l'artère carotide interne ; sa consistance est molle, sa couleur grisâtre; on y trouve des ramifications vasculaires très fines, entremêlées aux filaments nerveux. De ce plexus partent un certain nombre de ramifications qui vont s'anastomoser avec les nerfs voisins, savoir : 1° avec le moteur oculaire commun ; 2° avec le pathétique; 3° avec le ganglion de Gasser et deux de ses branches (ophthalmique de Willis et maxillaire supérieur), et 4° avec le ganglion ophthalmique. Ce dernier rameau émerge de la partie antérieure du plexus, parvient dans la cavité orbitaire conjointement avec les nerfs moteur oculaire commun et ophthalmique de Willis, entre lesquels il est placé, et se réunit tantôt à la racine grêle des ganglions, tantôt au ganglion lui-même, dans l'intervalle de ses deux racines sensitive et motrice : on l'a considéré comme la racine végétative du ganglion ophthalmique.

Le plexus caverneux fournit encore de nombreuses ramifications aux diverses branches de l'artère carotide interne, ramifications qui s'étendent en plexus autour de ces branches, comme on le voit pour les artères ophthalmique, cérébrales antérieure et moyenne, et toutes leurs divisions ; on a même vu un plexus sur l'artère centrale de la rétine. Quelques filets s'anastomosent sur l'artère communiquante antérieure avec ceux du côté opposé ; ils offrent, d'après Béclard, un petit ganglion. Enfin, plusieurs rameaux se portent vers le corps pituitaire et sa tige ; les uns s'y perdent, les autres forment autour de cet organe plusieurs anastomoses médianes avec les rameaux du côté opposé : aussi plusieurs anatomistes modernes regardent-ils le corps pituitaire comme un ganglion céphalique du grand sympathique.

B. — RAMEAUX INFÉRIEURS, OU CORDON DE COMMUNICATION AVEC LE GANGLION CERVICAL MOYEN.

Ce cordon, le plus souvent blanchâtre, comme les nerfs de la vie animale, variable pour le volume, ordinairement unique, quelquefois double, naît de l'extrémité inférieure du ganglion cervical supérieur. Il descend verticalement au-devant de la colonne osseuse cervicale, derrière l'artère carotide primitive, la veine jugulaire interne et le nerf pneumogastrique, passe derrière l'artère thyroïdienne qu'il embrasse quelquefois en se bifurquant, et se rend au ganglion cervical moyen, ou à l'inférieur lorsque le moyen manque. Dans son trajet, le rameau inférieur communique le plus souvent en dehors par des ramuscules transversaux avec la troisième, la quatrième, et quelquefois avec la cinquième paire cervicale. En dedans, il fournit un ou deux ramuscules qui s'associent avec le nerf cardiaque supérieur ; il s'anastomose par quelques filets avec le nerf laryngé externe ; il communique encore avec les filets des nerfs récurrent, phrénique et avec la branche descendante de l'hypoglosse ; enfin plusieurs de ses ramifications vont au pharynx, à l'œsophage et au corps thyroïde.

C. — RAMEAUX EXTERNES.

Ceux-ci, très volumineux, et de la même couleur que le ganglion cervical supérieur, auquel ils semblent faire suite latéralement, sont destinés à établir une communication entre ce dernier et les trois ou quatre premières paires cervicales. Leur nombre, variable, est en raison inverse de leur volume : il en existe toujours un qui se réunit à la branche antérieure de la seconde cervicale, au moment où elle se divise en branches ascendante et descendante; un autre, moins volumineux, s'anastomose avec l'anse formée par la première et la seconde cervicale ; enfin un dernier, plus grêle que les précédents, se dirige obliquement vers les troisième et quatrième cervicales, s'anastomose avec elles et quelquefois aussi avec une des racines du nerf phrénique.

D. — RAMEAUX INTERNES.

Ces rameaux, fort nombreux, émanent du côté interne du ganglion ; ils sont destinés au pharynx, au larynx et au cœur : aussi peut-on les distinguer en *pharyngiens*, *laryngiens* et *cardiaques*.

1° *Rameaux pharyngiens.* — Très gros, grisâtres, nombreux, ils se dirigent en bas et en dedans, derrière la carotide interne, gagnent la partie postérieure du pharynx, s'anastomosent avec les rameaux pharyngiens du glosso-pharyngien, du pneumogastrique et du spinal, et concourent à former le *plexus pharyngien*. C'est ce plexus que l'on considère comme le siége de la sensation de la soif; on y rapporte aussi les phénomènes nerveux si fréquents dans cette région, comme par exemple, la strangulation qu'on observe dans l'hystérie.

2° *Rameaux laryngiens.* — Ils s'avancent sur le côté du larynx et du corps thyroïde, en passant derrière la carotide primitive et ses branches de bifurcation, s'associent à quelques rameaux des nerfs laryngé supérieur et laryngé externe (émanation du pneumogastrique), et contribuent à la formation du *plexus laryngé* de Haller. Les filets de ce plexus pénètrent dans le corps thyroïde et dans le larynx, à travers les membranes thyro-hyoïdienne et crico-thyroïdienne.

3° *Rameaux cardiaques.* — Au nombre de deux ou trois, ils se détachent de la partie inférieure du ganglion, et quelquefois du cordon de communication de ce dernier avec le ganglion cervical moyen. Ils forment, par leur réunion, le nerf cardiaque supérieur, que nous décrirons conjointement avec le moyen et l'inférieur.

E. — RAMEAUX ANTÉRIEURS.

Ils naissent en nombre variable (de deux à cinq) de la face antérieure du ganglion cervical supérieur. D'une coloration rougeâtre, mous, assez volumineux, ces rameaux se dirigent en bas et en avant, se placent sur les côtés interne et externe des artères carotides interne et externe, et arrivés dans l'espace intercarotidien, s'associent aux filets du glosso-pharyngien, aux filets pharyngiens et laryngés du pneumogastrique et quelquefois aussi de l'hypoglosse, pour constituer une sorte d'entrelacement appelé *plexus intercarotidien*, au centre duquel se voit un renflement nommé par M. Arnold *renflement intercarotidien*. De ce plexus émanent des plexus secondaires qui enlacent l'artère carotide externe et ses branches, dont ils prennent les noms, et avec lesquelles ils se distribuent au cou et à la tête.

Ces plexus secondaires sont : 1° Le *plexus thyroïdien supérieur*, ordinairement plus prononcé à la face externe qu'à la face interne, offrant quelquefois sur son trajet des ganglions épars; on peut suivre ses ramifications sur l'artère thyroïdienne supérieure jusque dans l'épaisseur du corps thyroïde. 2° Le *plexus lingual*, qui accompagne l'artère linguale dans l'épaisseur de la langue, et fournit, d'après M. Blandin, la racine végétative du ganglion sublingual. Je regarde l'existence de cette racine comme problématique, car il m'a été impossible de la retrouver dans mes nombreuses dissections ; mais j'ai toujours vu manifestement le plexus lingual s'anastomoser sur la face inférieure de la pointe de la langue, avec les nerfs lingual et grand hypoglosse. 3° Le *plexus facial*, qui entoure l'artère faciale et ses divisions ; il envoie dans la glande sous-maxillaire plusieurs filets dont l'un va former la racine végétative du ganglion sous-maxillaire. Malgré l'autorité de Haller et d'Arnold, l'existence de ces filets n'est pas constante. D'autres ramifications accompagnent l'artère faciale à la face et s'anastomosent avec la division du nerf facial. 4° Le *plexus auriculaire*, s'anastomosant, d'après Meckel, avec le nerf facial. 5° Le *plexus occipital*, qui accompagne l'artère du même nom, et communique sur l'occiput avec les divisions du nerf occipital interne (deuxième branche cervicale postérieure). 6° Le *plexus pharyngien*.

Les branches terminales de la carotide externe, l'artère temporale, l'artère maxillaire interne et leurs divisions, sont aussi entourées de plexus secondaires, parmi lesquels nous citerons le plexus de l'artère méningée moyenne, qui, d'après M. Arnold, fournirait la racine végétative du ganglion otique. Ce filet est aussi problématique, pour moi, que celui du ganglion sublingual.

GANGLION CERVICAL MOYEN.

On désigne sous ce nom un renflement situé sur le trajet de la portion cervicale du grand sympathique, au niveau de la cinquième ou sixième vertèbre cervicale, au voisinage de la première courbure de l'artère thyroïdienne inférieure; aussi l'a-t-on appelé *ganglion thyroïdien*. Il est ordinairement unique, arrondi, lenticulaire, fusiforme, deux ou trois fois moins gros que le ganglion cervical supérieur. MM. Cruveilhier, Longet, Blandin, etc., prétendent qu'il manque chez un grand nombre de sujets; mais, s'il m'est permis de conclure d'après mes dissections qui ont eu lieu sur une quantité si considérable de sujets, que je ne saurais en préciser le nombre, je dirai que ce ganglion, loin de manquer très fréquemment, existe presque toujours; mais seulement son siége, sa forme et son volume sont très variables: au lieu de le trouver à la hauteur que je lui ai assignée précédemment, il n'est pas rare de le voir placé plus bas, et quelquefois alors il n'est plus unique, mais double ou triple.

Le ganglion cervical moyen reçoit ou fournit :

1° En haut, le rameau inférieur du ganglion cervical supérieur.

2° En bas, les rameaux de communication avec le ganglion cervical inférieur. Ceux-ci, ordinairement au nombre de deux, quelquefois multiples, descendent: les uns au-devant de l'artère sous-clavière, ou plutôt entre elle et la veine du même nom, forment autour de l'artère une anse à concavité supérieure, et se terminent en avant du ganglion cervical inférieur; les autres passent derrière l'artère, et aboutissent, en affectant une disposition plexiforme, au même ganglion.

3° En dehors, il communique par des rameaux assez minces, plus ou moins obliques, avec les branches antérieures des troisième, quatrième, cinquième et quelquefois même sixième paires cervicales; ces rameaux sont placés les uns au-devant, les autres en arrière du muscle droit antérieur de la tête.

4° En dedans, les rameaux qui se détachent du ganglion sont multiples et passent tous derrière l'artère carotide primitive : les uns forment autour de l'artère thyroïdienne inférieure un plexus analogue à celui qui entoure l'artère thyroïdienne supérieure, et se rendent dans le corps thyroïde; les autres concourent à former le nerf cardiaque moyen qui se réunit aux autres nerfs cardiaques; enfin une très grosse branche se dirige obliquement en bas et en dedans, et fait communiquer le ganglion avec le nerf laryngé inférieur ou récurrent.

GANGLION CERVICAL INFÉRIEUR.

Ce renflement, dont l'existence est constante, est situé derrière les artères sous-clavière et vertébrale, dans l'angle rentrant formé par le col de la première côte et la base de l'apophyse transverse de la septième vertèbre cervicale. Sa forme est irrégulière et plus ou moins étoilée; quelquefois, cependant, il est arrondi, oblong ou semi-lunaire, à concavité tournée en haut, embrassant la première côte. Son volume, variable, est toujours moindre que celui du ganglion cervical supérieur et plus considérable que celui du moyen. Presque toujours simple, rarement double, il se confond assez fréquemment avec le premier ganglion thoracique et un peu plus rarement avec le ganglion cervical moyen.

On a partagé ses rameaux en *supérieurs*, *inférieur*, *externes*, *internes* et *antérieurs*.

A. — RAMEAUX SUPÉRIEURS (NERF VERTÉBRAL).

Indépendamment des rameaux du cordon de communication avec le ganglion cervical moyen, rameaux que nous avons déjà décrits, le ganglion cervical inférieur fournit encore le nerf vertébral. Constitué souvent par un faisceau de rameaux gris dont le nombre est de deux à quatre principaux, ce nerf, ou plutôt ces nerfs émergent de la partie supérieure du ganglion cervical inférieur et du premier ganglion thoracique, pour remonter en dehors et en arrière de l'artère vertébrale dans le canal de ce vaisseau.

Arrivés là, un ou deux de ces rameaux, plus volumineux que les autres, communiquent par un ou plusieurs ramuscules avec les troncs mêmes des troisième, quatrième et cinquième nerfs cervicaux. Ces rameaux sont très développés chez les oiseaux et chez certains mammifères; ils offrent chez ces animaux quelques renflements disséminés çà et là : aussi les a-t-on considérés comme représentant la portion cervicale du grand sympathique. Nous avons déjà exprimé notre opinion à cet égard, en disant que ces renflements n'existaient point ordinairement chez l'homme; si, dans les cas très rares, on en rencontre, ce sont de simples épaississements nodiformes, et non de véritables ganglions.

Les autres rameaux, moins considérables, forment autour de l'artère vertébrale un plexus très visible jusqu'au niveau de la troisième vertèbre cervicale, et duquel partent des ramuscules pour les muscles inter-transversaires du cou. Les filets de ce plexus, devenus alors moins nombreux et moins apparents, se réduisent à quelques filaments, tantôt visibles à l'œil nu, tantôt visibles seulement avec une forte loupe.

Toutes ces ramifications parcourent en entier la longueur du canal de l'artère vertébrale, parviennent avec elle dans la cavité crânienne, envoient quelques plexus secondaires autour des artères spinale et cérébelleuse, et s'unissent aux ramifications du côté opposé pour constituer le plexus basilaire. De ce dernier émanent des filets qui accompagnent les artères cérébrale postérieure et communiquante postérieure, sur lesquelles ils s'anastomosent avec les plexus vasculaires provenant du ganglion cervical supérieur du même côté.

Quelques anatomistes ont mis en doute l'existence des filets qui enlacent les artères de l'encéphale; mais, outre que je les ai vus à l'œil nu, j'ai encore pu constater tout récemment leur véritable nature nerveuse, en les soumettant, conjointement avec M. le docteur Ch. Robin, à un examen microscopique.

De ce qui précède, il résulte : 1° que les deux chaînes ganglionnaires sympathiques, indépendamment de leur anastomose médiane sur l'artère communiquante antérieure, offrent encore une autre communication médiane sur le tronc basilaire; 2° que les ganglions cervicaux supérieur et inférieur du même côté s'anastomosent aussi sur l'artère communiquante postérieure; 3° que le grand sympathique envoie, à l'aide des plexus qui enlacent le système artériel, ses nerfs dans le centre nerveux, et constitue les *nervi nervorum*.

B. — RAMEAU INFÉRIEUR.

Ordinairement simple et peu volumineux, quelquefois double, il fait communiquer le dernier ganglion cervical avec le premier ganglion thoracique; dans le cas où il y a continuité d'un ganglion à l'autre, le rameau inférieur se rend au second ganglion thoracique.

C. — RAMEAUX EXTERNES.

En nombre indéterminé, les uns s'accolent à l'artère sous-clavière et lui forment un plexus que j'ai pu suivre sur l'axillaire et même sur l'humérale, jusqu'au pli du coude; les autres, au nombre de trois ou quatre, vont communiquer avec les sixième, septième et huitième nerfs cervicaux et avec le premier dorsal. Lorsque le ganglion cervical inférieur se continue avec le premier ganglion thoracique, il s'anastomose par un autre rameau avec le deuxième nerf dorsal.

D. — RAMEAUX INTERNES.

Ils sont très grêles, et se portent les uns aux plexus pulmonaires et sur l'aorte du côté gauche, les autres s'anastomosent par des filets plexiformes avec les nerfs récurrent et phrénique, quelques uns constituent le nerf cardiaque inférieur.

E. — RAMEAUX ANTÉRIEURS.

Très nombreux et très déliés, ils contournent l'artère sous-clavière et se prolongent sur ses branches : ainsi il est facile de suivre quelques ramuscules sur les artères mammaire interne, intercostale supérieure, scapulaire postérieure, etc.

Des nerfs cardiaques.

On désigne sous ce nom les nerfs qui se distribuent au cœur, au commencement des gros vaisseaux qui en émanent, et au péricarde. Ces nerfs, qui ne sont bien connus que depuis les belles recherches de Scarpa (en 1794), ont été avant lui, une source de discussions, parmi les auteurs les plus compétents; ceux-ci n'étant point d'accord, non seulement sur leur nombre et leur origine, mais encore sur leur destination. Ainsi, Behrends et Sœmmerring soutenaient que le cœur était complétement dépourvu de nerfs, et que ceux qui paraissent y aboutir étaient exclusivement destinés aux tuniques des artères coronaires.

De nos jours on est presque généralement convenu que les filets nerveux qui enlacent les artères coronaires abandonnent ces vaisseaux après un court trajet, pénètrent dans le tissu charnu du cœur et s'y distribuent.

Les nerfs cardiaques viennent de deux sources, du grand sympathique et du pneumogastrique.

Les cardiaques sympathiques, ordinairement au nombre de trois de chaque côté, émergent des ganglions cervicaux sympathiques et sont distingués comme eux, d'après leur position, en supérieur, moyen et inférieur. Ils s'associent aux trois cardiaques du même côté du pneumogastrique et aux six cardiaques du côté opposé, fournis à la fois par le grand sympathique et le pneumogastrique, convergent vers la base du cœur, et constituent par leur réunion et leur entrelacement le plexus et le ganglion cardiaques. De ce plexus émergent ensuite les plexus coronaires droit et gauche, destinés aux tissus du cœur.

Les nerfs cardiaques offrent de nombreuses variétés dans leur origine, leur volume, leur nombre, leur trajet, leurs anastomoses et leur distribution. Ils n'affectent pas non plus la même disposition à droite et à gauche : ordinairement plus prononcés à droite, ils ne semblent être à gauche qu'à l'état rudimentaire; quelquefois le contraire a lieu.

Il résulte de là un grand embarras, pour étudier ces nerfs avec des livres, dont le texte est souvent loin de répondre à ce qu'on trouve dans ses propres dissections.

Les cardiaques du pneumogastrique ayant été déjà décrits plus haut, jusqu'au plexus cardiaque, il ne nous reste qu'à compléter leur histoire. Les cardiaques sympathiques vont seuls nous occuper spécialement ici, et nous ferons ressortir dans la description collective les différences que ces nerfs présentent à droite et à gauche.

1° *Nerf cardiaque supérieur* (*cardiaque superficiel de Scarpa*). — Il naît ordinairement, par une seule racine, de la partie interne et inférieure du ganglion cervical supérieur, souvent aussi du cordon de communication de ce ganglion avec le moyen, ou bien de l'un et de l'autre à la fois, par deux ou plusieurs racines qui se réunissent en un seul rameau. Celui-ci, d'une teinte grise bien prononcée, descend obliquement en dedans, derrière l'artère carotide primitive, le long de la trachée à droite et de l'œsophage à gauche, tantôt devant, tantôt derrière l'artère thyroïdienne inférieure, et pénètre dans la poitrine en passant par l'ouverture de cette cavité. Arrivé là, le cardiaque supérieur se porte, à droite, derrière l'artère sous-clavière, appliqué à la face postérieure du tronc brachio-céphalique; à gauche, il passe entre les artères sous-clavière et carotide primitive, au-devant de l'œsophage, de la trachée et de la crosse de l'aorte. Les deux cardiaques droit et gauche, parvenus près de l'origine de l'aorte et de l'artère pulmonaire, se terminent au ganglion ou au plexus cardiaque.

Dans son trajet, le long du cou, ce nerf communique avec le rameau cardiaque du pneumogastrique et avec le nerf récurrent; il contribue aussi à la formation du plexus laryngé et du plexus de l'artère thyroïdienne inférieure. Dans la poitrine, il s'anastomose surtout à droite, avec les cardiaques moyen et inférieur, ainsi qu'avec le nerf récurrent.

2° *Nerf cardiaque moyen* (*grand cardiaque*, ou *cardiaque profond de Scarpa*). — Il tire son origine du ganglion cervical moyen, et dans les cas rares où celui ci manque, du cordon qui fait communiquer le ganglion supérieur avec l'inférieur. Ce nerf, le plus volumineux des cardiaques lorsque le supérieur et l'inférieur sont peu développés, est quelquefois à l'état de vestige; dans le cas contraire, il descend en dedans, derrière l'artère carotide primitive, et pénètre dans la poitrine, à droite derrière l'artère sous-clavière et le tronc brachio-céphalique, à gauche entre la carotide primitive et l'artère sous-clavière correspondante. Des deux côtés, il parvient derrière la crosse de l'aorte et se termine au niveau de sa concavité, dans le ganglion ou le plexus cardiaque.

Dans son trajet descendant, le cardiaque moyen s'anastomose avec les cardiaques fournis par les nerfs grand sympathique, pneumogastrique et récurrent.

3° *Nerf cardiaque inférieur* (*cardiacus minor*, *petit cardiaque de Scarpa*). — Tantôt plus, tantôt moins volumineux que les deux précédents, assez souvent simple, quelquefois aussi double, ce nerf émerge de la partie interne du dernier ganglion cervical, ou du premier ganglion thoracique, et descend en dedans, accolé à la partie postérieure de l'artère sous-clavière.

A droite, il passe derrière le tronc brachio-céphalique et la crosse de l'aorte, au-devant de la trachée, s'anastomose avec le nerf cardiaque moyen et avec les filets cardiaques du nerf récurrent, et se termine dans le plexus cardiaque et dans le plexus pulmonaire antérieur.

A gauche, le cardiaque inférieur, placé d'abord derrière l'artère sous-clavière, se porte bientôt en avant de celle-ci, et, après s'être anastomosé avec le cardiaque moyen et le récurrent, parvient tantôt en avant, tantôt en arrière de la crosse de l'aorte, où il se jette dans le plexus cardiaque.

2° PORTION THORACIQUE DU GRAND SYMPATHIQUE.

Dans la cavité thoracique, le grand sympathique se compose de deux portions distinctes par leur position : l'une médiane, impaire, splanchnique, c'est le ganglion et le plexus cardiaques ; l'autre, latérale, paire, symétrique, constituée par les deux chaînes de ganglions thoraciques.

GANGLION ET PLEXUS CARDIAQUES.

Le ganglion et le plexus cardiaques forment un centre nerveux thoracique auquel aboutissent les nerfs cardiaques droits et gauches, émanés des ganglions cervicaux sympathiques, du pneumogastrique et du récurrent, et duquel partent un grand nombre de rameaux qui se distribuent particulièrement au cœur.

Le plexus cardiaque résulte de la réunion et de l'entrelacement des différents nerfs cardiaques ; il offre généralement dans son milieu un ou deux renflements grisâtres, signalés par Wrisberg et connus sous le nom de *ganglions cardiaques*, ou *ganglions de Wrisberg*.

Ganglion cardiaque. — Il se rencontre très fréquemment ; son aspect est grisâtre, sa consistance molle, sa forme allongée (4 à 6 millimètres de longueur et 2 de largeur) ; il est situé au milieu du plexus cardiaque. D'après les physiologistes qui admettent pour chaque ganglion trois racines, il ne ferait pas défaut à la théorie générale : en effet, les nerfs cardiaques des ganglions cervicaux constitueraient ses racines végétatives, les cardiaques du pneumogastrique représenteraient ses racines sensitives, et les cardiaques du récurrent seraient ses racines motrices. Impair, et situé sur la ligne médiane, il communique par des racines multiples avec les nerfs placés du côté droit et du côté gauche, entre lesquels il établit une anastomose médiane ; les ganglions latéraux, au contraire, ne reçoivent de racines que des nerfs moteurs, sensitifs et végétatifs de leur côté.

Plexus cardiaque. — Le plexus cardiaque est placé au-devant de la division de la trachée, derrière la crosse de l'aorte, entre la concavité de ce vaisseau et l'angle de bifurcation de l'artère pulmonaire, immédiatement à droite du canal artériel ; il fournit un grand nombre de rameaux que l'on peut distinguer en *antérieurs*, *postérieurs* et *inférieurs*.

1° *Rameaux antérieurs.* — Peu nombreux, ils occupent surtout la face antérieure de la portion ascendante de la crosse aortique et la face antérieure de l'artère pulmonaire, immédiatement derrière le feuillet séreux du péricarde, par la transparence duquel il est facile de les apercevoir. Ils sont destinés en partie aux parois des vaisseaux précédents et au péricarde ; ils forment en partie le plexus cardiaque antérieur.

2° *Rameaux postérieurs.* — Plus nombreux que les antérieurs, ils se dirigent à droite et à gauche

30

vers les poumons, et se jettent dans le plexus pulmonaire. Pour y parvenir, ceux du côté droit rampent entre la branche droite et la branche correspondante de l'artère pulmonaire, ceux du côté gauche accompagnent la branche gauche de l'artère pulmonaire et l'entourent de leurs divisions.

On peut encore diviser les rameaux antérieurs et postérieurs en trois plans, qui sont, de la superficie vers la profondeur : 1° un plan superficiel placé au-devant de la crosse de l'aorte ; 2° un plan moyen situé entre la crosse de l'aorte et la branche droite de l'artère pulmonaire ; 3° un plan profond que l'on trouve entre la branche droite de l'artère pulmonaire et la bifurcation de la trachée. Ces trois plans ne forment pas de plexus isolés, mais sont les radiations du plexus et du ganglion cardiaques.

3° *Rameaux inférieurs.* — Ces rameaux, plus multipliés et plus volumineux que les précédents, sont essentiellement destinés au cœur ; ils se partagent presque aussitôt en deux faisceaux et constituent les *plexus cardiaques antérieur* et *postérieur.*

Plexus cardiaque antérieur, ou coronaire gauche. — Il est formé par l'entrelacement des filets nerveux autour de l'artère cardiaque antérieure. Les rameaux inférieurs du plexus cardiaque passent entre la trachée et l'artère pulmonaire, sur le côté gauche de cette dernière, gagnent le sillon antérieur du cœur, s'étendent sur l'artère cardiaque antérieure et ses divisions, et se distribuent au côté gauche du cœur et à l'oreillette correspondante.

Plexus cardiaque postérieur, ou coronaire droit. — Il longe le côté droit de l'artère pulmonaire, entre elle et l'aorte, gagne le sillon circulaire du cœur, parvient à la face postérieure de celui-ci en accompagnant l'artère cardiaque postérieure et ses divisions, et se ramifie dans le ventricule droit et l'oreillette correspondante.

Les nerfs de ces deux plexus s'enfoncent dans la substance du cœur, les uns en suivant le trajet des artères dont il est assez facile de les reconnaître, vu la disposition flexueuse des artères et la direction rectiligne des rameaux nerveux, les autres dans l'intervalle des divisions artérielles; ils se perdent tous dans les fibres charnues. Ces rameaux contractent de fréquentes anastomoses sur les bords et à la pointe du cœur ; ils offrent, d'après quelques anatomistes, de petits ganglions sur leur trajet.

GANGLIONS LATÉRAUX DE LA PORTION THORACIQUE DU GRAND SYMPATHIQUE.

Le grand sympathique offre de chaque côté de la colonne vertébrale thoracique une suite régulière et non interrompue de ganglions grisâtres, oblongs, hordéiformes, qui communiquent les uns avec les autres par de gros rameaux, de manière à présenter un tout continu, espèce de cordon noueux ou renflé de distance en distance, étendu depuis la première côte jusqu'à la onzième.

On compte de chaque côté douze ganglions thoraciques qui correspondent ordinairement aux trous de conjugaison, et autant de cordons de jonction occupant l'intervalle de ces trous; mais souvent il n'existe que onze et même dix de ces renflements. Dans ce dernier cas, il y a fusion, ou bien entre le dernier ganglion cervical et le premier thoracique, ou bien entre le dernier thoracique et le premier lombaire, ou entre les deux premiers thoraciques, ou bien enfin entre deux ganglions centraux. Tous ces ganglions sont situés au-devant des têtes des côtes et des vaisseaux intercostaux, derrière les plèvres, dont ils sont séparés par une lame fibreuse très mince; à droite, ils sont longés en dedans par la grande veine azygos. Leur volume, variable, est peu considérable, comparativement aux gros rameaux qui les font communiquer ; toujours moins volumineux que les ganglions cervicaux, ils sont rarement égaux aux ganglions abdominaux.

La chaîne des ganglions thoraciques communique par son premier ganglion, qui est le plus volumineux, avec le ganglion cervical inférieur, et à l'aide de son dernier ganglion, en général plus court et stelliforme, avec le premier lombaire. Le rameau de jonction qui établit cette dernière communication est large et aplati ; il s'incline un peu en dedans, et parvient dans l'abdomen en dehors des grand et petit splanchniques du même côté, en traversant une ouverture formée par un des piliers du diaphragme et par l'extrémité supérieure du grand psoas.

La chaîne ganglionnaire s'anastomose en dehors avec tous les nerfs intercostaux et donne des filets aux artères intercostales; en dedans, elle envoie des rameaux aux viscères thoraciques et abdominaux et fournit des ramuscules aux corps des vertèbres.

Les rameaux que donne chaque ganglion thoracique peuvent être distingués en *supérieurs*, *inférieurs*, *externes* et *internes*.

1° *Rameaux supérieurs et inférieurs* (*cordon de communication*). — Placés entre les ganglions qu'ils font communiquer les uns avec les autres, ces rameaux, toujours simples, très rarement doubles, sont très volumineux et égalent quelquefois le volume des ganglions eux-mêmes. Ils croisent perpendiculairement les artères intercostales qui passent constamment derrière eux, et fournissent souvent des filaments très grêles qui se ramifient dans le périoste des côtes, dans les muscles intercostaux et dans la plèvre.

2° *Rameaux externes*. — Leur nombre varie: tantôt il n'y en a qu'un très volumineux pour chaque ganglion; tantôt on en trouve deux ou trois, et même quatre, qui diffèrent de volume et de position; d'autres fois le rameau, unique au moment où il se sépare du ganglion, se bifurque avant d'atteindre le nerf intercostal correspondant. A l'exception des deux premiers rameaux qui sont ascendants, et des deux derniers qui sont descendants, tous les autres sont légèrement obliques en haut et en dehors; après un court trajet, ils s'anastomosent avec les branches antérieures des nerfs dorsaux (nerfs intercostaux).

3° *Rameaux internes*. — Ceux-ci, destinés aux viscères du thorax et de l'abdomen, descendent en dedans et en avant, dans le tissu cellulaire du médiastin postérieur, croisent obliquement les parties latérales et antérieures des corps des vertèbres, et se séparent en deux groupes, l'un *supérieur*, l'autre *inférieur*.

Le *groupe supérieur* (*branches aortico-pulmonaires*) se compose de filets grêles et longs qui se détachent de la partie interne des cinq ou six premiers ganglions thoraciques. Au nombre de deux ou trois pour chaque ganglion, et plus longs à droite qu'à gauche, ces filets croisent la veine azygos à droite et l'aorte à gauche, fournissent quelques ramifications à ce dernier vaisseau, se joignent, pour la plupart, vers la racine du poumon, au plexus pulmonaire postérieur, et contribuent à sa formation. Quelques autres de ces filets se ramifient dans l'œsophage où ils s'entrecroisent avec le *pneumo-gastrique;* enfin d'autres, très déliés, peuvent être poursuivis jusque dans l'épaisseur des vertèbres.

Chez certains sujets, les rameaux internes des trois premiers ganglions thoraciques se réunissent ensemble pour former un tronc assez volumineux, qui a quelque analogie avec les splanchniques, et qu'on a désigné sous le nom de *splanchnique pulmonaire*. La distribution de ce nerf est la même que celle des rameaux qui le forment, lorsqu'ils sont isolés.

Le premier ganglion thoracique présente encore ceci de remarquable, qu'il fournit assez souvent un ou plusieurs nerfs cardiaques inférieurs, sans préjudice des cardiaques émanés du ganglion cervical inférieur.

Le *groupe inférieur* est formé par les rameaux qui sortent de la partie interne des six, sept ou huit derniers ganglions thoraciques; ces rameaux, en s'unissant les uns avec les autres, forment de chaque côté plusieurs gros troncs qu'on désigne sous le nom de *nerfs splanchniques*.

Des nerfs splanchniques.

Ces nerfs, qui semblent être l'origine de tous les plexus abdominaux, sont au nombre de trois de chaque côté, distingués en supérieur, moyen et inférieur; on les désigne aussi sous les noms de *grand*, *moyen* et *petit*. Le grand et le moyen splanchniques sont constants et offrent seulement quelques variétés dans le nombre de leurs racines; le petit manque parfois complétement.

1° *Grand splanchnique*. — Il naît par quatre ou cinq racines de la partie interne des sixième, septième, huitième et neuvième ganglions thoraciques; dans quelques cas, le nombre des racines est plus considérable, et alors elles proviennent aussi du dixième, ou du cinquième, et même du quatrième ganglion thoracique et du cordon de communication. Ces racines se dirigent obliquement en bas et en dedans, sur le côté des vertèbres dorsales, parallèlement les unes aux autres, et recouvertes immédiatement par la plèvre. Elles se réunissent successivement entre elles, et constituent, vers la onzième vertèbre dorsale, un seul tronc blanchâtre et cylindrique qu'on nomme *grand splanchnique.* Celui-ci continue le même trajet oblique, s'élargit, s'aplatit, pénètre de la poitrine dans la cavité abdominale, à travers un écartement particulier des fibres charnues des piliers du diaphragme, puis se jette habituellement dans le ganglion semi-lunaire en s'épanouissant en de nombreux faisceaux; quelquefois aussi le faisceau le plus externe gagne les plexus rénal et capsulaire.

2° *Splanchnique moyen.* — Ordinairement isolé, quelquefois aussi confondu avec le précédent, ce nerf est formé par la réunion de deux ou trois racines qui viennent des dixième, onzième, et quelquefois douzième ganglions thoraciques. Il pénètre dans l'abdomen en traversant le côté externe du pilier du diaphragme, en dehors du grand splanchnique, avec lequel il s'anastomose souvent, pour se terminer également au ganglion semi-lunaire et aux plexus lombo-aortique, rénal et capsulaire.

Chez quelques sujets, j'ai trouvé sur le trajet de ce nerf, au-dessous de la perforation du diaphragme, un renflement arrondi, du volume d'une grosse tête d'épingle M. Cruveilhier signale un ganglion analogue sur le grand splanchnique, un peu au-dessus du diaphragme.

3° *Petit splanchnique* (*splanchnique inférieur*). — Le plus petit et le plus inférieur de tous, le petit splanchnique tire son origine du douzième ganglion, ou du cordon de jonction des deux derniers ganglions thoraciques. Il descend en avant et en dehors, traverse le diaphragme en dehors du splanchnique moyen, avec lequel il s'anastomose ordinairement, et se jette en partie dans le ganglion et le plexus cardiaques, en partie dans les plexus lombo-aortique, rénal et capsulaire. Il n'est pas rare de voir ce nerf manquer complétement, ou se confondre avec le précédent.

3° PORTION ABDOMINALE DU GRAND SYMPATHIQUE.

Dans la cavité abdominale, le grand sympathique se compose: 1° de *ganglions et plexus médians* (ganglions et plexus splanchniques) destinés aux viscères contenus dans cette cavité; 2° de deux *cordons latéraux* (ganglions sus-vertébraux), en relation directe avec les nerfs rachidiens correspondants, et faisant suite aux chaînes ganglionnaires thoraciques.

GANGLIONS ET PLEXUS MÉDIANS DE LA CAVITÉ ABDOMINALE.

Ces ganglions et plexus ont ceci de remarquable, qu'ils tirent leur origine spécialement des ganglions thoraciques latéraux, au moyen des nerfs splanchniques droits et gauches, et qu'ils n'ont que des rapports secondaires avec les ganglions latéraux de la cavité abdominale.

Parmi tous les ganglions de cette région, on en distingue deux, appelés *semi-lunaires*, situés l'un à droite, l'autre à gauche, et réunis entre eux par de gros rameaux et des ganglions secondaires innominés ; tout cet assemblage constitue le plexus solaire.

Ganglions semi-lunaires. — Le grand splanchnique de chaque côté, après avoir perforé la partie postérieure et inférieure du diaphragme, aboutit constamment à un renflement grisâtre, d'un volume supérieur à celui des autres renflements, dont la forme approche plus ou moins de celle d'un croissant à convexité tournée en bas: c'est le ganglion semi-lunaire. Il est placé un peu obliquement au-devant du pilier du diaphragme de son côté, et de l'aorte, au niveau mais en dehors du tronc cœliaque, en dedans et un peu en arrière de la capsule surrénale.

Le *ganglion semi-lunaire droit*, ordinairement plus volumineux que le gauche, affecte des rapports avec le foie, la tête du pancréas et la veine cave abdominale, derrière lesquels il est placé; il reçoit supérieurement plusieurs gros rameaux plexiformes du pneumogastrique droit.

Le *ganglion semi-lunaire gauche* est en rapport en haut avec la veine splénique, en bas avec l'artère émulgente correspondante, et en avant avec la queue du pancréas.

Tous les deux offrent quelques variétés qu'il est bon de mentionner. Ainsi il n'est pas rare de voir des sujets chez lesquels ces renflements sont décomposés en plusieurs petits ganglions réunis ensemble par des rameaux gros et courts.

Le ganglion semi-lunaire de chaque côté reçoit par son extrémité supérieure et externe le grand splanchnique correspondant; par son extrémité inférieure, qui est tournée en dedans, il se réunit aux ganglions du côté opposé par l'intermédiaire d'un nombre indéterminé de gros rameaux et de ganglions secondaires (ganglions solaires); son bord convexe, qui regarde en bas, offre assez souvent une division denticulée, d'où émane un nombre considérable de nerfs; son bord concave, ainsi que tout le reste de sa circonférence, donne naissance à des pinceaux de nerfs. C'est cet assemblage, ce lacis de ganglions et de rameaux nerveux entrelacés d'une manière inextricable et anastomosés les uns avec les autres et avec les deux pneumogastriques (particulièrement avec le droit), qui forme le *plexus solaire.*

PLEXUS SOLAIRE (PLEXUS ÉPIGASTRIQUE).

Centre nerveux épigastrique à qui les physiologistes ont fait jouer un grand rôle dans la production des actions instinctives, et auquel, d'après quelques uns, se rapporteraient en partie les impressions reçues du dehors, le plexus solaire occupe la ligne médiane (plexus nerveux médian), au-devant de l'aorte et des piliers du diaphragme, où il forme une couche épaisse, au-devant et autour du tronc cœliaque. Il répond en avant au péritoine de l'arrière-cavité épiploïque, à la petite courbure de l'estomac et à l'épiploon gastro-hépatique; en haut, au lobe de Spigel; en bas, au pancréas; à droite et à gauche, aux capsules surrénales.

Ce vaste plexus n'est pas seulement constitué par le grand sympathique et les pneumogastriques droit et gauche, mais il reçoit encore quelques divisions des nerfs phréniques droit et gauche, surtout du droit. Il fournit un grand nombre de rameaux divergents que l'on a comparés à l'ensemble des rayons qui s'échappent d'un foyer lumineux : aussi l'appelle-t-on *plexus solaire.*

Plexus secondaires. — Les rameaux qui s'irradient du centre solaire suivent exactement le trajet des branches artérielles fournies par l'aorte abdominale, et forment autour de ces artères des plexus secondaires qui se répandent avec elles dans les organes abdominaux. C'est ainsi que sont formés les plexus *diaphragmatiques inférieurs*, *surrénaux*, *cœliaque*, *mésentérique supérieur*, *mésentérique inférieur*, *rénaux*, *spermatiques ou ovariques.* Les trois derniers reçoivent aussi des rameaux de renforcement de la partie interne des premiers ganglions lombaires.

1° *Plexus diaphragmatiques inférieurs.* — Émanés de la partie supérieure du plexus solaire et du ganglion semi-lunaire de chaque côté, composés d'un assez petit nombre de rameaux gris, ces plexus se portent de haut en bas entre le péritoine et les piliers du diaphragme, en accompagnant plus ou moins les artères diaphragmatiques. Parvenus à la concavité du diaphragme, ils s'enfoncent dans l'épaisseur de ce muscle, après avoir donné quelques filets qui descendent de chaque côté vers la capsule surrénale, le long des artères capsulaires supérieures, et qui vont concourir à la formation des plexus surrénaux.

Le plexus diaphragmatique droit est toujours plus considérable que le gauche; il offre très souvent, vers l'extrémité supérieure de la capsule surrénale, un renflement allongé, quadrangulaire, long de 6 à 7 millimètres, large de 2 à 3, appelé *ganglion diaphragmatique.* Aux deux angles inférieurs de ce renflement aboutissent quelques filets du ganglion semi-lunaire droit; des angles supérieurs partent plusieurs filets divergents qui s'anastomosent un grand nombre de fois avec le nerf phrénique droit.

Le plexus diaphragmatique gauche, moins développé que le précédent, ne présente point de ganglion, et ses communications avec le nerf phrénique correspondant sont plus difficiles à trouver; quant à sa distribution, il se comporte exactement comme le droit.

2° *Plexus cœliaque.* — C'est la continuation directe du plexus solaire dont il n'est nullement distinct. Ce plexus entoure complétement le tronc cœliaque par un mélange de ganglions et de gros rameaux serrés les uns avec les autres. C'est à lui que viennent principalement aboutir plusieurs rameaux plexiformes du pneumogastrique droit et quelques divisions du nerf phrénique correspondant. Arrivé au point de division de l'artère en trois branches, le plexus cœliaque se partage également en trois plexus de troisième ordre, qui répondent, pour le nom et pour le trajet, aux artères coronaire stomachique, hépatique et splénique.

a. *Plexus coronaire stomachique.* — Moins considérable que les deux suivants, il prend son origine de la partie supérieure du plexus solaire. Il enlace l'artère coronaire stomachique en lui formant, près de son origine, une sorte d'anneau de petits ganglions, auxquels aboutissent aussi quelques filets du pneumogastrique. A mesure que ce plexus s'avance sur la petite courbure de l'estomac et entre les deux feuillets de l'épiploon gastro-hépatique, aux petits ganglions succèdent des rameaux de moins en moins nombreux ; ceux-ci s'anastomosent plusieurs fois avec les rameaux gastriques du pneumogastrique et avec d'autres ramifications du plexus hépatique qui marchent à leur rencontre, vers l'extrémité pylorique de la petite courbure. Dans le cas où l'artère coronaire stomachique fournit une branche au foie, le plexus coronaire envoie plusieurs rameaux qui accompagnent cette artère anormale jusque dans l'épaisseur du foie. Quant à la terminaison de ces nerfs dans les différentes tuniques de l'estomac, il est très difficile de la déterminer d'une manière précise ; cependant, si l'on examine des pièces qui ont macéré plusieurs mois dans l'acide azotique très étendu d'eau (100 parties d'eau pour 1 partie d'acide), on peut voir que la majeure partie des rameaux du grand sympathique et du pneumogastrique s'arrêtent principalement dans la tunique fibreuse, où des ramuscules très déliés s'anastomosent les uns avec les autres en formant un réseau à mailles très serrées.

b. *Plexus hépatique.* — Beaucoup plus considérable que le précédent, ce plexus naît, par des rameaux gris fort nombreux et très volumineux, de la partie supérieure et droite du plexus solaire, ou plutôt du cordon ganglionnaire transverse qui fait communiquer les deux ganglions semi-lunaires. A ces rameaux s'en joignent plusieurs autres émanés du pneumogastrique gauche, du ganglion semi-lunaire droit et du ganglion diaphragmatique ; ils s'anastomosent aussi avec quelques filets du plexus diaphragmatique, et forment très fréquemment, au niveau de la foliole moyenne du diaphragme, un renflement grisâtre de 5 millimètres de long sur 3 millimètres de large : c'est le ganglion diaphragmatique secondaire.

Le plexus hépatique, constitué à la naissance de l'artère par des ganglions plats (ganglions hépatiques) d'où se détachent de longs rameaux gris très nombreux, et proportionnellement très volumineux, entoure l'artère hépatique et les canaux biliaires. Il marche entre ces vaisseaux et la veine porte, pour gagner la scissure transverse du foie, pénètre dans cet organe avec les ramifications de l'artère hépatique et de la veine porte, et s'y distribue. Il fournit des rameaux qui suivent à peu près les branches de l'artère hépatique et forment aussi plusieurs petits plexus, savoir : 1° le *pylorique*, 2° le *cystique*, et 3° le *gastro-épiploïque droit.*

1° *Plexus pylorique.* Il accompagne l'artère du même nom, pour se distribuer à la moitié pylorique de l'estomac et à la première portion du duodénum, et s'anastomoser avec le plexus coronaire stomachique.

2° *Plexus cystique.* Les rameaux qui le composent longent, les uns l'artère et la veine cystique, les autres les conduits cystiques et cholédoque ; ceux-ci gagnent alors la vésicule du fiel, où ils forment, immédiatement derrière la tunique péritonéale, un réseau nerveux mou qui s'étend jusqu'au fond de la vésicule.

3° *Plexus gastro-épiploïque droit.* Il marche, avec l'artère du même nom, jusqu'à la grande courbure de l'estomac, où il donne des filets ascendants gastriques et descendants épiploïques ; ces derniers s'anastomosent avec les divisions du plexus gastro-épiploïque gauche. Quelques autres filets longent l'artère pancréatico-duodénale, pour s'épanouir dans l'épaisseur du pancréas et du duodénum. Chez les fœtus on trouve aussi des filaments accolés à la veine ombilicale ; on peut les poursuivre jusqu'au placenta. Dans une des préparations que j'ai faites pour les planches du grand ouvrage de Bourgery, j'ai trouvé, même sur un adulte, ces nerfs très volumineux.

c. *Plexus splénique.* — Il est constitué par un réseau nerveux très considérable, dont les branches viennent du ganglion semi-lunaire gauche et de la partie supérieure du plexus solaire ; on trouve à son origine deux ou trois ganglions, mais dans le reste de son trajet il en est complétement dépourvu. Moins flexueux que l'artère splénique, autour de laquelle il serpente, et dont il s'éloigne plus ou moins, ce plexus parvient dans la scissure de la rate, dans laquelle il s'enfonce, avec les divisions et subdivisions de l'artère. Le long du bord supérieur du pancréas, il émet un grand nombre de rameaux qui pénètrent dans cet organe avec les artères pancréatiques supérieures ; près de la rate, il se prolonge autour de l'artère gastro-épiploïque gauche, et la suit jusqu'à la grande courbure de l'estomac, où il donne des filets ascendants ou gastriques, des filets descendants ou épiploïques, pour le grand épiploon, et des filets anastomotiques avec le plexus gastro-épiploïque droit. Enfin il se détache aussi du plexus splénique plusieurs filets qui se rendent au grand cul-de-sac de l'estomac, en accompagnant plus ou moins les vaisseaux courts.

3° *Plexus mésentérique supérieur.* — Plus considérable que tous les plexus secondaires, il est formé en quelque sorte par le prolongement inférieur du plexus solaire, mais je l'ai vu, chez quelques sujets, tirer aussi directement son origine du pneumogastrique droit. Il entoure, dans toute son étendue, l'artère mésentérique supérieure, à l'origine de laquelle il constitue une véritable gaîne nerveuse parsemée de ganglions plats d'une forme allongée ou étoilée. Par la macération prolongée dans l'acide azotique étendu de 100 parties d'eau, cette gaîne prend un aspect nacré remarquable, et le microscope constate l'existence d'un riche réseau nerveux gris.

Le plexus mésentérique supérieur se dégage de derrière le pancréas et passe au-devant de la troisième portion du duodénum, qu'il croise perpendiculairement; il s'engage alors, avec l'artère mésentérique supérieure et les racines de la veine porte, entre les deux feuillets du mésentère. Les innombrables rameaux fournis par ce plexus marchent vers l'intestin, les uns en suivant les vaisseaux et particulièrement les vaisseaux artériels, les autres dans les intervalles des vaisseaux; tous ces rameaux se réunissent au niveau des bifurcations vasculaires, où ils forment des petits centres plexiformes plats et nacrés, d'où partent et auxquels aboutissent plusieurs filets.

Des recherches microscopiques faites par mon honorable collègue M. le docteur Ch. Robin et moi nous ont montré dans ces petits centres nerveux de nombreuses fibres primitives entrecroisées en tous sens, et non pas parallèles, comme on l'observe pour les autres nerfs; nous n'y avons pas trouvé de corpuscules ganglionnaires.

Tous ces nerfs se ramifient dans l'intestin grêle, dans la moitié droite du gros intestin, sur la portion horizontale inférieure du duodénum et à la partie inférieure de la tête du pancréas : nous avons déjà vu que ce dernier organe reçoit encore des nerfs des plexus hépatique et splénique. Le plexus mésentérique supérieur n'abandonne que peu de filaments dans le mésentère et le méso-côlon transverse, la plupart ne font que traverser ces replis péritonéaux pour se rendre à l'intestin; ces filets se rendent à toutes les tuniques de cet organe, et, à en juger par mes propres dissections, ce serait la tunique fibreuse qui en recevrait le plus.

4° *Plexus capsulaires ou surrénaux.* — Au nombre de deux, l'un à droite et l'autre à gauche, ces plexus sont formés par un grand nombre de nerfs émanés de plusieurs sources. Ils sont constitués de chaque côté par des faisceaux de nerfs composés de dix à quinze rameaux assez gros, venus tant du ganglion semi-lunaire correspondant que du plexus diaphragmatique, au niveau du ganglion diaphragmatique; à ces rameaux viennent s'en joindre quelques autres qui tirent leur origine du plexus rénal. Tous ces nerfs, après s'être anastomosés et entrelacés ensemble, se portent vers la partie supérieure et interne de la face postérieure de la capsule surrénale, et se ramifient en partie dans son épaisseur et dans le tissu cellulo-graisseux qui l'entoure, en partie dans les plexus hépatique, pancréatique, duodénal et rénal, du côté droit, et dans les plexus splénique et coronaire stomachique, du côté gauche.

5° *Plexus rénaux ou émulgents.* — Ces plexus, au nombre de deux, et placés de chaque côté de la ligne médiane, tirent leur origine des radiations du plexus solaire, de l'extrémité inférieure et externe du ganglion semi-lunaire qui répond à chacun d'eux, et de l'épanouissement des petits splanchniques (nerfs rénaux postérieurs de Walther); il n'est pas très rare de voir s'y joindre quelques rameaux des deux premiers ganglions lombaires.

Chacun d'eux offre à son origine plusieurs ganglions d'où émanent quinze à vingt rameaux de différentes grosseurs, qui entourent l'artère rénale, et se portent, sans affecter une disposition plexiforme bien marquée, vers la scissure du rein. Parvenues aux points de division de l'artère rénale en branches et en rameaux, ces divisions nerveuses s'entrelacent de plus en plus, et l'on signale de nouveaux ganglions (ganglions épars); on trouve encore au milieu des nombreux nerfs qui couvrent la face postérieure de l'artère rénale un ganglion oblong et semi-lunaire (*ganglion rénal commun postérieur*). Au delà, toutes les ramifications nerveuses s'enfoncent dans la substance du rein, en accompagnant les divisions et subdivisions vasculaires.

Le plexus rénal fournit plusieurs filets à la capsule surrénale ; il donne encore des filets grêles et longs qui gagnent les vaisseaux spermatiques et les accompagnent jusqu'au testicule chez l'homme, jusqu'à l'ovaire chez la femme ; ces filets contribuent à la formation du plexus spermatique ou ovarique.

CORDONS LATÉRAUX DE LA PORTION ABDOMINALE DU GRAND SYMPATHIQUE.

Symétriques et situés sur les côtés de la colonne vertébrale lombaire et en partie sur l'excavation du sacrum, on les a subdivisés : 1° en *cordons lombaires ;* 2° en *cordons sacrés.*

1° CORDONS LOMBAIRES.

Nous avons vu plus haut que les cordons thoraciques étaient placés sur les têtes des côtes ; mais au niveau de la tête de la neuvième côte, ils commencent à se dévier un peu en dedans et à se rapprocher de la colonne vertébrale. Parvenus vers la première vertèbre lombaire, ils descendent, appliqués sur les parties latérales et antérieures de la colonne lombaire, plongent dans l'excavation du bassin, et se continuent avec le cordon sacré.

Chaque cordon lombaire occupe l'intervalle qui sépare la dixième vertèbre dorsale de la symphyse sacro-iliaque, en décrivant toutefois une courbe elliptique à convexité tournée en avant. Il longe les insertions internes du psoas, derrière l'aorte à gauche et la veine cave à droite ; il est donc placé plus antérieurement que le cordon thoracique correspondant. Ce cordon se compose ordinairement de trois à cinq ganglions, allongés, fusiformes, de même volume à peu près que les ganglions thoraciques, mais un peu plus distincts, et souvent plus gros d'un côté que de l'autre. Ces ganglions sont réunis ensemble, tantôt par de gros rameaux gris, d'autres fois par des cordons longs et grêles. Le premier ganglion lombaire se réunit au dernier dorsal par un rameau grêle, et le dernier ganglion lombaire se continue au-devant de la base du sacrum, avec le premier sacré. Les rameaux fournis par tous ces ganglions sont aussi distingués en *supérieurs, inférieurs, externes* et *internes.*

1° *Rameaux supérieurs et inférieurs.* — Destinés à établir la communication entre les ganglions, ils se portent de l'un à l'autre ; ils sont souvent gros et fasciculés, d'autres fois au contraire longs et grêles ; quelquefois il en manque un ou deux ; dans ce cas, il y a eu rapprochement et réunion immédiate de deux ganglions, ou bien solution de continuité, c'est-à-dire que la communication est entièrement interrompue. Le premier de ces cordons réunit le dernier ganglion thoracique au premier lombaire ; le dernier fait communiquer le dernier ganglion lombaire avec le premier sacré.

2° *Rameaux externes.* — Au nombre de deux ou trois pour chaque ganglion, ils naissent du côté externe de chacun d'eux, soit d'un tronc commun, soit isolément. Ces rameaux sont plus longs et plus grêles que ceux des autres ganglions, à cause de la situation des ganglions lombaires, placés plus loin des trous de conjugaison et sur un plan plus antérieur. Leur direction est variable : les supérieurs sont légèrement obliques en haut, les inférieurs obliques en bas, et les moyens plus ou moins transversaux. Leur trajet s'effectue en traversant de petits anneaux ostéo-fibreux qui existent entre les vertèbres lombaires et les attaches internes du psoas. Les uns sont accompagnés par les vaisseaux lombaires, les autres marchent isolément ; tous se jettent, au niveau des trous de conjugaison et dans l'épaisseur du psoas, dans les branches antérieures des nerfs lombaires, avec lesquelles ils communiquent en plusieurs points différents.

3° *Rameaux internes.* — Naissant de la partie interne des ganglions lombaires et de leurs cordons de communication, ces rameaux, très nombreux, se portent obliquement en bas et en dedans : les droits entre les vertèbres lombaires et la veine cave ; les gauches, un peu plus courts, immédiatement au-devant de l'aorte. Tous, en se divisant et en s'anastomosant les uns avec les autres et avec les radiations du plexus solaire, forment au-devant de l'aorte abdominale un entrelacement compliqué, mêlé de ganglions plats, qu'on désigne sous le nom de *plexus lombo-aortique.*

Plexus lombo-aortique (*aortique abdominal, inter-mésentérique*). — Ce plexus enlace la partie de l'aorte abdominale comprise entre l'origine de l'artère mésentérique supérieure et celle des deux iliaques primitives; dans l'écartement triangulaire de ces deux dernières artères, et un peu au-dessous de la bifurcation de l'aorte, il se termine en se séparant en deux cordons plexiformes à larges mailles, l'un droit, l'autre gauche, qui occupent les côtés du rectum, et contribuent à la formation des plexus hypogastriques droit et gauche.

Les nerfs qui forment le plexus lombo-aortique viennent de plusieurs sources. Les principaux émanent des ganglions des cordons lombaires droit et gauche, dont les rameaux internes, dirigés en bas et en dedans, au-devant de l'aorte, s'anastomosent entre eux, avec ceux du côté opposé et avec un prolongement considérable des plexus solaire et mésentérique supérieur. Le plexus qui en résulte, formé par l'entrelacement de plusieurs couches nerveuses superposées à mailles très serrées, renferme plusieurs ganglions plats; ses rameaux sont plus nombreux sur les parties latérales que sur la portion médiane de l'aorte. Ceux du côté gauche se portent presque verticalement en bas, vers le plexus mésentérique inférieur et vers le renflement plat situé sur l'aorte (ganglion mésentérico-aortique droit). Ceux du côté droit descendent obliquement à gauche sur la face antérieure de l'aorte et sur celle de l'iliaque primitive droite, près de son origine, pour se rendre à un autre renflement aplati et oblong (ganglion mésentérico-aortique inférieur).

Dans tout son trajet, le plexus intermésentérique fournit un grand nombre de rameaux collatéraux qui contribuent à la formation des plexus spermatiques droit et gauche, des plexus de la veine cave inférieure et de l'artère mésentérique inférieure.

a. *Plexus de la veine cave inférieure.* — Il tire son origine des plexus lombo-aortique, solaire, rénal, capsulaire et mésentérique supérieur, situés du côté droit. Constitué par une multitude de rameaux longs et grêles qui offrent assez souvent à leur émergence un ganglion plat (épatement), il se dirige en dehors et en bas, au-devant de la veine cave inférieure, et se perd en partie dans le plexus spermatique droit, en partie dans les tuniques de la veine cave inférieure.

b. *Plexus spermatiques.* — Testiculaires chez l'homme, ovariques chez la femme, les nerfs de ces plexus (droit et gauche) proviennent, de chaque côté, des plexus rénal, lombo-aortique et hypogastrique; le plexus de la veine cave inférieure envoie aussi à droite quelques filets. Les nerfs de chacun de ces plexus s'accolent, les uns aux vaisseaux spermatiques dont ils suivent la marche descendante, les autres au canal déférent avec lequel ils remontent vers les vaisseaux. Parvenus à l'orifice péritonéal du canal inguinal, ces différents nerfs s'accolent aux autres éléments du cordon spermatique avec lesquels ils traversent le canal inguinal, pour se rendre au testicule correspondant. Chez la femme, ils ont un trajet moins compliqué et se distribuent à l'ovaire et à l'utérus, où ils s'anastomosent quelquefois avec les nerfs utérins.

c. *Plexus mésentérique inférieur.* — Il est constitué à la fois par des radiations du plexus solaire, par un prolongement du plexus mésentérique supérieur, et par le plexus intermésentérique (par conséquent par des rameaux émanés des ganglions lombaires). Du côté gauche, il reçoit en outre huit à dix gros rameaux de renforcement qui émanent en partie du plexus mésentérique supérieur, et en partie du plexus solaire. Ces rameaux, qu'on peut appeler *intermésentériques superficiels*, descendent verticalement le long des parois antérieure et latérale gauche de l'aorte ventrale, et au-devant du plexus intermésentérique, dont ils sont séparés par du tissu cellulaire; ils parviennent ainsi jusqu'à l'origine de l'artère mésentérique inférieure, sur laquelle ils se confondent avec le plexus du même nom.

Ce plexus entoure l'artère mésentérique inférieure, s'engage avec elle entre les deux feuillets du mésocôlon iliaque et du mésorectum, où il se prolonge sur les artères coliques gauches, supérieure, moyenne et inférieure) et hémorrhoïdales supérieures; se distribue à toute la moitié gauche du gros intestin, et se termine dans le rectum. Constamment il envoie dans l'excavation du bassin et au-devant des artères hypogastriques deux faisceaux de nerfs qui se jettent chacun dans le plexus hypogastrique correspondant. Il s'anastomose aussi en haut, sur l'arc du côlon, avec le plexus mésentérique supérieur.

PLEXUS HYPOGASTRIQUES.

Ceux-ci, au nombre de deux, l'un droit et l'autre gauche, occupent les parties latérales et postérieures de l'excavation du bassin, en arrière et sur les côtés du rectum et de la vessie chez l'homme, du rectum, du vagin et de la vessie chez la femme.

Les plexus hypogastriques tirent leur origine de plusieurs sources, mais surtout de la bifurcation du plexus lombo-aortique. Ce dernier, parvenu au niveau de l'angle sacro-vertébral, ou de l'origine des deux artères iliaques primitives, offre un large ganglion duquel émanent deux cordons aplatis et allongés, constitués par un mélange d'une multitude de rameaux anastomosés les uns avec les autres, et de ganglions plats en nombre indéterminé. Ces cordons se présentent sous l'aspect d'un réseau nerveux, lâche et aplati, à larges mailles remplies de tissu cellulaire; quoique distincts l'un de l'autre, ils communiquent entre eux par des anastomoses médianes placées entre le sacrum et le rectum; ils sont encore renforcés par deux gros faisceaux venus du plexus mésentérique inférieur. Arrivés sur les parties latérales des organes contenus dans l'excavation du bassin, les cordons de bifurcation du plexus lombo-aortique, renforcés par plusieurs rameaux grêles émanés des ganglions sacrés correspondants, constituent, conjointement avec la plupart des branches viscérales des plexus sacrés (branches antérieures des troisième, quatrième et cinquième paires sacrées), les plexus hypogastriques droit et gauche.

Ceux-ci, formés par l'entrelacement de gros rameaux et de ganglions plats, sont un mélange de nerfs de la vie de relation et de nerfs du grand sympathique; ils sont remarquables par une disposition aréolaire qui les fait ressembler aux plexus pharyngien, cardiaque et solaire. Ils se distribuent à tous les organes pelviens sur lesquels ils forment autant de plexus secondaires, distingués en *hémorrhoïdaux*, *vésicaux*, *prostatiques* chez l'homme, *utérins* et *vaginaux* chez la femme.

Plexus hémorrhoïdaux inférieurs. — Ainsi nommés par opposition aux plexus hémorrhoïdaux supérieurs (émanations du plexus mésentérique inférieur), ils embrassent les parties antérieures et postérieures du rectum, auquel ils se distribuent après s'être anastomosés avec les plexus hémorrhoïdaux supérieurs. Ils communiquent aussi vers l'anus avec des nerfs venus directement des plexus sacrés.

Plexus vésicaux. — Ils naissent des parties latérales et inférieures des plexus hypogastriques droit et gauche; leurs rameaux, très nombreux, longs, grêles, se portent en divergeant sur les côtés de la vessie, sur ses faces antérieure et postérieure, et s'y divisent plusieurs fois de distance en distance pour s'anastomoser ensuite. Ils offrent presque constamment, sur chaque côté de la vessie, au niveau de l'embouchure des uretères, un ganglion plat duquel émanent plusieurs longs rameaux qui tous se partagent entre la vessie, l'uretère, la prostate et les vésicules séminales chez l'homme, en formant sur chacun de ces organes des plexus secondaires, au milieu desquels on trouve des ganglions épars. On peut suivre quelques uns de ces rameaux, à travers la prostate et la partie voisine de l'uretère, jusqu'à la partie postérieure des corps caverneux de la verge.

Plexus des vésicules séminales et plexus déférentiels. — Ils viennent des parties les plus inférieures des plexus hypogastriques; ils enlacent les vésicules séminales par un grand nombre de filets grêles d'un volume inégal, leur laissent quelques uns de ces filets, puis se portent de bas en haut et entourent les canaux déférents d'un riche réseau nerveux. Parvenus aux orifices supérieurs des canaux inguinaux, ils s'associent aux plexus spermatiques supérieurs et moyens, émanés, les premiers des plexus rénaux, les seconds du plexus lombo-aortique, avec lesquels ils vont se perdre dans les testicules.

Plexus vaginaux et utérins. — Ils sont constitués par des rameaux déliés très nombreux, anastomosés ensemble et entremêlés de renflements oblongs ou arrondis. Ces rameaux se dirigent entre les deux feuillets des ligaments larges, les uns vers le vagin, les autres vers l'utérus; arrivés sur ces organes, une partie se répand sur leurs deux faces, une autre partie pénètre leurs bords et arrive jusque dans leur épaisseur; où, chez la femme non enceinte, ils échappent bientôt à l'œil le plus exercé. Dans leur trajet, les uns sont accolés aux vaisseaux, les autres marchent dans leurs intervalles. Indépendamment de ces nerfs émanés des plexus hypogastriques, l'utérus, et surtout la trompe et l'ovaire, reçoivent aussi quelques filets du plexus qui entoure l'artère ovarique (émanation du plexus lombo-aortique) ; tous ces rameaux nerveux, de sources différentes, s'anastomosent les uns avec les autres au niveau des orifices des trompes.

L'existence des nerfs du corps de l'utérus étant bien constatée, malgré les dénégations de quelques anatomistes très compétents d'ailleurs, tels que Lobstein et autres, il reste maintenant une autre question à résoudre : existe-t-il des nerfs dans le col de l'utérus?

Tout le monde connaît les débats que cette question a soulevés dans ces derniers temps parmi les anatomistes les plus distingués. Robert Lee a fait représenter un plexus nerveux se rendant au museau de tanche; M. Jobert (de Lamballe) soutient n'avoir jamais rencontré de nerfs dans la partie vaginale du col utérin ; depuis les travaux de ces derniers anatomistes, les opinions sont partagées : les uns admettent ces nerfs, les autres les rejettent.

S'il m'est permis, au milieu de ces dissidences scientifiques, de conclure de mes propres recherches, je dirai que le col, aussi bien que le corps de l'utérus, est pourvu d'un système nerveux émané des nerfs de la vie organique et de ceux de la vie de relation, mais principalement des premiers. Quant à l'augmentation de volume des nerfs utérins pendant l'état de gestation, soutenue par Robert Lee et niée par M. Jobert et ses partisans, c'est une question jugée à l'heure qu'il est et qui ne souffre aucune discussion. En effet, tout nerf qui a été soumis à une macération prolongée augmente de volume; sous l'influence de la grossesse, tous les liquides étant appelés vers l'utérus, qui devient un centre de fluxion, les nerfs utérins subissent une véritable macération et prennent de l'accroissement. Cet accroissement de volume n'est pas dans le tube nerveux même, mais dans son névrilème (fibres nerveuses de Remak), qui est proportionnellement très développé dans les nerfs du grand sympathique, dont il est un des éléments essentiels, une partie intégrante.

2° CORDONS SACRÉS.

Ce sont deux cordons allongés, faisant suite aux cordons lombaires, et situés sur la face antérieure du sacrum, en dedans des trous sacrés antérieurs. Chacun de ces cordons est composé de quatre à six ganglions fusiformes, d'autant plus rapprochés de la ligne médiane qu'ils sont plus inférieurs ; ils répondent en arrière, le plus souvent, aux trous sacrés antérieurs où ils sont appliqués sur les branches antérieures des nerfs sacrés; le péritoine les recouvre en avant; enfin le tissu cellulo-adipeux du bassin les environne de tous côtés. Le volume de ces ganglions est variable; ordinairement assez développés supérieurement, ils sont à peine marqués inférieurement. Les rameaux qu'ils fournissent se distinguent en *supérieurs*, *inférieurs*, *externes*, *internes* et *antérieurs*.

1° *Rameaux supérieurs et inférieurs.* — Ils mesurent l'intervalle compris entre les trous sacrés antérieurs, et font communiquer entre eux les ganglions. Le rameau supérieur du premier ganglion sacré se rend au dernier ganglion lombaire, et le rameau inférieur du dernier ganglion sacré offre à la base du coccyx, au point de jonction avec celui du côté opposé, un petit ganglion triangulaire duquel émanent plusieurs filaments ténus qui se perdent au-devant du coccyx.

2° *Rameaux externes.* — Ils sont gros et courts, chaque ganglion en fournit quelquefois plusieurs; presque tous vont s'anastomoser avec les branches sacrées antérieures correspondantes ; pourtant on peut en suivre quelques uns jusqu'aux muscles pyramidal et releveur de l'anus, dans lesquels ils se perdent.

3° *Rameaux internes.* — Ils émergent, en nombre variable, de la partie interne des ganglions sacrés, se dirigent plus ou moins obliquement sur l'excavation du sacrum, et s'anastomosent avec ceux du côté opposé, en formant un réseau plexiforme.

4° *Rameaux antérieurs.* — Les plus grêles et les plus nombreux; ces rameaux se portent, les uns directement vers le rectum, les autres vers le plexus hypogastrique, qu'ils concourent à former.

PLANCHE 68.

Elle est destinée à faire voir la portion céphalo-cervicale du grand sympathique, les nerfs cardiaques, le ganglion et le plexus cardiaques, en rapport avec les nerfs cervicaux et plusieurs des nerfs crâniens.

PRÉPARATION. — Nous renvoyons à celle de la cinquième paire (planche 29), à celles du pneumogastrique (planches 33 et 36) et à celle du plexus cervical (planche 40).

Explication de la figure.

Parties accessoires. — *a*. Trachée. — *b*, *b*. Poumons érignés. — *c*. Péricarde.

Système vasculaire. — A. Cœur. — B. Tronc de l'artère pulmonaire, se divisant en deux branches, l'une droite, l'autre gauche, et se fixant par le cordon fibreux qui résulte de l'oblitération du canal artériel, à C, la crosse de l'aorte. — D. Tronc brachio-céphalique. — E. Artère carotide primitive gauche. — F. Coupe de l'artère carotide externe et de quelques unes de ses branches collatérales. — G. Carotide interne. — H. Artère sous-clavière gauche échancrée, afin de démasquer le ganglion cervical inférieur. — J. Coupe de la veine cave supérieure.

Système nerveux. — 1. Ganglion cervical supérieur. — 2. Rameaux carotidiens, s'anastomosant les uns avec les autres pour constituer le plexus caverneux. Celui-ci s'anastomose avec, 3, le nerf de Jacobson (émanation du ganglion de Meckel), avec, 4, le filet carotidien du nerf vidien, et avec, 5, le nerf moteur oculaire externe. — 6. Racine végétative du ganglion ophthalmique. — 7. Plexus de l'artère ophthalmique. — 8. Rameaux de communication du ganglion cervical supérieur avec une des premières paires cervicales. — 9. Plexus pharyngiens formés par les rameaux du ganglion cervical supérieur, du glosso-pharyngien et du pneumogastrique. — 10. Plexus laryngé. — 11. Nerf cardiaque supérieur, constitué par plusieurs racines qui viennent principalement du ganglion cervical supérieur; il embrasse la crosse de l'aorte par sa bifurcation. — 12. Cordon de communication du ganglion cervical supérieur, avec, 13, le ganglion cervical moyen. — 14. Anastomose de ce dernier avec une des branches cervicales. — 15. Sa communication avec le plexus laryngé. — 16. Son anastomose avec le nerf laryngé inférieur. — 17. Cardiaque moyen, naissant par plusieurs racines du ganglion cervical moyen et de son cordon de communication avec le ganglion cervical inférieur. — 18. Ganglion cervical inférieur. — 19. Son cordon de communication avec le ganglion cervical moyen ; il forme une anse autour de l'artère sous-clavière. — 20. Nerf vertébral : il s'engage avec l'artère du même nom, dans le canal des apophyses transverses des vertèbres cervicales, s'anastomose avec le plexus brachial et quelques branches du plexus cervical, et forme un petit plexus autour de l'artère vertébrale. — 21. Rameaux du grand sympathique enlaçant l'artère sous-clavière ; j'ai pu les suivre sur l'artère, jusqu'au pli du coude. — 22. Nerfs cardiaques inférieurs; ils sont multiples, passent les uns devant, les autres derrière l'aorte, et forment, avec les cardiaques supérieur et moyen du grand sympathique, les trois cardiaques du pneumogastrique, et les mêmes nerfs du côté opposé, 23, le plexus et le ganglion cardiaques. — 24. Réseau nerveux qui enlace l'artère cardiaque antérieure. — 25. Réseau qui couvre l'artère cardiaque postérieure et ses divisions. — 26. Pneumogastrique fournissant trois cardiaques. — 27, 27. Nerfs cardiaques fournis par le nerf récurrent. — 28. Ganglion ophthalmique. — 29. Ganglion sphéno-palatin. — 30. Ganglion otique.

PLANCHE 69.

Elle a pour objet de montrer l'origine du centre nerveux splanchnique abdomino-pelvien, en connexion, à ses deux extrémités, avec les nerfs de la vie de relation. Ce centre nerveux entoure la plupart des gros vaisseaux, et se compose des plexus, solaire, coronaire stomachique, hépatique, splénique, diaphragmatique, capsulaire (surrénal), rénal, spermatique, mésentériques supérieur et inférieur, lombo-aortique, du double plexus pelvien ou hypogastrique, et du plexus du canal déférent.

Préparation. — Les parois antérieures des cavités thoraco-abdominale et pelvienne étant enlevées, débarrassez ces cavités de tous les viscères, moins la rate et un des reins coiffé de sa capsule surrénale. A cet effet, incisez l'estomac près du cardia, incisez aussi les mésocôlons, le mésentère et les autres replis péritonéaux vers le milieu de leur longueur, afin de conserver un bout de chacune des branches vasculaires entouré du plexus nerveux qui porte son nom. Il faut ménager quelques portions du diaphragme, pour montrer la perforation des nerfs grand et petit splanchniques. Il faut encore renverser en avant, ou tirer en dehors, le rein coiffé de sa capsule surrénale, afin de suivre le grand splanchnique à travers le diaphragme, jusqu'au ganglion semi-lunaire, et le petit jusqu'au plexus rénal. Ces préparations préliminaires achevées, plongez pour quelques jours, la pièce dans l'eau courante ou dans l'eau plusieurs fois renouvelée, puis faites-la macérer quelque temps, dans une solution très étendue d'acide azotique (1 partie d'acide pour 200 d'eau); vous enlèverez alors avec des pinces le tissu cellulaire et les ganglions lymphatiques qui couvrent les nerfs, que vous poursuivrez du centre à la périphérie, sur les artères qu'ils enlacent.

Explication de la figure.

Parties accessoires. — *a.* Diaphragme coupé. — *b.* Portion de l'estomac et de l'œsophage. — *c.* Rate. — *d.* Rein et sa capsule surrénale. — *e.* Testicule et son épididyme. — *f.* Uretère coupé. — A, A. Aorte.

Système nerveux. — 1, 1, 1, 1. Portion des chaînes ganglionnaires droite et gauche. — 2. Ganglion coccygien formé par la réunion de ces deux chaînes à leur extrémité inférieure. — 3. Anastomoses médianes des deux cordons sacrés. — 4, 4. Grands splanchniques droit et gauche, traversant le diaphragme et se rendant aux, 5, 5, ganglions semi-lunaires. — 6. Plexus solaire formé par la réunion des deux ganglions précédents à des ganglions plus petits et à de gros rameaux intermédiaires; il fournit, 7, le plexus splénique, 8, le plexus hépatique, et 9, le plexus coronaire stomachique; ces trois derniers plexus tirent leurs noms des artères qu'ils entourent. — 10. Anastomose des deux pneumogastriques (droit et gauche), avec les plexus solaire et coronaire stomachique. — 11. Plexus diaphragmatique et capsulaire supérieur. — 12. Anastomoses de ces deux plexus avec le nerf phrénique, dont on voit ici quelques portions.—13. Plexus capsulaire moyen. — 14. Plexus capsulaire inférieur, émané du, 15, plexus rénal. — 16, 16. Petits splanchniques traversant le diaphragme, de chaque côté, et se partageant entre les plexus solaire et rénaux. — 17. Plexus mésentérique supérieur embrassant l'artère du même nom. — 18. Plexus spermatique naissant de trois sources différentes, savoir : des plexus rénal, lombo-aortique et hypogastrique. — De 19 à 19. Plexus lombo-aortique. — 20, 20. Cordons de bifurcation de ce plexus. — 21. Plexus mésentérique inférieur, sur l'artère du même nom. — 22, 22. Ses anastomoses avec, 23, 23, le plexus hypogastrique de chaque côté. — 24, 24. Plexus sacrés, qui fournissent quelques branches d'origine aux plexus hypogastriques.

PLANCHE 70.

Plexus solaire et ses trois plexus secondaires, coronaire stomachique, hépatique et splénique. Les plexus rénal, capsulaire, spermatiques, mésentériques et aortique, ne se voient ici qu'accessoirement, et seront ailleurs l'objet d'une étude spéciale.

PRÉPARATION. — Pour mettre à découvert ces différents plexus, il faut : 1° ouvrir l'abdomen et la poitrine, et maintenir le foie relevé par des érignes; 2° enlever toute la portion de l'estomac comprise entre deux sections pratiquées l'une sur la grosse tubérosité, l'autre sur l'extrémité pylorique; 3° enlever les intestins après les avoir séparés de la troisième portion du duodénum immédiatement à gauche de l'artère mésentérique supérieure, et après avoir détaché avec précaution les replis péritonéaux qui les fixent à la colonne vertébrale; on ne doit couper les vaisseaux mésentériques qu'à une certaine distance de leurs origines; 4° décoller avec les doigts le péritoine qui revêt le pancréas et échancrer celui-ci vers sa partie moyenne, pour démasquer le plexus solaire placé derrière lui.

Cela fait, avec les pinces, sans le secours de l'instrument tranchant, débarrassez le plexus solaire du tissu graisseux, de quelques ganglions lymphatiques et de quelques rameaux nerveux qui le cachent, et suivez ses radiations, ainsi que celle des autres plexus figurés ici, jusque dans l'épaisseur des organes. Les anastomoses des plexus solaire et coronaire stomachique avec les deux pneumogastriques doivent être préparées en allant du cardia vers les plexus.

Explication de la figure.

Parties accessoires. — *a.* Foie érigné en haut par son ligament suspenseur et échancré sur sa face inférieure, afin de poursuivre dans son épaisseur les vaisseaux et nerfs. — *b.* Estomac coupé sur la grande tubérosité. — *c.* Rate. — *d.* Rein. — *e.* Rein échancré. — *f.* Capsule surrénale. — *g, g.* Uretères. — *h.* Duodénum. — *i, i.* Pancréas dont on a enlevé une portion pour démasquer le plexus solaire.

Système nerveux. — 1. Plexus solaire fournissant, 2, le plexus hépatique, 3, le plexus coronaire stomachique et, 4, le plexus splénique. — 5. Anastomoses des pneumogastriques droit et gauche, avec les plexus solaire et coronaire stomachique. — 6. Rameaux du pneumogastrique se rendant au foie. — 7. Plexus des conduits biliaires. — 8. Origine du plexus mésentérique supérieur, enlaçant l'artère du même nom. — 9. Plexus rénal. — 10. Plexus capsulaire. — 11, 11. Plexus spermatique. — 12. Commencement du plexus lombo-aortique. — 13. Portion du plexus mésentérique inférieur.

PLANCHE 71.

Elle présente principalement le plexus mésentérique supérieur et une portion du plexus mésentérique inférieur.

Préparation. — Après avoir enlevé la paroi antérieure de l'abdomen et de la poitrine, relevez en haut le côlon et le mésocôlon transverse, maintenez-les dans cette position par des érignes. Étalez le paquet intestinal de manière à développer dans toute leur étendue l'artère et la veine mésentériques supérieures, ainsi que leurs divisions principales. Décollez avec les doigts le feuillet inférieur du mésocôlon transverse et le feuillet supérieur du mésentère ; enlevez les nombreux ganglions lymphatiques et le tissu cellulaire qui se trouvent entre les deux feuillets de chacun de ces replis.

Cette dernière partie de la préparation doit être faite seulement avec des pinces, en lacérant en quelque sorte le tissu cellulaire qui recouvre les filets nerveux ; avec le scalpel, on couperait infailliblement ces filets, car ils ne vont pas directement de haut en bas, mais s'étalent de distance en distance pour former de petits ganglions plats, analogues à de simples épanouissements aponévrotiques, et sur lesquels un œil peu exercé pourrait se méprendre. En suivant le précepte que nous avons énoncé, on voit clairement que ces petits ganglions sont des centres auxquels aboutissent et desquels partent d'autres nerfs.

Explication de la figure.

Parties accessoires. — *a*. Cœcum et appendice iléo-cœcal. — *b*. Côlon transverse érigné. — *c*. Paquet de l'intestin grêle.

Système nerveux. — 1. Plexus mésentérique supérieur enlaçant les divisions de l'artère du même nom, offrant sur son trajet une grande quantité de ganglions plats (épatements) et se distribuant dans tout l'intestin grêle et dans la moitié droite du gros intestin. — 2. Portion du plexus mésentérique inférieur anastomosé sur l'arc du côlon avec le plexus mésentérique supérieur.

PLANCHE 72.

On voit de profil, sur le côté droit, les nerfs des organes génito-urinaires et du rectum, chez la femme adulte; le plexus hypogastrique en rapport avec les plexus lombo-aortique, mésentérique inférieur et sacré, ainsi qu'avec la chaîne ganglionnaire lombo-sacrée.

Préparation. — 1° Circonscrivez les parties molles par une incision passant par le mont de Vénus, une des grandes lèvres et la fesse correspondante. 2° Enlevez un des côtés du bassin par deux sections, dont l'une sera pratiquée sur le pubis et l'ischion, un peu en dehors de la symphyse, et dont l'autre se fera sur l'iléon, vers la partie moyenne du grand trou sacro-sciatique. 3° Insufflez la vessie, distendez légèrement le vagin et le rectum avec de l'étoupe, afin de reconnaître les rapports réciproques de ces organes, dont il sera facile alors de disséquer les plexus, après avoir toutefois détaché avec précaution les replis du péritoine, les vaisseaux et le tissu cellulaire graisseux environnant.

C'est surtout pour cette préparation qu'il est indispensable de faire macérer la pièce alternativement dans l'eau plusieurs fois renouvelée et dans un bain d'acide azotique étendu. Cette manière d'agir a le double avantage de détruire le névrilème et de durcir la substance propre des nerfs. On doit avoir soin d'enlever le tissu cellulaire avec deux pinces, en tiraillant le moins possible les nerfs avec ces instruments.

Explication de la figure 1.

Parties accessoires. — *a*. S iliaque du côlon. — *b*. Rectum. — *c*. Corps de l'utérus et vagin. — *d*. Ovaire gauche. — *e*. Coupe du ligament rond, de la trompe et du ligament de l'ovaire. — *f*. Vessie. — *g*. Uretère.

Système nerveux. — 1. Plexus lombo-aortique, qui reçoit quelques branches du cordon lombaire du grand sympathique et qui embrasse le rectum par sa bifurcation, au niveau de l'angle sacro-vertébral. — 2. Cordon plexiforme droit de la bifurcation du plexus lombo-aortique se jetant dans, 3, le plexus hypogastrique du même côté. — 4. Anastomose de ce dernier avec la terminaison du plexus mésentérique inférieur. — 5. Branches viscérales du plexus sacré se rendant au plexus hypogastrique. — 6. Anastomose du cordon sacré du grand sympathique avec le plexus hypogastrique. — 7. Nerfs du rectum. — 8. Nerfs du corps de l'utérus; les uns se perdent sur ses faces, les autres pénètrent son bord. — 9. Plexus vésical.

Explication de la figure 2.

Cette figure montre, sur une coupe de profil du corps et du col de l'utérus, les nerfs qui pénètrent ces parties par leur bord et arrivent jusque dans leur épaisseur.

RÉSUMÉ ANATOMIQUE DU GRAND SYMPATHIQUE.

En parcourant, dans son ensemble, tout le système nerveux ganglionnaire, nous voyons que les nombreux renflements qui le composent (ganglions sur-vertébro-splanchniques), en se réunissant par des rameaux intermédiaires, forment au-devant de la colonne vertébrale, à proximité du système nerveux de la vie de relation et des organes splanchniques, trois portions, dont deux latérales et une médiane.

1° Les deux portions latérales (ganglions sur-vertébraux et leurs cordons de jonction) se présentent sous l'aspect de deux chaînes longitudinales, presque parallèles, ou de deux cordons moniliformes, étendus depuis les sinus caverneux jusqu'au-devant du coccyx. *En dehors*, elles communiquent par l'intermédiaire des extrémités centrales des nerfs vertébro-crâniens (racines sensitives et motrices), avec le centre nerveux médullo-encéphalique; *en dedans*, elles envoient ou reçoivent des rameaux destinés aux viscères des fonctions involontaires, soit directement, soit par l'intermédiaire de leurs communications anastomotiques et de leurs plexus médians.

Les nombreuses anastomoses médianes, qui attestent la solidarité des deux chaînes longitudinales, se font : *à la tête*, par le plexus nerveux des artères communicante antérieure et tronc basilaire, et par le plexus de la gouttière basilaire; *au bassin*, par les nombreux rameaux transversaux qu'on trouve dans toute la hauteur de l'excavation du sacrum, et par le ganglion coccygien terminal; enfin, *dans la portion intermédiaire*, par le mélange et l'intrication des rameaux internes des deux chaînes ganglionnaires, dans les plexus et les ganglions splanchniques.

Les ganglions sur-vertébraux corrrespondent généralement, pour le nombre et la position, aux ganglions intervertébraux (ganglions des racines postérieures des nerfs spinaux); et si à la région cervicale, et quelquefois même à la région lombaire, cette loi paraît être en défaut, c'est que le ganglion cervical supérieur, ou bien un des ganglions lombaires, sont constitués chacun par la fusion de plusieurs ganglions.

Les cordons de jonction, dont le nombre est à peu près égal à celui des ganglions avec lesquels ils forment les deux chaînes, sont eux-mêmes le centre d'une double anastomose : *en dehors*, avec les racines des nerfs de la vie de relation; *en dedans*, avec les nerfs viscéraux, soit que l'on considère ces derniers ou bien comme des nerfs particuliers qui se rendent dans les ganglions, ou bien comme des nerfs qui en émanent. Ces cordons, en établissant la liaison des ganglions les uns avec les autres, les mettent tous dans une dépendance mutuelle.

2° La portion médiane du grand sympathique est formée par les plexus et les ganglions viscéraux (ganglions splanchniques), qui ont été envisagés comme des centres nerveux dans lesquels viendraient retentir tous les phénomènes physiologiques et pathologiques de la vie nutritive.

Les plexus nerveux sympathiques peuvent être divisés en *primaires* et en *secondaires* émanés de ceux-ci. Les primaires, au nombre de quatre, savoir: les plexus pharyngiens, cardiaque, solaire et hypogastriques, reçoivent non seulement les rameaux internes des deux chaînes latérales, mais aussi les extrémités périphériques de plusieurs nerfs de la vie animale. Ainsi, les deux pneumogastriques contribuent à former les plexus pharyngiens, cardiaque et solaire; dans les plexus pharyngiens ils s'associent aux nerfs glosso-pharyngien et spinal correspondants; les branches antérieures des nerfs sacrés s'anastomosent avec le grand sympathique dans les plexus hypogastriques. C'est de cette manière que s'établit la liaison et la relation des centres ganglionnaires avec les extrémités centrales et périphériques des nerfs vertébro-crâniens, lesquels semblent fournir aux ganglions une force d'incitation puisée dans l'axe nerveux médullo-encéphalique.

Parmi les plexus primaires, ceux qui sont situés sur les limites de la vie de nutrition et de celle de relation, tels que les plexus pharyngiens et hypogastriques, sont pairs et parfaitement symétriques; les plexus cardiaque et solaire, qui sont entièrement placés sur le trajet des organes nutritifs, sont au contraire impairs et non symétriques.

Le *plexus pharyngien* de chaque côté, est le résultat de l'intrication des rameaux pharyngiens du pneumogastrique anastomosés avec la branche interne du spinal, avec le glosso-pharyngien et avec les rameaux pharyngiens du ganglion cervical supérieur.

Le *plexus cardiaque* est le point de réunion des six rameaux cardiaques de chaque côté : dont trois sympathiques émanent des ganglions cervicaux correspondants, *supérieur*, *moyen* et *inférieur;* et dont trois, pneumogastriques, viennent, deux directement de chacun de ces derniers nerfs, et le troisième de la branche laryngée inférieure (nerf récurrent).

Le *plexus solaire* est le centre de convergence des grands splanchniques, d'une partie des petits splanchniques, du pneumogastrique et du nerf phrénique droit.

Le *plexus hypogastrique* de chaque côté résulte de l'entrelacement de l'une des divisions du plexus lombo-aortique, d'un faiseau nerveux du plexus mésentérique inférieur (plexus hémorrhoïdal supérieur) et des rameaux internes du cordon sacré avec les branches viscérales du plexus sacré.

Ces quatre grands plexus primaires concourent à la formation des plexus secondaires, et réunissent en faisceaux ceux d'un groupe d'organes voisins et d'un même appareil.

Le plexus pharyngien constitue en partie les plexus secondaires *laryngé* et *intercarotidien.*

Le plexus cardiaque donne naissance aux plexus secondaires qui entourent les artères cardiaques antérieure et postérieure ; il entre également dans la formation des plexus pulmonaires, et forme autour des gros vaisseaux les plexus cardiaques secondaires qui sont disposés en trois plans, savoir : 1° *plan superficiel* situé au-devant de la crosse de l'aorte ; 2° *plan moyen* placé derrière la crosse de l'aorte, au-devant de la fin de la trachée supérieurement, et au-devant de la branche droite de l'artère pulmonaire inférieurement ; 3° *plan profond* qui occupe l'intervalle compris entre la branche droite de l'artère pulmonaire et la bifurcation de la trachée.

Le plexus solaire, ce grand centre abdominal, ce foyer de convergence et d'émergence, constitue par ses nombreux rameaux les plexus secondaires abdominaux. Ces derniers enlacent plus ou moins complétement les artères qui naissent de l'aorte ventrale, et se distribuent avec elles dans les organes de la vie nutritive. Chacun de ces plexus prend le nom de l'artère qu'il accompagne ; on peut tous les diviser en pairs et en impairs. Les impairs sont : 1° le plexus cœliaque, qui fournit les plexus de troisième ordre, hépatique, splénique et coronaire stomachique ; 2° le plexus mésentérique supérieur ; 3° le plexus lombo-aortique, d'où émane le plexus mésentérique inférieur. Les plexus pairs sont au nombre de quatre, savoir : 1° les plexus diaphragmatiques ; 2° les plexus capsulaires ou surrénaux ; 3° les plexus rénaux auxquels aboutissent les petits splanchniques ; 4° les plexus spermatiques chez l'homme, ovariques chez la femme.

Le plexus hypogastrique fournit aussi des plexus secondaires, qui sont : les plexus hémorrhoïdal inférieur, vésical, déférentiel et prostatique, chez l'homme ; vaginal, utérin et ovarique, chez la femme.

Tels sont les plexus multipliés que les viscères reçoivent du système nerveux ganglionnaire.

USAGES DU GRAND SYMPATHIQUE.

Les physiologistes sont loin d'être unanimes sur la question de savoir quels sont les usages du grand sympathique ; ces dissidences viennent, soit des difficultés que présentent les expériences de vivisection, soit de l'incertitude des résultats fournis par le microscope sur la texture de ce nerf. Cependant on admet généralement qu'il tient sous sa dépendance la plupart des mouvements involontaires, qu'il est doué d'une sensibilité obtuse et qu'il préside aux fonctions nutritives et sécrétoires.

On ne peut mettre en doute les propriétés sensitives et motrices du grand sympathique, car on sait qu'il tire son origine de toute la longueur de la moelle vertébrale ; mais, comment se fait-il que les mouvements auxquels il préside soient involontaires, et que les impressions viscérales ne soient pas habituellement transmises à la conscience? Les uns, à l'exemple de Winslow et de Bichat, l'expliquent en disant que les ganglions sont comme de petits cerveaux capables de développer la force nerveuse, et de la communiquer aux viscères sans le concours de l'axe cérébro-spinal ; les autres regardent ces ganglions comme des isolateurs, comme des barrières posées par la nature à l'empire de l'âme, ainsi que le disait Johnston. D'après Reil, si dans l'état ordinaire les impressions ne sont pas transmises au cerveau, il n'en est pas de même sous l'influence de certaines modifications pathologiques ; et alors les ganglions seraient des demi-conducteurs qui arrêteraient ordinairement la propagation des impressions faibles, et ne laisseraient passer que celles ayant beaucoup d'intensité. S'il faut en croire les physiologistes modernes, c'est dans la substance grise de la moelle que se passent toutes les actions réflexes venues des viscères, elle est la source du mouvement, c'est dans cette substance que s'évanouissent, dans l'état ordinaire, toutes les impressions ; les ganglions ne sont plus, suivant l'expression propre de M. Longet, que des multiplicateurs de la force nerveuse.

L'influence du grand sympathique sur les sécrétions serait peut-être suffisamment démontrée par sa distribution anatomique, car on le voit répandre ses rameaux sur toutes les artères, et se distribuer dans les organes sécréteurs et dans les muqueuses qui sont le siége de sécrétions importantes; mais de nombreuses expériences viennent encore confirmer pleinement cette opinion. Si l'on voulait adopter les idées de Müller et de Remak, on trouverait aussi de nouvelles preuves dans l'existence de leurs *fibres grises organiques*, qui, d'après eux, président exclusivement aux actes de la sécrétion et de la nutrition; mais il ne nous est pas permis de puiser des arguments dans des résultats qui sont encore hypothétiques. Aussi nous bornerons-nous à relater brièvement les principales expériences qui ont été faites, et les résultats les plus certains qui soient connus, sur les fonctions du grand sympathique.

La plupart des physiologistes s'accordent à dire que toutes les sécrétions du tube digestif dépendent, en totalité ou en partie, du grand sympathique: ainsi, la sécrétion de la salive (puisque, suivant M. Longet, après la section des deux nerfs linguaux sur un chien, la salive coulait encore au-dessous de la langue); les sécrétions des glandules du pharynx, de l'œsophage et de tout le reste du tube digestif, y compris même celle du suc gastrique, d'après M. Bérard. Suivant cet auteur, le grand sympathique serait peut-être aussi susceptible de faire contracter, quoique bien faiblement, l'estomac, car cet organe devient flasque après la section des deux pneumo-gastriques. M. Longet ne se prononce pas sur les deux dernières questions, mais il range sous la dépendance du système nerveux ganglionnaire les sécrétions et les mouvements de la presque totalité de l'intestin, à l'exception du duodénum. Il professe la même opinion, quant aux contractions et aux sécrétions de la vessie, des vésicules séminales, des trompes utérines et de l'utérus ; la sensibilité de ce dernier organe dépend aussi du grand sympathique, ainsi que les sécrétions urinaire, spermatique et ovarienne.

D'après les expériences de M. Brachet de Lyon, les mouvements du cœur seraient tout à fait indépendants du cerveau, et seraient principalement sous l'influence du ganglion cardiaque, puisque : 1° le cœur bat chez certains fœtus, malgré l'absence du cerveau et de la moelle épinière (il est vrai que ces fœtus ne vivent pas d'une vie propre, et que chez eux les ganglions sympathiques sont très développés) ; 2° le cœur continue à battre lorsqu'on a interrompu toutes les communications avec le cerveau, par la section de la moelle cervicale et des pneumogastriques, mais il faut avoir soin d'entretenir artificiellement la respiration ; 3° on arrête instantanément les mouvements du cœur en enlevant avec soin le ganglion cardiaque et les ganglions coronaires antérieur et postérieur. C. Legallois range les mouvements du cœur sous la dépendance de la moelle spinale, car il les abolit par la destruction brusque de cette dernière ; mais des expériences plus récentes ont prouvé qu'en détruisant la moelle peu à peu, le cœur continue à battre tant que le système ganglionnaire reçoit suffisamment l'influence nerveuse cérébro-spinale : dernièrement encore (voyez *Comptes rendus des séances de la Société de biologie*, 1850, t. II, p. 26), M. Brown-Séquard a pu enlever sur des pigeons au moins la moitié de la moelle, sans remarquer le moindre trouble dans la circulation, la respiration, la digestion et les autres fonctions, *qui paraissaient exister comme à l'état normal.*

On place encore sous la dépendance du grand sympathique les sécrétions des mucosités nasales, bronchiques et pulmonaires ; il en serait de même, d'après Tiedemann, des sécrétions des larmes, de l'humeur aqueuse, du cristallin, du corps vitré, et du liquide qui remplit le vestibule, les canaux demi-circulaires et le limaçon.

Que dirons-nous enfin des usages des plexus nombreux du grand sympathique? On ne sait pas d'une manière positive quel est leur mode d'action, mais on les croit destinés à entretenir la régularité et la mutualité des fonctions viscérales, et à les mettre en harmonie avec les actes de la vie de relation.

PLANCHES 73 et 74.

Elles ont pour objet particulier de montrer le vaste ensemble du système nerveux ganglionnaire dans ses rapports avec les nerfs crâniens, tels que pneumogastrique, trijumeau, etc., et avec les nerfs rachidiens.

PRÉPARATION. — On a enlevé la paroi antérieure et latérale droite du tronc, la portion correspondante de la base du crâne, la branche droite de la mâchoire inférieure et l'arcade zygomatique du même côté. On a coupé ou renversé plusieurs des organes contenus dans l'abdomen, la poitrine, la tête et la face, de manière à laisser à découvert la chaîne ganglionnaire droite, depuis la base du crâne jusqu'à la base du coccyx. On a conservé les rapports de cette chaîne, d'une part, avec tous les nerfs rachidiens et quelques nerfs crâniens, tels que le trijumeau, le glosso-pharyngien, le pneumogastrique, le spinal et l'hypoglosse, et, de l'autre part, avec tous les ganglions et les plexus extra-viscéraux. Quant aux procédés de dissection, je renvoie aux préparations des planches précédentes, où tout a été indiqué en détail.

Explication de la figure.

Parties accessoires. — *a.* Glande lacrymale. — *b.* Glande sublinguale. — *c.* Glande sous-maxillaire. — *d.* Corps thyroïde érigné. — *e.* Trachée, dont la bronche droite est coupée à son origine, et légèrement renversée, de manière à faire voir en même temps ses portions membraneuse et cartilagineuse. — *f.* Œsophage traversant le diaphragme pour se continuer avec, *g*, l'estomac. Celui-ci est érigné à gauche et coupé vers le pylore, afin de montrer l'origine du plexus coronaire stomachique et la distribution des deux nerfs pneumogastriques. — *h.* Plusieurs anses intestinales étalées, pour faire voir le plexus mésentérique supérieur. — *i.* Côlon transverse. — *j.* S iliaque. — *k.* Rectum. — *l.* Vessie à moitié gonflée. — *m.* Uretère. — *n.* Prostate. — *o.* Vésicule séminale. — *p.* Canal déférent. — *q.* Cordon des vaisseaux spermatiques. — *r, r.* Diaphragme.

Système vasculaire. — A. Cœur légèrement renversé, pour mettre à découvert la plus grande partie du plexus cardiaque, et ses plexus secondaires, coronaires droit et gauche. — B. Crosse de l'aorte un peu renversée et fixée dans cette position par une érigne. — C. Tronc brachio-céphalique. — D. Artère sous-clavière dont on a enlevé une portion pour démasquer le ganglion cervical inférieur. — E. Artère thyroïdienne inférieure, en rapport avec le ganglion cervical moyen. — F. Portion de l'artère carotide externe, dont on a conservé quelques branches, pour voir les plexus nerveux du même nom qui les enlacent. — G. Carotide interne, maintenue dans son canal, et coupée à ses deux extrémités. — H. Aorte thoracique se continuant au-dessous de l'ouverture diaphragmatique avec, I, l'aorte abdominale, et avec, J, l'artère iliaque primitive. — K. Vaisseaux intercostaux. — L. Tronc de l'artère pulmonaire, dont la branche droite est coupée. — M. Veine cave supérieure coupée à son origine. — N. Veine cave inférieure. — O. Veines pulmonaires.

Système nerveux médullo-encéphalique. — 1. Globe de l'œil dont on a enlevé une partie de la sclérotique et la cornée transparente, pour montrer les nerfs ciliaires, qui, après avoir perforé la partie postérieure de la sclérotique, rampent sur la choroïde, et aboutissent au ganglion ciliaire (cercle ciliaire). — 2. Rameau du petit oblique, d'où part la racine motrice du ganglion ophthalmique. — 3, 3, 3. Les trois branches du trijumeau, en connexion avec la plupart des ganglions crâniens, savoir : 4, ganglion ophthalmique ; 5, ganglion sphéno-palatin ; 6, ganglion otique ; 7, ganglion sous-maxillaire, et, 8, ganglion sublingual. — 9. Moteur oculaire externe. — 10. Facial et ses anastomoses avec les ganglions sphéno-palatin et otique. — 11. Glosso-pharyngien. — 12, 12. Pneumogastrique droit. — 13. Pneumogastrique gauche, s'épanouissant sur la face antérieure de l'estomac. — 14. Spinal. — 15. Hypoglosse. — 16, 16. Plexus cervical. — 17. Plexus brachial. — 18, 18. Nerfs intercostaux. — 19, 19. Plexus lombaire. — 20. Plexus sacré.

Système nerveux ganglionnaire. — 21. Ganglion cervical supérieur. Il donne naissance, supérieurement, aux deux rameaux carotidiens, qui forment le plexus carotidien, autour de l'artère du même nom, et desquels émanent, ou auxquels aboutissent des anastomoses avec : 22, le nerf de Jacobson ; 23, le filet carotidien du nerf vidien ; 24, le moteur oculaire externe, et, 25, le ganglion ophthalmique. — 26. Filet pour la glande pituitaire. — 27. Anastomoses du ganglion cervical supérieur avec les premières paires cervicales. — 28. Les rameaux pharyngiens et carotidiens. — 29. Plexus pharyngien et intercarotidien. De ce dernier émanent des plexus secondaires qui enlacent toutes les branches de la carotide externe, comme on peut le voir ici, pour les artères faciale et linguale. — 30. Rameau laryngé, anastomosé avec le laryngé externe du pneumogastrique, pour former le plexus laryngé de Haller. — 31. Nerf cardiaque supérieur. — 32. Cordons de jonction du ganglion cervical supérieur avec, 33, le ganglion cervical moyen. Parmi les rameaux internes de ce dernier, nous signalerons : 34, l'anastomose avec : 35, le nerf récurrent ; 36, le nerf cardiaque moyen et plusieurs filets qui enlacent l'artère thyroïdienne inférieure, branche de la sous-clavière. Les branches externes du ganglion cervical moyen se jettent dans le plexus brachial. — 37. Cordon de jonction de ce ganglion avec, 38, le ganglion cervical inférieur. — 40. Filets fournis par le ganglion cervical inférieur, autour de la sous-clavière et de l'artère vertébrale. — 41. Rameau anastomotique avec le premier nerf intercostal. — 42. Plexus et ganglion cardiaques. — 43 et 44. Plexus secondaires des artères coronaires droite et gauche. — De 45 à 46. Chaîne ganglionnaire thoracique. Elle s'anastomose en dehors, avec les nerfs intercostaux ; en dedans les cinq premiers ganglions fournissent de nombreux filets très grêles, dont les uns se jettent dans le plexus cardiaque, les autres dans le pneumogastrique, et les derniers sur l'aorte et dans le périoste des vertèbres ; les cinq ganglions au-dessous donnent des rameaux internes qui s'anastomosent entre eux et forment : 47, le grand splanchnique, qui traverse le diaphragme pour se rendre au, 48, ganglion semi-lunaire correspondant. — 49. Petit splanchnique, formé par un ou deux rameaux venus des deux derniers ganglions thoraciques. Ce nerf offre ici un petit renflement ; il concourt à la formation des plexus rénal et solaire. — 50. Plexus solaire, formé par un amas de ganglions et par l'entrelacement de gros rameaux intermédiaires aux ganglions semi-lunaire droit et gauche. Il reçoit, 51, des anastomoses du pneumogastrique, et, 52, du nerf phrénique, qui présente en cet endroit le ganglion diaphragmatique. Le plexus solaire fournit les plexus secondaires : 53, coronaire stomachique, 54, hépathique, 55, splénique, et, 56, mésentérique supérieur. Ces quatre grands plexus, ainsi que tous les autres plexus viscéraux, enlacent les artères dont ils portent le nom. — 57. Plexus rénal. — De 58 à 58. Chaîne ganglionnaire lombaire. Elle s'anastomose en dehors avec les nerfs lombaires, et fournit en dedans plusieurs rameaux, qui après s'être anastomosés avec ceux du côté opposé et avec un prolongement considérable du plexus solaire, forment, 59, le plexus lombo-aortique. Celui-ci présente ordinairement deux renflements plats, l'un, 60, au-dessus, l'autre, 61, au-dessous de la bifurcation de l'aorte ; il fournit les plexus, 62, spermatique, et, 63, mésentérique inférieur. Au-dessous de son renflement inférieur, le plexus lombo-aortique se bifurque en embrassant le rectum, et se jette dans le plexus hypogastrique. — 64. Plexus hypogastrique, formé par la bifurcation précédente, par les branches viscérales du plexus sacré, par plusieurs rameaux venus des ganglions lombaires et sacrés, et enfin par la terminaison du plexus mésentérique inférieur. Il donne naissance aux plexus vésical, prostatique et spermatique, et concourt, avec d'autres nerfs venus des plexus rénal et lombo-aortique, à la formation du plexus du cordon spermatique. — De 65 à 65. Chaîne ganglionnaire sacrée. Elle s'anastomose, en dehors, avec le plexus sacré ; en dedans, ses rameaux s'anastomosent entre eux et avec ceux du côté opposé, et se jettent dans le plexus hypogastrique. — 66. Ganglion coccygien terminal.

DES ORGANES DES SENS.

Les organes des sens sont des parties du corps destinées à nous mettre en communication avec le monde extérieur, et à nous faire percevoir les sensations que nous recevons du milieu qui nous entoure. « Parmi les parties sensibles, il en est, comme dit M. Gerdy, qui sont sensibles à certaines excitations physiques et nullement aux autres; de là autant de sensations physiques spéciales et de sens spéciaux: car un sens n'est autre chose qu'une partie sensible à un ou à plusieurs excitants particuliers. » Fort de cet argument, M. Gerdy renverse l'ancienne classification qui réduisait à cinq le nombre des sens chez l'homme, et compte dans son *premier genre des sens et des sensations physiques*, jusqu'à dix sens spéciaux. Sans nous arrêter à cette nouvelle division, utile surtout au point de vue physiologique, nous nous bornerons à décrire, comme on le fait généralement, cinq sens, qui sont : la peau, organe du tact en général et du toucher; la langue, organe du goût; le nez, organe de l'odorat; l'oreille, organe de l'ouïe, et l'œil organe de la vue.

Les organes des sens, situés à la périphérie du corps, sont symétriques comme tous les organes subordonnés à l'influence de la volonté; seulement les uns sont pairs et placés de chaque côté de la ligne médiane, tels que les oreilles et les yeux; les autres sont impairs et placés sur la ligne médiane, mais toujours formés de deux moitiés symétriques, comme la peau, la langue et le nez.

Ils se composent de deux parties principales : 1° l'une, fondamentale, la partie nerveuse, située plus ou moins profondément, reçoit médiatement ou immédiatement l'excitation physique et la transmet au cerveau avec lequel elle est en communication directe; 2° l'autre, de perfectionnement, située au-devant et à la périphérie de la première, offre une structure propre, calculée d'après les lois physiques et en harmonie avec la nature des excitants, afin de favoriser leur action et d'aider à la transmission des sensations.

Cette dernière partie se compose de plusieurs appareils, savoir : 1° d'un squelette, tantôt osseux, tantôt cartilagineux ou membraneux, tantôt formé de ces trois éléments à la fois; 2° de muscles volontaires qui éloignent ou rapprochent l'organe, le dérobent ou le soumettent à l'action des excitants extérieurs: le toucher, par exemple, a pour organe de locomotion le membre supérieur; les quatre autres sens, indépendamment qu'ils sont mus en masse par la tête, ont chacun leur appareil musculaire propre; 3° d'un appareil de lubrifaction, chargé d'entretenir une humidité nécessaire pour l'exercice des fonctions; 4° d'un appareil vasculaire et nerveux, indépendant des nerfs destinés à recevoir et à transmettre les sensations.

Parmi les organes des sens, quatre occupent la tête et communiquent directement avec l'encéphale par des nerfs spéciaux; le cinquième, la peau, revêt la surface du corps, dont tous les points sont de cette manière sensibles au contact des corps extérieurs; mais ces sensations parviennent à l'encéphale par de nombreux nerfs plus ou moins éloignés du centre nerveux, et qui présentent sur leur trajet des plexus et des anastomoses.

ORGANES DE LA VISION.

L'appareil de la vision est formé des deux globes oculaires et de leurs annexes.

ANNEXES DE L'ŒIL.

Les annexes de l'œil (*tutamina oculi* de Haller), se composent : 1° de la cavité orbitaire, enceinte de protection fermée en avant par deux voiles mobiles, les paupières, et surmontée par les sourcils;

2° de l'appareil lacrymal; 3° de l'appareil de locomotion, formé par les muscles de l'œil et par l'aponévrose orbito-oculaire; 4° des vaisseaux et des nerfs de l'orbite.

DES ORBITES.

Les orbites sont deux cavités creusées dans les parties supérieures et latérales de la face; elles contiennent les globes oculaires et leurs parties accessoires.

Les orbites sont proportionnellement plus grandes chez le fœtus que chez l'enfant et l'adulte; elles sont plus larges et moins allongées chez les personnes dont la tête a beaucoup d'étendue transversalement. Leur forme est celle d'une pyramide quadrangulaire, dont la base est tournée en avant et un peu en dehors, dont le sommet est dirigé en arrière et un peu en dedans. On distingue dans chacune de ces cavités quatre parois : une supérieure, une inférieure, une externe et une interne; toutes, à l'exception de la paroi interne, sont triangulaires. On remarque encore dans chaque orbite une base, un sommet et quatre angles formés par la réunion des parois entre elles.

La *paroi supérieure*, ou voûte de l'orbite, est concave et triangulaire; elle présente à sa partie supérieure, et un peu en dedans, le trou optique, circulaire chez l'adulte, légèrement aplati de haut en bas chez l'enfant. Ce trou se dirige obliquement en dedans et en arrière, dans l'intérieur du crâne; il donne passage au nerf optique entouré de la gaîne que lui fournit la dure-mère et à l'artère ophthalmique. Immédiatement au-devant de ce trou, on remarque une suture transversale qui résulte de la jonction de la petite aile du sphénoïde avec le frontal. A la partie antérieure de la paroi supérieure, se trouvent deux fossettes : l'une, externe, loge la glande lacrymale; l'autre, interne, beaucoup plus petite, donne attache à la poulie cartilagineuse qui sert à la réflexion du tendon du muscle grand oblique.

La voûte de l'orbite est formée par deux os : dans ses quatre cinquièmes antérieurs, par le frontal, et dans son cinquième postérieur par la petite aile du sphénoïde; elle répond à la fosse antérieure et latérale de la cavité crânienne, dont elle n'est séparée que par une lame osseuse très mince. Aussi a-t-on vu des instruments piquants pénétrer facilement à travers cette paroi jusque dans le cerveau et y produire des lésions graves. On a vu encore des fongus de la dure-mère enfoncer la voûte orbitaire, refouler le globe oculaire d'arrière en avant, et produire ainsi l'exophthalmie.

La *paroi inférieure*, ou plancher de l'orbite, inclinée en dehors, est légèrement concave en avant et convexe en arrière. A sa partie postérieure se trouve une petite ligne transversale, formée par la jonction de l'apophyse orbitaire de l'os palatin avec l'os maxillaire; à sa partie externe, on voit une autre ligne articulaire formée par la réunion des os maxillaire et malaire. Dans la portion moyenne de cette paroi, et en dehors, est une gouttière qui dégénère bientôt en canal et vient aboutir à un trou situé en dehors et au-dessous de la cavité orbitaire; ce sont : la gouttière, le canal et le trou sous-orbitaires, qui logent les vaisseaux et le nerf du même nom. Du canal sous-orbitaire part, avant sa terminaison, un petit conduit, *conduit dentaire supérieur et antérieur*, qui est creusé dans l'épaisseur de la paroi antérieure du sinus maxillaire, et donne passage aux vaisseaux et nerfs dentaires antérieurs et supérieurs; ce petit conduit s'ouvre quelquefois dans le sinus maxillaire, mais le plus souvent il se recourbe en arrière jusqu'à la tubérosité maxillaire. En dedans du canal sous-orbitaire, on remarque des inégalités à peine appréciables, pour l'attache du muscle petit oblique de l'œil ou oblique externe.

Le plancher de l'orbite est formé par trois os : le maxillaire supérieur, le malaire et l'os palatin; il n'est séparé du sinus maxillaire que par une lame osseuse très mince. Aussi voit-on quelquefois des polypes du sinus maxillaire enfoncer cette paroi, refouler le globe oculaire d'arrière en avant et produire l'exophthalmie.

La *paroi externe* est presque plane, et oblique d'arrière en avant et de dedans en dehors; elle offre en avant une suture formée par la réunion de l'os malaire avec la grande aile du sphénoïde; sur cette suture, mais le plus souvent au-devant d'elle, on voit un ou plusieurs trous, qui sont les orifices postérieurs d'un ou plusieurs canaux dont les orifices antérieurs sont situés à la face antérieure de l'éminence malaire: ce sont les orifices et les conduits malaires, variables en nombre, et qui laissent passer les vaisseaux et nerfs du même nom. La paroi externe est constituée par le sphénoïde et l'os malaire.

La *paroi interne* de l'orbite est très mince, très fragile, légèrement convexe et presque régulièrement quadrilatère. Elle présente, en avant, une ligne verticale qui résulte de l'articulation de l'os planum avec l'os unguis; au-devant de cette ligne est la gouttière lacrymale, formée par l'apophyse montante de l'os maxillaire supérieur et par l'os unguis. La partie supérieure de la gouttière est très mince et criblée de trous; aussi les chirurgiens ont-ils utilisé cette disposition anatomique en perforant l'os unguis pour rétablir le cours des larmes. C'est encore à cause du peu d'épaisseur de l'os lacrymal, qu'un polype un peu volumineux des fosses nasales ou du sinus maxillaire peut comprimer la gouttière lacrymale et le canal nasal, et s'opposer au cours des larmes. L'extrémité supérieure de la gouttière est formée par un cul-de-sac peu profond; son extrémité inférieure se continue avec le canal nasal, qui, dirigé obliquement en bas et en dehors, vient s'ouvrir à la partie supérieure et antérieure du méat inférieur des fosses nasales.

Des deux bords qui limitent la gouttière lacrymale, l'antérieur donne attache, vers sa partie supérieure, au tendon direct de l'orbiculaire des paupières; le postérieur, mince et tranchant, donne attache au tendon réfléchi du même muscle et au muscle de Horner.

Des quatre angles formés par la jonction plus ou moins complète des bords de chaque paroi, l'angle *supérieur et externe* présente, dans son tiers postérieur, la fente *sphénoïdale* ou *orbitaire supérieure*, plus large en arrière et en dedans qu'en avant et en dehors; cette fente s'ouvre dans la cavité du crâne, dans la fosse latérale et moyenne. Elle est placée entre la grande et la petite aile du sphénoïde qui la forment, et donne passage aux nerfs de l'orbite, qui sont : la troisième paire ou le nerf *moteur oculaire commun*, la quatrième paire ou le *nerf pathétique*, une portion de la cinquième paire, *branche ophthalmique de Willis*, et la sixième paire ou le *nerf moteur oculaire externe;* elle laisse encore passer la veine ophthalmique, une petite branche de l'artère méningée moyenne, le tendon de Zinn et un double prolongement de la dure-mère, dont une partie sert de gaîne au nerf optique, tandis que l'autre forme le périoste orbitaire.

L'*angle inférieur et externe* offre, dans ses trois quarts postérieurs, la fente orbitaire inférieure ou sphéno-maxillaire. Cette fente, plus longue et plus étroite que la précédente, s'ouvre dans la fosse zygomatique et donne passage, dans sa partie moyenne, aux vaisseaux sous-orbitaires et au nerf maxillaire supérieur; dans le reste de son étendue, elle est fermée par le périoste orbitaire et par du tissu cellulaire. Trois os entrent dans sa formation, l'os malaire en avant, le sphénoïde en dehors, et l'os maxillaire supérieur en dedans.

L'*angle supérieur et interne*, formé par l'union des parois supérieure et interne, offre sur son trajet deux et quelquefois trois trous appelés orbitaires internes, et divisés en antérieur et postérieur. L'antérieur est traversé par le filet ethmoïdal du rameau nasal de la branche ophthalmique de Willis, et par l'artère et la veine ethmoïdales antérieures; le postérieur laisse passer les vaisseaux ethmoïdaux postérieurs. Chacun de ces trous contient un prolongement du périoste orbitaire, qui sert d'enveloppe aux nerfs et aux vaisseaux ethmoïdaux.

L'*angle inférieur et interne* résulte de la jonction des parois interne et inférieure; il ne présente rien de remarquable.

Le sommet de l'orbite, tourné en arrière et en dedans, correspond à la partie la plus large de la fente orbitaire supérieure.

La base de l'orbite, irrégulièrement quadrilatère, à diamètre transverse prédominant, est tournée en avant et en dehors; son bord externe est débordé par le globe de l'œil, et c'est à cela que nous devons d'apercevoir les objets qui sont placés de côté sans tourner la tête; cette disposition rend encore le globe oculaire plus accessible aux instruments chirurgicaux en dehors qu'en dedans.

La base de l'orbite est limitée supérieurement par l'arcade orbitaire, à la partie interne de laquelle se trouve le trou ou l'échancrure sus-orbitaire (trou sourcilier), qui donne passage au nerf frontal externe et aux vaisseaux sus-orbitaires; dans cette échancrure, on voit l'orifice d'un petit conduit creusé dans l'épaisseur de l'os frontal, pour les vaisseaux nourriciers. J'ai vu un filet nerveux émané du frontal externe pénétrer dans ce petit pertuis. En dedans, on trouve sur la base de l'orbite des rugosités pour l'insertion du tendon direct du muscle orbiculaire des paupières. En bas est une suture formée par la réunion des os malaire et maxillaire supérieur; ce bord inférieur donne encore attache, en dehors, au muscle élévateur propre de la lèvre supérieure, et en dedans, sur le plancher de l'orbite, au muscle petit oblique ou oblique externe de l'œil. A tout le pourtour de la base de l'orbite s'insère l'aponévrose propre, ou ligament large des paupières.

Plusieurs os concourent à la formation de la cavité orbitaire; ils sont répartis de la manière suivante: deux pour la paroi supérieure, le *coronal* et la *petite aile du sphénoïde;* trois pour la paroi inférieure, le *malaire*, le *maxillaire supérieur* et le *palatin;* trois pour la paroi externe, la *grande aile du sphénoïde*, le *malaire* et le *coronal;* quatre pour la paroi interne, l'*apophyse montante de l'os maxillaire supérieur*, l'*os unguis*, l'*os planum de l'ethmoïde*, et tout à fait en arrière, le *sphénoïde.* Toutes ces portions osseuses sont revêtues, comme nous l'avons déjà dit, par le périoste, prolongement de la dure-mère.

Les parois de l'orbite sont dirigées de telle sorte que la supérieure, l'inférieure et l'externe, se rapprochent par leur sommet, et s'écartent par leur base, soit qu'on considère celles d'une même cavité, soit que l'on compare entre elles les parois du même nom, dans les deux cavités; la paroi interne de chaque côté est parallèle à celle du côté opposé. L'obliquité des trois parois supérieure, inférieure et externe, de chaque côté, fait que les axes des orbites, au lieu d'être parallèles entre eux, sont obliques d'avant en arrière et de dehors en dedans, de telle sorte que si on les prolongeait au delà du sommet de l'orbite, ils se croiseraient sur le milieu de la selle turcique.

DES SOURCILS.

Les sourcils sont deux arcades pileuses à concavité inférieure, situées immédiatement au-dessus des paupières supérieures, étendues presque transversalement depuis la bosse nasale jusqu'aux tempes, et répondant aux arcades sourcilières de l'os frontal. Les poils des sourcils sont roides et courts, dirigés obliquement de dedans en dehors, et couchés les uns sur les autres; leur couleur est ordinairement la même que celle des cheveux; ils sont généralement plus épais chez les bruns que chez les blonds, chez les vieillards que chez les adultes; ils sont plus épais vers la partie interne, où ils forment la tête du sourcil, que vers la partie externe, appelée queue du sourcil; leur longueur varie suivant les individus et suivant l'âge.

Les sourcils sont séparés l'un de l'autre par un intervalle variable chez les différents sujets; souvent aussi ils sont réunis entre eux au-dessus de la racine du nez.

L'éminence qui supporte les poils est formée d'arrière en avant, par l'arcade sourcilière du frontal, par le muscle sourcilier, dont les fibres traversent d'arrière en avant quelques fibres des muscles frontal et orbiculaire, et enfin par un tissu cellulaire graisseux assez dense, qui réunit les muscles précédents à la peau, épaisse en cet endroit, et sur laquelle s'implantent les poils.

Vaisseaux et nerfs. — Les muscles dont nous venons de parler sont animés par des ramifications du facial; la peau reçoit des filets nerveux, des rameaux frontaux interne et externe de la cinquième paire; les artères sont fournies par l'ophthalmique et la temporale; les veines se rendent dans les veines ophthalmique et temporale.

Usage. — Les sourcils sont pour l'œil des organes de protection, ils absorbent un grand nombre de rayons lumineux, surtout ceux qui viennent d'un lieu élevé, arrêtent la sueur du front, et l'empêchent de couler sur le globe de l'œil; enfin, ils ajoutent beaucoup à l'expression de la physionomie.

DES PAUPIÈRES.

1° CONFORMATION EXTÉRIEURE.

Les paupières sont des voiles demi-transparents, musculo-membraneux, mobiles, placés sur la partie antérieure de chaque globe oculaire qu'ils soumettent ou dérobent à volonté au contact de la lumière; ils ferment plus ou moins complétement la base de l'orbite. Il y a pour chaque œil deux paupières, l'une supérieure, l'autre inférieure; la troisième paupière de beaucoup d'animaux n'existe chez l'homme qu'à l'état rudimentaire, elle n'est représentée que par un repli de la conjonctive, nommé *membrane clignotante*.

La paupière supérieure, plus mobile et plus grande que l'inférieure, couvre les trois quarts supérieurs du globe de l'œil, et descend, par conséquent, jusqu'au-dessous de son diamètre transversal; la paupière inférieure, peu mobile, ne recouvre qu'une petite portion du globe oculaire Toutes les deux présentent deux faces, l'une antérieure ou cutanée, l'autre postérieure ou conjonctivale; un bord adhérent, un bord libre; une extrémité externe et une extrémité interne.

1° La face cutanée, convexe, est sillonnée par des plis ou des rides semi-circulaires et concentriques, à concavité dirigée en bas pour la paupière supérieure, où elles sont plus nombreuses, à concavité dirigée en haut pour la paupière inférieure. Ces rides, plus marquées dans l'âge avancé que dans la jeunesse, s'effacent pour la plupart lorsque les paupières sont rapprochées.

2° La face postérieure, concave, se moule exactement sur le globe de l'œil; elle est tapissée par la conjonctive, à travers laquelle on aperçoit facilement des lignes jaunâtres, disposées en zigzag et verticalement: ce sont les glandes de Meibomius.

3° Des deux bords adhérents, celui de la paupière supérieure est limité par l'arcade orbitaire et se continue avec les sourcils; celui de la paupière inférieure a pour limite inférieure la partie de la base de l'orbite et se continue insensiblement avec la joue.

4° Le bord libre de la paupière supérieure regarde en bas, celui de la paupière inférieure en haut. Ces bords, plus épais que les précédents, présentent une surface plane dans leurs quatre cinquièmes externes, et une surface arrondie dans leur cinquième interne; légèrement curvilignes quand ils sont écartés l'un de l'autre, ils sont rectilignes dans l'occlusion des paupières; leur écartement plus ou moins considérable fait paraître l'œil plus ou moins grand. On avait cru pendant longtemps que les bords libres des paupières étaient taillés en biseau aux dépens de la face postérieure, et l'on avait admis l'existence d'un canal triangulaire formé par leur rapprochement d'une part, et par le globe de l'œil d'une autre part, canal qu'on croyait destiné à conduire les larmes de la glande lacrymale vers les points lacrymaux, pendant le sommeil; mais une observation plus rigoureuse a démontré que, par le rapprochement des paupières, il n'existe qu'une simple fente étroite pouvant très bien remplir le même office que le prétendu canal. Au point de jonction de la portion horizontale avec la portion arrondie, on trouve un petit tubercule dont le centre est creusé d'un pertuis visible à l'œil nu, c'est le tubercule et le point lacrymal.

On peut considérer, au bord libre de chaque paupière, une lèvre antérieure ou cutanée, où s'implantent les cils, et une lèvre postérieure ou conjonctivale, sur laquelle on remarque une série de trous qui sont les orifices des glandes de Meibomius.

Des cils. — Ce sont des poils roides, arqués, disposés en deux ou trois rangées qui garnissent la lèvre antérieure du bord libre; ceux de la paupière supérieure sont plus nombreux et plus longs que ceux de la paupière inférieure. Ils sont aussi plus nombreux et plus longs vers la partie moyenne du bord des paupières qu'aux extrémités; le cinquième interne en est complétement dépourvu.

La direction des cils est différente pour les deux paupières : à la paupière supérieure ils présentent une courbure à convexité inférieure; à la paupière inférieure ils offrent au contraire une courbure à convexité supérieure, de telle sorte que par le rapprochement des paupières, ils se touchent par leur convexité sans jamais s'entrecroiser. Leur direction vicieuse constitue le trichiasis; leur absence occasionne une inflammation chronique des paupières.

La couleur des cils est différente suivant les individus, et ordinairement la même que celle des cheveux.

Usage. — Ils ont pour usage de modérer l'impression de la lumière lorsqu'elle est trop vive, et d'empêcher l'introduction, dans l'œil, des petits corps étrangers qui voltigent dans l'air.

5° Les extrémités des paupières, en se rejoignant, forment deux angles ou *commissures* : l'angle interne, correspondant à l'extrémité interne du diamètre transverse de la base orbitaire, est plus ouvert que l'externe, et généralement désigné sous le nom de *grand angle* (*canthus major*) ; l'angle externe, situé à 6 millimètres en dedans de l'extrémité externe de ce même diamètre, est connu sous le nom de *petit angle* (*canthus minor*).

2° STRUCTURE DES PAUPIÈRES.

Les paupières sont formées par plusieurs couches membraniformes, superposées les unes aux autres, et par un squelette cartilagineux (cartilage tarse) ; elles contiennent encore des follicules, des glandules, et sont traversées par les conduits lacrymaux, des vaisseaux et des nerfs. Les couches sont au nombre de cinq pour la paupière supérieure et de quatre pour l'inférieure. Nous allons les décrire en allant de la superficie vers la profondeur.

1° *Couche cutanée.* — Elle est remarquable par son extrême finesse, qui la rend transparente ; par son adhérence à la couche subjacente, qui a lieu au moyen d'un tissu cellulaire lâche, séreux, susceptible d'infiltration, jamais chargé de graisse ; et par des follicules pileux et sébacés, situés le long du bord libre de chaque paupière, et que l'on peut mettre en évidence à l'aide de la macération.

2° *Couche musculaire.* — Dépendance du muscle orbiculaire, et commune aux deux paupières, cette couche est composée de fibres musculaires curvilignes concentriques les unes aux autres, concaves en bas pour la paupière supérieure, concaves en haut pour la paupière inférieure. Cette portion de l'orbiculaire (*portion palpébrale*) diffère de celle qui entoure la base de l'orbite (*portion orbitaire*) par sa coloration qui est pâle, comme celle des fibres musculaires de la vie organique ; tandis que la portion orbitaire est formée de fibres rouges comme celles des muscles de la vie animale. Aussi la contraction de la portion palpébrale est-elle en partie soustraite à l'influence de la volonté, tandis que la portion orbitaire se contracte volontairement.

3° *Couche fibreuse* (*ligaments larges des paupières*, *ligaments palpébraux*). — Etendue depuis le pourtour de la base de l'orbite jusqu'aux cartilages tarses, cette lame aponévrotique qui forme la charpente des paupières est plus épaisse à son insertion orbitaire, où elle semble se confondre avec le périoste orbitaire, qu'à son insertion sur les cartilages tarses, où elle dégénère en tissu cellulaire ; elle est aussi beaucoup plus dense en dehors qu'en dedans, où elle est remplacée par un tissu lamelleux rempli de graisse. Cette couche est percée en plusieurs endroits pour le passage des vaisseaux et des nerfs. La partie de cette membrane fibreuse, étendue horizontalement entre la base de l'orbite et la commissure externe des paupières, présente un épaississement notable, et constitue un raphé que M. Cruveilhier a comparé au tendon du muscle orbiculaire et qu'il a appelé *ligament de l'angle externe des paupières*. L'extrémité de ce raphé fibreux se bifurque pour aller s'insérer à la partie correspondante de l'un et de l'autre cartilage tarse. Immédiatement en arrière se trouve un trousseau fibreux très résistant, décrit par Ténon sous le nom de ligament angulaire externe des paupières. La lame fibreuse de la paupière supérieure est placée entre la portion palpébrale de l'orbiculaire et le muscle élévateur qui la sépare de la conjonctive ; la lame fibreuse de la paupière inférieure se trouve entre la portion palpébrale de l'orbiculaire et la conjonctive. Il existe en outre dans les paupières d'autres couches fibreuses subjacentes à celle-ci ; il en sera parlé plus loin. Nous rattachons à la description de la couche fibreuse celle des cartilages tarses.

Cartilages tarses. — On désigne sous ce nom deux petites lames cartilagineuses, minces, jaunâtres, flexibles et élastiques, aplaties d'avant en arrière, allongées transversalement, placées dans l'épaisseur des paupières, au voisinage de leur bord libre, sur le même plan que la lame fibreuse, dont ils semblent être le prolongement. Ces cartilages paraissent tirer leur origine des deux branches de bifurcation du tendon direct de l'orbiculaire ; ils se terminent en dehors en s'unissant entre eux vers l'angle externe de l'œil. Le supérieur est de forme semi-lunaire, à convexité tournée en haut ; l'inférieur a l'apparence d'une petite bandelette allongée transversalement. Ils contiennent dans leur épaisseur les glandules de Meibomius, et répondent par leur face antérieure, qui est convexe à la portion palpébrale de l'orbiculaire, par leur face postérieure, concave, à la conjonctive, au travers de laquelle on aperçoit ces glandules. Un de leurs bords est tourné vers le bord libre des paupières, dont il détermine l'épaisseur, l'autre donne attache à la couche fibreuse de chaque paupière ; en outre, à la paupière supérieure, ce bord, qui est un peu recourbé, fournit des insertions au muscle releveur de la paupière supérieure. Ces cartilages ont pour principal usage de maintenir les paupières tendues au-devant des yeux : on peut les comparer, comme dit M. Cruveilhier, à des cylindres de bois que l'on place au bas des tableaux pour les empêcher de se plisser.

4° *Couche musculaire propre de la paupière supérieure, élévateur de la paupière supérieure.* — Aplati, mince et triangulaire, ce muscle s'insère par son sommet, au fond de l'orbite, entre le périoste et la gaîne du nerf optique ; par sa base, au bord supérieur du cartilage tarse, derrière la lame fibreuse ; il envoie, en outre, un faisceau externe (*faisceau orbitaire externe*), se fixer à la partie inférieure de la fossette lacrymale, au niveau de la suture fronto-malaire, et un faisceau interne (*faisceau orbitaire interne*), qui s'attache autour de la poulie du grand oblique ; ces deux faisceaux communiquent par une bandelette transversale. Ce muscle répond dans sa portion orbitaire, *en haut*, au périoste de l'orbite dont il est séparé par le nerf frontal ; *en bas*, au muscle droit supérieur de l'œil qu'il recouvre ; dans sa portion palpébrale, où le releveur de la paupière supérieure s'épanouit en une large aponévrose dont la direction est presque perpendiculaire à celle de la portion orbitaire, il est placé entre la lame fibreuse et la conjonctive, mais séparé de cette dernière par un prolongement de l'aponévrose orbito-oculaire.

Comme son nom l'indique, le releveur de la paupière supérieure a pour usage d'élever cette paupière et de l'entraîner ensuite vers le fond de l'orbite, où est son point fixe ; mais cette dernière action est limitée par les faisceaux orbitaires interne et externe.

Indépendamment des prolongements que l'aponévrose orbito-oculaire envoie aux deux paupières, on trouve encore dans la paupière supérieure une expansion aponévrotique du muscle droit supérieur, et dans la paupière inférieure une expansion analogue du muscle droit inférieur de l'œil.

5° *Couche muqueuse ou portion palpébrale de la conjonctive.* — La conjonctive (*membrana adnata*) est une membrane très mince, transparente, qui revêt à la fois la face postérieure des paupières et le segment antérieur du globe de l'œil. Cette membrane, qui se continue manifestement avec la peau amincie qui tapisse la lèvre antérieure des bords libres des paupières, recouvre ces bords dans toute leur étendue, où elle est percée par les orifices des conduits des glandes de Meibomius, et s'introduit dans les voies lacrymales, par les points lacrymaux. Des bords libres, elle gagne la face postérieure des paupières, qu'elle tapisse, puis se réfléchit en formant une rigole circulaire, pour s'étendre sur tout le segment antérieur du globe de l'œil, d'après les uns, ou, comme le soutient M. Ribes, sur tout le segment antérieur, à l'exception de la cornée transparente. Vers l'angle interne de l'œil, la conjonctive forme un repli semi-lunaire, à concavité externe, nommé *membrane clignotante* ; ce repli, très développé chez les oiseaux, où il constitue la troisième paupière, est, chez l'homme, à l'état rudimentaire, et ne devient apparent qu'en tournant l'œil du côté du nez.

La conjonctive présente deux faces, l'une adhérente, l'autre libre. La face adhérente, unie aux cartilages tarses par un tissu cellulaire très serré, tient à la couche fibreuse des paupières et à la sclérotique au moyen d'un tissu cellulaire très lâche ; d'après ceux qui l'admettent sur la cornée transparente, elle y adhère si intimement qu'il est impossible de l'en séparer avec le scalpel. La face libre de la conjonctive est lisse et continuellement humide pour faciliter le glissement des paupières sur le globe de l'œil. La conjonctive appartient au système muqueux ; elle est pourvue d'un grand nombre de vaisseaux capillaires sanguins, surtout dans sa portion palpébrale, dont les artères viennent de l'artère ophthalmique, et les veines de la veine ophthalmique. Sur le globe de l'œil, les vaisseaux n'admettent dans l'état ordinaire que la partie incolore du sang ; ils ne deviennent visibles que dans les ophthalmies, ou bien à l'aide d'injections très ténues. La conjonctive reçoit des filets nerveux excessivement grêles des nerfs lacrymal, frontal et nasal externe; elle en reçoit peut-être aussi des nerfs ciliaires, qui, après avoir traversé la cornée transparente, se termineraient, d'après M. Giraldès, dans la conjonctive.

Follicules et glandes des paupières. — Il est annexé à chaque paupière un appareil de sécrétion folliculaire et glanduleuse, qui a pour objet de fournir un liquide qui lubrifie les surfaces contiguës et flottantes des paupières et du globe de l'œil, et en facilite les mouvements. Cet appareil se compose : 1° de follicules sébacés ou glandes de Meibomius; 2° de la caroncule lacrymale, et 3° de la glande lacrymale-palpébrale.

1° *Follicules sébacés.* — Indépendamment des follicules signalés plus haut, et qui se trouvent à la lèvre externe ou cutanée du bord libre de chaque paupière, il en existe encore d'autres qui sont généralement connus sous le nom de *glandes de Meibomius.* Ces petits follicules ronds, blanchâtres ou jaunâtres, de nature sébacée, sont logés dans des sillons creusés dans l'épaisseur des cartilages tarses. Ils sont rangés les uns au-dessus des autres, de manière à représenter des lignes jaunâtres, verticales, parallèles, tantôt droites, tantôt flexueuses; chaque ligne est formée par un canal tortueux de chaque côté duquel viennent s'ouvrir, en alternant, les follicules. Tous ces canaux se terminent sur la lèvre postérieure du bord libre de chaque paupière par des orifices à peine visibles, disposés en rangée et au nombre d'un ou de deux pour chaque canal.

Les lignes jaunes verticales que l'on aperçoit à la face interne de chaque paupière sont plus nombreuses à la paupière supérieure, où il y en a trente ou quarante, qu'à l'inférieure, où l'on n'en compte que vingt ou trente; elles parcourent toute la hauteur des cartilages tarses et sont plus longues à la paupière supérieure qu'à l'inférieure; elles sont aussi plus longues vers la partie moyenne de chaque cartilage qu'à ses extrémités. Quelquefois deux de ses lignes se réunissent, d'autres fois l'une d'elles se bifurque.

L'humeur onctueuse et grasse sécrétée par les glandes de Meibomius est connue sous le nom de chassie; elle a pour double usage d'adoucir le frottement des paupières sur le globe de l'œil et de s'opposer à l'écoulement des larmes sur les joues. Cette humeur, liquide dans l'état normal, s'épaissit dans certaines maladies et après la mort; alors, en pressant les cartilages tarses, on la voit sortir, par les petits orifices du bord libre des paupières, sous forme de petits vers contournés sur eux-mêmes.

2° *Caroncule lacrymale.* — C'est un petit corps oblong, rougeâtre, situé dans l'angle interne des paupières, en arrière de leur bord libre, et à la partie antérieure et interne du globe oculaire, immédiatement en dedans de la membrane clignotante. Plus apparente sur le vivant que sur le cadavre, la caroncule a la forme d'un cône dont la base serait dirigée en dedans et en arrière, et le sommet en avant et en dehors, mais sans dépasser, toutefois, les points lacrymaux. Elle est formée d'un amas de follicules sébacés, analogues aux glandes de Meibonius, réunis entre eux par du tissu cellulaire et revêtus par la conjonctive, à la surface de laquelle ils offrent de petits pertuis; elle renferme encore quelques bulbes qui donnent naissance à des poils blonds et très fins.

Les anciens croyaient à tort que les larmes étaient sécrétées par les caroncules : on sait maintenant qu'elles ont pour principal objet de s'opposer à l'écoulement des larmes sur la joue.

3° *Glande lacrymale palpébrale.*— On a donné ce nom à un amas de grains glanduleux situés dans l'épaisseur de la paupière supérieure, entre les couches musculaire et fibreuse, au niveau de l'extrémité externe et du bord supérieur du cartilage tarse. Ces grains, qui font saillie à la face interne de la conjonctive, sont pourvus de conduits excréteurs qui s'ouvrent à la surface de la conjonctive par sept ou huit pertuis, comme l'a démontré M. Gosselin, et non pas par onze ou douze, comme le disait Sténon.

Vaisseaux et nerfs des paupières. — On remarque sur chaque paupière une arcade artérielle sans flexuosités, placée entre le muscle orbiculaire et le cartilage tarse, et formée pour la paupière supérieure, par la branche palpébrale supérieure de l'ophthalmique et par la branche palpébrale de la temporale superficielle; pour la paupière inférieure, par la branche palpébrale inférieure de l'ophthalmique anastomosée avec la faciale et avec une des divisions du rameau orbitaire de la branche sous-orbitaire. La paupière supérieure reçoit encore de l'artère lacrymale quelques rameaux qui se perdent dans la conjonctive et le muscle élévateur ; enfin, la seconde division du rameau orbitaire de la branche sous-orbitaire se jette directement dans la paupière inférieure.

Les veines des paupières offrent une disposition analogue à celle des artères, dont elles prennent les noms ; elles se jettent dans la veine ophthalmique et dans les veines temporale et faciale, soit directement, soit par des rameaux intermédiaires.

Les vaisseaux lymphatiques des paupières se rendent tous aux ganglions sous-maxillaires.

La peau et la conjonctive de la paupière supérieure sont animées par des filets de l'ophthalmique de Willis, fournis par les branches lacrymale, nasale et frontales interne et externe; elles reçoivent encore quelques filets du nerf orbitaire du maxillaire supérieur ; la peau et la conjonctive de la paupière inférieure doivent leur sensibilité aux branches terminales du nerf sous-orbitaire ; le facial envoie de nombreuses divisions dans les muscles sourcilier et orbiculaire.

Usage des paupières.—Les paupières, par leur occlusion plus ou moins complète et par le mouvement de clignement, mettent l'œil à l'abri d'une lumière trop vive, empêchent les petits corps qui voltigent dans l'air de venir s'attacher à sa surface et le protégent contre l'action de l'air ; elles sont encore aidées dans cette dernière fonction par les larmes, qu'elles étendent uniformément à la surface de l'œil ; enfin, par leur écartement plus ou moins considérable, par leurs mouvements, elles concourent au jeu de la physionomie et à l'expression des passions.

DES VOIES LACRYMALES.

On entend par voies lacrymales un appareil très compliqué composé : 1° d'un organe sécréteur, la glande lacrymale ; 2° de conduits excréteurs qui versent les larmes à la surface de la conjonctive ; et 3° de conduits qui pompent en quelque sorte les larmes pour les porter dans les fosses nasales : ce sont les points et les conduits lacrymaux, le sac lacrymal et le canal nasal.

GLANDE LACRYMALE.

La glande lacrymale se compose de deux parties superposées : l'une, *orbitaire*, située dans la fossette lacrymale du coronal, fossette dont la profondeur est en raison directe du volume de la glande ; l'autre, *palpébrale*, placée au-dessous et un peu en avant de la précédente, dans l'épaisseur de la paupière supérieure, au-devant de la conjonctive, et séparée de la portion orbitaire par la couche fibreuse des paupières. Nous avons déjà décrit la portion palpébrale sous le nom de glande lacrymale palpébrale; aussi nous ne nous occuperons que de la portion orbitaire qui forme la glande lacrymale proprement dite.

Cette glande présente à peu près le volume d'une petite amande ; elle est aplatie de haut en bas et de dehors en dedans ; on lui considère une circonférence et deux faces, l'une supérieure et externe, l'autre inférieure et interne.

La face supérieure, légèrement convexe, adhère, à l'aide de trousseaux fibreux, au périoste qui tapisse la fossette dans laquelle la glande est contenue ; la face inférieure, concave, se moule sur le globe de l'œil, dont elle est séparée par les muscles releveur de la paupière, droit supérieur et droit externe. La partie postérieure de la circonférence reçoit les vaisseaux et les nerfs lacrymaux ; la partie antérieure répond à la couche fibreuse de la paupière.

La glande lacrymale est formée de plusieurs lobes réunis ensemble par du tissu cellulaire, des vaisseaux et des nerfs. Ces petits lobes sont constitués eux-mêmes par l'agglomération de grains glanduleux unis par un tissu cellulaire dense et serré ; les dernières ramifications artérielles pénètrent ces petits groupes, desquels partent les radicules veineux et les conduits excréteurs.

Les artères de la glande lacrymale proviennent de la branche lacrymale de l'artère ophthalmique ; quelquefois elle reçoit aussi un petit rameau de l'artère méningée moyenne ; les veines se jettent dans la veine ophthalmique. La branche lacrymale du nerf ophthalmique de Willis, un filet lacrymal de la branche orbitaire du nerf maxillaire supérieur, se distribuent dans la glande lacrymale et tiennent en grande partie sous leur dépendance la sécrétion des larmes ; car celle-ci diminue considérablement après la section de la cinquième paire, mais sans cesser, toutefois, complétement. Ce qui a fait supposer que les filets du grand sympathique qui accompagnent les artères de la glande lacrymale avaient aussi une certaine influence sur sa sécrétion.

Les conduits excréteurs de la glande lacrymale, bien apparents sur les grands animaux, tels que le bœuf, le cheval, etc., sont assez difficiles à apercevoir chez l'homme : ils furent découverts en 1661 par Sténon, sur le mouton; depuis, Monro fils et Hunter parvinrent à les injecter avec du mercure et en comptèrent jusqu'à dix ou douze chez l'homme. Ces conduits se détachent de la partie inférieure de la glande, descendent parallèlement entre eux dans l'épaisseur de la paupière supérieure, immédiatement au-dessus de la conjonctive, et perforent celle-ci au niveau de la moitié externe du bord supérieur du cartilage tarse.

M. Cruveilhier dit qu'en plongeant l'œil et les paupières, tantôt dans une dissolution de carmin, tantôt dans de l'encre un peu étendue, on voit très bien leurs orifices, au nombre de douze. M. Gosselin, qui a fait de ces conduits l'objet de quelques recherches, a prouvé que de dix à douze généralement admis, deux seulement appartiennent à la portion orbitaire de la glande lacrymale, tandis que les autres viennent de la portion palpébrale. (Voyez *Archives de médecine*, octobre 1843, page 202.)

DES POINTS ET DES CONDUITS LACRYMAUX.

Points lacrymaux. — Ces petits orifices, connus déjà par Gallien, qui disait que, par eux, les corps étrangers et les excréments de l'œil passaient dans les fosses nasales, sont placés au centre du tubercule situé vers l'angle interne des paupières, sur le bord libre de chacune d'elles. Toujours béants, plus visibles sur le vivant que sur le cadavre, ils sont disposés de telle sorte que, même par le rapprochement des paupières, ils ne se correspondent pas et ne sont pas contigus au globe de l'œil. En effet, le supérieur regarde en bas et en arrière, l'inférieur en haut et un peu en arrière, et ils sont maintenus dans cette position par un muscle particulier, le muscle de Horner, sur lequel nous reviendrons tout à l'heure. Les points lacrymaux sont les orifices externes des conduits lacrymaux. Sur le vivant, ils plongent dans une petite cavité appelée par Morgagni *lac* ou *sinus lacrymal ;* ce sinus est limité en dedans par la caroncule lacrymale; en haut et en bas, par le bord libre de chaque paupière ; en dehors, par le globe de l'œil.

Conduits lacrymaux. — Ceux-ci, au nombre de deux, un pour chaque paupière, s'étendent des points lacrymaux au sac lacrymal et parcourent ainsi un trajet de 7 à 9 millimètres de longueur. Ils sont placés dans l'épaisseur de chaque paupière, en arrière du muscle palpébral ; leur calibre est plus considérable que celui des points lacrymaux. Le supérieur se dirige d'abord verticalement en haut, dans l'étendue de 2 à 3 millimètres, puis il se recourbe en bas et en dedans en formant un angle droit avec la portion verticale, et va s'ouvrir au côté externe du sac lacrymal ; l'inférieur, qui descend d'abord verticalement, se recourbe bientôt aussi à angle droit et remonte un peu en dedans jusqu'au côté externe du sac lacrymal, dans lequel il s'ouvre. Presque toujours ces deux conduits se comportent comme on vient de le dire, mais il arrive quelquefois que, tout près du sac lacrymal, ils se rejoignent à angle aigu, forment un petit canal et s'ouvrent dans le sac par un orifice commun. Le conduit supérieur est plus long et affecte une direction plus oblique que l'inférieur, surtout lorsque la paupière supérieure est élevée.

Les conduits lacrymaux sont formés d'une membrane mince, dense et élastique, tapissée à l'intérieur par un prolongement de la conjonctive et revêtue à l'extérieur par le muscle de Horner.

Muscle lacrymal (*muscle de Horner ou de Rosenmüller*).— Ce petit faisceau grêle, long d'un demi-pouce environ, s'insère à la lèvre postérieure de la gouttière lacrymale ; de là, il se dirige horizontalement en avant et en dehors et ne tarde pas à se diviser en deux languettes, l'une supérieure, l'autre inférieure, dont chacune s'attache sur le conduit lacrymal correspondant. C'est à tort qu'on le décrit habituellement comme un muscle particulier ; il n'est qu'une dépendance de l'orbiculaire : on peut s'en assurer facilement en décollant ce dernier et le regardant par sa face interne. Nous avons déjà dit que le muscle de Horner avait pour usage de tirer en dedans les conduits et les points lacrymaux.

SAC LACRYMAL ET CANAL NASAL.

Sac lacrymal.— C'est un réservoir en partie osseux, en partie membraneux, ovalaire, allongé de haut en bas, aplati transversalement et situé derrière le tendon direct du muscle orbiculaire. Le sac lacrymal est formé en dedans par la gouttière lacrymale de l'os unguis, qui répond au méat moyen des fosses nasales, et par l'apophyse montante de l'os maxillaire supérieur ; en dehors, c'est-à-dire dans sa portion membraneuse, il est formé par les attaches du muscle orbiculaire, dont le tendon direct vient se fixer au-devant de l'apophyse montante de l'os maxillaire supérieur, tandis que le tendon réfléchi s'insère sur la crête de l'os unguis ; l'intervalle compris entre ces deux tendons est complété par des expansions fibreuses de l'orbiculaire. L'extrémité supérieure du sac lacrymal, évasée et terminée en cul-de-sac arrondi, déborde un peu, en haut, le tendon direct de l'orbiculaire ; l'extrémité inférieure se rétrécit et se continue avec le canal nasal. Son diamètre vertical est de 11 à 13 millimètres, et son diamètre transversal de 5 ou 6 millimètres.

A l'intérieur, le sac est tapissé par une membrane muqueuse, pulpeuse et rougeâtre, qui se continue en haut avec la conjonctive, et en bas avec la membrane pituitaire. Cette muqueuse, très adhérente aux parois du sac, présente, vers le milieu de la paroi externe de celui-ci, les orifices des conduits lacrymaux ; à l'endroit où le sac se continue avec le canal nasal, elle forme assez souvent une valvule, tantôt semi-lunaire, tantôt circulaire.

Canal nasal.—Le canal nasal est un conduit osseux de 13 à 18 millimètres de long et de 2 à 3 millimètres de large, qui s'étend de l'extrémité inférieure du sac lacrymal à la partie supérieure du méat inférieur, en dedans de l'extrémité antérieure du cornet inférieur. Il est, en grande partie, creusé dans l'apophyse montante de l'os maxillaire supérieur, et complété en dedans par l'extrémité inférieure de la gouttière de l'os unguis et par une petite lame légèrement excavée qui s'élève du bord supérieur du cornet inférieur ; de cette manière, il répond, en dehors, au sinus maxillaire, dont il est séparé par une lame très mince du tissu compacte ; et en dedans, au méat moyen et au cornet inférieur. Sa direction est un peu oblique en bas, en dehors et en arrière, il décrit une légère courbure à convexité antérieure, et il est plus étroit à sa partie moyenne qu'à ses extrémités ; enfin il est un peu aplati sur les côtés.

Ce canal est revêtu par le périoste, très adhérent aux os, et par une muqueuse très adhérente elle-même au périoste ; cette membrane, qui est la continuation de la pituitaire, présente à la partie interne de l'ouverture inférieure du canal nasal un repli semi-lunaire qui simule une valvule. Sur plusieurs pièces, et plus particulièrement sur une que j'ai présentée à la Société de biologie, on a pu constater dans l'intérieur du canal nasal et sur sa paroi interne l'existence de trois valvules ayant à peu près la forme des valvules sigmoïdes de l'aorte, mais à cul-de-sac ouvert en bas. Ces valvules étaient situées, l'une sur la limite du sac lacrymal et du canal nasal, l'autre à la partie moyenne du canal et la troisième vers sa partie inférieure.

Trajet et usage des larmes.— Les larmes sécrétées par la glande lacrymale, et versées à la surface de la conjonctive, sont étendues uniformément sur la face antérieure du globe de l'œil par le clignement, c'est-à-dire par les mouvements alternatifs d'élévation et d'abaissement de la paupière supérieure. Pendant le jour, lorsque les paupières sont ouvertes, une partie des larmes est soumise à l'évaporation, une autre est absorbée ; enfin, la majeure partie passe dans les fosses nasales. Dans le clignement, le tendon de l'orbiculaire tire un peu en dedans la paupière supérieure ; ce mouvement dirige les larmes vers le grand angle de l'œil, où elles s'accumulent en plus ou moins grande quantité dans la petite cavité que nous avons décrite sous le nom de lac ; les points lacrymaux plongent dans cette cavité, et soit qu'ils agissent comme siphons, soit qu'ils agissent par leur capillarité, ou bien soit qu'on invoque la pression atmosphérique et le vide qui se fait dans les fosses nasales au moment de l'inspiration, les larmes traversent ces orifices, arrivent dans le sac lacrymal, et enfin dans le canal nasal, qui les verse dans le méat inférieur.

Les larmes entretiennent la souplesse des parties qu'elles humectent, favorisent leurs mouvements, préviennent les effets nuisibles du frottement continuel des paupières sur l'œil, et empêchent les petits corps étrangers de rester collés à la surface du globe oculaire. Certaines circonstances augmentent bien vite leur sécrétion : ainsi, la présence d'un corps étranger sur le globe oculaire, l'action de quelques substances comme l'acide nitrique, l'ammoniaque ; un oignon qu'on pèle, un trouble des mouvements respiratoires, l'éternument, la toux, le rire ; enfin les émotions morales gaies ou tristes, et surtout ces dernières, font couler les larmes en très grande abondance.

APPAREIL DE LOCOMOTION DE L'ŒIL.

Le globe de l'œil est pourvu d'un appareil musculaire propre, destiné à lui faire exécuter des mouvements dans l'intérieur de l'orbite et à le diriger vers tous les objets qu'il a besoin d'explorer. Ces mouvements sont favorisés par la forme sphérique du globe oculaire, appuyé mollement sur un coussinet graisseux situé au fond de l'orbite et dont il est séparé par l'aponévrose orbito-oculaire, sur laquelle il trouve un point d'appui direct. L'appareil de locomotion de l'œil se compose de six muscles, savoir, *quatre droits* et *deux obliques*, ainsi nommés à cause de leur direction.

DES MUSCLES DROITS.

Les quatre muscles droits répondent aux quatre parois de la cavité orbitaire et sont distingués, comme elles, en *supérieur*, *inférieur*, *externe* et *interne*, ou, par les noms qui rappellent leurs fonctions, en *élévateur*, *abaisseur*, *abducteur* et *adducteur*. Ces muscles s'étendent du sommet vers la base de l'orbite en formant une pyramide musculaire analogue, pour la forme, à celle que présente la cavité osseuse à laquelle elle est concentrique. La base de cette pyramide embrasse le globe de l'œil et forme sur sa face antérieure, à 4 millimètres à peu près de la cornée transparente, une expansion aponévrotique, décrite comme une tunique propre sous le nom de *tunique albuginée*. Le sommet de la pyramide offre deux ouvertures : l'une interne, pour le passage du nerf optique et de l'artère ophthalmique ; l'autre externe, que traversent plusieurs des nerfs de l'orbite, savoir : le moteur oculaire commun, le moteur oculaire externe et la branche nasale de l'ophthalmique. Tous les muscles droits sont plus ou moins triangulaires ; il sont tous aplatis, le supérieur et l'inférieur de haut en bas, l'externe et l'interne de dehors en dedans ; on leur considère deux faces, l'une orbitaire, l'autre oculaire. La face orbitaire répond au périoste, auquel elle adhère par un tissu cellulaire graisseux ; la face oculaire regarde, en arrière le nerf optique, et en avant le globe de l'œil ; l'intervalle qui la sépare du nerf optique est rempli par une grande quantité de graisse, dans laquelle on trouve les divisions des vaisseaux ophthalmiques, la branche nasale de l'ophthalmique de Willis, le ganglion ophthalmique, les nerfs ciliaires et le nerf du petit oblique. On remarque encore à la face oculaire des muscles droits supérieur, inférieur et interne, les rameaux du nerf moteur oculaire commun, et à la face oculaire du droit externe, le nerf moteur oculaire externe.

L'aponévrose orbito-oculaire fournit une gaîne à la moitié antérieure de chacun des muscles droits ; elle enveloppe aussi les expansions aponévrotiques, par lesquelles ils s'insèrent à la base de l'orbite.

Malgré les caractères de similitude que nous venons de signaler, les muscles droits offrent chacun des dispositions et des fonctions spéciales ; aussi doivent-ils être examinés successivement à part.

Muscle droit supérieur, ou élévateur de l'œil.—Placé sous le releveur de la paupière supérieure, qu'il déborde un peu en dehors, le droit supérieur s'attache en arrière, d'une part, sur la gaîne fibreuse du nerf optique, d'une autre part, sur un anneau aponévrotique (anneau de Zinn) qui prend lui-même ses insertions, au moyen d'une expansion aponévrotique (tendon de Zinn), à la partie antérieure de la gouttière caverneuse. Du sommet de l'orbite, ce muscle, le plus long et le moins épais des muscles droits, se dirige presque horizontalement en avant et se divise en deux portions ; l'une, oculaire, qui se réfléchit sur le globe de l'œil et s'insère sur la sclérotique, un peu en arrière et au-dessus de la cornée ; l'autre, orbito-palpébrale, qui offre la disposition suivante.

Cette portion orbito-palpébrale se subdivise en trois faisceaux, dont l'un se fixe à la base de l'orbite, au niveau de la suture de l'os frontal avec l'os malaire, au-dessous du faisceau orbitaire externe de l'élévateur de la paupière; dont l'autre s'attache sur le tendon du grand oblique aussitôt qu'il a traversé la trochlée; dont le troisième, enfin, se confond avec le tendon du releveur de la paupière.

La face supérieure du droit supérieur est recouverte par le releveur de la paupière, et adhère tout à fait en arrière aux nerfs pathétique et frontal; sa face inférieure correspond, comme celle de tous les muscles droits, au nerf optique, au paquet graisseux du fond de l'orbite et au globe de l'œil, en arrière elle est croisée par la branche nasale de l'ophthalmique; enfin, une des branches du moteur oculaire commun s'épanouit sur cette face, envoie des filets le long de son bord interne et se perd dans le droit supérieur et dans l'élévateur de la paupière.

Droit inférieur, ou abaisseur de l'œil.— Ce muscle, couché sur le plancher de l'orbite, dont il n'est séparé que par du tissu graisseux, s'insère en arrière sur l'anneau de Zinn, entre le droit interne et le droit externe; en avant, il offre une disposition analogue à celle du droit supérieur. Il se divise comme lui, en deux faisceaux, dont l'un, oculaire, s'attache à la sclérotique un peu en arrière et au-dessous de la cornée transparente; dont l'autre, orbitaire, se perd en partie dans la paupière inférieure et va se fixer, d'autre part, sur le plancher de l'orbite, à côté du petit oblique, c'est-à-dire un peu en dehors de la gouttière lacrymale.

Sa face inférieure répond au plancher de l'orbite, dont elle est séparée par de la graisse; en avant, elle est recouverte par la conjonctive. Quant aux rapports spéciaux de sa face supérieure ou oculaire, elle reçoit des ramifications du nerf moteur oculaire commun, et son bord externe est longé par le rameau du petit oblique.

Droit interne, ou adducteur de l'œil.— Le plus court des muscles droits, le droit interne, longe la face interne de l'orbite et s'attache, en arrière, à la partie interne de la gaîne fibreuse du nerf optique, en confondant son insertion avec celle du droit supérieur. Du sommet de l'orbite, il gagne le globe de l'œil et se divise en deux faisceaux, dont l'un s'attache sur la sclérotique, un peu en arrière et en dedans de la cornée transparente, tandis que l'autre s'insère à la crête de l'os unguis.

Sa face interne répond à la face interne de l'orbite; sa face externe ou oculaire offre les mêmes rapports que la face oculaire de tous les muscles droits et reçoit un rameau du moteur oculaire commun; son bord supérieur est croisé par le nerf nasal de l'ophthalmique.

Droit externe, ou abducteur de l'œil. — Il forme la face externe de la pyramide musculaire, dont nous venons de décrire les trois autres faces; ses insertions postérieures sont analogues à celles des muscles droit supérieur et droit inférieur, c'est-à-dire qu'il s'attache à la fois sur la partie externe de la gaîne fibreuse du nerf optique et surtout sur l'anneau de Zinn, mais en dehors de ces muscles. Ces deux faisceaux sont réunis par une arcade fibreuse sous laquelle passent les nerfs moteur oculaire commun, moteur oculaire externe et nasal de l'ophthalmique. Les insertions antérieures se font : 1° par un faisceau oculaire qui s'attache sur la sclérotique, en arrière et en dehors de la cornée transparente; 2° par un faisceau orbitaire qui se fixe à la base de l'orbite, au niveau de la suture de l'os frontal avec l'os malaire.

Sa face externe est appuyée sur la face externe de l'orbite et sur la glande lacrymale; sa face interne présente les rapports communs à tous les muscles droits et reçoit le nerf moteur oculaire externe; son bord supérieur est longé par la branche lacrymale de l'ophthalmique.

Action des muscles droits. — D'après leurs insertions, les muscles droits, lorsqu'ils se contractent isolément, doivent diriger la pupille soit en haut, soit en bas, soit en dehors, soit en dedans; en outre, tous tendent à porter le globe de l'œil en arrière. Mais si l'on fait attention au mode de sustentation de ce dernier, au milieu de l'aponévrose orbito-oculaire; à ses moyens de fixité, soit par les muscles, soit par la conjonctive et le nerf optique, on voit que ses mouvements ne peuvent avoir rien de brusque, et que la direction réfléchie des muscles droits les change en mouvements de rotation. En effet, les muscles droit supérieur et droit inférieur font tourner l'œil autour d'un axe horizontal; les muscles droit interne et droit externe le font tourner autour d'un axe vertical.

Lorsque le droit supérieur se contracte seul, l'hémisphère antérieur de l'œil tourne d'avant en arrière, et la pupille est dirigée en haut; la paupière supérieure est toujours entraînée dans ce mouvement par la contraction du faisceau palpébral du droit supérieur et par sa rencontre avec la saillie formée par la cornée transparente.

C'est par un mécanisme absolument semblable que, dans la contraction du droit inférieur, la pupille et la paupière inférieure sont abaissées.

Si le muscle droit externe se contracte, l'hémisphère externe de l'œil tourne de dehors en dedans et d'avant en arrière, la pupille est dirigée en dehors, et les paupières un peu écartées dans le même sens par la saillie de la cornée. Par la contraction du droit interne, la pupille est portée en dedans et les paupières écartées du même côté.

Si deux des muscles se contractent simultanément, l'œil est entraîné suivant la résultante des forces représentées par les deux muscles : ainsi, quand le droit externe et le droit supérieur se contractent ensemble, la pupille se porte en haut et en dehors. C'est de cette manière que l'œil peut effectuer tous les mouvements de circumduction intermédiaires aux quatre mouvements principaux que lui font décrire les quatre muscles droits lorsqu'ils agissent isolément.

Enfin, quand tous les muscles se contractent à la fois, ils tendent à porter directement l'œil en arrière ; mais ce mouvement est limité par l'aponévrose orbito-oculaire et par les prolongements orbitaires des muscles droits ; souvent aussi il trouve un obstacle dans la contraction simultanée des muscles obliques.

Nous venons de passer en revue les mouvements que chaque œil peut exécuter dans l'orbite, sous l'action des muscles droits ; mais un fait remarquable est l'ensemble avec lequel les deux yeux se portent vers un même objet, bien que, le plus souvent, ce soit un muscle différent qui se contracte dans chaque orbite. En effet, lorsqu'on regarde en haut ou en bas, l'œil est porté dans l'une ou l'autre de ces deux directions par les droits supérieurs ou par les droits inférieurs, c'est-à-dire par des muscles homologues et animés par des branches de la même paire nerveuse ; mais si l'on fixe un objet situé soit à droite, soit à gauche, un des deux yeux obéit à l'action du droit interne, et l'autre à celle du droit externe, muscles antagonistes qui reçoivent des nerfs, le premier de la troisième paire, le second de la sixième. Souvent, dans ces mouvements latéraux, les deux yeux ne sont pas parallèles, leurs axes optiques convergent vers l'objet fixé ; et si cette convergence n'est pas toujours visible à cause de la distance de l'objet, elle le devient lorsqu'elle se fait très près des yeux. Cette manière de regarder constitue le *loucher convergent*, loucher qu'on peut produire facilement si l'on cherche, par exemple, à regarder le bout de son nez.

DES MUSCLES OBLIQUES.

Ils sont au nombre de deux : l'un *supérieur*, ou *grand oblique*, et l'autre *inférieur*, ou *petit oblique*.

1° *Oblique supérieur de l'œil, ou grand oblique* (*muscle trochléaire*). — Le plus long des muscles de l'œil, mais le moins épais et le moins large, le grand oblique, est situé à la partie supérieure et interne de la cavité orbitaire, au-dessous du releveur de la paupière, entre le droit supérieur et le droit interne. Il s'attache, en arrière, sur la gaîne fibreuse du nerf optique, en confondant un peu son insertion avec celle du releveur de la paupière ; puis il se porte horizontalement en avant, dans l'angle interne et supérieur de l'orbite, jusqu'à une petite poulie dans laquelle il s'engage et au delà de laquelle il se réfléchit à angle aigu, de haut en bas, d'avant en arrière et de dedans en dehors, pour aller s'insérer sur la sclérotique, derrière le droit supérieur et au niveau du diamètre transversal du globe oculaire.

La poulie dont nous venons de parler est formée par un cartilage représentant à peu près les quatre cinquièmes d'un anneau, et retenu par des fibres ligamenteuses aux rugosités d'une fossette située vers la partie antérieure et interne de la voûte de l'orbite. Le grand oblique, dont les fibres charnues deviennent tendineuses un peu avant de traverser la poulie, glisse dans celle-ci au moyen d'une synoviale qui se prolonge en deçà et au delà, et revêt le cartilage et le tendon.

Dans sa portion horizontale, le grand oblique est placé, comme nous l'avons dit en commençant, au-dessous du releveur de la paupière, entre le droit interne et le droit supérieur ; dans sa portion réfléchie, il est en rapport avec la face postérieure du globe de l'œil et avec la face inférieure du droit supérieur. Il reçoit à lui seul tout un nerf, le pathétique, qui le pénètre par son *côté extérieur*, contrairement aux muscles droits, dont les nerfs se ramifient à leur *face intérieure*.

2° *Oblique inférieur, ou petit oblique.* — Le petit oblique, ainsi nommé à cause de sa direction et de son peu de longueur, puisqu'il est le plus court des muscles de l'œil, est situé à la partie inférieure et antérieure de la cavité orbitaire, et ne s'étend pas, comme les autres muscles, du sommet vers la base de l'orbite. Un peu plus large et moins arrondi que le grand oblique, il s'attache, d'une part à la partie interne et antérieure de la surface orbitaire de l'os maxillaire supérieur, un peu en dehors de la gouttière lacrymale, et quelquefois même sur le sac. De là, il se dirige en arrière et en dehors, passe entre le globe oculaire et le muscle droit inférieur, se recourbe en haut et se place entre le muscle droit externe et le globe de l'œil, à la partie postérieure duquel il s'insère par une large aponévrose, au niveau du bord externe du muscle droit supérieur et en arrière du grand oblique.

Le petit oblique reçoit un des rameaux du nerf moteur oculaire commun.

Action des muscles obliques. — Sous l'influence du muscle grand oblique, le globe de l'œil est tiré en avant en même temps que son hémisphère postérieur se porte un peu en dedans et en haut, et que la pupille regarde en bas et en dehors. Suivant M. Cruveilhier, l'œil éprouverait autour de son axe antéro-postérieur un mouvement de rotation de dehors en dedans; M. Gerdy nie la possibilité de ce mouvement: d'après lui, l'action de chacun des deux obliques se borne à tirer l'œil en avant.

Le petit oblique, en se contractant, tire le globe de l'œil en avant et entraîne l'hémisphère postérieur en dedans et en bas, de sorte que la pupille regarde en haut et en dehors. D'après M. Cruveilhier, il fait tourner l'œil autour de son axe antéro-postérieur, dans un sens opposé à celui du grand oblique.

Les deux obliques, lorsqu'ils se contractent à la fois, portent le globe de l'œil en avant, et sur le cadavre ils le tendent s'il est flasque ; ces deux muscles sont donc antagonistes des muscles droits qui attirent l'œil en arrière. On conçoit alors que, dans une contraction simultanée des droits et des obliques, les uns tirant en sens inverse des autres, ils parviennent à allonger le diamètre antéro-postérieur du globe de l'œil, allongement qu'on attribue déjà à la seule action simultanée des muscles droits.

APONÉVROSE ORBITO-OCULAIRE.

L'aponévrose orbito-oculaire, découverte par Ténon et décrite tout récemment par M. le docteur Hélie, est une membrane fibreuse qui naît du pourtour de la base de l'orbite, en se continuant avec le périoste de cette cavité. Adossée d'abord à la conjonctive palpébrale, elle se replie sur la conjonctive oculaire, qu'elle abandonne à quelques millimètres en arrière de la cornée, pour embrasser la moitié postérieure du globe de l'œil et lui former une espèce de coque qui se prolonge en arrière et se termine sur le nerf optique. Un tissu cellulaire lamelleux et très lâche unit l'aponévrose à la conjonctive et au globe de l'œil et permet l'exécution facile des divers mouvements.

Les six muscles de l'œil traversent l'aponévrose, qui fournit en arrière, à chacun d'eux, une gaîne en forme de cône tronqué, dont la plus petite base est en avant; elle envoie aussi un prolongement sur le faisceau orbitaire de chacun des quatre muscles droits.

Cette membrane qui suspend l'œil, en quelque sorte, au milieu des graisses de l'orbite, qui facilite l'action de ses muscles en les isolant les uns des autres et des parties voisines, forme un véritable diaphragme qui partage la cavité orbitaire en deux chambres : l'une, antérieure, limitée en avant par les paupières et contenant le globe de l'œil; l'autre, postérieure, qui s'étend jusqu'au sommet de l'orbite, et renferme les muscles, les nerfs et la graisse de cette cavité.

GRAISSE DE L'ORBITE.

La graisse de l'orbite, dont la quantité varie chez les animaux, en raison de la mobilité de l'œil, occupe l'intérieur de la pyramide formée par les quatre muscles droits, et l'espace compris entre la face extérieure de ces muscles et le périoste ; on la divise en deux couches, l'une extérieure, l'autre intérieure. La couche extérieure, assez épaisse en avant vers les insertions des muscles droits, disparaît en arrière ; en dedans elle sépare presque complétement et dans toute son étendue, le droit interne de l'os planum de l'ethmoïde. La couche intérieure, épaisse surtout en arrière, est traversée d'arrière en avant par le nerf optique, par les branches du moteur oculaire commun qui vont aux muscles droits supérieur, inférieur, interne et au ganglion ophthalmique ; par les racines sensitive et nutritive de ce ganglion, venues, l'une de la branche nasale de l'ophthalmique, et l'autre du grand sympathique ; par les nerfs ciliaires, et par le moteur oculaire externe. Les vaisseaux qu'on y remarque, sont : l'artère centrale de la rétine, les ciliaires longues, les branches musculaires et les veines qui correspondent à ces artères.

Ce coussinet, dont le volume plus ou moins considérable détermine la saillie plus ou moins forte du globe oculaire, auquel il sert de point d'appui moelleux, est encore destiné à empêcher les muscles d'entraîner l'œil vers le fond de l'orbite et de le déformer ; il existe chez tous les individus même les plus maigres, malgré sa résorption facile.

PLANCHE 75.

Elle montre les différentes couches des paupières et leurs annexes, savoir : les sourcils, les cils, les glandes de Meibomius et la caroncule lacrymale.

PRÉPARATION. — Séparez les couches superposées qui entrent dans la formation des paupières, en détruisant les adhérences cellulaires qui les unissent entre elles. On peut étudier les glandes de Meibomius, soit par leur face conjonctivale ou postérieure, soit par leur face antérieure, en enlevant les différentes couches qui les masquent.

FIGURES 1 ET 2.

1° *Couche cutanée*, avec les cils et les sourcils.

FIGURE 3.

Cils et leurs bulbes sur un fragment de paupière.

FIGURE 4.

2° *Couche musculeuse* formée par la portion palpébrale de l'orbiculaire et par la portion orbitaire du même muscle, dont les fibres sont traversées par celles du sourcilier qui se rendent à la peau.

FIGURE 5.

3° *Couche fibreuse.* — Cette figure présente encore : *a*, le ligament angulaire externe ; — *b*, le ligament angulaire interne ou tendon direct de l'orbiculaire ; — *c*, *c*, le muscle de Horner, et *d*, le muscle sourcilier.

FIGURE 6.

4° *Couche musculeuse propre à la paupière supérieure*, ou portion palpébrale du muscle élévateur de la paupière supérieure, ses faisceaux orbitaires externe et interne, et ses rapports avec la glande lacrymale.

FIGURE 7.

Le même muscle élévateur, vu par l'ablation de la voûte orbitaire, en rapports avec les muscles de l'œil et avec la glande lacrymale.

FIGURE 8.

Cartilages tarses, dans l'épaisseur desquels on aperçoit les glandes de Meibomius.

FIGURE 9.

a. Glandes de Meibomius vues sur la face conjonctivale des paupières. — *b*. Orifices des conduits des glandes lacrymales. — *c*. Points lacrymaux.

FIGURE 10.

Glandes de Meibomius étudiées sous un grossissement.

FIGURE 11.

5° *Couche muqueuse, ou conjonctive.* — *a*. Petit repli semi-lunaire ou membrane clignotante. — *b*. Caroncule lacrymale. — *c*, *c*. Lèvres antérieures des bords libres des paupières, où s'implante une triple rangée de cils. — *d*, *d*. Lèvres postérieures sur lesquelles on voit les orifices des glandes de Meibomius.

FIGURE 12.

Portions palpébrale et oculaire de la conjonctive.

PLANCHE 76.

Vaisseaux et nerfs des paupières ; appareil de sécrétion et d'excrétion des larmes.

PRÉPARATION. — Injectez les veines et les artères avec des matières colorantes différentes, et mettez-les à nu par les procédés ordinaires. Pour découvrir les voies lacrymales, renversez en dedans, sur le nez, le muscle orbiculaire. Par ce procédé, vous verrez en outre les différents tendons de l'orbiculaire qui entrent dans la formation du sac lacrymal ; vous ouvrirez celui-ci, et enfin, après avoir introduit des soies de sanglier dans les conduits lacrymaux par les points lacrymaux, vous inciserez sur leur trajet.

FIGURE 1.

Système vasculaire (artères). — A, A. Branches palpébrales supérieure et inférieure. — B. Branche nasale. — C. Frontale. — D. Sus-orbitaire. Toutes ces branches sont fournies par l'artère ophthalmique. — E, E. Branches palpébrales de la temporale. — F. Branche palpébrale de la sous-orbitaire. — G. Branche palpébrale de la faciale.

FIGURE 2.

Veines. — H. Veine ophthalmique. — I. Veine temporale. — J. Veine faciale. Les ramifications veineuses des paupières se jettent dans ces trois veines principales.

FIGURE 3.

Système nerveux. — 1. Nerf frontal externe. — 2. Frontal interne. — 3. Nasal. — 4. Lacrymal. — 5. Sous-orbitaire. — 6. Malaires. Toutes ces branches de la cinquième paire fournissent des ramifications cutanées aux paupières. — 7, 7. Branches du facial animant le système musculaire des paupières.

FIGURE 4.

a. Glande lacrymale orbitaire. — *b.* Glande lacrymale palpébrale. — *c.* Lame fibreuse séparant ces deux glandes l'une de l'autre. — *d, d.* Points lacrymaux. — *e, e.* Conduits lacrymaux. — *f.* Sac lacrymal.

FIGURE 5.

Conduits lacrymaux et canal lacrymo-nasal, ouverts et vus par leur face extérieure.

g. Conduits et points lacrymaux. — *h.* Sac lacrymal. — *i.* Canal nasal, dans l'intérieur duquel se trouvent trois valvules, situées, l'une à sa partie supérieure, l'autre à sa partie moyenne, et la troisième à la partie inférieure. — *j, j.* Cornets moyen et inférieur.

FIGURE 6.

Canal nasal vu en dedans par une section des fosses nasales et par l'ablation de la membrane pituitaire et d'une lame osseuse très mince, placée à la partie antérieure du méat moyen.

k. Cornet moyen renversé et soutenu par une érigne. — *l.* Cornet inférieur échancré. — *m.* Intérieur du canal nasal et ses trois valvules. — *n.* Gouttière qui conduit dans les sinus maxillaire et frontal.

PLANCHE 77.

Elle montre les muscles de l'œil, l'aponévrose orbito-oculaire, l'artère et la veine ophthalmique ainsi que leurs divisions.

FIGURES 1 et 2 (muscles de l'œil).

PRÉPARATION. — La préparation de ces figures est la même que celle des nerfs de l'orbite, avec cette différence, que pour bien examiner les muscles, il faut sacrifier les rapports des vaisseaux et des nerfs.

Explication de la figure 1.

a, a. Élévateur de la paupière supérieure dont la portion large est renversée en avant. — *b.* Droit supérieur ou élévateur de l'œil. — *c.* Droit externe. — *d.* Droit interne. — *e.* Grand oblique traversant, *f*, la poulie cartilagineuse, pour s'insérer sur le globe oculaire, derrière les muscles droits. — *g.* Insertions postérieures des muscles précédents, sur, *h*, l'anneau interne pour le passage du nerf optique, et sur, *i*, l'anneau externe (anneau de Zinn) pour le passage des nerfs moteur oculaire commun, nasal de l'ophthalmique et moteur oculaire externe. — *j.* Petit oblique.

Explication de la figure 2.

a, a. Élévateur de la paupière. — *b.* Droit supérieur. — *c.* Droit inférieur. — *d.* Droit externe. — *e.* Droit interne. — *f.* Petit oblique. Tous ces muscles et le globe oculaire sont vus de profil.

FIGURE 3 (aponévrose orbito-oculaire, vue par sa face antérieure).

PRÉPARATION. — Pour obtenir cette figure, incisez la conjonctive autour de la cornée, coupez les tendons des six muscles de l'œil et le nerf optique près de l'insertion sur la sclérotique, et enlevez le globe oculaire.

Explication de la figure 3.

a, a. Paupières supérieure et inférieure renversées, après avoir été incisées sur leur commissure externe. — *b.* Face antérieure concave de l'aponévrose orbito-oculaire. — *c.* Coupe du nerf optique. — *d, e, f, g, h, i.* — Portions des muscles droits et obliques.

FIGURE 4 (aponévrose orbito-oculaire vue en arrière).

PRÉPARATION. — Faites la coupe des nerfs de l'orbite, enlevez avec les pinces et sans instrument tranchant les vaisseaux, les nerfs et la graisse ; coupez les muscles à leurs insertions postérieures et écartez-les : de cette manière vous trouvez l'aponévrose orbito-oculaire recouvrant l'hémisphère postérieur du globe oculaire, et se prolongeant en arrière sous forme de gaîne, sur tous les muscles de l'œil et le nerf optique.

Explication de la figure 4.

a. Face postérieure de l'aponévrose orbito-oculaire. Elle envoie des gaînes en arrière : sur *b*, le droit supérieur ; *c*, le droit inférieur ; *d*, le droit externe ; *e*, le droit interne, et, *f*, le grand oblique. — *g.* Petit oblique traversant la gaîne du droit inférieur. — *h.* Élévateur de la paupière avec ses deux faisceaux orbitaires externe et interne, enveloppés aussi par l'aponévrose. — *i.* Coupe du nerf optique.

FIGURES 5, 6 et 7 (artère et veine ophthalmiques).

PRÉPARATION. — Injectez ces vaisseaux avec des matières colorantes différentes, et découvrez-les par des procédés analogues à ceux employés pour les nerfs de l'orbite.

Explication de la figure 5.

A, Artère carotide interne coupée, donnant naissance en avant à B ; B, l'artère ophthalmique. Celle-ci fournit treize branches, qui sont : C, artère centrale de la rétine ; D, artère lacrymale ; E, artère sus-orbitaire ; F et G, musculaires supérieures et inférieures ; H et I, ciliaires antérieures et postérieures ; J, artère ethmoïdale postérieure ; K, ethmoïdale antérieure ; L, palpébrale supérieure ; M, palpébrale inférieure ; N, frontale, et O, nasale s'anastomosant avec, P, la faciale.

Explication de la figure 6.

A, A, Veine ophthalmique vue par l'ablation de la voûte orbitaire et en rapport avec B ; B, l'artère ophthalmique. Elle se jette dans, C, le sinus ophthalmique.

Explication de la figure 7.

A, A, Veine ophthalmique vue de profil. Les branches qui y aboutissent ont à peu près la même direction, la même distribution et le même nom que les branches de l'artère ; aussi nous ne les indiquerons pas plus spécialement.

DU GLOBE OCULAIRE.

Le globe oculaire est la partie essentielle de l'organe de la vision. Considéré dans son ensemble, il représente une vésicule à peu près sphérique, formée par l'emboîtement de plusieurs membranes remplies d'humeurs plus ou moins fluides.

A la partie postérieure de l'œil aboutit le nerf optique qui s'exprime à travers le crible que présente en cet endroit la sclérotique, pour se continuer avec la rétine. Par sa face antérieure pénètrent les rayons lumineux qui se réfractent dans les humeurs transparentes, et vont peindre sur la rétine, expansion nerveuse destinée à en recevoir l'impression, l'image des objets d'où ils émanent.

Forme et diamètres. — La forme du globe oculaire a été comparée à celle d'une sphère à laquelle serait juxtaposé en avant un segment d'une sphère plus petite. Il résulte des travaux de Krause que cette comparaison n'est pas rigoureusement exacte. En effet, la surface de l'œil qui correspond à la sclérotique est aplatie au niveau de l'insertion des muscles droits, ainsi qu'en avant et en arrière de cette insertion; cet aplatissement peu marqué, il est vrai, n'est pas également sensible au-dessous de chacun des muscles droits. L'étude des différents diamètres de l'œil permet en outre de constater que cet organe, lorsqu'on fait abstraction de la courbure plus grande de la cornée, présente une double compression qui a lieu suivant le sens d'action de ses muscles droits et obliques. La forme du globe oculaire serait donc plutôt celle d'un ellipsoïde.

On considère à l'œil plusieurs diamètres, l'un vertical, l'autre transversal, d'autres obliquement dirigés; les seuls qui offrent quelques particularités remarquables sont les diamètres antéro-postérieurs au nombre de deux, et plus particulièrement désignés sous les noms d'*axe de l'œil* et *axe du nerf optique*.

L'axe de l'œil est encore appelé *axe optique*, parce que la direction de l'œil est suivant cette ligne lorsque les objets sont le plus nettement perçus. Son extrémité antérieure répond au centre de la convexité de la cornée, son extrémité opposée répond au milieu de la face postérieure de la sclérotique; la longueur de cet axe est à peu près de 24 millimètres. La courbure plus ou moins prononcée de la cornée doit nécessairement modifier cette dimension.

L'axe du nerf optique est étendu du centre de la cornée au point où le nerf optique pénètre la sclérotique. Son extrémité postérieure est située en dedans et au-dessous de l'extrémité correspondante de l'axe visuel, avec lequel il forme par conséquent un angle ouvert en arrière.

Situation et moyens de fixité. — Le globe de l'œil est logé dans l'orbite; il occupe la partie antérieure de cette cavité et se rapproche plus de la paroi interne que de la paroi externe, du plancher que de la voûte. Un intervalle de 2 centimètres à 2 centimètres 1/2 sépare sa région postérieure du trou optique. Sa circonférence antérieure déborde la base de l'orbite, surtout en dehors, à cause de l'obliquité de cette base. Il est maintenu en position par les paupières et les muscles obliques, en avant; en arrière, par les muscles droits, le nerf optique et l'aponévrose orbito-oculaire. Aucun de ces moyens de fixité n'entrave les mouvements que l'œil est susceptible d'exécuter; les uns au contraire facilitent ces mouvements, d'autres les déterminent : aussi l'œil peut-il se mouvoir autour de ses axes, se porter en avant, en haut, en bas et même en arrière.

Volume et poids. — Le volume de l'œil est proportionnellement plus grand chez le fœtus et le nouveau-né que chez l'adulte. Les variations individuelles, peu marquées, ne sont le plus souvent qu'apparentes; elles tiennent principalement à la largeur de l'ouverture palpébrale, et à la longueur du repli de la conjonctive qui atteint la sclérotique sur un point plus ou moins éloigné de la cornée. C'est à ces dernières conditions qu'on doit donc rapporter les dénominations de grands et petits yeux.

Le volume de l'œil a été porté par Krause à 1/3 du pouce cube, et son poids à 6 ou 7 grammes.

Suivant quelques anatomistes, le poids et le volume de l'œil seraient un peu plus grands chez l'habitant des pays chauds que chez l'habitant des contrées qui possèdent un climat tempéré.

Rapports. — En avant, le globe oculaire est en rapport avec les paupières qui le protégent et l'abritent contre l'action trop vive de la lumière ; en arrière et latéralement, avec le nerf optique, une épaisse couche graisseuse, les muscles droits et obliques, les vaisseaux et les nerfs de l'orbite. Il est séparé de ces derniers organes par l'aponévrose orbito-oculaire qui se moule sur lui et lui fournit un point d'appui très résistant. Un tissu cellulaire séreux analogue à une membrane synoviale et destiné à faciliter les mouvements de l'œil, s'interpose entre la convexité de cet organe et l'aponévrose orbito-oculaire. Une disposition semblable, mais encore plus apparente, existe au niveau de la conjonctive.

Structure. — L'œil étant à la fois un instrument d'optique et un organe de sensibilité spéciale présente dans sa structure des parties en rapport avec le double usage auquel il est destiné. Plusieurs membranes qui sont d'autant moins épaisses qu'elles sont plus profondes, se superposent pour circonscrire un espace divisé en deux portions et rempli par des humeurs transparentes.

Des membranes, les unes fibreuses, déterminent et maintiennent la forme de l'œil : ce sont la sclérotique et la cornée ; les autres vasculaires, également au nombre de deux, répondent plus particulièrement, la choroïde à la sclérotique, l'iris à la cornée ; enfin une dernière membrane (la rétine), de nature nerveuse et destinée à recevoir l'impression de la lumière, est appliquée à la face interne de la choroïde.

Les humeurs ou milieux réfringents sont d'avant en arrière, l'humeur aqueuse contenue dans une membrane particulière (membrane de Demours), le cristallin et sa capsule, l'humeur vitrée et son enveloppe ou membrane hyaloïde.

C'est dans cet ordre d'énumération que nous allons décrire les caractères extérieurs, la nature et les usages de ces différentes parties.

I. — MEMBRANES FIBREUSES.

1° SCLÉROTIQUE.

La *sclérotique* (*cornée opaque, tunique albuginée*) forme avec la cornée l'enveloppe la plus extérieure de l'œil, et en constitue à elle seule les cinq sixièmes postérieurs. Elle s'étend depuis l'entrée du nerf optique, où elle se continue avec un prolongement de la dure-mère, jusqu'au pourtour de la cornée à laquelle elle adhère intimement. Dure, inextensible, d'une couleur blanchâtre et nacrée à sa surface et dans ses différentes couches, la sclérotique est plus épaisse que les autres membranes de l'œil, à l'exception de la cornée. Son épaisseur n'est pas uniforme et décroît d'arrière en avant ; les points où elle est le moins prononcée ne correspondent pas toutefois au bord antérieur, mais à une ligne circulaire située au niveau des tendons des muscles droits, de sorte qu'à partir de cette ligne elle va en augmentant en arrière et en avant. Cette disposition résulte sans doute de l'entrecroisement des tendons des muscles et de leur union avec la sclérotique au voisinage de sa circonférence antérieure. Vers le milieu de sa convexité, la sclérotique présente une épaisseur qui peut être évaluée à 1 ou 2 millimètres; au niveau de la ligne circulaire dont nous avons parlé, cette épaisseur est réduite de moitié.

Nous considérerons à la sclérotique une surface extérieure, une surface intérieure, et deux ouvertures, l'une destinée au passage du nerf optique, l'autre beaucoup plus grande, qui reçoit la cornée.

La *surface extérieure*, lisse et blanchâtre, répond en arrière à l'aponévrose orbito-oculaire dont elle est séparée par un tissu cellulaire séreux ; en avant, dans une étendue de 8 à 9 millimètres, elle est recouverte par la conjonctive qui se réfléchit des paupières sur elle à une hauteur variable, selon les individus.

On a vu, dans la myologie de l'œil, que cette surface donnait insertion aux muscles droits et obliques.

La *surface intérieure*, tapissée par un tissu (*lamina fusca*), sur la nature duquel nous reviendrons tout à l'heure, est d'un aspect lisse et brunâtre. Placée immédiatement en dehors de la choroïde, elle présente de légers sillons antéro-postérieurs destinés aux vaisseaux et nerfs ciliaires qui se dirigent entre elle et cette dernière membrane.

Le nerf optique aboutit à la région postérieure de la sclérotique, un peu au-dessous et en dedans de l'extrémité postérieure de l'axe visuel. Cette disposition, qu'on peut constater sur un œil détaché de l'orbite et maintenu dans la situation qu'il affecte à l'intérieur de cette cavité, est rendue encore plus manifeste par une expérience facile à exécuter. Si l'on divise en deux parties latérales le globe oculaire, à l'aide d'une coupe perpendiculaire qui passe par le centre de la cornée et le milieu de l'extrémité terminale du nerf optique, on voit qu'il existe une différence entre les deux moitiés, que l'interne, ou celle qui répond à la paroi nasale de l'orbite, est bien moins grande que l'externe. Si, d'une autre part, on taille dans la sclérotique, préalablement isolée de la cornée, deux bandelettes de la largeur du nerf optique et suivant le prolongement de ce nerf, l'une sur la face supérieure, l'autre sur la face inférieure de la membrane, et qu'on vienne à comparer leur longueur en les rapprochant l'une de l'autre, il est aisé de constater que la première surpasse la seconde de 2 ou 3 millimètres. De cette double inégalité il résulte nécessairement que l'union de la sclérotique avec le nerf optique se fait en dedans et au-dessous du centre de sa circonférence postérieure, ou ce qui revient au même, au-dessous et en dedans de l'extrémité postérieure de l'axe visuel.

La sclérotique présente en cet endroit une *surface criblée* d'une multitude de petits trous à travers lesquels s'engagent les divisions filamenteuses du nerf optique. Quelques anatomistes admettent au contraire pour le passage de ce nerf *une ouverture unique*, infundibuliforme, à grande circonférence extérieure, et considèrent la lame criblée dont nous venons de parler comme une dépendance du névrilème optique. D'après cette manière de voir, les pertuis qu'offre en arrière la sclérotique, à la suite d'une macération suffisamment prolongée, ne seraient pas creusés dans l'épaisseur même de cette membrane, mais représenteraient les orifices des gaînes longitudinales que fournit aux filets du nerf optique son névrilème interne.

A la région antérieure de la sclérotique se trouve une ouverture de 11 à 12 millimètres de diamètre, dans laquelle s'encastre la cornée. Cette ouverture est taillée en biseau aux dépens de la surface interne, ce qui permet de lui considérer deux lèvres ou circonférences concentriques, visibles toutes les deux en arrière, tandis qu'en avant on ne peut apercevoir que la circonférence intérieure. Ces deux lèvres n'ont pas la même forme : la plus petite, ou antérieure, représente à peu près un ovale à grosse extrémité tournée vers le nez; la plus grande ou postérieure, est au contraire circulaire, et cette différence s'explique par la disposition du biseau, qui est plus large en haut et en bas que sur les côtés. C'est à cette même disposition, que la cornée doit sa forme à peu près ovalaire quand on la regarde en avant, tandis qu'elle est circulaire lorsqu'on l'examine en arrière. La cornée et la sclérotique ne sont pas simplement accolées, elles s'unissent d'une manière intime et ne semblent être que les modifications d'une seule et même membrane; cependant on peut les séparer par la coction ou la macération prolongée, et lorsqu'on les examine comparativement, la première est plus épaisse et transparente, tandis que la dernière est moins épaisse et opaque.

Indépendamment des ouvertures que nous avons décrites, il existe, pour le passage des vaisseaux et nerfs ciliaires, un grand nombre de canalicules dont les orifices apparaissent à l'intérieur et à l'extérieur de la sclérotique. Ces canalicules, très courts, sont obliquement creusés dans son épaisseur et aboutissent aux légères dépressions qui sillonnent sa surface intérieure. Moins nombreux et plus petits en avant, où ils livrent passage aux artères ciliaires antérieures, ils sont en arrière circulairement disposés autour de l'insertion du nerf optique et offrent une issue aux nerfs ciliaires et aux vaisseaux ciliaires postérieurs.

Structure. — On peut considérer la sclérotique comme formée de deux membranes : l'une fibreuse, très épaisse et très résistante, c'est la sclérotique proprement dite des auteurs; l'autre, d'une minceur extrême, appliquée à la surface interne de la précédente, et sur l'origine et la nature de laquelle les anatomistes sont encore loin de s'entendre.

1° La première est composée de faisceaux fibreux d'un blanc nacré qui se superposent en plusieurs couches, et s'entrecroisent par quelques unes de leurs fibres. Les couches n'affectent pas la même direction et ne semblent pas toutes présenter une égale épaisseur; les unes sont dirigées d'arrière en avant, les autres sont disposées circulairement; elles se recouvrent de manière à constituer un tissu à fibres alternativement longitudinales et transversales. Il est facile, par des coupes pratiquées sur la sclérotique, de constater cette disposition; mais il n'est guère possible de déterminer le nombre des couches et leur épaisseur relative. La sclérotique est regardée comme un épanouissement de la gaîne que fournit la dure-mère au nerf optique; cette gaîne, en effet, se continue sans ligne de démarcation avec la sclérotique et se confond entièrement avec elle. Cependant s'il m'était permis de conclure d'après mes propres recherches, je dirais que la gaîne du nerf optique ne forme pas entièrement la sclérotique, mais qu'elle ne fait que renforcer en arrière une membrane fibreuse que je regarde comme la sclérotique proprement dite. En effet, si l'on fait une coupe horizontale ou verticale antéro postérieure, qui intéresse à la fois la sclérotique et la gaîne du nerf optique, on voit que la sclérotique est formée en arrière par deux lames confondues intimement jusqu'au niveau du crible, et qui s'écartent l'une de l'autre à cet endroit, en interceptant un espace triangulaire. La lame superficielle se continue sans interruption avec la gaîne du nerf optique, la lame profonde (sclérotique proprement dite) s'incurve en arrière pour constituer le crible. Par l'adhérence des deux lames, l'enveloppe extérieure de l'œil acquiert en arrière une épaisseur deux fois plus considérable que celle de la gaîne du nerf optique; quant à l'épaississement qu'elle offre au-devant des insertions des muscles droits, il serait formé par les faisceaux de renforcement fournis par les aponévroses de ces muscles.

2° La seconde lame (*lame brune, lamina fusca*) est moins une membrane distincte qu'une couche de tissu cellulaire imprégnée de pigment. Elle communique sa couleur brunâtre à la surface interne de la sclérotique, à laquelle elle est solidement unie. L'adhérence qu'elle présente est si intime qu'elle se déchire en lambeaux lorsqu'on cherche à la détacher. Nous n'avons pas considéré avec quelques anatomistes la lame brune comme une membrane parfaitement distincte et de nature séreuse. Elle nous paraît formée de fibres celluleuses et de pigment; quant au prolongement de l'arachnoïde qui lui donnerait naissance, c'est un fait anatomique qui reste encore à démontrer.

Usages. — La sclérotique, qu'on peut comparer à la dure-mère et à la tunique albuginée, tant à cause de sa texture que de ses usages, constitue en grande partie l'enveloppe extérieure de l'œil, dont elle détermine et maintient la forme. C'est à elle que l'œil doit sa consistance et l'intégrité des rapports des parties qui entrent dans sa composition.

2° CORNÉE TRANSPARENTE.

La *cornée* fait suite à la sclérotique et complète l'enveloppe extérieure de l'œil dont elle occupe le cinquième ou le sixième antérieur. C'est une membrane transparente, convexe et libre en avant, concave en arrière, où elle répond à l'humeur aqueuse. Son diamètre transversal, de 10 à 12 millimètres, l'emporte sur son diamètre vertical, qui est de 5 à 11 millimètres; aussi en avant paraît-elle ovalaire et un peu plus large du côté nasal que du côté de la tempe, ce qui s'accorde avec les dimensions que nous avons trouvées à l'ouverture scléroticale dans laquelle elle est comme enchâssée. La grandeur de la cornée peut varier, mais les différences, d'ailleurs assez légères, qu'elle présente, ne sont pas toujours en rapport avec le volume de l'œil entier. Son épaisseur surpasse celle de la sclérotique; elle est moins marquée au centre que vers la circonférence, d'après plusieurs anatomistes. Meckel a parfois observé le contraire, et nous l'avons constamment trouvée plus mince vers la circonférence que vers le milieu.

Nous allons examiner successivement la face extérieure de la cornée, sa face intérieure et sa circonférence; nous parlerons ensuite de sa structure.

La *face extérieure*, convexe, saillante au-devant de l'œil, est comprise dans l'ouverture des paupières, qui la recouvrent complétement pendant le sommeil et le clignement; la conjonctive se réfléchit de la sclérotique sur elle et la revêt dans toute son étendue. Cette portion de conjonctive est très mince, très délicate et adhère solidement à la cornée; sa présence, niée par quelques anatomistes, peut être démontrée cependant à la suite d'une macération prolongée. La convexité de cette face est plus ou moins prononcée, selon les individus, l'âge, certains états pathologiques, et même l'habitude de regarder les objets de près ou de loin. Chez les myopes, la cornée est très bombée; chez les presbytes, au contraire, elle est légèrement aplatie.

La *face intérieure*, concave, est tapissée par la membrane de Demours, et baignée par l'humeur de la chambre antérieure, qu'elle limite en avant.

La *circonférence*, ou le bord de la cornée, de forme elliptique, est taillée en biseau aux dépens de la face externe et s'applique exactement sur le biseau de la face interne de la sclérotique. L'union de ces deux membranes est intime; mais il est toujours possible de les isoler l'une de l'autre par l'ébullition ou la macération.

Structure.— Comme à la sclérotique, nous trouverons ici deux couches : l'une, fibreuse ou lamelleuse, forme la presque totalité de la cornée ; l'autre, séreuse, tapisse la face postérieure de celle-ci et lui adhère fortement.

1° La *couche fibreuse* est regardée par un grand nombre d'anatomistes comme la continuation de la lame fibreuse de la sclérotique; elle en diffère toutefois par son épaisseur plus grande, sa parfaite transparence et les modifications qu'elle subit sous l'influence de l'ébullition et de certains agents chimiques.

Les faisceaux de fibres qui constituent son tissu sont réunis en tranches ou lames superposées, dont le nombre a été porté à 8 ou 10 ; mais une telle évaluation nous paraît purement arbitraire. Les lames, en effet, présentent entre elles d'intimes connexions, elles s'entrecroisent au moyen de quelques unes de leurs fibres, et lorsqu'elles sont rendues visibles par la macération, on ne peut guère qu'artificiellement les isoler les unes des autres.

Le tissu de la cornée est pénétré d'un liquide transparent, albumineux, qui suinte sous les efforts d'une simple pression, et qui, se coagulant par l'action de l'alcool ou de la chaleur, communique à la membrane un aspect blanc laiteux ; la disparition de ce liquide la rend également opaque. La coction, l'immersion dans l'eau, augmentent considérablement le volume de la cornée et troublent sa transparence. C'est à une infiltration séreuse entre ses lames qu'on doit attribuer l'apparence blanchâtre qu'elle acquiert dans certaines ophthalmies.

2° La *couche séreuse* est appliquée à la face concave de la cornée, qu'elle sépare de l'humeur aqueuse. Libre et lisse en arrière, elle est rugueuse en avant, où elle adhère à la lame la plus profonde de la couche fibreuse. En parlant de l'humeur de la chambre antérieure, nous décrirons cette membrane sous le nom de *membrane de Demours*.

Usage.— La cornée, comme la sclérotique, détermine la forme de l'œil ; mais ces usages ne sont pas seulement relatifs à la protection et à la contention des parties qu'elle recouvre : par sa transparence, son épaisseur et sa densité, elle concourt directement à l'accomplissement des fonctions visuelles. Elle livre passage aux rayons lumineux, les réfracte et les rassemble au-devant de la pupille. Sa convexité plus ou moins prononcée, en augmentant ou en diminuant le pouvoir réfringent de l'œil, devient une des causes de la myopie ou de la presbytie.

II. — MEMBRANES VASCULAIRES.

1° CHOROÏDE.

La *choroïde* est une membrane en grande partie vasculaire, placée à l'extérieur de la rétine, et qui s'étend depuis le pourtour de la lame criblée jusqu'à la circonférence antérieure de la sclérotique dont elle double toute la surface intérieure. Elle est mince et peu consistante ; son épaisseur, qui surpasse celle des autres membranes plus profondes, décroît d'arrière en avant jusqu'au voisinage de l'extrémité antérieure où elle augmente brusquement et devient plus considérable qu'en toute autre région; au pourtour de l'entrée du nerf optique, elle est à peine de 0,2 millimètres. La grande quantité de substance ferrugineuse qu'elle renferme lui donne un poids peu en rapport avec sa minceur extrême : l'œil ne pèserait que 13 fois plus que la choroïde, d'après Huschke.

La *surface extérieure* de la choroïde, convexe, légèrement rugueuse, d'un brun noirâtre et brillant, est parsemée d'un nombre considérable de stries tourbillonnées qui sont dues aux flexuosités des vaisseaux veineux choroïdiens (*vasa vorticosa*). Elle répond à la concavité de la sclérotique, à laquelle elle adhère lâchement et dont elle est séparée par du tissu cellulaire, des vaisseaux et des nerfs.

Sa *surface intérieure*, lisse, concave, et tapissée par la rétine, est libre de toute adhérence ; elle présente des stries analogues, quoique moins visibles, à celles de la surface extérieure et une couleur noirâtre beaucoup plus foncée. Cette couleur n'a pas partout la même intensité, elle diminue d'avant en arrière, où elle semble manquer presque entièrement ; de sorte que la surface intérieure de la choroïde, très noire dans la majeure partie de son étendue et surtout en avant, prend dans la région postérieure une teinte brune qui devient de plus en plus claire et qui se termine par un cercle blanchâtre autour du nerf optique.

En arrière, la choroïde, selon quelques anatomistes, se continuerait avec les éléments du nerf optique et émanerait de l'enveloppe que fournit à celui-ci la pie-mère ; pour d'autres anatomistes, elle offrirait une ouverture circulaire à rebord libre et épais, qui livrerait passage à la pulpe de ce nerf. Enfin on a voulu voir en cet endroit une disposition analogue à celle que nous avons signalée à l'occasion de la sclérotique, une lame criblée, traversée par les filets nerveux qui vont constituer la rétine. La divergence de ces opinions prouve suffisamment de combien de difficultés on est entouré lorsqu'on cherche à s'assurer du mode de terminaison de la choroïde. Quoi qu'il en soit, elle nous a toujours paru tenir fortement à la sclérotique au pourtour du crible ; mais qu'il y ait là une simple adhérence ou une continuité de tissu, c'est une question que nous n'oserions résoudre.

En avant, la choroïde s'unit solidement au pourtour de la face interne de la sclérotique et présente, avons-nous dit, une épaisseur considérable, eu égard à celle de ses autres parties. Dans cet endroit, en effet, la choroïde augmente circulairement de volume et se partage en deux segments, dont l'un superficiel, épais, grisâtre, est le *cercle ciliaire*, et l'autre, profond, placé un peu en arrière du précédent, constitue le *corps* et les *procès ciliaires*.

Structure. — Quand on sépare la sclérotique de la choroïde, on aperçoit entre ces deux membranes un grand nombre de fibres dont la réunion constitue une pellicule qui se déchire alors avec facilité et peut être enlevée sous forme de lambeaux d'une excessive ténuité. Cette pellicule (*supra choroidea*), formée de tissu cellulaire et de globules pigmentaires, a été regardée à tort comme le feuillet interne d'une membrane séreuse (*lamina fusca*) dont nous avons apprécié la nature du feuillet externe à propos de la sclérotique. Les fibres qui la constituent recouvrent toute la surface extérieure de la choroïde, à laquelle elles communiquent l'aspect brunâtre et tomenteux que nous y avons constaté ; peu nombreuses en arrière, elles deviennent encore plus rares vers le milieu de cette surface, tandis qu'au niveau du bord antérieur de la choroïde, elles se multiplient considérablement et entrent pour beaucoup dans la formation du ligament ou cercle ciliaire.

En dedans de cette lamelle cellulaire se trouve la couche qui constitue essentiellement la choroïde. Elle est composée de filets nerveux, de tissu cellulaire et d'une multitude de ramifications artérielles et veineuses diversement contournées. Ces différentes parties, en s'unissant, constituent une trame dont les nerfs occupent la superficie, et les vaisseaux la profondeur. Les nerfs, aplatis, parallèles, se dirigent d'arrière en avant vers le ligament ciliaire qu'ils pénètrent après s'être bifurqués, et continuent ensuite à se diviser dichotomiquement ; les vaisseaux suivent la même direction, tout en décrivant de nombreuses flexuosités, et se placent de manière que les veines soient en général plus superficielles que les artères, sans toutefois se superposer en deux plans distincts, comme l'avaient pensé quelques anatomistes. La surface intérieure de cette membrane cellulo-vasculaire est revêtue par une couche très adhérente de substance d'une nature particulière et d'une couleur plus ou moins foncée, selon les individus. Des cellules polyédriques analogues aux cellules épithéliales, et des granulations globuleuses noires, à reflet métallique, sont les éléments constituants de cette couche appelée le *pigment de l'œil*. Les globules pigmentaires manquent presque entièrement en arrière, où ils laissent un espace blanchâtre autour du nerf optique ; ils augmentent à partir de ce point jusqu'à l'extrémité antérieure de la choroïde ; là ils sont accumulés en grande quantité, de sorte que la surface qu'ils recouvrent présente une coloration d'autant plus foncée qu'on l'examine plus près des procès ciliaires. Le pigment n'occupe pas seulement la partie intérieure de la choroïde, il est aussi répandu, mais en bien moindre proportion, sur la surface extérieure et dans l'épaisseur du réseau cellulo-vasculaire. Il offre chez les blonds une nuance moins foncée que chez les bruns ; dans les yeux des albinos les granulations pigmentaires disparaissent complétement. En haut et en dehors de l'entrée du nerf optique on remarque, chez certains animaux, une belle couleur bleu d'azur qu'on nomme le *tapis*. Quelques autres particularités de structure de la choroïde seront développées dans l'article consacré à la description des vaisseaux et nerfs de l'œil.

Usages.— Outre les usages qui sont inhérents à sa nature essentiellement vasculaire, la choroïde, par l'enduit noirâtre de sa surface interne, assure la netteté des images et éloigne les causes d'éblouissements de l'œil par excès de lumière. En effet, si les rayons lumineux qui ont déjà frappé la rétine n'étaient pas absorbés par la choroïde, réfléchis de nouveau, il troubleraient les images, et en s'ajoutant aux autres rayons qui arrivent dans l'œil, ils impressionneraient trop vivement la membrane nerveuse.

CERCLE CILIAIRE, CORPS ET PROCÈS CILIAIRES.

I. *Cercle ciliaire.* — Le *cercle ciliaire* (*anneau ciliaire*, *ligament ciliaire*, *ganglion ciliaire*) est une bandelette annulaire, légèrement prismatique, grisâtre, épaisse d'environ 1 millimètre, large de 2 ou 3 millimètres, et placée à l'extrémité antérieure et externe de la choroïde, dont nous avons vu qu'elle était une dépendance. Le cercle ciliaire présente de nombreuses connexions. Sa face la plus étendue, convexe, dirigée en avant et en dehors, est unie à la surface interne de la sclérotique ; sa face postérieure et interne répond au corps et aux procès ciliaires ; sa petite circonférence, ou son bord antérieur, tient à l'iris et se fixe au rebord de la cornée ; la grande circonférence, ou son bord postérieur, reçoit les nerfs ciliaires et se continue avec la couche superficielle de la choroïde.

Entre la sclérotique, la cornée et la partie antérieure du cercle ciliaire, se trouve un petit conduit circulaire qui ne renferme presque jamais de sang sur le cadavre, mais qui peut être toujours injecté par les artères. Ce conduit (*canal de Fontana*) paraît être le réceptacle d'un canal veineux.

L'anneau ciliaire est formé de tissu cellulaire, de vaisseaux et de nerfs ; sa consistance est pulpeuse, son aspect blanchâtre. Le tissu cellulaire est la continuation de la couche celluleuse de la choroïde, qui acquiert en cet endroit une grande épaisseur. Les nerfs sont très multipliés, se divisent et s'anastomosent de manière à constituer un plexus. Les vaisseaux, peu nombreux et placés profondément, sont des ramifications des troncs ciliaires.

D'après ce rapide exposé de la structure du cercle ciliaire il est aisé de se rendre compte des différentes opinions que se sont formées les anatomistes sur sa nature et ses usages. Sans entrer à cet égard dans des détails qui ne peuvent trouver place ici, nous dirons qu'on en a fait tour à tour un plexus nerveux, un renflement tendineux et glanduleux, un moyen d'union et d'appui pour les parties mobiles de l'intérieur de l'œil, etc.

Les globules ganglionnaires qu'on y a remarqués, la grande quantité de nerfs qui le traversent et la manière dont ils se comportent, l'ont fait ranger, par Sœmmerring et d'autres anatomistes, au nombre des ganglions nerveux ; mais les vaisseaux sanguins et le tissu cellulaire qu'il renferme, et surtout l'absence complète de globules ganglionnaires que j'ai constatée au microscope, de concert avec M. Ch. Robin, ne me permettent pas de l'envisager comme un ganglion ; ses attributions, comme sa structure, me paraissent complexes.

II. *Corps et procès ciliaires.* — Nous avons dit que l'extrémité antérieure de la choroïde se divisait en deux portions : l'une extérieure, c'est le cercle ciliaire déjà décrit ; l'autre intérieure, qui constitue le corps et les procès ciliaires dont nous allons maintenant nous occuper. Les *procès ciliaires* (*plis ciliaires*, *rayons ciliaires*) sont de petits prolongements falciformes, rayonnés, accolés les uns aux autres, et disposés en couronne au-devant du corps vitré et de la rétine, en arrière de l'iris et du cercle ciliaire. L'ensemble de ces prolongements forme un disque annulaire appelé *corps* ou *couronne ciliaire*.

Les procès ciliaires sont au nombre de 60 à 70 ; il y en a de petits et de grands : ceux-ci ont une longueur de 2 millimètres 1/2 ou 3 millimètres et laissent entre eux un intervalle occupé par les petits. Ils augmentent de volume d'arrière en avant, se pressent de plus en plus les uns contre les autres, et deviennent très saillants au niveau de l'iris, derrière lequel ils se terminent. On peut leur considérer deux faces, deux bords et deux extrémités. Les faces, placées à droite et à gauche, sont contiguës à celles des procès ciliaires voisins. Le bord antérieur est libre et convexe, il répond à l'iris et au cercle ciliaire; le bord postérieur, concave, est appliqué sur la rétine et la membrane hyaloïde. L'extrémité externe et postérieure, adhérente, se continue avec la choroïde et s'unit aux extrémités correspondantes et voisines pour former la partie non plissée du corps ciliaire dont la partie plissée est représentée par les procès eux-mêmes ; l'extrémité interne et antérieure, renflée, flottante dans la chambre postérieure, est libre en arrière et s'unit en avant avec l'iris.

Le tissu des procès ciliaires est pourvu d'une grande quantité de veines ; il est d'ailleurs, comme celui de la choroïde, éminemment vasculaire. Le pigment qui recouvre les procès ciliaires, très abondant en arrière et dans leur intervalle, manque presque entièrement sur leur bord et leur extrémité libre. Lorsqu'on détache le corps ciliaire en enlevant la choroïde, il reste sur la partie antérieure de la membrane hyaloïde un disque noir de la forme et de la grandeur de ce corps et présentant des stries saillantes qui correspondent aux intervalles des procès ciliaires : c'est la *zone ciliaire de Zinn*, décrite dans certains ouvrages comme un organe distinct, mais qui ne serait, pour quelques anatomistes, qu'une simple empreinte de la matière pigmentaire.

2° IRIS.

L'*iris* est cette membrane qui, suspendue verticalement au milieu de l'humeur aqueuse, partage l'espace compris entre la cornée et le cristallin en deux compartiments ou *chambres*, l'une *antérieure*, l'autre *postérieure*. A sa partie moyenne est pratiquée une ouverture à travers laquelle s'établit la communication des deux chambres de l'œil. Fixé seulement par sa circonférence externe, l'iris s'étale de dehors en dedans, libre de tout contact et de toute adhérence. Sa forme ne saurait être mieux comparée qu'à celle d'un disque circulaire, aplati et perforé au milieu. La largeur de cette membrane varie avec la grandeur de son ouverture, elle est en raison inverse de celle-ci et toujours en rapport direct avec le diamètre du cercle ciliaire ; son épaisseur surpasse un peu celle de la choroïde, elle diminue de la circonférence au centre.

On considère à l'iris deux faces, l'une antérieure, l'autre postérieure; et deux circonférences, l'une extérieure et l'autre intérieure qui limite l'ouverture nommée *pupille* ou *prunelle*.

La *face antérieure* apparaît à travers la cornée avec cette diversité de nuances qui lui a mérité plus spécialement le nom d'*iris*. Elle est plane, d'un aspect rugueux et comme crevassée, et présente une multitude de stries radiées, saillantes, qui partent du bord extérieur et vont se perdre au niveau de la pupille ; rectilignes pendant la contraction de la pupille, elles deviennent, à mesure que celle-ci se dilate, de plus en plus flexueuses. Deux zones concentriques se partagent cette surface et diffèrent entre elles de teinte et d'étendue ; l'interne, moins large, est ordinairement d'une teinte plus foncée que l'externe. La face antérieure de l'iris revêt les couleurs les plus variées ; elle offre presque toutes les nuances du noir, du vert, du bleu, et peut même quelquefois être colorée d'une manière différente dans les deux yeux. En général, elle est d'une nuance claire chez les blonds et d'un brun plus ou moins foncé chez les individus à cheveux noirs. Certains états pathologiques influencent la couleur de l'iris : ainsi dans l'ictère, elle devient légèrement jaunâtre ; dans la syphilis, elle prend une teinte rouge cuivrée.

La *face postérieure*, appelée aussi *uvée*, est sillonnée par des lignes radiées analogues à celles de la face antérieure. Placée au-devant du cristalein, recouverte vers sa grande circonférence par les procès ciliaires, cette face est enduite d'une épaisse couche de pigment qui se continue avec celui de la choroïde par les intervalles du corps ciliaire. Lorsque le pigment a été enlevé, elle est d'un aspect lisse et blanchâtre.

Le *bord extérieur*, ou *grande circonférence*, est fixé en avant au ligament ciliaire, en arrière aux procès ciliaires. L'union qu'il contracte avec ces parties est si faible qu'il suffit, pendant la vie, d'un violent ébranlement imprimé à l'œil pour déterminer un décollement partiel de l'iris. C'est sur ce peu d'adhérence qu'est fondée l'opération de la pupille artificielle.

Le *bord intérieur*, ou *petite circonférence*, parfaitement circulaire chez l'homme, détermine les limites de la pupille. Ce bord, ordinairement lisse, présente quelquefois de petites dentelures d'une longueur variable qui peuvent persister ou disparaître au bout d'un certain temps, selon qu'elles constituent une anomalie ou qu'elles tiennent à un état morbide. Le centre de la pupille ne correspond pas au centre de l'iris, il est plus rapproché du côté interne que du côté externe; le diamètre de cette ouverture varie continuellement par suite des mouvements alternatifs de contraction et de dilatation dont est agitée la petite circonférence : en moyenne, il est de 2 millimètres 1/2 à 3 millimètres. Sous l'influence d'une vive lumière la pupille se resserre ; dans l'obscurité, au contraire, elle se dilate considérablement; certaines maladies, quelques préparations narcotiques, produisent aussi l'un ou l'autre de ces phénomènes. Les chambres de l'œil communiquent entre elles au moyen de la pupille.

Membrane pupillaire. — Pendant une grande partie de la vie embryonnaire, la communication des deux chambres est interrompue par une membrane plane, transparente, très mince, qui obture l'ouverture de l'iris: c'est la *membrane pupillaire*. Elle est formée de deux lames dont la plus antérieure est une dépendance de la membrane de Demours. Adossées l'une à l'autre, ces deux lames contiennent dans leur intervalle beaucoup de vaisseaux sanguins disposés en arcades à convexité centrale, et ne s'anastomosant pas d'un côté à l'autre. Vers le troisième mois de la vie extra-utérine, la membrane pupillaire commence à se montrer; au septième mois elle se déchire et disparaît complétement. On explique cette rupture par le redressement des anses vasculaires du centre vers la circonférence, redressement qu'on pourrait peut-être attribuer à l'influence de la circulation, devenue plus active à cette époque.

Structure. — L'iris présente une grande analogie de structure avec la choroïde. Nous y trouverons, comme dans cette dernière tunique, du tissu cellulaire, des globules de pigment, beaucoup de vaisseaux et peu de nerfs; mais à ces différentes parties vient s'ajouter ici un nouvel élément qui préside à la contraction et à la dilatation de la pupille. On peut distinguer trois couches dans le tissu de l'iris, une postérieure ou pigmentaire, une antérieure ou séreuse, et enfin une moyenne, formée principalement de vaisseaux sanguins, de nerfs et de fibres musculaires.

Le pigment de l'iris se continue sans interruption avec celui du corps ciliaire et de la choroïde.

La couche séreuse est une portion de la membrane de Demours; intimement unie à la couche moyenne dont elle revêt la face antérieure, elle ne peut en être détachée que chez certains animaux. Pour quelques anatomistes elle ne se terminerait pas au bord de la pupille, mais se réfléchirait à travers cette ouverture, et irait, sous forme d'une pellicule transparente, recouvrir la lame pigmentaire.

La couche moyenne est la plus épaisse; les fibres musculaires qui entrent dans sa composition sont pâles, très déliées, et disposées en faisceaux dont les uns sont rayonnants et les autres circulaires. Les faisceaux radiés se dirigent de la grande circonférence, au niveau de laquelle ils semblent s'insérer, vers le bord pupillaire qu'ils n'atteignent jamais; ils se placent les uns à côté des autres en constituant un plan qui occupe les deux tiers externes de l'iris et qui répond à la grande zone colorée qu'on remarque sur la face antérieure. Les faisceaux circulaires sont concentriques, entrelacés et forment autour du bord interne une sorte de sphincter qui occupe l'espace limité par la petite zone colorée. A l'aide d'une forte loupe il n'est pas difficile de reconnaître cette disposition qui a été décrite pour la première fois par Maunoir, de Genève. Les anciens avaient constaté ou du moins admettaient la nature musculaire de l'iris; cette opinion, diversement contrôlée pendant longtemps, a été confirmée par les observations d'un grand nombre d'anatomistes distingués. Des faits physiologiques, l'existence de nerfs moteurs dans l'iris, sont d'ailleurs autant de preuves qui militent en sa faveur. Aussi la plupart des physiologistes actuels font ils dépendre les mouvements de l'iris de l'action d'un tissu musculaire, et non pas de la turgescence de vaisseaux sanguins ou de la contraction des fibres cellulaires.

Les artères iriennes proviennent des deux ciliaires longues postérieures, des ciliaires antérieures et de quelques ramuscules qui se portent directement des procès ciliaires dans l'iris. Ces artères, très fines, très rapprochées, sont en partie radiées, en partie flexueuses et circulaires. Au voisinage de la pupille elles se divisent, s'anastomosent entre elles et forment un réseau circulaire qu'on a nommé *petit cercle artériel de l'iris*. Le *grand cercle artériel de l'iris* occupe le bord du ligament ciliaire où les divisions des ciliaires longues se réunissent en arcade pour constituer un autre réseau circulaire plus grand et moins délié dans lequel viennent se jeter les ciliaires antérieures. C'est de ce grand cercle que partent les artères iriennes, qui reçoivent au niveau des procès ciliaires quelques anastomoses des ciliaires courtes postérieures.

Les veines sont en général disposées comme les artères; elles se rendent dans les veines tourbillonnées de la choroïde (*vasa vorticosa*).

Les nerfs émanent du plexus ciliaire et se dirigent avec les vaisseaux vers le bord intérieur, où ils se termineraient par des anses d'inflexion; quelques anatomistes prétendent que ces nerfs sont très nombreux, mais contrairement à cette assertion, l'examen microscopique nous a décelé, à M. Ch. Robin et à moi, fort peu de nerfs dans l'iris. Il existe encore dans cette couche moyenne des fibres de tissu cellulaire qui accompagnent les vaisseaux et les nerfs et les unissent entre eux. Ces fibres sont toujours flexueuses, qu'elles soient rayonnées ou circulaires, tandis que les fibres musculaires sont rectilignes et moins déliées.

Usages. — L'iris, par sa forme, sa disposition et son enduit noirâtre, est comparable à ces diaphragmes qu'on place dans les instruments d'optique afin de régler la quantité de lumière qui doit y pénétrer. Les rayons qui pourraient être réfléchis après avoir traversé la pupille sont absorbés par le pigment de la face postérieure, de sorte que celui-ci, de même que le pigment choroïdien, empêche le trouble de l'image et assure la netteté de la vision. Le resserrement et l'élargissement de la pupille ne paraissent pas étrangers à la faculté que possède l'œil de s'accommoder aux différentes distances.

III. — MEMBRANE NERVEUSE.

RÉTINE.

La *rétine*, ou la membrane nerveuse de l'œil, est placée entre la choroïde et le corps vitré. Elle est semi-transparente, d'un gris légèrement jaunâtre, d'une consistance très faible et d'un aspect pulpeux; elle s'altère promptement après la mort. La rétine est très mince; son épaisseur, comme celle des autres membranes de l'œil, diminue depuis l'extrémité postérieure jusqu'à l'extrémité antérieure, l'endroit où elle est le plus marquée correspond à la tache jaune. Sa *face externe*, convexe, se moule sur la concavité de la choroïde, sans cependant y adhérer; sa *face interne* recouvre l'humeur vitrée dont elle est séparée par la hyaloïde. Cette dernière face présente des particularités remarquables; on y distingue, en arrière, le *pli transversal*, la *tache jaune* et le *trou central*.

1° Le *pli central* ou *transversal* de la rétine (Michaelis) est formé par un repli de la membrane dont les parties affaissées font saillie à l'intérieur de la rétine, tandis qu'à l'extérieur, adossées l'une à l'autre, elles ne laissent entre elles aucun vide, aucune dépression; un léger sillon indique seulement leur point de réunion. Le pli commence à la papille du nerf optique et se dirige du côté externe en décrivant une courbe irrégulière; il est long de 4 ou 5 millimètres et se divise le plus ordinairement en d'autres plis radiés très vagues.

2° La *tache jaune* (*macula flava centralis retinæ*) a été décrite et figurée par Sœmmerring. Elle est de forme ovalaire et placée transversalement en dehors de la papille, au niveau même du pli; son grand diamètre est de 3 millimètres. Sa couleur s'affaiblit à partir du centre et diminue peu à peu jusqu'à la circonférence, de sorte que celle-ci n'est pas nettement marquée et ne tranche pas sur le fond grisâtre de la rétine. Cette tache ne présente pas d'ailleurs le même degré de coloration dans tous les yeux; d'un jaune-serin chez les adultes et surtout chez les adultes aux yeux noirs, elle est d'une teinte plus claire chez les enfants et les vieillards.

3° Le *trou central* (*foramen centrale Sœmmerringii*) est situé au milieu de la tache jaune, sur le pli transversal, et répond à l'extrémité postérieure de l'axe visuel. Pour beaucoup d'anatomistes la rétine n'offrirait pas de trou en ce point, mais un simple amincissement de ses différentes couches, amincissement qui donnerait lieu à une petite fossette transparente à bord inégal et légèrement ovalaire. Cette opinion est confirmée par des observations microscopiques. La fossette centrale n'est pas constante, ou du moins il n'est pas toujours possible de constater sa présence. La tache jaune et le foramen de Sœmmerring n'existent que chez l'homme et les quadrumanes.

Limite antérieure.—Tous les anatomistes ne donnent pas à la rétine les mêmes limites en avant : les uns la font aboutir à la circonférence du corps ciliaire; les autres la prolongent jusqu'au pourtour du cristallin et même jusqu'à la pupille. Isolée des parties environnantes, la rétine présente un bord sinueux (*ora serrata retinæ*) qui répond à la naissance des procès ciliaires, auxquels il adhère intimement; mais ce bord doit-il être considéré comme son extrémité antérieure ou seulement comme le résultat d'une déchirure? Nous venons de dire que les opinions étaient partagées à cet égard. Huschke, qui ne voit là qu'une terminaison apparente, l'attribue à un amincissement brusque et considérable de la membrane nerveuse et aux adhérences que celle-ci contracte avec la hyaloïde et le pigment du corps ciliaire. En admettant la continuation de la rétine au delà de l'*ora*, il resterait encore à savoir si elle se prolonge tout entière ou seulement par quelqu'une de ses parties élémentaires; et dans cette dernière hypothèse quelle est la nature de la couche qui arrive jusqu'à la circonférence du cristallin, si c'est la membrane de Jacob, la substance médullaire ou la couche vasculaire? Ces questions ne nous paraissent pas résolues d'une manière satisfaisante, aussi nous contenterons-nous de les avoir indiquées. Nous ajouterons que pour ceux qui ne font pas finir la rétine à l'*ora*, il existe des procès ciliaires de la rétine, de même qu'il existe des procès ciliaires du corps vitré.

Limite postérieure. — A son passage à travers la sclérotique, le nerf optique éprouve une constriction, une sorte d'étranglement au delà duquel il forme un mamelon aplati qui apparaît à la face interne de la rétine et qu'on a appelé *papille du nerf optique.* Suivant quelques auteurs, la rétine serait simplement accolée à la papille et constituerait par conséquent une membrane distincte. Cette opinion est rejetée par la plupart des anatomistes, dont les observations tendent au contraire à faire regarder la rétine comme un épanouissement du nerf optique. La disposition fibrillaire qu'elle présente, visible à l'œil nu chez certains animaux et qu'on peut constater à l'aide du microscope chez l'homme, ne laisse aucun doute sur sa continuité avec ce nerf dont les fibres primitives s'étalent en rayonnant pour lui donner naissance.

Structure. — La structure de la rétine n'est pas parfaitement connue; les difficultés qu'offre l'étude intime de cette membrane ne tiennent pas seulement à sa texture déjà très compliquée, mais encore à l'impossibilité de se procurer des yeux humains avant qu'ils aient subi les promptes altérations qui surviennent après la mort dans leurs tissus les plus délicats.

Les descriptions qu'on a données de la rétine ont été faites généralement d'après les yeux des animaux; nous n'entrerons pas dans leurs nombreux détails, d'ailleurs très différents, une pareille tâche nous conduirait trop loin; nous ne devons ici qu'exposer d'une manière succincte la nature et la disposition des parties qui constituent surtout la rétine de l'œil humain.

La superposition des éléments qui entrent dans la composition de cette membrane y fait reconnaître plusieurs couches, sur le nombre desquelles les auteurs sont loin de s'entendre. Les uns en admettent deux : l'une externe, nerveuse, formée par l'épanouissement du nerf optique; l'autre interne, vasculeuse, constituée par les ramifications des vaisseaux centraux de la rétine. Les autres, avec Langenbeck, y distinguent trois couches, dont les deux premières représentent les substances corticale et médullaire du cerveau, tandis que la troisième est vasculaire. Enfin, Huschke compte dans la rétine cinq couches, qui sont de la superficie vers la profondeur : 1° la *couche des bâtonnets*, ou *membrane de Jacob;* 2° la *couche fibreuse*, produite par l'épanouissement des fibres primitives du nerf optique; 3° la *couche des globules* (*globules ganglionnaires de Valentin*); 4° la *couche grenue interne;* et 5° la *couche vasculeuse.* Cette dernière division, basée sur des recherches microscopiques exactes, nous semble la plus satisfaisante, aussi l'adoptons-nous entièrement.

1° *Couche des bâtonnets, ou membrane de Jacob.* — Assez adhérente à la couche subjacente lorsque la rétine est très fraîche, cette membrane peut en être détachée sous forme de lambeaux minces et larges quelque temps après la mort; plus tard elle s'altère profondément, se liquéfie et semble se changer en un mucilage grisâtre. Cette membrane répond immédiatement à la choroïde, mais ne contracte avec elle aucune union. Sa texture remarquable lui a valu le nom de *couche des bâtonnets* sous lequel on la désigne fréquemment. Elle est composée de corpuscules hyalins, à peu près cylindriques, serrés les uns contre les autres et disposés à la manière des crins d'une brosse ; ces corpuscules, parallèles entre eux, sont obliques à la surface de la rétine et se terminent en pointe à leur extrémité externe. D'après quelques anatomistes, ils n'ont pas tous la même longueur ni le même volume : les plus gros, qui sont en même temps les plus courts, représentent les *jumelles* ou *cônes géminés* de Hannover, on les regarde comme formés par l'accolement de deux bâtonnets ; les autres, beaucoup plus nombreux, sont les bâtonnets proprement dits. Cette distinction n'est exacte qu'autant qu'on l'applique aux éléments superficiels de la rétine de certains animaux, les poissons par exemple ; chez les mammifères, il n'est pas certain, malgré l'assertion de Valentin, qu'il existe des jumelles, c'est à peine si l'on trouve quelque chose d'analogue. Les bâtonnets ne se rencontrent pas à la papille du nerf optique ; en avant ils se terminent à la zone ciliaire, selon Valentin, tandis que Pappenheim les fait arriver à la circonférence du cristallin.

2° *Couche fibreuse.* — A la face interne de la membrane de Jacob sont répandues les fibres primitives du nerf optique. Elles partent en rayonnant de la papille et se dirigent à peu près uniformément d'arrière en avant ; très serrées à leur origine, elles s'écartent à mesure que leur trajet augmente, et deviennent en même temps de plus en plus grêles. Il est probable qu'elles s'anastomosent entre elles pour former un vaste plexus et qu'elles se terminent par des anses comme tous les nerfs. Treviranus, qui considérait la couche des bâtonnets comme une membrane nerveuse, la croyait formée par les inflexions de ces fibres, mais aucune observation positive ne vient à l'appui de cette hypothèse.

3° *Couche des globules.* — A l'expansion du nerf optique succèdent des cellules arrondies, demi-transparentes, renfermant un noyau pourvu d'un ou plusieurs nucléoles. Ces globules, qui constituent la couche globuleuse (*stratum globulosum* de Krause), ne se trouvent pas seulement en dedans des fibres nerveuses ; ils remplissent leurs intervalles ou plutôt les mailles du plexus qu'elles forment et les recouvrent même en dehors.

4° *Couche grenue interne.* — Plus profondément, au côté interne des globules, on a décrit des granules jaunâtres, anguleux, comparables pour la forme et le volume aux corpuscules du sang. Huschke en a fait une couche particulière qu'il appelle *couche grenue interne.* Henle rejette l'opinion de Valentin, qui regarde les globules comme identiques avec les globules ganglionnaires : ils n'ont de commun, dit-il, que les caractères propres à toutes les cellules animales, ils diffèrent sous le rapport de la forme, du volume et par la manière dont ils se comportent avec les réactifs chimiques. L'analogie qui existe entre eux et les cellules extérieures du cristallin lui fait penser qu'ils appartiennent plutôt aux parties transparentes de l'œil.

5° *Couche vasculaire.* — L'artère et la veine centrales de la rétine, ainsi que quelques rameaux provenant des vaisseaux ciliaires de l'ophthalmique, produisent par leurs divisions et leurs anastomoses un réseau vasculaire extrêmement délié qui tapisse toute la face interne de la substance médullaire et envoie dans les couches voisines, à l'exception de la membrane de Jacob, ses branches les plus fines et les plus délicates. Les artères sont moins flexueuses et bien moins nombreuses dans ce réseau que les veines ; toutes paraissent se terminer avec la rétine à la zone ciliaire ; Huschke cependant les prolonge jusqu'à l'iris où elles constituent la couche vasculaire de l'uvée. D'après cet anatomiste, tous les vaisseaux de la rétine sont accompagnés par de très petites branches nerveuses qui viennent du plexus carotidien et des nerfs ciliaires.

De ce qui précède il résulte qu'entre deux couches extrêmes, l'une externe, en rapport avec la choroïde et formée de corpuscules presque cylindriques ou bâtonnets, et l'autre interne, vasculaire, appliquée sur la membrane hyaloïde, se trouve l'expansion du nerf optique au milieu de cellules superposées, différentes par leur forme et leur nature, ce qui permettrait, à la rigueur, de ne considérer à la rétine que trois couches.

Usage. — La rétine est, de toutes les membranes de l'œil, la plus importante, en ce sens qu'elle transmet au cerveau, par l'intermédiaire du nerf optique, les impressions produites sur elle par les images qui sont venues se peindre à sa surface.

HUMEURS OU MILIEUX.

1° HUMEUR AQUEUSE ET CHAMBRES DE L'ŒIL.

Avant de parler de l'humeur aqueuse, il est nécessaire d'entrer dans quelques détails sur le lieu qu'elle occupe. Nous avons vu plus haut que l'iris divisait l'espace intermédiaire au cristallin et à la cornée en deux compartiments d'inégale capacité, l'un antérieur, l'autre postérieur, qui communiquaient entre eux au moyen de l'ouverture pupillaire. Ces compartiments sont les *chambres de l'œil*, qu'on distingue en *antérieure* et en *postérieure*.

La chambre antérieure est la plus grande ; sa forme est à peu près celle d'une lentille plano-convexe dont la surface sphérique est tournée en avant. Elle est limitée en arrière par la face antérieure de l'iris, en avant par la face concave de la cornée, circulairement par la portion de la membrane de Demours qui se réfléchit de la cornée sur l'iris. Son diamètre est de 11 millimètres ; son axe, de 2,2 millimètres.

La chambre postérieure a des dimensions beaucoup plus petites, aussi son existence a-t-elle été longtemps contestée. Elle est bornée en avant par la face postérieure de l'iris, en arrière et au pourtour par le cristallin et les procès ciliaires. Son diamètre est de 10 millimètres ; sa profondeur augmente du centre à la circonférence, seulement de 0,4 millimètre au niveau de la pupille ; elle serait, suivant Krause, de 1,3 millimètre à la périphérie. La chambre postérieure a la forme d'une lentille plano-concave à surface sphérique dirigée en arrière ; sa forme n'est donc pas la même que celle de la chambre antérieure.

L'*humeur aqueuse* est le liquide qui remplit ces deux chambres ; elle se meut librement de l'une à l'autre, à travers la pupille et baigne de toutes parts l'iris. Incolore, très limpide, légèrement visqueuse, elle est la plus fluide des humeurs de l'œil. Brewster a trouvé pour son poids spécifique 1,0053, et pour son pouvoir réfringent, 1,336. Examinée au microscope, elle ne présente aucune particule solide ; elle se compose de 98 parties d'eau et de 2 parties de chlorure de sodium, de matières extractives et d'albumine.

La quantité de l'humeur aqueuse est d'environ 28 centigrammes ; elle varie suivant la courbure de la cornée, le diamètre du cristallin et l'état de réplétion de l'œil ; la chambre postérieure en contient un tiers et la chambre antérieure les deux autres tiers. Lorsque, par une cause quelconque, ce liquide a disparu, il se reproduit avec beaucoup de facilité, ainsi qu'on l'observe à la suite de l'opération de la cataracte ; après la mort il s'évapore et disparaît en grande partie, ce qui explique l'affaissement de la cornée sur le cadavre.

L'humeur aqueuse n'est pas en contact direct avec les parois de la chambre antérieure, elle en est séparée par la *membrane de Demours* ou *de Descemet*, appelée encore *membrane de l'humeur aqueuse*. Par la coction, par la macération, cette membrane peut être séparée de la face concave de la cornée à laquelle elle est étroitement unie ; alors elle se détache quelquefois d'une seule pièce, le plus souvent en larges lambeaux transparents, vitreux et d'une consistance cartilagineuse. Mais, en arrière, l'adhérence qu'elle contracte avec l'iris est si intime qu'il est impossible de l'isoler ; on l'aperçoit sur la face antérieure de l'iris sous la forme d'un mince feuillet transparent, pourvu d'un épithélium pavimenteux. Ce feuillet, qu'il est facile de détacher chez certains animaux, représente la portion de la membrane de l'humeur aqueuse, qui se réfléchit de la cornée sur la paroi postérieure de la chambre antérieure. D'après quelques uns, elle ne se terminerait pas au bord de la pupille, mais passerait sur ce bord pour aller recouvrir l'uvée ; suivant d'autres, au contraire, elle manquerait à la face antérieure de l'iris, et la membrane de Demours serait uniquement formée par la lame qui tapisse la concavité de la cornée. Il est même des anatomistes qui, adoptant une opinion extrême, considèrent cette dernière lame comme la couche la plus postérieure du tissu de la cornée.

Du troisième au septième mois de la vie intra-utérine, lorsque la pupille est obturée, la membrane de Demours forme un sac séreux sans ouverture.

Il est probable qu'elle concourt à sécréter l'humeur aqueuse ; mais celle-ci est principalement produite par les épithéliums de la chambre postérieure, comme l'indique son accumulation derrière l'iris, quand la pupille est oblitérée.

2° CRISTALLIN.

Le *cristallin* est le corps lenticulaire, transparent, situé en arrière de l'humeur aqueuse et au-devant du corps vitré. Par sa consistance, il appartient plutôt aux parties solides qu'aux parties liquides de l'économie.

Sa forme est celle d'une lentille bi-convexe dont les surfaces ont des rayons inégaux ; chez le fœtus, elle est à peu près sphérique.

La coloration, la consistance et le poids du cristallin, offrent de grandes variations : rougeâtre chez le fœtus, il est incolore et transparent chez l'enfant et l'adulte, légèrement jaunâtre et moins transparent chez le vieillard ; sa consistance est plus grande dans l'âge adulte que dans l'enfance, où il est pulpeux ; quant à son poids, il est en général de 16 à 27 centigrammes, et moins considérable chez l'Européen que chez le nègre.

On considère au cristallin une face antérieure, une face postérieure, une circonférence, un diamètre, un axe et deux pôles, l'un antérieur, l'autre postérieur.

La *face antérieure* est moins bombée que la *face postérieure ;* chacune d'elles ne reproduit pas un segment de sphère : d'après les recherches de F. Petit et de Krause, l'antérieure est elliptique et la postérieure parabolique. Le degré de convexité de ces deux faces présente de nombreuses variations individuelles. En général, la courbure de la première a un rayon de 6 à 8 millimètres ; celle de la seconde, un rayon de 4 à 6 millimètres. Mais souvent cette différence de courbure est à peine sensible, la face antérieure ne paraît pas moins bombée que la postérieure, et il n'est pas très rare de rencontrer des cristallins dans lesquels la convexité est au contraire plus prononcée en avant qu'en arrière. La face antérieure, baignée par l'humeur aqueuse, est tournée vers l'iris, et limite en arrière la chambre postérieure ; l'intervalle qui la sépare de l'uvée et qui détermine la profondeur de cette chambre, n'a pas partout les mêmes dimensions : au niveau du rebord pupillaire il est de 0,5 millimètre, tandis qu'à la grande circonférence irienne il est de 1,3 millimètre.

Dans l'état ordinaire de la pupille, la face antérieure du cristallin est en partie visible à travers la cornée et l'humeur aqueuse ; mais elle apparaît tout entière, lorsque l'iris, par une dilatation considérable de son ouverture, se réduit à une bandelette circulaire.

La face postérieure repose dans une dépression du corps vitré auquel elle est simplement contiguë. Chez quelques animaux, on trouve en cet endroit un espace rempli de liquide et formant une troisième chambre.

La *circonférence*, arrondie, circulaire, quelquefois légèrement ovalaire, répond en arrière au pourtour de la dépression du corps vitré et en avant à la lame ciliaire, qui la recouvre et lui adhère fortement. Tout autour de cette circonférence règne le canal de F. Petit qui sera décrit à l'occasion de la membrane hyaloïde. Nous verrons aussi plus tard de quelle manière le cristallin, dont les faces sont libres de connexions intimes, est solidement fixé par sa circonférence dans le lieu qu'il occupe.

Le *diamètre* et l'*axe* varient beaucoup suivant les individus, ordinairement ils augmentent et diminuent avec le volume de l'œil. Le diamètre, ou l'étendue en largeur du cristallin, est de 8,5 à 9 millimètres et même de 9,5 millimètres. L'axe ou l'épaisseur du cristallin est peut-être plus variable encore que le diamètre ; en moyenne, il est de 5 millimètres. Un axe trop grand déterminerait la myopie, un axe trop court serait la cause de la presbytie. L'axe du cristallin coïncide avec l'axe visuel ; à ses extrémités sont les pôles.

Le *pôle antérieur*, situé au milieu de la face antérieure, répond au centre de la pupille et se trouve à 2 millimètres 1/2 de la concavité de la cornée ; le *pôle postérieur* occupe le centre de la face postérieure, sa distance au foramen de Sœmmerring est de 12 à 14 millimètres.

Le cristallin se compose d'une membrane ou capsule et d'une substance propre, que la membrane enveloppe de toutes parts.

1° *Capsule du cristallin.* — C'est un sac sans ouverture, hyalin, transparent, très mince, qui renferme la substance propre du cristallin. Sa surface interne s'applique sans adhérence à la couche la plus superficielle de la substance cristalline; sa surface externe est reçue en arrière dans la dépression du corps vitré et proémine en avant dans la chambre postérieure de l'œil; sa circonférence s'unit à la zone ciliaire et forme la paroi interne du canal de F. Petit. La capsule du cristallin est parfaitement lisse tant à l'intérieur qu'à l'extérieur; elle n'offre ni lames ni fibres dans sa texture (Henle), et rappelle sous beaucoup de rapports le feuillet qui recouvre la concavité de la cornée. Comme ce feuillet, elle est sèche, ferme, rigide, se roule sur elle-même lorsqu'on l'isole de son contenu, ne s'altère et ne se trouble pas par l'action de l'alcool, des acides et de l'eau bouillante. Elle est pourvue en avant d'un épithélium pavimenteux. Cette capsule qui renferme la substance cristalline est à son tour logée dans un dédoublement de la membrane de l'humeur vitrée; au niveau de la zone ciliaire, la hyaloïde se partage, ainsi que nous le verrons, en deux lames qui se moulent sur la capsule et contribuent principalement à la maintenir en place : l'une, superficielle, se confond d'une manière intime avec son segment antérieur; l'autre, profonde, est au contraire simplement accolée à son segment postérieur, dont on peut toujours l'isoler par la macération. Les deux segments ou parois n'ont pas la même épaisseur, la paroi postérieure est deux ou trois fois plus mince que la paroi antérieure. A leur point de réunion il existerait, suivant M. Ribes, une série de fentes transversales qui occuperaient tout le pourtour de la membrane cristalline.

On décrit généralement autour de la capsule un réseau artériel formé par les ramifications de l'artère centrale de la rétine, après qu'elle a traversé le canal hyaloïdien. Cette disposition, si elle existe chez l'enfant, doit être très rare chez l'adulte, car il ne m'a pas encore été donné de l'y rencontrer.

2° *Substance du cristallin.* — Une masse incolore, visqueuse, collante, dont la densité s'accroît de la périphérie au centre, constitue la presque totalité du cristallin. Cette masse, qu'on appelle humeur ou substance propre du cristallin, est formée de cellules et de fibres, et se décompose en un grand nombre de lames inégales en courbure et en épaisseur qui s'emboîtent les unes dans les autres.

Lorsqu'on pratique une ouverture à la capsule, celle-ci paraît se contracter, une gouttelette de liquide transparent s'écoule et la substance de la lentille s'échappe aussitôt de son enveloppe. Le liquide qui apparaît alors a été désigné sous le nom d'*humeur de Morgagni;* il est en très petite quantité et se trouve répandu entre la face interne de la capsule et la superficie de la masse cristalline. A la partie antérieure, il est plus abondant qu'à la circonférence et surtout qu'à la partie postérieure, où souvent même il semble manquer entièrement.

L'humeur de Morgagni n'a pas de propriétés spéciales, elle ne diffère de la substance du cristallin que par une plus grande fluidité, et renferme des cellules identiques avec celles qui constituent la couche subjacente.

Ces cellules à parois minces, incolores, d'un volume variable et d'une forme hexagonale, sont superposées, serrées les unes contre les autres, et s'accumulent principalement à la région antérieure; elles sont moins nombreuses en arrière et seulement dispersées en amas irréguliers à la circonférence.

Aux cellules qui forment la couche extérieure succèdent, sans transition bien marquée, une immense quantité de fibres disposées régulièrement à côté et au-dessus les unes des autres : ce sont les véritables éléments de la substance cristalline. Les fibres voisines de la surface sont moins pressées et moins déliées que celles qui se rapprochent du centre de la lentille; chacune représente un prisme hexagonal, aplati, allongé, parfaitement hyalin, terminé en pointe à ses deux extrémités. De la réunion de ces fibres résultent des lames à peu près concentriques, excessivement multipliées, plus minces aux pôles que vers la périphérie, et se recouvrant à la manière des tuniques de l'oignon. Cette stratification, déjà visible à l'état frais, devient évidente après l'immersion du cristallin dans l'eau bouillante et les réactifs capables de coaguler l'albumine; on aperçoit alors sur une coupe transversale une série de couches minces, superposées ou mieux emboitées les unes dans les autres, qui répètent plus ou moins régulièrement la forme de la lentille, s'amincissent au niveau de l'axe, se pressent et se resserrent de plus en plus à mesure qu'elles s'éloignent de la superficie. Les fibres d'une même couche s'unissent entre elles par leurs bords latéraux, qui présentent des granulations ou dentelures au moyen desquelles elles s'engrènent réciproquement; les fibres de deux couches contiguës, au contraire, se correspondent par leurs faces superficielle et profonde, se recouvrent exactement dans toute leur étendue, et ne contractent pas d'adhérence aussi intime. De cette disposition, résulte la possibilité de partager le cristallin en lames circulaires et superposées, surtout lorsqu'il a été préalablement endurci par la coction dans l'eau ou l'immersion dans l'alcool, un acide étendu, etc.

Il faut en outre remarquer que les fibres de ces diverses couches se comportent comme des méridiens, qu'elles se dirigent d'un pôle à l'autre, en coupant perpendiculairement l'équateur ou la circonférence de la lentille. Elles n'aboutissent pas toutefois à deux points fictifs situés sur l'axe, mais viennent se perdre dans une substance peu étudiée encore, qui occupe le centre du cristallin et apparaît sur ses deux faces, comme des espaces ou des vides parfaitement circonscrits (Werneck). Ces espaces, qui ne sont autre chose que les pôles, affectent en avant et en arrière une disposition différente. Le pôle antérieur a l'aspect d'une figure triangulaire à côtés concaves en dehors, dont l'un des angles est dirigé en haut et les deux autres latéralement et en bas. Le pôle postérieur se présente sous la forme d'un quadrilatère, dont les côtés sont courbes et se regardent par leur convexité. Les fibres se terminent au pourtour de ces figures sur le prolongement de leurs angles et de leurs bords, de sorte qu'elles occupent à la face antérieure trois segments triangulaires adossés par les côtés, et à la face postérieure, quatre de ces mêmes segments, mais d'une moindre étendue. Aussi le cristallin, faiblement comprimé entre les doigts, se partage-t-il avec une grande régularité en trois ou quatre portions, qui diminuent d'épaisseur de la superficie au centre et qui convergent toutes vers les points de terminaison des fibres. Mais comme la substance qui remplit l'espace médian envoie des prolongements secondaires dans toute l'épaisseur de la lentille, chacun des trois ou quatre segments triangulaires peut être subdivisé à son tour autant de fois qu'il existe de ces cloisons rayonnantes.

Nous venons de voir que la substance cristalline se compose de deux couches principales : l'une, mince, superficielle, formée de cellules dont une partie est libre au milieu d'un liquide assez rare et dont le plus grand nombre se réunit et se superpose irrégulièrement; l'autre, profonde, très épaisse, constituée par des fibres qui s'arrangent et se dirigent de manière à produire des lames d'une épaisseur variable et d'une courbure déterminée, s'emboîtant toutes les unes dans les autres.

Sous le rapport de sa consistance, on a divisé le cristallin en trois couches ou segments concentriques, qui sont, de la périphérie au centre : 1° une couche très mince, en partie molle, en partie liquide (cellules, humeur de Morgagni); 2° une couche beaucoup plus épaisse, collante, visqueuse, s'écrasant facilement : c'est l'*écorce* ou la *couche corticale ;* 3° enfin une couche assez dure, analogue à une petite boule de gomme, et désignée sous le nom de *noyau du cristallin.*

Usage. — Le cristallin est l'organe principal de la réfraction; son pouvoir réfringent surpasse celui des autres milieux de l'œil : Brewster le porte à 1,384. Mais il n'est pas également réfringent dans toute son étendue : les couches profondes, qui sont les plus solides et les plus denses, sont aussi les plus réfringentes.

3° CORPS VITRÉ.

Le *corps vitré*, limpide, transparent, apparaît comme un globe de cristal lorsque les membranes de l'œil ont été enlevées. Il occupe les trois quarts postérieurs de la cavité oculaire, et répond, dans la plus grande partie de son étendue, à la rétine, qui se moule sur sa surface et lui forme une enveloppe immédiate. En avant, il présente une fosse ou excavation d'un diamètre de 9 ou 10 millimètres, qui s'adapte exactement à la convexité postérieure du cristallin ; entre la rétine et le cris tallin, les procès ciliaires s'appliquent sur lui et le recouvrent à la manière d'une bandelette circulaire. Le corps vitré est presque partout libre de connexions intimes, mais en arrière il tient à la papille du nerf optique par les vaisseaux capsulaires, et, au niveau du pourtour de l'excavation, il adhère aux procès ciliaires et à la capsule cristalline. Son épaisseur, mesurée du centre de l'excavation antérieure à la tache jaune, est de 12 ou 14 millimètres; son diamètre en largeur, vers le milieu de l'œil, est généralement de 2 centimètres. D'après Petit, il pèse 5,51 grammes; tandis que Krause ne lui a trouvé en moyenne qu'un poids de 3,78 grammes. Son pouvoir réfringent est représenté par le nombre 1,335, celui de l'air étant 1.

On distingue dans le corps vitré la *membrane hyaloïde* et l'*humeur vitrée.*

1° La *membrane hyaloïde* forme une enveloppe complète à l'humeur vitrée. C'est un feuillet très mince, parfaitement incolore, assez résistant, dépourvu de nerfs et de vaisseaux sanguins, se troublant par l'action de l'alcool et des acides. Sa surface extérieure, convexe et lisse, est en rapports directs avec la rétine, qui s'applique sur elle sans y adhérer. De sa surface intérieure part une multitude de filaments qui plongent et s'entrecroisent dans toute l'épaisseur de l'humeur vitrée, dont ils sont difficiles à isoler.

Arrivée à la circonférence externe du corps ciliaire, la membrane hyaloïde semble s'épaissir et se plisser, contracte des connexions intimes avec les procès ciliaires, les abandonne ensuite et se porte en avant pour se diviser en deux lames qui embrassent la capsule cristalline. Toute cette portion de la hyaloïde qui s'étend depuis l'*ora serrata* jusqu'au pourtour du cristallin constitue une couronne rayonnée, teinte par des globules pigmentaires, moins large du côté nasal que du côté temporal, et offrant la forme et l'aspect des procès ciliaires de la choroïde, quoique d'une étendue plus considérable. Cette couronne, appelée *zone de Zinn, lame ciliaire, procès ciliaires du corps vitré*, se compose de lignes radiées, alternativement noires et transparentes ; les premières représentent des plis saillants, les autres des dépressions qui correspondent aux intervalles de ces mêmes plis.

Le corps ciliaire de la choroïde et la zone de Zinn s'unissent d'une manière intime; quand on vient à les séparer, on voit qu'il existe entre eux un véritable engrènement, de sorte que les rayons saillants de l'un sont reçus dans les intervalles de l'autre, et réciproquement; aussi la plupart des anatomistes considèrent-ils la lame ciliaire comme l'empreinte des procès ciliaires de la choroïde sur la membrane de l'humeur vitrée. Tout à fait en avant, la zone de Zinn ne contracte pas d'union avec les procès ciliaires et se trouve simplement recouverte par leurs sommets renflés. On doit donc lui considérer une partie adhérente et une partie libre : la première, beaucoup plus considérable, placée en arrière; la seconde, très petite, située à la région antérieure.

Au moment où la membrane hyaloïde se dégage du corps ciliaire, elle se divise en deux feuillets : l'un antérieur, l'autre postérieur. Le feuillet antérieur, qui forme la portion libre de la lame ciliaire, passe sur la circonférence du cristallin et va se continuer avec la paroi antérieure de la capsule. Le feuillet postérieur se dirige vers l'axe de l'œil, tapisse l'excavation du corps vitré, et s'applique sur la paroi correspondante de la membrane capsulaire. Mais tandis que le feuillet antérieur se confond intimement avec celle-ci et ne peut en être distingué qu'au pourtour de la lentille, le feuillet postérieur, au contraire, est seulement contigu à son segment postérieur dont il est facile de le détacher à l'aide d'une macération prolongée. Les deux feuillets, à partir du point de leur origine, se portent en divergeant l'un en arrière et l'autre en avant, de manière à limiter tout autour de la circonférence du cristallin un espace prismatique qui porte le nom de *canal godronné*, ou *canal de F. Petit.* Cet espace circulaire, dont les dimensions en profondeur et en largeur ne dépassent jamais un millimètre, contient, dit-on, quelques gouttelettes de liquide. Ses parois affaissées et presque contiguës sont formées, l'antérieure, par la portion libre de la zone de Zinn; la postérieure, par la partie la plus externe du feuillet postérieur de la membrane hyaloïde; enfin la paroi interne, par le bord de la capsule cristalline.

Lorsqu'on insuffle le canal de Petit, la paroi antérieure se soulève et paraît ondulée ; elle présente une série circulaire de bosselures placées de distance en distance, à des intervalles réguliers et simulant autant de cellules distinctes. Cette disposition est due à la présence d'un grand nombre de brides ou faisceaux fibreux qui se dirigent de l'extrémité des procès ciliaires à la capsule du cristallin et qui étranglent le canal distendu par l'insufflation.

M. Dugès rejette l'existence d'un conduit circulaire unique, et décrit à la circonférence du cristallin une rangée de canalicules coniques, antéro-postérieurs, disposés les uns à côté des autres. Le canal godronné, suivant lui, se trouve ainsi divisé, par des plis ou cloisons dont le nombre égale celui des procès ciliaires, en une multitude de compartiments qui s'ouvrent au moyen d'une fente dans les intervalles des faisceaux fibreux et établissent une libre communication entre l'humeur vitrée et la chambre postérieure.

M. Ribes admet également des canalicules distincts, destinés au passage de l'humeur aqueuse qu'il regarde comme un produit du corps vitré. A l'appui de cette opinion, il cite une expérience qui consiste à suspendre l'œil par le nerf optique après avoir détaché la cornée; l'humeur vitrée suinte alors au pourtour du cristallin et s'écoule à moitié ou aux deux tiers dans l'espace de vingt-quatre heures.

La membrane hyaloïde, au niveau de la papille du nerf optique, se réfléchirait sur elle-même, d'après M. Jules Cloquet, et formerait autour de l'artère capsulaire une gaîne infundibuliforme (*canal hyaloïdien*) qui traverserait d'arrière en avant le corps vitré pour venir se terminer à la fosse cristalline.

2° L'*humeur vitrée* est le liquide incolore, légèrement visqueux, qui remplit le sac clos de toute part, formé par la membrane hyaloïde. Un peu plus dense que l'humeur aqueuse, elle offre avec elle une grande analogie dans sa composition chimique. L'adhérence qu'elle contracte à la surface interne de son enveloppe, adhérence telle qu'on ne peut en détacher celle-ci, la disposition qu'elle présente après avoir été congelée, son écoulement presque toujours incomplet à la suite d'une incision, ont fait penser qu'elle n'était pas uniquement composée de liquide, et qu'un tissu solide se trouvait disséminé dans toute sa masse. La membrane hyaloïde enverrait de sa surface interne une multitude de prolongements lamelleux qui s'entrecroiseraient et formeraient des loges ou cellules dans toute l'épaisseur du corps vitré. Les cellules et le liquide qu'elles contiennent seraient les parties constituantes de l'humeur vitrée. Dans l'œil soumis à la congélation, le corps hyaloïdien se réduit en effet en petits glaçons qu'il est facile d'isoler au bout d'un certain temps, lorsque l'œil commence à dégeler. D'après Demours, on parvient, à l'aide d'une aiguille, à enlever de leur surface une pellicule membraneuse qui les enveloppe et représente les parois des cellules qu'ils remplissaient.

On croit généralement que toutes ces cellules communiquent entre elles, parce qu'il suffit d'une piqûre faite à la hyaloïde pour que son contenu s'écoule presque en totalité. Le corps vitré prend dans l'alcool une teinte opaline; placé dans l'eau bouillante, il disparaît bientôt et laisse un petit noyau de substance colorée qui est sans doute formé par la membrane et les parois des cellules de l'humeur vitrée.

VAISSEAUX ET NERFS DE L'ORBITE ET DE L'OEIL.

1° ARTÈRE OPHTHALMIQUE.

Née de la carotide interne, cette artère pénètre dans l'orbite par le trou optique et passe successivement au-dessous, en dehors, au-dessus et en dedans du nerf optique. Dans son trajet, qui est ordinairement flexueux, elle fournit treize branches principales, dont onze collatérales et deux terminales.

Des branches collatérales, *deux*, la lacrymale et l'artère centrale de la rétine, naissent en dehors du nerf optique; *cinq*, la sus-orbitaire, les musculaires supérieures et inférieures, les ciliaires postérieures et antérieures, prennent leur origine lorsque l'artère principale est au-dessus du nerf optique; *quatre* naissent en dedans de ce nerf, ce sont les ethmoïdales postérieure et antérieure, et les palpébrales supérieure et inférieure. Les *deux* branches terminales sont la frontale et la nasale.

Branches qui naissent en dehors du nerf optique. — 1° La *lacrymale* se distribue à la glande lacrymale et à la paupière supérieure. 2° L'*artère centrale de la rétine* s'enfonce dans le nerf optique et se distribue dans la rétine dont elle constitue la couche vasculaire; elle fournit l'artère centrale du corps vitré, et les divisions de cette dernière forment un réseau qui double la capsule du cristallin.

Branches qui naissent au-dessus du nerf optique. — 1° La *sus-orbitaire* longe la partie moyenne de la voûte de l'orbite, sort de cette cavité conjointement avec le nerf frontal externe par l'échancrure sourcilière, et se distribue dans l'épaisseur des parties molles du front et même dans le périoste et le diploé de l'os frontal. 2° Les *ciliaires* ont été divisées en ciliaires antérieures (émanées des branches musculaires), et en ciliaires postérieures longues et courtes, suivant qu'elles perforent la sclérotique en avant près de la cornée, ou en arrière près du nerf optique. Les postérieures longues et les antérieures vont former le grand cercle artériel de l'iris; les postérieures courtes se distribuent à la sclérotique, à la choroïde, à la circonférence externe du cercle ciliaire, aux procès ciliaires; et quelques unes de leurs ramifications vont s'anastomoser avec de petites branches fournies par le grand cercle de l'iris. 3° Les *musculaires* forment habituellement deux faisceaux, l'un supérieur, l'autre inférieur : le premier se distribue dans les muscles droit supérieur, droit interne, grand oblique de l'œil et élévateur de la paupière supérieure; le second se perd dans les muscles droit externe, droit inférieur et petit oblique.

Branches qui naissent en dedans du nerf optique.— 1° *Artères ethmoïdales antérieure et postérieure.* La première s'engage dans le trou orbitaire interne et antérieur, conjointement avec le filet ethmoïdal de la branche nasale du nerf ophthalmique de Willis; la seconde pénètre dans le conduit orbitaire interne et postérieur. Toutes les deux se dirigent, de ces conduits, vers la lame criblée de l'ethmoïde, où elles se divisent en rameaux méningiens destinés à la faux du cerveau, et en rameaux nasaux qui pénètrent dans les fosses nasales par les trous de la lame criblée. Ces rameaux se distribuent dans la membrane muqueuse pituitaire, où ils s'anastomosent un grand nombre de fois entre eux et avec les divisions de l'artère sphéno-palatine (branche de la maxillaire interne). 2° *Artères palpébrales supérieure et inférieure.* Celles-ci, nées de l'ophthalmique, au niveau de la poulie cartilagineuse du grand oblique, se distribuent l'une à la paupière supérieure, l'autre à la paupière inférieure; chacune d'elles forme, dans toute la longueur de la paupière qui lui correspond, une arcade située entre le cartilage tarse et la portion palpébrale de l'orbiculaire. La palpébrale inférieure s'anastomose avec la branche orbitaire de la sous-orbitaire, et de cette anastomose naît un rameau qui se répand dans la muqueuse du canal nasal.

Branches terminales de l'ophthalmique. — 1° L'*artère nasale*, née à la partie antérieure et interne de l'orbite, en sort au-dessus du tendon de l'orbiculaire; après avoir fourni quelques ramuscules au sac lacrymal, elle se divise en deux rameaux, dont l'un (rameau angulaire) s'anastomose par inosculation avec l'artère faciale, tandis que l'autre (dorsal du nez) se distribue sur le dos du nez et s'anastomose avec l'artère de l'aile du nez (émanation de la faciale). 2° L'*artère frontale* se réfléchit de bas en haut sur le front, parallèlement à l'artère sus-orbitaire, avec laquelle elle s'anastomose fréquemment, et se distribue dans tous les téguments du front.

2° VEINE OPHTHALMIQUE.

Très volumineuse, elle commence par une forte anastomose avec l'angulaire, sur le dos du nez, et se jette en s'élargissant (sinus ophthalmique), dans le sinus caverneux, formant ainsi une large voie de communication entre les veines extérieures et intérieures du crâne. Dans son trajet, elle reçoit toutes les veinules de l'œil et de l'orbite, qui correspondent aux divisions des artères. Suivant M. Denonvilliers, les deux veines qui correspondent aux artères ciliaires antérieures sont formées par quatre ou cinq petites veines venues de chacun des groupes de vaisseaux tourbillonnés (*vasa vorticosa*), vaisseaux qui reçoivent eux-mêmes le sang des veines iriennes.

3° NERFS DE L'ORBITE ET DE L'ŒIL.

Indépendamment du nerf optique (nerf de la deuxième paire) et des nerfs ciliaires, qui sont entièrement destinés au globe oculaire, on trouve encore dans l'orbite le moteur oculaire commun (nerf de la troisième paire), le pathétique (nerf de la quatrième paire), la branche ophthalmique de Willis (portion de la cinquième paire), et le moteur oculaire externe (nerf de la sixième paire).

Ces quatre derniers se rendent aux parties accessoires de l'œil, et ont été désignés sous le nom de nerfs de l'orbite; on rattache encore à leur description celle du ganglion ophthalmique.

1° *Nerf optique.* — A partir du chiasma, où ce nerf se sépare de celui du côté opposé, il pénètre dans l'orbite par le trou optique, environné par une gaîne fibreuse de la dure-mère; atteint la partie postérieure, inférieure et interne du globe de l'œil, traverse la sclérotique et s'épanouit en rayonnant pour former la rétine.

Nous savons déjà quelle est la texture du nerf optique, jusques et y compris le chiasma; à partir de cet endroit, le nerf s'enveloppe d'une gaîne névrilématique formée d'abord par les trois membranes du cerveau; l'arachnoïde l'abandonne au niveau du trou optique et se réfléchit sur la dure-mère; celle-ci traverse le trou optique et se partage en deux feuillets, dont l'un, externe, se continue avec le périoste de l'orbite, tandis que l'interne accompagne le nerf jusqu'à la sclérotique. Quant à la pie-mère, non seulement elle entoure le nerf optique, mais elle envoie encore dans son intérieur des prolongements ou cloisons qui le divisent en canaux longitudinaux de plus en plus ténus, dans lesquels est contenue la substance nerveuse; aussi est-ce avec raison que M. Cruveilhier a comparé la structure de ce nerf à celle de la moelle de jonc.

Au centre du nerf optique, on trouve l'artère centrale de la rétine et sa veine satellite, mais ce ne sont pas les seuls vaisseaux que l'on puisse signaler dans son intérieur. D'après Hyrtl, l'artère ophthalmique lui fournit encore deux branches : l'une, externe ou vaginale, qui pénètre sa gaîne; l'autre, interne ou interstitielle, qui passe entre la gaîne et la substance nerveuse, se divise en rameaux flexueux et déliés qui décrivent autour de cette substance, des tours distants de un quart à une demi-ligne, pénètrent dans son intérieur et se placent entre les fibres nerveuses, avec lesquelles elles marchent parallèlement.

2° *Nerfs de l'orbite.* — Ils pénètrent dans l'orbite par la fente sphénoïdale, en passant, les uns (moteur oculaire commun, nasal et moteur oculaire externe) dans l'anneau des muscles droits, les autres (pathétique, lacrymal et frontal) au-dessus de l'anneau. Les nerfs moteur oculaire commun, pathétique et moteur oculaire externe, fournissent à tous les muscles de l'œil, ainsi qu'à l'élévateur de la paupière supérieure, des rameaux répartis de la manière suivante: ceux du moteur oculaire commun se rendent aux muscles droit supérieur, droit inférieur, droit interne, petit oblique et élévateur de la paupière supérieure; le pathétique est uniquement destiné au muscle grand oblique; enfin le moteur oculaire externe se distribue entièrement dans le muscle droit externe. Les nerfs frontal, lacrymal et nasal, tous rameaux de l'ophthalmique de Willis (branche du trijumeau), se rendent à la glande lacrymale, à la paupière supérieure, aux téguments cutanés du front et du nez et à la muqueuse nasale; le nasal envoie au ganglion ophthalmique un filet qui constitue sa racine sensitive.

Ganglion ophthalmique. — Rectangulaire, situé au côté externe du nerf optique, immédiatement au-devant du trou optique, ce renflement reçoit par son angle postérieur et supérieur un rameau long et grêle du nerf nasal, et par son angle postérieur et inférieur un rameau gros et court d'une des branches du moteur oculaire commun (branche du muscle petit oblique); entre ces deux filets, qui sont considérés comme les racines sensitive et motrice du ganglion, on voit aboutir une troisième racine, émanée du ganglion cervical supérieur, et envisagée à cause de cela comme racine nutritive. Des deux angles antérieurs du ganglion ophthalmique, naissent les nerfs ciliaires très grêles, rassemblés en deux faisceaux qui traversent la sclérotique autour du nerf optique et se rendent dans le cercle ou ganglion ciliaire.

USAGE DES ORGANES DE LA VISION.

L'appareil de la vision se compose de parties essentielles, le nerf optique et le globe oculaire, et de parties accessoires ou *tutamina oculi*. Les parties essentielles sont destinées à nous rendre sensibles à l'action de la lumière, à nous faire connaître par son intermédiaire la couleur des corps, leur forme, leurs dimensions et leur position par rapport aux objets environnants. Les parties accessoires servent à mouvoir et à protéger les parties essentielles. J'ai déjà indiqué rapidement l'usage de chacune de ces parties constituantes, à mesure que je les ai décrites; aussi je me propose actuellement de tracer en quelques mots la marche des rayons lumineux depuis leur entrée dans le globe oculaire jusqu'à la rétine, et de donner une idée de la formation des images sur cette dernière membrane.

On sait que tous les points d'un corps lumineux par lui-même ou éclairé lancent en tous sens des rayons divergents de manière à former des cônes répondant par leur sommet à chacun des points du corps. Supposons un de ces faisceaux lumineux tombant sur la cornée transparente : une partie des rayons qui le composent est réfléchie par cette membrane et lui donne son brillant, l'autre partie la traverse. Parmi ces derniers, le rayon central, ou axe optique, qui arrive perpendiculairement sur la cornée, n'est pas dévié et traverse également en ligne droite toutes les humeurs de l'œil; les autres, obliques à une surface convexe, et passant de l'air dans un milieu plus dense, subissent une réfraction qui les rapproche du rayon central. Parvenus derrière la cornée, ils trouvent l'humeur aqueuse, dont la force réfringente un peu moindre leur conserve à peu de chose près la convergence qu'ils viennent d'acquérir. Rendus moins divergents par ces deux milieux, les rayons pénètrent en plus grand nombre par l'ouverture de la pupille et rencontrent le cristallin, qui, en raison de sa densité et de sa forme lenticulaire, les réfracte avec force et augmente leur convergence; enfin se présente le corps vitré, milieu d'une densité et d'un pouvoir réfringent inférieurs à ceux du cristallin, mais dont la face antérieure concave permet aux rayons de se rapprocher encore et d'aller former leur foyer sur la rétine.

Si maintenant chacun des cônes lumineux lancés par un objet éclairé va former son foyer sur la rétine et y peindre ainsi l'image du point dont il est émané; tous ces cônes conservant entre eux les mêmes rapports d'obliquité et subissant les mêmes réfractions, on aura sur la rétine une image complète de l'objet. Cette image produit sur la membrane nerveuse de l'œil un ébranlement qui se communique au nerf optique et est transmis par lui au sensorium commun, dans lequel s'opère la sensation.

Les images qui se forment au fond du globe oculaire sont toujours renversées, parce que les rayons lumineux s'entrecroisent avant d'arriver sur la rétine, de manière que ceux partis du haut de l'objet se trouvent à la partie inférieure de l'espace occupé par l'image, tandis que ceux venus de la partie inférieure sont placés en haut du même espace; mais le jugement naturel, rectifié d'abord par le toucher et fortifié ensuite par l'habitude, nous fait rapporter les objets à leur véritable situation.

En résumé, les milieux diaphanes du globe oculaire laissent passer les rayons lumineux et changent leur direction de manière à les faire converger sur la rétine; celle-ci est doublée d'une couche pigmentaire noire qui absorbe la lumière et l'empêche de troubler la netteté des images; enfin la sensibilité de la rétine est encore ménagée, au moyen d'un voile membraneux, mobile, sensible au contact des rayons, qui se contracte ou se dilate suivant qu'ils sont plus intenses ou plus faibles, et n'en laisse jamais passer qu'une quantité convenable.

Tout cet ensemble constitue un instrument d'optique supérieur à ceux qu'il est permis à l'homme de construire, car en même temps qu'il donne des images parfaites, qu'il est achromatique, que l'aberration de sphéricité est empêchée par la présence de l'iris, il peut encore s'adapter pour la vision à distance, excepté toutefois dans les infirmités connues sous le nom de myopie et de presbytie.

PLANCHE 78.

Elle présente la sclérotique et la cornée transparente, la choroïde et l'iris, ainsi que les vaisseaux et les nerfs de ces membranes.

PRÉPARATION. — Pour obtenir la face extérieure de la sclérotique, il suffit de couper, en rasant, les insertions des muscles sur le globe de l'œil, et de détacher celui-ci des parties molles qui l'environnent. On aura la face intérieure, en faisant une section horizontale ou verticale du globe oculaire, en débarrassant sa cavité de son contenu, et en enlevant avec des pinces les membranes qui tapissent la face intérieure de la sclérotique.

La face extérieure de la choroïde se prépare de la manière suivante : On saisit la sclérotique avec le mors d'une pince, en tenant le globe oculaire suspendu ; on incise la portion pincée ; puis, introduisant la pointe mousse des ciseaux entre la sclérotique et la choroïde, on coupe la première de ces membranes circulairement, dans le sens vertical ou horizontal, en ayant soin de ne pas déchirer la choroïde, sans quoi les humeurs de l'œil s'échapperaient. On enlève ensuite avec précaution le lambeau de la sclérotique, en coupant les vaisseaux et les nerfs qui retiennent les deux membranes, et l'on redouble d'attention au niveau du ligament ciliaire où l'adhérence est plus intense.

Pour la face intérieure de la choroïde, la préparation est la même que pour la face intérieure de la sclérotique, seulement on n'enlève pas les humeurs et la rétine.

Explication de la figure 1.

a. Nerf optique et sa gaîne fibreuse. — *b*. Surface extérieure de la sclérotique. — *c*. Cornée transparente au travers de laquelle on voit l'iris.

Explication de la figure 2.

a. Sclérotique vue par la face antérieure. — *b*. Cornée transparente.

Explication de la figure 3.

Sclérotique traversée en arrière et en avant par les vaisseaux ciliaires, qui envoient aussi des ramifications sur sa surface extérieure.

Explication de la figure 4.

a. Surface intérieure de la sclérotique. — *b*. Gaîne du nerf optique. — *c*. Surface intérieure de la cornée. Cette figure, ainsi que la figure 7, permet d'apprécier les différences d'épaisseur que la sclérotique présente en avant, en arrière et au niveau des insertions des muscles droits ; on voit encore que la cornée transparente, plus épaisse au centre qu'à la circonférence, est aussi plus épaisse que la sclérotique.

Explication de la figure 5.

a, a, a. Coupe de la sclérotique. — *b*. Surface extérieure de la choroïde, sur laquelle on voit *c, c*, les vaisseaux veineux tourbillonnés (*vasa vorticosa*). Sur un plan plus superficiel, on voit encore, *d, d*, les nerfs ciliaires qui, après avoir traversé la sclérotique, rampent entre elle et la choroïde pour se rendre, en se divisant, vers *e*, cercle ou anneau ciliaire (ganglion ciliaire). — *f*. Face antérieure de l'iris. — *g*. Ouverture pupillaire.

Explication de la figure 6.

a, a. Surface extérieure de la choroïde et de l'iris. On voit les réseaux artériels de ces deux membranes, fournis par les artères ciliaires qui, après avoir traversé la sclérotique, se divisent en *b, b*, ciliaires postérieures pour la choroïde, et en *c, c, c*, ciliaires antérieures, destinées à l'iris.

Explication de la figure 7.

a, a. Coupe de la sclérotique. — *b*. Coupe de la cornée. — *c*. Surface intérieure de la choroïde. — *d*. Corps et procès ciliaires. — *e*. Iris reçu dans une rigole circulaire formée en arrière par le corps ciliaire, et en avant par *f*, le ganglion ciliaire. — *g, g*. Coupe du canal de Fontana. — *h*. Portion de la rétine se continuant en arrière avec, *i*, la substance du nerf optique. — *j, j*. Gaîne du nerf optique se continuant avec la sclérotique proprement dite.

PLANCHE 79.

On voit sur cette planche, l'emboîtement des trois membranes de l'œil, l'iris, la membrane pupillaire et la rétine.

FIGURE 1.

PRÉPARATION. — Incisez la sclérotique, comme on l'a indiqué dans la planche précédente, et renversez les deux lambeaux de chaque côté, pour découvrir les nerfs ciliaires rampants entre la sclérotique et la choroïde. Échancrez cette dernière membrane, pour mettre à nu la rétine; enfin l'ablation d'une portion de celle-ci permet de voir plus profondément le corps vitré et le cristallin. Une section verticale montrera l'épaisseur de la cornée et de l'iris.

Explication de la figure 1.

a, a. Lambeau de sclérotique renversé. — *b.* Choroïde. — *c, c.* Nerfs ciliaires traversant la sclérotique, pour se placer entre elle et la choroïde. — *d.* Rétine échancrée. — *e.* Corps vitré. — *f.* Cristallin. — *g.* Coupe médiane de l'iris. — *h.* Coupe médiane de la cornée transparente. — *i.* Chambre antérieure. — *j.* Chambre postérieure. — *k.* Canal de Fontana, placé entre le cercle ciliaire et l'iris, d'une part, et la sclérotique et la cornée, d'une autre part.

FIGURE 2.

PRÉPARATION. — Sur la face antérieure du globe oculaire faites une section médiane et verticale d'une portion de la sclérotique et de la cornée, et enlevez un des lambeaux, de manière à mettre à nu l'iris, la pupille, le cercle ciliaire et la choroïde. L'ablation d'une partie de l'iris vous montrera les procès ciliaires placés derrière cette cloison.

Explication de la figure 2.

a. Cornée transparente taillée en biseau aux dépens de sa face extérieure, pour s'enchâsser dans le biseau taillé sur la surface intérieure de *b, b,* la sclérotique. — *c.* Iris. — *d.* Pupille. — *e.* Cercle ciliaire. — *f.* Choroïde, sur laquelle on voit la terminaison dichotomique des nerfs ciliaires. — *g.* Procès ciliaires. — *h.* Cristallin.

FIGURE 3.

PRÉPARATION. — Partagez le globe oculaire en deux moitiés, l'une antérieure, l'autre postérieure, et étudiez sur la face postérieure de la moitié antérieure le corps et les procès ciliaires ainsi que la face postérieure de l'iris.

Explication de la figure 3.

a, a. Coupe de la sclérotique. — *b, b.* Choroïde. — *c, c.* Corps ciliaires. — *d, d.* Procès ciliaires, dont une partie est renversée en dehors. — *e.* Face postérieure de l'iris. — *f.* Ouverture pupillaire au travers de laquelle on voit la cornée.

FIGURE 4.

PRÉPARATION. — Injectez les artères ciliaires de l'œil d'un fœtus âgé de trois ou quatre mois, et découvrez le réseau vasculaire de la membrane pupillaire.

Explication de la figure 4.

A, A. Artères ciliaires se divisant et s'anastomosant pour former le réseau de la membrane pupillaire.

FIGURES 5, 6 et 7.

PRÉPARATION. — Découvrez la rétine par l'ablation de la sclérotique et de la choroïde.

Explication de la figure 5.

a, a. Rétine vue de profil, se continuant en arrière avec la substance du nerf optique. — *b.* Couronne ciliaire de Zinn, empiétant sur, *c,* la circonférence externe du cristallin. — *d.* Lambeau de la choroïde renversé. — *e.* Lambeau de la sclérotique renversé. — *f.* Veines de la rétine, vues par transparence et sans injection.

Explication de la figure 6.

a, a. Rétine. — *b, b.* Couronne ciliaire de Zinn. — *c.* cristallin. Le tout vu de face.

Explication de la figure 7.

a, a. Surface intérieure de la moitié postérieure de la rétine avec son réseau veineux. — *b.* Tache jaune. — *c.* Insertion du nerf optique. — *d.* Choroïde. — *e.* Sclérotique.

PLANCHE 80.

Corps vitré, cristallin, et résumé général de tout le globe oculaire.

PRÉPARATION des onze premières figures. — Pour obtenir le cristallin et le corps vitré, il suffit d'enlever les trois membranes de l'œil. Cette préparation peut se faire sur un œil frais, ou sur un œil que l'on a soumis préalablement à une macération de vingt-quatre heures dans l'alcool ou dans un acide affaibli; on voit alors la texture intime du cristallin, et l'on peut constater la présence de la membrane hyaloïde, devenue demi-transparente par la macération. On ne peut s'assurer de la texture cellulaire du corps vitré que sur un œil congelé.

Explication de la figure 1.

a, *a*. Corps vitré vu de profil; son excavation antérieure se moule sur le cristallin.

Explication de la figure 2.

a, *a*. Segment antérieur du corps vitré, et, *b*, du cristallin. — *c*. Couronne ciliaire de Zinn, dépourvue de pigment.

Explication de la figure 3.

Section verticale et antéro-postérieure de : *a*, Cristallin; *b*, membrane hyaloïde; *c*, couronne ciliaire de Zinn; *d*, humeur vitrée, et *e*, canal de F. Petit.

Explication des figures 4, 5 et 6.

a. Cristallin d'enfant. — *b*. Cristallin d'adulte. — *c*. Cristallin de vieillard.

Explication des figures 7 et 8.

a, *a*, *a*. Les trois segments de la face antérieure du cristallin. — *b*. Pôle antérieur. — *c*, *c*, *c*, *c*. Les quatre segments de la face postérieure. — *d*. Pôle postérieur.

Explication de la figure 9.

Segmentation de la face antérieure du cristallin, écartement des segments et leur division en lames. — *a*. Noyau du cristallin en partie recouvert.

Explication de la figure 10.

a. Cristallin vu de profil. — *b*. Pôle antérieur. — *c*. Pôle postérieur.

Explication de la figure 11.

Coupe verticale et antéro-postérieure du cristallin, sur laquelle on voit la disposition concentrique des lames.

FIGURE 12.

PRÉPARATION. — Après avoir soumis un œil à la congélation, partagez-le verticalement et d'arrière en avant en deux moitiés.

Explication de la figure 12.

a. Paupière supérieure, et *b*, paupière inférieure; on voit les différentes couches qui les composent. — *c*, *c*. Conjonctive se réfléchissant de la face postérieure de la paupière sur la face antérieure du globe oculaire. — *d*, *d*. Aponévrose orbito-oculaire, se prolongeant sur, *e*, la gaîne du nerf optique, et envoyant des gaînes sur les muscles, *f*, droit supérieur, et, *g*, droit inférieur. — *h*, *h*. Sclérotique renforcée en arrière par la gaîne du nerf optique, et en avant par l'expansion des aponévroses des muscles droits. — *i*. Cornée transparente coupée de manière à montrer sa texture lamelleuse. — *j*, *j*. Choroïde. — *k*. Cercle ciliaire. — *l*. Corps et procès ciliaires. — *m*. Iris et pupille. — *n*, *n*. Canal de Fontana. — *o*, *o*. Rétine se continuant avec la substance du nerf optique. — *p*. Couronne ciliaire de Zinn. — *q*, *q*. Membrane hyaloïde. — *r*. Artère capsulaire logée dans le canal hyaloïdien. — *s*, *s*. Humeur vitrée et ses cellules. — *t*. Cristallin et sa capsule. — *u*, *u*. Canal godronné ou de F. Petit. — *v*. Chambre antérieure. — *x*. Chambre postérieure.

ORGANES DE L'OUIE.

Les *oreilles*, ou *organes de l'ouie*, sont deux appareils destinés à recueillir, à renforcer les vibrations des corps sonores, et à transmettre à l'encéphale, au moyen du nerf spécial de l'audition, les impressions produites par ces vibrations. Elles sont placées de chaque côté de la base du crâne, dans l'épaisseur du temporal, au-devant de l'apophyse mastoïdienne. Chacune d'elles se compose de trois parties distinctes par leur organisation aussi bien que par leur rôle physiologique. Ces parties sont : 1° l'*oreille externe*, qui comprend le pavillon et le conduit auditif externe; 2° l'*oreille moyenne*, formée par la cavité tympanique et ses annexes; 3° l'*oreille interne* ou *labyrinthe*, constituée par une série de cavités osseuses diversement contournées (vestibule, limaçon, canaux demi-circulaires), dans lesquelles viennent se répandre les ramifications du nerf auditif.

OREILLE EXTERNE.

C'est la partie la plus extérieure de l'organe; évasée en dehors, rétrécie en dedans, elle semble faire l'office d'un cornet acoustique destiné à recueillir les ondes sonores et à les diriger vers les organes situés plus profondément. Elle se compose du *pavillon* et du *conduit auditif externe*.

PAVILLON (AURICULE).

Mince, aplati, élastique, de forme à peu près ovalaire, plus large en haut qu'en bas, le pavillon est situé derrière l'articulation de la mâchoire inférieure. Il est fixé très solidement en avant, par la peau, par des muscles et des ligaments, et par sa continuité avec le conduit auditif externe; mais en arrière il est libre, et semble comme détaché des parties latérales du crâne, avec lesquelles il forme un angle de 30 à 45 degrés, ouvert en arrière. Cet angle varie beaucoup suivant les individus : il est plus petit chez ceux qui ont l'habitude de porter des coiffures qui appliquent les oreilles contre la tête; rarement il mesure moins de 10 degrés ; son développement est en rapport direct avec la finesse de l'ouïe.

On considère au pavillon, une *face interne*, une *face externe* et une *circonférence*.

A. La *face externe*, excavée profondément dans sa partie moyenne (*conque*), pour se continuer avec le conduit auditif externe, présente des éminences et des enfoncements, qui sont :

1° L'*hélix*, repli à peu près demi-circulaire qui borde la circonférence de l'oreille. Il commence vers la partie postérieure de la conque, au-dessus de l'orifice du conduit auditif externe, se dirige obliquement en avant et en haut au-dessus du tragus, puis se prolonge en s'amincissant sur le contour du pavillon et se termine en mourant sur le lobule et l'anthélix.

2° *Rainure de l'hélix*. — C'est la rainure demi-circulaire concentrique à l'hélix. Très profonde à son origine, c'est-à-dire dans la conque, elle est à peine marquée à sa terminaison.

3° *Anthélix*. — On appelle ainsi l'éminence concentrique à l'hélix et à sa rainure. L'anthélix naît au-dessus de la conque et à la partie antérieure de l'oreille, par deux branches : l'une inférieure, saillante, comme tranchante, qui limite la conque en haut en arrière; l'autre supérieure, mousse et moins longue; il se termine par une petite saillie, au-dessus de l'antitragus.

Ses deux branches ou racines interceptent entre elles un enfoncement plus large en avant qu'en arrière, qui a reçu le nom de *fossette naviculaire* (*fossette de l'anthélix*), et qui est appelé par Huschke, *fossette triangulaire ;* la fossette naviculaire est, pour cet auteur, le sillon de séparation de l'hélix et de l'anthélix (*rainure de l'hélix*).

4° *Tragus.* — Le tragus est une petite lame triangulaire, de consistance cartilagineuse, aplatie de dehors en dedans, placée au-devant du conduit auriculaire qu'elle peut boucher quand on l'abaisse, et séparée de l'hélix par un sillon. Son sommet, arrondi, est dirigé en dehors et en arrière; sa base regarde en dedans et en avant; une de ses faces, concave, tournée vers l'orifice du conduit auriculaire, est garnie de poils chez l'adulte et le vieillard; l'autre face, convexe, se continue insensiblement avec la joue.

5° *Antitragus.* — De même forme que le tragus, vis-à-vis duquel il est situé et dont le sépare en avant une échancrure assez profonde (*échancrure de la conque*), l'antitragus se continue en arrière avec l'extrémité antérieure de l'anthélix. Sa face interne, hérissée de poils comme celle du tragus, regarde en haut et en dedans; sa face externe regarde en bas et en dehors.

6° *Conque.* — La conque est un enfoncement infundibuliforme, borné par l'anthélix, le tragus et l'antitragus, qui se continue en dedans et en bas avec le conduit auriculaire. Elle est séparée par l'origine de l'hélix en deux parties d'inégale capacité: l'une supérieure (*cymba*), petite, étroite, profonde en avant et qui n'est autre chose que l'origine de la rainure de l'hélix; l'autre inférieure (*conque* proprement dite ou *cavité innominée*), plus grande, profonde, dans laquelle s'ouvre le conduit auditif externe.

7° *Lobule.* — Le lobule est un appendice cutané qui termine inférieurement le pavillon de l'oreille. Il est mou, souple, aplati de dehors en dedans, arrondi en bas; sa face externe est un peu convexe et sa face interne légèrement concave; sa circonférence se continue en arrière avec l'hélix, en avant avec la peau de la joue. On a l'habitude de percer le lobule, chez la femme, pour y suspendre des boucles d'oreille.

B. La *face interne* du pavillon, obliquement dirigée d'arrière en avant et de dehors en dedans, ne présente rien de remarquable, si ce n'est des saillies et des cavités répondant aux cavités et aux saillies de la face externe.

C. La *circonférence*, libre et arrondie en haut, en arrière et en bas, est adhérente en avant à la peau de la joue et coupée par deux échancrures, l'une, petite, située au-dessus du tragus, l'autre, plus grande, placée au-dessous de cette lamelle ou plutôt entre elle et l'antitragus.

Le pavillon de l'oreille n'existe que chez les mammifères aériens, et encore il ne présente pas toutes les saillies et les cavités que nous avons décrites; cette forme si compliquée ne s'observe que dans l'espèce humaine, et, à mesure qu'on descend dans la série des animaux, le lobule disparaît, la moitié inférieure du pavillon se supprime, la moitié supérieure, au contraire, se déroule et s'allonge en cornet.

Structure. — Il entre dans la conformation intérieure du pavillon, un squelette cartilagineux, des ligaments, des muscles, du tissu cellulo-graisseux, des vaisseaux, des nerfs, et enfin une enveloppe cutanée qui renferme toutes ces différentes parties.

Cartilage du pavillon. — Ce cartilage est une lame mince, élastique et très solide, qui constitue la charpente du pavillon et lui donne sa forme et ses dimensions; pourtant il ne se prolonge pas dans le lobule et pénètre au contraire dans le conduit auditif externe.

Les particularités les plus remarquables qu'il présente, outre les saillies et les cavités que nous avons déjà décrites, sont : 1° une éminence apophysaire (*apophyse de l'hélix*), naissant du bord antérieur de l'hélix, au-dessus du tragus, et donnant attache au ligament auriculaire antérieur ou zygomato-auriculaire; 2° l'extrémité commune de l'hélix et de l'anthélix (*extrémité caudale*), séparée de l'antitragus par une scissure; 3° une saillie verticale (agger, ou épaississement de la conque) d'un blanc mat, située à la face interne de la conque et sur laquelle s'insère le muscle auriculaire postérieur.

Suivant Purkinje, Pappenheim, Krause, Valentin et Huschke, le cartilage du pavillon est formé de fibres élastiques entrecroisées, renfermant dans chacune de leurs mailles un ou deux corpuscules cartilagineux, sphériques ou ovalaires, terminés en pointe à leurs deux extrémités. Son épaisseur est surtout considérable dans l'agger, puis dans la conque, l'antitragus, le tragus et dans le fond de la fossette de l'anthélix.

Ligaments du pavillon. — On peut les diviser en *intrinsèques* et en *extrinsèques.*

Les *ligaments intrinsèques* se trouvent principalement dans le fond de la rainure qui existe à la face interne et qui correspond à l'anthélix ; ce sont des fibres ligamenteuses étendues de la saillie de la conque à la saillie formée par la rainure de l'hélix. Ces fibres servent à maintenir les plis du pavillon.

Les *ligaments extrinsèques* sont au nombre de trois, savoir : 1° un supérieur ou temporo-auriculaire, qui s'insère d'une part à la partie supérieure de la conque, et de l'autre part à l'aponévrose épicrânienne ; 2° un antérieur ou zygmato-auriculaire, naissant de la base du tragus et de l'apophyse de l'hélix, et s'attachant à la base de l'apophyse zygomatique; 3° enfin un postérieur ou mastoïdo-auriculaire se porte de la saillie de la conque à la face externe de l'apophyse mastoïdienne. Ces ligaments, et surtout l'antérieur, sont formés par un tissu lamineux assez dense.

Muscles du pavillon. — Un appareil musculaire, qui est chez l'homme à l'état rudimentaire, est annexé au pavillon. Il se compose de muscles extrinsèques et de muscles intrinsèques. Les premiers, qui meuvent le pavillon en totalité et servent à le fixer, sont au nombre de trois, savoir : l'antérieur ou *zygomato-auriculaire*, le supérieur ou *temporo-auriculaire*, le postérieur ou *mastoïdo-auriculaire.* Les muscles intrinsèques font exécuter des mouvements partiels à quelques portions du pavillon ; on en compte cinq, quatre situés à la face externe et un à la face interne. Ceux de la face externe sont : le *grand muscle de l'hélix*, le *petit muscle de l'hélix*, le *muscle du tragus* et *celui de l'antitragus ;* celui de la face interne a reçu le nom de *muscle transverse.*

Muscles extrinsèques. — 1° *Auriculaire antérieur* (*zygomato-auriculaire*). — Mince, aplati, quadrilatère ou plutôt triangulaire, ce petit muscle naît de la portion de l'épicrâne qui se prolonge sur la région zygomatique et se termine, en convergeant, à la partie antérieure de l'hélix et du tragus.

Recouvert par la peau, il recouvre l'aponévrose temporale dont il est séparé par l'artère et la veine temporales ; son bord supérieur se continue le plus souvent avec le bord antérieur de l'auriculaire supérieur.

Action. — Par la contraction de ses fibres il porte l'auricule en avant.

2° *Auriculaire supérieur* (*temporo-auriculaire*). — Triangulaire et rayonné, plus développé que le précédent, il s'attache, par sa base, au bord externe de l'aponévrose épicrânienne et par son sommet à la partie supérieure de la conque et antérieure de l'hélix. Comme le fait remarquer M. Cruveilhier, il remplit « tout l'intervalle qui sépare, d'une part, le muscle frontal du muscle occipital, et, d'une autre part, le bord externe de l'aponévrose épicrânienne de la partie supérieure de la conque et de l'hélix. »

Sous-cutané, il recouvre l'aponévrose temporale.

Action. — Lorsque ses fibres se contractent, elles élèvent le pavillon et le tirent en avant.

3° *Auriculaire postérieur* (*mastoïdo-auriculaire*). — Plus développé et plus rouge que les précédents, ce muscle est formé de deux ou trois faisceaux allongés. Il s'insère : 1° d'une part, à la base de l'apophyse mastoïde, à la ligne courbe occipitale supérieure et quelquefois même à la protubérance occipitale externe ; 2° d'une autre part, à la partie inférieure et convexe de la conque.

Action. — Il porte le pavillon en arrière.

Muscles intrinsèques. — 1° *Grand muscle de l'hélix.* — C'est un petit faisceau allongé, vertical, qui s'insère par ses deux extrémités sur la partie antérieure et verticale de l'hélix, un peu au-dessus du tragus.

Action. — Il pourrait fléchir la portion supérieure de l'hélix sur l'inférieure et augmenter ainsi la concavité du pavillon.

2° *Petit muscle de l'hélix.* — De forme allongée comme le précédent, il est placé transversalement sur l'origine de l'hélix dans la cavité de la conque.

Action. — Il peut aider l'action du grand muscle de l'hélix, en tirant cette saillie cartilagineuse en bas et en dedans.

3° *Muscle du tragus.* — Sous-cutané, irrégulièrement quadrilatère, il s'attache entièrement sur la face externe du cartilage dont il porte le nom.

Action. — Il tire en avant la portion saillante du tragus et découvre de cette manière l'entrée du conduit auditif externe.

4° *Muscle de l'antitragus.* — De même forme que le précédent; il va de la face externe de l'antitragus à l'extrémité caudale de l'hélix.

Action. — En prenant pour point fixe l'extrémité caudale de l'hélix, il tirerait l'antitragus en bas et en arrière et concourrait à ouvrir l'entrée du conduit auditif externe.

5° *Muscle transverse.* — Situé transversalement sur la face postérieure du pavillon, il se fixe d'une part à la convexité de la conque, et de l'autre sur la saillie correspondante à la racine de l'hélix. Ce petit muscle est à peine développé et formé de fibres pâles chez quelques sujets.

Action. — Il rapproche l'hélix de la conque.

J'ai rencontré chez quelques sujets un autre *petit muscle transverse*, moins développé que le précédent, au-dessus duquel il est placé, et s'étendant de la partie supérieure de la convexité de la conque à la saillie de l'hélix.

Bien que j'aie indiqué les différents mouvements que les muscles intrinsèques pourraient imprimer aux diverses parties du pavillon, il est évident que ces mouvements sont nuls, ou du moins extrêmement bornés.

Peau et tissu cellulo-graisseux. — Le pavillon est revêtu sur ses deux faces d'une peau mince et transparente, remarquable par sa grande vascularité et les nombreuses ramifications nerveuses qui la parcourent. Cette enveloppe n'est pas séparée des parties sous-jacentes par du tissu cellulo-graisseux; elle leur adhère intimement, surtout dans la conque, recouvre toutes leurs saillies et leurs dépressions, et n'abandonne le cartilage qu'au pourtour de l'hélix, où elle le déborde un peu, et au niveau du lobule. Ce dernier repli est uniquement formé par un double feuillet de la peau, contenant de la graisse et du tissu tendineux et élastique.

La peau du pavillon renferme une grande quantité de glandes sébacées, qui sont plus nombreuses, plus grosses et plus largement ouvertes dans les dépressions que sur les saillies; on les observe principalement dans la fossette de l'anthélix, et surtout dans la conque, à mesure qu'on approche du conduit auditif.

Sur la face interne du tragus et de l'antitragus, on trouve chez les vieillards des poils généralement moins foncés en couleur que les cheveux, un peu frisés, et dépassant rarement la longueur d'un demi-pouce.

Le *tissu cellulaire* du pavillon est ordinairement très dense et contient très peu de graisse; excepté cependant au pourtour de l'hélix où l'on en rencontre un peu, et dans le lobule, qui renferme une graisse fine, lâche et assez abondante.

Vaisseaux et nerfs. — Les *artères* proviennent : 1° de la temporale superficielle, dont les branches *auriculaires antérieures* se ramifient sur la face externe du pavillon ; 2° de l'auriculaire postérieure, branche de la carotide externe, qui se distribue à la face interne du pavillon et envoie une branche à la face externe. Les *veines* sont satellites des artères; elles se jettent dans les veines occipitale et temporale superficielle. Les *lymphatiques* de la face externe aboutissent aux ganglions parotidiens, ceux de la face interne aux ganglions mastoïdiens.

Les *nerfs* viennent de trois sources, de la cinquième paire, de la septième et du plexus cervical. Le maxillaire inférieur, par sa branche auriculo-temporale superficielle, donne à la peau de la face externe du pavillon ; le facial, par sa branche occipito-auriculaire, fournit aux muscles auriculaires postérieur et supérieur, et par ses rameaux temporaux et frontaux au muscle auriculaire antérieur; les divisions de l'auriculaire du plexus cervical se répandent dans la peau des deux faces du pavillon.

CONDUIT AUDITIF EXTERNE.

Le *conduit auditif*, portion la plus étroite de l'oreille externe, est un canal placé derrière l'articulation de la mâchoire inférieure, qui s'étend depuis le pavillon jusqu'à l'oreille moyenne.

Il commence à la partie inférieure et antérieure de la conque, au-dessous de l'origine de l'hélix, en arrière du tragus, par un orifice garni de poils, elliptique, à grand diamètre vertical (*orifice externe*), à partir duquel il se dirige obliquement de dehors en dedans, de haut en bas et un peu d'arrière en avant, en décrivant une courbure à concavité inférieure.

Son orifice interne, plus petit que le précédent, elliptique aussi, mais à grand diamètre horizontal, est bouché par la membrane du tympan, et coupé obliquement d'arrière en avant, de haut en bas et de dehors en dedans. De cette disposition, il résulte que le conduit est plus long en avant qu'en arrière; sa longueur, prise du milieu de l'orifice externe au milieu de la membrane du tympan, varie de 10 à 17 lignes. Sa hauteur va en diminuant de dehors en dedans; sa largeur est plus considérable vers les extrémités qu'à la partie moyenne.

La courbure à concavité inférieure n'est pas la seule que présente le conduit auriculaire, dont les parois sont flexueuses et presque contournées en pas de vis. Ainsi, au niveau de son orifice externe, il forme avec la conque une courbure concave en avant, qui empêche d'apercevoir la membrane du tympan, mais qu'il est facile de détruire en tirant le pavillon en haut et en arrière; dans le reste de son étendue, il s'infléchit légèrement en avant, pour se porter ensuite en arrière, puis de nouveau en avant, à la manière d'un *S* italique un peu allongé, de telle sorte que ses parois présentent à l'intérieur une suite de saillies et de dépressions favorables à la réflexion des ondes sonores et au renforcement du son.

Structure. — Il entre dans la composition du conduit auditif externe, un squelette osseux, cartilagineux et membraneux; un prolongement aminci de la peau, du tissu cellulaire, des vaisseaux, des nerfs et des follicules.

La *portion osseuse* appartient au temporal; chez l'adulte, elle est formée en majeure partie par l'apophyse vaginale (*lame du conduit auditif*), qui manque complétement chez le fœtus et ne se développe que peu à peu après la naissance; à sa place, existe un cercle (*cercle tympanal*) qui encadre la membrane du tympan. La longueur de cette portion est à peu près égale à la moitié de la longueur totale du conduit; son orifice externe, très irrégulier inférieurement, donne attache à la partie membrano-cartilagineuse; son orifice interne offre une rainure elliptique, dirigée obliquement en bas et en avant, dans laquelle se fixe la membrane du tympan.

La *portion cartilagineuse* est placée en dehors de la précédente, à la partie antérieure et inférieure du conduit. Elle est constituée par une lame pliée en gouttière, se continuant en dehors avec le tragus et avec le cartilage du pavillon, et unie en dedans à l'aide d'un tissu très dense, à la partie externe, rugueuse, du conduit osseux. On trouve constamment sur ce cartilage deux et quelquefois trois fentes transversales (*incisures de Santorini*), qui le partagent incomplétement en trois ou quatre demi-anneaux réunis entre eux par du tissu fibreux. De la partie inférieure antérieure et interne du dernier anneau part une apophyse triangulaire épaisse, qui s'insinue entre les apophyses mastoïde et styloïde et est réunie à cette dernière par des fibres ligamenteuses ou par un petit muscle décrit par quelques anatomistes.

La *portion fibreuse* occupe la partie supérieure et postérieure du conduit auditif et complète le demi-canal formé par le cartilage précédent auquel elle se fixe par ses bords. Par ses extrémités interne et externe, elle s'attache au conduit auditif osseux et au pavillon.

Peau du conduit auditif externe. — Elle est d'autant plus molle, plus rouge, plus facile à détacher des parties sous-jacentes et plus mince, qu'elle s'enfonce davantage. Vers le fond du conduit, réduite à sa couche épidermique, elle se réfléchit sur la membrane du tympan et la tapisse complétement. Dans presque toute son étendue, elle est couverte de poils assez longs chez les vieillards, nombreux vers l'orifice externe, moins nombreux et plus fins à mesure qu'on s'approche de l'orifice interne, où ils disparaissent.

Follicules. — La peau renferme un grand nombre de follicules (*glandes cérumineuses*), qui sécrètent une matière grasse, jaunâtre, très amère, désignée sous le nom de *cérumen*. Ces follicules, nombreux surtout vers la partie moyenne du conduit, ne sont autre chose que de petites glandes en cul-de-sac, dont la partie inférieure est roulée sur elle-même, de manière à former une petite masse arrondie, tandis que la partie supérieure, verticale, remplit l'office de conduit excréteur.

Tissu cellulaire. — Il est très dense et dépourvu de graisse.

Vaisseaux et nerfs. — Ils sont peu nombreux et émanent des mêmes sources que ceux du pavillon;

néanmoins un petit rameau nerveux vient du nerf auriculaire d'Arnold ou rameau de la fosse jugulaire, fourni par le pneumo-gastrique.

Usages de l'oreille externe. — Le pavillon sert à réfléchir, à renforcer et à transmettre les ondes sonores ; en effet, celles qui tombent dans la conque sont réfléchies vers le tragus, d'où une nouvelle réflexion les envoie dans le conduit auditif ; celles qui rencontrent une autre partie du pavillon produisent sur le cartilage un ébranlement qui se communique au conduit. Les saillies et les dépressions de l'oreille externe ont pour avantage de présenter un grand nombre de petites surfaces diversement inclinées, que les ondes sonores peuvent frapper presque toujours perpendiculairement, d'où résulte un ébranlement plus considérable.

Le conduit auditif rassemble et conduit à la membrane du tympan les vibrations qui lui arrivent directement de l'air extérieur et celles qui lui viennent du pavillon et de la conque.

OREILLE MOYENNE OU CAVITÉ TYMPANIQUE.

Cette partie de l'appareil de l'audition consiste chez l'homme en une cavité creusée dans l'intérieur du rocher, et située en dedans de l'oreille externe, en dehors de l'oreille interne. Elle est aplatie transversalement, plus large en haut qu'en bas, plus étendue d'avant en arrière que dans tout autre sens. Elle communique en arrière avec les cellules mastoïdiennes, en avant avec le pharynx au moyen de la trompe d'Eustache, en dedans avec l'oreille interne. Une membrane muqueuse la tapisse, et l'on trouve dans son intérieur une chaîne formée de quatre osselets, qui sont : le marteau, l'enclume, l'étrier et l'os lenticulaire.

On peut décrire dans la caisse du tympan six parois : une *externe*, une *interne*, une *supérieure*, une *inférieure*, une *postérieure* et une *antérieure*.

PAROI EXTERNE.

Elle est constituée par la membrane du tympan et par le cadre osseux qui la reçoit.

La *membrane du tympan* est une cloison mince, blanchâtre, élastique, qui sépare l'oreille externe de l'oreille moyenne. Elle est placée obliquement de haut en bas, de dehors en dedans et d'arrière en avant, de telle sorte qu'elle forme avec la voûte et la paroi postérieure du conduit auditif un angle obtus, tandis qu'elle se réunit au plancher et à la paroi antérieure sous un angle aigu.

Sa *circonférence*, elliptique, est reçue dans une rainure de même forme creusée sur le pourtour de l'orifice interne du conduit ; chez le fœtus elle est encadrée de la même manière dans le cercle tympanal, mais sa forme est un peu plus arrondie.

Sa *face externe*, concave, regarde en bas et en dehors ; on y trouve un peu au-dessus de sa partie moyenne une petite dépression due à l'adhérence de la membrane avec le manche du marteau, et vers sa partie supérieure et antérieure, une saillie correspondant à l'apophyse externe du même os.

Sa *face interne*, convexe, est tirée en dedans par le manche du marteau, qui descend un peu au-dessous de la partie moyenne.

Il est maintenant parfaitement démontré que la cloison tympanique n'est pas perforée, et que le trou signalé par quelques auteurs n'existe qu'accidentellement.

Structure. — Il entre dans la structure de la membrane du tympan trois feuillets : un extérieur ou épidermique, continuation de la peau du conduit, extrêmement amincie à cet endroit ; un intérieur ou muqueux, qui est une expansion de la muqueuse de la caisse ; un moyen, constitué par une membrane propre. Ce dernier, plus solide que chacun des deux autres, formé de fibres élastiques suivant les uns, musculaires suivant les autres, présente d'après Huschke des fibres tendineuses brillantes, entrecroisées sous diverses directions, les unes concentriques, les autres radiées ; sa circonférence est unie à la rainure du conduit auditif par un petit cercle fibro-cartilagineux ; sa face interne donne attache dans une partie de sa moitié supérieure au manche du marteau, qui se trouve ainsi renfermé entre les feuillets moyen et interne.

La membrane du tympan est très vasculaire ; ses artères sont les mêmes que celles du conduit, mais elle reçoit en outre un rameau de la stylo-mastoïdienne, branche de l'auriculaire postérieure, et un autre (rameau tympanique) de la maxillaire interne. Ces vaisseaux forment surtout à la face interne un réseau très serré.

Les veines se comportent comme les artères ; les lymphatiques aboutissent aux ganglions mastoïdiens et parotidiens.

Les nerfs sont fournis principalement par le temporal superficiel du trijumeau.

PAROI INTERNE.

Elle sépare l'oreille moyenne de l'oreille interne. On y remarque principalement : 1° la fenêtre ovale, 2° la fenêtre ronde, 3° le promontoire, et 4° une saillie osseuse qui dépend de l'aqueduc de Fallope.

1° *Fenêtre ovale* (*ouverture vestibulaire du tympan*). — Placée à la partie supérieure de la paroi interne, à trois lignes de la membrane du tympan, au fond d'une fossette limitée en haut par la saillie de l'aqueduc, en bas par celle du promontoire, cette ouverture a la forme d'un ovale à grand diamètre dirigé un peu obliquement en bas et en arrière. Supérieurement, elle est presque demi-circulaire, un peu aplatie en arrière ; inférieurement elle est droite. Sur le squelette, elle fait communiquer la cavité de la caisse avec une petite cavité du labyrinthe appelée *vestibule ;* dans l'état frais elle est bouchée par la base de l'étrier.

2° *Fenêtre ronde ou cochléenne.* — Placée au-dessous et en arrière de la fenêtre ovale, moins grande que celle-ci, la fenêtre ronde est cachée au fond d'une fossette du promontoire (fossette de la fenêtre ronde). Elle est irrégulièrement circulaire et fait communiquer sur le squelette la cavité du tympan avec la rampe interne du limaçon et avec le vestibule.

Dans l'état frais, d'après F. Ribes, cette dernière voie est interceptée par la fin de la cloison spirale du limaçon, de sorte qu'il ne reste plus que l'ouverture limacienne. Celle-ci serait elle-même bouchée par une membrane (*tympanum secundarium*) dirigée obliquement de haut en bas, de dehors en dedans et d'arrière en avant, comme la fenêtre ronde, et que l'on suppose formée, comme la membrane du tympan, de trois feuillets : un feuillet moyen d'une nature particulière, un externe, prolongement de la muqueuse tympanique, et un interne, qui est une dépendance de la muqueuse de la rampe.

3° *Promontoire.* — C'est une éminence placée entre les deux ouvertures décrites précédemment, éloignée de 1 à 2 lignes de la membrane du tympan, et produite par une saillie du vestibule et du premier tour du limaçon, qui sont derrière. Sa surface, arrondie, est sillonnée par des cannelures superficielles, quelquefois par des canaux complets, destinés aux ramifications du nerf de Jacobson.

4° La *saillie de l'aqueduc de Fallope*, située au-dessus de la fenêtre ovale, est allongée d'arrière en avant et formée par une portion d'un canal osseux que nous décrirons plus loin.

PAROI SUPÉRIEURE.

Large, mince, criblée de trous vasculaires, cette paroi est excavée pour loger la tête du marteau et le corps de l'enclume. Elle répond à une suture qui se conserve jusqu'à l'âge le plus avancé, et qui réunit la portion écailleuse du temporal à la portion pierreuse.

PAROI INFÉRIEURE.

Moins étendue que la supérieure, également concave, la paroi inférieure présente un grand nombre de pertuis vasculaires. On y remarque encore, le long de la face interne de la caisse, un trou vers lequel convergent les petits canaux signalés sur le promontoire, et qui est l'orifice supérieur du canal de Jacobson. On sait déjà que l'orifice inférieur de ce conduit est situé sur la crête de séparation du canal carotidien et de la fosse jugulaire.

PAROI POSTÉRIEURE.

Elle est plus large que la paroi antérieure, et répond à l'apophyse mastoïde. On y trouve :

1° l'ouverture de communication avec les cellules mastoïdiennes; 2° une saillie qui appartient à l'aqueduc de Fallope; 3° la pyramide, et 4° une petite ouverture servant au passage de la corde du tympan.

1° *L'ouverture de communication avec les cellules mastoïdiennes*, placée en haut de la paroi postérieure, est l'orifice d'un canal court et raboteux auquel succèdent les cellules. Celles-ci, dont le développement est en raison directe avec celui de l'apophyse mastoïde, existent à peine chez l'enfant, où l'on ne voit le plus souvent qu'une petite cavité. Chez l'adulte, et surtout chez le vieillard, elles sont multiples, se prolongent dans la portion pierreuse du temporal, quelquefois jusqu'au-dessus du conduit auditif interne, et occupent même, dans les cas rares, toute l'épaisseur de l'apophyse mastoïde, dont les parois sont alors très minces. Elles communiquent les unes avec les autres, et forment à l'oreille moyenne une arrière-cavité que l'on a comparée avec raison aux sinus des fosses nasales.

2° La *saillie de l'aqueduc de Fallope* présente deux portions: l'une à peu près horizontale, située au-dessous de l'ouverture précédente, et faisant suite à la saillie déjà décrite sur la paroi interne; l'autre verticale et plus rapprochée de la paroi externe que de l'interne. Ces deux portions sont réunies de manière à former une courbure à concavité antérieure.

3° La *pyramide* est une très petite éminence conique, à base implantée perpendiculairement sur la portion verticale de l'aqueduc de Fallope, à sommet tronqué, libre, tourné en avant et percé d'un orifice étroit, par lequel sort le muscle de l'étrier. Elle est creusée d'un canal, d'abord horizontal comme elle, et plus large au niveau de sa base; puis vertical et parallèle à l'aqueduc de Fallope au-devant duquel il est placé et avec lequel il communique. Ce canal, qui renferme le muscle de l'étrier, le filet nerveux et les vaisseaux qui s'y rendent, se termine, d'après les uns, par un cul-de-sac, d'après les autres, comme je l'ai vérifié moi-même, par un ou deux petits trous situés en dedans du trou stylo-mastoïdien.

Constamment la pyramide est unie à la partie postérieure du promontoire par deux filaments osseux ou deux petits canaux, au-dessous desquels on voit une excavation comprise entre la saillie verticale de l'aqueduc et la paroi interne, au niveau de la fenêtre ronde; cette excavation a reçu le nom de *fosse tympanique* ou *fossette sous-pyramidale*.

4° *Ouverture de la corde du tympan*.— Celle-ci, à peine appréciable, est placée au-dessous et en arrière de la pyramide; elle s'ouvre au moyen d'un conduit particulier dans l'aqueduc de Fallope, près du trou stylo-mastoïdien.

PAROI ANTÉRIEURE.

Cette paroi très étroite répond à l'angle rentrant formé par la portion pierreuse et la portion écailleuse du temporal.

Elle présente: 1° le trou de sortie de la corde du tympan, 2° la fissure de Glaser, 3° et 4° deux orifices superposés, séparés l'un de l'autre par une lamelle mince, recourbée, appelée *bec de cuiller*, et enfin quelques petits trous qui établissent la communication avec le canal carotidien.

1° *L'orifice de sortie de la corde du tympan*, situé le long de la paroi externe, appartient à un petit conduit placé au-dessus de la fissure de Glaser, dirigé obliquement en bas et en avant, et allant se terminer par une ouverture étroite, en dehors de la trompe d'Eustache, derrière l'épine du sphénoïde.

2° La *fissure de Glaser*, fente oblique comme le conduit précédent, est formée par la soudure incomplète de l'apophyse vaginale avec la portion pierreuse du temporal; elle laisse passer le muscle antérieur du marteau, l'apophyse grêle du marteau et quelquefois même la corde du tympan.

3° et 4° Les *deux ouvertures* que l'on voit encore sur la paroi antérieure de la caisse dépendent: la supérieure, du conduit du *muscle interne du marteau*, l'inférieure de la *trompe d'Eustache*. Ces deux canaux sont superposés de telle sorte, qu'on les a comparés à un canon de fusil double.

Le *premier*, réduit à sa partie antérieure, sur la face externe du rocher, à un simple sillon, se change bientôt en un canal séparé de la trompe d'Eustache par une lame osseuse très mince. Au-devant de la fenêtre ovale, il se termine par une extrémité coudée, en rapport avec la réflexion du muscle interne du marteau, et formant avec la paroi interne un angle presque droit. La saillie qui en résulte a reçu le nom de *bec de cuiller;* sur le squelette elle présente rarement un canal complet: presque toujours sa moitié antérieure et externe est détruite par la macération.

TROMPE D'EUSTACHE.

La *trompe d'Eustache*, ou conduit guttural de l'oreille, est un canal long de 2 1/2 à 4 centimètres, qui s'étend obliquement de haut en bas, d'arrière en avant et de dehors en dedans, depuis la paroi antérieure de la caisse du tympan jusqu'à l'ouverture postérieure des fosses nasales, au niveau du cornet et du méat inférieurs.

Elle est placée, en partie dans l'angle rentrant formé par la réunion de la portion écailleuse avec la portion pierreuse du temporal, en partie dans le pharynx. Ses rapports principaux sont: en haut, avec le canal du muscle interne du marteau, avec le trou déchiré antérieur et le bord postérieur du sphénoïde; en bas, avec le canal carotidien et les muscles péristaphylins interne et externe; en dehors, avec le bord postérieur du sphénoïde et l'aile interne de l'apophyse ptérygoïde; en dedans, avec le constricteur supérieur et la muqueuse du pharynx.

A peu près rectiligne dans toute son étendue, elle se recourbe en dedans et s'évase à son extrémité antérieure, pour constituer le pavillon. Sa forme est celle d'un tube aplati, présentant une coupe elliptique. Sa capacité, moins considérable à son orifice postérieur qu'à son orifice antérieur, diminue à partir de ces deux points extrêmes, jusqu'à la réunion de la portion osseuse avec la portion fibreuse, où on ne lui trouve guère que 1 millimètre de largeur et 3 de hauteur.

On lui considère deux portions, l'une osseuse, l'autre fibro-cartilagineuse.

La *portion osseuse* est d'abord un canal complet, long de 1 à 2 centimètres, qui dégénère ensuite en une gouttière comprise entre le rocher et l'extrémité postérieure de la grande aile du sphénoïde (*suture pétro-sphénoïdale* et *rainure de la trompe d'Eustache*).

La *portion fibro-cartilagineuse* est constituée, en bas et en dehors par une lame fibreuse, en haut et en dedans par une lamelle cartilagineuse faisant saillie à l'intérieur du pharynx. La membrane fibreuse se compose de fibres d'apparence ligamenteuse, et donne attache en bas et en arrière au muscle péristaphylin interne.

La lamelle cartilagineuse est triangulaire, pliée en gouttière, plus large, plus épaisse et d'une coloration plus jaunâtre en avant qu'en arrière. Elle s'attache à l'extrémité antérieure rugueuse de la portion osseuse, au sommet du rocher, à la substance cartilagineuse qui bouche le trou déchiré antérieur et à la base de l'aile interne de l'apophyse ptérygoïde. Le muscle péristaphylin externe s'y insère en bas et en dehors, en se contractant simultanément avec le péristaphylin interne; il peut, suivant la remarque d'Haller, dilater la trompe. L'extrémité antérieure ou base de la lamelle est fixée en dehors, au bord postérieur et à la face interne de l'aile interne de l'apophyse ptérygoïde, elle forme la lèvre interne et une partie de la lèvre externe du pavillon, dont l'orifice reste toujours béant.

D'après quelques anatomistes, il entre dans la composition du cartilage de la trompe deux lamelles superposées: l'une, interne, plus longue, plus large et plus épaisse, qui va de la portion osseuse jusqu'au pavillon; l'autre, externe, qui se termine plus en arrière. Ces deux lamelles sont réunies l'une à l'autre par du tissu ligamenteux.

Une muqueuse, prolongement de celle des fosses nasales et de celle du pharynx, tapisse à l'intérieur toute la trompe d'Eustache; cette membrane, épaisse, vasculaire et pourvue d'épithélium vibratile au niveau du pavillon, devient plus pâle, plus mince, et se recouvre d'épithélium pavimenteux, à mesure qu'elle s'approche de la caisse. Sa continuité avec les muqueuses nasale et pharyngienne explique comment on peut éprouver de la gêne, de la douleur dans l'oreille et quelquefois même de la surdité, dans la pharyngite et le coryza intenses.

Usages. — La trompe d'Eustache n'a pas seulement pour usage de donner issue aux mucosités tympaniques; les expériences physiologiques ont prouvé qu'elle servait encore à rendre les sons moins sourds, et qu'en permettant à l'air de la caisse de rester en équilibre avec l'air extérieur, elle s'opposait à une tension trop considérable de la membrane du tympan, soit en dehors, soit en dedans.

OSSELETS DE L'OUÏE.

La cavité tympanique renferme quatre petits os, le *marteau*, l'*enclume*, l'*os lenticulaire* et l'*étrier*, qui sont réunis entre eux par des ligaments propres, et articulés de manière à former un levier brisé et angulaire, étendu de la membrane du tympan à la fenêtre ovale. Ces os sont recouverts par la membrane muqueuse de la caisse, qui constitue leur principal moyen de fixité; ils sont mis en mouvement par un petit appareil musculaire.

Marteau. — Cet os, appliqué perpendiculairement sur la face interne de la paroi externe du tympan, a été divisé en trois parties principales: la tête, le col et le manche.

La *tête*, généralement arrondie et convexe, placée au-dessus de la membrane du tympan, est la partie la plus volumineuse. Elle s'articule en arrière avec l'enclume, à l'aide d'une petite facette encroûtée de cartilage, à la fois convexe et concave.

Le *col*, ou portion étranglée, supporte immédiatement la tête. Il est obliquement dirigé en bas et en avant, et surmonté en avant d'une apophyse longue et grêle (*apophyse grêle de Raw*, *apophyse antérieure*) réduite souvent à un simple ligament qui s'introduit dans la fissure de Glaser et fournit des points d'insertion au muscle antérieur du marteau.

Le *manche*, ou *manubrium*, fait suite au col, avec lequel il forme un angle obtus saillant en avant et en dehors. Cette saillie est habituellement décrite sous le nom d'apophyse externe ou courte; elle repousse un peu en dehors la membrane du tympan. Au-dessous d'elle, le manche descend obliquement en dedans et en arrière et se termine à peu près au centre de la membrane du tympan, par une extrémité arrondie et légèrement courbée en dehors. Son côté externe excavé est fixé au feuillet moyen de la membrane du tympan; son côté interne courbé en sens inverse est recouvert par la muqueuse tympanique, et donne attache immédiatement au-dessous de l'apophyse antérieure au muscle interne du marteau.

Enclume. — Placée en arrière et en dedans du marteau, l'enclume offre un corps et deux branches, l'une supérieure, l'autre inférieure. Le *corps*, aplati de dehors en dedans, concave à sa face interne, convexe à sa face externe, est creusé en avant pour s'articuler avec la tête du marteau, en arrière il se continue avec les deux branches.

La *branche supérieure*, horizontale, grosse, courte et conoïde, s'engage par son sommet dans l'ouverture des cellules mastoïdiennes.

La *branche inférieure*, verticale, plus grêle, plus longue que la précédente, et un peu recourbée à son extrémité inférieure, descend parallèlement au manche du marteau. Son sommet s'articule avec l'os lenticulaire; il est terminé d'après les uns par une pointe, d'après les autres par une petite fossette.

Os lenticulaire. — C'est un grain osseux, arrondi, intermédiaire à l'enclume et à l'étrier. Quelques anatomistes le considèrent comme une épiphyse de l'enclume à laquelle on le trouve presque toujours soudé; d'autres au contraire en font un petit os particulier, et lui décrivent deux portions: 1° le pédicule, qui fait corps avec la branche verticale de l'enclume; 2° le chapiteau, dont la face externe est concave, tandis que la face interne convexe s'articule avec l'étrier.

Etrier. — Situé horizontalement au-dessous de l'enclume, au niveau de la fenêtre ovale, ce petit os, dont la figure rappelle l'instrument qui lui donne son nom, présente une tête, un col, deux branches courbes et une base.

La *tête*, très petite et arrondie, s'articule en dehors avec l'os lenticulaire, au moyen d'une facette concave.

Le *col* est un étranglement placé entre la tête et les branches; il donne attache en arrière au muscle de l'étrier.

Les *branches*, l'une antérieure, l'autre postérieure, se regardent par leur concavité; l'antérieure est la plus courte et la moins courbée.

La *base* est aplatie de dehors en dedans et de même forme que la fenêtre ovale qu'elle bouche assez exactement. Elle laisse entre elle et les branches un espace ogival occupé par une membrane s'insérant par sa circonférence dans une cannelure de la face concave des branches et dans un petit sillon creusé le long du bord inférieur de la base.

ARTICULATIONS DES OSSELETS.

Elles peuvent être divisées en *complètes* et en *incomplètes*.

Les premières possèdent tous les éléments qui constituent une articulation, c'est-à-dire jonction de deux surfaces articulaires, ligaments, membrane synoviale et mouvements. Dans cette catégorie se trouve : 1° l'articulation du marteau avec l'enclume, dont les surfaces emboîtées réciproquement sont maintenues par une capsule fibreuse et par la membrane muqueuse qui se déploie sur elles; 2° l'articulation de la face interne de l'apophyse horizontale de l'enclume avec la paroi postérieure du tympan ; 3° l'articulation de l'os lenticulaire avec l'étrier. Ces deux dernières sont aussi pourvues d'une capsule fibreuse; d'après Pappenheim, il en existerait également une qui réunirait l'enclume avec l'os lenticulaire.

Les *articulations incomplètes* n'ont qu'un des éléments des articulations, savoir les moyens de fixité. Ainsi : 1° le manche du marteau est uni aux feuillets moyen et interne de la membrane du tympan par des couches tendineuses; 2° la tête du marteau est fixée à l'aide d'un ligament à la paroi supérieure de la caisse ; 3° la branche verticale de l'enclume est retenue par un ligament ou par un repli de la muqueuse à la paroi postérieure de la caisse ; enfin 4° un ligament annulaire, plus fort et plus court en arrière qu'en avant, s'étend de la circonférence de la base de l'étrier au pourtour de la fenêtre ovale. Cette disposition donne à l'extrémité antérieure de l'étrier un peu plus de mobilité qu'à l'extrémité postérieure.

Mouvements. — Le mode d'articulation des osselets ne leur permet d'exécuter les uns sur les autres que des mouvements de glissement assez limités ; mais la moindre impulsion, donnée à l'un d'eux, se transmet immédiatement à tous les autres, produit l'allongement ou le raccourcissement de la chaîne. Lorsque celle-ci s'allonge, la membrane du tympan est refoulée en dehors, la base de l'étrier est tirée dans le même sens, la cavité tympanique et le vestibule sont agrandis; lorsqu'au contraire elle se raccourcit, la membrane et la base de l'étrier sont tirées en dedans, la cavité tympanique et le vestibule sont rétrécis.

MUSCLES DES OSSELETS.

Ils sont au nombre de quatre: trois se fixent au marteau, et sont distingués en *externe*, *interne* et *antérieur ;* un seul est destiné à l'étrier.

1° *Muscle externe du marteau.* — Ce muscle, signalé par Casserius et sur l'existence duquel Haller, Lieutaud et quelques anatomistes modernes ont élevé des doutes, existe réellement, mais il est très grêle, très difficile à préparer et quelquefois même il manque. Il s'insère sur la paroi supérieure du conduit auditif externe, immédiatement au-dessus de la peau ; de là il se porte en dedans, s'engage entre la membrane du tympan et son cadre, et se termine sur l'apophyse du manche du marteau.

Action. — Il tire en dehors le manche du marteau et relâche la membrane du tympan.

2° *Muscle interne du marteau.* — Celui-ci, beaucoup plus long et plus volumineux que les autres muscles des osselets, naît de la portion rugueuse de la face inférieure du rocher et de la partie externe et supérieure du cartilage de la trompe d'Eustache. Il s'engage dans le canal osseux supérieur du canon de fusil double, et parvenu à l'extrémité postérieure de ce conduit, au niveau du bec de cuiller, se réfléchit de dedans en dehors pour aller se fixer au côté interne du manche du marteau, au-dessous de l'apophyse antérieure.

Action. — Il tire le manche du marteau en dedans et tend la membrane du tympan.

3° *Muscle antérieur du marteau.* — Le muscle antérieur du marteau, très grêle, d'apparence tendineuse, prend naissance sur l'épine du sphénoïde, pénètre dans la fissure de Glaser et se termine au sommet de l'apophyse grêle de Raw.

Action. — En tirant le marteau en avant et en dehors, il allonge la chaîne des osselets et relâche la membrane du tympan.

4° *Muscle de l'étrier.* — C'est un petit faisceau très grêle, fusiforme, presque tendineux, dont on attribue la découverte à Varole. Il commence dans le canal osseux de la pyramide par des fibres charnues qui marchent d'abord parallèlement à l'aqueduc de Fallope, puis aboutissent à un petit tendon brillant qui se réfléchit d'arrière en avant en traversant la pyramide, et vient s'attacher à la partie postérieure du col de l'étrier.

Action. — En entraînant en arrière le col de l'étrier, il fait rentrer l'extrémité postérieure de la base de cet os dans la fenêtre ovale, tandis que l'extrémité antérieure se porte en dehors. Ce mouvement est communiqué à l'enclume et au marteau, allonge la chaîne des osselets et repousse en dehors la membrane du tympan.

MEMBRANE MUQUEUSE DE LA CAISSE.

C'est une membrane mince, rougeâtre, habituellement humectée par un mucus jaunâtre qu'elle sécrète en plus ou moins grande abondance, suivant l'âge et l'état de santé ou de maladie. Elle tapisse toutes les parois de la cavité tympanique et se réfléchit sur la face interne de la membrane du tympan, qu'elle concourt à former, sur les osselets et leurs muscles. En avant, elle se continue avec les muqueuses nasale et pharyngienne, par l'intermédiaire de la trompe d'Eustache ; en arrière, elle pénètre dans les cellules mastoïdiennes.

VAISSEAUX ET NERFS DE LA CAISSE DU TYMPAN.

Les *artères* viennent du rameau stylo-mastoïdien de l'auriculaire postérieure, de la méningée moyenne, de la maxillaire interne et de la carotide interne.

Les *veines* se jettent dans l'auriculaire postérieure ou dans la temporo-maxillaire.

Les *lymphatiques* sont peu connus.

Les *nerfs* sont : 1° la corde du tympan, qui traverse la caisse sans y laisser aucun filet; 2° les filets du muscle interne du marteau émanés du ganglion otique ; 3° le nerf de Jacobson, qui, après s'être distribué à la muqueuse de la caisse, établit la communication entre le ganglion d'Andersh et le grand sympathique, entre le ganglion d'Arnold et le ganglion de Meckel ; 4° le filet du muscle de l'étrier, fourni par le facial.

Usages. — La caisse reçoit les ébranlements de la membrane du tympan et les transmet à son tour, par l'intermédiaire de l'air qui la remplit, des osselets, de la fenêtre ovale et de la fenêtre ronde, aux diverses cavités du labyrinthe.

OREILLE INTERNE.

L'*oreille interne*, ou *labyrinthe*, creusée dans l'épaisseur du rocher, en dedans de la cavité tympanique, est la partie la plus profonde et la plus essentielle de l'organe de l'ouïe. Elle se compose de deux portions, l'une osseuse, l'autre membraneuse, moulées en quelque sorte l'une sur l'autre (*labyrinthe osseux*, *labyrinthe membraneux*), et formées par une suite de cavités anfractueuses qui communiquent entre elles et avec la caisse du tympan, et reçoivent les expansions terminales du nerf acoustique.

LABYRINTHE OSSEUX.

Il comprend : le *vestibule*, les *canaux demi-circulaires* et le *limaçon*.

VESTIBULE.

Le *vestibule* est une cavité irrégulièrement sphéroïdale située au centre du labyrinthe ; c'est une sorte de carrefour communiquant en arrière avec les canaux demi-circulaires, en avant avec le limaçon, en dehors avec la cavité tympanique, en dedans avec le conduit auditif interne. On lui considère six parois, une *externe*, une *interne*, une *antérieure*, une *postérieure*, une *supérieure* et une *inférieure*.

La *paroi externe* présente l'ouverture de la fenêtre ovale, qui est bouchée par la base de l'étrier; sur les os macérés, on y aperçoit en outre la moitié supérieure de la fenêtre ronde.

La *paroi interne* est formée par la lame criblée qui se trouve au fond du conduit auditif interne; elle est traversée par les filets du nerf auditif.

La *paroi antérieure* est percée inférieurement par l'ouverture de la rampe externe ou vestibulaire du limaçon.

La *paroi postérieure* se fait remarquer par la présence de quatre orifices, dont trois conduisent dans les canaux demi-circulaires; ce sont: 1° l'ouverture commune des deux canaux verticaux; 2° l'ouverture ampullaire du canal vertical postérieur; 3° l'ouverture postérieure du canal horizontal. La quatrième ouverture, placée dans un sillon qui se continue avec l'orifice commun des deux canaux verticaux, appartient à l'aqueduc du vestibule.

La *paroi supérieure* offre l'ouverture ampullaire du canal demi-circulaire vertical supérieur, et celle de l'extrémité antérieure du canal horizontal.

La *paroi inférieure* n'est remarquable que par quelques petits trous qui laissent passer des vaisseaux et des nerfs.

On voit encore dans le vestibule deux fossettes, l'une supérieure, elliptique (*fosse ovale*), faisant suite à l'ouverture ampullaire du canal vertical supérieur; l'autre inférieure, circulaire (*fosse ronde*), située en avant et en dedans de l'extrémité antérieure de la fenêtre ovale, sur la paroi antérieure, et séparée de la précédente par une crête saillante en forme de *pyramide*. Ces fossettes, ainsi que la pyramide, sont criblées de petits trous par lesquels pénètrent des ramifications très fines du nerf auditif.

CANAUX DEMI-CIRCULAIRES.

Les *canaux demi-circulaires*, ainsi nommés à cause de leur forme, occupent la partie postérieure et supérieure du labyrinthe. Ils sont au nombre de trois, deux verticaux et un horizontal ou transverse, désignés d'après leur position, en *vertical supérieur, vertical postérieur* et *horizontal.* Chacun d'eux, aplati latéralement, plus étroit à sa partie moyenne qu'à ses extrémités, à concavité tournée vers une des parois du vestibule, présente deux branches, l'une ampullaire, renflée en ampoule à son ouverture vestibulaire, l'autre simple, non renflée.

Ces six branches devraient s'ouvrir dans le vestibule, chacune par un orifice particulier, mais les deux branches simples des canaux verticaux aboutissent à un orifice commun, et l'on ne voit que cinq ouvertures, dont trois sont ovalaires et en ampoules, tandis que les deux autres se rapprochent davantage d'une circonférence.

Les parois des canaux demi-circulaires sont formées d'un tissu compact très dur et très adhérent à la substance spongieuse et corticale du rocher.

1° *Canal vertical supérieur.*—Moyen pour la longueur, ce canal coupe perpendiculairement le bord supérieur du rocher et s'y traduit chez l'adulte par un relief qui se voit en arrière de l'*hiatus Fallopii*; chez le fœtus, il est presque entièrement à découvert. De ses deux extrémités, l'une, dilatée en ampoule, s'ouvre à la paroi supérieure du vestibule et se continue avec la fosse ovale; l'autre, non dilatée, se termine par un orifice qui lui est commun avec l'extrémité supérieure du canal vertical postérieur, à la partie postérieure et interne du vestibule.

2° *Canal vertical postérieur.* — Le plus long de tous, il est situé en arrière et au-dessous du précédent, parallèlement à la face postérieure du rocher, sur laquelle il fait relief en arrière et au-dessus de l'orifice de l'aqueduc du vestibule. Sa branche ampullaire ou inférieure s'ouvre en bas de la paroi postérieure du vestibule; sa branche simple se réunit à angle presque droit avec l'extrémité interne du canal vertical supérieur.

3° *Canal horizontal ou transverse.*—Ce canal, le plus petit des trois, est placé transversalement dans la profondeur du rocher, entre les deux précédents, et divise l'espace qu'ils interceptent en deux parties inégales dont la supérieure est plus considérable. Il s'ouvre dans le vestibule, par son extrémité renflée, entre la fenêtre ovale et l'orifice ampullaire du canal vertical supérieur; par son extrémité non dilatée, entre l'ouverture commune des deux canaux verticaux et l'ouverture ampullaire du canal vertical postérieur.

LIMAÇON.

Le *limaçon*, ou *cochlée*, ainsi appelé à cause de sa ressemblance avec les coquilles de ce nom, est la partie la plus antérieure du labyrinthe. C'est un canal ou une cavité conoïde, décrivant près de trois tours de spire sur un noyau osseux, et situé dans l'épaisseur du rocher entre le vestibule et le canal carotidien. Sa base répond au fond du conduit auditif interne, son sommet au conduit du muscle interne du marteau.

La torsion des deux limaçons (droit et gauche) ne se fait pas de la même manière : le droit est contourné de droite à gauche, comme une coquille ordinaire; le gauche l'est au contraire en sens opposé.

L'existence de la cochlée n'est pas constante dans tous les animaux : chez les oiseaux, les poissons et les reptiles elle est incomplétement développée; on ne la trouve à l'état de perfection que chez l'homme et les mammifères.

Trois parties entrent dans sa construction : 1° la *lame des contours*, 2° la *cloison spirale*, 3° l'*axe* ou *columelle*.

1° *Lame des contours*. — Elle forme les parois du limaçon. On peut s'en faire une idée, en supposant une lame triangulaire pliée en cornet et décrivant près de trois tours de spire autour d'un noyau central. La partie du cornet attenante à l'axe a reçu le nom de paroi interne; la partie convexe à l'extérieur, adhérente au tissu compacte du rocher, est la paroi externe.

Des trois tours du limaçon, le *premier* commence à la fenêtre ronde, descend un peu en dehors et en avant, marche directement dans ce dernier sens, puis monte et se contourne comme pour atteindre son point de départ. Près de son origine, il se traduit en dehors dans l'oreille moyenne, par la saillie du promontoire; en dedans il constitue avec le fond du conduit auditif interne la base du limaçon.

Le *second* tour est placé en dehors et un peu au-dessus du précédent, il répond au premier coude de l'aqueduc de Fallope.

Le *troisième*, situé au-devant du bec de cuiller, présente à l'intérieur des particularités remarquables. Si l'on enlève la coupole ou sommet du limaçon, on aperçoit dans ce troisième tour une sorte de demi-entonnoir ouvert inférieurement, évasé en dehors, étroit en dedans, qui se continue en avant avec la face excavée de la paroi externe, et se termine en arrière par un bord libre, concave en bas et légèrement contourné. Cet entonnoir a été longtemps décrit comme une dépendance de l'axe, comme sa *lamelle terminale*; mais il est parfaitement établi qu'il est formé par la lame des contours, dont la paroi interne, plus courte, s'arrête à la fin du deuxième tour, tandis que la paroi externe, constituant à elle seule le troisième tour, s'enroule en demi-gouttière et va rejoindre la paroi interne au niveau du bord libre de la lamelle terminale.

2° *Cloison spirale*. — C'est une lamelle osseuse placée transversalement à l'intérieur du canal limacien, qu'elle parcourt dans presque toute son étendue et qu'elle divise en deux cavités ou rampes. On lui considère deux bords, l'un concave, l'autre convexe; une base, un sommet et deux faces.

Le bord concave ou interne répond à l'axe, autour duquel il s'enroule en spire, et lui adhère jusqu'à la fin du deuxième tour, c'est-à-dire jusqu'au bord libre de la lamelle terminale.

Le bord convexe ou externe, libre sur les os macérés, tourné vers la paroi externe du limaçon, donne attache, sur les pièces fraîches, à la lame spirale molle qui complète la séparation des deux rampes.

La base se voit à la fenêtre ronde et occupe presque toute la largeur de la cavité limacienne; mais, à partir de ce point, la cloison spirale se rétrécit de plus en plus jusqu'à sa terminaison.

Le sommet est un petit *crochet* (*hamulus*) qui s'étend depuis le bord libre de la lamelle terminale jusqu'au milieu de l'entonnoir; par son bord convexe et par sa pointe, il se continue avec la *lame spirale molle*; son bord concave intercepte, avec la concavité du bord inférieur de l'entonnoir, une petite ouverture en pas de vis (hélicotrème) faisant communiquer les deux rampes.

Des deux faces de la cloison, l'une appartient à la rampe vestibulaire, l'autre à la rampe tympanique; la première regarde en avant et en dehors, la seconde en sens opposé. Ces deux faces sont sillonnées par des canalicules qui se dirigent du bord concave vers le bord convexe, et livrent passage aux divisions de la branche limacienne du nerf auditif.

La cloison spirale est constituée par deux lamelles juxtaposées qui se séparent au niveau du bord concave pour se continuer avec les parois du limaçon. Ces deux lamelles laissent entre elles et l'axe un canal triangulaire (*canal spiral de l'axe*) sur les parois duquel on voit les orifices des canalicules dont je viens de parler; du côté de la rampe tympanique, ces orifices sont séparés les uns des autres par des saillies osseuses appelées trabécules ou colonnes de la rampe tympanique.

Indépendamment de la cloison spirale, il existe encore sur la paroi externe du limaçon, dans la première moitié du premier tour, vis-à-vis le bord libre de la cloison spirale, une petite crête osseuse, décrite par M. Huschke sous le nom de *cloison spirale accessoire* (1).

3° *Axe*. — L'axe ou columelle est un noyau osseux, conique, couché horizontalement au centre du limaçon, dans l'étendue des deux premiers tours.

Sa surface adhère à la paroi interne de la lame des contours et à la cloison spirale; sa base répond au fond du conduit auditif interne; son sommet est percé d'une petite ouverture circulaire (ouverture du canal central de l'axe), et tient au sommet de l'entonnoir de la lamelle terminale. Nous savons déjà qu'on a voulu regarder cette dernière comme un prolongement de l'axe, qui serait alors composé de deux cônes se touchant par leur sommet.

Le fond du conduit auditif interne présente plusieurs fossettes, dont la plus grande, placée en bas et en avant, sert de base à la columelle. Cette fossette est creusée d'une gouttière (*tractus spiralis foraminulentus*) décrivant à peu près deux tours de spire, et percée d'une multitude de petits trous à peine visibles, à l'exception d'un seul plus considérable, qui s'aperçoit au centre. Toutes ces ouvertures appartiennent à des canaux de l'intérieur de l'axe, qui, d'abord parallèles à la direction de ce dernier, s'infléchissent bientôt pour aller rejoindre les canalicules de la cloison spirale; les plus courts au niveau du premier tour, les autres au niveau du second. Le conduit correspondant à l'orifice central (*canal central de l'axe*) gagne le sommet de la columelle, où il se termine par un orifice visible au sommet de l'entonnoir, mais bien distinct de l'hélicotrème, qui est placé plus en dehors et un peu en avant.

L'axe est formé non seulement par la paroi interne de la lame des contours, mais encore par un tissu osseux très facile à écraser, très poreux, à cause des nombreux canaux qui le parcourent.

Rampes du limaçon (*scalæ*). — Nous avons dit plus haut que la cavité limacienne était partagée par la cloison spirale en deux *rampes*. On les distingue en *supérieure* (*externe* ou *vestibulaire*), et en *inférieure* (*interne* ou *tympanique*).

La première, plus étroite et plus longue, commence à la partie antérieure et inférieure du vestibule, par un orifice semi-elliptique; vers le sommet du limaçon, elle est plus grande que la rampe tympanique.

La seconde, moins longue mais plus large, présente près de son origine l'orifice de l'aqueduc du limaçon; elle commence à la fenêtre ronde et est séparée de la caisse du tympan par le *tympanum secundarium*.

Les deux rampes vont toujours en se rétrécissant à mesure qu'elles approchent du sommet du limaçon; un peu avant leur terminaison, elles communiquent entre elles par l'hélicotrème. Cet hiatus, compris entre le bord concave du crochet de la cloison spirale et le bord libre de l'entonnoir, est fermé en haut et en arrière par la lame spirale molle, qui va gagner la face excavée de la lamelle terminale et forme à elle seule la séparation des deux rampes.

LABYRINTHE MEMBRANEUX.

Le *labyrinthe membraneux* se compose : 1° du *périoste*, qui tapisse le vestibule, les canaux demi-circulaires et le limaçon; 2° des *canaux demi-circulaires membraneux*; 3° et 4° de deux poches

(1) *Encyclopédie anatomique*, t. V, Splanchnologie. Paris, 1845, p. 798.

placées à l'intérieur du vestibule, l'*utricule* et le *saccule*; 5° du *limaçon membraneux*, ou portion molle de la cloison spirale. Il renferme encore deux liquides: l'un qui est contenu dans les canaux demi-circulaires, l'utricule et le saccule (*endolymphe*); l'autre qui entoure ces organes, les sépare du périoste et remplit le limaçon (*périlymphe*).

1° *Périoste*. — C'est une membrane très mince, adhérente par sa surface extérieure aux parois du labyrinthe osseux, en contact par sa face intérieure avec la périlymphe.

Après avoir tapissé les canaux demi-circulaires et le vestibule, le périoste pénètre dans le limaçon par l'ouverture vestibulaire, recouvre les parois osseuses des deux rampes, ainsi que les deux faces de la cloison spirale, et vient se terminer sur le *tympanum secundarium*, dont il constitue le feuillet interne.

Il est formé d'une couche externe fibreuse et d'une couche interne épithéliale. On le considère comme un prolongement du feuillet externe de la dure-mère, avec laquelle il communique par l'aqueduc du vestibule; d'autre part il se continue par l'aqueduc du limaçon, avec le périoste de la face inférieure du rocher.

2° *Canaux demi-circulaires membraneux*. — Ces canaux, distingués par Breschet en *antérieur* (*canal vertical supérieur*), *postérieur* (*canal vertical postérieur*) et *externe* (*canal horizontal*), ont une forme analogue à celle des tubes osseux, et présentent comme eux une branche simple et une branche ampullaire. Ils n'occupent guère que le tiers ou le quart de leur enveloppe osseuse, dans laquelle ils flottent, entourés par la périlymphe et retenus seulement par quelques prolongements fibreux. Tous s'ouvrent dans l'*utricule* de la même manière que les canaux osseux s'ouvrent dans le vestibule, c'est-à-dire : l'*externe* par deux orifices distincts; l'*antérieur* et le *postérieur* par deux orifices ampullaires et par un tube commun dû à la jonction de leurs branches simples.

Les ampoules membraneuses ne sont pas exactement contenues dans les ampoules osseuses, qu'elles débordent vers le vestibule. A l'extérieur, chacune d'elles est excavée du côté de la concavité du tube, et convexe en sens opposé; à la face convexe arrivent les filets nerveux, qui aboutissent, vers le milieu de la hauteur de l'ampoule, à une petite dépression. A l'intérieur, au niveau de cette dépression, on trouve une cloison semi-lunaire, libre par son bord concave et continue aux parois de l'ampoule par son bord convexe. Les nerfs se ramifient et s'anastomosent dans l'épaisseur de la cloison; les uns s'y terminent en anses, les autres l'abandonnent pour se distribuer aux parties voisines.

Chaque tube membraneux ne reçoit d'expansion nerveuse qu'à son extrémité ampullaire; son extrémité simple n'est pas cloisonnée, à l'exception de celle du canal externe, qui est aussi un peu renflée, mais dépourvue de nerfs.

3° *Utricule* (*sinus médian de Breschet*). — C'est une poche allongée, située à l'intérieur du vestibule et maintenue en place par les filets nerveux, les tubes membraneux et le saccule. Sa face extérieure, en grande partie libre et entourée par la périlymphe, n'adhère aux parois osseuses qu'au niveau de la fossette semi-elliptique, où elle est retenue par les nerfs utriculaires. Sa cavité est remplie par l'endolymphe, et communique probablement avec le sac; on y voit, près de l'endroit où pénètrent les nerfs, un peu en arrière des ampoules antérieure et externe, un petit amas blanchâtre de matière calcaire, sur lequel je reviendrai tout à l'heure.

4° *Sac ou saccule*. — Il est placé en partie dans la fosse ronde, à laquelle il est fixé par les filets sacculaires; son extrémité postérieure tient à l'utricule, et, d'après Scarpa, y est reçue dans une excavation particulière. Sa cavité, remplie par l'endolymphe, renferme également un petit amas calcaire.

Structure. — Les tubes membraneux, l'utricule et le saccule, offrent une structure analogue; ils sont constitués par une membrane mince, transparente, plus épaisse là où s'épanouissent les filets nerveux, et formée d'un feuillet externe celluleux et d'un feuillet interne épithélial. Les vaisseaux et les nerfs se ramifient dans la tunique celluleuse; les nerfs s'y terminent en anses, et leurs extrémités n'arrivent jamais à l'intérieur des cavités: d'après Huschke, elles sont toujours séparées de l'endolympe, soit par l'épithélium, soit par les concrétions calcaires.

Concrétions calcaires. — Dans les ampoules, le saccule et l'utricule, on voit, là où pénètrent les nerfs, de petits amas d'une poudre crétacée, désignée par Breschet sous le nom d'*otoconie*. Cette poudre n'est que le rudiment de véritables pierres auditives (otolithes), qui existent chez certains poissons ; examinée au microscope, elle est formée de petits cristaux prismatiques appliqués sur la couche celluleuse, et affectant des rapports immédiats avec les extrémités nerveuses. M. Huschke la regarde comme une transformation particulière de l'épithélium.

Liquides du labyrinthe. — J'ai déjà dit qu'il y avait à l'intérieur du labyrinthe deux liquides appelés par Breschet *périlymphe* et *endolymphe.*

La *périlymphe* (*humeur de Cotugno*), indiquée par Valsalva, mais étudiée principalement par Cotugno, qui lui a laissé son nom, est une humeur limpide et transparente, légèrement troublée par l'alcool, qui entoure les tubes membraneux, le saccule et l'utricule, et remplit les deux rampes du limaçon. Elle est plus abondante chez l'homme et les mammifères que chez les oiseaux et les reptiles, où elle disparaît presque entièrement. On la considère comme un produit de sécrétion du périoste.

L'*endolymphe*, découverte par Scarpa, est renfermée dans les tubes membraneux, le saccule et l'utricule ; chez l'adulte, elle ne diffère pas sensiblement de la périlymphe, mais chez le fœtus elle s'en distingue par une couleur roussâtre. Sa consistance varie dans les différentes espèces ; fluide comme de l'eau chez l'homme et les mammifères, elle est plus visqueuse dans l'oreille des oiseaux et des reptiles, et principalement chez les poissons chondroptérygiens, où elle ressemble à une petite masse gélatineuse.

5° *Limaçon membraneux.* — Il se compose du périoste et de la portion molle de la cloison spirale.

Le périoste est la continuation de celui du vestibule, et a déjà été décrit ; nous n'avons donc plus à nous occuper que de la portion molle de la cloison spirale.

Celle-ci, examinée dans son ensemble, tient par son bord concave au bord convexe de la cloison osseuse, et par son bord convexe à la paroi externe du limaçon. Étroite à son origine dans le vestibule, elle s'élargit de plus en plus jusqu'au sommet du limaçon, où elle complète en haut et en arrière l'hélicotrème, et sépare à elle seule les deux rampes. On la divise en deux zones, l'une cartilagineuse, l'autre membraneuse.

La *zone cartilagineuse* ou *moyenne*, intermédiaire à la cloison osseuse et à la zone membraneuse, est mince, transparente, et de nature fibro-cartilagineuse. Vers son bord convexe, elle semble se partager en deux lames qui interceptent entre elles un sillon visible seulement sur la face vestibulaire. Une des lames se continue avec la zone membraneuse, l'autre est libre dans la rampe vestibulaire, saillante en forme de crête, recourbée et surmontée de petites éminences placées les unes à côté des autres comme des dents (*crête auditive*). Le sillon est le vestige d'un canal complet qui existe chez le fœtus et communique avec le saccule. M. Corti, dans un travail publié récemment, décrit aussi la crête auditive et le sillon qui sépare les deux lames, mais il indique en outre, sur la face vestibulaire de la seconde lame, une nouvelle rangée de dents (*dents de la deuxième rangée*). D'après cet anatomiste, les filets nerveux limaciens n'aboutissent pas à ces nombreuses saillies, ils sont appliqués sur la face tympanique de la zone cartilagineuse, où ils forment un réseau ; les divisions de ce réseau s'entrelacent avec des ramifications vasculaires qui s'ouvrent à angle droit dans un petit vaisseau (*vas spirale* de M. Huschke) situé au niveau des dents de la deuxième rangée.

La *zone membraneuse*, transparente, plus mince à son bord concave qu'à son bord convexe, où elle est percée, d'après Breschet, d'un sinus veineux, est formée de trois couches superposées, deux superficielles, épithéliales, et une moyenne, fibreuse.

Les couches épithéliales ne sont probablement qu'un prolongement du périoste aminci ; la couche fibreuse résulte, suivant Breschet, de l'entrecroisement des gaînes névrilématiques des filets nerveux limaciens, mais les autres anatomistes n'y ont vu que des fibres parallèles dirigées de la zone cartilagineuse vers la paroi externe du limaçon. M. Corti a noté un épaississement remarquable de la zone membraneuse au moment où elle se continue avec le périoste ; celui-ci présenterait à cet endroit des plis ou des espèces de colonnes.

CONDUIT AUDITIF INTERNE ET NERF ACOUSTIQUE.

1° *Conduit auditif interne.* — Le conduit auditif interne est creusé dans la partie interne et antérieure du rocher, en dedans du limaçon, avec lequel il a des connexions directes. Sa direction est horizontale et oblique de dedans en dehors et d'avant en arrière; sa profondeur est de trois à quatre lignes; sa largeur, d'une ligne et demie à deux lignes et demie.

Son orifice interne, coupé obliquement, se voit à la face postérieure du rocher, plus près du sommet que de la base, et à égale distance des bords supérieur et inférieur.

Son extrémité externe, ou *fond du conduit,* plus large que l'interne, est remarquable par la présence de deux fossettes superposées, séparées l'une de l'autre par une crête transversale. Dans la fossette supérieure, on trouve : 1° l'orifice supérieur, assez considérable, de l'aqueduc de Fallope; 2° une sorte de petit canal qui laisse passer la branche vestibulaire supérieure du nerf auditif, et s'ouvre dans le vestibule par une trentaine de petits trous visibles dans la fosse elliptique et sur la pyramide.

La fossette inférieure est également divisée par une crête verticale en deux fossettes, dont l'une répond à la face interne du vestibule, tandis que l'autre forme la base de la columelle. La première (*lame criblée auditive*) est percée d'un grand nombre de pertuis, au niveau de la fosse ronde et de l'ampoule postérieure; la seconde est parcourue par une ligne spirale perforée (*tractus spiralis foraminulentus*), dont nous avons déjà parlé.

2° *Nerf acoustique.* — Il naît de la moelle allongée, et plus particulièrement de la substance grise de la paroi antérieure du quatrième ventricule, où il forme les barbes du *calamus scriptorius.* Nous savons d'ailleurs qu'il s'anastomose avec la grosse racine de la cinquième paire. De là il se dirige obliquement en dehors, en avant et en haut, en contournant le corps restiforme, et s'engage, conjointement avec le nerf facial et le nerf de Wrisberg, auxquels il est subjacent, dans le conduit auditif interne. Parvenus au fond du conduit, ces nerfs se séparent, le facial gagne l'orifice supérieur de l'aqueduc de Fallope, l'auditif se divise en deux branches, l'une vestibulaire, bifurquée elle-même (vestibulaire supérieure, vestibulaire inférieure), l'autre limacienne.

La branche *vestibulaire supérieure* se partage en un grand nombre de filets qui arrivent dans le vestibule par les pertuis de la fosse elliptique et de la pyramide, pour se perdre dans l'utricule et les ampoules antérieure et externe.

La branche *vestibulaire inférieure* présente deux rameaux, dont les divisions terminales, très grêles, traversent les trous de la lame criblée auditive et se distribuent au saccule et à l'ampoule postérieure.

Quant à la *branche limacienne*, nous savons déjà que ses ramifications arrivent dans la columelle par les trous du *tractus spiralis foraminulentus* et qu'elles s'insinuent entre les deux lames de la cloison spirale osseuse. Ces filets, une fois parvenus à la zone cartilagineuse, s'y terminent au niveau de la *crête auditive*, en s'anastomosant deux à deux, de manière à former des anses.

Suivant Breschet, au niveau des anses, chaque nerf est constitué par une gaîne névrilématique renfermant des globules ; ceux-ci s'arrêteraient au bord convexe de la zone cartilagineuse, tandis que la gaîne névrilématique se prolongerait au delà, et formerait avec les gaînes voisines la trame de la zone membraneuse.

VAISSEAUX DU LABYRINTHE.

Les *artères* sont principalement fournies par une branche qui vient soit de l'artère basilaire, soit de la cérébelleuse antérieure et inférieure. Cette branche s'engage dans le conduit auditif interne avec les nerfs facial et auditif, et se divise en rameaux vestibulaires et limaciens.

Les rameaux vestibulaires accompagnent les filets nerveux correspondants et se distribuent avec eux au saccule, à l'utricule et aux tubes membraneux, qui reçoivent encore du sang de l'artère stylo-mastoïdienne.

Les rameaux limaciens traversent la base de la columelle et se comportent aussi comme les filets nerveux ; mais à peine sont-ils arrivés entre les deux lames de la cloison osseuse, qu'ils les perforent pour se répandre sur les faces vestibulaire et tympanique. Suivant Breschet, ils se bifurquent comme les artères mésentériques, de manière à former deux rangées d'arcades anastomotiques, placées l'une au niveau du bord externe de la zone osseuse, l'autre au niveau du bord externe de la zone cartilagineuse. De la dernière rangée partent des ramifications très fines, qui se perdent dans la zone membraneuse.

Les *veines* affectent pour la plupart la même disposition que les artères; cependant un certain nombre, tant de celles du limaçon que de celles du vestibule, se rendent au sinus veineux logé dans la circonférence externe de la zone membraneuse. Toutes aboutissent par un tronc commun au sinus pétreux supérieur.

Les *lymphatiques* n'ont pas encore été parfaitement démontrés.

DES AQUEDUCS.

Ce sont des canaux osseux creusés dans l'épaisseur du rocher; on en compte trois, savoir : l'*aqueduc du vestibule*, l'*aqueduc du limaçon* et l'*aqueduc de Fallope*. Tous les trois communiquent à l'extérieur par des ouvertures appelées *hiatus*, situées sur les trois faces du rocher : ainsi, l'hiatus du vestibule sur la face postérieure, l'hiatus du limaçon sur la face inférieure, l'hiatus de Fallope sur la face supérieure. L'aqueduc du vestibule et celui du limaçon renferment chacun un repli de la dure-mère, une artère et une veine; l'aqueduc de Fallope loge le nerf facial et l'artère stylo-mastoïdienne.

1° *Aqueduc du vestibule.* — Il commence par une fente étroite, semi-lunaire (*hiatus du vestibule*), placée sur la face postérieure du rocher, derrière le conduit auditif interne, au-dessous d'une sorte d'écaille osseuse, et se termine dans le vestibule près de l'ouverture commune des deux canaux demi circulaires verticaux, par un orifice auquel fait suite une petite gouttière (gouttière ou fossette sulciforme). Son trajet et sa terminaison offrent quelques variétés. D'après F. Ribes, tantôt il s'arrête dans le diploé du rocher, tantôt il se subdivise en plusieurs conduits plus petits, dont les uns aboutissent au vestibule et les autres au canal vertical postérieur. Mes observations m'ont donné des résultats à peu près analogues.

2° *Aqueduc du limaçon.* — C'est un canal large et triangulaire inférieurement, très étroit supérieurement. Son ouverture triangulaire (*hiatus du limaçon*) se voit à la face inférieure et rugueuse du rocher, tout près du bord inférieur, et sur l'extrémité interne de la crête de séparation du canal carotidien et de la fosse jugulaire. A partir de cet orifice, l'aqueduc monte vers le limaçon en se rétrécissant de plus en plus, et se termine dans la rampe tympanique, près de la fenêtre ronde.

3° *Aqueduc de Fallope.* — Remarquable par son trajet tortueux et long de huit à dix lignes, l'aqueduc de Fallope s'étend de la partie supérieure du fond du conduit auditif interne au trou stylo-mastoïdien. Il se dirige d'abord presque horizontalement en haut et en dehors jusqu'à l'*hiatus Fallopii*, pertuis situé sur la face supérieure du rocher; puis il s'infléchit brusquement, forme un coude à angle aigu, et se porte presque horizontalement en arrière, en proéminant un peu sur la paroi interne de la cavité tympanique, au-dessus de la fenêtre ovale. Parvenu à la paroi postérieure de cette même cavité, il change de nouveau de direction, se coude à angle obtus, devient vertical et se termine au trou stylo-mastoïdien. Ces différentes inflexions ont permis de lui distinguer deux courbures ou coudes, et trois portions, deux horizontales, la troisième verticale.

L'aqueduc de Fallope est percé de plusieurs trous par lesquels passent les divisions du nerf facial. Ainsi, indépendamment de l'hiatus de Fallope, destiné au grand nerf pétreux superficiel, on trouve : au niveau du promontoire, un pertuis pour l'anastomose avec le nerf de Jacobson; plus bas, le trou de la pyramide pour le filet du muscle de l'étrier, et enfin les conduits de la corde du tympan et du nerf auriculaire d'Arnold.

Usages de l'organe de l'ouïe. — L'organe de l'ouïe est destiné à nous faire connaître les sons.

Les ondes sonores recueillies par le pavillon et le conduit auditif externe arrivent à la membrane du tympan, qu'elles ébranlent ; celle-ci transmet ses vibrations à l'air de la caisse et aux osselets, qui les portent à l'eau du labyrinthe et jusqu'aux divisions du nerf acoustique.

Chacune de ces différentes parties est construite de la manière la plus favorable à l'audition.

En effet, la position du pavillon, libre sur les côtés du crâne, sa structure cartilagineuse, son élasticité, lui permettent de vibrer facilement sous l'influence des ondes qui viennent frapper les nombreuses surfaces de ses saillies et de ses enfoncements; nous savons déjà comment son inclinaison influe sur la finesse de l'ouïe.

Le conduit auditif externe n'a pas seulement pour usages de réfléchir les vibrations par ses courbures, et de les porter à la membrane du tympan ; il sert encore à faire apprécier la direction du son. Lorsqu'un son frappe notre oreille, nous écoutons en tournant la tête de divers côtés, et nous disons qu'il vient de droite, si c'est dans ce sens qu'il nous a paru plus fort : mais alors les ondes sont tombées perpendiculairement sur la surface du pavillon, et ont pénétré en grand nombre dans le conduit auditif externe, tandis que, de tout autre côté, elles ont rencontré obliquement la surface du pavillon, et beaucoup ont été perdues par réflexion.

Les vibrations sonores ne se transmettent pas facilement de l'air à un corps solide ; au contraire, comme M. Savart l'a démontré, elles ébranlent sans peine une membrane médiocrement tendue. La membrane du tympan est donc parfaitement placée pour accroître et communiquer aux osselets les ébranlements de l'air du conduit auditif externe. En outre, M. Müller (1) a prouvé que la disposition des osselets, appuyés d'une part sur la membrane du tympan et de l'autre sur l'eau du labyrinthe, au moyen de la fenêtre ovale, donnait une intensité notable aux ondes qui passaient de l'air à l'eau.

Les muscles des osselets, lorsqu'ils se contractent, produisent la tension ou le relâchement de la membrane du tympan ; celle-ci peut donc en quelque sorte s'accommoder pour les différents sons, se tendre davantage pour les sons aigus, se relâcher un peu pour les sons graves. Ces divers mouvements augmentent ou diminuent la capacité de la cavité tympanique, dont l'air ne resterait pas en équilibre avec l'air extérieur sans la présence de la trompe d'Eustache, qui sert en même temps à l'écoulement des mucosités.

Les usages du labyrinthe sont encore enveloppés d'obscurité; son enchâssement dans la substance pierreuse du rocher est favorable à la transmission des ondes qui se propagent par les os du crâne ; ses parties membraneuses présentent une surface assez étendue, où s'étalent les ramifications nerveuses, et celles-ci, plongées dans un liquide, c'est-à-dire dans un milieu qui leur est presque homogène, reçoivent de tous côtés et sans secousses les vibrations sonores.

Toutes les impressions auditives n'arrivent pas au nerf acoustique par le conduit auditif externe et la caisse du tympan, quelques unes sont transmises par les os du crâne à l'eau du labyrinthe ou même directement aux filets nerveux qui traversent la cloison spirale osseuse du limaçon ; mais les sons perçus de cette manière sont généralement obscurs : il est facile de s'en assurer en bouchant le conduit auditif externe.

(1) *Manuel de physiologie*, nouvelle édition, annotée par E. Littré, Paris, 1851, t. II, p. 427.

PLANCHE 81.

Pavillon de l'oreille et conduit auriculaire.

Préparation. — La figure 1 ne demande aucune indication, son étude pouvant se faire même sur le vivant. Il n'en est pas de même des figures 2 et 3, qui montrent les muscles extrinsèques et intrinsèques du pavillon, leur petitesse et leur pâleur en rendent la dissection difficile. Nous conseillerons donc de choisir des sujets vigoureux, d'un système musculaire bien prononcé, dont le pavillon sera saillant et assez développé ; et alors il suffira d'enlever la peau aussi superficiellement que possible, au niveau de ces muscles, pour les mettre à nu. Pour les muscles extrinsèques, il conviendrait de tirer le pavillon dans le sens opposé à celui du muscle qu'on veut disséquer.

Le cartilage du pavillon et la surface extérieure du conduit auriculaire représentés par les figures 4 et 5 s'obtiennent en enlevant la peau mince et les muscles qui recouvrent le premier ; la peau, la glande parotide et les parties molles voisines qui environnent le second.

L'intérieur du conduit auriculaire, figure 6, doit être étudié, d'abord sur l'os temporal dépourvu de ses parties molles, ensuite avec ces parties ; pour cela, sciez en long le rocher ainsi que la partie moyenne du conduit auditif en faisant attention de ne pas intéresser la membrane du tympan.

Les figures 7 et 8 s'obtiennent en poursuivant les artères après les avoir rendues visibles par une injection générale ou partielle.

FIGURE 1.

Peau du pavillon.

Explication de la figure 1.

a. Excavation de la conque. — *b.* Tragus. — *c.* Antitragus. — *d.* Échancrure de la conque. — *e.* Anthélix. — *f.* Fosse scaphoïde ou naviculaire formée par les deux branches de bifurcation de l'anthélix. — *g.* Hélix. — *h.* Sillon de l'anthélix. — *i.* Lobule.

FIGURE 2.

Cartilage, ligaments et muscles extrinsèques et intrinsèques du pavillon.

Explication de la figure 2.

a. Muscle auriculaire supérieur. — *b.* Auriculaire antérieur. — *c.* Auriculaires postérieurs, ordinairement au nombre de deux, quelquefois trois et même plus. — *d.* Grand muscle de l'hélix. — *e.* Petit muscle de l'hélix. — *f.* Muscle du tragus. — *g.* Muscle de l'antitragus. — *h.* Ligament de l'hélix. — *i.* Ligament du tragus. — *j.* Tissu cellulo-graisseux du lobule. — *k.* Extrémité caudale de l'hélix et de l'anthélix. — *l.* Éminence apophysaire.

FIGURE 3.

Muscles et ligaments vus sur la face postérieure du pavillon renversé.

Explication de la figure 3.

a. Muscle auriculaire supérieur. — *b*, *b.* Auriculaires postérieurs. — *c*, *c.* Muscles transverses. — *d.* Ligament postérieur. — *e.* Tissu cellulo-graisseux du lobule.

FIGURE 4.

Cartilage du pavillon vu par sa face interne et détaché du conduit auriculaire.

FIGURE 5.

Cartilage du pavillon et conduit auriculaire vu par ses faces externe et inférieure.

Explication de la figure 5.

a. Éminence apophysaire. — *b.* Extrémité caudale de l'hélix et de l'anthélix. — *c.* Portion cartilagineuse du conduit auditif externe. — *d.* Sa portion fibreuse. — *e.* Sa portion osseuse. — *f, f.* Incisures du cartilage.

FIGURE 6.

Surface intérieure du conduit auditif.

Explication de la figure 6.

a. Orifices des glandes cérumineuses vus sur le prolongement cutané du conduit auriculaire. — *b.* Membrane du tympan en rapport avec les osselets.

FIGURES 7 et 8.

Artères des faces externe et interne du pavillon de l'oreille.

Explication des figures 7 et 8.

A, A. Artères temporales fournissant les auriculaires antérieures. — B, B. Artères auriculaires postérieures.

PLANCHE 82.

Oreille moyenne ou tympan présenté de différentes manières, et trompe d'Eustachi.

PRÉPARATION. — La plupart des figures de cette planche, reproduisant les os qui entrent dans la composition de la caisse du tympan de l'enfant et de l'adulte, n'exigent aucune indication des coupes. Les figures 3 et 5, 7 et 10, qui montrent la membrane du tympan du fœtus et de l'adulte, doivent être préparées de la manière suivante : 1° Enlevez sur le fœtus le pavillon et vous découvrirez entièrement la face externe de la membrane du tympan ; pour examiner sa face interne ainsi que ses rapports avec les osselets du tympan, il suffit de séparer la portion écailleuse de la portion pierreuse du temporal, ce qui se fait chez le fœtus très facilement. 2° Emportez, sur l'adulte, la portion écailleuse du temporal et la lame du conduit auditif externe par un trait de scie pratiqué le long du rocher, depuis le milieu du conduit auriculaire jusqu'au milieu de la trompe d'Eustachi.

FIGURE 1.

Elle montre sur un temporal en entier plusieurs parties constituantes de l'oreille moyenne.

Explication de la figure 1.

a. Lame du conduit auditif ou sa paroi antérieure et inférieure. — *b*. Ligne ponctuée indiquant la situation et la direction de la rainure circulaire dans laquelle est encadrée la membrane du tympan. — *c*. Cavité glénoïde. — *d*. Fissure glénoïdale ou de Glaser, par laquelle passent le muscle antérieur du marteau, l'apophyse grêle de Raw et quelquefois la corde du tympan. — *e*. Conduit auditif externe s'ouvrant dans la caisse du tympan et donnant attache au cartilage de l'oreille. — *f*, *f*. Racines de l'apophyse zygomatique. — *g*. Tubercule de jonction de ces deux racines donnant insertion au ligament latéral externe de l'articulation temporo-maxillaire. — *h*. Apophyse mastoïde renfermant les cellules mastoïdiennes. — *i*. Apophyse styloïde. — *j*. Trou stylo-mastoïdien ou orifice inférieur de l'aqueduc de Fallope, livrant passage au nerf facial et aux vaisseaux stylo-mastoïdiens. — *k*. Trou mastoïdien postérieur pour le passage d'une artère et d'une veine.

FIGURE 2.

Lame du conduit auditif vu par sa face interne.

Explication de la figure 2.

a. Orifice externe du conduit auditif. — *b*. Lame du conduit auditif. — *c*. Cadre tympanique.

FIGURE 3.

Anneau ou cercle tympanal tenant à la portion écailleuse du temporal, et vu par la face externe.

Explication de la figure 3.

a. Cercle tympanal remplaçant le conduit auditif qui manque chez le fœtus. — *b*. Membrane du tympan, encadrée dans une rainure du cercle et laissant voir par sa transparence le manche du marteau et la branche de l'enclume. — *c*. Portion écailleuse du temporal.

FIGURE 4.

Cercle tympanal isolé, vu par la face externe et en rapport avec les osselets de l'ouïe.

FIGURE 5.

Cercle tympanal et portion écailleuse du temporal d'un fœtus représenté par la face interne et en rapport avec les osselets et la membrane du tympan.

Explication de la figure 5.

a. Marteau. — *b.* Enclume. Ces deux petits osselets, articulés ensemble, sont appliqués à la face interne de la membrane du tympan. — *c.* Cercle tympanal. — *d.* Portion écailleuse du temporal.

FIGURE 6.

Cercle tympanal vu par la face interne, sur la circonférence intérieure duquel on aperçoit la rainure d'encadrement.

FIGURE 7.

Coupe du temporal destinée à faire voir la direction de la membrane du tympan et ses rapports avec le fond du conduit auditif, d'une part, et avec le marteau, de l'autre.

Explication de la figure 7.

a. Portion osseuse du conduit auditif montrant la différence de longueur de ses parois supérieure et inférieure. — *b.* Face externe de la membrane du tympan. On voit ici la dépression centrale de cette membrane ainsi que son adhérence avec le manche du marteau.

FIGURE 8.

Coupe verticale de la membrane du tympan grossie, afin de faire voir, d'une part, les trois feuillets qui la composent, et, de l'autre part, la situation du manche du marteau entre les feuillets interne et moyen.

FIGURE 9.

Paroi interne de la cavité tympanique appartenant à un fœtus.

Explication de la figure 9.

a. Etrier bouchant la fenêtre ovale. — *b.* Promontoire. — *c.* Pyramide livrant passage au tendon du muscle de l'étrier. — *d.* Fenêtre ronde. — *e.* Conduit du muscle interne du marteau. — *f.* Conduit osseux de la trompe d'Eustachi. Ces deux conduits ne sont séparés que par une lamelle osseuse très mince, et sont appelés *canon de fusil double.*

FIGURE 10.

Elle a pour but de montrer l'ensemble de l'oreille externe et la cavité tympanique en communication avec la trompe d'Eustachi.

Explication de la figure 10.

a. Conduit auriculaire. — *b.* Membrane du tympan. — *c.* Marteau. — *d.* Enclume. — *e.* Cavité tympanique. — *f.* Trompe d'Eustachi. — *g.* Muscle interne du marteau.

PLANCHE 83.

Oreille moyenne ou caisse du tympan, trompe d'Eustachi, osselets de la caisse, muscles des osselets et nerfs de la caisse. Le tout vu du côté droit.

Préparation. — Ouvrez sur un temporal isolé la cavité tympanique de la manière suivante :

1° En enlevant la portion écailleuse, la membrane du tympan et la moitié antérieure de l'apophyse mastoïde au moyen d'un trait de scie qui, dirigé d'avant en arrière et verticalement, sur la face supérieure du rocher, passerait par le milieu de l'aqueduc de Fallope et de la trompe d'Eustache ;

2° En cassant avec le ciseau et le marteau la bosselure de la face supérieure du rocher, bosselure qui répond à la partie supérieure de la caisse ;

3° En emportant la paroi antérieure et inférieure avec la cisaille.

Pour mettre à nu le labyrinthe osseux, il faut employer successivement la scie, le ciseau et le marteau, la râpe ou un fort scalpel.

Quant aux osselets, après les avoir étudiés en place et articulés ensemble, il convient de les extraire et de les examiner séparément ; il faut seulement prendre quelques précautions à l'égard de l'étrier qui reste quelquefois adhérent à la fenêtre ovale, et à l'apophyse grêle du marteau qui est très fragile.

FIGURES 1 et 2.

Paroi interne de la caisse du tympan.

Explication des figures 1, et 2.

a, a. Fenêtre ovale ou ouverture vestibulaire du tympan. — *b*. Relief de l'aqueduc de Fallope. — *c*. Aqueduc de Fallope ouvert. — *d, d*. Promontoire. — *e*. Sillons destinés à contenir les divisions du nerf de Jacobson. — *f, f*. Pyramide ou canal osseux du muscle de l'étrier. — *g, g*. Fenêtre ronde ou ouverture cochléaire du tympan. *h*. Fossette sous-pyramidale. — *i*. Arrière-cavité de la caisse répondant à une bosselure du rocher. — *j*. Ouverture qui conduit dans *k, k*, cellules mastoïdiennes. — *l, l*. Conduit du muscle interne du marteau. — *m*. Bec de cuiller. — *n, n*. Portion osseuse de la trompe d'Eustache se continuant sans ligne de démarcation avec la cavité tympanique. — *o*. Hiatus de Fallope. — *p*. Gouttière destinée à loger le nerf grand pétreux superficiel. — *q*. Portion osseuse du conduit auditif externe. — *r*. Rainure dans laquelle s'enchâsse la membrane du tympan. — *s, s*. Artère carotide interne logée dans son canal osseux.

FIGURE 3.

Cavité tympanique en rapport avec ses osselets, ses muscles et ses nerfs.

Explication de la figure 3.

a. Marteau tenant par la partie antérieure et supérieure de son manche, et par son extrémité arrondie, à *b*, la membrane du tympan. — *c*. Muscle interne du marteau. — *d*. Etrier bouchant la fenêtre ovale. — *e*. Muscle de l'étrier.

1. Nerf facial communiquant avec : 2, grand pétreux superficiel, et 3, petit pétreux superficiel. — 4, 4. Corde du tympan. — 5. Filet nerveux du muscle interne du marteau émanant de la portion motrice de la cinquième paire, et traversant le ganglion otique. — 6. Filet nerveux émanant du facial et se rendant au muscle de l'étrier. 7. Ganglion de Gasser.

FIGURE 4.

Ensemble de l'oreille externe, de l'oreille moyenne et de l'oreille interne, en rapport avec les osselets, leurs muscles et la trompe d'Eustachi.

41

Explication de la figure 4.

a, a. Pavillon et conduit auditif externe, ou oreille externe. — *b.* Cavité tympanique contenant les osselets. — *c.* Marteau et ses trois muscles, savoir : *d.* muscle interne, logé dans l'épaisseur de la paroi supérieure de la trompe d'Eustache ; ce muscle se réfléchit à angle droit pour venir s'insérer à la partie supérieure du manche du marteau ; *e*, muscle antérieur du marteau, né de l'épine sphénoïdale ; il traverse la fissure glénoïdale pour se rendre à l'apophyse grêle du marteau ; *f*, muscle externe du marteau ; il se dirige de la partie supérieure du conduit auriculaire, où il naît, vers l'apophyse courte du marteau. — *g.* Moitié inférieure de la membrane du tympan tenant au manche du marteau. — *h.* Trompe d'Eustache. — *i.* Oreille interne ou labyrinthe.

FIGURE 5.

Ensemble de l'oreille moyenne et de l'oreille interne, vu par la face supérieure du rocher.

Explication de la figure 5.

a, a. Ligne ponctuée indiquant le trajet du conduit auditif externe. — *b.* Marteau et enclume appliqués contre la paroi externe de la cavité tympanique. — *c.* Cavité vestibulaire offrant plusieurs ouvertures. — *d.* Fenêtre ovale bouchée par la base de l'étrier. — *e.* Canal demi-circulaire supérieur. — *f.* Canal demi-circulaire postérieur. — *g.* Canal demi-circulaire horizontal. — *h.* Limaçon. — *i.* Conduit auditif interne.

FIGURE 6.

Osselets de grandeur naturelle et articulés ensemble.

Explication de la figure 6.

a. Marteau. — *b.* Enclume. — *c.* Etrier.

FIGURE 7.

Enclume, os lenticulaire et étrier de grandeur naturelle et articulés ensemble, vus de côté.

FIGURE 8.

Marteau, enclume et os lenticulaire articulés ensemble, et vus par leurs faces externes. *Cette figure, ainsi que toutes celles qui suivent, représente les parties grossies trois fois.*

FIGURE 9.

Enclume, os lenticulaire et étrier articulés ensemble et vus de côté.

FIGURE 10.

Deux marteaux vus en sens opposé.

Explication de la figure 10.

a. Tête du marteau sur laquelle on voit, en *b*, sa surface articulaire avec l'enclume. — *c.* Col. — *d.* Manche. — *e.* Apophyse courte. — *f.* Apophyse grêle de Raw.

FIGURE 11.

Enclume et os lenticulaire.

Explication de la figure 11.

a. Corps de l'enclume offrant, *b, b*, ses facettes articulaires. — *c.* Branche horizontale. — *d, d.* Branche verticale de l'enclume articulée avec *e*, os lenticulaire.

FIGURE 12.

Etrier et son muscle.

Explication de la figure 12.

a, a. Tête de l'étrier offrant une petite excavation pour s'articuler avec l'os lenticulaire. — *b.* Branche antérieure. — *c.* Sa branche postérieure. — *d.* Muscle de l'étrier attenant au col. — *e, e.* Base de l'étrier.

PLANCHE 84.

Oreille interne, ou labyrinthe du côté gauche, vue de différentes manières.

PRÉPARATION. — Le labyrinthe osseux, offrant chez l'adulte des difficultés très grandes pour l'isoler de la substance osseuse dense qui l'entoure, il convient de commencer sa préparation sur les temporaux ramollis par les acides ou sur ceux des fœtus et des enfants très jeunes, chez lesquels la substance osseuse environnante, encore molle et spongieuse, est facilement attaquable par les instruments. Après s'être ainsi exercé, on parviendrait plus facilement à l'exécuter sur les os non macérés de l'adulte.

Chez les très jeunes sujets, les canaux verticaux sont presque entièrement découverts. Le vertical supérieur, perpendiculaire au bord supérieur du rocher, se traduit chez l'adulte par une bosselure qu'on trouve au bord supérieur du rocher, près de sa base. Le canal vertical postérieur, parallèle à la face postérieure du rocher, sur laquelle il est en relief dans l'intervalle qui sépare l'hiatus du vestibule du fond du conduit auditif interne, est complétement mis à nu par l'ablation d'une petite quantité de tissu spongieux qui masque sa substance compacte. Le canal horizontal se prépare en creusant entre les canaux verticaux.

On découvre le vestibule en enlevant la portion osseuse placée au-devant du canal vertical supérieur.

Le limaçon est mis à nu en emportant avec précaution, à l'aide d'un fort scalpel, d'une lime ou du ciseau et du maillet, la substance spongieuse comprise entre le conduit auditif interne et le canal carotidien.

Pour voir l'intérieur du limaçon, il est nécessaire de l'ouvrir, soit par l'ablation de la lame des contours, soit en pratiquant une section médiane verticale, dirigée de sa base vers son sommet.

FIGURE 1.

Face externe ou tympanique du labyrinthe.

Explication de la figure 1.

a. Paroi externe du vestibule sur laquelle on remarque : *b*, fenêtre ovale ; *c*, fenêtre ronde, et *d*, trajet parcouru par le nerf facial. — *e*. Canal demi-circulaire supérieur. — *f*. Canal demi-circulaire postérieur. — *g*. Canal demi-circulaire horizontal. — *h*. Limaçon. — *i*, *i*, *i*. Paroi du limaçon ou lame des contours. — *j*. Aqueduc du limaçon. — *k*. Portion du rocher correspondant à la gouttière qui précède le conduit auditif interne.

FIGURE 2.

Face interne ou crânienne du labyrinthe, grossie trois fois.

Explication de la figure 2.

a. Paroi interne du vestibule. — *b*. Aqueduc du vestibule. — *c*. Base du limaçon. — *d*. Aqueduc du limaçon. — *e*, *f*. Gouttière et conduit auditif interne au fond duquel on trouve plusieurs trous pour le passage des nerfs facial et auditif. — *g*. Canal demi-circulaire supérieur. — *h*. Canal demi-circulaire postérieur. — *i*. Canal demi-circulaire horizontal.

FIGURE 3.

Intérieur du labyrinthe vu par sa face externe ou tympanique.

Explication de la figure 3.

a. Cavité vestibulaire dans laquelle s'ouvrent : les canaux demi-circulaires par cinq orifices, la rampe vestibulaire du limaçon, et la cavité tympanique par les fenêtres ronde et ovale. — *b*, *b*. Section de la lame des contours. — *c*, *c*. Portion osseuse de la lame spirale divisant la cavité conoïde du limaçon en rampe supérieure ou vestibulaire et en rampe inférieure ou tympanique. — *d*. Orifice du sommet de l'axe du limaçon.

FIGURE 4.

Intérieur du labyrinthe vu par sa face interne ou crânienne.

Explication de la figure 4.

a. Cavité vestibulaire dans laquelle on voit aboutir : les cavités des canaux demi-circulaires, la fenêtre ovale, la fenêtre ronde et la cavité limacienne. — *b.* Fond du conduit auditif interne répondant à la base du limaçon et un peu à la paroi interne du vestibule. On y trouve, *c*, l'ouverture simple pour le nerf facial, et, *d*, les ouvertures multiples pour le passage du nerf auditif.

FIGURE 5.

Intérieur du limaçon rendu visible par l'ablation de la lame des contours.

Explication de la figure 5.

a, a. Lame spirale contournant par son bord interne *b* l'axe du limaçon. — *c.* Infundibulum. — *d.* Ouverture de communication des deux rampes. — *e, e, e.* Section de la lame des contours. — *f, f, f.* Rampe inférieure ou tympanique. — *g, g, g.* Rampe supérieure ou vestibulaire.

FIGURE 6.

Coupe du limaçon suivant son axe.

Explication de la figure 6.

a. Conduits de l'axe ou de la columelle aboutissant au sommet et aux trous de la périphérie pour le passage des ramifications vasculaires et nerveuses. — *b.* Infundibulum. — *c.* Base de la columelle répondant au fond du conduit auditif interne. — *d, d, d.* Coupe de la lame spirale. — *e, e, e.* Coupe de la lame des contours. — *f, f, f.* Rampe inférieure. — *g, g, g.* Rampe supérieure.

FIGURE 7.

Coupe du limaçon suivant son axe, grossie de 4 diamètres, destinée à faire voir le passage de la branche limacienne du nerf auditif, accompagnée de quelques ramifications vasculaires à travers les conduits de la columelle pour se rendre à la cloison spirale.

FIGURE 8.

Coupe du limaçon, grossie de 6 diamètres, destinée à montrer la distribution de la branche limacienne du nerf auditif depuis sa perforation de la columelle jusqu'à sa réflexion terminale sur la lame spirale.

FIGURES 9 et 10.

Ensemble de l'oreille moyenne et de l'oreille interne, vu par une section de la face supérieure du rocher, montrant principalement la distribution entière du nerf auditif.

Explication des figures 9 et 10.

a, a. Marteau tenant *b, b,* à son muscle interne, *c, c,* son muscle antérieur, et *d,* son muscle externe. — *e, e.* Enclume. — *f.* Os lenticulaire. — *g.* Étrier. — *h.* Muscle de cet osselet. — *i.* Corde du tympan. — *j.* Nerf facial recevant *k,* le nerf grand pétreux superficiel. — *l.* Limaçon. — *m.* Nerf auditif. — *n.* Sa branche limacienne, et *o,* sa branche vestibulaire fournissant : *p,* le rameau du canal vertical postérieur ; *q,* le rameau du saccule ; *r,* le rameau de l'utricule ; *s,* le rameau du canal horizontal, et *t,* le rameau du canal vertical supérieur.

ORGANES DE L'ODORAT OU DE L'OLFACTION.

Ces organes, qui ont la faculté de percevoir les impressions odorantes et de les transmettre à l'encéphale, se composent : 1° d'une partie accessoire ou de protection, le *nez* ; 2° d'une partie essentielle, les *fosses nasales*, tapissées par la muqueuse pituitaire dans laquelle viennent se distribuer les ramifications du nerf olfactif.

DU NEZ.

Le *nez* est cette éminence triangulaire et pyramidale qui est placée à la partie supérieure et moyenne de la face, au-dessus de l'ouverture antérieure des fosses nasales qu'il recouvre et qu'il protége, entre le front et la lèvre supérieure, les orbites et les joues. On lui distingue deux faces latérales, un bord antérieur, un sommet et une base ; celle-ci est percée de deux ouvertures toujours béantes, nommées *narines*.

Faces latérales.— Elles sont plus étroites en haut qu'en bas, et plus ou moins étendues et inclinées en dehors, où elles se continuent avec les joues. On y remarque inférieurement un sillon demi-circulaire, à concavité tournée en bas et en avant, qui, après avoir séparé le nez de la joue, remonte au-dessus d'une éminence appelée *aile du nez*.

Bord. — Les deux faces latérales, en se réunissant sur la ligne médiane, constituent le bord antérieur ou le *dos* du nez. Celui-ci, incliné de haut en bas et d'arrière en avant, a une forme variable suivant les individus, convexe dans les nez aquilins, il est droit dans les nez grecs, et même concave dans les nez retroussés. Il se termine inférieurement par une éminence arrondie, nommée le *lobe*, ou le bout du nez.

Base. — Ordinairement horizontale, souvent aussi tournée un peu en avant, elle présente les deux narines, ouvertures ovalaires qui sont quelquefois réduites à de simples fentes.

Les narines conduisent dans les fosses nasales ; elles sont limitées en dehors, de chaque côté, par l'aile du nez correspondante, en dedans par la sous-cloison qui les sépare l'une de l'autre.

Sommet ou racine. — Il est étroit et séparé de la bosse frontale moyenne par une dépression plus ou moins profonde, qui manque dans les nez grecs.

Le nez varie beaucoup quant à sa direction ; et bien qu'il occupe généralement la ligne médiane, il n'est pas rare de le voir plus ou moins dévié à droite ou à gauche.

Les variétés de forme et de volume sont aussi très nombreuses ; on les rapporte à trois espèces principales, savoir : les nez *proéminents*, auxquels se rattachent les nez aquilins, c'est-à-dire ceux qui sont convexes, minces, allongés et pointus ; les nez droits ou grecs, qui se continuent sans ligne de démarcation avec le front ; 2° les nez *retroussés*, dont le lobe plus ou moins pointu est relevé ; 3° les nez *aplatis*, dont le dos est plat à partir de la racine, quelquefois concave, dont les ailes sont très larges et les narines tournées en avant. Ces nez sont généralement plus larges que longs.

Les nez des deux premières espèces appartiennent à la race caucasique ; les nez proéminents, plus particulièrement aux hommes, les nez retroussés aux femmes et aux enfants. Les nez aplatis se voient dans les races nègre et mongole.

Structure.— Il entre dans la structure du nez : une charpente ou un squelette osseux, cartilagineux et membraneux ; des muscles, des vaisseaux, des nerfs ; une enveloppe cutanée, une membrane muqueuse, des follicules muqueux et sébacés, et quelques poils.

SQUELETTE DU NEZ.

Il est osseux et solide en haut, cartilagineux, membraneux et un peu mobile en bas.

La *portion osseuse* est formée par les os propres du nez et les apophyses montantes des os maxillaires, qui s'articulent avec l'épine nasale du coronal et avec les apophyses orbitaires internes. Elle offre à considérer une face interne faisant partie des fosses nasales et qui sera décrite avec elles ; une face externe, une base et un sommet.

On distingue encore à la face externe deux faces latérales et un bord antérieur. Chacune de ces faces, plus étroite en haut qu'en bas, plus ou moins inclinée en dehors, concave à sa partie moyenne, est parcourue dans toute sa longueur par la ligne de suture de l'os propre du nez avec l'apophyse montante de l'os maxillaire. Sur le premier de ces os, on voit vers la partie moyenne, deux ou trois trous pour le passage de petits vaisseaux qui font communiquer ceux de la peau avec ceux de la muqueuse pituitaire ; inférieurement se trouvent des inégalités pour l'insertion du muscle pyramidal. L'apophyse montante présente en haut des inégalités auxquelles s'attache le muscle élévateur commun de l'aile du nez et de la lèvre supérieure, et en bas des trous vasculaires pour la nutrition de l'os.

Le *bord antérieur*, incliné de haut en bas et d'arrière en avant, est formé par la suture harmonique des deux os propres du nez.

La *base* n'est autre chose que l'ouverture antérieure des fosses nasales, dont nous parlerons tout à l'heure.

Le *sommet* répond à la suture des os propres du nez avec l'épine nasale du coronal, et est limité par un sillon plus ou moins profond, concave inférieurement, qui s'étend de l'une à l'autre des apophyses orbitaires internes du coronal. Ce sillon se continue de chaque côté avec les sutures de l'apophyse montante avec l'os propre du nez et l'apophyse orbitaire interne ; il est coupé à angle droit, dans sa partie moyenne, supérieurement par la suture des deux moitiés latérales du coronal, inférieurement par la suture des deux os propres du nez.

Cartilages du nez.

On en compte cinq principaux, qui sont distingués en pairs et en impairs. Les premiers, au nombre de quatre, occupent les parties latérales : ce sont les deux cartilages latéraux proprement dits, et les deux cartilages des ailes du nez ou des narines ; le dernier est situé sur la ligne médiane et s'appelle cartilage médian, ou de la cloison.

Il existe encore des noyaux cartilagineux pairs, en nombre indéterminé, développés entre les cartilages précédents, et parmi lesquels on en a décrit plus spécialement trois de chaque côté, sous le nom de cartilages carrés. Enfin, Huschke fait mention de deux lamelles cartilagineuses (cartilages vomériens), entre lesquelles vient se placer le bord inférieur du cartilage médian.

. De cette manière, le nombre des cartilages du nez, porté à onze par Santorini, s'élèverait jusqu'à treize, dont douze pairs, indépendamment des cartilages sésamoïdes proprement dits.

1° *Cartilages latéraux proprement dits.*—Irrégulièrement triangulaires, aplatis de dehors en dedans, ils sont situés au-dessous des os propres du nez et au-dessus des cartilages des narines, à la branche externe desquels ils adhèrent par un tissu fibreux dense et serre. Leur bord supérieur s'enfonce sous le bord inférieur de l'os propre du nez et de la partie voisine de l'apophyse montante, et s'y attache par du tissu fibreux ; leur bord interne, uni à celui du côté opposé dont il est à peine séparé par un sillon superficiel, se continue avec le bord supérieur du cartilage de la cloison. Leur face externe est couverte par les muscles triangulaire et pyramidal ; leur face interne est tapissée par la membrane pituitaire.

2° *Cartilages des ailes du nez ou des narines.*—Situés au-dessous des précédents, ces cartilages appartiennent spécialement aux ouvertures des narines, qu'ils maintiennent continuellement béantes. Ils sont recourbés sur eux-mêmes, de manière à représenter de chaque côté une ellipse coupée en arrière, ou deux branches coudées à angle arrondi tourné en avant. Des deux branches, l'une est externe et l'autre interne.

La *première (branche pinnale)*, très mince, se dirige un peu en haut et en arrière au-dessus de l'aile du nez, dont son bord inférieur forme le sillon, et se termine par une extrémité arrondie dans le tissu fibreux qui la réunit au cartilage précédent. Elle est recouverte en dehors, où elle est convexe, par le muscle triangulaire et par la peau ; en dedans, où elle est concave, par la muqueuse pituitaire.

La *seconde*, horizontale, plus étroite que la précédente qu'elle déborde inférieurement, revêtue en dehors par la pituitaire, est contiguë en dedans à la cloison, supérieurement, et à la branche du côté opposé, inférieurement. Elle adhère à cette dernière par un tissu cellulaire lâche, dans lequel se prolonge habituellement l'artère de la sous-cloison. Large en avant, la branche interne se termine en arrière par une extrémité étroite, mince et recourbée en dehors, fixée par du tissu cellulaire à l'épine nasale antérieure et inférieure. La contiguïté de son bord inférieur à celui du côté opposé constitue la sous-cloison, recouverte par la peau. La contiguïté des angles des deux cartilages des narines constitue en avant une saillie plus ou moins prononcée, qui détermine la forme du lobe du nez et qui offre dans son milieu une rainure appréciable sous la peau, par le toucher.

3° *Cartilage de la cloison.*— Il est situé à la partie antérieure et inférieure de la paroi interne des fosses nasales, dans l'échancrure triangulaire interceptée par la lame perpendiculaire de l'ethmoïde et le vomer. Il est aplati transversalement et à peu près triangulaire; le plus ordinairement vertical, il est souvent aussi plus ou moins dévié à droite ou à gauche, et surtout dans ce dernier sens. Ses deux faces, revêtues par la membrane pituitaire, servent à constituer les parois internes des fosses nasales. Son bord supérieur et postérieur, épais, rugueux, incliné en arrière et en bas, s'articule par continuité de tissu avec le bord inférieur de la lame perpendiculaire de l'ethmoïde. Son bord inférieur répond en avant aux branches internes des cartilages des narines, auxquelles il adhère par un tissu cellulaire lâche; en arrière, il repose sur le tissu cellulaire qui unit les deux cartilages *vomériens* et sur le bord antérieur du vomer, entre les deux lames duquel il envoie chez les jeunes sujets un prolongement (*prolongement caudal*) qui va se fixer au rostrum du sphénoïde. Les deux faces latérales de ce prolongement sont longées de chaque côté par le nerf naso-palatin interne.

Son bord antérieur, continu en haut avec les cartilages latéraux qui lui forment des espèces d'ailes, est contigu inférieurement aux branches internes des cartilages des narines, et se termine en formant avec le bord inférieur un angle obtus.

4° *Cartilages vomériens.* — Huschke décrit sous ce nom deux petites lamelles cartilagineuses, longues de 15 millimètres à peu près, dirigées horizontalement en arrière depuis l'épine nasale antérieure et inférieure jusqu'à l'extrémité antérieure du vomer. Ces cartilages, réunis par un tissu cellulaire lâche, laissent entre eux un sillon dans lequel vient se placer le bord inférieur du cartilage de la cloison et le bord inférieur du vomer. Dans quelques cas, ils se joignent en arrière à deux autres bandelettes cartilagineuses qui leur sont parallèles, et avec lesquelles ils forment de chaque côté, sur la paroi inférieure des fosses nasales, un sillon longitudinal.

Les *cartilages carrés* sont de petits disques, au nombre de trois de chaque côté, situés sur la face externe de l'aile du nez, et unis en arrière à l'extrémité postérieure de la branche externe du cartilage des narines.

Il existe encore des noyaux cartilagineux (*cartilages sésamoïdes*), en nombre indéterminé, placés dans la membrane fibreuse qui s'étend entre les cartilages latéraux et les cartilages des narines.

Usages des cartilages. — Les cartilages du nez donnent par leur élasticité, à la partie la plus saillante de cet organe, le degré de souplesse et de mobilité dont elle jouit. C'est de cette manière qu'ils préviennent les ruptures auxquelles elle aurait été infailliblement exposée, si le nez possédait dans toute son étendue la structure osseuse. Les cartilages des narines sont aussi destinés à maintenir ces ouvertures béantes.

Toutes ces pièces que nous venons de décrire rappellent d'ailleurs parfaitement la forme des parties osseuses. Le cartilage latéral proprement dit, la membrane fibreuse placée au devant, et la branche externe du cartilage de la narine, représentent les os propres du nez. Le cartilage de la cloison fai suite à la lame perpendiculaire de l'ethmoïde ; son bord inférieur, comme celui de cette dernière, est reçu entre les deux lames du vomer, et plus en avant entre les cartilages vomériens et les branches internes des cartilages des narines ; le mode d'union de son bord supérieur avec les cartilages latéraux explique la solidité que présente encore à cet endroit le bord antérieur du nez, et ressemble exactement au mode d'union de la lame perpendiculaire avec les os propres du nez.

Membrane fibreuse du nez.

Placée entre le cartilage latéral et celui de la narine, qu'elle unit l'un à l'autre, elle contient dans son épaisseur des segments cartilagineux irréguliers qui la rendent plus résistante. En dehors elle reçoit les insertions de quelques fibres du muscle triangulaire ; en dedans elle est tapissée par la muqueuse pituitaire.

Cette membrane sert à donner une mobilité plus considérable au lobe du nez.

MUSCLES DU NEZ.

Il est annexé aux ouvertures des narines un appareil musculaire destiné à les dilater ou à les resserrer. Il se compose de quatre muscles de chaque côté, savoir : 1° le pyramidal ; 2° le triangulaire, ou pinnal transverse; 3° le myrtiforme, ou pinnal radié ; 4° un faisceau de l'élévateur commun de l'aile du nez et de la lèvre supérieure.

1° *Pyramidal.* — Occupant la face latérale et la racine du nez, ce petit muscle, qui n'est qu'un prolongement de la partie antérieure et interne du muscle frontal, descend, en se rétrécissant d'abord et en s'élargissant ensuite, parallèlement à celui du côté opposé ; et se termine en partie au-dessous du milieu de l'os propre du nez, en partie sur l'aile du nez correspondante. Quelques unes de ses fibres s'entrecroisent sur le dos du nez avec celles de son congénère.

En avant, il est recouvert par la peau et le muscle triangulaire ; en arrière, il recouvre l'os propre du nez et les cartilages latéraux supérieurs et inférieurs.

Action. — Ce muscle abaisse les téguments du front, efface ses rides transverses et en produit d'autres sur le dos du nez. On peut encore le considérer comme un dilatateur de l'aile du nez.

2° *Triangulaire du nez, ou pinnal transverse.*—Aplati, mince, triangulaire, situé sur la face latérale du nez, ce muscle s'insère à la partie antérieure de la fosse canine. De là ses fibres montent en divergeant en avant sur l'aile du nez, et se terminent sur le dos de cet organe où elles s'unissent avec celles du côté opposé.

En dehors, il est en partie sous-cutané et en partie séparé de la peau par le muscle élévateur commun de l'aile du nez et de la lèvre supérieure. En dedans, il recouvre les fibres du pyramidal dont il croise la direction, et le nerf naso-lobaire.

Action. — Il serait dilatateur d'après les uns et constricteur d'après les autres. Son action me semble subordonnée à la position convexe ou concave qu'affecte la narine : dans le premier cas, il est constricteur ; dans le second, dilatateur.

3° *Myrtiforme, ou pinnal radié.*—Ce petit muscle, situé au-dessous de l'aile du nez, s'insère dans la fossette myrtiforme que l'on remarque au-dessus des alvéoles des deux dents incisives supérieures. Il monte ensuite en avant et se termine à la partie postérieure de la narine, sur la sous-cloison et sur l'extrémité postérieure de la branche externe du cartilage de l'aile du nez.

Caché en dedans par la membrane muqueuse de la lèvre supérieure et par quelques fibres du muscle orbiculaire des lèvres, il est couvert en dehors par la peau et l'orbiculaire.

Action. — Il tire l'aile du nez en bas et en dedans, et rétrécit l'ouverture de la narine ; il agit dans l'expression des passions tristes.

4° *Élévateur de l'aile du nez et de la lèvre supérieure.* — Situé sur les limites du nez et de la joue, allongé, simple supérieurement, double inférieurement, ce muscle n'entre dans la structure du nez que par un petit faisceau.

Son attache supérieure se fait sur l'apophyse orbitaire interne, sur l'apophyse montante, un peu au-dessus du tendon direct de l'orbiculaire, et sur la partie interne de la base de l'orbite. De là ses fibres descendent sur le côté du nez et se partagent en deux faisceaux, dont l'interne, souvent très petit, s'insère sur le cartilage de la narine et sur l'aile du nez. Le faisceau externe se termine un peu plus bas sur le derme de la peau de la lèvre supérieure, près de la commissure.

Recouvert en avant par la peau et la partie inférieure de l'orbiculaire des paupières, l'élévateur commun est appliqué sur l'os maxillaire supérieur, sur le pinnal transverse et sur les fibres de l'élévateur propre de la lèvre supérieure dont il croise la direction.

Action.—Il dilate la narine, en même temps qu'il tire la lèvre supérieure en haut et en dehors. Il concourt à l'expression du dédain.

On trouve encore sur le nez deux faisceaux musculaires, dont l'un, s'insérant sur l'os propre, constitue une des origines du canin, et dont l'autre, situé sur l'aile du nez, au-dessous du faisceau de l'élévateur commun, appartient à l'élévateur propre de la lèvre supérieure.

PEAU ET MEMBRANE PITUITAIRE DU NEZ.

La peau du nez fait suite à celle du front, des paupières, des joues et de la lèvre supérieure; après avoir revêtu la totalité de l'organe, elle s'enfonce dans les narines pour se continuer avec la membrane pituitaire. Lisse, dépourvue de poils, mince et lâche vers la racine et sur le dos du nez, elle devient plus épaisse et plus adhérente au niveau des narines, où elle présente une dureté presque cartilagineuse. Elle est unie aux parties sous-jacentes par du tissu cellulaire chargé d'une petite quantité de graisse.

On trouve, dans son épaisseur, un grand nombre de follicules sébacés, surtout visibles sur le lobe du nez et dans le sillon qui le sépare de la joue. Ces follicules ne sont autre chose que de petites ampoules, en forme de bouteille, constituées par une membrane homogène, et remplies d'une humeur huileuse, d'un aspect grumeleux, qui apparaît à l'orifice de chaque follicule comme autant de petits points colorés en noir par la poussière.

Dans les narines, à l'endroit où elle se continue avec la pituitaire, la peau est pourvue de petits poils roides (*vibrissæ*), nombreux et assez longs chez quelques individus, principalement chez les vieillards. Ces poils s'opposent à l'entrée dans les fosses nasales des corpuscules qui voltigent dans l'air.

La membrane pituitaire qui tapisse l'intérieur du nez est moins rouge et moins épaisse que dans l'intérieur des fosses nasales; elle n'offre d'ailleurs rien de particulier, si ce n'est qu'elle est recouverte d'épithélium pavimenteux, tandis qu'on trouve de l'épithélium vibratile sur la muqueuse des fosses nasales.

VAISSEAUX ET NERFS DU NEZ.

Les *artères* sont fournies par la faciale, par la sous-orbitaire de la maxillaire interne et par le rameau nasal de l'ophthalmique.

Les *veines*, très nombreuses au lobe, surtout chez les vieillards et les ivrognes, se rendent dans la veine angulaire et dans la faciale, qui lui fait suite.

Les *vaisseaux lymphatiques* aboutissent aux ganglions parotidiens et sous-maxillaires.

Les *nerfs* moteurs émanent du facial; les nerfs de sensibilité viennent de l'ophthalmique de Willis, dont le filet nasal interne fournit le nerf naso-lobaire.

USAGES DU NEZ.

Le nez est une sorte d'auvent protecteur, qui prévient le dessèchement de la membrane pituitaire, en la mettant à l'abri de l'impression continuelle de l'air; il sert en même temps à diriger les molécules odorantes vers la partie supérieure des fosses nasales, c'est-à-dire vers la partie la plus sensible.

Les mouvements alternatifs d'élévation et d'abaissement qu'exécutent les ailes du nez, à peine sensibles chez les individus qui ont une bonne respiration, deviennent très apparents et se succèdent plus rapidement chez ceux dont la respiration est gênée, tels que les asthmatiques, les phthisiques, les moribonds, etc., etc.; ces mouvements concourent aussi, dans certaines circonstances, au jeu de la physionomie.

FOSSES NASALES.

Destinées à loger la muqueuse olfactive, les fosses nasales sont deux cavités comprises entre les os de la face et du crâne, et qui se prolongent même dans l'épaisseur de ceux-ci par des arrière-cavités appelées *sinus*.

Elles sont situées au-dessous de la base du crâne, au-dessus de la cavité buccale, derrière le nez, au-devant du pharynx, entre les fosses zygomatiques, les orbites et les joues. Ouvertes en avant et en arrière, afin de livrer passage à l'air nécessaire pour la respiration, elles sont séparées l'une de l'autre par une cloison cartilagineuse en avant et osseuse dans le reste de son étendue. Leurs dimensions, quelquefois inégales d'un côté à l'autre, parce que la cloison est déjetée soit à droite, soit à gauche, sont en raison directe avec l'âge, et plus considérables chez l'homme que chez la femme.

Leur forme, bien qu'irrégulière, représente à peu près un parallélipipède, et permet de leur considérer six parois : une supérieure, une inférieure, une antérieure, une postérieure, une interne et une externe. Elles sont encore pourvues de deux ouvertures : l'une antérieure, commune aux deux fosses nasales ; l'autre postérieure, propre à chacune d'elles.

1° La *paroi supérieure*, ou voûte des fosses nasales, la moins étendue de toutes, est horizontale et se réduit à une rainure étroite, limitée par les parois interne, externe, antérieure et postérieure. Elle est entièrement constituée par un seul os, la lame criblée de l'ethmoïde, soudée en avant à l'échancrure nasale du frontal et en arrière au corps du sphénoïde. Cette lame livre passage, à travers les nombreux trous dont elle est percée, aux filets du nerf olfactif, et, par la petite fente qu'elle présente tout à fait en avant, au filet ethmoïdal du rameau nasal de l'ophthalmique de Willis.

2° La *paroi inférieure*, nommée aussi plancher des fosses nasales, horizontale et légèrement inclinée en arrière, est plus longue et plus large que la précédente. Elle a la forme d'une gouttière qui s'étend de l'épine nasale antérieure et inférieure à l'épine nasale postérieure, et latéralement de la paroi interne à la paroi externe. A sa partie antérieure et interne, on trouve l'ouverture de l'une des divisions supérieures du canal palatin antérieur. Deux os entrent dans la formation de cette paroi : l'apophyse palatine du maxillaire supérieur dans ses trois quarts antérieurs et la portion horizontale du palatin dans son quart postérieur.

3° La *paroi antérieure*, ou l'*une des faces latérales internes du nez*, inclinée en bas et en avant, étendue depuis l'épine nasale du coronal jusqu'à l'ouverture antérieure des fosses nasales, est excavée transversalement et plus large en haut qu'en bas. Elle est percée de deux ou trois trous vasculaires, et parcourue, dans le sens de sa longueur, par un sillon destiné au rameau nasal interne de l'ophthalmique. L'os propre correspondant et l'épine nasale du coronal la constituent ; l'apophyse montante de l'os maxillaire supérieur la limite en dehors ; la suture de l'os propre du nez et la lame perpendiculaire de l'ethmoïde la limitent en dedans.

4° La *paroi postérieure*, bornée en haut par la lame criblée de l'ethmoïde avec laquelle elle se rencontre à angle droit, et en bas par l'ouverture postérieure des fosses nasales, est également creusée en gouttière. Cette paroi, formée par le corps du sphénoïde et le cornet de Bertin, cache le sinus sphénoïdal correspondant, dont l'orifice, placé un peu au-dessous de sa partie moyenne et rétréci par le cornet de Bertin, offre un diamètre à peu près égal à celui d'une plume à écrire.

5° La *paroi interne*, ou la *cloison*, sépare les deux fosses nasales ; le plus souvent verticale et occupant la ligne médiane de la face, il n'est pas rare de la voir déjetée à droite ou à gauche, convexe d'un côté et concave de l'autre. Elle est plane, lisse et à peine marquée de quelques sillons, excepté à sa partie supérieure où l'on trouve des petits canaux pour les nerfs olfactifs.

Cette face est constituée : 1° par la lame perpendiculaire de l'ethmoïde, qui s'unit en arrière au corps du sphénoïde, en avant à l'épine nasale du coronal et aux os propres du nez, en bas au vomer entre les deux lames duquel elle est reçue ; 2° par le vomer dont le bord inférieur est placé dans une gouttière due à la réunion des os maxillaires supérieurs et palatins. Le bord postérieur de la cloison, mince et tranchant, n'est autre que le bord postérieur du vomer ; son bord antérieur présente une vaste échancrure triangulaire, comblée par le cartilage de la cloison.

6° La *paroi externe*, la plus compliquée de toutes, un peu inclinée en bas et en dehors, est remarquable par la présence d'une série d'éminences et d'enfoncements qu'on désigne, les premières sous le nom de *cornets*, les derniers sous le nom de *méats*.

Cornets. — Au nombre de trois. Ce sont des lamelles recourbées, superposées, convexes en dedans et concaves en dehors ; on les distingue en supérieur, moyen et inférieur. Les deux premiers appartiennent à l'ethmoïde, et par conséquent aux os du crâne ; le troisième est un os particulier qui fait partie des os de la face.

Cornet supérieur, ou cornet de Morgagni. — On appelle ainsi une petite lame mince, recourbée sur elle-même de dedans en dehors, située à la partie postérieure et supérieure de la face interne des masses latérales de l'ethmoïde. Limitée inférieurement par une échancrure qui occupe la portion médiane et postérieure de la même face, elle se confond en haut et en avant avec un espace quadrilatère, rugueux, sillonné par les conduits du nerf olfactif, appartenant au cornet moyen. Le cornet supérieur est le plus petit, il n'a que la moitié de la longueur du cornet moyen. Sur le squelette, on ne peut le voir que par l'ouverture postérieure des fosses nasales.

Le *cornet moyen*, uni en avant à la face interne de l'épine nasale du coronal et à l'apophyse montante de l'os maxillaire, se continue en arrière et en haut avec le cornet inférieur au moyen de l'espace quadrilatère dont nous venons de parler. En bas, il présente un bord épais et spongieux, excepté en arrière, où il est mince et parcouru par un sillon vasculaire.

Le *cornet inférieur*, le plus étendu en longueur et en largeur, est un petit os mince, lamelleux, recourbé sur lui-même, à face interne rugueuse et convexe, faisant saillie dans les fosses nasales ; à face externe concave et moins rugueuse, répondant au méat inférieur. Son bord inférieur, légèrement oblique de haut en bas et d'avant en arrière, est comme roulé sur lui-même, d'apparence spongieuse et plus épais à sa partie moyenne qu'à ses deux extrémités, où il forme, en s'unissant avec le bord supérieur, deux angles aigus dont le postérieur est très allongé. Son bord supérieur s'articule avec la crête située à la face interne de l'os palatin et à la face interne de l'apophyse montante ; il est surmonté, dans sa partie moyenne, d'une éminence lamelleuse un peu concave en dedans, qui s'articule avec l'ethmoïde et principalement avec l'os unguis pour compléter le canal nasal. En arrière de cette éminence, on voit partir du bord supérieur une sorte de crochet triangulaire (apophyse unciforme), dont la pointe est dirigée en bas et en dehors, et qui sert en quelque sorte à suspendre le cornet inférieur à l'orifice du sinus maxillaire qu'il rétrécit.

Méats des fosses nasales. — Également au nombre de trois (supérieur, moyen inférieur), ils augmentent d'étendue, du supérieur vers l'inférieur.

Le *méat supérieur*, borné en haut par le cornet supérieur, communique avec les cellules ethmoïdales postérieures, et, par l'intermédiaire de celles-ci, avec le sinus sphénoïdal ; il répond en arrière au trou sphéno-palatin.

Le *méat moyen*, creusé en dessous et en dehors du cornet moyen, est obliquement dirigé de bas en haut et d'arrière en avant. Il communique en haut avec les cellules ethmoïdales antérieures, et par l'une d'entre elles (*infundibulum*), plus large en haut qu'en bas, avec le sinus frontal correspondant. En bas, il présente un trou de 2 millimètres 1/2 de diamètre qui conduit dans le sinus maxillaire ou antre d'Highmore.

Le *méat inférieur* offre antérieurement l'orifice inférieur du canal nasal. (Voyez la description du canal nasal, page 252.)

La paroi externe des fosses nasales est formée de cinq os, savoir : le maxillaire supérieur, l'unguis, l'ethmoïde, le palatin et le cornet inférieur.

Ouverture antérieure des fosses nasales. — Cette ouverture, simple sur le squelette, a la forme d'un cœur de cartes à jouer. Elle est limitée en haut, où elle est tranchante et déchiquetée, par les bords inférieurs des os propres du nez, qui présentent des échancrures pour le passage des nerfs naso-lobaires ; en bas, par les bords antérieurs des apophyses palatines des os maxillaires supérieurs, dont la réunion forme, sur la ligne médiane, l'épine nasale inférieure ; sur les côtés, par les bords antérieurs des apophyses montantes.

Ouverture postérieure, ou arrière-narine. — Celle-ci, toujours double, répond à la partie supérieure du pharynx. C'est un carré allongé de haut en bas, limité : en haut, où se voit l'orifice postérieur du conduit ptérygo-palatin, par le corps du sphénoïde; en bas, par le bord postérieur de la portion horizontale de l'os palatin ; en dehors, par l'aile interne de l'apophyse ptérygoïde, et, dans l'état frais, par la trompe d'Eustache ; en dedans, par le vomer.

SINUS DES FOSSES NASALES.

Les fosses nasales sont en communication avec des arrière-cavités appelées sinus, qui existent à peine chez l'enfant, et offrent un développement d'autant plus considérable que l'individu est plus avancé en âge. Ces sinus sont, chez l'homme, au nombre de quatre de chaque côté, savoir : les sinus ethmoïdaux, les sinus frontaux, les sinus maxillaires et les sinus sphénoïdaux.

1° *Sinus ethmoïdaux, ou cellules ethmoïdales.* — Plus ou moins irrégulières, ces cellules se divisent de chaque côté en antérieures et en postérieures, séparées les unes des autres par une cloison complète. Les antérieures, plus nombreuses et plus vastes, communiquent toutes entre elles et s'ouvrent par une ou deux ouvertures dans le méat moyen. La plus large, plus évasée supérieurement qu'inférieurement, a reçu le nom d'*infundibulum*, et établit la communication entre le méat moyen, le sinus frontal et le sinus maxillaire.

Les cellules postérieures, séparées les unes des autres par des cloisons incomplètes, s'ouvrent en avant dans le méat supérieur; en arrière, tantôt elles sont complétement fermées par une lame osseuse, tantôt au contraire elles s'abouchent avec les cornets sphénoïdaux, ou directement avec les sinus sphénoïdaux.

2° *Sinus frontaux.* — Ce sont deux cavités creusées dans l'épaisseur de l'os frontal, et séparées l'une de l'autre par une cloison verticale souvent déjetée à droite ou à gauche et quelquefois même perforée de manière à laisser une voie de communication. Chacune de ces cavités s'ouvre à la partie antérieure et supérieure du méat moyen correspondant, par l'intermédiaire de l'infundibulum.

Les sinus frontaux présentent quelquefois, en arrière, entre les deux lames de la voûte orbitaire, et en dehors, chez les vieillards, une capacité si considérable, qu'on les a vus s'étendre jusque dans l'apophyse orbitaire externe du coronal. La cloison qui les sépare, assez épaisse tant que les deux portions qui constituent le coronal ne sont pas complétement soudées, s'amincit par les progrès de l'âge.

3° *Sinus maxillaires, ou antres d'Highmore.* — Ces sinus, qui tirent leur nom des os maxillaires supérieurs dans lesquels ils sont creusés, sont les plus grands des fosses nasales. Leur forme est celle d'une pyramide triangulaire dont la base, percée d'une ouverture, répond à la paroi interne des fosses nasales, et dont le sommet est tourné vers l'apophyse malaire. Les trois parois qui limitent chacune de ces cavités, quoique minces, contiennent dans leur épaisseur des canaux proéminant plus ou moins sous forme de crêtes et de saillies dans l'intérieur du sinus.

La paroi supérieure forme le plancher de l'orbite; on y voit la gouttière et le canal sous-orbitaires, destinés aux vaisseaux et au nerf du même nom.

La paroi antérieure ou antéro-externe répond à la fosse canine, et renferme des canaux dans lesquels on trouve les vaisseaux et nerfs dentaires antérieurs et supérieurs.

La paroi postérieure ou postéro-externe, formée par la tubérosité maxillaire, répond à la fosse zygomatique et est parcourue par les conduits dentaires postérieurs et supérieurs.

La réunion des parois antérieure, postérieure et interne (base), constitue une rigole qui n'est séparée des cavités alvéolaires des grosses et des petites molaires que par une lamelle très mince, percée de trous, souvent soulevée et quelquefois même perforée par les racines des dents, qui pénètrent dans la paroi externe du sinus. La minceur de cette lame osseuse a été utilisée pour pratiquer une ouverture du sinus lorsqu'une maladie l'exige. En effet, par l'extraction d'une grosse ou d'une petite molaire, on peut pénétrer sans beaucoup de résistance dans l'intérieur du sinus, au moyen d'un instrument porté dans le fond de l'alvéole, et donner de cette manière issue au pus, ou attaquer des tumeurs fongueuses. M. Gosselin fait remarquer (*Compendium de chirurgie*, t. II) que souvent la rigole n'est pas assez longue et ne correspond qu'aux grosses molaires, et que chez les vieillards, après la chute des dents, lorsque les alvéoles se sont effacés, la lame osseuse qui sépare le fond de la rigole de la gencive peut avoir jusqu'à un centimètre d'épaisseur.

Parmi les angles du sinus maxillaire, nous signalerons l'angle externe ou le sommet, qui se prolonge quelquefois chez les vieillards jusque dans l'os malaire; l'angle postérieur, dans lequel est contenue la dent de sagesse avant sa sortie; et l'angle antérieur, où proémine le canal nasal.

L'ouverture dont la base du sinus est percée, très grande et irrégulièrement triangulaire dans un os isolé, est considérablement rétrécie sur une tête entière, en haut par l'ethmoïde, en bas par le cornet inférieur, en avant par l'os unguis, en arrière par le palatin.

Ces cavités présentent des variétés de forme et de capacité; quelquefois elles sont chacune partagées en deux par une cloison, et il n'est pas rare d'en voir une plus grande que celle du côté opposé. Bordenave a remarqué que leurs dimensions sont généralement en raison inverse de celles des fosses nasales.

4° *Sinus sphénoïdaux.* — Ils sont creusés dans le corps du sphénoïde et séparés l'un de l'autre par une petite cloison plus ou moins verticale et quelquefois percée d'un trou. Chacun d'eux est subdivisé en cellules par des cloisons incomplètes. Ils s'unissent avec les cornets de Bertin, qui dépendent souvent soit du sphénoïde, soit de l'ethmoïde, et communiquent avec les cellules ethmoïdales postérieures et avec le méat supérieur des fosses nasales. La membrane pituitaire se prolonge dans leur intérieur et rétrécit leur entrée.

Enumération des os des fosses nasales.—Les os qui entrent dans la conformation des fosses nasales sont au nombre de quatorze, savoir : les os propres du nez, les maxillaires supérieurs, les palatins, l'épine nasale du frontal, l'ethmoïde, le sphénoïde, le vomer, les os unguis et les cornets inférieurs.

MEMBRANE MUQUEUSE PITUITAIRE.

La membrane pituitaire, appelée aussi *membranes de Schneider*, du nom de l'auteur qui l'a le premier décrite, revêt les parois des fosses nasales, y compris les cornets et les méats, et s'enfonce même dans les sinus sphénoïdaux, frontaux, maxillaires, et dans les cellules ethmoïdales, en y présentant toutefois des modifications notables. Elle se continue en avant, par l'intermédiaire des narines, avec la peau du nez et de la lèvre supérieure, avec la conjonctive au moyen du canal nasal, des points et des conduits lacrymaux, et avec la muqueuse de la voûte palatine par le canal palatin antérieur; en arrière elle se continue également avec la muqueuse de la trompe d'Eustache, du voile du palais et du pharynx.

Dans son trajet compliqué, la pituitaire efface la plupart des saillies et des dépressions qui existent sur le squelette, rétrécit certaines ouvertures, comme celles des sinus, en bouche même quelques autres, comme le trou sphéno-palatin et les trous de la lame criblée de l'ethmoïde, allonge les cornets et diminue la largeur des méats. Aussi l'aspect des fosses nasales est-il bien différent suivant qu'on les examine à l'état frais ou sur le squelette.

On considère à la pituitaire deux faces, l'une libre et l'autre adhérente.

Surface libre. — La face libre, d'une coloration rose foncée, d'un aspect velouté, molle, est criblée de trous, surtout nombreux vers la partie moyenne de la cloison et de la paroi externe. Ces trous sont les orifices des follicules mucipares, et l'on peut en faire sortir, en pressant, une grande quantité de mucus.

On trouve encore sur cette face plusieurs ouvertures, qui sont : 1° L'orifice inférieur du canal nasal, situé au-dessous de l'extrémité antérieure du cornet inférieur, et autour duquel la muqueuse forme une valvule, une sorte de repli semi-lunaire déjà décrit page 252.

2° Dans l'infundibulum, à la partie supérieure du méat moyen, on voit les orifices du sinus frontal, des cellules ethmoïdales antérieures et du sinus maxillaire. Ce dernier, déjà rétréci sur le squelette par l'ethmoïde, l'os unguis, le palatin et le cornet inférieur, est encore diminué en arrière par un repli que forme la pituitaire en s'adossant à elle-même, au moment où elle pénètre dans le sinus.

Cette ouverture n'est plus alors qu'une petite fente, dirigée d'avant en arrière, de 3 à 5 millimètres de longueur, située à la partie antérieure et supérieure du méat moyen, et cachée au fond d'une rainure profonde due à la jonction du maxillaire supérieur avec l'ethmoïde. Quelquefois, outre cette ouverture normale, il en existe encore une ou deux autres supplémentaires, situées plus en arrière. Jourdain et Bordenave remarquent que l'orifice du sinus est placé de telle sorte que le mucus de cette cavité ne peut tomber dans les fosses nasales pendant la station verticale, mais seulement lorsqu'on est couché et qu'on incline la tête du côté opposé.

3° Dans le méat supérieur, au-dessous et à la partie antérieure du cornet de Morgagni, s'ouvrent les cellules ethmoïdales postérieures, et tout à fait en arrière le sinus sphénoïdal, dont l'orifice est rétréci par la muqueuse et quelquefois complétement bouché; le sinus est alors revêtu par une membrane indépendante de la pituitaire.

4° En avant, à 3 centimètres environ derrière le bout du nez, on voit l'ouverture du canal palatin antérieur, le plus souvent oblitérée par la muqueuse et indiquée seulement par une légère dépression.

Dans les sinus, la face libre de la pituitaire est plus pâle et plus lisse que dans les fosses nasales, bien qu'elle soit également pourvue de cils vibratiles; elle présente aussi un moins grand nombre de trous.

Surface adhérente. — Elle est entièrement unie au périoste et au périchondre, aussi a-t-on considéré la pituitaire comme une membrane fibro-muqueuse. Cependant, d'après Huschke, elle se distingue facilement du périoste par sa coloration et par une couche de follicules qui l'en sépare. L'adhérence que contractent ces deux membranes, déjà considérable dans les fosses nasales, l'est encore davantage dans les sinus.

Structure. — On décrit dans la pituitaire deux feuillets, l'un muqueux, l'autre fibreux, qui n'est autre que le périoste et le périchondre, des follicules mucipares, des vaisseaux et des nerfs.

1° *Feuillet fibreux.*—Étendu sans aucun intermédiaire sur les os et les cartilages, ce feuillet est renforcé à la voûte des fosses nasales par les nombreuses gaînes fibreuses que la dure-mère envoie aux nerfs olfactifs. Très adhérent au feuillet muqueux, surtout dans les sinus, il est moins intimement uni aux os dans ces dernières cavités que dans les fosses nasales.

2° *Feuillet muqueux.*—Séparé du précédent par les glandes mucipares, ce feuillet est très vasculaire et très épais dans les fosses nasales, principalement sur le cornet inférieur; dans les sinus, il est plus pâle, plus mince, moins vasculaire et moins pourvu de nerfs. Sa surface est couverte d'épithélium vibratile, analogue à celui qu'on trouve dans toute la longueur des voies respiratoires.

D'après Henle, l'épithélium stratifié de la face interne du nez fait place au niveau de l'ouverture antérieure des fosses nasales, à l'épithélium vibratile, qui s'étend dans les cellules ethmoïdales, les sinus, le canal nasal, la trompe d'Eustache, le cul-de-sac supérieur du pharynx, et sur la face postérieure du voile du palais. Il est formé de cellules cylindriques ou ovalaires de 1/73 de ligne de longueur, implantées perpendiculairement à la surface de la muqueuse. Ces cellules sont fixées par leur extrémité étroite, et libres par leur extrémité la plus large, qui est arrondie ou renflée, et surmontée de cils au nombre de trois à huit. M. Gosselin a vu, sur des suppliciés, les cils vibratiles du sinus maxillaire conserver leurs mouvements encore quarante-huit heures après la mort; et d'après les observations de M. Giraldès, ils peuvent persister jusqu'à soixante heures après la mort.

3° Les *follicules*, que la macération prolongée dans de l'eau acidulée met en toute évidence, forment au-dessous du feuillet muqueux une couche de 1/2 ligne à 1 ligne d'épaisseur.

Ils sont très nombreux sur la partie moyenne de la cloison et de la paroi externe, à la partie postérieure des méats et sur le repli muqueux de l'entrée du sinus maxillaire, où, par leur rapprochement, ils simulent une glande. D'après Krause, on trouve dans le sinus maxillaire des glandes mucipares de 1/45 à 1/7 de ligne de long.

Les follicules sont destinés à sécréter une humeur appelée morve ou mucus des fosses nasales.

Ce mucus est blanchâtre, inodore, d'une consistance visqueuse, peu soluble et d'un goût légèrement salé. Sa quantité, qui est plus considérable dans l'enfance et dans la vieillesse, que dans l'âge adulte, en hiver qu'en été, augmente beaucoup dans le larmoiement et dans le coryza.

Son usage est d'entretenir la pituitaire dans un état d'humidité nécessaire à l'olfaction et suffisant pour arrêter à sa surface les corps étrangers que l'air entraînerait dans les poumons pendant l'inspiration.

VAISSEAUX ET NERFS DES FOSSES NASALES.

Artères. — La pituitaire reçoit, par sa face adhérente, de nombreuses ramifications artérielles qui émanent de différentes sources. Ce sont les branches ethmoïdales antérieure et postérieure de l'*ophthalmique ;* les branches sphéno-palatines, alvéolo-dentaires postérieures et supérieures, palatine et sous-orbitaire de la *maxillaire interne ;* enfin, le rameau de la sous-cloison de l'artère *faciale.*

Veines. — Elles accompagnent les artères et vont se rendre, par des troncs très volumineux, dans les veines ophthalmique, maxillaire interne et faciale.

Lymphatiques. — Arnold, Sœmmerring, Bourgery et d'autres anatomistes, ont fait représenter un beau réseau lymphatique sur la muqueuse des parois des fosses nasales; M. Cruveilhier dit l'avoir injecté en 1826.

M. Sappey, dont l'habileté dans ce genre de recherches est incontestée, soutient que la pituitaire est complétement dépourvue de lymphatiques; cependant je puis affirmer avoir vu ces vaisseaux injectés au mercure, de concert avec M. Jarjavay, agrégé à l'École de médecine de Paris.

Nerfs. — Ils viennent de deux sources: 1° de la première paire ou du nerf olfactif; 2° de la cinquième ou du trijumeau.

Le nerf olfactif, après son passage à travers la lame criblée de l'ethmoïde, s'épanouit en réseaux sur la partie supérieure des parois interne et externe, ainsi que sur la voûte des fosses nasales. Le réseau de la paroi interne est plus considérable que celui de la paroi externe ; les filets qui les composent sont enveloppés par des gaînes de la dure-mère et ne s'anastomosent jamais avec les nerfs de la cinquième paire.

Le trijumeau envoie, par l'intermédiaire des branches ophthalmique et maxillaire supérieure, plusieurs rameaux grêles, qui sont: le filet ethmoïdal du rameau nasal de l'ophthalmique, le sphéno-palatin externe et le sphéno-palatin interne ou naso-palatin; enfin, quelques rameaux émanés des nerfs palatins se distribuent aussi sur la muqueuse de la paroi externe. Ces derniers, et les deux qui précèdent, sont une émanation du ganglion sphéno-palatin.

La plupart des physiologistes attribuent exclusivement au nerf olfactif la propriété de transmettre au cerveau les impressions des molécules odorantes; d'autres revendiquent cette prérogative pour les branches du trijumeau ; d'autres, enfin, réunissent ces deux opinions et prétendent que tous les nerfs qui se distribuent dans la muqueuse des fosses nasales concourent à la perception des odeurs.

Aujourd'hui on regarde généralement le nerf olfactif comme le nerf spécial de l'odorat ; et l'on range sous la dépendance du trijumeau, la sensibilité générale, les sécrétions et la nutrition. Mais il est facile de comprendre qu'une altération de ce dernier, qui entraînerait un trouble des sécrétions ou de la nutrition de la pituitaire, et dessécherait par exemple cette membrane, nuirait évidemment à l'olfaction, de telle sorte que l'olfactif et le trijumeau, bien que doués de propriétés différentes, sont nécessaires tous les deux à la perception des odeurs.

Développement. — Dans les premiers temps de la vie, les fosses nasales ont une cavité simple, beaucoup moins anfractueuse et moins considérable que chez l'adulte ; les sinus n'existent pas et les cornets sont très petits. La pituitaire, très mince, quoique très vasculaire, forme au niveau de l'ouverture du sinus maxillaire un bourrelet épais, qui sert probablement à tapisser ultérieurement cette cavité, à mesure qu'elle s'agrandit.

Dans la série animale le développement et la forme des fosses nasales sont subordonnés à la perfection de l'odorat et au mode de respiration dans l'air ou dans l'eau. Ainsi, chez les poissons, on trouve deux cavités terminées en cul-de-sac et tapissées par une pituitaire plus ou moins plissée ; l'eau pénètre dans ces cavités et y amène les molécules odorantes, soit en suspension, soit en dissolution. Chez les oiseaux et les reptiles, on observe deux conduits ou cornets ouverts à leurs deux extrémités. Le nez des mammifères se rapproche davantage de celui de l'homme et présente même des anfractuosités plus profondes et plus nombreuses. Les cornets sont surtout remarquables par les formes bizarres qu'ils affectent: chez les herbivores, le cornet inférieur se dédouble à son bord libre et se partage en deux lamelles contournées en sens opposés ; chez les carnivores, le cornet inférieur ressemble à l'arbre de vie du cervelet; en même temps les nerfs olfactifs de ces animaux sont très développés.

Usages. — Les fosses nasales renferment le sens de l'odorat ; leurs anfractuosités, leurs cavités, leurs cornets, leurs méats, donnent plus d'étendue à la membrane pituitaire, qui constitue la partie la plus importante de l'appareil olfactif, et présente ainsi des points de contact plus multipliés pour les molécules odorantes.

Le mécanisme de l'olfaction est facile à comprendre. L'air qui pénètre dans les fosses nasales, au moment de l'inspiration, arrive chargé de molécules odorantes et les applique contre la pituitaire; celle-ci les retient dans le mucus dont elle est imbibée, les dissout peut-être, et les met en rapport avec les ramifications du nerf olfactif, qui transmet les diverses impressions à l'encéphale. L'introduction de l'air dans les fosses nasales et l'humidité de la muqueuse sont nécessaires pour la production des sensations olfactives. En effet, les corps même les plus odorants, placés près des narines, ne sont pas sentis pendant l'expiration ou si l'on retient son haleine; et si l'on veut recevoir vivement l'impression d'une odeur agréable, ou flairer une substance dont l'odeur est légère, on ferme la bouche et l'on fait par le nez des inspirations courtes, fréquentes et par secousses, afin de donner plus de rapidité à l'air qui pénètre ; en outre, tout le monde a remarqué combien l'odorat et le goût sont émoussés au commencement du coryza, quand la pituitaire est sèche et enflammée. Bien qu'on ne perçoive pas les odeurs pendant l'expiration, celle-ci n'est pourtant pas inutile à l'olfaction, car elle nettoie, elle balaie en quelque sorte les fosses nasales et leur permet ainsi de conserver leurs fonctions dans toute leur intégrité.

L'odorat réside presque uniquement dans la partie supérieure des fosses nasales, là où se distribuent les ramifications du nerf olfactif; les autres parties, y compris les sinus et les cellules ethmoïdales, ne sentent point.

Le sens de l'odorat, placé à l'entrée des voies respiratoires et digestives, a la double mission d'explorer à la fois les qualités de l'air que l'on doit inspirer et celles des substances alimentaires ; il sert aussi, comme nous le verrons plus loin, à compléter en quelque sorte les sensations gustatives. Chez l'homme, il est plus ou moins développé, suivant les individus, les âges, les sexes, les tempéraments ; il peut se perfectionner par l'exercice, comme on le voit pour les parfumeurs; mais il s'émousse aussi par l'abus des odeurs et par l'usage des substances irritantes, comme le tabac. Chez les animaux, il offre des variétés remarquables. Certains insectes paraissent attirés par des odeurs particulières, les uns par celles des fleurs, les autres par celles des viandes en putréfaction. Les oiseaux et les reptiles semblent presque dépourvus d'odorat. Les mammifères, et principalement les carnassiers, ont généralement un nez très fin, mais qui ne peut percevoir, en quelque sorte, que les émanations des matières animales; la plupart ne sont pas impressionnés par l'odeur des fleurs: on peut pourtant citer comme exception les chats, qui ont un goût prononcé pour l'odeur de la valériane.

Les fonctions des fosses nasales ne se bornent pas seulement à l'olfaction et à la respiration ; ces cavités servent encore à l'excrétion des larmes, qu'elles reçoivent du canal nasal, et à la parole, dans la production des sons nasaux.

PLANCHE 85.

Elle montre les parties constituantes du nez.

PRÉPARATION. — Les figures 1 et 2 ne demandent aucune indication importante. Les follicules sébacés qu'elles reproduisent s'aperçoivent même sur le vivant. Pour les mettre dans toute leur évidence sur le cadavre il faut soumettre le nez à une macération de quelques semaines dans une solution faible d'un acide quelconque. Les figures 3 et 4, 5, 6 et 7 s'obtiennent en enlevant la peau mince qui recouvre les unes, la peau, les muscles et le tissu cellulaire qui masquent les autres. Seulement il conviendrait de tirer les cartilages du nez en sens opposé, afin de pouvoir examiner leurs limites exactes. La figure 8 appartient à la préparation des fosses nasales à laquelle je renvoie.

FIGURES 1 et 2.

Ces deux figures sont destinées à faire voir la conformation extérieure du nez et les nombreux follicules sébacés que sa couche cutanée renferme.

Explication des figures 1 et 2.

a, *a*. Rainure demi-circulaire se confondant inférieurement avec le sillon naso-labial. — *b*, *b*. Dos du nez. — *c*, *c*. Lobe du nez. — *d*, *d*. Racine du nez. — *e*, *e*. Narines ou ouvertures elliptiques creusées dans la base du nez. — *f*. Sous-cloison. — *g*, *g*. Ailes du nez.

FIGURES 3 et 4.

Couche musculaire du nez.

Explication des figures 3 et 4.

a. Muscle pyramidal. — *b*, *b*. Triangulaire (pinnal transverse). — *c*. Myrtiforme (pinnal radié). — *d*. Élévateur de l'aile du nez et de la lèvre supérieure. — *e*. Naso-labial.

FIGURES 5, 6, 7 et 8.

Charpente osseuse, cartilagineuse et fibreuse du nez.

Explication de ces figures.

a, *a*. Os propres du nez. — *b*, *b*. Apophyses montantes des os maxillaires. — *c*, *c*. Cartilages latéraux du nez. — *d*, *d*, *d*. Cartilages des narines, repliés sur eux-mêmes (voy. fig. 6 et 7) ; ils offrent chacun deux branches, *e*, branche externe, et *f*, branche interne. — *g*, *g*, *g*. Cartilage de la cloison ; il remplit l'espace triangulaire qu'interceptent *h*, la lame perpendiculaire de l'ethmoïde, et *i*, le vomer. — *j*. Lames cartilagineuses supplémentaires. — *k*. Lame fibreuse remplissant l'intervalle qui existe entre les cartilages latéraux et les cartilages des narines. — *l*. Repli de la peau formant l'aile du nez.

PLANCHE 86.

Charpente osseuse des fosses nasales et leurs arrière-cavités ou sinus.

PRÉPARATION.— Sciez la base du crâne, d'avant en arrière, tout près de la partie moyenne et sur les côtés de l'apophyse crista-galli, de manière que la scie passe à côté de la cloison sans l'endommager, et vous obtiendrez les parois externe et interne des fosses nasales, représentées par les figures 1 et 2.

Enlevez les cornets supérieur et moyen ainsi que la lame plane qui est formée par la réunion de ces deux cornets, échancrez la partie antérieure du cornet inférieur, et vous mettrez à nu les cellules ethmoïdales, les sinus et le canal nasal, tels qu'ils sont représentés par la figure 3.

Les mêmes cellules et les mêmes sinus seraient à découvert par l'ablation de l'os planum de l'ethmoïde et par une section perpendiculaire et antéro-postérieure pratiquée sur le côté externe de la face, depuis la voûte de l'orbite jusqu'au milieu des alvéoles, ainsi qu'on le voit figure 4.

Enfin on complétera la préparation des fosses nasales en exécutant une coupe verticale et transversale, qui divisera les fosses nasales en deux parties, antérieure et postérieure, au niveau de la grosse molaire. Ce dernier procédé procure l'avantage de montrer tout l'ensemble des fosses nasales ainsi que les communications des méats avec les cellules et les sinus.

FIGURE 1.

Paroi interne des fosses nasales.

Explication de la figure 1.

a. Apophyse crista-galli se continuant avec *b*, la lame perpendiculaire de l'ethmoïde. Cette lame offre, vers sa partie supérieure, des gouttières et des petits canaux qui se continuent avec les trous de la lame criblée, pour loger les ramifications internes du nerf olfactif. — *c*. Vomer. — *d*. Échancrure triangulaire remplie, dans l'état frais, par le cartilage triangulaire.

FIGURE 2.

Paroi externe des fosses nasales.

Explication de la figure 2.

a. Cornet supérieur ou cornet de Morgagni. — *b*. Cornet moyen ; ces deux cornets appartenant à l'ethmoïde sont confondus en *c*, une lame plane un peu inégale, sur laquelle on remarque des gouttières dégénérant en petits canaux pour loger les divisions externes du nerf olfactif. — *d*. Cornet inférieur à la partie antérieure duquel on rencontre l'orifice inférieur du canal nasal. — *e*. Méat inférieur. — *f*. Méat moyen au fond duquel on trouve : *g*, l'ouverture de communication avec le sinus maxillaire ; *h*, l'ouverture de communication avec les cellules antérieures de l'ethmoïde, et par le moyen de celle-ci, avec *i*, le sinus frontal. — *j*, Méat supérieur dans lequel il existe une ou deux ouvertures qui communiquent dans les cellules postérieures de l'ethmoïde et dans *k*, le sinus sphénoïdal. — *l*. Trou sphéno-palatin.

FIGURE 3.

Paroi externe des fosses nasales destinée à faire voir les sinus et les cellules ethmoïdales.

Explication de la figure 3.

a. Cellules ethmoïdales postérieures. — *b*. Cellules ethmoïdales antérieures ; les postérieures n'ont aucune communication avec les antérieures ; les premières s'ouvrent dans le méat supérieur, les secondes dans le méat moyen. — *c*. Sinus sphénoïdal. — *d*. Sinus frontal. — *e*. Infundibulum établissant la communication du méat moyen avec le sinus frontal. — *f*. Sinus maxillaire. — *g*. Canal nasal.— *h*. Trou sphéno-palatin.

FIGURE 4.

Cellules ethmoïdales et sinus vus par la surface extérieure de la face.

Explication de la figure 4.

a. Cellules antérieures de l'ethmoïde, communiquant par *b*, l'infundibulum, avec *c*, le sinus frontal. — *d*. Cellules ethmoïdales postérieures communiquant avec *e*, sinus sphénoïdal. — *f*. Sinus maxillaire présentant *g*, l'ouverture de communication avec le méat moyen. — *h*. Lamelles osseuses séparant le fond des alvéoles, du sinus maxillaire. — *i*. Gouttière lacrymale se continuant inférieurement avec le canal nasal. — *j*. Relief du canal nasal dans le sinus maxillaire. — *k*. Trou sphéno-palatin au fond du sommet de la cavité zygomatique.

FIGURE 5.

Coupe verticale et transversale des fosses nasales faite entre la seconde et la troisième grosse molaire.

Explication de la figure 5.

a. Cornet supérieur. — *b*. Cornet moyen. — *c*. Cornet inférieur. — *d*. Méat inférieur. — *e*. Méat moyen, en communication avec *f*, sinus maxillaire, et *g*, infundibulum. — *h*. Méat supérieur en communication avec *i*, les cellules postérieures de l'ethmoïde. — *j*. Cloison séparant les deux fosses nasales. — *k*, *k*. Cavités orbitaires. — *l*, *l*. Cavités zygomatiques.

FIGURE 6.

Portion postérieure de la coupe précédente.

Explication de la figure 6.

a. Cloison séparant les deux fosses nasales. — *b*, *b*. Trou sphéno-palatin. — *c*, *c*. Portions des sinus maxillaires, contiguës aux apophyses ptérygoïdes. — *d*, *d*. Cellules ethmoïdales postérieures. — *e*, *e*. Orifices des sinus sphénoïdaux. — *f*, *f*. Sommet des cavités orbitaires, au fond desquelles on voit la fente orbitaire supérieure. — *g*, *g*. Conduits palatins postérieurs.

PLANCHE 87.

Membrane muqueuse pituitaire et follicules des fosses nasales.

PRÉPARATION. — Pratiquez les différentes coupes des fosses nasales d'après les procédés indiqués dans la préparation de la planche précédente ; avec cette restriction toutefois qu'ici il faut agir sur des pièces entourées de toutes leurs parties molles et après les avoir laissées séjourner pendant plusieurs semaines dans un bain d'eau acidulée, afin de mettre en évidence les nombreux follicules que la pituitaire renferme.

FIGURE 1.

Pituitaire sur la paroi externe des fosses nasales.

Explication de la figure 1.

a. Pituitaire tapissant le méat inférieur. — *b.* Sa réflexion sur le cornet inférieur. — *c.* Pituitaire du méat moyen ; *d*, du cornet moyen ; *e*, du méat supérieur ; *f*, du cornet supérieur. — *g.* Continuation de la pituitaire avec la muqueuse de la trompe d'Eustache ; *h*, avec celle du voile du palais et du pharynx. — *i*, Continuité de la pituitaire avec la peau.

FIGURE 2.

Pituitaire sur la paroi interne des fosses nasales (cloison).

Explication de la figure 2.

a. Pituitaire sur le vomer. — *b.* La même sur la lame perpendiculaire de l'ethmoïde. — *c.* La même sur le cartilage triangulaire. — *d.* Trompe d'Eustache. — *e.* Pituitaire du sinus sphénoïdal.

FIGURE 3.

Continuité de la pituitaire de la paroi externe avec celle des arrière-cavités au moyen des ouvertures qu'on y trouve.

Explication de la figure 3.

a. Orifice inférieur du canal nasal autour duquel la pituitaire du méat inférieur forme un repli valvulaire. — *b.* Orifice inférieur de l'infundibulum au travers duquel la pituitaire se prolonge dans les cellules antérieures de l'ethmoïde et dans le sinus frontal. — *c.* Orifice du sinus maxillaire. — *d.* Orifice supplémentaire des cellules ethmoïdales antérieures : ces trois ouvertures sont visibles dans le méat moyen. — *e, e, e.* Trois petites ouvertures qui établissent la communication du méat supérieur avec les cellules ethmoïdales postérieures.

FIGURE 4.

Coupe transversale et verticale des fosses nasales pratiquée au niveau des dents canines.

Explication de la figure 4.

a. Cornet inférieur. — *b.* Cornet moyen. — *c, c.* Communication du méat inférieur avec le canal nasal. — *d, d.* Communication du méat moyen avec les cellules antérieures de l'ethmoïde. — *e.* Communication du même méat avec le sinus frontal. — *f, f.* Sommet des sinus maxillaires.

FIGURE 5.

Coupe transversale et verticale des fosses nasales faite au niveau des deuxièmes grosses molaires.

Explication de la figure 5.

a, a. Cornets inférieurs. — *b, b.* Cornets moyens. — *c, c.* Cornets supérieurs. — *d, d.* Méats inférieurs. — *e, e.* Méats moyens communiquant avec *f, f,* sinus maxillaires. — *g, g.* Méats supérieurs communiquant avec *h, h,* les cellules postérieures de l'ethmoïde.

FIGURE 6.

Pituitaire des orifices postérieurs des fosses nasales ainsi que sa continuité avec la muqueuse du voile du palais, de la trompe d'Eustache et du pharynx.

Explication de la figure 6.

a, a. Orifices postérieurs des fosses nasales au fond desquels on peut apercevoir les trois cornets et les trois méats. — *b, b.* Pavillons des trompes d'Eustache. — *c.* Voile du palais. — *d.* Luette. — *e.* Cavité pharyngienne. — *f.* Sinus sphénoïdaux au fond desquels on voit les orifices de communication avec les méats supérieurs des fosses nasales.

PLANCHE 88.

Vaisseaux et nerfs du nez et des fosses nasales.

Préparation. — Les figures 1, 2 et 3, n'ayant d'autre but que de produire les vaisseaux et nerfs du nez, s'obtiennent après avoir injecté les premiers et fait macérer dans une solution acidulée les derniers.

Pour les figures subséquentes pratiquez la coupe des fosses nasales, et par une simple dissection vous mettrez à nu les vaisseaux préalablement injectés. Quant aux nerfs des parois des fosses nasales, on ne peut les bien voir que sur des pièces macérées pendant plusieurs mois dans l'acide nitrique étendu. Pour cela il suffit de racler avec le tranchant d'un scalpel la surface libre de la pituitaire, ou de détacher cette membrane du périoste, pour trouver sur la surface adhérente de la première la distribution de ses nerfs.

FIGURE 1.

Artères du nez.

Explication de la figure 1.

Artère faciale fournissant les rameaux suivants : B. Artère de la sous-cloison, naissant elle-même de C, la branche coronaire labiale supérieure ; D, artères de l'aile du nez. Ces petits rameaux s'anastomosent entre eux avec E, l'artère sous-orbitaire, et avec les branches de la sous-cloison. — F. Branche nasale de l'ophthalmique s'anastomosant avec G, la terminaison de l'artère faciale, pour se distribuer sur les côtés du nez.

FIGURE 2.

Veines du nez. — Elles correspondent aux artères et s'ouvrent dans les veines faciale, ophthalmique et sous-orbitaire.

FIGURE 3.

Nerfs du nez.

Explication de la figure 3.

1. Nerf sous-orbitaire. — 2, 2. Nerf facial. — 3. Naso-lobaire. — 4. Nasal de l'ophthalmique. — 5. Rameau fronto-nasal.

FIGURES 4 et 5.

Artères des parois externe et interne des fosses nasales.

Explication des figures 4 et 5.

A, A, A, A. Artères ethmoïdales antérieures et postérieures. — B, B. Artères sphéno-palatines. — C. Palatine postérieure. — D. Ptérygo-palatine. — E. Artères sous-orbitaire et faciale.

FIGURES 6 et 7.

Nerfs des parois externe et interne des fosses nasales.

Explication des figures 6 et 7.

1, 1. Épanouissement du nerf olfactif dans la pituitaire de la paroi externe et interne d'une des fosses nasales. — 2, 2. Filet ethmoïdal du rameau nasal de la branche ophthalmique de Willis. — 3, 4. Nerf sphéno-palatin, externe et interne, tous deux émanant du 5, ganglion sphéno-palatin. — 6. Nerf palatin antérieur fournissant à la pituitaire du cornet inférieur. — 7. Nerf vidien fournissant le nerf naso-pharyngien pour la muqueuse de la partie postérieure et supérieure de la fosse nasale et de la trompe d'Eustachi.

DES ORGANES DU GOUT.

LANGUE.

La *langue*, organe essentiel du goût, possède la faculté de percevoir les impressions sapides produites sur elle par certaines substances dites savoureuses. Une portion assez limitée de la face antérieure du voile du palais jouit aussi des mêmes propriétés, mais nous ne nous proposons point d'entrer dans des détails anatomiques sur cette partie, dont les fonctions principales se rattachent surtout aux actes de la déglutition.

La langue n'est pas uniquement destinée à nous procurer la sensation des saveurs, car elle sert aussi à la prononciation, à la succion, à la mastication, à la déglutition, etc. Or, pour répondre à un aussi grand nombre d'usages, elle offre une texture compliquée et en harmonie avec l'exercice de ses diverses fonctions.

C'est un organe charnu, doué d'une contraction volontaire, revêtu d'une membrane papillaire gustative se continuant avec la muqueuse buccale, et par l'intermédiaire de celle-ci avec la peau, qui lui offre tant de caractères de similitude. Elle est maintenue dans un état habituel d'humidité par un appareil de sécrétion glandulaire et folliculaire ; elle est pourvue d'un système vasculaire très développé, et de nerfs très volumineux, très nombreux, dont chacun, quoique d'une destination spéciale, contribue à l'exercice régulier de toutes ses fonctions.

La langue est placée en partie dans la cavité buccale, dont elle constitue le plancher, en partie dans le pharynx, dont elle concourt à former la paroi antérieure. Elle s'étend depuis l'os hyoïde et l'épiglotte jusque derrière les dents incisives, horizontale dans sa portion buccale, c'est-à-dire dans ses trois quarts antérieurs, et verticale dans sa portion pharyngienne.

Son volume, variable suivant les individus, est toujours dans l'état normal, en raison directe de l'espace parabolique circonscrit par l'arcade alvéolo-dentaire inférieur. Elle peut exécuter de légers mouvements dans la cavité buccale, lors même que les mâchoires sont rapprochées ; mais, dans certains cas pathologiques, elle devient tellement volumineuse qu'elle se moule sur la face interne des dents dont elle garde les empreintes, les déborde, et présente souvent des morsures plus ou moins profondes.

Sa forme varie beaucoup chez le même individu, suivant que les muscles qui entrent dans sa composition sont contractés ou relâchés ; à l'état de repos, elle est aplatie de haut en bas, plus épaisse en arrière qu'en avant, et représente à peu près un ovale à grosse extrémité tournée en arrière.

Habituellement rosée, elle revêt des colorations différentes dans les maladies.

Ses moyens de fixité sont multiples et très solides : ainsi, elle est attachée à l'*os hyoïde* par les muscles hyo-glosses et par une forte lame aponévrotique nommée membrane hyo-glossienne ; aux *apophyses styloïdes des temporaux*, par les stylo-glosses ; au *voile du palais*, par les glosso-staphylins ; et *à la mâchoire inférieure*, par les génio-glosses. La muqueuse linguale, en se réfléchissant sur les parties voisines, lui forme aussi des replis ligamenteux, savoir : le frein ou filet, que l'on voit au-dessous de la langue, particulièrement quand on élève sa pointe ; les replis glosso-épiglottiques, au nombre de trois, un médian et deux latéraux ; les replis glosso-staphylins qui enveloppent les muscles du même nom ; enfin elle est encore maintenue en position par les vaisseaux et les nerfs qui la parcourent.

CONFORMATION EXTÉRIEURE.

Examinée d'avant en arrière, dans le sens de son grand diamètre, la langue se compose de deux moitiés, l'une droite et l'autre gauche, parfaitement symétriques au point de vue anatomique et physiologique. Au contraire, son diamètre transversal la divise en deux parties, l'une antérieure, l'autre postérieure, qui présentent entre elles de l'analogie, mais qui diffèrent par leur volume, leur configuration, leur composition anatomique et leurs fonctions. Considérée dans son ensemble, elle offre à étudier une face supérieure, une face inférieure, deux bords latéraux, une base et un sommet appelé aussi pointe.

Face supérieure ou dos de la langue.—Entièrement libre d'adhérences, presque plate, cette face est sillonnée dans son milieu et d'avant en arrière, par une légère dépression appelée *ligne médiane*, qui se change en arrière en une petite saillie d'un ou de deux centimètres de longueur, se terminant à une ouverture en cul-de-sac, nommée par Morgagni, *trou borgne* (*foramen cæcum linguæ*). Des côtés du trou borgne partent en divergeant deux lignes saillantes, ouvertes en avant à la manière d'un V (*V lingual*) et formées par la réunion d'un certain nombre de papilles. Tout le reste de cette face est couvert d'un grand nombre d'éminences distinguées en glandules et en papilles.

Les glandules sont situées à la base de la langue, derrière le V, auquel elles forment souvent des V excentriques; elles apparaissent sous la forme de disques d'un rouge brunâtre, aplatis et perforés au centre. Huschke (1) les regarde comme des follicules mucipares constitués par des petits *sacs d'où partent des branches*. Elles adhèrent lâchement à la muqueuse amincie à leur niveau.

Les papilles ont été considérées comme des organes d'innervation; ce sont des éminences pleines, saillantes, imperforées, revêtues d'un épiderme épais, dirigées presque toutes de bas en haut et d'avant en arrière, et occupant surtout la portion de la face supérieure qui est au-devant du V. Leurs variétés de forme et de volume les ont fait ranger en trois classes : 1° les papilles caliciformes, ou grosses papilles ; 2° les papilles fungiformes ; 3° les papilles coniques et filiformes, ou petites papilles.

1° *Papilles caliciformes.*— Placées plus ou moins obliquement sur deux lignes disposées à la manière d'un V, dont la pointe tournée en arrière correspond au trou borgne, ces papilles grosses et rouges ressemblent à un cône à sommet implanté dans la langue et à base libre. Leur caractère essentiel est d'être entourées d'un calice ou renflement annulaire, formé lui-même par l'adossement de plusieurs papilles filiformes. On compte habituellement de quinze à vingt papilles caliciformes; lorsqu'elles sont plus nombreuses, elles forment quelquefois deux V concentriques. Leur volume est toujours en raison inverse de leur nombre; il n'est pas rare d'en voir deux ou trois contenues dans le même calice. Leur face libre, souvent déprimée dans son milieu, est couverte de papilles filiformes, surmontées elles-mêmes d'une couronne de filaments très ténus (filaments gustatifs).

Le *trou borgne*, placé au sommet du V lingual, est une ouverture infundibuliforme, dont la profondeur et même l'existence sont variables. Assez souvent il renferme la plus grosse des papilles caliciformes ; ses parois sont toujours surmontées par des saillies analogues à ces papilles. Certains anatomistes le regardent comme une ouverture commune à plusieurs follicules muqueux; M. Cruveilhier pense qu'il est formé par la disparition ou l'atrophie de la papille située au sommet du V, coïncidant avec l'hypertrophie de son calice ; Huschke suppose qu'il remplit l'office d'une glande. Les papilles de la première classe sont constituées par l'épanouissement des filets nerveux émanés du glosso-pharyngien, par des vaisseaux et par un tissu cellulaire dense qui réunit ces divers éléments.

2° *Papilles fungiformes.*—En nombre indéterminé, mais beaucoup plus considérable que celui de la classe précédente, elles occupent les bords et surtout la pointe de la langue où elles sont très serrées les unes contre les autres. Chacune d'elles ressemble assez bien à un champignon, dont le pédicule court, étroit et tourné en bas, est logé dans un enfoncement superficiel. Leur face supérieure rouge, convexe, est couverte d'une multitude de filaments gustatifs.

3° *Papilles filiformes et coniques.* — Ce sont les plus nombreuses et les plus petites des papilles linguales. On les voit principalement à la portion moyenne de la face supérieure, où elles sont

(1) *Traité de splanchnologie*, formant le tome V de l'*Encyclopédie anatomique*, Paris, 1843, p. 541.

pressées les unes contre les autres et rangées presque régulièrement suivant des lignes courbes concaves en arrière (*plicæ et sulci obliqui*), qui s'étendent du milieu de la langue jusque sur les bords. Cette disposition, que j'ai rencontrée surtout chez le vieillard, ne serait-elle pas plutôt due à de simples replis de la muqueuse recouverts d'ailleurs de papilles? Celles-ci, dirigées obliquement de bas en haut et d'avant en arrière, à l'exception pourtant des plus postérieures, qui sont rares et verticales, rendent la langue raboteuse et comme veloutée, et lui communiquent même une rudesse particulière chez certains animaux.

Les papilles filiformes ont l'apparence de petits cylindres dont l'extrémité supérieure, horizontale ou coupée obliquement, présente une dépression centrale garnie sur ses bords d'une couronne de villosités coniques ou lamelleuses (*filaments gustatifs*).

Les papilles coniques ont la forme de petits cônes attachés à la langue par leur base. Elles ne se voient guère qu'à la partie moyenne de la face supérieure, tandis que les filiformes s'étendent jusque sur les bords de la langue, où elles forment des cercles autour des papilles fungiformes.

Les éminences filiformes et coniques paraissent produites par l'épanouissement des filets du nerf lingual, enveloppés par un lacis vasculaire très apparent et par du tissu cellulaire très fin et très serré.

Les papilles caliciformes et fungiformes semblent surtout destinées à la perception des saveurs, puisque celle-ci s'exerce principalement à la base, à la pointe et sur les bords de la langue. Il me semble que, dans ces derniers temps, on a peut-être attribué une trop grande part dans l'accomplissement de cette fonction aux filaments gustatifs; d'autant plus qu'il n'est pas démontré que ces petites villosités reçoivent des filets nerveux et qu'elles s'aperçoivent non seulement à la face libre des papilles, mais encore dans leurs intervalles sur toute la surface supérieure de la langue. Les papilles coniques et filiformes ne seraient susceptibles que de percevoir les impressions générales et tactiles.

Face inférieure de la langue. — Adhérente dans sa moitié postérieure, au moyen des muscles, des vaisseaux, des nerfs et de la muqueuse buccale, cette face est libre et dépourvue de glandules et de papilles dans sa moitié antérieure. On y remarque un sillon médian antéro-postérieur, borné de chaque côté par la saillie des veines ranines et des muscles linguaux longitudinaux inférieurs. La partie postérieure et médiane de cette portion libre tient à la paroi inférieure de la bouche par le *frein* ou *filet*, repli muqueux, vertical, semi-lunaire, concave en avant, qui devient très saillant et triangulaire, lorsqu'en ouvrant la bouche on élève la pointe de la langue. Dans certains cas, le filet se prolonge trop en avant, gêne les mouvements, et s'oppose à la prononciation et à la succion; c'est alors qu'il est nécessaire de le couper.

A droite et à gauche du sillon médian, on trouve une série d'éminences frangées et déchiquetées, rangées presque parallèlement aux veines ranines et séparées les unes des autres par des intervalles qui correspondent aux saillies des conduits de Rivinus. Ces deux lignes frangées, au sommet desquelles viennent s'ouvrir, suivant Blandin, les conduits de la glande linguale, sont probablement les débris de l'adhérence primitive de la langue au plancher de la cavité buccale.

Les *bords de la langue* n'offrent rien de remarquable; ils sont moins épais en avant qu'en arrière, où les sillons et les plis obliques viennent les couper perpendiculairement.

Base de la langue. — On distingue une base réelle et une base apparente. La première, elliptique, se continue avec la membrane hyo-glossienne, qui la fixe à l'os hyoïde. La seconde, elliptique aussi, est la portion la plus reculée de la langue qui s'aperçoit lorsque la bouche est largement ouverte; elle correspond à l'origine des ligaments glosso-épiglottiques, à la luette, et au bord inférieur du voile du palais, auquel elle est unie par ses piliers.

La *pointe de la langue*, mince et étroite, répond à la face postérieure des deux premières incisives de la mâchoire inférieure.

ORGANISATION INTÉRIEURE.

Il entre dans la composition de la langue : 1° un squelette osseux, cartilagineux et membraneux (*os hyoïde, cartilage de Blandin, membrane hyo-glossienne*); 2° un appareil musculaire ; 3° des glandes, des follicules et du tissu adipeux ; 4° une membrane muqueuse papillaire, siége spécial du goût ; 5° des vaisseaux et des nerfs.

OS HYOÏDE.

Il est situé au-devant de la colonne vertébrale, à la partie antérieure et supérieure du cou, entre la base de la langue et le larynx, auxquels il est attaché par des lames aponévrotiques. Sa forme parabolique lui donne quelque ressemblance avec la mâchoire inférieure. Il est composé de cinq pièces, savoir : le corps, les deux grandes cornes et les deux petites.

Corps ou portion centrale. — Il est aplati et recourbé d'avant en arrière ; on lui distingue une face antérieure, une face postérieure, un bord supérieur, un bord inférieur et deux extrémités.

La face antérieure, concave et légèrement inclinée en haut, présente à sa partie moyenne quatre enfoncements plus ou moins marqués, séparés l'un de l'autre par une ligne cruciforme. Elle donne attache, de bas en haut, aux muscles digastriques, stylo-hyoïdiens, mylo-hyoïdiens, génio-hyoïdiens et hyo-glosses.

La face postérieure, concave et inclinée en bas, répond à l'épiglotte à laquelle elle est unie par un tissu cellulaire serré et jaunâtre.

Le bord supérieur est incliné en arrière et donne attache aux muscles hyo-glosses, à la membrane thyro-hyoïdienne et à la membrane hyo-glossienne.

Le bord inférieur, penché en avant, reçoit l'insertion des muscles omoplato-hyoïdiens, sterno-hyoïdiens et thyro-hyoïdiens.

Les extrémités s'articulent avec les grandes et les petites cornes.

Grandes cornes. — Longues, aplaties de haut en bas, elles sont terminées en arrière par une petite tête arrondie, sur laquelle s'insère de chaque côté le ligament thyro-hyoïdien latéral ; en avant elles présentent une petite facette qui s'articule avec l'extrémité du corps. Sur la face supérieure de chacune d'elles s'attachent les muscles hyo-glosses et constricteurs moyens du pharynx ; les faces inférieures sont unies à la membrane thyro-hyoïdienne.

Des deux bords de chaque corne, l'externe reçoit le muscle thyro-hyoïdien ; l'interne est contigu à la muqueuse pharyngienne.

Les *petites cornes*, courtes, irrégulièrement coniques, sont situées à la partie postérieure de l'os hyoïde, au point de réunion du corps avec les grandes cornes. Chacune d'elles donne insertion au ligament stylo-hyoïdien et à un petit faisceau du muscle hyo-glosse.

Le développement de l'os hyoïde se fait par six points d'ossification ; deux pour le corps, deux pour les grandes cornes et deux pour les petites.

CARTILAGE MÉDIAN DE LA LANGUE.

En écartant fortement l'un de l'autre les muscles génio-glosses, après les avoir détachés des apophyses géni, on trouve au fond de l'écartement, et vers la base de la langue, une espèce de raphé antéro-postérieur, très dense, qui n'est autre chose que le bord inférieur de ce cartilage (cartilage de Blandin), dont le bord supérieur, les faces latérales et les extrémités, peuvent être mises à nu en continuant à détacher les fibres musculaires. Cette lame cartilagineuse, placée de champ, de forme semi-lunaire, a un aspect grisâtre et une hauteur de 9 à 15 millimètres. Son volume est plus considérable en arrière, où elle tient à la face antérieure de l'os hyoïde par des fibres tendineuses, qu'en avant, où elle se perd, en s'amincissant, dans le tissu charnu de la langue. Elle est souvent percée de petites ouvertures, surtout en avant et vers ses bords. Ses faces latérales servent à l'insertion d'un grand nombre de fibres musculaires.

MEMBRANE HYO-GLOSSIENNE.

Au delà du trou borgne, à la base de la langue, entre les fibres charnues et les replis glosso-épiglottiques, on aperçoit une couche dense, jamais graisseuse, membraniforme, fibreuse : c'est la membrane hyo-glossienne de quelques auteurs. D'un pouce environ de longueur, cette membrane, que l'on ne trouve que chez l'homme, s'attache d'une part à la concavité de l'os hyoïde, et de l'autre part sur la face dorsale de la langue où elle sert d'insertion à quelques fibres des génio-glosses. Sa face inférieure donne naissance aux fibres du muscle lingual inférieur.

MUSCLES DE LA LANGUE.

On partage les fibres charnues de la langue en extrinsèques et en intrinsèques. Les premières (*muscles extrinsèques*), sont la continuité des muscles provenant des parties voisines, savoir : les stylo-glosses, les hyo-glosses et les génio-glosses ; les secondes (*muscles intrinsèques*) sont bornées à la langue au delà de laquelle elles ne s'étendent pas. Parmi celles-ci, on distingue plus particulièrement deux faisceaux, nommés lingual longitudinal supérieur et lingual longitudinal inférieur ; les autres ont été appelées transversales, obliques et perpendiculaires, suivant la direction qu'elles affectent.

Muscles extrinsèques.

1° *Stylo-glosse.* — Ce muscle long et grêle, s'étend depuis la base de l'apophyse styloïde et le ligament stylo-maxillaire, auquel il s'insère, jusqu'à la partie latérale de la langue. Arrivé là, il s'élargit, s'aplatit et se divise en deux faisceaux, dont un, supérieur, longe le bord de cet organe en croisant perpendiculairement la direction des fibres de l'hyo-glosse et va se réunir vers la pointe de la langue avec le muscle lingual longitudinal inférieur ; et dont l'autre, inférieur, après s'être entrecroisé avec les fibres de l'hyoglosse, s'enfonce dans l'épaisseur de la langue, pour se confondre avec ses fibres transversales et avec le faisceau lingual du constricteur supérieur du pharynx (pharyngo-glosse).

Rapports. — Caché en dehors par les muscles stylo-hyoïdien, ventre postérieur du digastrique, ptérygoïdien interne, et par les glandes parotide et sublinguale, le stylo-glosse répond en dedans à l'amygdale et aux muscles constricteur supérieur du pharynx et hyo-glosse. En arrière, il est contigu au muscle stylo-pharyngien, dont il est séparé inférieurement par le nerf glosso-pharyngien.

Usage.—Il élève le bord de la langue et tire la totalité de cet organe de son côté. Lorsque les deux muscles agissent simultanément, celles de leurs fibres qui se dirigent en dedans vers la base de la langue la soulèvent comme le ferait une sangle, suivant l'expression de M. Bérard, la portent en arrière vers le voile du palais et resserrent l'isthme du gosier ; leurs fibres longitudinales l'élargissent et en courbent la pointe en haut.

2° *Hyo-glosse.*— Mince, aplati, quadrilatère, ce muscle se porte de l'os hyoïde à la partie latérale de la langue. Il s'insère à l'hyoïde par trois faisceaux plus ou moins distincts, décrits par quelques anatomistes comme trois muscles particuliers, savoir : le *basio-glosse*, se fixant au corps de l'os hyoïde ; le *chondro-glosse*, provenant de la petite corne, et le *cérato-glosse*, qui naît de la grande corne dans toute l'étendue de sa face supérieure. Ces trois faisceaux se dirigent presque toujours parallèlement en haut et un peu en avant, pour se terminer sur le côté de la langue entre le lingual et le stylo-glosse, avec le faisceau inférieur duquel ils s'entrecroisent.

Le faisceau chondro-glosse va se confondre sous la muqueuse de la face dorsale, avec les fibres longitudinales superficielles ; les deux autres faisceaux constituent plus spécialement les fibres longitudinales des bords de la langue.

Rapports. — En dehors, ce muscle a des connexions avec le stylo-glosse, le mylo-hyoïdien, le digastrique, la glande sublinguale, les nerfs lingual et grand hypo-glosse. Le premier de ces nerfs longe son bord supérieur, le second son bord inférieur. En dedans, l'hyo-glosse est contigu aux muscles génio-glosse et constricteur moyen du pharynx, dont il est séparé supérieurement par le nerf glosso-pharyngien et inférieurement par l'artère linguale.

Usage.—Il rapproche le bord de la langue de l'os hyoïde, et *vice versâ*, suivant que le point fixe est en bas ou en haut ; lorsque la langue est hors de la bouche, il concourt à la faire rentrer en la tirant en arrière. Par la contraction simultanée des deux hyo-glosses, la face inférieure se creuse en gouttière, tandis que la face supérieure devient convexe.

3° *Génio-glosse.* — C'est le plus volumineux des muscles extrinsèques ; triangulaire, rayonné et aplati, il s'insère aux rugosités supérieures des tubercules géniens, d'où ses fibres se portent en divergeant vers la langue.

Les plus nombreuses parviennent à la partie moyenne de cet organe, dont elles forment les fibres verticales, qui s'entrecroisent avec les fibres longitudinales et transversales. Quelques unes des plus postérieures vont sur le côté du pharynx et même jusqu'à l'os hyoïde, et constituent les muscles *génio-pharyngien de Winslow* et *génio-hyoïdien supérieur de Ferrein.* Quelques autres, des plus antérieures, se recourbent d'arrière en avant et se terminent vers la pointe de la langue, en se confondant avec les fibres antérieures du stylo-glosse, de l'hyo-glosse et du lingual profond. Enfin, si l'on écarte l'un de l'autre les deux génio-glosses, on voit manifestement qu'ils s'entrecroisent par leurs fibres les plus internes, au niveau de la base et de la pointe de la langue ; tandis qu'au milieu, où ces fibres s'attachent sur les faces latérales du cartilage de Blandin, l'entrecroisement n'a pas lieu.

Rapports. — La face externe du génio-glosse est recouverte par la glande sublinguale, le conduit excréteur de la glande sous-maxillaire (conduit de Warthon), et par les muscles hyo-glosse, stylo-glosse et mylo-hyoïdien. La face interne, contiguë inférieurement au génio-glosse du côté opposé, en est séparée supérieurement par un tissu cellulaire graisseux. Le bord inférieur, mince en avant et épais en arrière, répond dans toute son étendue au génio-hyoïdien ; le bord antérieur est recouvert par le repli muqueux qui constitue le filet.

Usage. — Par ses fibres postérieures, le génio-glosse tire la langue en avant et la fait sortir de la bouche ; il la tire en arrière et la ramène dans cette cavité, par ses fibres antérieures. Les fibres hyoïdiennes et pharyngiennes élèvent et portent en avant l'os hyoïde, rétrécissent et portent en avant le pharynx. Lorsque les deux muscles se contractent à la fois, leurs fibres moyennes tirent en bas le milieu de la langue.

Muscles intrinsèques.

1° *Lingual longitudinal inférieur ou profond.* — C'est un petit faisceau allongé, plus épais en arrière qu'en avant, qui est placé à la face inférieure de la langue entre l'hyo-glosse et le génio-glosse. Il naît de la membrane hyo-glossienne et du cartilage médian, en se confondant avec le faisceau lingual du constricteur supérieur, croise le faisceau postérieur du stylo-glosse et les fibres du génio-glosse, puis vient s'unir au-devant du basio-glosse, avec une portion du stylo-glosse, pour aller se terminer à la pointe de la langue, sur la muqueuse de sa face inférieure.

Usage. — Il raccourcit la langue et replie sa pointe en bas.

2° *Lingual longitudinal supérieur ou superficiel.* — On décrit sous ce nom une couche de fibres dirigées d'avant en arrière, qu'on découvre lorsqu'après avoir soumis la langue à l'ébullition ou à la macération, on dépouille sa face dorsale de la muqueuse papillaire. Ces fibres, qui s'insèrent manifestement en arrière sur la petite corne de l'os hyoïde, longent les bords de la langue entre le stylo-glosse qui est en dehors et le glosso staphylin qui est en dedans, et se confondent avec ces muscles.

Usage. — Il raccourcit la langue et recourbe sa pointe en haut.

3° *Fibres transversales.* — Les unes s'étendent d'un des bords de la langue à l'autre, en passant au-dessous du cartilage médian ; les autres vont d'un des bords à la face correspondante du cartilage médian. Ces fibres sont plus nombreuses en avant qu'en arrière, quelques unes émanent du faisceau transverse du stylo-glosse.

Usage. — Elles rétrécissent et allongent la langue, en forçant, en quelque sorte, sa substance à fuir dans le sens de son grand diamètre, comme le dit M. Bérard.

4° *Fibres obliques.* — On les observe principalement sur les bords et vers la base de la langue. Toutes se dirigent d'arrière en avant ; mais les unes sont obliques de haut en bas, et les autres obliques de bas en haut, de telle sorte qu'elles croisent la direction des premières.

Usage. — Elles amincissent les bords de la langue.

5° *Fibres verticales ou perpendiculaires.* — Elles s'étendent verticalement de la face supérieure à la face inférieure. On les trouve surtout vers la pointe de la langue, où elles sont remplacées chez l'homme par les fibres les plus antérieures des génio-glosses.

Usage. — Elles amincissent la langue et l'élargissent.

Muscles extrinsèques accessoires de la langue.

Sous ce titre, je ne ferai qu'indiquer quelques faisceaux musculaires, qui, très développés chez les animaux, n'existent chez l'homme qu'à l'état rudimentaire ; ce sont : le *glosso-épiglottique*, le *pharyngo-glosse* (faisceau du constricteur supérieur du pharynx), le *glosso-staphylin*, et enfin l'*amygdalo-glosse*. Tous ces faisceaux, dont le nom indique assez bien l'origine et la terminaison, se confondent plus ou moins avec les fibres longitudinales et transversales de la langue.

COUPES VERTICALES DE LA LANGUE.

Sur une langue qui a été préalablement bouillie, il est facile de démontrer l'intrication des fibres extrinsèques et intrinsèques, au moyen de deux coupes verticales faites, l'une dans le sens transversal, l'autre dans le sens antéro-postérieur.

La coupe transversale présente deux cercles concentriques différemment colorés : l'un extérieur, constitué par un pointillé rouge, épais, surtout en bas, et répondant à la section des fibres longitudinales ; l'autre intérieur, pâle, formé par les fibres transversales et perpendiculaires entremêlées de graisse. On y reconnait aussi l'entrecroisement des faisceaux internes des muscles génio-glosses, dont les faisceaux externes s'incurvent en haut et en dehors sans s'entrecroiser ; ces derniers constituent les fibres obliques de certains auteurs.

Sur la coupe antéro-postérieure, on voit manifestement les fibres longitudinales croisées par les fibres verticales.

En résumé, ces coupes démontrent qu'il existe dans la langue quatre ordres de fibres, les unes longitudinales, les autres transversales, les troisièmes verticales, les dernières obliques. Les fibres longitudinales sont à la fois intrinsèques et extrinsèques ; les transversales sont presque entièrement intrinsèques ; les verticales et les obliques sont en majeure partie extrinsèques et fournies par les génio-glosses.

APPAREIL SÉCRÉTEUR DE LA LANGUE.

La langue est continuellement baignée par le liquide buccal, qui provient de la sécrétion glandulaire et folliculaire. Les organes chargés de cette fonction peuvent aussi être distingués en *extrinsèques* et en *intrinsèques*.

Les premiers, groupés autour de la cavité buccale, ou disséminés sur plusieurs de ses parois, versent, à l'aide de leurs conduits excréteurs, leurs produits de sécrétion dans l'intérieur de la bouche ; ce sont : les glandes parotides, sous-maxillaires, sublinguales, palatines, labiales, buccales, molaires, et enfin les amygdales.

Les seconds appartiennent à la langue même et sont placés dans son épaisseur. Nous décrirons seulement ces derniers, comme entrant dans la composition intime de la langue.

Glandes linguales.

Deux petites glandes (glandes de Blandin), se trouvent constamment à la pointe de la langue, sur les côtés du frein et dans l'épaisseur des muscles stylo-glosse et lingual. Elles ont la forme et le volume d'une petite olive ; leurs extrémités antérieures répondent à la pointe de la langue et sont presque contiguës, leurs extrémités postérieures sont écartées l'une de l'autre. Comme les autres glandes salivaires, elles sont constituées par l'agglomération de granulations, desquelles émanent en nombre indéterminé plusieurs conduits excréteurs. Ceux-ci s'ouvrent, d'après M. Blandin, à la face inférieure de la pointe de la langue, sur les bords libres des deux franges muqueuses qu'on y remarque. Les vaisseaux de ces glandes proviennent des artères ranines et se jettent dans les veines du même nom. Les nerfs lingual et hypo-glosse de chaque côté leur fournissent une grande quantité de filaments qui forment dans leur épaisseur des anastomoses plexiformes.

Indépendamment des glandules mucipares situées à la base de la langue, et dont nous avons déjà parlé, il existerait, selon Weber, dans la profondeur de la substance charnue, et au niveau du trou borgne, deux autres petites glandes analogues à celles que nous venons de décrire.

TISSU CELLULO-GRAISSEUX.

Le tissu cellulaire graisseux, fin et peu résistant, interposé aux fibres musculaires, existe plus particulièrement en arrière et vers la face inférieure de la langue. Il a pour usages de contribuer aux changements de forme de cet organe, en fuyant les points où les fibres musculaires se contractent, pour se placer là où elles sont dans le relâchement.

Les observations d'œdème de la langue prouvent qu'elle contient aussi du tissu cellulaire séreux, que l'on trouve à sa partie antérieure.

Il existe encore, suivant Fleischmann, sous la face inférieure de la langue, de chaque côté du frein, derrière le conduit de Bartholin, une bourse muqueuse dont les parois, habituellement affaissées et presque transparentes, peuvent être facilement démontrées par l'insufflation. Ces bourses muqueuses sont rondes ou ovalaires, à compartiments multiples; la droite est généralement plus volumineuse que la gauche. Le même anatomiste prétend que leur tuméfaction peut produire la grenouillette ; cette opinion est d'ailleurs parfaitement d'accord avec les faits observés par G. Breschet, qui a disséqué chez les enfants nouveau-nés des kystes séreux tout à fait indépendants du conduit de Warthon.

Ces bourses auraient pour usage de faciliter les mouvements de la langue.

MEMBRANE MUQUEUSE GUSTATIVE.

La langue est recouverte d'une membrane muqueuse, continuation de celle qui tapisse la cavité buccale, et se confondant avec la peau par l'intermédiaire de la muqueuse labiale. Cette membrane revêt entièrement le dos, les bords, la pointe et la partie antérieure de la face inférieure de la langue Unie aux fibres charnues de cet organe par un tissu cellulaire très fin et très court, elle est beaucoup plus mince sur la face inférieure, où elle n'offre aucune particularité d'organisation, que sur la face supérieure, où l'on remarque les glandules et les trois espèces de papilles dont nous avons parlé plus haut. Toute cette face est recouverte par une couche limoneuse blanchâtre ou jaunâtre, dont l'aspect et la quantité sont variables, suivant l'état de santé ou de maladie.

La muqueuse linguale est formée, comme la peau, d'un épiderme ou épithélium et d'un derme ; Malpighi y avait encore décrit une couche intermédiaire, à laquelle il avait donné le nom de *corps réticulaire* ou *muqueux*.

Epithélium (*péri-glotte d'Albinus*). —Celui-ci, qui se détache des parties sous-jacentes par l'ébullition et la macération, embrasse exactement toutes les papilles en leur fournissant des gaînes ou des étuis cornés proportionnés à leur forme et à leur volume. Quand on l'examine par sa face inférieure, on voit, au sommet des étuis qu'il fournit aux papilles, des ouvertures correspondant aux *fila gustativa*, qui sont également recouverts d'épiderme. L'épithélium, très épais chez certains animaux (chat, tigre), très mince chez l'homme où il est en rapport direct avec la délicatesse et le développement du goût, est formé par la stratification des cellules épithéliales; il est entièrement dépourvu de vaisseaux et de nerfs.

Derme ou chorion. — Le chorion lingual, très dense et très épais, contribue à former la charpente de la langue. Il est constitué par des fibres albuginées entrecroisées, qui ont quelque analogie avec le tissu jaune vers la base de la langue, et dans la trame desquelles sont logées les glandules et les papilles. Par sa face inférieure, le derme sert d'insertion à un grand nombre de fibres musculaires; sa face supérieure est recouverte par les papilles. Celles-ci, qui sont séparées les unes des autres par de petits intervalles remplis par les prolongements de l'épiderme, sont formées par l'épanouissement des fibres les plus profondes du derme; elles renferment un grand nombre de vaisseaux lymphatiques et sanguins, et chacune d'elles reçoit un filet nerveux qui s'y termine probablement en formant une anse.

Corps muqueux ou réticulaire.—Malpighi a décrit sous le nom de *reticulum*, une couche glutineuse inorganique, intermédiaire au derme et à l'épiderme, grisâtre chez l'homme, présentant des taches noirâtres chez certains animaux, percée d'autant de trous qu'il y a de papilles et remplissant les intervalles de celles-ci. Ce corps muqueux n'est autre chose que la partie la plus profonde de l'épiderme, qui, comme nous l'avons déjà dit, envoie des prolongements entre chaque papille; et cette couche doit son apparence glutineuse à ce que les cellules épithéliales qui la constituent sont plus jeunes, moins serrées et plus transparentes que celles de la couche superficielle de l'épiderme, qu'elles doivent remplacer un jour.

VAISSEAUX ET NERFS DE LA LANGUE.

Ils sont très nombreux et très volumineux, eu égard au peu de volume de cet organe.

Les *artères* proviennent, de chaque côté, de la carotide externe, et principalement de sa branche linguale, qui fournit les artères dorsale de la langue, ranine et sublinguale. La thyro-hyoïdienne supérieure, par l'intermédiaire de sa branche laryngée, envoie aussi quelques rameaux à la langue, qui en reçoit également de la pharyngienne inférieure et de l'artère faciale, dans le cas où la sublinguale naît de cette dernière. Quelques ramuscules de l'artère palatine, de la maxillaire interne, se distribuent encore à la base de la langue.

Les *veines* sont plus nombreuses et plus grosses que les artères. Il y en a de superficielles, placées sous la muqueuse, qui ont un trajet indépendant des artères; et de profondes qui accompagnent ces vaisseaux. Presque toutes aboutissent aux veines pharyngienne et faciale de chaque côté, ou vont directement dans l'une des veines jugulaires et principalement dans l'interne. Parmi les veines de la langue, la *ranine* se distingue par son volume considérable et par sa position superficielle au-dessus de la muqueuse de la face inférieure; elle marche parallèlement au nerf grand hypoglosse: c'est sur elle que les anciens pratiquaient la phlébotomie.

Les *vaisseaux lymphatiques* aboutissent aux ganglions sous-maxillaires, ainsi qu'à ceux situés sur les parties latérales du cou.

Nerfs de la langue.—Sept branches nerveuses principales se distribuent dans chacune des moitiés latérales de la langue. Ce sont:

1° Le grand hypoglosse;
2° Le lingual du maxillaire inférieur (émanation du trijumeau);
3° La portion linguale du glosso-pharyngien;
4° La corde du tympan;
5° Le rameau lingual du facial;
6° Un ou plusieurs rameaux émanés du laryngé supérieur (branche du pneumo-gastrique);
7° Quelques filets du grand sympathique.

1° Le grand hypoglosse est exclusivement le nerf moteur: les vivisections, l'anatomie pathologique l'ont démontré; l'anatomie descriptive le prouve d'une manière irrécusable, puisqu'il est le seul qui se distribue dans les muscles de la langue.

2° Le nerf lingual du trijumeau a été considéré par quelques physiologistes comme un nerf de sensibilité gustative, par d'autres comme un nerf de sensibilité générale et tactile, et par d'autres enfin comme jouissant de ces deux propriétés à la fois. Il se distribue dans la muqueuse et dans les papilles des deux tiers antérieurs de la langue; comme tous les nerfs sensitifs, il est volumineux, plus gros que l'hypoglosse, et présente un aspect plexiforme. On ne peut mettre en doute qu'il préside à la sensibilité générale et tactile des deux tiers antérieurs de la langue, mais son influence sur cette partie, comme nerf spécial de la gustation, me semble pouvoir être contestée, ainsi que nous le verrons tout à l'heure.

3° La portion linguale du glosso-pharyngien se divise constamment en deux branches, l'une interne et l'autre externe. La première, plus considérable, se distribue dans la muqueuse de la base de la langue, et envoie des filets aux papilles caliciformes. La seconde se prolonge en avant sur le bord de la langue et se voit à l'œil nu, jusqu'au quart antérieur de cet organe.

On regarde habituellement le glosso-pharyngien comme le nerf de sensibilité tactile et gustative de la base de la langue; mais l'existence de la branche externe, qui pourrait peut-être, à l'aide d'un verre grossissant, être poursuivie jusqu'à la pointe, me fait pencher vers l'opinion de Panizza, suivant lequel le glosso-pharyngien serait le nerf spécial de la gustation.

4° La corde du tympan, branche de communication du lingual avec le facial, envisagée tour à tour comme une émanation de l'un ou de l'autre de ces deux nerfs, fait partie du lingual au delà du ganglion sous-maxillaire. Chez l'homme, il est impossible de l'en séparer, passé ce renflement, sans solution de continuité; mais chez certains animaux (cheval, mouton, porc), d'après M. Demarquay, elle s'isole facilement du lingual et se perd dans la muqueuse de la face dorsale.

Les opinions sont nombreuses et contradictoires sur les fonctions de cette branche nerveuse. Bellingeri la regarde comme destinée à transmettre à l'encéphale les impressions gustatives; Biffi et Morganti en font un rameau de sensibilité tactile, opinion que M. Duchesne a de nouveau mise à l'ordre du jour, par suite de l'application directe de l'électricité sur la membrane du tympan. Enfin, M. Cl. Bernard prétend que la corde du tympan n'est qu'une branche motrice ajoutée au nerf lingual; qu'elle se perd dans les fibres longitudinales supérieures, mais qu'elle joue toutefois un rôle important dans la gustation, en imprimant aux papilles une sorte d'érection, comme le disait Haller, qui leur permette de s'emparer des molécules sapides et de rendre leur appréciation instantanée.

5° Le nerf que j'ai désigné sous le nom de rameau lingual du facial s'anastomose autour et dans l'épaisseur du muscle stylo-pharyngien, avec le glosso-pharyngien; il se distribue dans les fibres musculaires subjacentes à la muqueuse de la base de la langue (*muscle lingual longitudinal superficiel*).

Il a pour usage de faire raccourcir la langue dont il recourbe la pointe en haut et en arrière. Il me semble qu'il pourrait exercer sur la gustation l'influence que M. Bernard attribue à la corde du tympan, vu qu'il se distribue manifestement à la face dorsale de la langue, tandis que la corde du tympan n'y arrive jamais directement. D'après les recherches de M. Davaine, la paralysie de ce rameau aurait pour résultat une imperfection dans la prononciation des lettres linguales.

6° Rameau lingual du laryngé supérieur. Après qu'il a traversé la membrane thyro-hyoïdienne, le laryngé supérieur de chaque côté fournit un ou plusieurs rameaux grêles qui s'insinuent sous la muqueuse de la base de la langue, en dedans du glosso-pharyngien, et s'y perdent.

C'est par cette petite branche du pneumo-gastrique qu'on explique les rapports sympathiques qu'il y a entre la langue et l'estomac; c'est à elle que l'on rapporte le sentiment de dégoût et l'envie de vomir que l'on éprouve, si l'on titille la base de la langue; enfin, on pense encore que l'impression produite sur les filets du laryngé supérieur ou du glosso-pharyngien, par la présence du bol alimentaire sur la base de la langue, provoque les mouvements de déglutition.

7° Les filets linguaux du grand sympathique émanent du plexus inter-carotidien et s'enlacent autour de l'artère linguale, qu'ils accompagnent dans l'épaisseur de la langue. Ils président à la nutrition de cet organe et aux sécrétions.

Il me reste encore à signaler de nombreux petits ganglions que Remak a trouvés sur l'expansion des nerfs de la langue, tant sur les filets destinés à la substance charnue que sur ceux qui s'épanouissent dans la membrane muqueuse. Avant que j'aie eu connaissance de la découverte de ce savant et habile anatomiste, j'ai vu, à l'œil nu, sur les dernières divisions du nerf lingual, des renflements d'où partaient des houppes de filaments qui se rendaient dans les papilles des bords de la langue.

A l'aspect de tant de nerfs d'origines si différentes, réunis dans un si petit organe, doit-on s'étonner si la langue possède à la fois des fonctions si nettes et si variées, des mouvements si prompts et en même temps si précis, des sensations si vives et si délicates, des sympathies si rapides et si nombreuses.

USAGES DE LA LANGUE.

La langue est douée de contractions volontaires, de sensibilité tactile et de sensibilité gustative, et c'est au moyen de ces trois propriétés qu'elle sert à la gustation, à la succion, à la mastication, à la formation du bol alimentaire, à la déglutition et à la parole.

Considérée comme organe de motilité, elle peut se porter en haut, en bas, en avant, en arrière, à droite, à gauche, exécuter des mouvements de circumduction, incliner un de ses bords et relever l'autre; se creuser en gouttière sur l'une ou l'autre de ses faces, soulever sa base comme dans les mouvements de déglutition, s'allonger ou se raccourcir, augmenter son diamètre transversal tandis qu'elle diminue son diamètre vertical, et *vice versâ*. Enfin, elle est encore entraînée par la mâchoire inférieure et l'os hyoïde, auxquels elle s'attache, et qui lui font subir des déplacements en masse. Je ne me propose point d'examiner ici quelles sont les fibres musculaires mises en jeu dans ces divers mouvements, ce serait sortir du cadre que je me suis tracé et empiéter sur la physiologie; je crois d'ailleurs qu'il suffira de se reporter à la description des muscles intrinsèques et extrinsèques de la langue pour s'en rendre compte.

Au point de vue de la sensibilité tactile, la langue est parfaitement organisée, à cause de la grande quantité des papilles qui la recouvrent et des petits filaments (*filaments gustatifs*) dont celles-ci sont surmontées. Toutes ces éminences sont pourvues de rameaux nerveux; elles ont pour usage d'augmenter d'une manière considérable la surface sentante, de multiplier les points de contact, d'emprisonner, pour ainsi dire, les substances les plus ténues, afin de les forcer à se dissoudre dans les liquides qui les baignent et de les rendre aptes à être goûtées. La sensibilité tactile s'exerce sur toute la surface de la langue, mais elle est moins vive à sa face inférieure qu'à sa face supérieure, où elle est principalement dévolue aux papilles filiformes.

La gustation paraît limitée, sur la langue, à la base, aux bords et à la pointe, là où existent les papilles caliciformes et fungiformes, avec le nombre et le volume desquelles elle est en rapport direct. J'ai déjà dit qu'elle ne se bornait pas à la langue, qu'une portion peu étendue du voile du palais était aussi susceptible de percevoir les saveurs; mais il ne faut pas oublier qu'un grand nombre de celles-ci passeraient inaperçues, si nous ne trouvions pas un auxiliaire puissant dans l'olfaction, qui apprécie l'arome et le bouquet. Dans ces derniers temps, on a prétendu que le mélange entre les impressions gustatives et olfactives s'opérait à la base de la langue.

Suivant Brillat-Savarin, le goût et l'odorat ne forment qu'un seul sens, dont l'un est le *laboratoire* et l'autre la *cheminée*. Ces deux sens se perfectionnent l'un par l'autre, tous deux nous invitent, par l'appât du plaisir, à réparer les pertes de notre individu; tous les deux nous aident dans la recherche des substances propres à nous servir d'aliments, et nous indiquent en quelque sorte à distinguer celles qui sont nuisibles de celles qui ne le sont pas. Qui ne sait, en effet, que la plupart des poisons joignent à une odeur nauséabonde une saveur désagréable, et que certains d'entre eux produisent sur la langue une sensation de brûlure.

Cette dernière remarque nous montre que la langue perçoit la douleur; j'ajouterai qu'elle est encore sensible aux impressions de température et au chatouillement.

PLANCHE 89.

Conformation extérieure de la langue, de la voûte palatine et du voile du palais.

PRÉPARATION. — Pour rendre les papilles et les glandules linguales, la glande et les glandules palatines, plus appréciables, il est bon de faire macérer la cavité buccale pendant quelques heures dans l'eau tiède et de bien la laver après.

On détachera l'épiderme de la couche papillaire du derme en plongeant la langue dans l'eau bouillante, ou en la faisant macérer pendant un temps plus ou moins long suivant la température de la saison.

Une grande partie de la langue, de la voûte palatine et du voile du palais est visible dès qu'on ouvre fortement la bouche ; pour la face supérieure il suffit de tirer la langue hors de la bouche et de l'appliquer contre le menton; pour la face inférieure, il faut relever la pointe en l'appliquant contre les dents incisives supérieures. Mais si l'on désire mettre à nu toute la face dorsale de la langue, il serait nécessaire d'avoir recours aux coupes suivantes :

1° Prolongez l'incision des commissures des lèvres en arrière, détachez la langue de ses adhérences au maxillaire inférieur, et enlevez le corps de cet os par un trait de scie pratiqué de chaque côté, entre la seconde et la troisième grosse molaire, puis écartez fortement la langue de la voûte palatine.

2° Faites une coupe verticale antéro-postérieure des mâchoires supérieure et inférieure, un peu en dehors de la ligne médiane, et de manière à ne pas intéresser la langue. Ce dernier procédé a le double avantage de ne pas changer les rapports de la langue et de donner une connaissance exacte de ses deux portions pharyngienne et buccale.

FIGURE 1.

Face dorsale de la langue, voûte palatine, voile du palais, ses piliers et amygdales.

Explication de la figure 1.

a, a. Glandules linguales. — *b, b,* Papilles à calice disposées suivant deux lignes convergentes en arrière formant le V lingual. — *c.* Trou borgne manquant souvent. — *d, d.* Papilles fungiformes. — *e, e.* Papilles filiformes ou cylindriques. — *f.* Repli glosso-épiglottique. — *g.* Épiglotte. — *h.* Repli glosso-staphylin ou pilier antérieur du voile du palais. — *i.* Muscle glosso-staphylin. — *j, j.* Pilier postérieur. — *k, k.* Amygdale logée entre les deux piliers du voile du palais. — *l.* Isthme du gosier. — *m.* Luette. — *n.* Voile du palais se confondant avec *o,* la voûte palatine. — *p.* Cordon fibreux soulevant la membrane muqueuse. — *q, q.* Orifices des conduits excréteurs de la glande palatine. — *r.* Glande palatine mise à nu par l'ablation de la muqueuse. — *s.* Couche des glandules palatines. — *t.* Ces mêmes glandules vues par la transparence de la muqueuse. — *u.* Tubercule palatin bouchant le trou palatin antérieur de chaque côté duquel se voient les crêtes de la voûte palatine. — *v, v.* Section de la mâchoire inférieure.

FIGURE 2.

Langue contenue dans la cavité bucco-pharyngienne et vue de profil.

Explication de la figure 2.

a. Moitié du V lingual. — *b, b.* Glandules placées sur la portion pharyngienne de la langue et derrière le V des papilles caliciformes. — *c, c, d, d.* Papilles fungiformes et filiformes disséminées sur la portion buccale de la face dorsale de la langue. — *e.* Lignes parallèles formées par l'arrangement régulier des papilles et coupant perpendiculairement les bords de la langue. — *f.* Épiglotte fixée à la base de la langue par trois replis glosso-épiglottiques, dont un médian et deux latéraux moins prononcés. — *g.* Glande sub-linguale. — *h, h.* Conduit excréteur de la glande sous-maxillaire (conduit de Warthon). — *i.* Voûte palatine. — *j.* Voile du palais. — *k.* Luette. — *l.* Amygdale logée entre les deux piliers.

FIGURE 3.

Face inférieure de la langue rendue visible par le renversement de sa pointe en haut.

Explication de la figure 3.

a. Repli muqueux appelé frein ou filet de la langue. — *b, b.* Veines ranines. — *c, c.* Lignes frangées. — *d.* Glande de Blandin vue au moyen d'une échancrure faite à la surface inférieure de la pointe de la langue. — *e, e.* Plancher de la bouche sur lequel on voit en relief la glande sub-linguale. — *f, f.* Orifices de ses conduits excréteurs. — *g.* Orifices des conduits excréteurs de la glande sous-maxillaire. — *h.* Alvéoles dont on a extrait les quatre incisives afin de mieux faire voir les détails précédents.

FIGURE 4.

Langue de profil sur laquelle on voit (*a*) l'épiderme détaché de la surface papillaire du derme (*b*) et renversé en haut.

PLANCHE 90.

Appareil musculeux et charpente osseuse, cartilagineuse et membraneuse de la langue.

Préparation. — Les muscles extrinsèques de la langue doivent être mis à nu en pratiquant avec une scie deux sections sur la mâchoire inférieure, dont une passerait un peu en dehors de la symphyse du menton, et l'autre immédiatement au-devant du muscle masséter ou dans l'articulation temporo-maxillaire. Comme le nerf lingual se trouve appliqué à la face interne de la mâchoire inférieure au niveau du masséter, il convient, si l'on pratique la section à cet endroit, d'introduire préalablement la pince à dissection entre cet os et le nerf afin d'empêcher sa section. On renverse en bas ou l'on enlève avec le fragment détaché les muscles digastrique et mylo-hyoïdien, derrière lesquels les muscles de la langue ne sont masqués que par la muqueuse buccale, la glande sub-linguale, le conduit de Warthon, le nerf lingual et par un peu du tissu cellulaire graisseux. Cela fait, tirez avec une érigne la pointe de la langue hors de la bouche, et poursuivez ses muscles extrinsèques, de leurs insertions styloïdienne, hyoïdienne et maxillaire vers l'épaisseur de cet organe.

Les fibres intrinsèques s'obtiennent, en pratiquant sur une langue détachée et bouillie dans l'eau salée, plusieurs coupes. Ainsi : par une section verticale médiane et antéro-postérieure, on met à nu les fibres verticales et longitudinales; par une section verticale et transversale, on découvre les fibres transverses, obliques et verticales.

Le lingual longitudinal inférieur sera recherché sur la face inférieure de la langue, entre les muscles hyo-glosse et génio-glosse.

Le lingual longitudinal supérieur, le glosso-staphylin et le glosso-épiglottique seront mis à nu en enlevant, sur une langue bouillie ou macérée, la muqueuse papillaire.

FIGURES 1, 2 et 3.

Os hyoïde vu par ses faces et par ses bords.

Explication des figures 1, 2 et 3.

a, a, a. Corps de l'os hyoïde convexe en avant, concave en arrière. — *b, b, b, b, b.* — Grandes cornes. — *c, c, c, c, c.* Petites cornes placées au point de jonction du corps avec les grandes cornes.

FIGURE 4.

Muscles extrinsèques.

Explication de la figure 4.

a. Stylo-glosse naissant de *b*, l'apophyse styloïde, conjointement avec *c*, les muscles stylo-hyoïdien et stylo-pharyngien coupés ici. — *d.* Division du muscle stylo-glosse en deux portions : l'une se porte à la pointe en longeant le bord de la langue, l'autre s'enfonce dans l'épaisseur de sa base entre les fibres de l'hyo-glosse et se confond avec les fibres transversales. — *e.* Hyo-glosse prenant son origine, *f*, sur le corps de l'os hyoïde (basio-glosse), *g*, sur sa petite corne (chondro-glosse), et, *h*, sur sa grande corne (cérato-glosse). — *i*. Génio-glosse, naissant de *j*, l'apophyse géni de la mâchoire inférieure. — *k*. Partie du muscle lingual longitudinal inférieur. — *l*. Glosso-staphylin, se confondant sur le bord de la langue avec le stylo-glosse. — *m*. Pharyngo-glosse ou portion du constricteur supérieur du pharynx. — *n*. Constricteur moyen. — *o*. Génio-hyoïdien.

FIGURE 5.

Elle est destinée à faire voir, sur une coupe médiane antéro-postérieure de la langue, l'épanouissement en éventail du muscle génio-glosse ainsi que le cartilage médian (cartilage de Blandin).

Explication de la figure 5.

a. Muscle génio-glosse s'attachant à *b*, l'apophyse géni supérieure de la symphyse du menton, à *c*, corps de l'os hyoïde et à *d*, épiglotte. — *e*. Cartilage médian fixé au bord postérieur de l'os hyoïde par *f*, membrane hyo-glossienne. — *g*. Fibres longitudinales supérieures. — *h*. Fibres verticales.

FIGURE 6.

Face inférieure de la langue tenant à l'os hyoïde et montrant principalement l'entrecroisement des deux génio-glosses.

Explication de la figure 6.

a, *a*. Muscles génio-glosses coupés près de l'insertion à la mâchoire ; le gauche est déjeté en dehors afin de faire voir leur entrecroisement sur la ligne médiane. — *b*. Bord libre du cartilage lingual ; à ce niveau l'entrecroisement des génio-glosses manque. — *c*, *c*. Muscles stylo-glosses détachés de l'apophyse styloïde. — *d*, *d*. Muscles hyo-glosses. — *e*, *e*. Muscles linguaux profonds ou inférieurs. — *f*. Os hyoïde.

FIGURE 7.

Face supérieure ou dos de la langue montrant les fibres musculaires subjacentes à la muqueuse linguale.

Explication de la figure 7.

a, *a*. Stylo-glosses. — *b*, *b*. Glosso-staphylins. — *c*. Muscle glosso-épiglottique. — *d*. Lingual superficiel ou longitudinal supérieur. Tous ces muscles, en se réunissant par leurs bords, constituent un plan superficiel qui se termine en partie à la face profonde de la muqueuse dorsale de la langue. — *e*. Fibres obliques, appartenant au chondro-glosse, mises à nu, par une section du plan superficiel. — *f*. Fibres obliques. — *g*. Voile du palais et luette.

FIGURES 8 et 9.

Coupes transversales et verticales de la langue faites la première à sa partie moyenne, la seconde près de sa pointe.

Explication des figures 8 et 9.

a, *a*. Muscles génio-glosses, on voit par ces coupes que ces muscles, entrecroisés par leurs faisceaux internes, s'incurvent en haut et en dehors sans s'entrecroiser par leurs faisceaux externes. — *b*. Coupe perpendiculaire du muscle longitudinal inférieur. — *c*. Coupe du muscle hyo-glosse. — *d*. Coupe du stylo-glosse. — *e*. Coupe perpendiculaire du cartilage lingual. — *f*, *f*. Section de l'artère linguale, — *g*, *g*. Muqueuse linguale. — *h*. Section perpendiculaire des fibres longitudinales des génio-glosses.

PLANCHE 91.

Vaisseaux et nerfs de la langue.

PRÉPARATION. — Étant à peu de chose près la même que celle de la planche précédente, celle-ci ne mérite aucune indication spéciale des coupes ; seulement ici les muscles ont été un peu sacrifiés afin de bien voir les vaisseaux et nerfs, et dans la planche précédente le contraire a eu lieu. La seule indication propre à cette préparation, c'est de poursuivre les vaisseaux après les avoir injectés avec des matières colorantes différentes pour les artères et les veines, et de disséquer les nerfs après les avoir plongés pendant quelque temps dans un bain acidulé.

FIGURE 1.

Artères.

Explication de la figure 1.

A. Artère carotide externe (coupée ici aux deux extrémités) fournissant, B, l'artère linguale. Dirigée d'abord horizontalement entre *a*, le constricteur moyen du pharynx, et *b*, le muscle hyo-glosse (dont une portion est ici renversée en bas), elle devient ascendante et se divise en deux branches terminales qui sont : C, la ranine, et D, la sublinguale ; et en deux branches collatérales, savoir : E, branche dorsale de la langue, et F, branche hyoïdienne.

FIGURE 2.

Veines linguales profondes.

Satellites de l'artère linguale, les veines profondes, au nombre de deux de chaque côté, suivent la direction de l'artère en s'anastomosant plusieurs fois au-devant d'elle.

FIGURES 3, 4 et 5.

Nerfs de la langue émanant de sept origines différentes.

Explication des figures 3, 4 et 5.

1, 1, 1. Grand hypoglosse. — 2, 2, 2. Branche linguale du trijumeau. — 3. Branche linguale du glosso-pharyngien. — 4. Corde du tympan. — 5. Rameau lingual du facial, qui, après s'être anastomosé avec le glosso-pharyngien, parvient à la langue. — 6. Rameau lingual émané de la branche laryngée supérieure du pneumo-gastrique. — 7, 7. Enfin un plexus nerveux, né du plexus inter-carotidien, accompagne l'artère linguale et ses divisions dans toute l'étendue de la langue.

8, 8, 8. Ganglion sous-maxillaire donnant des ramifications à la glande sous-maxillaire. — 9, 9. Ganglion sublingual fournissant quelques rameaux grêles à la glande sublinguale. — 10. Plexus très délié, émanant à la fois des nerfs lingual du trijumeau, de l'hypoglosse et du plexus lingual sympathique et se distribuant à la glande de Blandin. — 11, 11, 11. Anastomoses du nerf lingual avec le grand hypoglosse. — 12, Nerf facial. — 13. Épiderme détaché du derme et déjeté en haut.

ORGANES DU TACT OU DU TOUCHER.

MEMBRANE TÉGUMENTAIRE EXTERNE, OU PEAU.

La *peau* est une membrane fibreuse étendue à la périphérie du corps, auquel elle constitue une sorte d'enveloppe ou de limite extérieure qui en arrête la forme et en suit toutes les inégalités.

Interrompue au niveau des ouvertures naturelles, elle ne s'y termine pas, mais se réfléchit en changeant de nature, et se continue avec les membranes muqueuses qui tapissent l'intérieur des cavités.

On la regarde comme l'organe du tact et du toucher; sa densité, sa résistance et son élasticité en font un puissant organe de protection; enfin elle est le siége d'absorptions et d'exhalations continuelles.

Ses dimensions varient suivant les individus; sa superficie dépend évidemment de la taille et de l'embonpoint. M. Sappey l'a évaluée en moyenne à 10 pieds carrés pour l'homme et à 6 ou 8 pour la femme. L'épaisseur, moins considérable chez la femme et l'enfant que chez l'homme et le vieillard, présente des différences notables sur la même personne, suivant les points où on l'examine. Ainsi la peau est fine, lâche et mobile aux paupières, à la verge et au scrotum; elle est au contraire épaisse, ferme et adhérente, au crâne, à la nuque, au dos, à la paume des mains et à la plante des pieds, plus épaisse dans le sens de l'abduction et de l'extension des membres, que dans l'adduction et la flexion. Aux endroits où s'exercent habituellement des pressions ou des frottements, elle est calleuse et presque cornée.

La couleur de la peau diffère suivant les races d'hommes. Blanche ou rosée dans la race caucasique, elle est jaune dans la race mongole, rouge ou cuivrée chez les Indiens, noire chez les nègres, etc. Dans la même race, elle offre des variations d'autant plus tranchées que sa nuance est plus claire. Ainsi, pour la race blanche, on la trouve moins foncée sous les latitudes nord que sous les latitudes du midi, moins foncée chez la femme que chez l'homme, chez l'enfant que chez l'adulte; dans la vieillesse, elle devient sèche, aride et un peu jaunâtre. Sur le même individu, quel que soit son sexe, elle est toujours plus ou moins brunâtre aux parties génitales externes et autour des mamelons, basanée aux endroits continuellement exposés à l'air. Enfin, on peut dire que sa coloration dépend encore des tempéraments; généralement blanche chez ceux d'un tempérament lymphatique, elle est d'un rose plus ou moins foncé, surtout à la face, chez les individus sanguins.

Nous étudierons dans la peau: 1° sa *surface extérieure*, 2° sa *surface intérieure* ou *adhérente*, 3° sa *structure*.

1° SURFACE EXTÉRIEURE OU LIBRE.

La surface libre de la peau présente les particularités suivantes:

1° Des plis et des sillons qu'on peut classer en deux espèces: les plis de locomotion et les plis séniles.

Les *plis de locomotion* sont normaux et dépendent soit de l'action musculaire, soit d'une disposition particulière du tissu cellulaire sous-cutané; on les divise en grands et en petits. Les premiers s'observent au niveau des articulations et des muscles, auxquels ils sont presque toujours perpendiculaires. Les seconds forment, en s'entrecroisant les uns avec les autres, une multitude de losanges qui permettent à la peau de se prêter à tous les mouvements; on les voit en grand nombre sur la face dorsale du poignet et de la main, c'est-à-dire du côté de l'extension.

Les *plis séniles* ou rides sont produits par l'amaigrissement des vieillards, chez lesquels la peau ayant perdu de son élasticité et ne pouvant pas revenir sur elle-même, est trop large pour les parties qu'elle recouvre.

On peut rattacher à cette dernière espèce les plis qui se forment sur le ventre à la suite de l'accouchement ou de la ponction d'une ascite.

2° Un grand nombre de petites éminences désignées sous le nom de *papilles*. Celles-ci occupent principalement la paume des mains et la plante des pieds, où elles sont rangées régulièrement suivant des lignes diversement contournées, mais en général parallèles aux plis de locomotion. A la pulpe des doigts et des orteils, ces lignes décrivent des courbes concentriques ; ailleurs les papilles sont disséminées.

3° Une infinité d'*orifices* ou *pores* apparaissent à la surface de la peau : les uns, imperceptibles à l'œil nu, appartiennent aux canaux sudoripares ; les autres, généralement appréciables à l'œil nu, sont les orifices extérieurs des follicules sébacés ; ils apparaissent en grande quantité sur le nez, où ils forment, chez certaines personnes, un pointillé noir.

4° On trouve encore des fentes curvilignes pour le passage des ongles et des ouvertures arrondies pour les poils. Ceux-ci sont loin d'exister à toutes les époques de la vie et varient sous le rapport de la quantité, de la longueur et de la coloration. Leurs follicules, ainsi que les follicules sébacés, font souvent saillie à la surface de la peau, à laquelle ils communiquent une certaine rudesse marquée surtout dans le phénomène appelé *chair de poule*.

2° SURFACE INTÉRIEURE OU ADHÉRENTE.

Constituée par un réseau de mailles fibreuses par où pénètrent les nombreuses ramifications vasculaires et nerveuses, cette surface est doublée d'une couche cellulo-graisseuse (*pannicule cutané* ou *adipeux*), variable pour l'épaisseur et la disposition dans les diverses régions du corps.

Ce tissu cellulaire, lâche, séreux et complétement dépourvu de graisse dans certains points, comme aux paupières, au scrotum et à la verge, lamelleux et peu adhérent au niveau des membres, est aréolaire, très dense et très étroitement uni aux parties sous-jacentes, à la paume des mains, à la plante des pieds, etc. Ailleurs, il se change en bourses muqueuses destinées à faciliter les glissements. Ces bourses résultent de la dilatation d'une aréole ou de la réunion de plusieurs ; on les observe au niveau des saillies osseuses sous-cutanées, lorsque les parties éprouvent des frottements continuels : ainsi, au-devant de la rotule, en arrière de l'olécrâne, sur les malléoles externes des tailleurs.

Chez certains animaux, toute la peau affecte des rapports immédiats avec les muscles peauciers, qui constituent le pannicule charnu. Chez l'homme, c'est seulement à la tête et au cou qu'elle adhère aux muscles peauciers, dont les contractions se traduisent à l'extérieur et influent sur l'expression de la physionomie ; à la paume de la main, il existe aussi un petit faisceau cutané, le *palmaire cutané*. Au tronc et aux membres, une couche de tissu cellulaire et des lames aponévrotiques séparent la peau des muscles, et la rendent complétement étrangère à leurs mouvements.

3° STRUCTURE DE LA PEAU.

La plus simple observation montre que la peau est formée de deux couches superposées : l'une superficielle, inorganique, privée de vaisseaux et de nerfs ; c'est l'*épiderme* ; l'autre profonde, vivante, organisée, pourvue d'un grand nombre de vaisseaux et de nerfs, c'est le *derme*.

En regardant de plus près et surtout en ayant recours à quelques procédés analytiques, comme la macération, on ne tarde pas à découvrir qu'entre ces deux couches il en existe deux autres, savoir : la *couche de Malpighi* et la *couche pigmentaire* (membrane pigmentale de Flourens). Mais ces dernières sont-elles réelles ou artificielles ? Sont-elles des membranes distinctes, ou ne sont-elles qu'une dépendance de l'épiderme ? Chacune de ces quatre membranes est-elle simple ou constituée par la juxtaposition de plusieurs feuillets ? Ces différentes questions ont été débattues et résolues différemment par les anatomistes, ainsi que nous le verrons par la suite.

Il est encore annexé à la peau : 1° des glandes sudorifères et sébacées ; 2° des poils et des ongles (phanères) ; 3° des vaisseaux sanguins, des vaisseaux lymphatiques et des nerfs ; 4° du tissu cellulaire sous-cutané, dont nous avons déjà parlé plus haut.

ÉPIDERME.

L'*épiderme* est une membrane mince, demi-transparente, cornée, inaltérable à l'air et peu perméable, étalée sur la surface du derme dont elle reproduit à l'extérieur toutes les inégalités.

Son épaisseur est variable suivant les individus et même suivant les diverses parties du corps. Ainsi, extrêmement mince aux lèvres, au gland, à la vulve, etc., où il se continue avec l'épithélium des membranes muqueuses, il est très épais à la paume des mains, à la plante des pieds et dans les endroits qui sont exposés à des pressions ou à des frottements continuels.

Sa surface extérieure n'est autre que la surface extérieure de la peau.

Sa surface intérieure se moule exactement sur les papilles du derme et présente une multitude de petits alvéoles coniques, séparés les uns des autres par des crêtes, d'où partent des filaments ou tractus de longueur variable.

Chaque alvéole loge une ou deux papilles, les crêtes occupent les interstices papillaires. Cette disposition se traduit à l'extérieur par les saillies et les sillons papillaires que nous avons signalés principalement à la paume des mains et à la plante des pieds.

Les filaments ou tractus, regardés à tort par Bichat comme des vaisseaux exhalants ou absorbants, sont des prolongements épidermiques canaliculés, qui tapissent l'intérieur des follicules pileux, des follicules sébacés et des conduits sudoripares, et qui ont abandonné ces organes par suite de la traction opérée afin de séparer le derme de l'épiderme. Les plus fins appartiennent aux conduits sudoripares, ils mesurent quelquefois 3 ou 4 millimètres de longueur.

Les micrographes sont aujourd'hui généralement d'accord sur la texture de l'épiderme, qu'ils regardent comme un épithélium pavimenteux stratifié. Les cellules qui entrent dans sa formation, renferment un noyau et des granulations élémentaires, mais elles présentent des différences notables de la profondeur vers la superficie.

Ainsi, à la surface du derme, on trouve, dans une substance amorphe, exhalée par les capillaires, une multitude de noyaux jaunâtres, sur lesquels on distingue des granulations plus foncées. Plus haut, les parois de la cellule se dessinent et renferment étroitement le noyau et ses granulations; dans les parties plus superficielles, une couche transparente de liquide sépare le noyau de la membrane cellulaire, également transparente. A mesure que les cellules se développent davantage, elles sont plus serrées les unes contre les autres et revêtent des formes polygonales; en même temps, comme elles se superposent par couches, elles s'aplatissent, leurs parois se rapprochent du noyau, qui s'aplatit à son tour et finit par disparaître complètement. Enfin, on ne trouve plus à la face extérieure de l'épiderme, que des lamelles incolores, intimement unies entre elles, et enchâssées les unes entre les autres, comme les différentes pièces d'un pavé.

L'aplatissement des lamelles et leur union intime donnent à l'épiderme une densité plus considérable à sa superficie qu'à sa profondeur, et permettent de distinguer dans cette membrane, comme l'a parfaitement démontré M. le professeur Flourens, une couche superficielle (*cuticule* ou *premier épiderme*), et une couche profonde (*second épiderme*) qui n'est autre que le corps muqueux dont je parlerai bientôt.

L'exhalaison continuelle qui se fait à la surface du derme fournit à chaque instant de nouvelles cellules destinées à subir les transformations que je viens d'indiquer. Ces cellules augmenteraient sans cesse l'épaisseur de l'épiderme, si les lamelles les plus superficielles de celui-ci ne se détachaient sans cesse sous forme de petites écailles ou squames. Habituellement il existe un équilibre parfait entre cette desquamation et la reproduction des nouvelles cellules ; mais il n'est pas rare de voir cet équilibre rompu, soit à la suite de certaines maladies, comme la scarlatine et la rougeole, qui déterminent une chute considérable de l'épiderme, soit sous l'influence de pressions et de frottements répétés qui augmentent la sécrétion épidermique et donnent lieu à la formation des cors aux pieds, ou des callosités que l'on voit à la paume des mains des ouvriers.

DERME OU CHORION.

Le *derme* est la couche fondamentale de la peau, celle qui en forme presque toute l'épaisseur, en détermine la résistance, l'extensibilité et la rétractilité. C'est la seule dont toutes les parties soient vivantes et organisées.

Le derme est placé entre l'épiderme et la couche cellulo-graisseuse et musculaire. Son épaisseur, variable suivant les régions du corps, l'âge et le sexe, constitue les différences que nous avons décrites plus haut, à propos de l'épaisseur de la peau; en général elle est plus considérable dans les endroits destinés à supporter plus d'efforts et de frottements.

Sa coloration est toujours blanche ou un peu rosée, même chez les nègres, pourvu toutefois qu'on ait parfaitement enlevé la couche pigmentaire située au-dessus.

J'ajouterai enfin qu'il est élastique, qu'il se resserre sous l'influence du froid, et, comme l'a démontré M. Brown Séquart, sous l'influence de l'électricité.

On lui distingue deux faces, l'une interne, l'autre externe.

Face interne ou profonde (*couche horizontale*). — Elle forme la surface intérieure ou adhérente de la peau. Les alvéoles qu'on y remarque ne s'étendent pas au delà de la moitié de l'épaisseur du derme, et sont remplis par des prolongements coniques du tissu cellulo-graisseux sous-cutané. Cette face est percée d'un grand nombre de trous, pour le passage des vaisseaux lymphatiques et sanguins, des nerfs, des follicules pileux et des conduits sudoripares, qui sont situés au-dessous.

Face externe ou superficielle (*couche papillaire*). — Plus dense que la face profonde, recouverte par l'épiderme, elle est parsemée, dans toute son étendue, d'une multitude de petites saillies ou papilles, molles et pulpeuses, dont l'ensemble constitue le corps papillaire; entre ces saillies, on voit des ouvertures destinées aux poils, aux conduits sébacés et sudoripares.

Des papilles. — Les papilles ne sont pas également répandues sur la surface du derme; ainsi, très nombreuses et pressées les unes contre les autres, à la paume des mains, à la plante des pieds, à la pulpe des doigts et des orteils, aux lèvres, aux mamelons et au gland, là où la sensibilité tactile est très développée, elles sont disséminées partout ailleurs.

Leur direction est tantôt perpendiculaire au derme, tantôt oblique.

Leur forme est en général celle d'un cône, à base implantée dans le derme, à sommet plus ou moins arrondi, reçu dans une petite dépression de la face interne de l'épiderme. Cependant quelques unes sont cylindriques ou filiformes, quelques autres ont l'aspect de petits champignons, attachés au derme par un pédicule court et étroit. Cette disposition, qui rappelle les papilles fungiformes de la langue, s'observe au mamelon et à la couronne du gland; peut-être est-elle en rapport avec la sensibilité spéciale de ces organes.

Les *papilles les plus grosses*, occupent la paume des mains, la plante des pieds, la pulpe des doigts et des orteils; là elles sont accolées deux à deux, de telle sorte que chaque alvéole de l'épiderme renferme deux papilles de volume souvent inégal, séparées l'une de l'autre par un petit sillon à peine appréciable. Ces paires sont rangées régulièrement et se traduisent à la surface extérieure de la peau par des lignes et des sillons que nous avons déja indiqués. A la paume des mains et à la plante des pieds, ces lignes sont habituellement parallèles aux plis de locomotion. A la phalange unguéale de chaque doigt, elles décrivent des courbes concentriques à concavité tournée en haut, paraboliques chez les uns, elliptiques ou même spiroïdes chez les autres. A la première et a la deuxième phalange, les lignes sont obliques de haut en bas et de dehors en dedans pour le pouce et l'index, du haut en bas et de dedans en dehors pour l'auriculaire; leur direction est variable pour les mêmes phalanges du médius et de l'annulaire. Pour tous les doigts, elles deviennent de plus en plus transversales à mesure qu'elles s'approchent des plis articulaires des phalanges et s'interrompent au niveau de ces plis.

Les *papilles moyennes* forment des séries linéaires et parallèles au-dessous de toute la portion épidermique de l'ongle, elles sont filiformes et obliques à la surface du derme.

Les *petites papilles* s'observent sur le tronc et les membres; leur forme est conique comme celle des papilles des doigts, mais leur sommet est plus arrondi que celui de ces dernières.

Chaque papille est constituée par un prolongement de la partie la plus superficielle du derme. Elle renferme une petite branche artérielle qui se recourbe en anse à son sommet, pour se changer en capillaire veineux et reporter le sang au réseau veineux du derme. Suivant M. Sappey, elle contient aussi un petit rameau lymphatique qui se subdivise de manière à former un réseau capillaire des plus fins; quant à la disposition des nerfs à l'intérieur de chaque papille, les opinions varient beaucoup.

D'après Pappenheim, les filets nerveux forment tantôt une anse, tantôt un plexus à la base de chaque papille, sans y pénétrer. MM. Todd et Bowman ont pu les poursuivre jusqu'au milieu de la hauteur de la papille, et les ont perdus au delà. Gerber les fait se terminer en anse au sommet de la papille; il n'y a qu'une anse dans les petites papilles, on en compte dans les grosses six à neuf, épanouies en rosette.

Une opinion tout à fait nouvelle a été émise par MM. Rudolphe Wagner et Meissner, et reproduite par Koelliker avec des modifications de texture et une interprétation physiologique différente; mais je m'abstiendrai de reproduire ici les recherches de ce dernier micrographe, parce qu'elles n'ont pas encore été sanctionnées par un nouvel examen. D'après M. Rudolphe Wagner, ce qu'on a appelé jusqu'à présent les papilles du toucher présente deux formations distinctes : 1° Les papilles qui ne reçoivent que des anses vasculaires (papilles vasculaires); 2° celles qui reçoivent des nerfs et qui sont placées entre les premières (papilles nerveuses).

1° Les papilles vasculaires sont les plus nombreuses, elles sont constituées par une enveloppe et par une anse vasculaire juste assez large pour laisser passer un filet simple de globules du sang.

2° Les papilles nerveuses ne reçoivent pas elles-mêmes de vaisseaux; elles contiennent un petit corps ovalaire, qui y est enchâssé comme un noyau dans sa cellule.

Ce petit corps est formé de membranes horizontalement superposées, séparées les unes des autres par des grains oblongs et d'un contour foncé; le tout recouvert par une enveloppe striée excessivement fine.

Chacune des fibrilles nerveuses primitives situées dans l'épaisseur du derme, au-dessous des papilles, se divise en un grand nombre de petites branches au bout desquelles les corpuscules sont attachés; de telle sorte qu'une seule fibrille règne sur un certain nombre de corpuscules du toucher. Le total de ces points divers qui appartiennent à une fibrille correspond à un point simple dans le cerveau et dans la moelle épinière; ils ne produisent qu'une seule impression de sensibilité, qu'ils soient touchés isolément ou dans leur ensemble.

Structure du derme. — Le derme est en majeure partie formé par l'intrication de faisceaux blancs de tissu cellulaire, s'entrecroisant dans tous les sens, de manière à circonscrire des espaces losangiques. Ces espaces deviennent de plus en plus étroits de la profondeur vers la superficie; là il est impossible de les reconnaître et l'on ne voit plus qu'une couche finement granuleuse, sans structure apparente, constituée plutôt par des fibrilles de tissu cellulaire entrecroisées que par des faisceaux proprement dits.

Dans certaines régions, où la peau a besoin d'une grande élasticité, on trouve, tout à fait à la face profonde du derme, des fibres jaunes de tissu élastique, contournées en spirale.

Enfin, dans les parties susceptibles d'érection, comme le mamelon, on a constaté la présence de fibres musculaires organiques, que l'on rencontre également autour des bulbes pileux et des follicules sébacés.

C'est à l'arrangement des faisceaux blancs de tissu cellulaire que la peau doit son extensibilité; ces faisceaux se réduisent en gélatine par la coction, et c'est à eux qu'il faut rapporter les changements que la peau subit pendant l'opération du tannage.

CORPS MUQUEUX.

On décrit, sous ce nom, une couche gélatiniforme, blanche chez les blancs, noire chez les nègres, intermédiaire au derme et à l'épiderme, et moulée sur les papilles qui lui donnent l'aspect d'un réseau.

Cette couche, découverte par Malpighi sur la langue du bœuf, avait été considérée par lui comme un mucus concret sécrété par les papilles et destiné à les conserver dans l'état de souplesse nécessaire à l'exercice de leurs fonctions.

Depuis, certains anatomistes l'avaient regardée tour à tour comme la partie superficielle du derme, ou comme la couche la plus profonde de l'épiderme. Bichat y plaçait avec le pigment un réseau de capillaires sanguins. Gall la croyait formée par de la substance nerveuse grise. Gaultier la subdivisait en quatre couches distinctes, savoir : 1° Les *bourgeons sanguins*, dépendance des papilles; 2° au-dessus la couche *albide profonde* formée principalement de vaisseaux séreux ; 3° les *gemmules*, qui contenaient la matière colorante ; 4° la couche *albide superficielle* analogue à la couche albide profonde. Dutrochet, considérant les bourgeons sanguins comme une dépendance des papilles, n'admettait que les trois dernières couches de Gaultier, sous les dénominations de : 1° *membrane épidermique*, 2° *couche colorée*, et 3° *couche cornée*.

De nos jours, le corps muqueux n'est plus une couche particulière, c'est la partie la plus profonde de l'épiderme (*épiderme descendant*), moins dense que la partie superficielle ou premier épiderme, dont on peut le séparer par la macération. Il doit son aspect gélatiniforme aux jeunes cellules épithéliales qui le composent.

PIGMENT.

La coloration noire du nègre et la teinte brune de quelques régions de la peau du blanc sont dues à un appareil particulier, le *pigment*, répandu dans la partie la plus profonde de l'épiderme.

Le pigment est constitué par des cellules renfermant au centre un noyau clair et transparent, autour duquel viennent se grouper les granules pigmentaires, qui remplissent plus ou moins complétement la cavité cellulaire.

Ces granules sont de petites lamelles de forme ovalaire, transparentes, si on les voit isolées les unes des autres, mais d'une couleur jaunâtre, jaune rougeâtre ou noirâtre, lorsqu'il y en a plusieurs ensemble. Elles s'amassent autour du noyau, de manière à l'envelopper de toutes parts et à le cacher complétement; une substance visqueuse sert probablement à les maintenir en place et constitue plus tard la membrane cellulaire et le liquide qui sépare celle-ci des granules. Cependant, le plus souvent le liquide manque, et la membrane cellulaire, très mince, est confondue avec son contenu. Cette disposition des cellules pigmentaires, admise par Henle et la plupart des micrographes, est contredite par Purkinje, suivant lequel les granules seraient placés à l'extérieur de la cellule. Ces petits corps, quand on les sépare les uns des autres, sont animés d'un mouvement moléculaire très vif ; d'après Schwann, ils seraient même susceptibles de se mouvoir dans le liquide de la cellule.

Les cellules ont une forme arrondie, lorsqu'on les examine dans les régions colorées de la peau du blanc, où elles sont en petite quantité ; mais chez le nègre, où elles existent en grand nombre, superposées les unes aux autres, elles s'aplatissent, se déforment, deviennent hexagonales ou polyédriques.

Elles ne constituent pas une couche parfaitement distincte entre le derme et l'épiderme, ainsi que l'avait pensé M. Flourens : on les trouve, il est vrai, en majeure partie à la surface du derme, et principalement dans les sillons inter-papillaires, mais elles se placent aussi entre les jeunes cellules de l'épiderme.

G. Breschet et Roussel de Vauzème croyaient que la matière colorante de la peau était fournie par des organes glanduleux particuliers (*appareil chromatogène*), mais les recherches ultérieures ont démontré qu'il n'en est pas réellement ainsi. Les cellules pigmentaires se reproduisent et se transforment comme les cellules épithéliales. Les plus jeunes repoussent les plus anciennes, à mesure que celles-ci s'éloignent du derme, elles s'aplatissent davantage, leurs granulations pâlissent, puis disparaissent tout à fait, et il ne reste plus qu'une lamelle analogue aux lamelles épidermiques.

Cette régénération continuelle du pigment peut être entravée, lorsqu'à la suite d'une blessure, le derme a été détruit trop profondément ; c'est ce qu'on observe chez les nègres, dont les cicatrices, d'abord blanches, ne revêtent qu'à la longue la couleur noirâtre.

Chez les individus de la race caucasique, les taches de rousseur sont dues à la présence du pigment, mais on ignore s'il en est de même pour la teinte basanée de ceux qui sont sans cesse exposés aux ardeurs du soleil ; peut-être n'y a-t-il là, comme le dit Henle, qu'une modification chimique de l'épiderme.

ANNEXES DE LA PEAU.

GLANDES SÉBACÉES.

Ce sont de petites glandes de la grosseur d'un grain de millet, placées dans l'épaisseur du derme et sécrétant une humeur particulière appelée *sebum*.

On les trouve sur toute la surface du corps, à l'exception de la paume des mains et de la plante des pieds ; presque partout elles accompagnent les poils ; celles mêmes des paupières, des ailes du nez et de l'aréole du mamelon, sont en rapport avec un duvet très fin, et il n'y a qu'à la couronne du gland et aux petites lèvres où l'on ne puisse pas démontrer la présence des poils. Elles sont généralement plus nombreuses dans les régions les plus velues, comme au péricrâne, à la face, aux parties génitales ; les plus développées se voient au pourtour des ouvertures naturelles.

Ces glandes ne descendent jamais aussi profondément dans l'épaisseur du derme que les follicules pileux et les glandes sudorifères.

Chacune d'elles est formée de petites vésicules ovoïdes, en nombre variable de trois à douze, groupées autour d'un conduit excréteur commun, et réunies en une seule masse, par du tissu cellulaire. Les vésicules rétrécies en forme de goulot à l'endroit où elles s'abouchent dans le tube commun, sont constituées par une membrane amorphe, tapissée à l'intérieur par des petites cellules. Le conduit excréteur est revêtu à sa face interne par un mince prolongement de l'épiderme qui se continue avec les cellules des vésicules. Ce conduit s'évase à son orifice externe, et s'ouvre vers l'extrémité supérieure du follicule pileux qu'il accompagne, de manière à verser son contenu entre le poil et sa gaîne ; cependant, aux petites lèvres et à la couronne du gland, il doit correspondre immédiatement à la surface de la peau.

On voit toujours deux ou plusieurs glandes sébacées autour d'un follicule pileux, et elles sont généralement d'autant plus développées, que le poil est plus petit.

Leur produit de sécrétion semble destiné à entretenir la souplesse de la peau et à oindre les poils. Sa composition n'est pas la même dans les différentes régions : ainsi au *nez*, il consiste en une matière inodore, amorphe et granulée, renfermant des gouttelettes de graisse et des petites cellules épithéliales détachées des parois des vésicules ; aux *organes génitaux*, c'est une substance d'odeur forte, ammoniacale et pénétrante, qui se pourrit très promptement et prend place d'après ses principes constituants, entre l'oxyde caséique et le musc.

J'ai indiqué ailleurs comment la matière sébacée pouvait s'accumuler dans la glande, la distendre et apparaître à l'extérieur sous la forme de points colorés en noir par la poussière ; ces points s'aperçoivent souvent en grand nombre sur les ailes du nez, et si l'on presse latéralement la saillie qui leur correspond, on fait sortir la matière sébacée sous la forme d'un petit vermisseau.

GLANDES SUDORIFÈRES.

Bien qu'elles aient été indiquées par beaucoup d'anatomistes, et particulièrement par Malpighi, c'est surtout aux recherches de Breschet et Roussel de Vauzème en France, Purkinje, Vendt et Wagner en Allemagne, que nous devons la connaissance exacte de l'appareil sudatoire (*appareil diapnogène*).

La situation des glandes qui composent cet appareil est dans l'épaisseur du derme, plus souvent même dans le tissu cellulaire sous-dermique et toujours au-dessous des glandes sébacées.

On les rencontre dans toute l'étendue de la peau, mais leur présence se décèle plus aisément à la paume des mains et à la plante des pieds, où à l'aide d'une simple loupe on peut voir leurs orifices placés régulièrement entre les papilles. Dans les autres régions, ces orifices sont moins apparents et irrégulièrement disposés, pourtant on ne les trouve nulle part aussi nombreux et aussi larges qu'au creux de l'aisselle.

Dans chaque glande on distingue la *pelote* ou la glande proprement dite et le conduit excréteur; mais ces deux parties sont formées par un même tube en cul-de-sac, qui s'enroule à son extrémité inférieure de manière à constituer une petite masse de grosseur variable.

La pelote a l'apparence d'un grain jaunâtre ou jaune rougeâtre, à surface inégale et bosselée, à peine visible au milieu des cellules adipeuses qui l'environnent et qui unissent ces différents replis.

Le conduit excréteur, toujours simple à son orifice externe, quelquefois double au moment où il se dégage de la pelote, d'après l'opinion de MM. Giraldès et Wagner, monte perpendiculairement vers la surface de la peau. Dans le derme, il décrit des flexuosités d'autant plus prononcées que la glande est plus volumineuse; au niveau des papilles il se redresse; dans l'épiderme il redevient flexueux et se contourne en spirale; les tours de spire sont plus nombreux et plus serrés dans les couches épaisses d'épiderme, aussi peut-on surtout les observer à la paume des mains et à la plante des pieds. Dans ces dernières régions, le conduit gagne l'épiderme en traversant le petit sillon intermédiaire à deux papilles accouplées.

Le tube qui constitue la glande sudorifère n'est pas partout également calibré, son diamètre augmente insensiblement depuis son extrémité en cul-de-sac jusqu'à l'endroit où il devient conduit excréteur; alors il se rétrécit peu à peu jusqu'au stratum de Malpighi, pour s'élargir de nouveau en se rapprochant de la surface de la peau et se terminer par un orifice infundibuliforme.

Il n'offre pas non plus les mêmes dimensions dans toutes les glandes; on évalue son diamètre, en moyenne, à un ou deux dixièmes de millimètre, mais il devient trois ou quatre fois plus considérable dans les grosses glandes de l'aisselle, dont les tubes sont très longs, et décrivent dans la pelote un plus grand nombre de replis.

Chaque tube sudorifère est constitué par une membrane externe, fibreuse, très mince, et par une membrane interne formée elle-même de deux couches de cellules polygonales, semblables à celles de l'épiderme. La membrane externe est une dépendance du derme, elle se continue avec la surface des papilles et s'arrête au niveau de l'épiderme; un réseau très serré de capillaires sanguins l'environne; dans les grosses glandes, d'après Koelliker, un peu de tissu fibreux sert aussi à réunir les circonvolutions de la pelote. La membrane interne, fournie par l'épiderme, s'étend dans toute la longueur du tube; seulement ses cellules sont plus molles, moins aplaties et moins adhérentes entre elles dans la portion sécrétante que dans le conduit excréteur; au-dessus du derme elle forme à elle seule les parois du tube. Lorsqu'on sépare l'épiderme du derme, elle abandonne la membrane fibreuse et apparaît comme un long tractus blanchâtre.

Les glandes de l'aisselle possèdent encore, indépendamment des deux membranes dont je viens de parler, une couche de fibres musculaires organiques. Koelliker a rencontré les mêmes fibres, mais moins développées et occupant seulement le fond du cul-de-sac, dans les glandes de l'aréole du mamelon, du scrotum, du mont de Vénus, des grandes lèvres et du pourtour de l'anus.

Les glandes sudorifères sécrètent la sueur. A l'état ordinaire cette humeur est produite en petite quantité et se volatilise aussitôt formée; mais sous l'influence d'une longue course, d'une émotion morale ou d'un état pathologique, elle sort en telle abondance, qu'elle se répand sur la surface de la peau. Examinée dans les tubes qui la renferment, elle est liquide, incolore, et c'est à peine si l'on y rencontre quelques corpuscules semblables à ceux du mucus et quelques lamelles d'épiderme; dans les glandes de l'aisselle, elle est plus riche en granulations et presque solide; par sa consistance elle se rapproche du contenu des glandes cérumineuses de l'oreille, glandes dont la forme et la structure sont d'ailleurs identiques avec celles des glandes sudorifères. La sueur qu'on a recueillie est un liquide limpide, tantôt acide, tantôt alcalin, inodore dans l'état normal, d'une odeur particulière et quelquefois urineuse dans les maladies: elle se compose en grande partie d'eau (9/10), de matières grasses, d'urée et de quelques sels, parmi lesquels on doit citer surtout le sel marin; on y trouve aussi des lamelles d'épiderme provenant sans nul doute des parois internes des tubes sécréteurs.

PHANÈRES.

On désigne ainsi toutes les productions de la peau qui font saillie à sa surface ; il y en a deux espèces: les *ongles* et les *poils* .

DES ONGLES.

Productions épidermiques, lamellaires et cornées, les ongles revêtent et protégent l'extrémité dorsale de la dernière phalange des doigts et des orteils. Chez l'homme ils fournissent un point d'appui solide à la pulpe des doigts ; chez les animaux, où ils se modifient pour devenir des sabots et des griffes, ils sont à la fois des organes de préhension et des moyens naturels d'attaque et de défense.

Ils ont l'apparence de petites plaques irrégulièrement quadrilatères, minces, demi-transparentes, dures et élastiques, recourbées sur elles-mêmes dans le sens transversal et d'avant en arrière. Ces plaques, qui sont comme enchâssées dans la peau, sont en majeure partie à découvert par leur face superficielle, et se terminent en avant par une extrémité libre, complétement détachée des parties sous-jacentes. On distingue à chacune d'elles deux faces, l'une superficielle, l'autre profonde ; deux bords latéraux et deux extrémités, l'une libre, antérieure pour les orteils, inférieure pour les doigts ; l'autre adhérente (*racine*), postérieure pour les orteils, supérieure pour les doigts.

La *face superficielle*, convexe, lisse et polie, est recouverte dans son quart postérieur par un repli de la peau qui se termine en mourant sur les côtés, et établit la limite entre l'*extrémité adhérente* ou *racine* et le *corps* ou *partie moyenne* de l'ongle. Cette face est parcourue par un nombre indéterminé de saillies linéaires longitudinales, à peu près parallèles les unes aux autres, plus serrées au niveau de la racine que vers l'extrémité libre et coupées perpendiculairement de distance en distance, par des stries transversales. Au-devant du repli cutané, elle est souvent marquée d'une tache blanchâtre, semi-lunaire et convexe en avant, appelée *lunule*. Entre la lunule et l'extrémité libre, elle reçoit du derme sous-jacent une teinte rosée moins foncée au centre qu'aux extrémités, et susceptible de devenir bleuâtre sous l'influence du froid ou de certaines maladies, comme la cyanose et le choléra.

La *face profonde*, concave, adhérente au derme sous-jacent, présente une multitude de sillons longitudinaux, séparés les uns des autres par de petites crêtes ; les sillons répondent aux saillies de la face superficielle et renferment les papilles filiformes sous-unguéales, les crêtes s'engagent entre les rangées de papilles. L'adhérence de cette face est plus intime en avant, où elle tient à l'épiderme de la pulpe des doigts, que partout ailleurs.

Les *bords*, recouverts dans presque toute leur étendue par le repli de la peau dont j'ai déjà parlé, s'en dégagent en avant, et forment, par leur union avec l'extrémité libre, des *angles* ou *coins* habituellement un peu relevés et sur lesquels se prolonge l'épiderme. Quelquefois, et le plus souvent, à la suite d'une déviation produite par des chaussures mal faites, un des bords presse contre la matrice de l'ongle, l'enflamme, l'ulcère peu à peu, donne lieu à la formation de végétations fongueuses et rend la marche douloureuse et difficile. Cette affection, connue sous le nom d'*onyxis*, ou ongle rentré dans les chairs, s'observe en général au côté interne du gros orteil.

L'*extrémité libre*, d'un jaune blanchâtre, déborde ordinairement la pulpe des doigts, avec laquelle elle forme un sillon où vient s'amasser la poussière. Son bord antérieur est convexe et tranchant, son bord postérieur limite en avant le corps de l'ongle et répond à sa plus grande largeur. Lorsqu'on la coupe, elle repousse continuellement ; abandonnée à sa croissance naturelle, elle atteint jusqu'à 3 ou 4 centimètres de longueur, et se recourbe vers la pulpe des doigts. Chez le fœtus, cette extrémité se continue avec l'épiderme ; et ne devient libre qu'à la naissance chez l'enfant, elle se détache de temps en temps d'elle-même.

L'*extrémité adhérente*, ou *racine*, remarquable par sa souplesse et sa coloration blanchâtre, qui se prolonge en avant sur le corps pour former la lunule, est la portion la plus mince et la plus étroite de l'ongle. Ses deux faces sont en rapport avec le derme ; elle se continue en arrière jusqu'à l'insertion du tendon extenseur correspondant, où elle se termine par un bord inégal et denté.

Matrice de l'ongle et derme sous-unguéal.—Le repli cutané dans lequel est contenue la racine constitue la matrice de l'ongle. C'est un sillon curviligne qui s'étend en arrière aussi loin que la racine, et qui devient de moins en moins profond à mesure qu'il s'avance sur les bords.

Il est important de bien connaître les connexions de l'ongle avec le derme et l'épiderme de ce repli.

Le derme se prolonge sur la face superficielle de la racine jusqu'au niveau du corps; là il se replie, s'adosse à lui-même, et gagne le bord postérieur de la racine, qu'il contourne pour se continuer avec le derme sous-unguéal.

L'épiderme accompagne le derme jusqu'au niveau du corps, se replie et s'adosse à lui-même de manière à former un bourrelet, saillant surtout en arrière, puis abandonne le derme et vient s'attacher sur la face superficielle de la racine et sur les bords de l'ongle où il s'arrête ; du moins est-il impossible de le poursuivre plus loin. Les portions d'épiderme que l'on voit souvent sur la surface du *corps* sont des lamelles que l'ongle a entraînées en s'allongeant.

Le *derme sous-unguéal*, blanc sous la racine et la lunule, auxquels il communique sa couleur, est rosé et très vasculaire au niveau du corps. Sa surface entière est couverte de lamelles longitudinales et parallèles, surmontées de papilles filiformes ; ces lamelles sont très serrées vers la racine et lui donnent un aspect finement strié.

Toutes les particularités que je viens de décrire s'observent également aux doigts et aux orteils ; cependant il existe des différences assez tranchées entre les ongles de ces deux sortes d'organes.

Les ongles des orteils sont généralement moins lisses et moins polis que ceux des doigts, ils sont plus courts, à l'exception toutefois de celui du gros orteil ; le grand diamètre de leur corps est transversal au lieu d'être dirigé suivant la longueur de l'orteil ; enfin, presque toujours ils sont plus recourbés en travers et moins d'avant en arrière, par suite de la pression continuelle et latérale des chaussures.

Les ongles des doigts ont moins d'étendue en travers que de haut en bas, et sous ce point de vue ils présentent de nombreuses différences individuelles. Des ongles allongés surmontent habituellement des doigts longs et effilés, et se voient surtout chez les femmes qui ne se livrent qu'à des travaux d'aiguille peu pénibles, tandis qu'au contraire, les couturières et les tailleurs ont les ongles larges et déformés par leurs travaux journaliers. Chez les phthisiques, on a signalé une disposition particulière des ongles, qui s'aplatissent transversalement et deviennent plus bombés d'avant en arrière, de telle sorte que leur racine paraît soulevée.

Structure de l'ongle. — L'ongle offre une structure analogue à celle de l'épiderme ; on peut lui distinguer comme à ce dernier, deux couches : l'une superficielle plus dure ; l'autre profonde, molle.

La *couche superficielle* ou *dure* (*stratum corneum*) est composée de petites lamelles réunies pour former des plaques ou des couches superposées. Les lamelles ressemblent aux cellules superficielles aplaties de l'épiderme, bien qu'elles soient plus transparentes, et ne renferment ni noyaux ni granulations. Leurs contours sont souvent inégaux et dentelés, de telle sorte que dans une même plaque, elles s'engrènent pour ainsi dire les unes dans les autres. Les plaques sont soudées entre elles, soit par des cellules qui vont de l'une à l'autre, soit par l'emboîtement des saillies longitudinales produites par les papilles du derme, soit enfin par d'autres inégalités de leurs surfaces. D'après Henle (1), leur direction paraît oblique de haut en bas et d'arrière en avant, au niveau de la racine, et parallèle à la surface du derme au niveau du corps; cet anatomiste ignore si cette disposition n'indique pas la présence de deux sortes de plaques, les unes obliques, les autres horizontales.

La *couche profonde* ou *molle* correspond au corps muqueux de Malpighi. Chez l'adulte, il est difficile d'y démontrer la présence des jeunes cellules épithéliales arrondies et pourvues de noyaux, mais chez le fœtus on les voit parfaitement isolées les unes des autres, principalement vers l'extrémité postérieure de la racine, dont elles forment à elles seules toute l'épaisseur. Lorsqu'on arrache l'ongle, la couche muqueuse reste en majeure partie appliquée au derme, auquel elle est intimement unie au moyen de petites crêtes qui pénètrent entre les rangées de papilles.

(1) *Traité d'anatomie générale ou histoire des tissus et de la composition chimique du corps humain.* Paris, 1843, t. I, p. 281.

Accroissement de l'ongle. — Il se fait principalement d'avant en arrière; lorsqu'on coupe l'ongle, on le voit repousser et s'allonger, tandis que son épaisseur ne présente pas de changements notables. Deux taches faites l'une au-devant de l'autre sur le corps de l'ongle, s'approchent de plus en plus de son extrémité antérieure, sans que la distance qui les sépare augmente ou diminue. C'est même au moyen de semblables taches qu'on a pu savoir qu'il fallait à l'ongle deux mois et demi ou trois mois pour parcourir l'espace compris entre sa racine et son extrémité libre. Au premier abord, on doit conclure de ces diverses observations, que la formation de nouvelles plaques se fait uniquement à l'extrémité postérieure, dans la matrice, et que la dernière venue soulève et chasse en avant celles qui l'ont précédée. Mais s'il en était réellement ainsi, toutes les plaques se dépasseraient les unes les autres vers l'extrémité antérieure, dont l'épaisseur serait moins considérable que celle du corps de l'ongle, contrairement à ce qui existe.

Les anatomistes ont émis de nombreuses opinions, pour rendre compte de cette augmentation d'épaisseur de la racine vers l'extrémité libre. Tous reconnaissent que la formation de nouvelles cellules est beaucoup plus active dans la matrice que partout ailleurs, d'autant mieux que cette partie est la plus vasculaire, et que sa destruction ou une altération de sa texture entraînent la chute de l'ongle ou en arrêtent le développement; mais la plupart admettent aussi que toute l'étendue du derme sous-unguéal sécrète de nouvelles cellules qui s'ajoutent à la face inférieure de la lame cornée, et augmentent son épaisseur d'arrière en avant.

L'imbrication des plaques de l'ongle produit sur sa face superficielle des stries transversales plus ou moins régulières. Ces stries sont surtout visibles chez les vieillards, ou lorsqu'à la suite d'une altération pathologique ou d'alternatives fréquentes dans l'activité des vaisseaux du derme, la sécrétion de l'ongle se trouve partiellement diminuée ou augmentée.

DES POILS.

Les *poils* sont des productions épidermiques filiformes, flexibles, élastiques et résistantes, qui se dégagent de la peau en quantité plus ou moins considérable, suivant le lieu où on les examine.

Chez l'homme, ils sont en général moins abondants que chez certains animaux auxquels ils forment des fourrures ou des toisons épaisses, et leur plus petit nombre est en rapport direct avec la sensibilité plus grande de la peau.

Ils sont universellement répandus sur toute la surface du corps, à l'exception de la paume des mains, de la plante des pieds, de la peau des paupières supérieures et du prépuce; mais on les trouve plus spécialement sur la tête, dans le creux axillaire, sur le pubis, sur les grandes lèvres de la femme, sur la face, la poitrine, le scrotum, au pourtour de l'anus, chez l'homme; sur les membres dans le sens de l'extension, à l'entrée du conduit auditif externe et des narines. Quelquefois il s'en développe là où l'on n'en voit pas habituellement, par exemple, sur la conjonctive, dans la vésicule biliaire, dans les kystes de l'ovaire, etc.

Dans ces diverses régions, ils portent des noms différents. Ainsi : sur la tête, on les appelle cheveux; à la face, ils constituent la barbe, les favoris, les moustaches, les sourcils et les cils; ailleurs, on les désigne indistinctement sous le nom de poils; les plus petits, qui sont très fins et incolores, forment le duvet ou les poils follets (*lanugo*).

La coloration des poils peut se rapporter à quatre types principaux : le blanc, le blond, le rouge et le noir, entre lesquels se placent un grand nombre de nuances intermédiaires. Cette coloration varie suivant les différentes races : le blond appartient à l'habitant du Nord, le noir à l'habitant du Midi; elle varie également suivant la teinte de la peau, le tempérament, l'âge, le sexe et la région du corps.

La longueur diffère aussi suivant les régions et le sexe : au premier rang, on doit mettre les cheveux et la barbe; en second lieu viennent les poils du pubis, des grandes lèvres, du scrotum, de l'aisselle, etc ; puis ceux des narines, du conduit auditif externe, les cils, les sourcils, et enfin les poils follets. Les cheveux de la femme sont plus longs et plus fins que ceux de l'homme; les poils du pubis sont plus courts, plus fins et plus frisés.

Les poils ne sont pas également abondants sur tous les points du corps, leur nombre est en rapport constant avec leur grosseur et leur coloration. D'après Withof, un quart de pouce carré en contient au sinciput 293, au menton 39, au pubis 34, etc.; la même surface renferme 147 cheveux noirs, 162 châtains et 182 blonds.

Leur forme est celle d'un cône excessivement allongé, tantôt droit, tantôt enroulé en spirale; les poils droits ont une coupe cylindrique, les poils frisés sont aplatis dans le sens de l'enroulement. Les cheveux présentent des variétés de forme et de coloration bien tranchées dans les races humaines. Dans la race blanche, ils sont longs, fins, épais, plats ou frisés, et diversement colorés du blanc au noir; dans la race mongole, ils sont noirs, droits et courts; chez les nègres, ils sont noirs et crépus comme la laine de certains animaux.

Les poils secs sont quelquefois susceptibles, même chez l'homme, de devenir électriques par le frottement. On ne doit pas oublier non plus qu'ils absorbent facilement l'humidité : cette singulière propriété, qui a été mise à profit pour la construction de l'hygromètre à cheveu, peut aussi dans certains cas éclairer le médecin sur l'état de la transpiration cutanée.

Organisation. — Les poils sont formés par une matière solide, cornée, et par une huile acide, colorée, renfermant de l'acide margarique et de l'acide oléique. Nous étudierons dans chacun d'eux, le *corps* ou portion extérieure, l'extrémité adhérente ou *racine* et le *follicule*.

1° *Corps (hampe ou tige).* — Les anciens anatomistes ayant égard à son aspect conique et aux stries transversales qu'il présente à sa surface, le croyaient formé d'une multitude de cornets emboîtés les uns dans les autres, mais les travaux récents ont fait complétement abandonner cette manière de voir. Examiné au microscope, on y découvre au premier abord deux substances : l'une périphérique ou *corticale*, plus transparente ; l'autre centrale ou *médullaire*, plus ou moins foncée suivant la couleur du poil.

A. *Substance corticale.* — Elle est formée de fibres longitudinales, droites et parallèles, en général plates et transparentes, bien qu'elles contiennent un peu de matière colorante. Au niveau de la racine, ces fibres laissent entre elles des sillons, et sont moins serrées les unes contre les autres que vers la pointe où on les distingue difficilement.

En dehors des fibres longitudinales, on aperçoit surtout vers le sommet des gros poils, des stries transversales qui semblent s'enrouler autour de la tige. Ces stries ne sont pas produites par des fibres, comme on pourrait le penser, mais par des petites lamelles semblables à celles de l'épiderme, disposées en séries circulaires et imbriquées les unes sur les autres, de telle sorte que les squamules les plus voisines de la racine recouvrent celles qui viennent immédiatement au-dessus, et ainsi de suite.

Indépendamment de ces lamelles (*épiderme du poil*), on trouve encore çà et là, principalement vers la racine, des petites plaques épidermiques que le poil a entraînées avec lui, en se dégageant de son follicule.

B. *Substance médullaire.* — Elle est renfermée dans un canal central, dont le diamètre est égal au tiers ou au quart du diamètre total du poil. Ce canal contient des globules brillants, comparables à des granules pigmentaires ou à des gouttelettes d'huile, tantôt isolés, tantôt réunis, de manière à former des conglomérats grenus et foncés, séparés les uns des autres par des intervalles plus ou moins considérables, remplis d'air d'après les recherches de M. Mandl (1). On considère les globules comme le contenu de cellules ; celles-ci se seraient réunies pour former la membrane sans structure apparente, dont l'intérieur du canal est tapissé. La substance médullaire manque dans les poils follets et à la racine des gros poils ; l'ensemble des globules, des conglomérats et des vides lui donne une coloration blanche dans les poils blancs, variable et foncée dans les poils colorés.

2° *Racine.* — Lorsqu'on arrache un poil, l'extrémité implantée dans la peau apparaît sous la forme d'un renflement blanchâtre, ovoïde, plus ou moins allongé, dans lequel on voit, même à un faible grossissement, deux parties distinctes : l'une extérieure, inégale, blanchâtre et presque transparente ; l'autre intérieure, plus ou moins colorée, qui fait suite à la tige et constitue la racine.

Celle-ci, d'une teinte généralement moins foncée que celle de la tige, se renfle peu à peu et se ter-

(1) *Anatomie microscopique.* Paris, 1840, t. I, p. 68.

mine par une extrémité sphérique ou ovalaire, appelée *bouton* ou *tête*. Je distinguerai immédiatement le *bouton* de la *papille* du poil ; cette dernière est une petite éminence conique qui fait saillie à l'intérieur du follicule dont elle dépend ; elle refoule la face inférieure du bouton, et s'en coiffe comme d'un casque.

On retrouve encore dans la racine les deux substances corticale et médullaire. Les stries transversales de la substance corticale s'arrêtent par un rebord assez tranché, au-dessus du bouton ; alors les fibres longitudinales, s'écartant comme les barbes d'un pinceau, deviennent plus fines, plus visibles, plus claires, plus faciles à séparer. A mesure qu'elles approchent de la papille, elles sont remplacées par des stries longitudinales contournées et serpentiformes, de plus en plus courtes et plus larges, et qui dégénèrent enfin vers le milieu du bouton, en noyaux arrondis, semblables à ceux des jeunes cellules de l'épiderme. En même temps, les contours de la racine deviennent moins nets, et sa substance se confond avec celle de la gaîne.

La substance médullaire est très peu apparente dans la racine, elle ne consiste plus qu'en un mince tractus longitudinal, un peu aplati, formé d'une ou deux rangées de cellules à noyaux, renfermant des granules pigmentaires ; autour de ce tractus on voit, dans une humeur visqueuse et transparente, les noyaux qui font suite aux fibres longitudinales.

Gaîne de la racine. — La racine est enveloppée d'une gaîne qui s'enlève en totalité ou en partie quand on arrache un poil. On peut dans cette gaîne reconnaître deux couches : l'une interne, transparente, molle et visqueuse, se confondant, sur le bouton, avec la substance corticale, et constituée par de minces lamelles entre lesquelles existent des fentes ou des trous ; l'autre, externe, appliquée sur le follicule, et due à l'agglomération de petites cellules à noyaux qui se continuent avec les granulations du bouton et avec les jeunes cellules de l'épiderme. Ces deux couches, surtout la dernière, diminuent d'épaisseur à mesure qu'elles approchent du bouton ; elles ne sont évidemment qu'un renversement de l'épiderme.

La couche interne tient légèrement au poil, au niveau de la réunion du corps avec la racine ; au-dessous, elle en est séparée par une graisse liquide, plus ou moins abondante, fournie par les glandes sébacées pilifères, dont les conduits viennent percer la gaîne vers son extrémité supérieure.

3° *Follicule.*— C'est un cul-de-sac du derme, du fond duquel s'élève une saillie conique, le *germe* ou la *papille* du poil. Sa forme rappelle à peu près celle d'une bouteille ; son extrémité inférieure, renflée, dépasse dans les gros poils l'épaisseur du derme, et descend dans le tissu cellulaire sous-cutané.

Sa face interne tient à la couche externe de la gaîne, sa face externe se continue avec le tissu ambiant, et n'est visible que lorsqu'elle s'étend au-dessous du derme. Sa structure n'offre rien de particulier, si ce n'est qu'on y trouve près de la face interne, et au-dessous de l'ouverture des glandes sébacées, des fibres musculaires plates ; il renferme, en outre, des vaisseaux et des nerfs.

La *papille* est recouverte d'un amas de cellules à noyaux, qui empêchent de déterminer exactement sa forme ; cependant on la suppose conique et constituée à peu près comme les papilles du toucher ; souvent, dans les poils qui sont complétement développés, il existe des petits prolongements qui la réunissent au bouton.

Le follicule est tantôt perpendiculaire, tantôt oblique au derme ; le poil suit cette direction et perce obliquement la peau.

Formation.— La formation des poils a une grande analogie avec celle des ongles. Le sang apporte à la surface de la papille un blastème qui s'organise en cellules ; parmi celles-ci, les plus externes se transforment en squamules de la substance corticale ; les plus centrales restent encore assez longtemps distinctes, puis elles se remplissent de pigment, se rapprochent les unes des autres, s'accolent et constituent la substance médullaire ; enfin les cellules intermédiaires aux précédentes s'allongent, s'amincissent et deviennent des fibres longitudinales.

Les cellules les plus jeunes chassent celles qui sont au-dessus et sont à leur tour poussées par celles qui viennent après ; cette production, sans cesse renaissante, dure aussi longtemps que la croissance du poil, après quoi celui-ci reste stationnaire. Pourtant, si on le coupe, il repousse avec une nouvelle vigueur, mais sa pointe ne se reforme que rarement. M. Mandl, ayant coupé les moustaches d'un chien, vit les extrémités tronquées se cicatriser en quelque sorte, s'arrondir plus ou moins régulièrement ou même redevenir pointues; il obtint les mêmes résultats sur les poils de l'homme, à l'exception des cheveux.

Développement. — Chez le fœtus, les poils commencent à paraître vers le quatrième mois; ce ne sont alors que de petits points noirs placés au-dessous de ce qui deviendra plus tard l'épiderme; au cinquième mois, ils ont déjà l'aspect conique, et sont visibles surtout aux sourcils et autour de la bouche; vers le sixième mois, ils perforent l'épiderme; à la fin de la grossesse ou peu de temps après la naissance, ils tombent pour se régénérer ensuite.

Chaque follicule est d'abord clos de toutes parts, l'épiderme passe au-dessus et le bouche; le poil, arrivé au-dessous de l'épiderme, se contourne en spirale ou s'enroule sur lui-même, et forme une petite saillie arrondie; puis, l'épiderme venant à s'amincir et à tomber par suite de la desquamation, il se redresse tout à coup et paraît à l'extérieur. En même temps le follicule, qui, dans l'origine, était contenu dans l'épaisseur du derme, s'est allongé et est descendu dans le tissu cellulaire sous-cutané.

A l'exception des cheveux, des sourcils et des cils, les poils restent à l'état de duvet, jusqu'à l'âge de la puberté, époque à laquelle ils s'allongent et prennent une couleur plus foncée; plus tard, dans un âge avancé, ils blanchissent et tombent. Tout le monde connaît leurs rapports intimes avec le développement des organes génitaux; la barbe tombe après la castration, elle manque ou elle est peu abondante chez ceux qui ont subi cette mutilation pendant l'enfance.

VAISSEAUX DE LA PEAU.

1° *Vaisseaux sanguins.*—Les branches artérielles et veineuses pénètrent en grand nombre dans la peau, et y forment par leurs anastomoses deux réseaux: l'un profond ou sous-dermique, l'autre superficiel.

Les artérioles qui viennent de traverser les aponévroses se répandent dans le tissu cellulaire sous-cutané, se divisent, s'anastomosent et constituent d'abord un réseau capillaire à larges mailles autour des follicules pileux, des glandes sudorifères et des cônes graisseux. Elles montent ensuite dans l'épaisseur du derme, s'anostomosent encore autour des glandes sébacées, et se réunissent enfin vers la face superficielle en un réseau très serré. De celui-ci partent des anses capillaires qui s'élèvent jusqu'au sommet des papilles. On admet dans chaque anse une branche artérielle et une branche veineuse. Il n'y a qu'une anse pour les petites papilles; dans les grosses, au contraire, le capillaire artériel fournit de chaque côté plusieurs ramifications qui se continuent également avec des ramifications veineuses.

Il est difficile, dans les dernières divisions vasculaires, de distinguer les capillaires artériels des capillaires veineux, mais ceux-ci sont reconnaissables dans le tissu cellulaire sous-cutané par leur volume plus considérable; de plus, ils se jettent dans les veines superficielles, tandis que les capillaires artériels font suite aux artères situées toujours plus profondément.

Les vaisseaux sanguins donnent au derme sa coloration rosée; leur quantité n'est pas la même partout; les réseaux les plus serrés s'observent principalement à la face, à la paume des mains, à la plante des pieds, aux organes génitaux, là où l'on trouve un grand nombre de papilles, et où il se fait des sécrétions abondantes.

2° *Vaisseaux lymphatiques.*—On décrit dans la peau deux réseaux de vaisseaux lymphatiques: l'un superficiel, très serré dans certaines régions, situé à la surface du derme, au-dessus des capillaires sanguins; l'autre profond, sous-dermique, à mailles plus larges, d'où partent des lymphatiques qui se rendent aux ganglions.

Pendant longtemps on a méconnu la présence de ces vaisseaux dans l'enveloppe cutanée, et même encore à présent quelques anatomistes, sans nier positivement l'existence des réseaux, disent que ceux obtenus par les injections sont produits par l'infiltration du mercure dans les sillons inter-papillaires. Cependant les recherches de Mascagni, Haase, Panizza, et les travaux de MM. Fohmann, Breschet et Roussel de Vauzème, Bonamy et Sappey, semblent devoir nous inspirer toute confiance.

Ce dernier surtout a étudié avec soin la distribution des lymphatiques. D'après lui, ces vaisseaux formeraient leurs réseaux les plus fins et les plus serrés dans les régions riches en glandes (sudorifères et sébacées) et en papilles, c'est-à-dire à la paume des mains, à la plante des pieds, aux parties génitales, sur les faces latérales du nez, etc., etc. Il a vu aussi des ramifications très déliées monter dans l'intérieur des grosses papilles, et s'y diviser de manière à constituer un petit réseau, disposition qui rappelle à la rigueur celle des capillaires sanguins dans les mêmes organes.

NERFS ET CORPUSCULES DE PACINI.

La peau reçoit un grand nombre de filets nerveux qui se divisent et s'anastomosent de plus en plus, de manière à former des plexus dans l'épaisseur du derme.

Si l'on suit un de ces filets, on le voit tantôt diminuer de volume par l'émission successive des ramuscules qu'il fournit, tantôt se renfler peu à peu par l'addition de filets anastomotiques; enfin, réduit à ses dernières fibrilles, il se perd dans un faisceau voisin en décrivant une anse ou une arcade étroite.

J'ai indiqué précédemment comment les fibrilles se comportaient à l'égard des papilles; mais il ne sera peut-être pas sans intérêt d'examiner leur mode de terminaison dans ce qu'on appelle les *corpuscules de Pacini* ou *de Vater*.

Ces petits corps existent en grand nombre à la paume des mains, à la plante des pieds, et principalement sur le trajet des nerfs collatéraux palmaires et plantaires, auxquels ils sont appendus par un pédicule; on les trouve aussi sur quelques nerfs articulaires et intercostaux et dans le plexus mésentérique du chat. Leur forme est plus ou moins ovale; leur diamètre varie de 1/2 à 2 millimètres; ils sont presque transparents et marqués au centre d'une ligne blanchâtre faisant en quelque sorte suite au pédicule. Celui-ci est formé par le névrilème, et renferme une artériole, une veinule et une fibre nerveuse.

Le corpuscule se compose d'une cavité centrale entourée de trente ou soixante capsules membraneuses renfermant des noyaux, emboîtées les unes dans les autres et constituées par le déplissement du névrilème. Parmi ces capsules, les plus externes conservent la forme ovoïde et sont séparées les unes des autres par un liquide transparent, les plus internes sont cylindriques et intimement accolées entre elles. La cavité centrale est remplie d'un liquide transparent au milieu duquel pénètre la fibre nerveuse.

Celle-ci est plus fine et plus pâle que dans le pédicule; tantôt elle se termine par une extrémité renflée, tantôt elle se divise en deux ou trois branches également renflées à leur extrémité; quelquefois elle se bifurque au sortir du pédicule, et chaque branche se rend séparément dans un corpuscule.

On ignore jusqu'à présent quels sont les usages des petits renflements que je viens de décrire, et si je me suis étendu ici sur les détails de leur organisation, c'est surtout pour permettre au lecteur de les rapprocher des corpuscules découverts par Wagner et Meissner dans les papilles du toucher; peut-être, en effet, ont-ils avec ces derniers un lien de parenté que des travaux ultérieurs rendront plus évident.

USAGES DE LA PEAU.

Au point de vue physiologique, la peau est une membrane molle, élastique, contractile, qui revêt la surface extérieure du corps, et dont les actions organiques se rapportent principalement à la nutrition et à la sensibilité.

On peut la considérer comme une barrière active placée entre l'être vivant et le monde extérieur.

Sa grande étendue et son organisation complexes nous portent à lui attribuer, au premier abord, de nombreuses et d'importantes fonctions, et il en est réellement ainsi, comme nous allons essayer de le démontrer dans ce court aperçu.

La peau, étalée sur toute la surface du corps, protège par son épaisseur les parties qu'elle recouvre; cela est surtout sensible pour certains animaux, chez lesquels le tégument externe, encroûté de substances calcaires ou hérissé de produits épidermiques, constitue la seule arme défensive que leur ait accordée la nature. Mais la peau de l'homme s'accommoderait peu d'une semblable épaisseur, si contraire aux autres fonctions qu'elle doit accomplir; et cependant, malgré sa finesse, elle n'en est pas moins un organe de protection.

Quand on étudie sa structure, on observe une dégradation de vitalité dans ses couches les plus superficielles. L'épiderme est, comme le disait Bichat : « un corps inorganique que la nature a placé entre les corps bruts extérieurs et le derme qui est essentiellement organisé, pour leur servir de passage et de transition. » C'est à la présence de sa couche épidermique que la peau doit le rôle important de protéger l'économie. Cette lame si mince, de vernis inorganique, oppose en effet une barrière infranchissable aux substances toxiques les plus actives (celles toutefois qui ne sont pas de nature à l'altérer chimiquement) et nous permet de les manier impunément. Sans elle ces substances seraient absorbées par les capillaires du derme; et entraînées par la circulation au sein de l'organisme, elles y détermineraient des effets promptement funestes.

Cependant il ne faut pas croire que les propriétés isolantes de l'épiderme soient telles que rien absolument ne puisse le traverser. Certains physiologistes ont nié l'absorption de la peau munie de son épiderme dans l'état d'intégrité; mais un grand nombre, parmi lesquels on cite Haller, Home, Cruikshank, Abernethy et surtout Young, ont émis une opinion favorable à cette fonction.

De nos jours, les expériences de Keil et de W. Edwards ont parfaitement établi que la peau absorbe de l'eau dans l'air humide; on sait aussi qu'elle se laisse pénétrer par des sels solubles, par certaines matières odorantes et même colorantes, enfin par des gaz. Quant à ces derniers, il s'en fait un échange continuel à travers le tégument externe : l'air extérieur, contenant de l'oxygène, traverse la peau, qui exhale à son tour de l'acide carbonique, et aussi de l'azote et de l'hydrogène. Cette respiration cutanée, difficile à démontrer chez l'homme, devient d'une grande évidence chez les animaux inférieurs; et même chez certains reptiles, elle est plus active que la respiration pulmonaire.

L'exhalation gazeuse est une des voies par lesquelles l'économie se débarrasse de substances nuisibles ou devenues inutiles; mais il est un autre moyen d'élimination plus puissant encore, la transpiration. Celle-ci s'effectue sous deux formes : tantôt elle est lente et insensible (transpiration insensible); tantôt, au contraire, elle est abondante et prend le nom de *sueur*. Dans les deux cas, elle résulte d'un liquide sécrété par l'appareil sudoripare; seulement, dans l'un, ce liquide, apparaissant à la surface en petite quantité, s'évapore aussitôt, tandis que dans l'autre cas il s'y montre abondamment et s'y amasse en gouttelettes. Le premier de ces phénomènes est continu ; le second n'est qu'intermittent, et se manifeste sous l'influence soit de l'accélération de la circulation, soit d'une excitation de la peau elle-même. La transpiration sert à l'expulsion de certains principes délétères; il n'en faut pas d'autre preuve que les sueurs jaunes des ictériques, les sueurs urineuses observées dans les cas de rétention d'urine, les sueurs fétides qui accompagnent certaines maladies, comme le rhumatisme. Aussi les médecins grecs, et depuis eux tous les partisans de la doctrine des crises, ont-ils attaché une grande importance aux sueurs abondantes qui se montrent quelquefois dans le cours des maladies aiguës. La transpiration concourt, en outre, à maintenir l'équilibre entre les différentes humeurs du corps ; car elle est dans un rapport intime avec les autres sécrétions et surtout la sécrétion urinaire.

La peau ne borne pas là son rôle d'organe sécréteur; le pigment, l'épiderme, les ongles, les poils sont des produits du derme; de plus, il se forme dans les glandes sébacées une matière grasse, huileuse, qui est versée à la surface, s'ajoute à la transpiration, et sert en quelque sorte à lubrifier l'épiderme et à l'entretenir dans les conditions de souplesse nécessaires à l'exercice du tact et du toucher.

L'exhalation gazeuse, la transpiration, les sécrétions sébacée et épidermique, constituent par leur ensemble ce que l'on appelle l'*excrétion cutanée*. De ces différents produits, les uns sont fixes et restent à la surface de la peau dont ils se détachent ensuite sous forme de crasse, les autres au contraire sont évaporés. Cette déperdition permanente, jointe à la transpiration pulmonaire, constitue le principal moyen de refroidissement par lequel le corps se maintient dans de certaines limites de température.

La peau est encore un organe de sensation; dans tous les points de son étendue, elle peut être impressionnée par les corps extérieurs dont elle nous permet ainsi de reconnaître la présence, la consistance, la température: c'est le tact proprement dit. Mais elle est en outre le siége spécial du toucher, sens qui s'exerce d'une manière active, et dont la précision est telle que certains physiologistes l'ont appelé *sens géométrique*. Il réside, comme on sait, dans la main, organe éminemment propre à se mouler sur les corps extérieurs pour les emprisonner en quelque sorte dans une atmosphère nerveuse et nous transmettre tous les détails de leur forme.

Telles sont les principales fonctions de la peau; elles établissent un rapport physiologique intime entre cet organe et le reste de l'économie, et nous donnent raison de ses sympathies nombreuses.

PLANCHE 92.

Elle présente la peau, ses différentes couches et ses annexes (ongles, poils, glandes sébacées et sudoripares).

Préparation. — Je renvoie, pour les différentes préparations, aux ouvrages des savants micrographes Todd et Bowman, Koelliker et Henle, auxquels j'ai emprunté la plupart des figures de cette planche, en leur faisant subir seulement quelques modifications.

FIGURE 1.

Saillies et sillons papillaires vus sur la face palmaire d'un index de grandeur naturelle.

FIGURE 2.

Lambeau de peau de la paume de la main, montrant par sa face extérieure, et à un grossissement de 20 diamètres, les sillons et les saillies papillaires, ainsi que les orifices des conduits sudoripares.

FIGURE 3.

Elle montre sous un grossissement de 20 diamètres l'épiderme détaché du derme par la macération et renversé.

Explication de la figure 3.

a. Epiderme. — *b*, *b*. Étuis papillaires disposés en doubles séries, pour recevoir les papilles. — *c*. Derme hérissé de *d*, *d*, papilles. — *e*, *e*. Gaine épidermique qui tapissait l'intérieur d'un conduit sudoripare, et qui a été entraînée par la séparation du derme et de l'épiderme.

FIGURE 4.

Cellules de la face superficielle de l'épiderme grossies 300 fois.

FIGURE 5.

Papilles vasculaires et nerveuses, vues à un grossissement de 350 diamètres.

(Le défaut d'espace ne nous permettant pas de donner les deux sortes de figures de MM. Rudolphe Wagner et Koelliker, concernant les papilles du toucher, nous avons jugé à propos de représenter ici seulement la figure de M. Koelliker, afin de suppléer par le dessin à la description que nous n'avons pas reproduite.)

Explication de la figure 5.

a, *a*. Papilles vasculaires dans chacune desquelles on voit la terminaison d'un capillaire sanguin. — *b*. Papille nerveuse au milieu de laquelle on trouve, *c*, le corpuscule du toucher. — *d*. Fibre nerveuse terminée en anse.

FIGURE 6.

Coupe perpendiculaire de la peau du scrotum d'un blanc, grossie 250 fois.

Explication de la figure 6.

a. Portion superficielle de l'épiderme formée par des cellules aplaties. — *b*. Couche profonde ou corps muqueux constitué par des cellules plus jeunes et arrondies. — *c*. Pigment. — *d*. Derme surmonté de deux papilles au centre desquelles on voit une anse vasculaire.

FIGURE 7.

Deux branches nerveuses collatérales de la face palmaire du doigt indicateur, auxquelles sont appendus des corpuscules de Pacini (grandeur naturelle).

FIGURE 8.

Corpuscule de Pacini grossi 100 fois.

FIGURE 9.

Ongle de l'indicateur droit vu par sa face superficielle.

FIGURE 10.

Face profonde et adhérente d'un ongle détaché de sa matrice.

FIGURE 11.

Derme sous-unguéal et matrice de l'ongle.

FIGURE 12.

Coupe verticale et médiane d'un doigt, montrant les rapports de l'ongle avec le derme et l'épiderme.

FIGURE 13.

Coupe perpendiculaire et transversale de l'ongle et de sa matrice, grossie 2 fois.

Explication de la figure 13.

a. Matrice ou derme sous-unguéal et ses papilles filiformes. — *b*. Derme sur les bords de l'ongle. — *c*. Stratum de Malpighi, intermédiaire au derme et à l'épiderme sur les bords de l'ongle. — *d*. Stratum de Malpighi entre l'ongle et le derme. — *e*. Couche superficielle de l'épiderme. — *f*. Couche cornée de l'ongle.

FIGURE 14.

Racine d'un poil et son follicule, sous un grossissement de 200 diamètres.

Explication de la figure 14.

a. Follicule. — *b*. Gaîne externe. — *c*. Gaîne interne. — *d*. Substance corticale du poil. — *e*. Substance médullaire devenant de plus en plus pâle à mesure qu'elle s'approche du, *f*, bouton ou tête. — *g*. Stries transversales (épiderme du poil) qui s'arrêtent un peu au-dessus du bouton. — *h*. Fibres longitudinales de la substance corticale; elles dégénèrent en stries plus courtes et plus larges, à mesure qu'elles descendent vers le bouton, où l'on ne trouve plus que des noyaux arrondis.

FIGURE 15.

Poil accompagné par deux glandes sébacées.

Explication de la figure 15.

a. Follicule du poil. — *b*. La papille. — *c*. Poil. — *d*, *d*. Glande sébacée s'ouvrant par un orifice évasé et versant son contenu entre le poil et sa gaîne interne. — *e*. Couche superficielle de l'épiderme qui se continue avec la gaîne interne, et se prolonge dans le conduit de la glande sébacée.

FIGURE 16.

Glandes et conduits sudoripares vus sur une coupe de la peau de la paume de la main, et grossis 20 fois.

Explication de la figure 16.

a. Epiderme. — *b*. Corps muqueux. — *c*. Papilles accouplées. — *d*. Derme. — *e*. Glande sudoripare proprement dite (pelote), entourée de, *f*, *f*, vésicules adipeuses, et se continuant avec, *g*, le conduit sudoripare. Celui-ci, d'abord flexueux, se redresse au niveau des papilles, passe dans le sillon de séparation de deux papilles accouplées, se contourne en tire-bouchon dans l'épiderme, et vient s'ouvrir en s'évasant à la surface.

FIGURE 17.

Glandes sudorifères de l'aisselle vues à un grossissement de 2 diamètres.

Explication de la figure 17.

a, *a*, *a*. Poils avec leurs glandes sébacées. — *b*, *b*, *b*. Glandes sudorifères très-volumineuse, et descendant toujours au-dessous des glandes sébacées.

FIN.

TABLE DES MATIÈRES.

ANATOMIE DU SYSTÈME NERVEUX.

DES ORGANES DES SENS.

FIN DE LA TABLE DES MATIÈRES.

ERRATA.

Page	6,	ligne	25,	*au lieu de* :	côtés,	*lisez* :	côtes.
—	13,	—	30,	—	paécautés,	—	précautions.
—	14,	—	6,	—	des,	—	de.
—	15,	—	44,	—	extérieure,	—	intérieure.
—	18,	—	20,	—	de l'artère,	—	chaque artère.
—	27,	—	10,	—	qui,	—	que.
—	27,	—	22,	—	lobe,	—	lobes.
—	31,	—	23,	—	intérieure,	—	inférieure.
—	43,	—	19,	—	ces des,	—	les.
—	44,	—	28,	—	de ce,	—	du 4e.
—	45,	—	15,	—	eminnces,	—	éminences.
—	45,	—	30,	—	changeant direction,	—	changement de direction.
—	49,	—	3,	—	plus intérieure,	—	terminale.
—	50,	—	45,	—	au-dessous,	—	au-dessus.
—	52,	—	11,	—	chroïde,	—	choroïde.
—	53,	—	6,	—	l'intermède,	—	l'intermédiaire.
—	53,	—	25,	—	Héropile,	—	Hérophile.
—	53,	—	30,	—	choroïde,	—	choroïdes.
—	53,	—	42,	—	choroïdiene,	—	choroïdienne.
—	54,	—	12,	—	bourrelet, duquel,	—	bourrelet duquel.
—	54,	—	24,	—	corps barbé,	—	corps bordé.
—	56,	—	29,	—	Marand,	—	Morand.
—	80,	—	4,	—	Planche 22,	—	Planche 24.
—	89,	—	18,	—	Géraldès,	—	Giraldès.
—	106,	—	17,	—	(17, fig. 4),	—	(18, fig. 4).
—	115,	—	26,	—	(... et 1, fig. 4),	—	(... et 9, fig. 4).
—	115,	—	34,	—	(... et 2 fig. 4),	—	(... et 10, fig. 4).
—	115,	—	36,	—	(... et 3, fig. 4),	—	(... et 11, fig. 4).
—	115,	—	38,	—	(... et 5, fig. 4),	—	(... et 12, fig. 4).
—	116,	—	4,	—	(7, fig. 4),	—	(14, fig. 4).
—	116,	—	7,	—	(8, fig. 4),	—	(15, fig. 4).
—	116,	—	20,	—	(14, fig. 1),	—	(10, fig. 1).
—	116,	—	23,	—	(6, fig. 1),	—	(2, fig. 2).
—	119,	—	6,	—	(fig. 1, pl. 51),	—	(fig. 1, pl. 31).
—	119,	—	20,	—	(9, fig. 1, pl. 31),	—	(7, fig. 1, pl. 31).
—	119,	—	26,	—	(11, fig. 4, pl. 31),	—	(18, fig. 4, pl. 31).
—	119,	—	28,	—	(8, fig. 4, pl. 31),	—	(15, fig. 4, pl. 31).
—	119,	—	30,	—	(10, fig. 1),	—	(17, fig. 1).
—	119,	—	36,	—	(11, fig. 1),	—	(9, fig. 9).
—	120,	—	29,	—	(6, pl. 32, 33),	—	(5, pl. 32, 33).
—	120,	—	36,	—	(7, pl. 32, 33),	—	(6, pl. 32, 33).
—	120,	—	41,	—	(8, pl. 32, 33),	—	(7, pl. 32, 33).
—	121,	—	24,	—	(11, pl. 32, 33),	—	(10, pl. 32, 33).
—	121,	—	28,	—	(11, pl. 34, 35),	—	(10, pl. 34, 35).
—	122,	—	1,	—	(13, pl. 34, 35),	—	(12, pl. 24, 35).
—	122,	—	6,	—	postérieure du larynx, savoir: f. et 3, pl. 36.	—	postérieure et latérale du larynx, savoir : fig. 3 et 4, pl. 36.
—	122,	—	21,	—	(14, pl. 32, 33),	—	(11, pl. 32, 33).
—	122,	—	35,	—	(15, pl. 32, 33),	—	(14, pl. 32, 33).
—	122,	—	31,	—	—(pl. 32, 33),	—	(16, pl. 32, 33).
—	122,	—	37,	—	(18, pl. 32, 33),	—	(17, pl. 32, 33).
—	124,	—	46,	—	(20, fig. 1),	—	(14, fig. 1).
—	124,	—	47,	—	(21, fig. 1),	—	(15, fig. 1).
—	124,	—	49,	*supprimez*	(22, fig. 1, pl. 31).		
—	125,	—	10,	*au lieu de*	(25, fig. 1, pl. 31).	—	(voy. pl. 31).
—	125,	—	23,	—	(24, fig. 1, pl. 31),	—	(voy. pl. 31).
—	125,	—	33,	—	(32, pl. 34, 35),	—	(voy. pl. 34, 35).
—	134,	—	5,	—	au-dessus,	—	au-dessous.

www.ingramcontent.com/pod-product-compliance
Ingram Content Group UK Ltd.
Pitfield, Milton Keynes, MK11 3LW, UK
UKHW020605230726
13926UKWH00005B/2217

9 782013 5655